2021 FUYANG YEARBOOK

富阳年鉴

杭州市富阳区地方志编纂委员会　编

（总第26卷）

方志出版社
Publishing House of Local Records

图书在版编目（CIP）数据

富阳年鉴．2021 / 杭州市富阳区地方志编纂委员会编．-- 北京：方志出版社，2021.10
ISBN 978-7-5144-4885-6

Ⅰ．①富… Ⅱ．①杭… Ⅲ．①富阳－2021－年鉴 Ⅳ．①Z525.54

中国版本图书馆 CIP 数据核字（2021）第 252391 号

富阳年鉴（2021）

编　　者：杭州市富阳区地方志编纂委员会
责任编辑：刘方圆

出 版 者：方志出版社
地址　北京市朝阳区潘家园东里 9 号（国家方志馆 4 层）
邮编　100021
网址　http://www.zgfzcb.cn
发　　行：方志出版社图书经销中心
电话（010）67110500
经　　销：各地新华书店
印　　刷：杭州富阳正大彩印有限公司

开　　本：889×1194　1/16
印　　张：25
字　　数：904 千字
版　　次：2021 年 10 月第 1 版　2021 年 10 月第 1 次印刷
印　　数：0001～1000 册

ISBN 978-7-5144-4885-6　**定价：**380.00 元

编 辑 说 明

一、《富阳年鉴》记载富阳区政治、经济、文化及社会发展的主要情况，为广大读者了解富阳提供年度信息资料。自 1996 年开始编纂至今，已连续公开出版 26 卷。

二、《富阳年鉴（2021）》以马克思列宁主义、毛泽东思想、邓小平理论、“三个代表”重要思想、科学发展观、习近平新时代中国特色社会主义思想为指导，坚持辩证唯物主义和历史唯物主义的立场、观点和方法，紧紧围绕中国共产党的路线、方针、政策，全面、客观地反映富阳区人民在 2020 年勇于开拓创新，在政治、经济、文化、社会、生态文明和党的建设中取得的新成就、新经验，以及在前进道路上遇到的新情况、新问题。

三、《富阳年鉴（2021）》采用分类编纂法，以类目、分目、条目 3 个层次为框架结构。卷首设特载、年度聚焦、大事记、区情综览。百科部分设中国共产党杭州市富阳区委员会、杭州市富阳区人民代表大会、杭州市富阳区人民政府、中国人民政治协商会议杭州市富阳区委员会、纪律检查·监察、民主党派、群众团体、法治、军事、农业·新农村、经济管理、工业、商贸流通、金融、交通运输、邮政通信、旅游业、富阳经济技术开发区、杭州富春湾新城、投融资平台、城乡建设与管理、环境保护、科学技术、教育、文化·传媒、医疗卫生、体育、社会生活、乡镇·街道。卷尾设名录、附录、索引。全书共设 35 个类目，260 个分目，1699 个条目。类目之首一般设综述，分目之首一般设概况，以集中记述各行各业的综合情况。

四、《富阳年鉴（2021）》的文稿大部分由富阳区各部门和各乡镇、街道提供，部分由区委党史研究室（区地方志办公室）和有关人员撰写。文稿由各单位领导审核，文后作者署名。凡涉及全区性国民经济和社会发展的数据，均以富阳区统计局当年《统计年鉴》为准；《统计年鉴》未收录的数据，采用各专业部门提供的数据。个别数据由于来源不同，统计口径不一，以该行业主管部门提供的为准。各业所涉及的产值均指当年价。

五、先进名录由各部门单独提供，收录标准为国家级、省部级及杭州市委、杭州市政府以上颁奖或命名的先进集体和先进个人。

六、附录的收录范围为新任区领导简历、重要文件目录。

七、全书所涉浙江省委、市委、区委如无特殊说明，一般指中国共产党浙江省委、杭州市委、富阳区委。

杭州市富阳区地方志编纂委员会

《富阳年鉴》编辑部

2020年4月22日，省长袁家军（右一）到富阳调研　　（区教育局　供稿）

2020 年 12 月 29 日，中共杭州市富阳区委一届十次全体（扩大）会议召开

（朱啸尘　供稿）

2021 年 2 月 7 日，杭州市富阳区第十六届人民代表大会第五次会议召开

（朱啸尘　供稿）

2021 年 2 月 6 日，政协第九届杭州市富阳区委员会第五次会议召开

（骆晓飞　供稿）

2020 年 1 月 10 日，富阳区“不忘初心、牢记使命”主题教育总结大会召开

（包　健　供稿）

2020 年 1 月 10 日，杭州富阳秦望“城市眼”综合体开工　　（朱啸尘　供稿）

2020 年 1 月 15 日，富阳区农村文化礼堂“我们的村晚”在富春街道青云桥村文化礼堂举行
（骆晓飞　供稿）

2020年3月17日，富阳举行杭州高新区（滨江）富阳特别合作区项目集中签约暨集中开工

（包　健　供稿）

2020年4月1日，富阳召开全区农村工作会议暨"富春山居·味道山乡"大比武动员大会

（朱啸尘　供稿）

2020 年 5 月 9 日，富阳—缙云“消薄飞地”项目杭州缙云大厦开工　（包　健　供稿）

2020 年 7 月 25 日，富春江开渔节暨“钱塘江诗路”富春江水上旅游线首航

（骆晓飞　供稿）

2020 年 7 月 28 日，富阳区党群服务中心启用　　（包　健　供稿）

2020 年 8 月 5 日，浙江华达新型材料股份有限公司登陆上海证券交易所

（包　健　供稿）

2020年9月3日，杭州市纪念中国人民抗日战争暨世界反法西斯战争胜利75周年仪式在抗日战争胜利浙江受降纪念馆举行　　（骆晓飞　供稿）

2020年9月25日，电影《春江水暖》回乡记暨富阳影视产业发展研讨会举行

（骆晓飞　供稿）

2020 年 10 月 13 日，富阳召开全区村社组织换届工作动员会　　（包　健　供稿）

2020 年 10 月 25 日，富阳区阳陂湖生态修复治理项目一期对外开放　　（杨平儿　供稿）

2020 年 11 月 6 日，光电产业高峰论坛暨 2020 年中科院上海光机所校友产业论坛在富阳举行
（包　健　供稿）

2020 年 11 月 18 日，富阳区获“2020 中国最具幸福感城区”称号　（朱啸尘　供稿）

2020 年 11 月 20 日，“2020 中国首席技术官大会暨中国（杭州）AIoT 未来论坛”召开

（朱啸尘　供稿）

2020 年 11 月 24 日，富阳区改革攻坚大比武暨城市大脑富阳平台成果发布会举行

（黄赛琼　供稿）

2020 年 11 月 30 日，富阳获第四批国家生态文明建设示范市县称号

（市生态环境局富阳分局　供稿）

2020 年 12 月 7 日，第六届郁达夫小说奖颁奖典礼在富阳举行　（骆晓飞　供稿）

2020 年 12 月 22 日，杭州绕城高速公路西复线正式通车　　（黄赛琼　供稿）

2020 年 12 月 30 日，杭州地铁 6 号线一期正式开通运营　　（黄赛琼　供稿）

众志成城 抗击疫情

2020 年 1 月 23 日，富阳启动重大公共突发卫生事件一级响应（图为杭千高速富阳出口检查点）
（黄赛琼　供稿）

2020 年 2 月 1 日，富春街道所有开放式小区实施封闭管控
（杨平儿　供稿）

2020 年 3 月 25 日，富阳召开战疫情促发展暨企业“双抢双增”大比武推进大会
（朱啸尘　供稿）

2020 年 1 月 26 日，富阳各乡镇街道、村社要道设置新型冠状病毒感染的肺炎防控临时检查点
（杨平儿　供稿）

2020 年 2 月 18 日，富阳包车接送返富复工人员
（黄赛琼　供稿）

2020 年 1 月 28 日至 4 月 15 日，富阳区 20 名医务人员驰援武汉，平安归来
（朱啸尘　供稿）

富阳荣誉（2020）

富阳荣誉

国家生态文明建设示范区

生态环境部

富阳荣誉

2020中国最具幸福感城区

新华社《瞭望东方周刊》
瞭望智库

富阳荣誉

全国计划生育优质服务先进单位

国家卫生健康委员会

富阳荣誉

2020年度美丽浙江建设（生态文明示范创建行动计划）工作考核优秀单位

中共浙江省委
浙江省人民政府

富阳荣誉

2020年度平安县（市、区）

中共浙江省委
浙江省人民政府

富阳荣誉

2020年度全省实施乡村振兴战略实绩考核优秀单位

浙江省乡村振兴领导小组

富阳荣誉

全省农村饮用水达标提标行动成绩突出集体

浙江省人民政府办公厅

富阳荣誉

建筑工业化优秀县（市、区）

浙江住房和城乡建设厅
浙江省财政厅

富阳荣誉

2020年度节水型社会达标单位

浙江省水利厅

富阳荣誉

2020年度全市区、县（市）综合考评“优秀”等次

杭州市委办公厅
杭州市人民政府办公厅

富阳荣誉

2020年度乡村振兴战略实绩考核优秀区

杭州市委办公厅
杭州市人民政府办公厅

富阳荣誉

2020年度区县（市）协作贡献单位

杭州市委办公厅
杭州市人民政府办公厅

数字富阳（2020）

区域面积 1821.08 平方千米
年平均气温 18.1℃
年降水量 1904 毫米
年日照时数 1346.7 小时
市区空气质量优良天数 352 天，空气优良率 96.2%
森林覆盖率 65.7%
国家级生态乡镇（街道）18 个，省级生态乡镇（街道）2 个、杭州市级生态乡镇（街道）4 个
常住人口 83.3 万人
户籍人口 69.1 万人
登记在册流动人口 27.5 万人
人口自然增长率 3.1‰
城镇登记失业率 2.4%
地区生产总值 812.1 亿元，增长 1.1%
三次产业结构 6.1 ：42.5 ：51.4
人均生产总值（按户籍）117760 元
财政总收入 138.7 亿元
一般公共预算收入 90.1 亿元
一般公共预算支出 102.5 亿元
农林牧渔业总产值 69.8 亿元
农业增加值 49.9 亿元
规模以上工业企业数 616 家
规模以上工业实现营业收入 1479.2 亿元
规模以上工业增加值 215.1 亿元
数字经济核心产业增加值（剔重）80.2 亿元
高新技术产业增加值 138.2 亿元
战略性新兴产业增加值 72.2 亿元
装备制造业增加值 92.6 亿元
工业总产值超亿元企业 166 家（按独立法人计算）
建筑业增加值 48.4 亿元
固定资产投资增长率 30.7%
社会消费品零售总额 372.1 亿元
接待国内旅游者 1496 万人，实现国内旅游收入 153.8 亿元
接待入境旅游者 1800 人，创旅游外汇收入 116 万美元
实现乡村旅游收入 8.2 亿元
完成货物进出口总额 293.6 亿元
跨境电商进出口总额 43616.5 万美元
实际利用外资 31080 万美元
全社会公路运输 1842 万吨
公路旅客运输量 43.3 万人次
邮电业务收入 12.1 亿元
引进硕士研究生等高层次人才 1322 人
专利申请 7207 件、授权量 4705 件
研究与试验发展经费支出占生产总值比重 2.88%
新增国家高新技术企业 115 家，累计 366 家
新增省级科技型中小企业 222 家，累计 878 家
新增杭州市雏鹰企业 23 家，累计 58 家
新认定省级企业研究院 2 家，累计 23 家
新认定省级企业研究中心 9 家，累计 68 家
杭州市级企业研发中心 17 家，累计 122 家
众创空间 6 家，入驻创业团队 223 个
科技企业孵化器 7 家，入驻企业 217 家
公共图书馆 1 个，藏书 699 千册（件），书刊外借 69.4 万册次
县级以上文物保护单位 89 处（群），其中省级以上 7 处（群）

体育场馆22个，健身苑（点）576个
全体居民人均可支配收入54175元
城镇居民人均可支配收入63302元
城镇居民人均消费支出36378元
农村居民人均可支配收入38089元
农村居民人均消费支出25110元
区内上牌的私人汽车拥有量129302辆
每百户家庭拥有私人汽车67.4辆
各类医疗卫生机构603个，医疗床位4532张
各类专业卫生技术人员6862人
完成无偿献血13153人次，献血总量385.8万毫升

职工基本养老保险参保人数469334人
职工基本医疗保险参保人数314513人
工伤、失业、生育保险参保人数分别为256052人、23042人、315556人
最低生活保障人数11605人
城乡低保平均标准为1102元
居家养老照料中心323家，养老床位5447张
五保供养服务中心11所，供养老人333人
福利院1所，床位186张，收养婴幼儿童14人，老人29人
区慈善总会支出各项救助金3879.8万元

目　录
Contents

5 中国共产党杭州市富阳区委员会

Hangzhou Fuyang District Committee of the Communist Party of China

8 中国人民政治协商会议杭州市富阳区委员会

Hangzhou Fuyang District committee of the Chinese People's Political Consultative Conference

9 纪律检查·监察

Discipline Inspection and Supervision

10 民主党派

Democratic Parties

11 群众团体

Mass Organizations

12 法 治

Rule of Law

13 军　事

Military Affairs

14 农业·新农村
Agriculture and New Countryside

16 工　业
Industry

17 商贸流通

Commerce and Circulation

18 金 融
Finance

19 交通运输

Transportation

20 邮政通信

Postal Communication

21 旅游业

Tourism

22 富阳经济技术开发区

Fuyang Economic and Technological Development Zone

23 杭州富春湾新城

Fuchunwan New Town，Hangzhou

24 投融资平台

Investment and Financing Platform

25 城乡建设与管理

Urban-Rural Development and Management

26 环境保护

Environmental Protection

27 科学技术

Science and Technology

28 教　育

Education

29 文化・传媒

Culture Media

30 医疗卫生

Health

31 体　育

Sports

32 社会生活

Social Life

34 名 录
Directory

35 附 录
Appendix

36 索 引
Index

1 特 载 Special Report

● 打造现代版富春山居图

全面加快产业新动能城市新轴线发展新环境立起来 高水平打造现代版富春山居图

在区委一届十次全体（扩大）会议上的报告

（2020 年 12 月 29 日）

中共杭州市富阳区委书记　吴玉凤

同志们：

这次全会的主要任务是：高举习近平新时代中国特色社会主义思想伟大旗帜，深入学习贯彻习近平总书记考察浙江、杭州重要讲话精神，全面落实党的十九届五中全会和省委十四届八次全会、市委十二届十一次全会部署要求，听取区委常委会工作报告，审议通过《中共杭州市富阳区委关于制定国民经济和社会发展第十四个五年规划和二〇三五年远景目标的建议》，进一步动员全区广大党员干部群众抢抓机遇、锚定方向、实干担当，全面加快产业新动能、城市新轴线、发展新环境立起来，为高水平打造现代版富春山居图而努力奋斗。

下面，我代表区委常委会报告工作：

一、区委一届八次全会以来的主要工作

即将过去的 2020 年是极不平凡的一年，面对国际国内形势的深刻复杂变化特别是突如其来的新冠肺炎疫情，区委常委会认真学习贯彻习近平总书记考察浙江、杭州重要讲话精神，全面落实党中央、省市委各项决策部署，统筹推进疫情防控和经济社会发展，较好地完成了“十三五”规划目标任务，高水平全面建成小康社会取得了决定性成就。预计全年地区生产总值增长 0.5% 左右；城乡居民人均可支配收入分别增长 3.8% 左右和 6.5% 左右。成功获评第四批国家生态文明建设示范区、2020 年度中国最具幸福感城区、浙江省新时代美丽乡村示范区。

一是学深悟透习近平新时代中国特色社会主义思想。我们始终将学习贯彻习近平新时代中国特色社会主义思想作为首要政治任务，第一时间传达学习习近平总书记的重要讲话、重要文章、重要指示，深刻认识新发展阶段、贯彻新发展理念、构建新发展格局，进一步坚定政治立场、提高政治站位、把握政治方向。今年春天习近平总书记考察浙江、杭州之后，我们牢记嘱托、扛起使命、担当作为，召开区委一届九次全会，明确提出奋力打造现代版富春山居图，在省委建设“重要窗口”和市委展现“重要窗口”头雁风采的过程中，树好富阳形象、展现富阳实践。我们全力落实“六稳”“六保”，认真做好东西部扶贫协作、对口支援和山海协作，高标准推进中央生

态环保督察整改，制止餐饮浪费，坚决做到“中央有号召、省市有部署、富阳有落实”。

二是众志成城抗击新冠肺炎疫情。我们坚决贯彻习近平总书记重要指示精神，按照中央和省市决策部署，第一时间启动应急响应，率先落实村社、小区封闭管理，充分运用“大党委”制、组团联村等基层治理富阳经验，组织4万余名党员干部下沉一线抗击疫情，全面做好疫情常态化防控，全力以赴守护人民群众身体健康和生命安全。截至目前，全区已累计医学观察45067人，完成重点人员检测256058人，分两批派出援鄂医疗队员20人，治愈出院5例确诊病例，实现救治病人零死亡、二代病例零发生、医护人员零感染。部署开展“共抗疫情、服务企业”行动，坚决落实省市复工复产各项政策举措，率先出台“惠企10条”“服务人才温情10条”“新富阳人安居乐业15条”等暖心政策，深入开展“五减”“两直”专项行动，实施“重大项目联系制度”“服务企业专员制度”，用好“亲清在线”、健康码等应用，助力企业纾困发展。截至目前，全区已累计落实税收优惠48.73亿元；兑现财政资金18.09亿元，其中防疫助企资金3.25亿元；上线“亲清在线”政策25条，兑现资金1.99亿元，交出了一份“战疫情、促发展”的高分答卷。

三是坚定不移加快产业转型。我们全面完成造纸行业腾退，围绕江南、城北及地铁沿线拆迁企业341家，腾出产业空间6700亩。大规模实施制造业数字化改造，加快球拍、元书纸、金属门窗等传统优势民生产业整治提升，建设产业（创新）园11个。坚持项目为王，招引产业项目150个，其中“152”项目落地5个，预计全年完成固定资产投资410亿元，同比增长30%，新增项目供地后6个月内开工率达100%。以数字经济为引领，实施“企业梯度培育工程”，研究与试验发展经费投入首次突破20亿元，经费投入增幅排名全市第一，新增国家高新技术企业115家、省级科技型中小企业228家，银湖创新中心创建成为国家级科技企业孵化器，浙工大“工创谷”创建成为国家级众创空间，实现国家级双创平台“零”的突破。预计全年完成规上工业高新技术产业增加值133亿元，占规上工业增加值58%。抢抓疫情引才“窗口期”，优化出台“新时期人才新政”，推广应用区级人才码，新增硕士及以上学历高层次人才1322人，同比增长25.7%。着力开展“人才提质”工程，征集“5110”计划项目247个，其中博士研究生学历人才项目162个，分别同比增长48.8%、38.5%，人才项目数量和质量均实现“逆增长”。

四是城乡一体推进美丽建设。我们坚持交通先行，努力创建交通强国示范城市样板区，地铁6号线、绕城高速西复线、春永快速路正式通车，彩虹快速路西延工程即将通车，湖杭铁路全线推进，大盘山隧道快速实施，杭新景高速灵桥互通改建工程顺利开工，“四好农村路”加快建设，渌渚江航道养护改造工程投入使用，“外联内畅”的立体综合交通体系初步形成，富阳成功迈入“地铁时代”。坚持以点带面，全力扮靓城市重要节点，秦望“城市眼”、万达广场、亚运场馆、杭黄“未来社区”等重大项目建设有序推进，完成9个老旧小区综合提升改造，一批精品江景、精品街区建成开放，高品质现代都市城区呼之欲出。严格落实耕地“非粮化”清理，粮食播种面积达25万亩，生猪年存栏量稳定在9万头以上。坚持全域美丽，建立“富春山居”农产品线上线下联动营销平台，实行区委常委联系区域联动发展机制，推出美丽城乡项目建设“十个不允许”“十相联治”标准体系，166.4千米绿道基本贯通。坚持生态优先，决战决胜污染防治攻坚战，加快渌渚循环经济产业园建设，严格落实垃圾分类工作要求，阳陂湖生态湿地公园一期顺利开园，新登镇获评新时代美丽城镇建设省级样板，葛溪、壶源溪、渌渚江获评浙江省“美丽河湖”。

五是整体智治全面深化改革。我们拓展城市大脑，提升城市“智”理能力，上线运营智慧城市、智能公交、数字城管、智慧社保、智慧医疗等平台，持续深化杭州城市大脑舒心就医重点场景建设，构建“健康码+”智慧医疗服务新模式。建设智慧社区，实现物业管理、社区政务、矛盾化解等功能“一张图”管理，打造“富春智联”特色品牌。强化数字赋能，加快党政机关数字化转型，优化部门间“最多跑一次”和办公自动化系统，完成政务服务2.0省级试点，政务服务事项网上受理率、群众企业办事满意率分别达到83.4%和98.6%。深化“一件事”集成，项目审批“全生命周期”管理系统投入运行，“证照分离”改革实现全覆盖，“一件事”网上办、掌上办实现迭代升级，实现不动产交易登记快捷完成，“人生一件事”改革经验成功上升为省级地方标准。

六是坚持不懈保障改善民生。我们全面推出“码上就业”精准求职等保就业系列政策举措，千方百计稳住就业基本盘。优先发展教育事业，加大学前教育保障力度，落实义务教育招生制度改革，富阳中学改扩建等项目完工投用，在全省率先实现中小学教室、寝室空调覆盖率100%。持续推进“健康富阳”建设，与浙江中医药大学签约共建富阳中医骨伤医院，启动省人民医院富阳院区和省中医院本部建设，获评浙江省健康促进区，“智慧医疗·舒心就医”领跑全市，医保参保率居全市第一。养老服务提质增效，提前实现示范型居家养老服务中心建设乡镇（街道）全覆盖。扎实做好防台防汛工作，稳妥应对新安江水库九孔泄洪等风险考验，成功抵御近20年来最大洪水。坚决打赢脱贫攻坚战，288个村社经营性收入达到20万元，低收入农户人均增收10%以上。开展文明创建大比武活动，顺利完成全国文明城市中央、省、市三级测评。全面打响平安效能提升战，压实生产安全、消防安全、交通安全、食药安全等责任制，首创“家和码”，用好“富春智联”，全省首发违法建筑处置规范化指引，建立社会矛盾纠纷调处化解中心，推动政法、司法、信访力量集中、资源集成，有力维护了社会和谐稳定。

七是一以贯之全面从严治党。我们坚持政治建设统领全局，深化细化全面从严治党“四责协同”机制，持续巩固“不忘初心、牢记使命”主题教育成果。推动党委（党组）理论学习中心组学习制度化常态化，压实意识形态工作责任制，主流思想舆论不断壮大。深入贯彻新时代党的组织路线，探索建立干部政治素质档案，有序推进省委组织部容错裁定试点，组织开展干部系列周末进修班，选树5名杭州市担当作为好干部，全年提拔重用干部42名，其中结构性年轻干部19名，有效优化干部队伍结构。全域构建党建引领基层社会治理体系，深入实施社区“百日解百难”、镇村“百日解千难”专项行动，在全市率先圆满完成村社组织换届，基层党组织战斗堡垒作用有效提升。认真落实中央八项规定，锲而不舍强化正风肃纪，深入整治“不担当、不作为、不落实”问题。始终保持惩治腐败高压态势，有效发挥政治巡察威慑，一体推进“不敢腐、不能腐、不想腐”，全年党纪政务处分347人，移送司法机关处理22人，挽回国家集体经济损失5576万元。扎实推进清廉建设，积极倡导构建亲清新型政商关系，不断涵养风清气正的政治生态。

这些成绩的取得，得益于习近平新时代中国特色社会主义思想的指引，得益于省委、市委的正确领导，得益于全区党员干部和广大人民群众的担当实干，得益于离退休老同志、各民主党派和社会各界的鼎力支持。在此，我代表区委常委会，向奋斗在各条战线的广大党员干部群众，向所有关心支持富阳发展的党内外人士，表示衷心的感谢和崇高的敬意！

二、准确把握富阳发展新的阶段特征，明确“十四五”及2035年的战略导向和目标定位

党的十九届五中全会，是在“十三五”规划目标任务即将完成，全面建成小康社会胜利在望，建设社会主义现代化国家新征程即将开启的关键时期召开的一次重要会议，具有里程碑意义。以习近平同志为核心的党中央，站在“两个一百年”奋斗目标的历史交汇点上，纵观全局、统筹谋划，制定了全面建设社会主义现代化的行动纲领。我们要深入学习贯彻党的十九届五中全会精神，落实好中央和省委、市委“十四五”规划建议，胸怀大局、立足自身、放眼未来，乘势而上、扬长补短、奋力赶超，扎实开启社会主义现代化建设新征程。

*第一，准确把握大局大势。*当前，世界百年未有之大变局进入加速演变期，中华民族伟大复兴战略全局进入加快实现期，疫情全球大流行深刻影响着世界发展进程，中国成为疫后全球唯一实现正增长的主要经济体，为全球抗疫贡献了智慧和力量。后疫情时代，国际战略格局“东升西降”更趋明朗，由此带来的机遇和挑战都会有新的变化，要求我们善于在危机中育先机、于变局中开新局。一要把握新发展阶段。我国即将实现“小康社会”这一中华民族伟大复兴历史进程的大跨越，将正式向第二个百年目标进军。我们必须深刻理解新发展阶段在中华民族伟大复兴进程上的重要意义，精准领会新发展阶段的新特点，落实好党中央在“十四五”和更长时期的各项战略部署，保持经济社会长期稳定发展。二要把握新发展理念。创新、协调、绿色、开放、共享的新发展理念，是相互贯通、具有内在联系的整体。这其中，创新是高质量发展的第一动力，协调是高质量发展的内生特点，绿色是高质量发展的普遍形态，开放是高质量发展的必由之路，共享是高质量发展的根本目的。我们要坚持系统观念，把新发展理念贯穿于高质量发展的全过程和各领域。三要把握新发展格局。党的十九届五中全会指出，要加快构建以国内大循环为主体、国内国际双循环相互促进的新发展格局。我们要切实围绕扩大内需这一战略基点和畅通国民经济循环这一重点，科学处理好供给侧改革与需求侧管理的关系，发挥投资关键性作用，增强消费基础性作用，积极探索市场潜力转化为市场现实需求的通道。

总之，我们在任何时候任何地方都要准确把握三个“新”的大局，坚决扛起省委十四届八次全会提出的“忠实践行‘八八战略’、奋力打造‘重要窗口’，争创社会主义现代化先行省”历史使命，抢抓市委十二届十一次全会提出的“亚运会、大都市、现代化”重要窗口期和高水平打造“数智杭州、宜居天堂”机遇，紧紧围绕省委“十三项战略抓手”和市委“十个方面重要举措”，系统科学谋划、推进各项工作，推动富阳实现高质量发展。

*第二，深刻分析所处方位。*知己知彼，百战不殆。当前，发展动能极化现象日益突出，头部效应越来越明显，城市能级提升伴随着资源的集聚，形成了“强者恒强、弱者恒弱”的“赢家通吃”局面。面对“不进是退、慢进也是退”的激烈竞争态势，我们唯有深入分析自身优势短板，更加坚定清醒，才能更好超越自己、超越标杆，在城市间竞争中立于不败之地。放眼杭州、全省和长三角，富阳有三个方面明显优势：一是业已积累的现实优势。我们有“奇山异水、天下独绝”的秀丽景色，有历史悠久、名人辈出的深厚底蕴，构成了独一无二的山水人文优势。基本建成的“三铁三高三快速”重大交通体系，凸显了举足轻重的交通枢纽地位。“腾笼换鸟、整体转型”腾退出来的“三个3000亩”净地，形成了广阔丰沃的都市发展空间。尤其是“十三五”以来，我们始终坚持“三看四态促转型”“三个拥抱”“三高”发展、“三个一流”等目标不动摇，一年接着一年干、一任接着一任干，在转型发展中激流勇进，在项目攻坚中突破快进，在全面融合中努力奋进，在全域美丽中提标精进，在整体智治中协同并进，以顽强的意志攻下了一个又一个堡垒，以团结的姿态迎来了一片又一片曙光，富阳的产业业态、城市形态、环境生态和党员干部精神状态发生了翻天覆地的变化，为下一步的奋力起跳积蓄了强劲势能。二是时代赋予的机遇优势。在全省大湾区大花园大通道大都市区建设和杭州拥江发展战略的双重加持之下，我们进入了“拥江时代”。随着地铁6号线的正式通车，我们从“高铁时代”跨入“地铁时代”，这也标志着富阳与杭州主城区真正实现了交通同城同网，都市一体化发展进入全新阶段。作为2022年杭州亚运会重要赛事举办地，我们又将迎来“亚运时代”，以“办好一个会，提升一座城”为契机，向世界精彩展示现代版富春山居图。三是“三区叠加”的复合优势。省委十四届七次全会提出将富阳作为杭州城西科创大走廊联动发展区，十四届八次全会又明确提出要以城西科创大走廊为主平台，建设

全球创新策源地。可以预见，在大走廊的辐射带动之下，接下来的富阳将承接并集聚起大量高端要素、高端人才、配套体系。市委十二届十一次全会提出要构建“一核九星、双网融合、三江绿楔”的特大城市空间格局，全面提升城市资源优化配置能力和综合承载能力，富阳作为“九星”之一，也是三江汇“未来城市”重要实践区，有责任、有使命、有能力建设成为“产城融合、职住平衡、生态宜居、交通便利”的郊区新城。去年8月，市委贯彻落实区域协调发展战略，赋予滨江和富阳共建滨富特别合作区的重大政治任务，为富阳带来了与滨江资源共享、优势互补、共同发展的重大政策红利。

同时我们也要看到，富阳还面临着三个方面突出挑战：一是处于产业发展、城市建设、社会治理全面转型关键期，转型发展有成效但还需要进一步努力。当前，我们正处于由破到立的关键节点，产业结构有优化，但是主导性不够强、经济体量不够大、龙头企业带动效应比较弱；城市形态有改观，但是城市辨识度不够高、城市精品节点不够多、基础设施欠账有待加快补足；治理能力有提升，但是风险防控还不够扎实、智治水平还需进一步提升、营商环境还需花大力气改善。二是处于发展质量、发展速度、发展环境全面竞跑关键期，自身发展有进步但区域竞争压力进一步增大。环顾周边兄弟区县（市）发展态势，正呈现出千帆竞发、百舸争流的火热局面。往前看，余杭区预计全年GDP3000亿元左右，萧山区预计接近2000亿元，而富阳预计只有800多亿元；往后看，临安区、桐庐县、建德市正在全力拼抢、快速追赶，淳安特别生态功能区作为全省生态系统生产总值（GEP）核算第一批试点，GEP总量达2441亿元，位居全省前列，可谓“标兵渐远、追兵渐近”。三是处于干部队伍眼界、标准、能力全面“赶考”关键期，整体素质有提升但与时代需求的距离进一步拉大。近年来，全区党员干部围绕转型发展中心大局，在干中比、在比中学，干部队伍整体素质有了很大的提高，但是在由拆到建、由破到立的工作重心转换中还存在比较突出的本领恐慌，与现代化国际大都市的要求还不匹配。有的干部理论素养不足，专业储备缺乏，特别是对一些新理论、新观点、新知识，一知半解，不够敏锐，导致白白错过发展良机；有的干部实践能力不强，眼高手低，一事当前束手无策，遇到突发事件心中无底；有的干部官僚作风仍存，在服务群众企业、推进重大项目过程中还存在避重就轻、推诿扯皮、效率低下等问题。

面对优势，我们要坚定信心、增强底气；面对挑战，我们要树牢底线思维、保持忧患意识，始终在战略上保持定力，在战术上主动作为，进一步发挥优势、补齐短板，全力加快富阳转型发展，不断提升城市综合竞争力。

第三，科学设定奋斗目标。站在高水平全面小康向社会主义现代化建设转换接续的重要关口，回顾“十三五”发展进程，富阳之所以持续较快跃升，关键在于我们抓住撤市设区、G20峰会、亚运会、拥江发展、数字化浪潮、交通西进、市域统筹、乡村振兴等历史机遇，通过推进传统产业整体转型、实施新制造业计划、开启城市跨江发展、打造都市交通体系、建设“三美”新农村、加快数字化改革等一系列重大举措，实现了产业动能之变、城市格局之变、环境生态之变、民生福祉之变、工作力量之变。面向未来五年乃至今后较长一段时期，我们要进一步夯实前五年大转型、大建设、大治理打下的坚实基础，把全区的主攻方向和工作重心集中聚焦到“立”字上来，以立为主、大立快立，一年接着一年干、一锤紧着一锤敲，不断将“立起来”进行到底。

为此，区委提出“十四五”时期发展的指导思想是：高举习近平新时代中国特色社会主义思想伟大旗帜，深入学习党的十九大和党的十九届二中、三中、四中、五中全会精神，深刻领会习近平总书记考察浙江、杭州重要讲话精神，忠实践行“八八战略”，坚决落实省委打造“重要窗口”、市委展现“头雁风采”决策部署，坚定转型发展、一体发展不动摇，持续推进高新产业发展、高品质城市建设、高水平社会治理，全面加快产业新动能、城市新轴线、发展新环境立起来，高水平打造现代版富春山居图，在“重要窗口”建设中展现富阳风采。

总的目标是：到2022年杭州亚运会召开时，产业发展更加绿色高新，创新要素更加活跃充沛，内外交通更加便捷通畅，生态环境更加美丽宜人，文化软实力进一步提升，现代版富春山居图样板段精彩亮相，向亚洲和世界展示一个初具魅力的大都市新型城区。到2025年“十四五”规划收官时，高新产业体系基本形成，城市新轴线基本定型，全社会创新蔚然成风，基本公共服务实现均等化，综合实力和发展质效大幅提升，基本绘就“一江带城、南北呼应，山水相依、产城融合，现代气派、田园风光”的现代版富春山居图，实现从点线面不同尺度向全流域纵深展示。到2035年，实现地区生产总值、人均生产总值、居民人均可支配收入比2025年“翻一番”，全面建成社会主义现代化国际大都市一流新城，全区域绘就“产业现代、都市一体，生活富裕、精神富足，水碧天蓝、和谐智治”的现代版富春山居图，率先实现高水平现代化。

具体来说，就是要加快建设“三个区”：

一要坚持科技创新，加快建设硬科技创新示范区。坚持创新驱动发展战略，主动承接杭州城西科创大走廊创新策源地，发挥大走廊联动发展区和滨富特别合作区“双引擎”作用，唱响银湖科技城和杭州富春湾新城“双城记”，积极招引优质人才项目，集聚科技创新资源，做强做大光电通信、智能装备、数字安防、生物医药、集成电路等硬科技产业，把富阳打造成为浙江建设全球创新策源地、全球先进制造业基地的战略支撑点。

二要坚持生态优先，加快建设绿色发展示范区。坚持“绿水青山就是金山银山”发展理念，保持全国生态文明建设示范区引领优势，强化生态环境保护和修复，实施全域景区化连片提升，还富春山水以本色，让城市与乡村相映成趣、人与自然和谐共生。深入践行乡村振兴战略，持续拓宽“两山”高效转化新通道，构建绿色产业体系，壮大美丽生态经济，打造“两山”实践创新基地，努力成为美丽浙江大花园、美丽杭州大景区。

三要坚持融入都市，加快建设幸福宜居标杆区。坚持“拥江发展”战略，高品质推进重大交通项目、重要城市节点建设，将富阳建设成为大气开放、整洁有序、温馨文明、精致宜居的现代都市新城。坚持以人民为中心发展思想，统筹推进教育、卫健、文化、养老、就业等民生实事，全力破解人民群众生产生活、居住办事难题，让“智慧便捷、幸福和谐”成为富阳城市对外展示的又一品牌，让“生活富裕、生命阳光”成为富阳人民发自内心的共同感受。

三、明确工作路径，落实重点举措，加快把“十四五”宏伟蓝图转变为美好实景

高水平打造现代版富春山居图，顺利实现“十四五”时期经济社会发展目标和2035年远景目标，是我们这一代富阳党员干部的历史使命、责任担当。我们有幸工作在这个伟大的新时代、奋斗在这座充满活力的未来城，更要不忘初心、牢记使命，紧紧围绕产业新动能、城市新轴线、发展新环境“三个立起来”，紧密结合“迎亚运、展风采，全面打造现代版富春山居图”行动，只争朝夕加油干、不负韶华勇向前，努力把“十四五”宏伟蓝图转变为美好实景。

第一，要加快推动产业新动能立起来。以创新效能迭代产业动能，是积蓄转型发展优势、抢占未来发展主动权的关键一招。我们必须牢牢把握“破立转段”的重要窗口期，全力推进招商引资、招才引智“双招双引”，以构建现代产业体系为着眼点，加快形成传统产业焕新、新兴产业成链、未来产业萌发的发展格局，打造杭州一流、全省示范的高新产业强区和高新制造业示范区。

一要强化“双提升”。要坚持育新提旧并举、传统新兴共生，以高新产业为主导，提高全要素生产率，持续释放数字对经济发展的放大、叠加、倍增作用，推动全区产业高质量发展。要拓展新兴产业增量。坚持数字经济“一号工程”，瞄准国家政策导向，加快推进数字产业化、产业数字化，形成数字经济核心产业培育清单，聚焦光电通信、智能装备、数字安防、生物医药、集成电路五大产业链，加大建链、强链、补链、拓链力度，到2025年形成总产值1600亿元的五大标志性产业集群。积极发挥行业龙头企业的“典型引路”作用，深化机器换人、工厂物联网、企业上云等应用，形成企业集群优势。发展高端化、专业化服务业，加快推进软件与信息服务、科技服务、现代金融、商务会展、数字贸易等生产性服务业发展，全面推动现代商贸、运动休闲、高端培训、社区服务等生活性服务业发展。多措并举扩大消费，错位优化特色街区和商贸综合体，发展社区商业，补齐小城镇商业短板，挖潜社交电商和直播电商，引爆夜间经济，推动农商文旅深度融合，打造新消费增长点。要推动传统产业升级。以数字化、智能化、生态化为方向，改造提升传统优势产业，持续淘汰落后产能。加快上官球拍、大源门窗、新登五金、渔山家具、元书纸等小微企业园建设，推动传统块状经济向现代化产业集群转变。保护传承刀具、藤竹、湖笔、豆制品、元书纸等经典民生产业，振兴老字号品牌。

二要唱好“双城记”。要重点打造富阳经济技术开发区和杭州富春湾新城两大产业平台，加大项目招引力度，以平台的极核能量和示范效应，带动全区产业集群化发展。富阳经济技术开发区要围绕“一主五区”，整合六大片区，实现错位发展，构建科技成果转化高地，争创国家级产业创新中心和国家一流经济技术开发区。银湖科技城承接主城区创新资源、科技成果溢出，重点发展网络通信、新零售、人工智能和现代服务业；东洲新区、金桥新区、鹿山新区突出都市产业升级，重点布局智能制造、智能装备等高端制造业，引导现有光通信产业转型提升；场口新区、新登新区，加快产业提质、企业增能，重点布局装备制造、新材料、生物医药等产业。杭州富春湾新城要加快补齐产业发展和基础配套短板，以滨富特别合作区、杭州光学精密机械研究所等作为重要辐射源，重点突出光电激光、智能装备、医疗器械等产业，引进一批具有国际竞争力的项目，打造全面转型示范区、科技创新示范区、产城人高度融合示范区。

三要发动“双引擎”。要深入对接省市战略布局，主动强化与高新区（滨江）、城西科创大走廊联动互动，加快与大都市高质量一体化发展。要打造城西科创大走廊“金南翼”。坚持理念先行、规划先行、交通先行，加快规划对接、产业承接、成果转化、人才集聚，全力推进科创资源并轨、产业协同对接，谋划内外交通规划建设，加大土地整理、收储力度，率先推动银湖科技城、大城北片区融入大走廊，实现资源共享、借梯登高，在杭州和全省创新策源发展中实现“换道超车”。要激活滨富特别合作区。发挥区位优势、制度优势、空间优势，以数字经济、智能制造为主导产业，主动承接高新区（滨江）优质项目、优秀人才，强化资金、土地等要素保障，优化项目审批服务，合力打造网络信息技术产业的核心制造生态，完成首期3000亩的开发建设，成为省级高新科技产业园区。

四要升级“双驱动”。要突出科技第一生产力、创新第一动力、人才第一资源，优化“产学研用金、才政介美云”十项联动创新生态，实现全区产业可持续发展。要聚合创新源动力。集聚创新要素，全力争取浙江大学、之江实验室、西湖大学等高校院所资源，力争引进1个国家级实验室，全面发挥杭州光学精密机械研究所、浙工大“工创谷”、西湖大学春江研究院等载体作用，加快孵化器、众创空间建设，推进科技成果孵化，加速转化。提升政策扶持精准性，发挥财政杠杆作用，鼓励企业精耕细作，加大研发投入。以构建高成长企业培育体系为目标，继续深入推进“鲲鹏计划”“凤凰计划”“瞪羚计划”“雏鹰计划”，加大国高企、省级科技型企业培育力度。要建设人才蓄水池。围绕“人才为我所有”，加大人才招引、培育力度，不断优化人才政策与服务保障体系，着力解决人才住房、子女入学、医疗保障等“关键小事”，吸引更多“高精尖缺”人才到富阳创新创业，每年引进各类人才5000名以上。推进民生保障、社会管理、产业经营等重点领域人才队伍建设，壮大技能型人才队伍。围绕“人才为我所用”，探索组建政策研究、科技创新咨询机构，邀请一线专家学者为富阳创新发展

把脉支招。全区上下要以非常规力度、非常规配置、非常规生态，广迎天下英才，抢占未来竞争制高点。

第二，要加快推动城市新轴线立起来。聚焦地铁“黄金轴”和富春江“碧玉带”为主轴的城市“十字金轴”，深入实施交通建设、城市建设大会战，以线串点，以点铺面，加快形成“中心城区一核引领，新登、场口两翼齐飞，葛溪流域、壶源溪流域、大安顶三片相拥”的全域空间格局，为全市打造郊区新城提供富阳方案。

一要畅联都市框架。要全面落实交通强国、交通强省、交通强市战略，深入实施交通建设大会战，打造“外联内畅、城乡一体”的立体综合交通体系，形成高铁地铁、高速快速、农村路网、绿色廊道以及重大交通场站等五大圈层，提升交通协作能力。确保湖杭铁路、地铁6号线富阳段二期建成通车，积极谋划地铁14号线、33号拥江快线等远期轨道线网。完成杭新景高速灵桥互通建设，启动杭淳开高速建设，谋划推进温义宣高速。确保秦望过江通道和秦望南路、大盘山隧道、横凉亭互通、富春湾大道、富阳客运中心等项目建成投用，推进杭州中环快速路（北段）、东望路延伸、闲祝线万丈山隧道拓宽等一批重大项目建设。全域推进“四好农村路”建设，进一步打通主城区与各乡镇、乡镇与乡镇之间连接通道，切实将交通工程转变为扶持产业、幸福人民的民生工程。

二要做精城市单元。要加快沿线综合开发，推动拥江两岸、环阳陂湖、富春、东洲、银湖、鹿山、杭州富春湾新城等城市单元重点建设。推进秦望“城市眼”、杭黄高铁“门户眼”建设，确保“十四五”末精彩亮相。高质量完成银湖射击射箭现代五项、北支江水上运动中心建设和富阳体育中心提升改造。高标准推进地铁“黄金轴线”工程，每年启动1-2个产城人融合的地铁上盖项目建设，五年基本建成城市发展轴。探索建设城乡未来社区，科学布局功能齐全的“邻里中心”，梯度推进精品工程，打造智慧便民生活圈。围绕“再现‘百里富春山居图’‘五十里春江花月夜’盛景”的目标，谋划现代版富春山居图项目体系及建设时序，以东洲段为启动区块，结合杭州三江汇“未来城”市实践区建设，加快未来产业布局、基础设施建设、环境综合治理，在2022年杭州亚运会前，精彩亮相现代版富春山居图卷首段。以阳陂湖、洋浦江、北支江为节点，加快生态修复，利用水系、山体、绿地、岛链等，形成若干个“田成方、渠成行、树成荫”的城市田园，力争成为杭州“湿地水城”的新地标。

三要优化联动片区。要以新登、场口为南北两翼，高标准完成新登古镇、场口微镇特色小城市建设，打响“千年古城复兴”“现代田园小镇”招牌，形成城市副中心。持续推进葛溪流域、壶源溪流域、大安顶、大龙门等生态先导功能片区高质量联动发展，有机契合形、神、自然，综合串联风光、风俗、风味，地脉、人脉、文脉，推出龙门古镇、洞桥营地、杏福万市、葛洪丹谷、恬漫永昌、西岩温泉、春建茶艺、湖源乐水等系列经典小镇，有效推动科技进乡村、资金进乡村，青年回农村、乡贤回农村，增强乡村振兴内在活力。

四要点亮美丽村落。要聚焦乡村形态，严把规划设计关，保护乡村肌理，高质量推进新时代美丽乡村、美丽城镇建设。持续实施农村环境综合整治，保护乡村特色风貌，高标准打造一批杭派民居村、历史文化村、风情小镇，全域构建乡土气息、田园风光、地域特色、美丽宜居、富阳品牌的乡村形态。探索实施未来乡村、未来村庄建设，形成富阳实践方案。要聚焦乡村业态，深入践行乡村振兴战略，加大土地流转，稳定粮食生产，做大做强现代农业，推广“富春山居”品牌；培育壮大创意农业、精品民宿、生态康养、乡愁产业、乡村旅游等美丽经济，打响“味道山乡”文旅品牌，精心办好各类农事节庆活动，吸引更多游客游“富春山水”、品“富春江鲜”、住“富春山房”、购“富春山耕”，着力将颜值变为产值。

第三，要加快推动发展新环境立起来。深入推进美丽富阳建设，放大国家生态文明建设示范区品牌效应，加强生态环境保护，深化生态综合治理。健全多元化、多层次的公共服务供给体系，推进基本公共服务均等化。按照“整体智治、协同高效”要求，突出综合集成、数字赋能、闭环管理，以全面数字化转型推动全面深化改革。坚持共建共治共享，提升城市文明程度，提高社会治理现代化智能化法治化专业化水平，争当高效治理排头兵。

一要打造一流的生态环境。要全域提升美丽肌底。坚决落实碳达峰、碳中和要求，实施蓝天碧水净土清废行动，持续深化“五水共治”“五气共治”“五废共治”，落实最严生态保护制度，强化环境监管执法刚性，做好中央生态环保督察整改工作的“后半篇文章”。深入推进生态治理和生态修复，加大“十相联治”、矿山修复、生物多样性保护等力度，串联提升十大精品线路，让蓝天白云、繁星闪烁、鱼翔浅底、鸟语花香成为常态。要全面提档美丽标准。巩固和深化“六个有”工作目标、“三字经”工作法，构建覆盖保护开发各环节、生产生活各领域、科学有效可推广的标准化美丽建设体系，向全省乃至全国输送打造现代版富春山居图的生态富阳标准。

二要打造一流的幸福环境。要高度关注教育、医疗、住房、养老、就业等民生热点，优化财政支出结构，补齐公共服务短板，真正做到解民忧、纾民怨、暖民心。要优化公共服务供给。全面落实“美好教育”“健康富阳”建设，深入实施“名师名校名校长”工程，持续加大学位、卫生健康服务资源供给，科学规划布局城市新板块学校、医疗机构，建成投用富春湾外国语学校、省人民医院富阳院区、省中医院等一批民生项目，高质量实施老旧小区改造提升、城中村改造、安置房建设。进一步压实安全生产责任，增强自然灾害防御能力。全面强化就业优先政策，健全社会保障、社会救助体系，加快释放土地、资源、技术等要素分配改革红利，促进城乡居民增收。要推进文化兴盛工程。充分挖掘发挥富阳文化名人名家效应，依托“公望富春”中国山水画大展、郁达夫小说奖等文艺活动，持续亮化“山水画、文化人、书香味”的富阳文化符号。深入推进新时代文明实践中心建设，不断提高志愿服务制度化、专业化水平。深度参与钱塘江（富春江）诗路文化带、之江文化产业带建设，扩大文化产业有效投资，精心打造文化创意品牌，让“富春文化”成为富阳又一张金名片。

三要打造一流的数智环境。要以数字化改革撬动各领域各方面改革，推动大数据、人工智能、区块链等高端科技与现代社会治理深度融合，打造数据驱动、人机交互、整体智治的治理新模式。要深化城市大脑建设。优化提升现有应用场景，推动欢快旅游、便捷泊车、舒心就医、畅快出行等重点场景普及应用，提升重大疾病预防控制和突发公共卫生事件监测预警处置能力，努力打造一批让城市管理更智慧、群众办事更便捷、服务企业更精准、政府治理更高效的“城市大脑”应用模块。要深化“数字＋项目管理”改革。完善投资项目“全过程”管理，扩充“项目云”平台业务和数据基础，在确保“80天”周期实现率 100% 的基础上，压缩平均用时，提升项目引育质量。要深化“数字＋基层治理”改革。深化“线上村务”“富春智联”“家和码”等智慧平台建设，把治理触角向乡村、社区、家庭等“神经末梢”延伸，推进乡村数字化改革，促进基层社会和谐。要深化“数字＋公共服务”改革。用数字思维和数字方式，推进交通设施、旅游景区、文化场馆、商圈、市场、公共体育场馆、医疗场所、车辆检测站、城乡公共厕所等 9 类公共场所服务大提升，营造宜居、宜业的生产生活环境，提升城市整体竞争力。

四要打造一流的营商环境。要创新深化“亲清在线”平台应用。秉承“瞬间兑付”理念，深化“亲清 D 小二”“亲清 D 站”等线上功能模块建设，不断加快惠企政策的上线、审批、兑现速度，实现惠企政策从政府到企业“一键直达”。要深入谋划“一件事”集成改革。以“一件事”的视角设计、优化业务流程，通过跨部门流程再造、业务协同、数据共享，推出一批紧贴民生、顺应需求的“一件事”。要聚力打造“指尖上的行政服务中心”。加快政务服务 2.0 建设，按照“去中心化”“指尖化”要求，扩大“就近办”“网上办”“掌上办”覆盖面，打造“指尖办理为主、自助网办为辅、实体大厅为补”的政务服务新模式，进一步推进掌上“能办”向掌上“好办、易办”转变，努力让企业和群众办事“像网购一样方便”。要营造亲清政商关系。建立政商亲清交往正面负面清单，健全政商联系沟通机制，构建“亲”“清”共融的和谐氛围。

五要打造一流的法治环境。要推进法治富阳建设。认真学习贯彻习近平法治思想，完善依法治区统筹协调机制，压实法治建设第一责任人制度，在治理体系和治理能力现代化上寻求突破，争创省市区域治理现代化排头兵。要完善社会综合治理体系。推进“治理系统集成、平安系统发力、保障系统推进、队伍系统提升”四大系统工程，构建源头防控、排查梳理、纠纷化解、应急处置的社会矛盾综合治理机制。要完善基层治理体系。深化“最多跑一地”改革，推进部门赋能基层，提升乡镇统筹管理能力，形成以社会矛盾纠纷调处化解中心为牵引、“四大平台”为载体、全科网格为底座的“1+4+1”基层治理工作体系，为群众提供精准高效的服务。要强化溯源治理。认真落实“四问四权”要求，持续深化区域社会治理“六和塔”工作机制，健全现代公共法律服务体系，完善重大决策风险评估，强化源头防范与化解，将信访矛盾消除在萌芽、化解在基层。要健全网络安全管控机制。科学谋划推动网络综合治理体系建设，统筹运用法治方式和互联网思维，推进网络生态“瞭望哨”工程，加大互联网内容监管和执法力度。

四、强化党的建设，为高质量发展提供根本保证

高水平打造现代版富春山居图，关键在党、关键在干部。全区各级各部门党组织和广大党员干部要切实强化党建引领，坚持巩固政治生态、提升能力素养、强化基层组织、改进工作作风，凝聚起转型发展的强大合力，为富阳高质量发展提供坚强保证。

第一，要营造风清气正政治生态。要坚定不忘初心的忠诚意志，区委常委会带头，始终坚持正确的政治方向，坚决执行党的政治路线，深刻领会习近平新时代中国特色社会主义思想，深入贯彻落实习近平总书记考察浙江、杭州讲话精神，全力保障中央和省市委各项决策部署在富阳落地生根，不断推进“不忘初心、牢记使命”主题教育长效化制度化，切实增强“四个意识”，坚定“四个自信”，做到“两个维护”，努力营造风清气正的政治生态。

第二，要激发干部队伍“赶考”姿态。要学深悟透习近平新时代中国特色社会主义思想，准确认识新发展阶段、贯彻新发展理念、构建新发展格局，以“赶考”的姿态和决心，努力答好眼界、能力、标准“三大考题”，不断开阔干部眼界、提升发展理念，不断锤炼干部能力、提升服务水平；不断严格工作标准、提升整体绩效，让干部在招商引资、项目建设、联系群众、服务企业、信访化解等一线工作中发挥更好作用，锻造出一支好思、善谋、能战的干部队伍，全面形成奋勇争先、勇创一流的战斗氛围。

第三，要筑实基层组织堡垒形态。要落实“党建强发展强”理念，深化开展“强基固本、百日解难、走访服务、减负增效、阵地建设”等五大整固提升行动，扎实做好村社组织换届“后半篇文章”，推动基层组织建设全面加强、全面过硬。各级党组织要强化主体责任，严格落实基层党建、意识形态等责任制，严格落实全面从严治党要求，严格党内政治生活。各级党组织书记要履行好党建第一责任人职责，坚守阵地、旗帜鲜明，亲力亲为、落细落小，把好方向、抓人促事。

第四，要保持正风反腐高压势态。要把守纪律、讲规矩放在突出位置，严明党的政治纪律和政治规矩，强化落实党风廉政建设主体责任和监督责任，继续推进“四责协同”和“不敢腐、不能腐、不想腐”体系建设，持之以恒落实中央八项规定及实施细则精神，持续抓好党风廉政建设和反腐败工作。巩固夯实“清廉医院”“清廉学校”“清廉文化”“清廉非公企业”等领域的清廉

基础，扩展延伸“清廉村居”成果，深入推进“清廉富阳”建设。把好“严”的主基调，巩固立体巡察作用优势，紧盯关键节点，深化重点问题专项治理，严防“四风”问题反弹回潮。

第五，要推进凝聚合力工作常态。要坚持党的集中统一领导，发挥好党委总揽全局、协调各方的领导核心作用，着力提升区委常委会自身能力建设，支持人大、政府、政协依法履职、加强监督、参政议政，支持监委、法院、检察院依法办事、公正司法。充分发挥工会、共青团、妇联等群团组织桥梁纽带作用，紧密团结民主党派、工商联、人民团体、海内外乡贤和社会各界人士，巩固和壮大最广泛的爱国统一战线，凝聚起干事创业、推动转型的强大合力，形成四套班子心齐气顺、各级干部群策群力、全区上下奋发有为的良好氛围。

同志们，征程万里乘风起，重任千钧再奋蹄！让我们更加紧密地团结在以习近平同志为核心的党中央周围，高举习近平新时代中国特色社会主义思想伟大旗帜，革新求进、实干争先，全力加快高水平打造现代版富春山居图，为浙江建设社会主义现代化先行省、杭州建设社会主义现代化国际大都市贡献富阳力量！

杭州市富阳区人民代表大会常务委员会工作报告

在杭州市富阳区第十六届人民代表大会第五次会议上

（2021年2月7日）

杭州市富阳区人大常委会主任 汤金华

2020年是高水平全面建成小康社会和“十三五”规划的收官之年，是统筹推进疫情防控和经济社会发展的特殊之年，是富阳全面加快转型、奋力起跳的关键之年，也是富阳人大设立常委会40周年。在区委的坚强领导下，区人大常委会高举习近平新时代中国特色社会主义思想伟大旗帜，认真落实区委一届八次、九次全体（扩大）会议精神，坚持党的领导、人民当家作主、依法治国有机统一，切实履行宪法法律赋予的职责。特别是面对突如其来的新冠肺炎疫情，常委会牢记疫情就是命令、防控就是责任，为推进“战疫情、促发展”贡献人大力量，也让“人大代表”这四个字更有分量。

一年来，共召开常委会会议13次，主任会议14次，听取审议专项工作报告16项，对8部法律法规开展执法检查，发出审议意见10份，作出决议决定19项，任免国家机关工作人员84人次，有效发挥了国家权力机关职能，各项工作取得新进展。

（一）坚持党的全面领导，提高站位强化担当

常委会始终牢记人大是党领导下的重要政治机关，自觉把党的领导贯穿于人大工作的全过程、各方面，不断增强全面展示人民代表大会制度优越性的思想自觉和行动自觉。

*以理论武装把牢政治方向。*坚持以党的创新理论统领和指导人大工作，第一时间传达学习习近平总书记重要讲话精神、中央和省、市、区委重要会议、重要文件精神，进一步增强“四个意识”，坚定“四个自信”，做到“两个维护”。深入学习贯彻习近平总书记考察浙江、杭州时的重要讲话精神，紧扣“重要窗口”建设新目标新定位，强化“窗口”意识、“窗口”担当。把深入学习贯彻党的十九届五中全会精神、习近平法治思想、习近平总书记关于坚持和完善人民代表大会制度的重要思想、《习近平谈治国理政》第三卷等作为重大政治任务，召开常委会党组理论学习中心组学习会18次，组织专题学习和交流讨论7次，开展基层宣讲14次，推动学习走深走实走心。

*以行动自觉保持政治定力。*切实发挥常委会党组“把方向、管大局、保落实”的政治引领作用，全年累计召

开党组会议18次，定期研究讨论重大问题和重要工作。精心组织富阳人大设立常委会40周年系列纪念活动，制作完成“砥砺奋进四十年”画册和“一切为了人民”专题片，在《富阳日报》刊登“奋进四十年，履职为人民”系列报道，协助区委召开纪念大会，全面深入总结常委会40年履职历程。积极协助区委开展省、市委人大工作会议精神落实情况调研督查，确保关于高水平推进新时代人大工作和建设的意见精神得到有效贯彻。严格执行请示报告制度，共向区委请示报告重大问题和重要事项15件，区委主要领导对人大工作作出批示39件。

*以行权履职强化政治担当。*依法讨论决定重大事项，全程参与推动我区“十四五”规划纲要编制工作，分专题开展调研，累计召开26场座谈会，128人次人大代表参加，收集67条意见建议，为区委科学决策规划、政府更好编制规划建言献策。常委会第四十一次会议依法审议我区“十四五”规划和二○三五年远景目标纲要草案编制情况报告，规划纲要草案提请本次大会审查批准。根据经济社会发展的需要，常委会审议批准我区2019年财政决算、新增地方政府债券和抗疫特别国债收支预算调整方案，审议批准财政收支预算调整方案，批准同意2020年政府投资项目计划调整方案。坚持党管干部原则与人大依法行使任免权有机统一，依法决定任命了4名

区级领导、3名政府部门主要负责人，依法任命了1名监察委员会委员、1名人大专门委员会组成人员、6名常委会工作委员会组成人员、26名司法工作人员。

（二）围绕中心服务大局，精准有效推动发展

常委会围绕统筹做好“六稳”工作、全面落实“六保”任务，按照“两手硬、两战赢”的目标要求，积极主动履职尽责，依法保障疫情防控和经济社会发展。

主动投身“战疫情、促发展”。认真学习贯彻习近平总书记关于统筹推进疫情防控和经济社会发展的系列重要讲话精神，严格落实省、市人大常委会关于依法做好疫情防控工作的决定。听取审议区政府关于新冠肺炎疫情防控情况的报告，推动我区重大疫情防控和公共卫生应急管理体系建设。积极开展“共抗疫情 服务企业”专项行动，做好企业防控督查、复工指导、政策宣讲等工作，跟踪监督疫情防控财政资金安排、减税降费政策落实和中央“两直”资金发放情况，帮助企业解决复工复产难题。全区1300余名各级人大代表、街道议事代表积极响应倡议，发挥示范带头作用，在“双线作战”中履职尽责、担当作为，累计捐款捐物超过千万元，不断传递抗疫正能量。其中，有3名代表荣获省、市级“抗击新冠肺炎疫情先进个人”“市优秀共产党员”称号，受到表彰。

积极助推“示范区”建设。紧盯打造现代版富春山居图各项目标任务，坚持与区委“同向发力、同题共答”。围绕创建区域转型发展示范区。开展数字经济专项监督，累计走访企业94家，召开座谈会12次，提出了“深化融合创新、强化政府引领、加强科技支撑”等意见建议，助力破解我区数字经济发展面临的瓶颈难题。积极履行杭州富春湾新城建设人大指导组工作职责，重点开展中轴线规划建设课题调研，在优化空间布局、完善城市功能、开发利用地下空间等方面深入研究分析，提出了“十四五”时期重点建设生态“城市心”的建议。围绕创建国家生态文明建设示范区。对生态环境保护、土壤污染防治等工作进行专项监督，开展大气污染防治审议意见“回头看”，助力我区成功创建“国家生态文明建设示范区”。聚焦第二轮中央生态环保督察问题整改，对13个具体问题开展现场监督，促进“即知即改”。围绕创建乡村振兴示范区。开展新时代美丽乡村建设专项监督，7个调研组分赴24个乡镇（街道）和相关职能部门，召开座谈会13场，收集意见建议121条，推动农村人居环境改善和美丽宜居乡村建设。开展粮食安全专项监督，实地视察农田水利基础设施建设和粮食功能区种粮现状，助力全区粮食稳产增收。专题调研农业设施用地规范化建设、土地承包经营权和农房一体化确权登记等工作，为促进现代农业健康发展提出建设性意见建议。

高度关注财政经济运行。听取审议2019年度全区国有资产管理情况综合报告和企业国有资产管理情况专项报告，强化国有资产监督管理。指定财政局对城区垃圾分类专项经费、农林直补专项资金进行绩效评价，指定审计局对“国有企业运营情况”开展专项审计调查，并选定富春九小、富春湾堤护岸及景观绿化工程、场口公寓房六期等重大项目开展稽查，推动公共财政高效运行。持续推进人大预算联网监督，建立工作“演示室”，组织代表定期参与预算监督工作。推动2021年度预算草案“三审”制提质扩面，组织42名代表和10名预算评审专家对6个职能部门以及东洲街道的预算草案进行重点审查，提出意见建议60条。

（三）厉行法治促进公正，全力推进依法治区

常委会深入学习贯彻习近平法治思想，充分发挥法治引领和规范作用，推动提升依法治区水平。

加强宪法学习宣传贯彻，推动全民守法。严格落实宪法宣誓制度，一年来，组织常委会任命的国家机关工作人员进行宪法宣誓5次32人。“12.4”国家宪法日期间，常委会组成人员在区法治文化公园举行宪法宣誓仪式，进一步弘扬宪法精神。组织“七五”普法决议贯彻执行情况专项监督，提出了“增强法治宣传教育自觉性、突出普法针对性、加强普法队伍建设”等意见建议，推进法治宣传教育工作提质增效。在“富阳人大”官微开设“普法‘微’站”专栏，积极开展宪法、民法典等学习宣传活动。

加强法律实施情况检查，推动严格执法。开展《杭州市居住区配套设施建设管理条例》执法检查，提出了“发挥规划引领作用、加大项目建设力度、强化配套设施管理”等意见建议，全面推进条例实施。配合省人大常委会开展动物防疫、野生动物保护“两法两条例两决定”执法检查，推动建立完善的动物防疫和野生动物保护体系。配合市人大常委会开展《杭州市旅游条例》贯彻执行情况检查，查找旅游发展短板，提出建设性意见建议。加强规范性文件备案审查工作，对区政府18件规范性文件进行合法性审查，确保文件于法有据。

加强司法工作监督，推动公正司法。乡镇人民代表大会和街道居民议事会首次审查法治政府建设报告，实现区、乡镇（街道）两级审查全覆盖，成为杭州首创，有力推动了政府依法行政。作出加强检察公益诉讼工作的决定，切实发挥公益保护职能作用。开展认罪认罚从宽制度适用情况专题调研，推动认罪认罚从宽制度有效实施。加强人大信访工作，做好涉法涉诉信访分类引导，认真办理群众来电来信来访，有效疏通化解社会矛盾。

（四）情系民生维护民利，不断增进民生福祉

常委会积极践行以人民为中心的发展思想，坚持“民有所呼、我有所应”，助力我区荣获“2020中国最具幸福感城区”称号。

紧盯最关注最关切的实事。完善2020年区政府民生实事项目监督机制，推行“四化监督法”，构建监督闭环。一年来，10个监督工作组开展集中视察30余次，29个监督小组开展实地视察410余次，共计发现问题113个，提出意见建议288条，协调解决问题96个。开展“代表监督周”活动，举行民生福祉擂台大比武，助推民生实事项目“高标准建设、高质量落地、超额度完成”。

紧盯不平衡不充分的要事。开展无障碍环境建设工作专项监督，通过专家指导、部门自查、现场视察等方式，有效推动无障碍设施建设，助力2022年杭州亚（残）运会高水平举办。开展体育发展工作专项监督，针对体育发展重视不够、场馆设施建设不足、体育发展水平有待提升等问题提出意见建议，助推全区体育发展工作迈上

新台阶。专题调研医共体工作，提出三个方面12条意见建议，大力促进我区医改工作深化。主任会议听取区政府安全生产“三定”职责落实情况报告，督促安全生产和应急救援等行业领域严格落实“三定”职责。

紧盯在眼前在身边的小事。开展矛盾纠纷调处化解“最多跑一地”改革专项监督，围绕运行机制完善、调处能力提升、智慧化建设推进等，收集意见建议128条，积极助推社会治理领域“最多跑一次”改革。专题调研封闭式小区管理情况和老旧住宅加装电梯工作，推进我区物业管理建设规范化，使加装电梯惠及更多百姓。主任会议听取生活垃圾分类工作情况报告，提出9个方面意见建议，有效提升生活垃圾末端处置能力。

（五）强化保障增强活力，全力发挥代表作用

常委会始终坚持代表主体地位，为代表依法履职搭建平台、提供保障、做好服务，激发代表履职积极性，切实提高代表工作实效。

加强履职服务保障。在常态化开展区人大代表履职培训的基础上，首次组织110余名乡镇人大代表、街道议事代表开展培训，通过专题讲座和现场教学相结合的方式，提升代表履职能力。完善人大代表履职管理制度，优化升级“富阳代表履职”APP，开展优秀议案建议、履职积极分子评选，激励代表更好履职。推进人大代表述职活动，通过现场述职、书面述职、进代表联络站述职等形式，进一步提高代表接受选民监督的自觉性，增强代表履职的责任感和使命感。

重视议案建议督办。按照“内容高质量、办理高质量”的要求，修订完善《代表议案和建议处理办法》，加强代表建议提出、交办、督办的全流程管理。强化主任会议成员领衔督办、办理情况定期反馈、不满意件“再督办”等举措，实现代表建议“事事有答复”向“件件有成效”转变。经过共同努力，区十六届人大四次会议代表建议办理的解决率较去年同期上升6.7个百分点。

深化履职阵地建设。坚持常委会会议邀请代表列席制度，累计有45名代表列席参加常委会会议。组织代表参加常委会视察、检查、评议、调研等活动，常态化开展代表旁听村务例会制度，引导全区各级人大代表投身产业转型、营商环境优化、乡村振兴、社会治理等重点工作。扎实推进代表联络站“站”在一线建设，全区92个站点实现硬件标准化、制度规范化、活动常态化。15名区级领导人大代表和8名常委会工作机构、办事机构负责人进代表联络站，开展联系基层代表和群众活动，共收集意见建议179条，协调推动解决问题89个。

（六）改革创新与时俱进，积极打造工作品牌

常委会坚持“在继承中创新，在创新中发展”，努力推动人大工作取得突破性创新成果。

积极完善制度机制。对现有制度进行全面梳理，集中修订常委会审议意见办理、执法检查、专题询问等43项制度，推进人大行权履职科学化规范化。完善人大与“一府一委两院”沟通交流机制，做优做强“一府两院”工作报告会、议案建议和民生实事完成情况评议会等工作品牌，更好营造“同向同行、合心合力”的工作氛围。

创新监督方式方法。围绕新时代美丽乡村建设工作开展专题询问，提炼一批社会关注度高、影响面广、基层反应强烈的突出问题，对政府职能部门进行面对面询问，不断强化监督刚性。开发启用民生实事项目人大“掌上盯”监督系统，不断提升数字化监督水平，真正实现代表建议“立交立办”。针对食品药品安全工作，开展“你点我检”“你送我检”等特色监督活动，实现科技支撑与现场执法的有效衔接。对居住区配套设施建设、体育发展、无障碍环境建设等工作开展网络问卷调查，广泛吸收民意，累计浏览达18000余次，收到意见建议758条次。

鼓励指导基层创新。坚持“擦亮金名片+打造新名片”，推动乡镇（街道）人大工作品牌推陈出新。一年多来，富春街道“周五晚接待选民”、春江街道“小队会”、胥口镇“代表包干制”等工作品牌提档升级，形成了一批可推广、可复制、可操作的制度经验。各乡镇（街道）立足实际，不断拓展创新发展的重点领域和努力方向。新登镇建立“有机更新代表联络站”，开展古城复兴“金点子”征集活动；永昌镇创建“美丽码”，助力乡村庭院整治；大源镇成立“工棚会”，助推民生实事项目建设跑出“加速度”；龙门镇设立“景区代表联络站”，为古镇发展注入新活力；万市镇编印“百姓法治通”，打通基层法治“最后一公里”；洞桥镇开设“状元直播间”，组织代表助力复商复游等。

（七）凝聚合力强化基础，努力提升履职水平

常委会始终坚持自身建设是做好人大工作的根本保证，主动顺应新时代新形势新任务，不断提升依法履职水平。

加强队伍建设。充分发挥党建引领作用，积极打造“五心五线”工程，大力推进“模范机关”创建，做优做强“人大先锋，履职为民”党建品牌。主任会议成员牵头做好15项重点课题调研，围绕城市、产业、环境转型升级提出对策建议，不断提升调查研究水平。深入开展“走亲连心三服务”，主动参与“百日解百难”“百日解千难”“百日攻坚”等专项行动，帮助协调解决具体问题116个。持续深入推动全面从严治党，高标准落实中央八项规定精神，营造遵规守纪、风清气正的良好环境。

强化信息宣传。召开全区人大宣传工作会议，制定《关于加强新时代人大宣传工作的若干意见》，形成信息宣传强大工作合力。一年来，“富阳人大”官微累计发稿240余期，推出《人大信息专刊》15期，在《富阳日报》人大视窗栏目推出报道19篇，在中央和省市级媒体刊登报道130余篇，获评2020年全省人大信息工作成绩突出的单位。在“杭州市第二十九届人大好新闻”评选中，《我的开心妈妈》荣获二等奖、《“小队会”上听民声 打通联系服务群众的最后一公里》荣获三等奖。

提升工作合力。完善常委会领导联系乡镇（街道）人大工作制度，坚持乡镇（街道）人大负责人列席常委会会议机制，通过加强日常指导、上下联动监督、组织经验交流等形式，进一步夯实基层基础。深入贯彻落实《浙江省街道人大工作条例》和《杭州市街道居民议事制度实施办法》，进一步完善议事规则、议事会成员活动机

制、街道民生实事项目票选实施办法等，有效推进街道基层民主政治建设。认真做好人大机关老干部各项工作，积极发挥老干部在服务全区中心大局和支持人大工作中的重要作用。

各位代表，过去一年常委会所取得的成绩，是区委正确领导的结果，是常委会组成人员、各专门委员会组成人员和全体人大代表共同努力的结果，是区政府、区监委、区法院、区检察院密切配合、团结协作的结果，也是全区人民充分信任、上级人大关心指导和社会各界大力支持的结果。在此，我代表区人大常委会表示衷心的感谢！

回顾过去一年的工作，我们也清醒地认识到，常委会工作中还存在一些问题和短板，主要表现在：讨论决定重大事项的工作机制有待进一步完善；监督工作的精准度有待进一步提高；与代表和人民群众的联系有待进一步加强；常委会及机关的创新能力有待进一步提升等。对于这些问题，我们要采取有力措施、认真加以解决，切实担负起党和人民赋予人大的职责使命。

二、2021年的主要任务

2021年是中国共产党建党100周年，是“十四五”规划的开局之年，更是富阳全面“立”起来、加快“立”起来的关键之年。今年区人大常委会工作的总体要求是：高举习近平新时代中国特色社会主义思想伟大旗帜，深入学习贯彻党的十九大和十九届二中、三中、四中、五中全会精神，贯彻落实习近平法治思想、习近平总书记关于坚持和完善人民代表大会制度的重要思想，坚持党的领导、人民当家作主、依法治国有机统一，按照区委一届十次全体（扩大）会议决策部署，围绕产业新动能、城市新轴线、发展新环境“立起来”，积极依法履职，创造性地做好人大各项工作，为我区“十四五”规划开好局、起好步，高水平打造现代版富春山居图贡献人大智慧和力量。

根据这一总体要求，2021年常委会工作的主要任务是：

（一）紧扣履职固本，在强化政治建设上自觉自信

坚持和落实党对人大工作的全面领导，以政治建设统领人大各项工作，不断提高政治判断力、政治领悟力、政治执行力。强化党的创新理论武装。全面持续深入学习习近平总书记关于坚持和完善人民代表大会制度的重要思想，坚持党的领导、人民当家作主、依法治国有机统一，努力打通党言党语、民言民语、法言法语三者之间的转化通道。把学习贯彻习近平法治思想作为一项重要政治任务，自觉做习近平法治思想的坚定信仰者、积极传播者和模范实践者。强化党委决策部署落实。将人大履职放到新发展阶段、新发展理念、新发展格局中部署推进，形成全新的履职理念、工作模式和载体手段。立足人大职能作用，全力助推常态化疫情防控，有效服务经济社会发展目标任务的高质量完成。统筹安排五年规划和专项规划实施情况监督，分专题调研相关专项规划和国土空间规划编制情况，助力高水平打造现代版富春山居图。强化党建引领作用发挥。全面加强人大党的政治、思想、组织、作风、纪律等各项建设，压紧压实党建工作链条和责任体系，以党建引领推动人大工作取得新成效。严格执行请示报告制度，自觉做到重大事项提前向区委请示、重点工作主动向区委汇报、年度工作围绕区委决策部署谋划。

（二）紧扣发展主题，在服务中心大局上聚智聚力

围绕“三个立起来”，以“盯住法”“管好钱”“把牢图”“跟项目”为关键，更好发挥监督支持促进作用。聚焦产业新动能立起来。跟踪监督数字经济发展，开展审议意见落实情况“回头看”，加快推进数字产业化、产业数字化。积极履行杭州富春湾新城建设人大指导组工作职责，专题调研经济技术开发区产业平台建设，为唱好“双城记”支招献策。围绕科技创新、科技成果转化、部门服务能力提升、人才引进培育等开展专项监督，推动现代产业体系构建。聚焦城市新轴线立起来。深化杭州富春湾新城中轴线课题调研，谋深谋实中轴线目标定位和规划建设，为打造生态“城市心”献计出力。专题调研重大交通项目建设、亚运场馆建设、城乡未来社区打造、新登古城建设、地下空间开发利用、“四好农村路”管护等工作，开展新时代美丽乡村建设审议意见“回头看”，助力打造城市“十字金轴”。聚焦发展新环境立起来。围绕“高品质城市建设与管理”开展专题询问，助力营造宜居宜业的城市环境，提升城市整体竞争力。配合市人大常委会开展土壤污染防治法执法检查，专项监督污水零直排区建设，持续助力生态环境保护。听取审议法治政府建设情况专项报告，作出“八五”普法决议，跟踪监督检察公益诉讼决定落实情况，助力打造一流的法治环境。

（三）紧扣民生关切，在实现美好生活上担当担责

要把人民群众对美好生活的向往作为人大履职的出发点和落脚点，切实把握群众所思所盼，督促解决群众所急所需，使人民群众更加幸福。全力助推民生实事项目实施。在实行“四化监督法”基础上，探索民生实事项目绩效评估机制，通过实施主体自评、引入第三方评价、人大代表测评等方式，对民生实事项目推进情况开展综合评价，确保项目真正落地见效、惠及百姓。全力推动民生热点问题解决。围绕群众关心关切，专题调研城乡居民“菜篮子”保供给、医保基金使用、企业职工基本养老保险运行等工作，开展《浙江省粮食安全保障条例》《杭州市居家养老服务条例》等执法检查，提升人民群众幸福感和获得感。开展2022年杭州亚（残）运会筹备情况专项监督，组织公共文化服务保障“一法一条例”执法检查，助力增强城市文化“软实力”。全力提升“三服务”能力水平。贯彻落实全面打造“三服务”2.0版的工作要求，在服务理念、方法、作风等方面系统重塑、不断升级，实打实为企业解困、面对面为群众解忧、心贴心为基层解难，深化滴灌式精准服务。

（四）紧扣代表主体，在发挥代表作用上用心用情

坚持把代表工作作为人大工作的重要基础，改进方法、完善机制，更好激发代表履职活力，发挥代表主体作用。把代表工作深化到丰富代表活动上。围绕“迎亚

运、展风采，全面打造现代版富春山居图”行动方案，紧盯“九大都市项目”，开展贯穿全年的代表主题活动。在都市项目和产业群落项目建设一线设立流动代表联络站，更好发挥“站”在一线运行实效。组织代表分领域、分专题开展学习培训，有计划地安排代表参加专项工作报告审议、执法检查、政府民生实事项目监督等活动，确保代表有充分的履职空间。把代表工作深化到议案建议督办上。积极落实代表建议指导审核、精准分类交办、加强重点督办等机制，做好培训辅导、督办推动、打分评议等工作，着力提升建议解决率。更加重视闭会期间代表建议的办理，完善建议收集、梳理、交办、督办等机制。把代表工作深化到人大换届选举上。坚持党的领导、充分发扬民主、严格依法办事的有机统一，把加强对人大代表换届选举工作的组织指导作为推进基层民主政治的要事来抓，确保选举工作依法顺利进行、选举结果人民满意。

（五）紧扣队伍建设，在提升履职本领上更专更精

积极谋划新时代加强人大工作和建设的有效举措，营造唯实惟先、善作善成的团队文化，不断提升人大干部服务现代化的新能力。着力强化人大工作数字化转型。根据数字赋能、整体智治的要求，深入推进“智慧人大”建设，优化升级财政预算联网监督、议案建议办理、代表履职管理等平台，推动人大履职更加科学、精准、高效。积极对接省、市人大常委会信息化平台建设，全力构建“线上＋网上＋掌上”工作新格局。着力擦亮人大工作金名片。秉持改革破题、创新制胜的理念和手段，继续深化“代表问政”、代表联络站“站”在一线、“小队会”等工作品牌，固化提升一批可复制可推广的经验。持续推进街道人大工作和建设，打造街道居民议事制度“升级版”，更好发挥街道人大在推进基层治理中的作用。积极探索开展开发区人大工作，加强对开发区财政预算、重大项目、公共事业等监督，为全省推进开发区人大工作提供鲜活的“富阳素材”。着力提升人大干部履职能力。按照“更专更精”的要求，强化人大干部在法律、财经、科技等方面的知识储备，努力使每个干部都成为人大工作的业务尖子、行家里手。加强两级人大互动联动，更好地指导乡镇人大开展规范化建设和创新实践，不断提升全区人大工作整体水平。

各位代表，美好蓝图已绘就，砥砺奋进正当时。让我们紧密团结在以习近平同志为核心的党中央周围，在中共杭州市富阳区委的坚强领导下，以一往无前的奋斗姿态、开拓进取的精神状态，积极推动人民代表大会制度在富阳的生动实践，为高水平打造现代版富春山居图作出新的更大贡献！

杭州市富阳区人民政府工作报告

在杭州市富阳区第十六届人民代表大会第五次会议上

（2021 年 2 月 7 日）

杭州市富阳区人民政府代区长　王　华

过去一年，我们认真学习贯彻习近平总书记考察浙江、杭州重要讲话精神，深入贯彻党的十九大和十九届二中、三中、四中、五中全会精神，坚决落实省、市和区委决策部署，在区人大和区政协的监督支持下，着力推进高新产业发展、高品质城市建设和高水平社会治理，扎实做好“六稳”工作、全面落实“六保”任务，三大攻坚战取得决定性成就。全年地区生产总值同比增长 1.1%；完成固定资产投资 412 亿元，增长 30.7%；财政总收入 138.7 亿元，增长 5.7%，一般公共预算收入 90.1 亿元，增长 12.7%；城镇和农村居民人均可支配收入分别达到 63302 元、38089 元，增长 4.5% 和 7.2%。这一年，富阳创获国家生态文明建设示范区、中国最具幸福感城区和浙江省新时代美丽乡村示范区。

过去一年，我们紧紧依靠全区人民，主要做好了以下工作：

一、坚持战疫情促发展，双线作战有力有效。面对突如其来的新冠肺炎疫情，我们始终把群众生命安全和身体健康放在第一位，统一指挥、闭环管理、精密智控，全面打响了疫情防控阻击战和经济社会发展总体战。众志成城战疫情。及时采取最全面、最严格、最彻底的防控举措，以战时状态应对疫情，全体党员干部闻令而动、冲锋在前，广大医务人员逆向前行、日夜奋战，社会各界慷慨奉献、捐款捐物，全区上下守望相助、共克时艰，形成了抗“疫”的强大力量，累计医学观察 4.5 万人次，人员检测 31 万人次，本地确诊病例在较短时间内实现清零，实现救治病人零死亡、二代病例零发生、医护人员零感染。全力以赴促发展。第一时间推进复工复产，组建六个服务专班，及时出台“惠企十条”“服务人才温情十条”“新富阳人安居乐业 15 条”，深入实施“两直”“五减”，不失时机畅通人流、物流、商流，千方百计帮助接人、招人、引人，马不停蹄上门送政策、送物资、送服务，稳定了经济基本盘，实现了“两手硬”“两战赢”。在这场没有硝烟的战争中，涌现出了一批批无私奉献、敢于担当的先进典型，奏响了一曲曲和衷共济、勠力同心的时代赞歌。

二、坚持稳企业扩投资，发展后劲不断夯实。扶企惠企扎实推进。及时有效落实各级减税降费政策，为企业减轻负担 48.7 亿元。启用“企业码”富阳专区，走访企业 6.7 万家次，实现走访全覆盖，办结各类问题 1.9 万个。启用“亲清在线”，惠及企业和个体工商户 1 万多家。市场主体持续升级。新增国高企 115 家、省级科技型企业 222 家、雄鹰培育企业 3 家、“隐形冠军”企业 1 家，小升规 242 家，引进一级建筑企业 8 家，华达新材料成功上市。新增“品字标浙江制造”认证企业 14 家、“浙江制造”培育企业 10 家，瀚晖制药荣获省政府质量奖。项目攻坚不断提速。开展“双抢双增”“五学五比”“百日攻坚”行动，举办 6 次集中开工仪式，新出让工业用地 6 个月内 100% 开工，累计开工项目 155 个、竣工 115 个，工业投资、高新投资、民间投资增长 15% 以上。要素保障更加有力。持续强化工程渣土消纳管理，消纳渣土 1175 万立方米，有效保障项目建设。实施土地全域整治项目 22 个，新增用地指标 2400 亩，盘活各类土地 1.1 万亩，垦造水田 2790 亩。争取疫情防控等专项政策贷款 50.6 亿元，全区贷款余额达 1812 亿元，增长 21.6%。

三、坚持调结构促转型，新旧动能加快转换。产业层次不断提升。推动数字经济和新制造业两个引擎一起转，大规模开展制造业数字化改造，实施市重点技改和攻关项目36个，规上制造业企业数字化改造覆盖率达96%。加快淘汰落后产能，完成造纸及关联企业腾退，新腾出产业空间6700亩。现代服务业加快发展，鹿山时代等项目建成投用，信息传输、软件和信息技术等生产性服务业快速发展，服务业增加值增长5.3%。扎实做好农业稳产保供，粮食播种面积达25万亩，生猪年存栏量稳定在9万头以上。产业平台提档升级。开发区加快推进网络通信、智能装备、生物医药等主导产业发展，40个产业项目开工建设，34个实现竣工，数字新零售产业集群初具雏形。富春湾新城加大高新项目引育，新亚低温等5个重大产业项目竣工投产，21个动工建设。滨富特别合作区成功落地3个高新制造业项目，宏华数码开工建设。硅谷小镇通过省级命名验收，药谷客厅基本完工。招商引资成效明显。完善招商体制机制，成功举办上海等地招商推介会，签约产业项目172个，总投资324亿元，其中，10亿元以上项目10个。5个“152”项目动工建设。创新活力更加充沛。新增市级以上企业研发中心28家，银湖创新中心、工创谷分别成为国家级科技企业孵化器和众创空间，杭州光机所获评省首批新型研发机构。出台人才新政，征集“5110”计划项目247个，新引进研究生等高层次人才1322名，增长25.7%。

四、坚持快建设强管理，城市品质大幅提升。重大交通有力推进。地铁6号线、春永快速路、绕城西复线及大源、高桥连接线建成通车，彩虹快速路富阳段主线通车，湖杭铁路、灵桥互通加快推进，“三铁三高三快速”对外交通网络基本成型。富春湾大道、秦望过江隧道、大盘山隧道等城市内部主干道加快建设，江滨西大道延伸段实现通车，“四好农村路”三年行动计划圆满收官。重点区块加速蝶变。完成地铁沿线城市设计，钢圈厂区块、湖塍村整村自主改造、万达广场等项目加快推进，阳陂湖生态湿地一期精彩亮相。杭黄片区综合开发项目动工建设，站前广场、未来城市体验馆竣工启用，杭黄未来社区列入全省试点。秦望“城市眼”地下综合体围护工程实现闭环，秦望水街启动建设，先行区块部分楼栋结顶。老城区有机更新有序实施，完成老旧小区改造9个，加装电梯75台，打通断头路8条。城市管理更加精细。开展“美丽杭州”攻坚行动，完成整治点位11.4万个。4个开放式区块实现封闭式管理，创建“美好家园”住宅示范小区8个。完成无障碍设施改造1235个，新增和优化公交线路17条，新增公共自行车42个点位1000辆。

五、坚持优生态增收入，乡村振兴扎实推进。生态环境持续向好。深入实施蓝天、碧水、净土、清废四大行动，高质量推进第二轮中央环保督察问题整改。改造、关停各类燃煤锅炉15台，治理工业炉窑32台，空气优良率达96.2%。完成8个镇街和44个区块污水零直排建设，新增污水管网45千米，创建省市美丽河湖6条，富春江出境断面水质连续6年保持优秀，饮用水源地水质达标率100%，节水型社会创建通过省级验收。推进污染地块修复，污染地块安全利用率达100%。创新“两点法+点长制”垃圾分类模式，投用垃圾投放亭613座，垃圾总量逐年下降，循环经济产业园投入试运行。美丽乡村加快建设。推出现代版“富春山居图”美丽城乡项目建设标准体系，建立“十相联治”“十不允许”正负面清单，创建新时代美丽乡村62个、市级风情小镇1个、精品线路1条，贯通绿道166千米，黄公望村入选中国美丽休闲乡村。新登成功创获美丽城镇省级样板，场口“微镇”有序推进。文旅融合成效初显。建立“富春山居”农产品线上线下联动营销平台，创新直播带货模式，开展安顶“云”上等19场线上活动，助销本地农产品2335万元。“现代版富春山居图”“新登千年古城保护和开发”入选杭州文旅金名片培育项目，西岩温泉等11个重点项目加快推进。创建3个4A级景区乡镇、省市级美丽宜居示范村8个，全年实现乡村旅游收入8.2亿元。

六、坚持推改革优服务，营商环境显著改善。“最多跑一次”改革纵深推进。深化个人、企业、项目全生命周期“一件事”联办，办事时间、材料分别缩减78.6%、69.4%，“人生一件事”改革经验成为省级地方标准。启动实施11个区块“区域环评+环境标准”改革，企业环评审批时间压缩80%以上。加快打造指尖上的行政服务中心，完成政务服务2.0省级试点，线下窗口压缩36%，实体大厅人流量下降47%，网办率从26%上升到86.8%。重点领域改革稳步实施。企业开办最多30分钟、零成本办结，新增市场主体1.6万户，增长4.4%。不动产交易登记实现数字化，存量房转移登记、抵押登记全程网办。升级区级公共信用平台，金融、就业等领域实现联动应用。创新农村集体三资管理模式，实行村级财务网上审批，构建村级“0”现金收支体系。“退役军人创业+农村普惠金融”在全省推广。体制机制持续完善。完成事业单位改革，整合49家、精简25%。国企完成专业化重组。安委会、项目办等体制机制进一步理顺。

七、坚持办实事惠民生，群众福祉持续提升。全年民生支出81亿元，占一般公共预算支出的79%，省市区三级民生实事共88个子项全面完成。民生保障有效加强。新增城镇就业15331人，登记失业率为2.4%。推进社保、医保扩面，参保率稳定在98.6%和99%以上。完成220户困难老人家庭适老化改造，实现示范型居家养老服务中心乡镇（街道）全覆盖，在全国率先试点独居老人意外10分钟救援。农村饮用水工程基本完工，4955户农村存量危房解危。新开工建设11个安置房项目，2个项目竣工交付。公共服务不断提升。富阳中学改扩建等10个项目建成投用，富春九小、富春五幼等项目加快实施，在全省率先实现中小学教室、寝室空调全覆盖，入选全省首批“互联网+义务教育”实验区，新劳动教育实践成为全国金名片。省人民医院富阳院区、省中医院新院区动工建设，与浙江中医药大学共建富阳中医骨伤医院，首创家庭医生移动诊疗平台，18个名医工作室落户富阳，成为首批国家级青春健康教育示范基地。承办首届全国文化馆百县馆长论坛，实施特色文化礼堂活跃工程，开展文化惠民活动405场。老鹰画室场口校区建成启用、浙美·江堤艺术园开园运营。完成全国文明城市测评。全民健身活动广泛开展。社会治理卓有成效。城市大脑建设加快推进，民生直达等惠民惠企场景不断拓展，数字驾驶舱向乡镇、村社延伸，首创“家和码”，启用“富春智联”一体化平台。扫黑除恶、命案攻坚、道路安全隐患整治等工作纵深推进。积极化解信访积案，基本实现无信访积案区。“应急管理一张图”基本建成，有效防御强降雨和新安江水库九孔泄洪，安全生产事故起数、死亡人数分别下降18.6%和17.3%，摘得全省首批“一星平安金鼎”。第七次全国人口普查有序推进。精准脱贫有力有为。实施消薄提升工程，288个村（社）经营性收入30万元以上，低收入农户人均可支配收入增长15%，获评全省扶贫开发工作突出集体。扎实推进与锦屏、缙云、九台、黄山等地区东西部扶贫、山海协作和对口合作，动建“缙云大厦”消薄飞地项目，援建扶贫车间19个，助力锦屏成功脱贫摘帽。

八、坚持转作风增效能，政府建设切实加强。政治建设不断强化。坚持用习近平新时代中国特色社会主义思想武装头脑、指导实践，树牢“四个意识”、坚定“四个自信”、做到“两个维护”。突出政治统领，及时贯彻落实上级和区委决策部署。法治建设再上台阶。主动接受人大和政协监督，强化监察、司法、审计、舆论和社会监督，认真听取人大代表、政协委员、各民主党派、工商联、无党派人士和各人民团体意见建议，完成194件建议、170件提案办理。率先在全省开展“两级述法”，在全市首创行政执法专项巡查。落实“三重一大”集体决策制度，加强行政复议、行政应诉，区行政争议调解中心实质运转，“两高一低”专项整治成效明显。完成“七五”普法。如期完成村级组织换届。作风建设持续深化。严格落实八项规定及实施细则，推进全面从严治党走深走实。完成巡视巡察反馈问题整改。坚持政府过紧日子，一般性项目支出压减10.4%，日常公用支出压减5.9%。廉政建设全面加强。持续深化清廉政府建设，认真履行党风廉政建设责任制，完善廉政风险防控机制，强化重点领域、关键环节和要害岗位监管。深入推进清廉村居建设，规范村级工程、阳光建房、集体三资等微权运行，坚决惩治侵害群众利益的不正之风和腐败问题。

同时，国防动员和后备力量建设、双拥优抚、军民融合、审计、外事、台侨事务、民族、宗教、档案、地方志、气象、残疾人、工会、慈善、红十字、爱国卫生、老龄、妇女儿童、关心下一代、社科等工作取得新进展。

各位代表，坚持就是胜利。刚刚过去的2020年，面对严峻复杂的宏观形势和新冠肺炎疫情的冲击，我们在挑战中坚持，在坚持中蝶变，高水平全面建成小康社会取得决定性成就，为“十三五”收官画上了圆满的句号。回顾“十三五”，在科学研判的基础上，我们始终坚持“三看四态促转型”，坚定“三个拥抱”，砥砺前行，奋勇拼搏，“十三五”规划确定的目标任务基本完成。这五年，全区人民共同走过了一段极不平凡、值得铭记的奋斗历程，今天的富阳正以豪迈的姿态站在新的历史起点。

五年拼搏，一座实力新城精彩展现。这五年，奠定了一些战略性基础，生产总值年均增长5.5%，人均地区生产总值近12万元，达到高收入国家和地区水平。财政总收入和一般公共预算收入年均增长8.7%和10.7%。五年累计完成固定资产投资1731亿元。这五年，发生了一些全局性变化，拥江发展、南北联动的城市框架全面拉开，以富春江为横轴和以地铁为纵轴的城市发展轴日益清晰。这五年，收获了一批国字号荣誉，连续入选全国综合实力百强区、绿色发展百强区、投资潜力百强区，综合实力和区域竞争力进一步提升。

五年拼搏，一批多年梦想终成现实。这五年，我们开启了“新区时代”，完成了撤市设区过渡期后体制机制调整，40项民生政策与主城区全面并轨。我们开启了“双铁时代”，地铁、高铁连通千家万户。我们开启了“拥江时代”，全面拉开了挺进江南的序幕，期盼了二十多年的秦望过江隧道动工建设。我们开启了“亚运时代”，3个场馆即将竣工，将在这里产生80多枚金牌。我们开启了“品质时代”，阳陂湖生态湿地一期建成投用，成功引进了两家省级三甲医院，富春湾外国语学校动工建设，富阳成为全国幸福城区的样板。

五年拼搏，一场产业变革破茧而出。这五年，我们以壮士断腕的决心全面腾退造纸及关联企业，累计腾出数万亩用地，为发展高新产业腾出了宝贵空间。我们积极向上争取，全省首个特别合作区挂牌成立，富阳成为城西科创大走廊联动发展区、“三江汇”未来城市实践区。我们以“一号工程”推进项目招引，累计招引产业项目542个，总投资866亿元，数字经济、生物医药和智能装备增加值年均增长12%、15%和25%，高新技术产业增加值占比达到62.7%。我们着力优化营商环境，“亲清在线”实现政策兑现一键直达，证照分离实现全覆盖，一般投资项目开工前平均审批用时5.9天。

五年拼搏，一张数智网络加快形成。这五年来，我们全面深化改革，突出数字赋能，“先看病后付费”“停车先离场后付费”“宾馆30秒入住”“景区20秒入园”成为生活常态。点击鼠标，滑动手机，即可办理1922项政务服务事项，实现了从“找部门”向“找政府”、“集中办”向“就近办”、“线下办”向“线上办”的大转变，初步建成了移动办公之城和移动办事之城。

五年拼搏，一幅美丽画卷徐徐展开。这五年，我们持续抓好生态文明建设，坚决打好污染防治攻坚战，富春江常年保持Ⅱ类水质，成功创建国家生态文明示范区和中国天然氧吧，百花齐放、各美其美、美美与共的大花园初具雏形。我们深入推进新时代美丽乡村建设，百花大会、江鲜大会、味道山乡成为特色品牌，龙鳞坝、“牛八碗”成为网红经济引爆点，乡村旅游接待游客数和收入年均增长10.8%和13.8%。我们持续开展精品城区建设，精品江景、精品夜景、精品河道、精品街区等系列精品工程精彩亮相，“百里富春山居图”和“五十里春江花月夜”初步呈现。

五年艰辛，五年拼搏，五年奋进，积蓄了强劲的动力、站上了发展的风口、迎来了全新的机遇，极大激发了富阳儿女奋斗新时代的磅礴力量，为富阳全面“立起来”打下了坚实的基础。在此，我谨代表区人民政府，向全区人民，向人大代表、政协委员和离退休老同志，向各民主党派、工商联、人民团体和社会各界人士，向各驻富单位，向关心、支持富阳发展的海内外各界朋友们，表示崇高的敬意和衷心的感谢！

在肯定成绩的同时，我们要清醒地看到，一些深层次的矛盾和问题尚未得到根本解决：面对融合发展新特征，主动拥抱长三角、融入大杭州的程度还不够深，开放意识、开放格局还需要进一步增强。面对产业转型新任务，创新平台能级不高，创新活力不足，产业链条较短，新旧动能转换的任务艰巨，人口、产业结构转换较慢。面对都市建设新标准，城市的辨识度、美誉度不够，基础设施欠账还比较多，建设和管理的精细化水平不高，与现代化国际大都市城区不匹配。面对人民群众新期待，社会治理体系还不完善，智治水平还需提升，教育、医疗、养老等领域的优质公共服务供给仍然不足。面对现代政府建设新要求，政府职能转变还不够快，部分干部的发展理念、担当能力、服务意识和专业水平等有待加强，行政效率不高，形式主义、官僚主义还不同程度存在。这些，都是发展中的问题、前进中的障碍，我们必须高度重视，并在今后工作中切实加以解决。

“十四五”时期发展的目标、任务和二〇三五年远景目标

“十四五”及今后一个时期，富阳将处于“产业涅槃”关键期、“城市蝶变”展示期、“美丽转化”加速期。从全国来看，我国将进入新发展阶段，贯彻新发展理念，构建新发展格局，乘势而上开启全面建设社会主义现代化国家新征程。从全省来看，我省将忠实践行“八八战略”、奋力打造“重要窗口”，争创社会主义现代化先行省。从杭州来看，我市将加快建设社会主义现代化国际大都市、打造“数智杭州·宜居天堂”，展示“重要窗口”头雁风采。我们必须把富阳的发展与历史发展规律结合起来，与时代发展要求结合起来，与区域发展特征结合起来，切实增强“亚运会、大都市、现代化”窗口意识，开启新征程，扬帆再出发。

根据区委《“十四五”规划和二〇三五年远景目标的建议》，“十四五”时期，我区经济社会发展的指导思想是：高举习近平新时代中国特色社会主义思想伟大旗帜，全面贯彻党的十九大和十九届二中、三中、四中、五中全会精神，统筹推进“五位一体”总体布局，协调推进“四个全面”战略布局，深刻领会习近平总书记考察浙江、杭州重要讲话精神，忠实践行“八八战略”，坚决落实省委打造“重要窗口”、市委展现“头雁风采”决策部署，坚持党的全面领导，坚持以人民为中心，坚持新发展理念，坚持深化改革开放，坚持系统观念，坚持稳中求进工作总基调，以推动高质量发展为主题，以深化供给侧结构性改革为主线，以改革创新为根本动力，以满足人民日益增长的美好生活需要为根本目的，坚定转型发展、一体发展不动摇，持续推进高新产业发展、高品质城市建设、高水平社会治理，全面加快产业新动能、城市新轴线、发展新环境立起来，高水平打造现代版富春山居图，在“重要窗口”建设中展现富阳风采。

根据上述指导思想，区政府编制了《杭州市富阳区国民经济和社会发展第十四个五年规划和二〇三五年远景目标纲要（草案）》，分三个阶段提出了总的目标：到2022年杭州亚运会召开时，产业发展更加绿色高新，创新要素更加活跃充沛，内外交通更加便捷通畅，生态环境更加美丽宜人，文化软实力进一步提升，现代版富春山居图样板段精彩亮相，向亚洲和世界展示一个初具魅力的大都市新型城区。到2025年“十四五”规划收官时，现代产业体系基本形成，城市新轴线基本定型，全社会创新蔚然成风，基本公共服务实现均等化，综合实力和发展质效大幅提升，基本绘就“一江带城、南北呼应，山水相依、产城融合，现代气派、田园风光”的现代版富春山居图，实现从点线面不同尺度向全流域纵深展示。到2035年，实现地区生产总值、居民人均可支配收入比2025年“翻一番”，全面建成社会主义现代化国际大都市一流新城，全区域绘就“产业现代、都市一体，生活富裕、精神富足，水碧天蓝、和谐智治”的现代版富春山居图，率先实现高水平现代化。

围绕上述目标，我们将充分用好近年来厚植的优势，把“一图三立”指标化、项目化、具体化，加快建设硬科技创新示范区、绿色发展示范区和幸福宜居标杆区，精彩展示现代版富春山居图。

1. **依托三区叠加机遇，加快转型升级，着力描绘活力迸发、产业现代的实景画卷。**始终把创新作为引领发展的第一动力，充分用好城西科创大走廊联动拓展区、未来城市实践区、滨富特别合作区等重大机遇，建设包容善任的人才蓄水池，构建创新高效协同枢纽，营造青春活力的创新产业生态。坚持以数字经济为引领，唱好“双城记”，突出抓好“大好高”项目招引，推进传统产业数字化改造，大力培育企业主体，壮大“1+5+X”产业体系，成为高新产业强区和高新制造业示范区。到2025年，GDP突破1200亿元，形成产值1600亿元的五大标志性产业集群；开发区争创国家级产业创新中心，富春湾新城创建成为省级高新技术产业园区，滨富特别合作区成为科创成果转化示范区，力争引进1个国家级实验室；全社会研发投入占比达到3.5%，新增人才6万人；数字经济核心产业增加值占GDP比重提升到15%。

2. **依托亚运举办时机，大力提升品质，着力描绘都市一体、大气开放的实景画卷。**按照“办好一次会，提升一座城”要求，深入实施亚运行动，把赛前、赛中、赛后的乘数效应贯穿整个“十四五”，全域提升城市品质内涵，不断增强城市首位度。到2025年，“一核两翼三片”全域空间格局全面形成，富春江和地铁“十字金轴”沿线重点板块基本建成，秦望“城市眼”、杭黄“门户眼”精彩亮相。“外联内畅、都市一体”的综合交通体系全面建成，15条交通干线直达杭州核心城区。“百里富春山居图”和“五十里春江花月夜”美丽盛景精彩呈现。

3. **依托山水人文禀赋，推进美丽转化，着力描绘水碧天蓝、绿色发展的实景画卷。**充分用好得天独厚的富春山水，深入挖掘2000多年文化底蕴，深化区域联动发展，高标准建设美丽乡村，高质量发展美丽经济，高水平推进文旅融合，进一步打通“两山”转化通道，在山水人文中绘就现代版富春山居图。到2025年，力争创成富春江5A级旅游景区，美丽乡村“一江两线五岛十路百村”布局全面形成，都市生态农业加快发展，“富春山居”农产品品牌成为省内重要区域品牌，富阳成为全国“两山”理念转化实践示范区。

4. 依托改革先发优势，优化营商环境，着力描绘办事便捷、服务一流的实景画卷。富阳是“四单一网”改革的发源地，是“一件事”改革的萌芽地。我们将持续弘扬唯实惟先的改革精神，以数字化改革牵引各领域改革，优化资源要素市场化配置，推进“亲清在线”平台迭代升级，促进民营经济高质量发展，勇当市场化改革先锋，倾力打造全省投资首选地、创业起航地、服务最佳地。到2025年，“线上一网办”“线下一窗办”“掌上一端办”的格局全面实现，市场化、法治化、国际化的一流营商环境全面形成。

5. 依托共建共治基础，提升治理水平，着力描绘和谐智治、现代文明的实景画卷。坚持和完善新时代“枫桥经验”，巩固大党建机制，深化数字赋能，推进协同共治，着力补齐短板，加大基层治理创新，实现人民城市人民建、建好城市为人民。“十四五”期间安全生产事故起数、死亡人数逐年下降，到2025年，建成应急管理“十大体系”，数据驱动、人机交互、整体智治的治理新模式全面形成，实现平安富阳“二十连冠”。

6. 依托幸福城区基底，持续改善民生，着力描绘生活富裕、生命阳光的实景画卷。坚持民有所呼、我有所应，按照杭州核心城区标准，扩大和优化公共服务供给，统筹城乡一体发展，让老百姓生活一年更比一年好，让城市更有温度、幸福更有质感，打造“宜居天堂”后花园。到2025年，人均预期寿命达到84岁以上，城镇和农村居民人均可支配收入分别达到8.8万元和5.5万元。

各位代表，新的征程已经全面开启。我们坚信，在中共富阳区委的正确领导下，经过全区人民的共同努力，“十四五”发展的宏伟蓝图和二〇三五年的远景目标一定就能圆满实现！

2021年工作安排

今年是建党100周年，也是实施“十四五”规划、开启全面建设社会主义现代化国家新征程的第一年，更是富阳全面“立”起来的开局之年。开局关系全局，起步决定后势。我们将以“迎亚运、展风采，全面打造现代版富春山居图”专项行动为总载体，聚焦9大辨识度高的都市项目、8大标志性强的产业群落和5大治理路径的富阳模式，铆足“跳起来、够得着”的拼劲，奋力按下“快进键”、跑出“加速度”， 把产业新动能立起来，加快把城市新轴线立起来，把发展新环境立起来。

综合各方因素，建议今年经济社会发展的预期目标是：地区生产总值增长6.5%；规模工业增加值增长5.5%；一般公共预算收入超百亿元；城镇和农村居民人均可支配收入分别增长7%和8%；万元GDP综合能耗、主要污染物排放等约束性指标完成上级下达的目标任务。

根据上述目标任务，我们将突出重点抓好以下九个方面工作：

一、突出生命至上，慎终如始抓好疫情防控

始终保持高度警惕，坚持“外防输入、内防反弹、人物并防”，严格落实“四早”要求，深化“源头查控+硬核隔离+精密智控+暖心服务”机制，严格控制聚集性活动规模，严格落实医疗机构防控措施，严格抓好特殊场所防控，严格落实闭环管控措施，确保冷链物防闭环管控，确保不出现聚集性疫情，确保不发生院内感染，确保不发生疫情风险点失管漏管，力争不发生本土新增病例。建立健全区、乡镇（街道）、村（社）三级应急指挥体系，进一步加强公共卫生和医疗救治体系建设。深入开展爱国卫生运动，落实个人健康防护责任，做到勤洗手、多通风、少聚集、戴口罩。有序推进新冠疫苗接种工作。

二、突出创新驱动，激发产业发展新动能

打造创新平台。进一步加强与高新（滨江）区、未来科技城等科创策源地的对接，加快推进滨富特别合作区建设，全力打造城西科创大走廊金南翼。开发区重点优化众创孵化空间和加速器布局，推进银湖总部经济集聚区建设，加快大华智联、和鼎技改、中南二期建设，挤进全省国家级开发区前7位。滨富特别合作区动工建设富芯、正泰等重大项目，加快推进宏华数码等项目建设，打造科技成果转化示范区。富春湾新城重点推进杭州光机所科研孵化园、春江研究院、银湖激光等项目，开工建设中节能、光电激光、大源门窗等产业园，争创省级高新技术产业园区。大力推进硅谷、药谷等特色小镇2.0版建设，全力打造葛洪丹谷。

培育创新主体。坚持企业创新主体地位，鼓励企业加大产品研发、技术改造和工艺引进，力争全社会研发投入占比达到2.7%。深入实施“鲲鹏”“凤凰”“瞪羚”“雏鹰”和新一轮科技企业“双倍增”、“冠军”企业培育计划，新增上市企业2家、国高企100家、省级科技型企业100家，“小升规”200家以上。鼓励企业加强与高校等合作，支持龙头企业组建产业联盟，推动科技领军企业牵头建立研究院，提升竞争力。启动实施“走亲连心三服务”2.0版，开展大服务提升行动，切实帮助企业解决实际困难。

汇聚创新资源。深入实施“人才强区”战略，完善人才政策，构建多层次人才供应链，新引进海内外领军人才10名、研究生等高层次人才1500名、大学生1万名以上。启动新时代工匠培育和专项人才摇篮工程，培育技能人才1.3万人以上。完善人才保障机制，加快推进5484套人才房建设，办好“最后一纳米”具体小事，让各类人才安心、安身、安业。创新金融服务，做强产业基金，发挥财政资金“酵母”和“杠杆”作用，积极探索“人才+项目+金融”新模式。强化品牌和标准化建设，新增发明专利110件、“品字标浙江制造”认证企业6家，争创国家知识产权强区（试点区）。

三、突出转型升级，提升经济发展新质效

狠抓招大引强。坚持招商引资“一把手”工程，深入开展“招商引资年”活动，全面形成大招商、招大商新格局。深化产业链招商，建立主导产业“链长制”，“一链一策”吸引关键企业、龙头企业，做优做强产业链条。强化区域联动招商，主动参与浙江“全球先进制造业中心”、杭州“数字经济第一城”分工，着力引进一批高端制造、数字经济等领域世界500强企业。积极开展奔跑招商，紧盯北上广深，坚持区领导带头招商、敲门招商，

开展全区大比武，定期晒业绩，全年引进10亿元以上产业项目10个，力争在50亿元、100亿元项目上有新突破。全面优化服务，依托“投资项目信息化管理平台”，构建“招引—投产”闭环式服务链条，积极推进“拿地即开工”，确保新出让工业用地6个月内开工。

扩大投资消费。坚持“投产（用）为王”，持续发挥投资关键作用，突出抓好314个政府投资项目和182个产业项目建设，固定资产、工业投资增长10%以上。启动实施新消费三年行动计划，培育壮大直播、夜经济和“首店经济”，实现社零增长8%以上。进一步扩大对外开放，认真落实稳外贸稳外资举措，支持企业开拓多元化市场，加快发展服务贸易、跨境电商，确保外贸出口占全国份额稳中有升。

加快产业升级。坚持以数字经济为引领，大力发展光电通信、智能装备、生物医药等主导产业，培育壮大数字安防、集成电路等新兴产业。实施制造业数字化改造2.0版，支持企业智能化、数字化、高端化、绿色化改造，加快互联网、大数据、人工智能与传统产业深度融合，开展数字化改造项目140个，打造一批未来工厂、智能工厂、数字化车间，培育新增长点，形成新动能。继续保护传承经典民生产业，振兴老字号品牌。做优做强现代服务业，大力发展商务服务、科技及软件信息、研发设计等生产性服务业；加快构建便民生活服务圈，东方茂改造、万达广场综合体精彩亮相。做精做优现代农业，加强种质资源保护和利用，推动农业规模化经营，加快建立现代农业经营体系；稳定粮食种植面积，确保生猪生产，严格落实“非粮化”清理，有效保障“菜篮子”“米袋子”，争创省级渔业健康养殖示范区。

四、突出亚运行动，展示品质城市新魅力

全力备战亚运。高标准完成银湖射击射箭馆、北支江水上运动中心、体育中心改造等亚运场馆建设。积极推进亚运会相关准备工作，做好志愿者招募培训、应急演练和场馆试运营。开展场馆周边环境整治，加快推进北支江综合整治工程、东洲土地全域综合整治、亚运旅游综合集散中心等项目建设，着力提升整体形象。启动“后亚运”时期场馆招商，推动赛后利用。

建设城市轴线。围绕地铁和富春江，实施黄金轴线工程，打造高品质城市发展线。地铁沿线重点做好站点与沿线板块互动发展，启动首批2个站点TOD建设，同步做好地下空间开发和利用，集聚产业和人气。江北区块“城市眼”秦望水街、住宅区块楼栋完成结顶，地下综合体完成桩基施工并部分封顶，秦望过江隧道盾构开始掘进。江南区块富春湾新城重点拉框架、优配套，加快杭黄“门户眼”和富春湾大道、亭山路等“五纵五横”主干路网建设，积极推进亭山变迁改，做好中轴线片区3平方千米“城市心”规划方案，加快打造产城人高度融合示范区。

打造城市单元。深化国土空间布局，突出都市品质，科学谋划和推进重点区域建设。银湖科技城北接城西科创大走廊，东联之江板块和高新（滨江）区，对标主城区提升城市形态，着力打造产城融合示范区。东洲区块积极融入“未来城市”实践区，实施画卷样板工程，打造现代版富春山居图样板段。城北区块结合阳陂湖生态湿地，联动高教园，打造公园上的科技新区。鹿山新区加快完善生活配套。老城区块有序推进城市有机更新和老旧小区改造。加快推进新登古镇、场口“微镇”小城市建设，着力打造城市副中心。

完善都市交通。抢抓交通强省机遇，实施城市畅通工程，完成彩虹快速路西延、春永线综合整治、渌渚作业区江口码头等项目建设，加快推进湖杭铁路、大盘山隧道、灵桥互通改建，优化地铁6号线公交接驳。提前启动杭淳开、杭州中环（北段）部分节点建设。主动对接市轨道交通四期线网建设。深化温义宣高速、东洲通道、东洲国际港码头迁建、14省道改建、23省道外移等项目研究。

加强城市管理。坚持规划执行刚性，强化城市天际线、建筑立面等管理，实现规划“一张蓝图”管到底。深化垃圾分类，完成收运体系转换，实现垃圾分类达标乡镇（街道）全覆盖。实施彩虹快速路、金桥路、桂花西路、恩波大道等整治提升工程，开展东大道入口等交通堵点治理，完成江滨西大道美丽道路创建。完善城市给排水系统建设，推进富阳污水五期、新登污水三期、银湖水厂建设，动工建设富春湾水厂改扩建工程。完成省级市容示范街创建。海绵城市建设完成省级示范区县复核验收。

五、突出乡村振兴，彰显富春山居新风貌

打好“环境整治”持久战。深入实施大生态提升行动，持续推进“美丽杭州”建设，擦亮国家生态文明建设示范区招牌。深化“碧水”行动，开展富春江饮用水源保护区调整，启动洋浦江综合提升工程，完成5个镇街和6个工业园区污水零直排建设，再夺“大禹鼎”。深化“蓝天”行动，完成10家挥发性有机物排放企业整治，空气优良率稳定在95%以上，PM2.5浓度维持在30微克/立方米以下。深化“净土”行动，开展重点区块污染防治，污染地块安全利用率保持100%。深化“清废”行动，强化尘源管理，建立工业固废统一收运、处置体系，打造全域“无废城市”。

打造“美丽城乡”升级版。注重功能完善、品质升级、彰显特色，推进新时代美丽城镇建设，启动现代版富春山居图新桐示范段建设，完成龙门、洞桥等10个美丽城镇创建，争创省级样板。突出地方特色，采用“微改造”方式，建成80个新时代美丽乡村。启动数字乡村建设试点，探索“未来乡村”“未来村庄”发展模式，打造现代版富春山居图标杆点10个、标杆线路2条。加快打造“一江十溪”美丽水系，积极创建美丽河湖，建设2个乐水小镇。建立完善森林、湿地、野生动植物保护网络，实施百万亩国土绿化行动，完成绿化造林6000亩。

拓宽“两山转化”主通道。持续打响“富春山居”区域公共品牌，新培育农夫乐园5个、精品民宿10家、农村电商50家，加快提升富阳特色农产品影响力和竞争力。深化“一镇一业、一村一品”富民产业培育行动，巩固脱贫攻坚成果，村社集体经营性收入保持30万元以上。深化“两进两回”，落地乡村产业项目100个以上。加快推进阳陂湖生态湿地二期、小叠空等重大项目建设，启动龙门古镇综合提升改造工程，开展富春江4A级景区

建设，推动新登古城复兴，擦亮两张省市文旅金名片。继续办好味道山乡、百花大会等农事节庆活动，加快美丽资源向美丽经济转化。

六、突出数字赋能，激发营商环境新活力

持续推进数字化改革。深化政务服务2.0推广应用，推行不见面办事，扩大“网上办”“掌上办”“就近办”覆盖面，提供“24小时不打烊”在线政务服务，让办事“像网购一样方便”。深化“亲清在线”平台建设，主动为企业提供更精准服务。探索“互联网+监管”，推出更多大数据执法、非现场执法应用场景，掌上执法率达到90%以上。建立数据信息分级保护制度，加强公共数据安全管理和个人信息保护。

持续深化要素市场化改革。高效落实“亩均论英雄”“标准地”等举措，实施亩均效益领跑者行动，引导资源要素向产业平台、主导产业、重大项目集中，工业用地100%实行标准地出让，规上工业企业亩均增加值力争增长8%以上。消化和处置批而未供、供而未用土地4500亩，盘活存量建设用地2500亩，消化村级留用地300亩，工业用地出让比例不低于40%。深化“融资畅通”工程，增加制造业中长期贷款、技改贷款和信用贷款。深化国企改革，提升建设、运营和管理能力，增强国企活力和竞争力。

持续改善营商环境。注重目标集成、政策集成、效果集成，迭代升级并创新推出一批“一件事”。深化“信用富阳”建设，健全信用体系多部门联动机制，开发信用分系统，推动更多“信用+联动”重点场景建设。全面推行证明事项和涉企经营许可事项告知承诺制。大力支持民营经济发展，做好安商、稳商、暖商，弘扬企业家精神，关注关爱“新生代、创二代”成长，构建“亲清”新型政商关系。

七、突出共建共治，打造社会治理新格局

创新基层治理方式。持续深化“城市大脑”建设，把大数据、云计算、人工智能等信息技术广泛运用到区域治理之中，推进决策科学化、治理精准化、服务高效化。用数字治理优化信息收集、公众沟通、公共决策等各环节，推动治理过程、手段、方式智能化、数字化。创新探索社会治理“一张图”，谋划建设一批场景化、多业务协同的重大应用项目。顺应城市治理新要求，以党建引领小区自治、共治。推动资源下沉，为乡镇（街道）、村社赋权增能，实现职责匹配。积极培育各类社会组织，加强社会工作者、志愿者队伍建设。推进“县乡一体、条抓块统”和乡镇（街道）一支队伍管执法改革，强化部门监管信息互联互通，探索扩大跨部门联合执法的领域和范围，提升基层治理效能。

深化平安富阳建设。开展大平安提升行动，确保实现平安富阳“十六连冠”。完善应急管理体制机制，强化自然灾害防抗救工作，提高预防和处置突发公共事件能力。持续加大重点领域专项整治力度，遏制较大以上事故，防范和减少一般事故，确保安全生产形势持续向好。启动实施“亚运安保”行动。高标准做好建党100周年安保。深化“打防一体化”建设，常态开展扫黑除恶专项斗争，高压严打新型网络诈骗等突出违法犯罪。持续强化国防动员和后备力量建设。深化放心消费行动，开展放心消费单位、无理由退货承诺单位建设，创建省放心农贸市场2家。做好水库除险加固。严守耕地保护红线，开展农村乱占耕地建房问题专项整治，推进依法依规用地。

促进社会和谐稳定。践行新时代“枫桥经验”，优化社会矛盾纠纷调处化解中心功能，完善人民调解、行政调解、司法调解多方联动工作体系，实现矛盾纠纷化解“最多跑一地”。健全公共法律服务体系，积极做好法律援助、社区矫正等工作。持续开展“无信访积案区”创建，完善“一访六办”工作机制，认真办理“63312345”热线信访件，突出做好初信初访，以高度负责的态度对待群众诉求、解决实际问题。深化“根治欠薪”行动，健全防欠薪工作长效机制，构建和谐劳动关系。

八、突出以人为本，谱写美好生活新篇章

加强社会保障。坚持“就业优先”，健全鼓励创业、促进就业政策体系，着力解决困难家庭子女就业，新增城镇就业1.5万人以上，确保“零就业”家庭动态清零，城镇登记失业率稳控在3%以内。推进“全民医保”，推广实施商业补充医疗保险，提升大病保险待遇，新增职工参保人员1万人以上。做好“幸福养老”，加大养老服务保障力度，逐步提高护理型床位比例。深化“精准救助”，加大独居老人意外安防监测覆盖面，稳步提高最低生活保障水平，确保低收入农户收入增长10%以上。

优化公共服务。加快推进富春十小、富春五幼、富春湾外国语学校等项目建设，启用富春九小。深化“名师名校名校长”工程，加强新时代师德师风建设，与杭州、上海知名学校实质性开展合作办学。推进新型名校集团化办学，促进学前、义务、普高职高各阶段教育优质发展，争创全国义务教育优质均衡发展区。深化全国中小学劳动教育实验区建设，新劳动教育继续走在前列。打好儿童青少年近视防控持久战。启动富春医学高峰计划，大力实施“富春名医”师带徒，争创全国健康促进区。继续做好省人民医院富阳院区、省中医院新院区、区妇保院新大楼等医卫项目建设。深化医共体和医保支付方式改革，打造数字健康新样板。开展省级老年健康促进行动试点工作，高水平通过国家卫生城市复评。

推进文化兴盛。开展大文明提升行动，积极培育和践行社会主义核心价值观，深入开展“公筷公勺”“厉行节约”等文明实践，广泛开展“发现最美、争做最美、宣传最美”系列主题活动，不断擦亮“最美富阳”品牌。持续打造“家在富春江上”特色文化品牌，承办好省非遗博览会，推动区非遗展示馆等项目建设，积极创建省级文化传承生态保护区。大力推进钱塘江诗路文化带、之江文化产业带建设，加快数字诗路e站富阳体验中心等重大项目，积极推进文创赋能新消费，持续壮大文创产业。

办好民生实事。各位代表，今年我们将继续按照“群众提、大家定、政府办”的方式，由大家在候选的12个项目中，投票选定今年实施的10件民生实事。一是推进老旧小区改造。完成8个老旧小区综合改造提升工程。完成14个小区高层住宅二次供水设施改造，建设“美好家园”住宅示范小区6个。二是推进城市畅通工程。打通交通堵点10个。新增公共停车泊位500个。完成农村公路大中修60千米、公路驿站3座，新增农村公路30千米，创建美丽公路5条，打通农村断头路4条。新增和优化公交线路10条，新改建公交候车亭30座。三是做好住房保障。5个安置房项目竣工交付，回迁安置4000户以上。公共租赁住房货币补贴保障家庭2000户，新开工保障性住房20万方。四是深化“美好教育”。建成或投用初中、小学、幼儿园10所，新增学位6390个；新建初中、小学、幼儿园8所；完成富春三小整体搬迁；实验小学学生食堂建成投用。五是做好传染病和疾病防控。在社区卫生服务中心设置传染病规范化专用诊室和隔离留观室15家以上。完成重点人群结直肠癌筛查3万人。开展脑中风高危人群筛查与干预不少于1万人。六是提升养老服务水平。新增养老机构床位350张，完成500户生活困难老年人家庭适老化改造，为150户困难独居老人家庭安装安全守护系统。新建7个乡镇（街道）社会工作站。七是加强无障碍设施改造和重点人群康复救助。完成无障碍设施改造2000个。改造提升“残疾人之家”8家、残疾儿童康复机构3家。实现基本型辅具适配700人次以上。八是开展全民健身。新增和提升百姓健身房、社区多功能运动场、健身广场、健身公园等体育场地设施25处以上，组织群众性体育活动200场，新增健身绿道100千米。九是做好电梯加装与智慧监管。完成既有住宅加装电梯80台以上，新增智慧电梯系统安装500台。十是提升食品安全。建成农村家宴阳光厨房20家，中小学和等级幼儿园食堂智能“阳光厨房”120家，新增全程可追溯的食品生产经营主体2家，创建“五化”市场5家。十一是深化垃圾分类。实现居民小区90%以上、行政村60%以上达到区级示范标准。十二是提升婴幼儿照护服务。新增婴幼儿照护服务社区成长驿站11家，婴幼儿照护服务托位100个，组织婴幼儿家长养育技能提升专业课堂50场。对代表票选确定的10件民生实事，我们将全力以赴办实办好，确保办一件、成一件。其余2件也将按相同标准抓好落实。

九、突出党建引领，展现政府履职新形象

强化政治建设。以习近平新时代中国特色社会主义思想武装头脑、指导实践，增强“四个意识”、坚定“四个自信”、做到“两个维护”。严格遵守党的政治纪律和政治规矩，不折不扣贯彻执行中央、省、市和区委各项决策部署，确保政令畅通、令行禁止。

坚持依法行政。自觉接受人大法律监督和政协民主监督，加强监察、审计、司法、群众和舆论监督。高质量办好人大建议和政协提案。严格落实重大行政决策法定程序，加强乡镇（街道）合法性审查工作标准化建设。深化法治乡镇创建活动，启动实施“八五”普法。建立政府智库，深化政务公开。强化风险评估，提高决策科学化水平。

主动担当作为。坚持实干至上，指标化、项目化、闭环化、协同化抓落实，一天接着一天钉，一锤接着一锤敲，一件接着一件办。坚定攻坚破难的勇气，确保关键时刻豁得出、顶得上、攻得下，不达目标不罢休。坚守争先创优的信心决心，拿出“起跑就是冲刺、开局就是决战”的劲头，全力推动各项工作争第一、抢第一、拼第一。建立健全高质量的政绩考核评价体系，更加关心关爱干部，为担当者担当，不断激发广大干部的奋进者姿态、创造性张力和施工队精神。

永葆清廉本色。扛牢扛实全面从严治党主体责任，严格执行各项纪律规定，强化“四责协同”，持之以恒反“四风”。扎紧扎实权力约束的“制度笼子”，紧盯公共资金、公共资源、公共工程等重点领域和关键环节，筑牢廉政风险“防火墙”，努力营造风清气正的政治生态。

各位代表，回顾“十三五”，我们心潮澎湃；展望“十四五”，我们豪情满怀。让我们更加紧密地团结在以习近平同志为核心的党中央周围，高举习近平新时代中国特色社会主义思想伟大旗帜，在区委的坚强领导下，紧紧团结和依靠全区人民，众志成城，砥砺奋进，加快打造现代版富春山居图，以优异成绩庆祝中国共产党成立100周年！

名词解释

六稳（P1）：即稳就业、稳金融、稳外贸、稳外资、稳投资、稳预期。

六保（P1）：即保居民就业、保基本民生、保市场主体、保粮食能源安全、保产业链供应链稳定、保基层运转。

三大攻坚战（P1）：即防范化解重大风险、精准脱贫、污染防治。

两直（P2）：即新增中央财政资金直达市县基层、直接惠企利民。

五减（P2）：即减税、减费、减租、减息、减支。

亲清在线（P2）：即杭州市亲清新型政商关系数字平台，是杭州“城市大脑”的重要组成部分。作为城市大脑的运用，“亲清在线”平台前端可以分别向企业、政府部门提供政策兑现和互动交流服务等操作功能；后端就是通过城市大脑中枢系统，与部门及区、县（市）业务系统进行数据协同，实现政策服务、在线互动和决策支持等功能。

隐形冠军（P2）：指那些不为公众所熟知，却在某个细分行业或市场占据领先地位，拥有核心竞争力和明确战略，其产品、服务难以被超越和模仿的中小型企业。

双抢双增（P3）：即千方百计抢工抢时，抢工作效率、抢发展时机，把失去的时间“夺”回来；想方设法增产增效，推动企业增产出、增效益，把疫情造成的损失“夺”回来，以最快速度恢复经济运行。

五比五学（P3）：即围绕招商引资、空间腾退、项目建设、高端人才引进、服务质量五个方面开展比武竞赛。

“5110”计划（P4）：即五年内引进培养100名带着重大项目、突破关键技术、带动新兴学科的高层次创业创新人才，重点引进培育年主营业务收入超千万元创业企业10家。

三铁三高三快速（P4）：“三铁”即杭黄高铁、湖杭铁路、杭富城际铁路，“三高”即杭新景高速、杭州绕城西复线、杭淳开，“三快速”即彩虹快速路西延工程、

春永快速路、杭州“中环”。

四好农村路（P4）：即建好、管好、护好、运营好农村路。

“两点法＋点长制”垃圾分类模式（P5）：“两点法”即以“撤桶并点”“定时定点”为主攻方向；“点长制”则是按照分级管理、属地负责的原则，全区各机关单位、乡镇街道、各类行业单位（企业）等在每个投放点建立三级点长体系。

“十相联治”“十不允许”正负面清单（P5）：“十不允许”即不允许破山开矿、借名采挖，不允许溪沟挖砂、沙滩取石，不允许毁林改造、乱砍滥伐，不允许挖泥倒渣、损毁耕地，不允许砌石围塘、浆砌挡墙，不允许城景进村、随意线改，不允许硬装护栏、石板铺路，不允许绿植舶来、乔木截梢，不允许围墙同白、房屋同绘，不允许堤岸建房、岸线堆物。“十相联治”即花果飘香，打造和美庭相；风格协调，打造和谐房相；一路一景，打造品质路相；垦荒清棚，打造质朴田相；科学改造，打造自然林相；生态复绿，打造原生山相；综合治理，打造生态溪相；清洁循环，打造澄澈湖相；还原本貌，打造秀美岛相；全面整治，打造洁美堤相。

家和码（P6）：即以日常实际共同居住作为“家庭”标准，通过基层采集、部门推送守法、平安、和谐指数信息，建立家庭档案库，依托大数据平台，按“家庭”的量化得分，予以“红、黄、绿”赋码管理，实现婚姻家庭矛盾纠纷“未病先防、既病快治、愈后防复”。

两级述法（P7）：即区政府向区人大、区政协汇报年度法治政府建设情况，镇街向乡镇人代会和街道人民议事会汇报年度法治政府建设情况。

两高一低（P7）：即行政争议发案量高、纠错率高、负责人出庭应诉率低。

“1+5+X”产业集群（P13）：“1”为数字经济，“5”为光电通信、智能装备、生物医药、数字安防和集成电路，“X”为若干个新兴产业。

一核两翼三片（P13）：“一核”即富阳中心城区，包括富春街道、银湖街道、东洲街道、春江街道、鹿山街道和大源镇、灵桥镇北部区域，以及春建乡、新桐乡。“两翼”即新登和场口两个省级小城市。“三片”即依托葛溪、壶源溪、大安顶等流域和山体，形成三个生态先导的功能片区。

一江两线五岛十路百村（P14）：“一江”即富春江。“两线”即“百里富春山居图，五十里春江花月夜”的南线和北线，通过整治两岸沿线环境，打造游步道，打造精品线路等措施，串联沿江特色景观要素，与城市沿江功能相互融合与提升。“五岛”即东洲岛、桐洲岛、新沙岛、中沙岛和王洲岛，充分利用独具特色山水资源，打造旅游型新时代美丽乡村，补充完善旅游服务设施设备，为发展旅游产业做好配套。“十路”即“春江花月”、“烟雨桐洲”等十大精品线路，总长330千米。“百村”即结合乡村振兴任务和我区美丽乡村创建要求，在“十四五”期间，着力打造完成200个以上新时代美丽乡村，实现新时代美丽乡村全覆盖。

四单一网（P14）：即政府权力清单、政府责任清单、投资负面清单、部门专项资金管理清单和浙江政务服务网。2014年5月，富阳晒出了全国首张县域“权力清单”，受到了李克强总理的批示肯定。

四早（P16）：即早发现、早报告、早隔离、早治疗。

首店经济（P18）：指一个区域利用特有的资源优势，吸引国内外品牌在区域首次开设门店，使品牌价值与区域资源实现最优耦合，以及由此对该区域经济发展产生积极影响的一种经济形态。“首店”是指在行业里有代表性的品牌或新的潮牌在某一区域开的第一家店，如全球首店、亚洲首店、中国（内地）首店、区域首店；又或指传统老店通过创新经营业态和模式形成的新店，如新物种店、概念店、体验店、定制店、旗舰店等。

TOD（P19）：即以公共交通为导向的发展模式。

两进两回（P21）：即科技进乡村、资金进乡村，青年回农村、乡贤回农村。

一访六办（P23）：“一访”即初次信访“最多访一次”；“六办”即属地代办、首接首办、部门联办、接访领办、重点跟办和考核督办。

“五化”市场（P26）：即农贸市场和专业市场的便利化、智慧化、人性化、特色化、规范化。

中国人民政治协商会议第九届杭州市富阳区委员会常务委员会工作报告

在政协第九届杭州市富阳区委员会第五次会议上

（2021 年 2 月 6 日）

杭州市富阳区政协主席　陆洪勤

各位委员：

我代表政协第九届杭州市富阳区委员会常务委员会，向大会报告工作，请予审议，并请列席会议的同志提出意见。

一、2020 年：风雨同行战疫情　凝心聚力促发展

2020 年是极不平凡的一年。这一年，面对突如其来的新冠肺炎疫情，以习近平同志为核心的党中央团结带领全党全国各族人民坚决打响气壮山河的抗疫大战，取得了抗疫斗争的重大战略成果，我区在统筹疫情防控和经济社会发展的大战大考中交出了“两手硬、两战赢”的高分报表。这一年，中共十九届五中全会、省委十四届八次全会、市委十二届十一次全会和区委一届十次全会先后召开，描绘了国家和省、市、区“十四五”时期及未来 15 年的发展蓝图。一年来，区政协及其常委会高举习近平新时代中国特色社会主义思想伟大旗帜，坚决贯彻中央和省、市、区委决策部署，广泛凝聚社会各界的智慧力量，组织全体政协委员和政协工作者，围绕中心，服务大局，全力助推疫情防控和经济社会统筹发展，为富阳顺利完成“十三五”规划目标任务，高水平全面建成小康社会作出了新的贡献。

1. **学深悟透习近平新时代中国特色社会主义思想，牢牢把握正确的政治方向。**我们坚持把学懂弄通做实习近平新时代中国特色社会主义思想摆在首位，第一时间传达学习习近平总书记的重要讲话、重要文章、重要指示，不断巩固全区各族各界人士团结奋斗的共同思想政治基础。持续完善以区政协党组理论中心组学习为引领的学习体系，全年共举行 16 次党组（扩大）会议、4 次常委会议，3 次政协读书会和 2 次政协讲坛，及时学习贯彻党的十九届五中全会等中央和省、市、区委重要会议精神，深刻领会《关于加强新时代民营经济统战工作的意见》等重要文件内容。切实把学习习近平新时代中国特色社会主义思想同发挥视察调研、协商议政等活动的思想政治引领作用结合起来，加强与各民主党派、工商联和无党派人士的团结合作，密切与新的社会阶层人士的联系沟通，担负起“落实下去、凝聚起来”的重大政治责任。全年支持各民主党派提交集体提案 9 件、报送重要调研报告 11 篇，在政协全体会议和各类协商会议上发言 27 人次，努力为富阳发展画好最大同心圆、汇聚最大正能量。

2. **勠力同心“战疫情、促发展”，在应对重大突发事件中扛起政协担当。**我们第一时间响应党委号令，和全区人民一起，迎难而上、众志成城，夺取“战疫情、促发展”两战全胜。组织政协各参加单位、全体政协委员和政协工作者投身抗疫一线，开展“走亲服务”、网上协商等活动 61 次，策划专题报道 28 篇；就完善我区公共卫生应急管理体系组织开展“请你来协商”活动，形成重点建议 13 条，推动全区疫情防控工作补短板、强机制；下沉社区参与防控 1300 余人次，捐赠防疫物资 3 万余件，委员捐款 310 万元，涌现出一大批先进集体和个人，如周正红委员被授予杭州市抗击新冠肺炎疫情先进个人、李朝阳委员被评为“富阳好房东”等；组织文艺工作者创作抗疫文学作品 50 篇、书法绘画作品 168 件、摄影作品 120 件、音乐作品 6 件，谱写了富阳政协人同舟共济、共克时艰的战疫之歌。聚焦“六稳”“六保”部署，开展区政协“积极担当作为　助力‘双抢双增’”专题系列履职活动，走访服务企业 146 家次，帮助协调解决防疫物资、用工短缺等困难 100 余个，报送信息专

报6期、社情民意信息31篇、意见建议130多条，在推动复工复产、保障生产生活中发挥了积极作用。

3.聚焦主责做强主业，在发挥专门协商机构作用中彰显政协作为。我们牢牢把握“专门协商机构”性质定位，在专出特色、专出质量、专出水平上狠下功夫。打造“专”的平台。整体构建区、乡镇（街道）、村（社）三级“请你来协商”平台体系，着力提升区级平台能级、完善基层平台建设。协助区委出台《深化规范全区乡镇（街道）“请你来协商”平台建设的实施办法（试行）》，试点推进“村（社）基层协商民主示范点”建设，通过统一协商标识、明确协商频次、规范协商程序，推动“请你来协商”平台化、体系化、规范化、品牌化发展。做透“专”的形式。集聚专业机构、专家委员的智力优势，用好网络问卷、媒体调查等手段，广泛邀请各界代表开展协商，着力提升协商的专业性和开放性。在“深化‘三医联动’改革”协商活动中，收集网络问卷调查455份，征求市民建议120余条，梳理区长公开电话市民反映3万余件，邀请医药行业代表和群众代表参加调研和协商；在“助推经典民生产业保护和发展”协商活动中，首次开展远程协商，连线洞桥镇状元直播间，关注“小馒头、大产业”。提升“专”的成效。全年组织区、乡镇（街道）、村（社）三级“请你来协商”活动96场，提出意见建议579条，被吸收采纳意见建议357条。区商务局采纳“助推富阳餐饮业高品质发展”的建议，启动美食街区的规划建设；区农业农村局、区文广旅体局落实“助推经典民生产业保护和发展”的建议，将元书纸、茶叶等经典产业纳入“十四五”产业规划；富春街道后周社区在区政协联系指导下，通过民主协商，有效解决了“马路停车场”“小餐饮规范化管理”等问题，受到新华社等中央媒体关注报道。

4.服务大局同向发力，在一线参与助推中心任务中发挥政协作用。我们主动把政协工作融入全区“一盘棋”中谋划和推进，在一线参与、主动服务、监督助推中发挥政协作用。紧盯发展精深建言。针对全区“十四五”发展的重大改革、重大项目、重大平台、重大政策，组织11个课题组深入调研，开展政协常委会议协商，向党政领导和相关部门反馈重点建议57条。紧盯助推创新驱动战略实施开展专题研究，提出打造硬科技创新示范区，获得区委、区政府重视和采纳。聚焦重点精准监督。围绕“高水平全面建成小康社会补短板”“农村饮用水达标提标行动”“助推无障碍环境建设”开展省、市、区三级政协联动监督，向区民政局等12家单位委派12个监督小组60名民主监督员，报送监督意见书12篇，就加快推进安置房建设、落实“新富阳人安居乐业政策”等问题提出建议37条。围绕中心尽责尽力。认真完成区委交办的环境督查与垃圾分类、教育项目建设专班等重点任务，助推阳陂湖生态湿地精彩亮相，有序推进北支江综合整治及水上运动中心建设，杭州光机所被评定为首批省级新型研发机构和十大“杭州市最具影响力新型研发机构”，壶源溪被评为“浙江省美丽河湖”并入选“浙江省十大最美绿道”，持续推进峆山文旅综合体建设、里山溪“河长制”管理等工作。深入基层助解难题。落实政协委员属地履职机制，150余名委员下沉乡镇（街道）和村（社），围绕垃圾分类、小区物业、停车拥堵、环境保洁等城乡治理难题，深入一线、参与协商，协调关系、化解矛盾，助力打造共建共治共享的社会治理新格局。

5.关注民生倾情履职，在增进百姓福祉促进社会和谐中体现政协情怀。我们坚持人民政协为人民，努力践行初心宗旨，推动民生事业改善，促进社会关系和谐。办好提案增实效。以提质增效推动落实为导向做好提案工作，完善提案选题协商、预交预审、全覆盖督办、民主评议等机制，推动提案质量、办理质量、服务质量全面提升。九届四次会议以来的170件提案全部办复，满意、基本满意率100%，采纳率92.9%，解决率59.4%，关于推进医养结合健康养老服务的建议案等一批民生类提案得到有效落实。关注民情发好声。用好社情民意“直通车”，全年共编报信息15期48篇，改进电子证照注册工作、优化我区公共自行车服务、加强健康码抽查力度等建议得到部门的迅速采纳和落实。惠民服务送温暖。组织“送服务惠民生”活动16场，走访重点结对村（社）16个、困难群众48户，帮助协调解决老旧居民楼“亮灯工程”等问题54个。助解改善农村公交候车亭、困境儿童长期帮扶、人行道基础设施修复等6件“民生小事”，从细节入手让群众倍感温暖。协调关系促和谐。开展宗教场所视察，持续关注少数民族聚居村发展，共同维护和谐宗教民族关系。以亲情、乡情、爱国情为纽带，协助区委做好乡贤和港澳台侨胞的联系联谊工作，配合开展“浙台邻里节”富阳系列活动。存史资政扬优势。牵头编撰《尘封的记忆——富阳老照片（1907—1949）》。助力新登古镇复兴工程，开展文化挖掘及《新登文丛》编纂工作。协助里山镇做好灵峰精舍展陈方案设计、阳陂湖生态湿地文化指导工作。完成政协书画院换届，继续发挥茶文化研究会、政协联谊会等社团作用，扩大对外交往，讲好富阳故事。

6.党建引领提质增效，在树立新时代人民政协新样子中写好富阳篇章。全面加强政协系统党的建设，努力锻造“政治强、能力强、作风强”的政协队伍，在新时代展现人民政协新形象。坚持党的全面领导。协助区委制定《关于新时代加强和改进富阳政协工作的实施意见》，明确五大方面13条意见举措，并配套出台分工方案推进落实。自觉把加强党的领导、党风廉政、意识形态工作同履行职能有机结合，配合完成区委对政协机关的巡察及整改工作，确保中央和省、市、区委的决策部署在政协不折不扣得到落实。加强政协党建。制定《关于在政协履职中充分发挥中共党员委员先锋模范作用的意见》等6个文件，完善组织、制度、责任、活动4个体系。设立6个专委会功能型党支部，构建“政协党组——机关党组——专委会功能型党支部——界别（委员）党小组”的完整组织体系。注重把政协党建同履职活动有机融合，以委员政治教育、理论学习和思想引导为重点，探索开展双重组织生活，推动党员委员在履职中发挥模范带头作用。加强队伍建设。探索建立线上线下相结合的委员常态化学习培训机制，策划开展“书香政协·委员读书月”活动，开设“云上学习讲堂”，全面提升委员履职能力。

进一步加强委员履职管理和服务工作，完善委员履职量化考核办法，激发委员的责任意识和履职热情。大力推进“模范机关”创建工作，提升政协机关的组织、学习、服务、清廉、文明指数，在全区“百日解百难”大比武中荣获“双十佳”，“模范机关”创建成绩位居区级机关前列。推动改革创新。进一步推动政协工作向基层延伸，规范和提升“委员联络站”“委员工作室”“社情民意联系点”等38个开放式履职平台。建立政协提案办理“五位一体”督办机制，探索建立多元化的提案评议体系。深化政协理论研究，《推动政协协商与基层协商有效衔接》等3篇理论文章在省、市政协获奖。发挥委员移动履职平台作用，探索网络协商、远程议政等“互联网+履职”新模式。

各位委员，一年来，省政协主席葛慧君、市政协主席潘家玮等上级领导先后到富阳调研指导政协工作，并给予高度评价！区委、区政府在党建指导、干部配备、经费解决等方面上给予高度重视和大力支持，区委专题研究政协工作3次，区党政领导出席政协会议活动21人次、领办重点提案6件、作出重要批示32次，这既是对政协工作的重视和肯定，也是对政协委员的鼓励和鞭策！在此，我谨代表九届区政协常委会，向一直以来关心支持富阳政协工作的各级各部门领导、社会各界人士、政协参加单位、全体政协委员和政协工作者，表示衷心的感谢和崇高的敬意！

我们也清醒地认识到，对照新时代人民政协的履职要求、建设“重要窗口”的“头雁”标准以及广大人民群众的期待，政协工作还存在一些薄弱环节，主要是：在运用党的创新理论指导政协工作实践上有待加强；发挥专门协商机构作用的制度机制还需集成完善，协商质效仍需提升；推动数字赋能政协工作的思路举措还需深化拓展；强化政协委员责任担当的各项要求还需细化落实。真诚希望大家提出意见建议，以利我们进一步做好工作。

二、2021年：携手奋进新征程 同心描绘山居图

2021年，是我国开启全面建设社会主义现代化国家新征程、向第二个百年奋斗目标进军的开局之年，也是“十四五”规划实施的起步之年，中国共产党将迎来百年华诞，富阳将实现全面转型的阶段性目标，本届政协也将落子收官。以习近平同志为核心的党中央，站在“两个一百年”奋斗目标的历史交汇点上，纵观全局，统筹谋划，制定了新时代我国社会主义现代化建设的行动纲领。不久前召开的区委一届十次全会，明确了富阳未来发展的战略导向和目标定位，吹响了向“十四五”进军的号角。我们全体政协人要以满腔的热忱、高昂的斗志、奋进的姿态，投身到火热的社会主义现代化建设之中，与时代和人民同心同向同行。

区政协新一年工作的总体要求是：以习近平新时代中国特色社会主义思想为指导，全面贯彻中共十九大、十九届二中、三中、四中、五中全会和区委一届十次全会精神，深入贯彻中央和省、市、区委对政协工作的最新要求，立足新发展阶段、贯彻新发展理念、把握新发展格局，坚持发扬民主和增进团结相互贯通、建言资政和凝聚共识双向发力，充分发挥专门协商机构作用，全力助推富阳加快“三个立起来”，为高水平打造现代版富春山居图贡献政协智慧和力量。

1.强化政治引领，围绕奋进新征程凝心聚力。深入学习贯彻《中国共产党统一战线工作条例》，不断拓展新时代政协统战工作的方法、途径、手段，更好担负“落实下去、凝聚起来”的政治职责。筑牢奋斗目标。要通过行之有效的活动安排，引导参加政协的各党派团体和政协委员在履职实践中领悟新思想、体验新变化、感受新成就，不断增进对中国共产党和中国特色社会主义的政治认同、思想认同、理论认同、情感认同，巩固共同思想政治基础。延伸团结手臂。要完善发挥新型政党制度优势的机制，加强与党派团体的联合履职，做到优势互补、信息互通、成果共享。密切同党外知识分子、非公有制经济人士和新的社会阶层人士的沟通联络，耐心听取、积极反映民族宗教界的合理诉求，深化同港澳台侨代表人士的密切联系，进一步团结各方人士。增进最大共识。要以包容的姿态、科学的艺术、开放的思维做好凝聚共识工作，既要把中央和省、市、区委的政策主张有效传递到社会各阶层，又要让各界诉求充分表达、各种意见充分交流、各方利益统筹兼顾，努力为富阳“十四五”顺利开局凝聚人心、汇聚力量。

2.聚焦首位战略，围绕产业新动能竭智尽力。紧扣我区落实人才强省、创新强省首位战略的目标举措，通过有力有效的履职工作，全力助推产业新动能立起来。要多谋发展之策。聚焦“打造硬科技创新示范区”目标，围绕“1+5+X”产业体系、八大标志性产业群落等重点内容开展多层次协商，为富阳加快构建新发展格局和建设高新制造业示范区支招献策。要多建务实之言。结合全面加快城西科创大走廊联动发展区、滨富特别合作区建设，围绕“产业定位+科技平台+产业平台+产业基金+产业项目+产业生态”六位一体的高新产业、硬科技产业发展路径，就体制机制、综合配套、科技金融等方面深入调研，提出务实管用的举措建议。要多聚转型之力。继续做好富春湾新城产业指导工作，进一步助推杭州光机所等创新型研究机构的招引建设，深化“政协走亲”活动，加强与科技、产业、金融界乡贤的常态化联系，协助做好“双招双引”工作，为全区加快产业转型升级增添更多动能。

3.扛起一线担当，围绕城市新轴线监督助力。以富春江“碧玉带”和地铁“黄金轴”为重点，组织开展专题履职活动，通过一线参与、服务、监督，全力助推城市新轴线立起来。要在规划研究中深思考。深化“春江花月夜”城市核心功能区实施路径研究，围绕高水平打造现代版富春山居图样板段、城区周边山体开发、城市绿道与慢行系统建设等课题开展调查研究。要在项目实施中强助推。继续协助做好亚运场馆建设、阳陂湖生态修复工程二期、壶源溪文旅精品线路开发等工作。围绕老旧小区改造、地铁及周边公交运行等开展视察监督活

动。要在统筹发展中尽职责。围绕美丽乡村节点打造及后续维护、精品民宿产业发展、富春江亮灯工程等议题建言献策，助力美丽城乡增添亮丽色彩。

4.紧盯民生治理，围绕发展新环境献计出力。坚持以人民为中心，关注民生领域、发展环境与社会治理的重点问题，更好发挥优势履职尽责，全力助推发展新环境立起来。致力民生改善。就群众关注的教育、医疗、养老等民生问题开展专题监督，探索开展“民生提案现场办”活动。围绕困境儿童帮扶、共享（电动）单车治理等深入开展助解“民生小事”活动。助力环境优化。就深化“最多跑一次”改革、优化创业生态、完善基层矛盾调解中心机制建设、公益性诉讼、公职律师队伍建设等议题调查建言，促进营商环境改善和法治富阳建设。协力基层治理。广泛收集和反映社情民意，推动基层协商与基层治理有效衔接，通过政协制度的有效运行和民主程序，协助党委政府做好协调关系、理顺情绪、化解矛盾、维护和谐的工作。

5.坚定文化自信，围绕人文新城区广聚合力。坚持“生态为基、文化铸魂”，发挥政协的人文优势和文史专长，协助挖掘地域文化内涵，为美丽宜居样本注入文化基因、焕发文化魅力。推动文化兴盛。围绕传统文化、城市品牌开展研究，提炼好富春江文化、诗路文化，丰富山居故事。就加快城北片区文旅产业带建设开展“请你来协商”活动，组织文化界委员和代表人士议政建言。参与文化建设。继续参与阳陂湖文化挖掘、新登古城文化保护、里山灵峰精舍布展等工作，助力打造新时代文化强区。扎实做好政协文史工作，征编《寻味富阳》《新登古文选》等文史资料。注重以文化人。组织有专长的政协委员就青少年体育发展、常绿镇“红绿篮”文化建设等开展履职活动。发挥政协书画院优势，联动钱塘江诗路沿线区县（市），开展《钱塘江诗路山居图》百人百米长卷书画创作活动，会同有关单位策划“公望中小学师生美术双年展”，发挥好以文化人、以美育人的重要作用。

三、固本强基：党建引领强队伍 助力亚运展风采

2022年9月，亚运会将在杭州举办。区委提出，在全区上下开展“迎亚运、展风采，全面打造现代版富春山居图”行动，加快建设成为杭州大都市中具有独特韵味的重要一极，向亚洲和世界展示一个初具魅力的大都市新型城区。这是光荣的历史使命和重大的政治责任，需要全区上下协力共担，富阳政协人责无旁贷。让我们迅速行动起来，练好内功、提升能力，以一流的业绩和形象，在展示“重要窗口”的“头雁”风采中体现政协作为。

1.强化党建亮品牌。要把坚持党的领导和加强党的建设贯穿于政协工作的全过程和各方面，确保政协工作的正确方向。巩固政协系统党的建设成效，探索打造“富阳政协连心桥”党建品牌，确立“政治引领强核心、支部堡垒聚同心、履职先锋连民心”的工作思路，以“一支部一品牌”和“一季度一主题”两项活动为切入点，打造“党建+请你来协商”“党建+助解‘民生小事’”“党建+委员工作室”三大“党建+履职”阵地，并建立行之有效的制度机制。明晰专委会党支部对党员委员的教育、管理、监督等职责，探索构建“衔接紧密、各尽其责、一岗双责”的政协党建责任链条，不断提高党建工作成效。

2.专精协商提效能。要锚定政协作为专门协商机构的职能定位，深入推进区、乡镇（街道）、村（社）三级“请你来协商”平台体系建设，进一步擦亮“请你来协商”金字招牌。做精区级“请你来协商”平台，全面开展乡镇（街道）“协商议事堂”规范化建设，推进“村（社）协商议事厅”建设提质扩面，力争打造政协协商与基层协商有效衔接的“样板地”。通过总结推广协商案例，提炼深化协商理论，进一步培育协商意识、弘扬协商文化，推动“中国式民主”在富阳生动实践。对九届政协以来“请你来协商”建言成果、大会建议案落实情况进行“回头看”，开展专题视察、专项监督，推动再协商、再办理、再落实。

3.提升队伍树形象。要完善走访联系委员制度安排，健全委员履职档案，巩固常态化学习培训机制，深化“书香政协”建设，进一步增强委员的政治把握能力、调查研究能力、联系群众能力、合作共事能力。全体政协委员要时刻牢记习近平总书记“懂政协、会协商、善议政，守纪律、讲规矩、重品行”的谆谆教诲，坚持“为国履职、为民尽责”情怀，胸怀“两个全局”、心系“万家灯火”，切实当好政协工作的主体，当好建功“十四五”的主力，当好传递正能量的“主播”，以实干实绩践行责任委员的要求，展示新时代人民政协的新样子。要加强政协机关和干部队伍建设，打造能力过硬、本领过硬的模范机关，进一步增强整体谋划、统筹协调和制度执行的能力，为服务政协履职和助推全区中心工作提供可靠保障。

4.探索创新争一流。要坚持一流的工作标准，全面梳理和总结九届区政协的好做法、好经验、好制度、好机制，善于在实践中创新、探索中完善，以系统集成思维推动政协工作迭代升级。研究制订《关于加强和促进人民政协凝聚共识的实施意见》，完善加强建言资政和凝聚共识双向发力的工作机制。健全政协专委会工作制度，推动界别之间沟通联系。研究出台强化政协委员责任担当的意见举措，拓展“委员工作室”等履职平台功能，注重把委员的专长优势与政协的平台优势有机结合。联合区委统战部（区乡贤办）、区人才办等部门，探索建立以各界专家、乡贤为主体的“政协智库”，为政协工作提供更多智力支持。探索“数字政协”建设，完善“富阳政协掌上云履职APP”功能，有效开展网络协商、远程议政、“云上学习”等网上履职活动，让委员思想在线、智慧在线、联系不断线。

各位委员！回首来时路，我们初心不改；奋进新征程，我们勇毅笃行。让我们更加紧密地团结在以习近平同志为核心的党中央周围，高举中国特色社会主义伟大旗帜，奋力开创新时代富阳政协事业发展新局面，为高水平打造现代版富春山居图作出新的更大贡献！

2 年度聚焦
Highlights of the Year

·抗击新冠肺炎疫情·

【疫情防控】 2020年1月22日，富阳启动新冠肺炎疫情防控工作，启动重大公共突发卫生事件一级响应，成立由区委书记和区长担任双组长的新冠肺炎疫情防控工作应急指挥部，下设后勤保障、医疗救治等6个工作组。

【防疫救治】 设立定点收治医院，成立医疗救治专家组，规范流程、完善预案，全力开展病例救治。实行2小时流行病学调查制度，实现核酸检测3小时内病例筛查；加强对境外、湖北以及四省七市等重点地区到富阳人员核酸和血清检测工作，做到应检尽检，累计完成核酸、血清检测及报告核验3182人，对全区医疗机构工作人员9711名进行核酸和抗体检测；组建由疾控专业消杀人员、救援志愿队、乡镇消杀员组成的消毒消杀队伍，累计消杀7.2万处，消杀面积达2440万余平方米；成立心理干预专家组，对易感、隔离、确诊等人群开展心理疏导和干预，其中组建心理专家队伍和志愿者进驻大象画室，成功做好491名隔离人员的心理疏导和生活保障工作；组织教育、卫健等部门对98所中小学校和121所幼儿园（园区）进行开学前核验。

【联防联控】 一级二级响应期间，乡镇（街道）和卫健、公安等部门全员加班，涉及疫情防控、城市运行保障、复工复产等部门合理安排人员确保各项职责履行到位，其他部门实行“五五制”上班并结合社区“大党委”“特别党日”活动，发动全区机关事业全体党员下沉社区一线，参加50个社区下属166个网格和5个入杭通道的管控工作。建立排查工作指标体系，分片包干，责任到人，组织开展拉网式排查，累计走访30余万户次，排查外来人员16.88万人次。设置村社卡口954处和高铁站、客运站和高速互通等交通卡口，组织各级干部、网格员、志愿者参加全面防控工作，阻断外地感染疫情输入。实行精密智控指数通报机制，对入境人员、重点人员、健康码运用、人员流动等8个指标进行每日通报。全区健康码申领率达99.8%，列全市第二名。严格实行“健康码”准入管理，开发“电子通行验证”系统和“来富工作一点通”平台，安装居家隔离点监控点位1100多个。建立公安、口岸和移动运营商技术支撑、乡镇街道点对点数据核查反馈的联动机制，累计处理核查相关数据90余万条。建立5800余人的涉外人员数据库以及机场接送专班，实行申报、到达、转运、管控环节无缝衔接。

【物资保障】 由区指挥部后勤保障组牵头，通过政府紧急采购、发动药企购买、倡议社会捐赠等方式，多渠道采购储备防控物资。坚持储于产能，牵线搭桥、政策推动，推进珍琦、春江轻纺、伟天包装3家企业转产口罩，华昌制衣转产隔离衣。出台《富阳区新冠疫情防控物资采购（捐赠）和使用管理暂行办法》。推动“线上+线下”经营模式，动员超市、餐饮店、药店等推出网络销售、送货上门，保障疫情期间市场供应。组建中共党员和国企干部为主的政府应急保供物流车队，储备各类货车47辆，调配驾驶员56名（其中23名为中共党员），物流车队最大载重量585吨。

【抗疫氛围】 实施区级机关、乡镇捆绑比武，涉及全区基层党组织3085个、党员干部5万余名。实行“红黄黑”榜通报制，开展擂台比武11期，累计评选“红榜”党组织243个，“黑榜”党组织107个。组建“巾帼宣讲队”“社区代买员”等志愿队参与政策宣传、物流服务等工作。构建“1+5+24”指挥体系，组织“报、台、网、微、端”进行全媒体防疫宣传，开设“众志成城 打赢疫情防控阻击战”“让党旗在防控一线高高飘扬”等专题12个，累计推送报道8000余篇次，总阅读超量5400万，其中阅读量超10万人次报道74篇。推出《最美逆行者》《我是共产党员》《今年正月里》《宅家歌》等融媒体作品。相关报道受到人民日报、新华社、央视新闻、光明日报、经济日报等中央主流媒体广泛关注，共推送外宣报道1214篇次，总阅读量超3700万。加大对指令落实情况的督查检查和10种涉疫违法犯罪行动的打击查处，累计办理泄露信息、履职不力、不服从管控等涉疫违纪案件22起44人；累计受理口罩诈骗等涉疫类案件128起，其中已查办案件涉及刑事拘留15人、取保候审9人，行政拘留152人、罚款169人。

【复工复产】 富阳区成立综合协调、员工返岗招聘等工作专班6个，抽调区级机关中层以上干部977名，对全区1275家规（限）上企业和建筑工地实行“一企一专员”，定期走访联系企业，形成问题清单，实行销号管理。制定出台“惠企十条”，安排专项资金5亿元，用于社保缴费减免、防疫物资补助、房租和水电气物流成本减免、支持外贸出口等。发挥“亲清在线”平台作用，线上兑现金额2850万元，惠及企业320家。

【驰援武汉】 全年，富阳区选派援鄂参与重症病人医疗救治3批共20人，赴新疆、河北参与核酸检测采样等工作共2人。1月8日，富阳区首批2名驰援武汉的医护人员赴武汉科技大学附属天佑医院重症组从事救治工作。2月9日，富阳区第二批12名驰援武汉的医护人员跟随杭州医疗队，整建制接管同济医院光谷院区两个重症病区，开展重症患者救治。2月13日，富阳区第三批6名驰援武汉的医护人员，整体编入邵逸夫医疗队，整编制接管武汉协和医院肿瘤中心。4月15日，富阳举行援鄂医疗队员返富欢迎仪式。区领导朱党其、吴玉凤、汤金华、陆洪勤、夏芬、孙洁，富阳20名援鄂医疗队员高建波、李梦英、蒋建军、陈琪、林秉杰、俞昉、黄丽丽、王洁、俞智敏、方敏、周婷枫、张夏倩、徐建芳、叶瑾、李英飞、赵德军、徐钦星、俞佳佳、章晶晶、邹茜参加。

【常态防控】 制定下发《杭州市富阳区新冠肺炎疫情防控应急预案（试行）》《杭州市富阳区秋冬季新冠肺炎疫情防控监测预警工作方案（试行）》《杭州市富阳区新冠病毒核酸扩大筛查检测工作方案（试行）》等实施方案8个。开展重点人群、重点物品、重点场所检测，全区重点场所人员检测248131人，其中医疗机构216335人，教学培训机构17530人，社会福利机构275人，其他排查13991人；采集各类标本1811份；抽查商场、超市、宾馆、酒店、农贸市场、KTV、影院、学校、校外培训机构、养老机构等1596家。举办流调骨干培训班，成立由177人组成的流调组织，由13人组成的疾控消杀队伍，24支乡镇消杀队伍，由近3000人组成的采样检测队伍。完成区一院、区二院、区中医院、区妇保院发热门诊规范化改造提升。制定卫生系统应急物资储备目录，安排1000万元卫生应急物资储备。新冠疫苗累计接种7785人次。

2020年1月27日，富阳区级机关事业单位在职党员以“大党委”为单位进社区服务 （杨平儿 供稿）

抗击汛情

【抗击汛情】 7月2日，新一轮强降雨袭击钱塘江流域，富春江上游的衢州、黄山地区降雨明显。7月8日，新安江水库最高水位达到108.39米，实施九孔开闸泄洪。当日，富阳站水位达9.09米，超保证水位0.09米，为1997年以来的最高水位。富阳区于7月4日15时30分、7月6日9时、7月7日14时、7月7日16时分别启动Ⅳ级、Ⅲ级、Ⅱ级、Ⅰ级应急响应，7月12日17时取消应急响应；应急响应期间，气象部门多次发布暴雨黄色预警信号。全区累计投入抢险人员12590人次，投入大型机械设备668台、应急水泵489台，动用编织袋、草包等袋类物资46万余只，转移风险区受威胁人员6117人；全区受灾人口10238人，农作物受灾面积1533.33余公顷，渔业损失166.67余公顷，损坏（倒塌）房屋41间，损毁（农村公路以上）33处，冲毁溪堤3.46千米，直接经济损失9119万元。

【新沙岛、五丰岛村民紧急撤离】 7月7日晚11时，受连续暴雨和上游泄洪影响，富阳区决定连夜转移五丰岛和新沙岛居民。区委书记朱党其、区长吴玉凤，分别率相关部门负责人于7月8日0时59分、0时49分抵达五丰岛和新沙岛，现场指导防汛工作。东洲街道党工委、办事处组建由街道班子领导、街村两级党员干部、民兵、党员志愿者和团员青年等85人组成的抗洪防汛突击队，参与抗洪防汛。区人武部紧急调配70名应急民兵支援。7月8日零时至8时，紧急撤离五丰岛、新沙岛村民1765人，调派渡轮2艘、公交车6辆。五丰岛村民由西湖区双浦镇吴家渡上岸，安置到东洲中学，新沙岛村

2020年7月8日，五丰岛、新沙岛村民紧急撤离
（东洲街道　供稿）

民由富阳区灵桥镇陈家渡上岸，安置到东洲中心小学。11日13时，紧急撤离村民回岛。

产业新动能

【传统产业腾笼换鸟】 2020年，富阳大力淘汰落后产能，全面完成造纸行业腾退，围绕江南、城北及地铁沿线拆迁企业341家，腾出产业空间446.67公顷。其中，对造纸行业（杭州富春湾板块）实施全产业腾退转型：关停造纸企业103家，削减造纸产能800余万吨，关停热电企业3家、污水厂3座、化工企业20家、电镀2家以及洗涤、金属制品等关联企业400余家。对矿山企业实施关停治理和提升优化，全区持证矿山从33家减少至14家，获浙江省唯一绿色矿业发展示范区（县、市）。

加快球拍、元书纸、金属门窗等传统优势民生产业整治提升，建设产业（创新）园11个。落实节能评估审查制度，推动工业企业节能技术改造，深入推进绿色制造行动，高标准完成23家市级节水型企业创建和52家企业清洁生产审核工作，工业节能和绿色制造领域被纳入2020年度浙江省工业和信息化重点领域提升发展实施方案名单。落实“亩产效益”综合评价机制，积极引导“低小散”、高能耗高污染产业退出，完成低“亩产效益”企业改造提升30家。

【产业数字化】 2020年，富阳区以打造“高新产业强区”为主题，紧紧围绕制造业和数字经济双引擎发展主线，大力推进制造业数字化改造工作，赋能传统制造业改造提升。全年组织实施市级攻关项目36个、物联网推广项目97个、“机器换人”推广项目216个，累计推进企业上云6199家，全区规上工业企业数字化覆盖率达到100%。

重点围绕数字化“新场景”六大应用，鼓励企业实施数字化改造，大力推进“工厂物联网”“机器换人”“企业上云”等项目实施，加快建设“链主工厂”“智能工厂”和“数字化车间”，建立“改造项目库”。推进政府购买服务数字化免费诊断工作，开展电子信息制造业、电力管材、仪表阀门等传统行业的数字化诊断，累计诊断企业79家，其中22家被诊断企业实施改造项目。召开省级电子制造业工业互联网平台大华现场会，数字化改造金火科技现场会大华智联入选省级首批“未来工厂”，大华智联、惠迪森药业、富生电器被认定为省级“智能工厂”，富通通信、龙盛工贸、海正生物被认定为省级“数字化车间”，推荐市级“未来工厂”34家，富芯半导体被确定为链主工厂培育企业，瀚晖制药、富生电器被确定为智能工厂培育企业，中恒电气、永特信息等15家企业被确定为数字化车间培育企业。

城市新轴线

【杭州至富阳城际铁路工程（杭州地铁6号线）开通运营】 12月30日，杭州至富阳城际铁路工程（杭州地铁6号线）正式通车运营。项目总投资132.98亿元（富阳段99.27亿元），2017年11月开工建设，计划建设工期4年，线路全长23.5千米，起点为西湖区美院象山站，向西经银湖街道、富春街道，终点位于富春街道桂花路站（一期），设站12座，设计速度100千米/时，全线入地。西湖区段长6.76千米，设站3座，分别为美院象山站、音乐学院站、中村站；富阳区段长16.74千米，设站9座（预留1座），分别为文创园站、科创园站、科受风井（预留）、受降站、高桥站，汽车北站站、高教路站、富春站、桂花路站。

【杭州绕城高速西复线富阳段工程通车】 12月22日，浙江省“县县通高速”集中通车活动举行，杭州绕城西复线正式通车。杭州绕城西复线起于湖州德清与杭州余杭交界的姜家山附近，途经余杭、临安、富阳、萧山和诸暨等地，终点在杭金衢高速公路直埠枢纽南侧，路线全长98千米，双向六车道，设计时速100千米/时。其中富阳境内48.54千米（占全线总长的近一半），总投资130.5亿元，平均每千米造价2.69亿元，项目于2017年11月开工建设，建设工期4年，途经银湖街道、春建乡、富春街道、鹿山街道、环山乡、大源镇6个乡镇街道30个行政村，工程共有桥梁40座，共计17863米，其中特大桥1座（富春江大桥，长2176.83米），大桥26座；共设置隧道17座，隧道总长17885米，其中特长隧道2座（六弓山隧道，长3470米；驻军坞隧道，长3539米）；沿线设置互通立交5处［高桥、富春、鹿山、大源、环山（该处为杭千高速上的互通）］，大型枢纽1处（中埠），服务区1座（春建）。

【G235富阳灵桥至渔山段(春永线)通车】 12月27日，G235富阳灵桥至渔山段（简称春永线）建成通车。2017年11月，项目开工建设，建设工期3年，总投资19.22亿元，全长13.98千米，位于富阳东部，是浙江省普通国省道路网中规划国道G235的组成部分。实施起点位于灵桥镇灵桥村（汤山桥），途经灵桥、里山、渔山等乡镇，终点位于富阳渔山乡与萧山义桥镇交界处的长岭头，与萧山境内的春永线相接，全长10.48千米。采用一级公路标准兼顾城市道路功能，设计速度80千米/时，双向六车道，路基宽42米。桥梁荷载等级为公路—I级，共设置大桥1座，中桥4座。

【秦望“城市眼”综合体建设】 3月，秦望“城市眼”项目开工建设，江南江北、地上地下、主体配套各项建设全面启动。秦望“城市眼”项目地处富阳拥江发展轴、地铁黄金轴两大轴线交汇处，是富阳践行“建设重要窗口”“拥江发展”等省、市发展战略，高水平打造现代版富春山居图的重要载体，其中，秦望通道工程列入省重点项目。项目由日建设计、崔愷院士团队等十余家国内外顶尖设计团队组成的设计联合体、中铁四院等组成的建设联合体以及中国金茂等组成的开发运营联合体共同打造。9月，区四套班子联席会议审议通过《秦望“城市眼”总体规划建设方案》。

全年完成区检察院、富阳广播电视台、钱江海关驻富阳办事处新址装修、搬迁及拆除工作，移植苗木1400余株、驳坎资产处置7000多立方米、广场及闸坝桥拆除5万多平方米及迁改电力、燃气、雨污管等管线；完成江北秦望广场地下综合体、江北工作井基坑围护工程闭合，江南中沙岛站地连墙施工，江南工作井地下第五层施工；启动秦望隧道江北、江南出入口施工，住宅区块部分楼栋结顶；实现秦望安置房项目全部结顶，完成总工程量约90%，获评“省级标化”工地。开展工程安全、质量、进度及文明施工监管，下发整改通知单100余份；跟踪审计单位提出管理问题与建议105条、审计核减资金约319万元；背靠背审查单位出具技术联系单71份、咨询报告2篇，通过设计优化节省投资约2400万元；发挥秦望“城市眼”党建联盟作用，合力化解工程建设产生信访问题，全年组织联盟社区开展活动16次，为社区办实事10余件，主动接访11次，接访群众约200人次，化解投诉信访187件，帮助群众解决问题15个；积极落实“产值留富”，完成4家施工单位在富子公司注册及1.4亿元产值入库申报。

【阳陂湖生态湿地一期开园】 10月25日，富阳区阳陂湖生态湿地一期开园仪式在阳陂古湖湖畔举行。2019年9月，阳陂湖生态湿地修复项目开工，一期工程面积291.47公顷，其中阳陂湖湖体面积111.33公顷；项目总投资73794万元，其中工程建设概算费用55571万元，EPC总承包中标价51726万元。项目遵循“保护生态、优化产业”的理念，围绕“一湖七园”（阳陂古湖、蒹葭园、鱼趣园、花漫园、荷风园、清涟园、稻香园、一岭花）进行设计与实施。建设内容包括湖体、水闸、泵站、渠道改造、道路工程、驳坎绿化工程及庙山公建配套工程等。其中阳陂湖湖体面积113.8公顷，湖底平均水深1.8米，常水位6.8米；新建控制闸3处、湖区提水泵站（提水流量3立方米/秒）1处；新建驳岸总长25014米。设置主要出入口4个，其中南北两侧为主要入口，东西两侧为主要出口，设置咨询、休憩驿站、洗手间和自动贩卖机。东面为启明访客中心，配有P7停车场；西面为翠影访客中心，配有P3停车场；南面为恋江访客中心，配有P1和公交站；北面为望湖访客中心，配有P5和P4停车场。园内推出观光车、观光船和观光火车交通工具。

【城乡生态文明建设】 2020年，全区新建城乡绿道166.4千米，拥江主线绿道基本贯通，富春湾绿道、文豪绿道、壶源溪绿道先后被评为杭州市最美绿道和浙江省最美绿道。全区实有公园22个、公共绿地面积699.89公顷，市区园林绿地面积1354.18公顷、人均公共绿地面积14.74平方米，建成区绿化覆盖率44.91%。持续推进小城镇环境综合整治，拆除违法建筑132.8万平方米，完成旧住宅、旧厂区、城中村改造95.4万平方米。按照“连片整治、全域景区”的理念，围绕提升农村人居环境、培育农村美丽经济、倡导基层乡风文明等方面，高质量推动美丽乡村建设。共创建拥江发展精品村31个、风情小镇7个、3A级景区村庄26个。葛溪、壶源溪、渌渚江获评浙江省“美丽河湖”，黄公望村入选“2020年中国美丽休闲乡村”，新登镇获评新时代美丽城镇建设省级样板，富阳区获评“浙江省新时代美丽乡村示范县”。

发展新环境

【获评国家生态文明建设示范区】 11月30日，“2018—2019绿色中国年度人物”、第四批国家生态文明建设示范市县和“绿水青山就是金山银山”实践创新基地表彰授牌活动在北京举行，富阳区获“国家生态文明建设示范区”荣誉称号。2016年7月，富阳启动国家生态文明建设示范区创建，编制完成《富阳生态文明建设示范区规划（报批稿）》；2018年5月，区人大常委会审议通过《关于富阳生态文明建设示范区规划的审议意见》；2018年12月28日，区委、区政府印发《区委办公室 区政府办公室关于创建国家生态文明建设示范区的实施意见》；2020年4月26日，浙江省生态环境厅官网公示关于第四批国家生态文明建设示范市县和“绿水青山就是金山银山”实践创新基地初选推荐名单，富阳名列其中；9月21日，生态环境部官网公示关于第四批国家生态文明建设示范市县拟命名名单，富阳名列其中；10月9日，生态环境部正式下发命名文件，富阳区成功创建“第四批国家生态文明建设示范区”。

【获评“2020中国最具幸福感城区”】 11月18日，2020中国幸福城市论坛暨颁奖典礼在杭州举行，

2020年11月18日，富阳区获“2020中国最具幸福感城区”称号

（朱啸尘 供稿）

富阳区被推选为“2020中国最具幸福感城区”。中国最具幸福感城市调查推选活动由新华社《瞭望东方周刊》与瞭望智库共同主办，已连续举办14届。由瞭望周刊社牵头成立的中国幸福城市实验室推出《基于大数据的城市幸福感指标体系》，包括就业指数、居民收入指数、生活品质指数、生态环境指数、城市吸引力指数、公共安全指数、教育指数、交通指数、医疗健康指数9个一级指标以及上百个二级细分指标。主办方通过大数据采集、问卷调查、材料申报、实地调研、专家评审等方式最终产生“2020中国最具幸福感城市”。富阳在中国最具幸福感城区综合排名中位列第5名。其中，安全幸福度和生态环境幸福度两个单项排名第一名，交通幸福度和教育幸福度两个单项排名第三名。

【城市大脑建设】 2020年，富阳区在成功探索“先看病后付费”应用场景并在全杭州市推广的基础上，不断推进城市大脑创新应用场景的建设和推广。舒心就医、便捷泊车、畅快出行、欢快旅游、亲清在线、民生直达等惠民惠企场景不断深化应用。数字驾驶舱向乡镇（街道）级和村（社区）延伸，探索上下联动、指挥协同的“五级机长制”。11月23日，组织召开富阳区改革攻坚大比武暨城市大脑富阳平台成果发布会，不断提升全区比学赶超浓厚氛围。实践探索“家和智联”、打造“智慧医院”样板等工作获得杭州市委主要领导的批示肯定；搭建“电力大数据环保监控平台”获副省长陈亦君、杭州市副市长胡伟批示肯定；构建“投资项目全流程管理系统”荣获省投资专班最佳案例并面向全国推荐；“人生一件事”相关工作经验被纳入省级推荐性地方标准。

【数字赋能营商环境建设】 2020年，富阳区营商环境建设综合考评位列全市第二名。上线“亲清在线”政策30条，累计兑现金额3.75亿元，惠及企业17186家；上线“民生直达”政策5条，累计兑现资金517万元，惠及群众13710人次。打造指尖上的行政服务中心，优化大厅布局。办事窗口由2019年的154个减少到114个，办事群众实体窗口等待时间由1月平均14分钟降低至8分钟，线上办理率由2019年的25%提升至76%，实体大厅人流量由2019年日均5600余人次下降到3000人次左右。完成政务服务2.0省级试点，政务服务事项网上受理率、群众企业办事满意率分别达到83.4%和98.6%。探索投资项目全过程管理，将项目审批、项目推进向前后两端延伸，破解投资项目落地难、审批难、推进难、绩效难。创新“电力大数据”实时监控，打通供电、环保、经信等部门数据，通过实时对比分析企业产污设备和治污设备的运行情况，实现电力数据“云端查”，生产运行“线上看”，环境执法“及时管”。

村社组织换届

【村社组织换届】 7月，富阳区围绕“五好两确保”换届目标，将强领导、重民意、干中选、严风纪贯穿始终，扎实推进换届工作。9月6日，万市镇作为杭州市级试点单位完成村级组织换届选举。全区于11月12日完成村社党组织换届选举，12月10日完成村（居）委会换届选举，12月16日完成村（居）务监督委员会、村经济合作社换届选举。相关经验做法获杭州市委主要领导批示肯定2次，获杭州市委

2020年11月8日，春建乡咸康村党委换届选举大会举行

（春建乡 供稿）

常委、组织部部长毛溪浩批示肯定3次。

全区应参加村社党组织换届选举大会党员26848人，实际到会26446人，参选率98.6%。选举产生村社党组织班子成员1403名，平均得票率94.1%，其中党组织书记平均得票率96.7%。平均年龄41.10岁，比上一届下降1.2岁，30周岁左右年轻干部259人，占18.5%，比上一届提高2.7%，50周岁及以下1206人，占85.9%，比上一届上升0.1%。大专以上学历860人，占61.3%，比上一届提高12.5%，其中大学以上学历256人，占18.2%，比上一届提高4.2%。

全区在杭州市范围内率先完成村（居）委会换届选举，所有村社均一轮选出选足。参加投票选举选民562441名，参选率98.6%，为历届最高，新当选村（居）委会成员1075名，平均得票率95.7%，比上一届提高15.6%，村（居）委会主任平均得票率96.4%，比上一届提高14%。平均年龄40.9岁，比上一届下降1.1岁，30周岁左右年轻干部207人，占19.3%，比上一届提高3.1%。大专以上学历703人，占65.4%，比上一届提高23.5%，其中大学以上学历245人，占22.8%，比上一届提高10.3%。

全区共选出村（居）务监督委员会成员1109人，其中熟悉村级财务知识的621人，占56%。其中主任325人，由村社党组织副书记兼任的207人，由其他党组织班子成员兼任的118人。其中党员968人，占87.3%，大专以上学历的425人，占38.3%，村（居）民代表1078人，占97.2%。

全区共登记社员448702人，推选社员代表14869人，选举产生村经济合作社社管会成员828人，其中党员713人，女性143人，分别占86.1%和17.3%；选出社长276名，其中由村党组织书记兼任的276名；成员由村两委干部兼任的805人，占97.2%。

富春山居味道山乡组团发展

【“富春山居·味道山乡”大比武】 依托本地资源，强化区域协作，凝聚强大合力，将全区24个乡镇街道划分为葛溪流域、城北片区、富春江北岸、大安顶区域、壶源溪流域、大龙门区域六大组团。根据“日常比武”和“集中比武实地察看”，葛溪流域、壶源溪流域获评最佳组团奖，富春江北岸、大安顶区域、大龙门区域、城北片区获评优秀组团奖。全年，六大组团乡村旅游共接待游客1241.23万人，获得收入6.55亿元；民宿接待57.64万人，实现收入7864.09万元；“田园餐桌”接待189.89万人，收入共计1.35亿元；农产品销售借助线上线下两个平台，获得收入共计3.76亿元。

【线上推广】 创新传统节庆活动举办方式，发展线上旅游文化推广，全年全区六大组团共开展各类云上大会30余场；启动各类“直播带货”“云上销售”活动200余场，涵盖央视新闻+等直播平台10余家；打造农产品销售、旅游推介等线上平台，并联通至“味道山乡一点通”公众号，以“1+N”的模式，推广富阳乡村、富阳特产；推出富阳乡村旅游“一张图”和“一张票”。

【线下活动】 统筹整合部门职能，成立2020“富春山居·味道山乡”大比武活动工作专班集中办公。7月至8月，组织开展“探寻富春山居，乐游味道山乡”2020全区中小学生“山乡的味道”暑期体验活动，启动仪式现场吸引学生、家长800余人，直播观看人数达13万人次。9月举办“走百村，绘百味”浙江省百名女画家走进富阳活动，累计创作油画、水彩画等各类作品100余张，将富阳山乡美景、人文风韵与艺术创作充分融合。5月至10月，组织“百花百村，百村百味”百重大奖打卡游活动，设置打卡点位77个，吸引3335人参与。8月至9月，组织“百花百村，百村百味”寻味踩线活动，将乡村旅游与平台宣传有机结合，共计创作发布文案25篇，创作精品村打卡点推介77篇，特别攻略2篇，创作短视频剪辑40个，拍摄照片2200余张，发布短视频及文字攻略70余个，以新媒体平台、新视角阐述赋予富阳乡村更新颖的味道。

【提升影响】 依托“我在富春山乡有个家”平台，首推线上结亲，全年全区代言家庭结亲785户，结亲城市家庭5万多户，接待23万人次，总收益1700多万元。继续开展新劳动教育实践基地建立，全年全区六大组团共建立新劳动教育实践基地137个，审定挂牌25个，接待13.71万人次，实现收入995.19万元。“味道山乡”活动发掘多个爆红网红打卡点，以新媒体赋能宣传推广，其中新登镇黑山顶抖音视频阅读量超3000万人次，点赞超80万人次，清明假期期间，平均每日游客超3万人。

【理论研讨】 8月12日，组织开展“富春山居·味道山乡”回乡创业青年主题沙龙活动，鼓励创业青年将先进发展理念与模式带到乡村，迸发乡村经济活力。11月18日至19日，开展“2020味道山乡与乡村振兴（富阳）研讨会暨半月谈基层治理智库研讨会”，邀请国内知名专家学者、各界媒体，研讨提炼富阳在乡村振兴和乡村治理创新方面的有效作为，助推“乡村振兴”和“乡村治理”的“富阳探索、浙江经验”走出浙江、服务全国，为贯彻落实乡村振兴国家战略和推进国家治理体系和治理能力现代化贡献“富阳智慧”。完成《将“颜值”转化为“产值”的一次基层尝试——湘河村集市消费券情况调研报告》，提炼乡村振兴发展中的创新举措和经验建议，获得杭州市副市长王宏、胡伟批示肯定，完成《富阳区近年乡村旅游情况分析研究报告》，为富阳乡村旅游的发展提供理论支持与方向引导。

（区委党史研究室　整理）

3 大事记

Chronicle of Major Events

1月

1月2—3日 杭州市委主要领导到富阳调研。

1月6日 富阳区委一届八次全体（扩大）会议召开，回顾总结富阳转型发展三年来取得成绩，研究部署2020年及下一阶段工作任务，审议通过《关于坚持“三高”发展、奋力起跳争先，全力加快向一流的大都市新型城区迈进的决议》，团结带领全区党员干部群众，始终聚焦高新产业发展、高品质城市建设、高水平社会治理，奋力起跳、奋勇争先，全力加快向一流的大都市新型城区迈进。

1月8日 第十五届杭州市道德模范（平民英雄）、第七届“最美杭州人”揭晓。春江街道春江村胡小燕获第十五届杭州市道德模范（平民英雄）称号，区文联羊晓君获第七届“最美杭州人”称号。

1月10日 富阳区“不忘初心、牢记使命”主题教育总结大会召开。

1月10日 杭州富阳秦望“城市眼”综合体开工。

1月15日 2020年富阳区农村文化礼堂“我们的村晚”在富春街道青云桥村文化礼堂举行。

1月16日 富阳庆祝撤市建区5周年大型成就展在秦望广场开展。

1月17日至19日 中国人民政治协商会议第九届杭州市富阳区委员会第四次会议举行。会议听取和审议通过提案审查报告；听取审议建议案收集和初审情况的报告，通过大会建议案；审议通过《中国人民政治协商会议第九届杭州市富阳区委员会第四次会议决议》。

1月18日至20日 杭州市富阳区第十六届人民代表大会第四次会议召开。会议表决通过关于杭州市富阳区人民政府工作报告、富阳区2019年国民经济和社会发展计划执行情况与2020年国民经济和社会发展计划、富阳区2019年财政预算执行情况和2020年财政预算的决议；表决通过关于富阳区人大常委会工作报告、富阳区人民法院工作报告、富阳区人民检察院工作报告的决议；表决通过区十六届人大四次会议议案、建议处理意见的报告。

1月22日 富阳召开全区新型冠状病毒感染的肺炎防控工作会议。

1月23日 富阳启动重大公共突发卫生事件一级响应，成立由区委书记和区长担任双组长的新冠肺炎疫情防控工作应急指挥部。

1月24日 富阳景区、博物馆、网吧、影院、娱乐场所暂停营业。

1月26日 富阳召开新冠肺炎防控工作应急指挥部（扩大）会议，明确区级机关五五制，各乡镇街道、村社的要道设置临时检查点，落实1处以上集中居家隔离点，停止举办各类公众聚集性活动等。

1月28日 富阳首批2名医务人员驰援武汉，共计3批20名医务人员驰援武汉。

1月30日 市人大常委会党组书记、主任于跃敏一行到富阳指导检查新型冠状病毒感染的肺炎疫情防控工作。

1月 浙江省林业局公布2019年度浙江省“一村万树”示范村名单，胥口镇佛鲁村、永昌镇唐昌村、新登镇长垄村、渌渚镇莲桥村、常安镇杏梅坞村、鹿山街道新祥村、场口镇洋沙村等7个村入选。

1月 大源瓦窑里遗址第四次考古新成果发布，年代延续至良渚文化中期。

1月 浙江省关注森林组织委员会公布2019年度“浙江省森林城镇”名单，富阳区新登镇、场口镇名列其中。

1月 2019年“浙江制造精品”认定名单发布，富阳企业产品入选4项，分别为杭州天铭科技股份有限公司的电动绞盘、杭州华鹰游艇有限公司的AQUILA双体动力游艇、浙江永盛科技股份有限公司的智能型调节阀、浙江惠迪森药业有限公司的注射用拉氧头孢钠。

2月

2月1日 富春街道所有开放式小区实施封闭管控。

2月4日 富阳暂停包括城乡公交、出租车、网约车、包车、班车、机场专线等在内的部分公共交通运营。

2月10日 富阳召开全区“共抗疫情、服务企业”专项行动部署会。

2月12日 富阳电子通行证系统上线，助推企业复工复产。

2月14日 杭州市委主要领导

到富阳检查疫情防控和企业复工复产工作。

2 月 19 日 市人大常委会党组书记、主任于跃敏到富阳走访企业、督导疫情防控和企业复工复产工作。

2 月 25 日 富阳完成首例“微法庭”庭审。

2 月 27 日 省检察院党组书记、检察长贾宇一行到富阳指导督查疫情防控和复工复产工作。

2 月 27 日 市人大常委会党组书记、主任于跃敏到富阳开展“走亲连心三服务”活动，调研疫情防控和复工复产工作情况，宣传中央和省、市委有关决策部署及各项惠企援企助企政策，帮助协调解决复工复产中的困难和问题。

2 月 富阳区杭州光学精密机械研究所入选 2019 年度“杭州市最具影响力新型研发机构”名单。

3 月

3 月 3 日 富阳对口帮扶的黔东南州锦屏县符合国家贫困县退出标准，实现“脱贫摘帽”。

3 月 6 日 “壶源溪综合整治工程（湖源绿道二期）”项目开标，为富阳首个全流程无纸化电子标项目。

3 月 12 日 省委常委、省纪委书记、监委主任许罗德到富阳调研“清廉村居”建设工作。

3 月 11 日 杭州科技技工学校（筹建）项目开工，项目位于永昌镇唐昌村。

3 月 12 日 富阳召开全区党建工作会议，回顾总结 2019 年度党建工作，研究部署 2020 年度党建任务。

3 月 15 日 富阳开展“万名党员进茶园”为主题党日活动。

3 月 17 日 富阳举行杭州高新区（滨江）富阳特别合作区项目集中签约暨集中开工活动，签约正泰等意向项目 4 个，总投资约 42 亿元；开工建设项目 10 个，总投资 453 亿元。

3 月 20 日 “2020 富春山居 • 斗茶大会暨拔山‘云’开茶节”，在富春街道拔山茶园观茶亭举行。

3 月 23 日 富阳举行 2020 年全区重大项目集中开工仪式。本次集中开工项目 25 个，总投资 232.8 亿元，其中：政府投资项目 7 个，总投资 64.8 亿元；工业项目 10 个，总投资 17.47 亿元；服务业项目 8 个，总投资 150.53 亿元。

3 月 25 日 富阳召开战疫情促发展暨企业“双抢双增”大比武推进大会。

3 月 27 日 富阳启动全区 50 个村（居）延伸巡察“回头看”工作。

3 月 31 日 场口镇小城市培育项目集中开工。本次集中开工项目 50 个，总投资 162.75 亿元，其中：旧城改造项目 2 个，总投资 118.21 亿元；制造业项目 20 个，总投资 10.03 亿元；服务业项目 9 个，总投资 12.38 亿元；公建配套项目 11 个，总投资 20.42 亿元；美丽乡村项目 8 个，总投资 1.71 亿元。

3 月 省林业局公布“2019 年度浙江省现代林业经济示范区名单”，富阳区洞桥镇获省级森林康养小镇命名，洞桥镇大溪村大坞自然村获省级森林人家命名。

3 月 2019 年浙江省改革创新最佳实践案例评选获奖名单公布，富阳区个人全生命周期“一件事”改革获优秀实践案例。

3 月 国家林业和草原局公布第一批和第二批国家森林乡村认定名单，富阳区胥口镇佛鲁村、常安镇杏梅坞村、新登镇湘溪村、新登镇潘堰村、永昌镇唐昌村上榜。

3 月 富阳启动第七次人口普查。

4 月

4 月 1 日 富阳召开全区农村工作会议暨“富春山居 • 味道山乡”大比武动员大会。

4 月 3 日 由省农业农村厅主办的 2020 浙江省龙井茶手工炒制技能大赛在浙江嵊州华发茶业公司举行，富阳区陶宇军、陈胜岗、蔡荣木包揽前三名（按总分排名），被授予“2020 浙江省十大龙井茶炒制能手”称号。

4 月 10 日 富阳区战略合作香榧无人机授粉试验推广活动在常安镇杏梅坞村香榧基地举行，首次采用无人机为香榧人工授粉。

4 月 10 日 浙江省建设平安浙江工作公布首批“一星平安金鼎”，富阳区获“一星平安金鼎”，为全省首批连续 15 年达到平安建设标准的县（市、区），平安富阳建设实现“十五连冠”。

4 月 15 日 浙江省政协主席葛慧君到富阳调研“请你来协商”平台建设运行及疫情防控期间作用发挥等情况。

4 月 15 日 富阳召开事业单位改革部署推进会。

4 月 16 日 全国人大代表、全国人大华侨委委员、省十二届人大常委会党组书记、副主任王辉忠一行到富阳调研陆生野生动物人工驯养繁育管理工作，实地督查富阳贯彻执行全国人大常委会《关于全面禁止非法野生动物交易、革除滥食野生动物陋习、切实保障人民群众生命健康安全的决定》情况。

4 月 17 日至 18 日 浙江省高级人民法院院长李占国到富阳调研指导法院相关工作，联系看望部分在富浙江省人大代表，深入开展“走亲连心三服务”活动。

4 月 21 日至 22 日 省长袁家军深入萧山区、富阳区、桐庐县和建德市，调研“诗画浙江”大花园建设。

4 月 22 日 省长袁家军调研东吴小学。

4 月 23 日 杭州市召开推进疫情防控补短板堵漏洞强弱项暨深化作风建设和综合考评大会，通报 2019 年度杭州市对区、县（市）综合考评情况。富阳区综合考评首次荣获“优秀”等次，获拥江发展行动、民生福祉行动两项重点攻坚单项奖。

4 月 29 日 2020“富春山居 • 味道山乡”推介暨乡村百花大会在龙门古镇校场举行。

4 月 29 日 富阳全域旅游智慧平台“乐游富阳”，富阳旅游商城正式上线。

4 月 中共浙江省委全面深化改革委员会发文通报 2019 年度全面深化改革（“最多跑一次改革”）考核结果，富阳获得优秀等次。

4 月 富阳出台《杭州富春湾新城发展三年行动方案（2020—2022）》。

4 月 富阳完成天然商品林区划落界工作，共区划落界天然商品林停伐管护面积 23670 公顷，涉及乡镇（街道）24个、国有单位3个，7596个小班，签订停伐管护协议书240份，签订县、乡、村天然林保护责任书，落实管护责任。

4月 杭州市旅游景区质量等级评定委员会发布公告，评定富阳区硅谷小镇景区为国家AAA级旅游景区。

4月 省文化和旅游厅公布浙江省文化强镇、文化示范村（社区）名单，富春街道蒋家桥社区获省级文化示范社区。

4月 富阳制定出台《杭州市富阳区物业管理项目前期物业服务期间操作规范（试行）》。

5月

5月8日至9日 缙云县委书记李一波率缙云县党政代表团到富阳对接山海协作工作，推动两地开展更深层次合作。

5月9日 富阳—缙云“消薄飞地”项目杭州缙云大厦在富阳经济技术开发区银湖科技城13号地块举行开工仪式。

5月14日 富阳召开全区社区“百日解百难”、镇村“百日解千难”专项行动部署会，实现50个社区和276个行政村“解难”全覆盖。

5月15日 富阳召开全区粮食生产工作推进会。

5月16日 富阳公布《2020年杭州市富阳区义务教育学校招生实施办法的通知》，首次实行小学、初中公民办同步招生。

5月25日 杭州富村商务服务股份有限公司完成工商注册，成为全区首家区级强村公司。

5月27日 富阳召开经济发展“争先创优”行动动员大会。

5月 省发改委通报“2019年度全省扩大有效投资优秀单位”名单，富阳成为全市唯一获此荣誉的县（市、区）。

5月 浙江省老字号企业协会、浙江百年老字号研究院联合公布2019年度“浙江省金牌老字号”名单，张小泉股份有限公司（张小泉）、金富春集团有限公司（金富春）、杭州新南藤竹制品有限公司（新南）、杭州富春江宣纸有限公司（富泉牌）、杭州李宝赢堂中药饮片有限公司（李宝赢堂）、浙江省富阳百货大楼股份有限公司（富阳百大）、浙江振和大药房有限公司（王振和）等7家富阳企业入围。

5月 富阳完成农业水价综合改革，改革面积19547公顷。

6月

6月1日 由中国书画家联谊会和富阳区政府联合主办的“江山如画——公益中国·寒石书画艺术全国巡回展（第11站·富阳）”在公望美术馆开展。

6月5日 南昌市湾里区党委书记于立山率党政代表团到富阳考察。

6月5日 富阳发放1000万元汽车消费补贴，提振汽车消费市场信心。

6月11日至12日 区委书记朱党其率区党政代表团赴贵州省锦屏县开展对口帮扶工作。

6月13日下午 中组部第九批援藏干部人才总领队、西藏自治区党委组织部副部长、中央组织部公务员三局副局长杨晓林到富阳看望慰问那曲籍异地就业大学生。

6月15日 “相约壶源溪、嬉水度夏季”活动发布暨孙吴大道通车仪式在场口镇举行。

6月16日 富阳区公办中小学空调投用仪式在富春八小举行，富阳公办中小学校普通教室、寝室空调安装率达到100%。

6月18日 富阳区首个城中村自主改造项目——富春街道湖塍村自主改造搬迁工作完成签约，涉及搬迁户984户。

6月23日 全省电子制造业工业互联网平台现场会在富阳召开。

6月24日 省委常委、统战部部长熊建平一行到富阳，开展“走亲连心三服务”活动，传达省委十四届七次全会精神。

6月24日 第五届浙江省生态音乐节在新登镇上山村举行。

6月28日 主题为“丹青协作·花开山海”的富阳缙云两地书画摄影展在公望美术馆举行。

6月30日 全区重大基础设施项目集中开工。本次集中开工政府投资的基础设施项目7个，总投资131.6亿元。

6月 抗日战争胜利浙江受降纪念馆入选首批“浙里红”红色教育基地。

7月

7月1日 富阳区“红色研学1号线”启动仪式在常绿镇公交站举行。

7月2日 富阳区人民政府与国网杭州供电公司签署战略合作协议，共同打造能源互联网样板。

7月4日 浙台邻里节杭州启动仪式在富阳举行。

7月6日 富阳启动防汛Ⅰ级应急响应。

7月8日 省长袁家军赴建德、桐庐、富阳、萧山等地检查指导防汛工作。

7月8日 新安江水库首次开启9孔泄洪，东洲街道五丰、新沙两岛首次紧急“全岛撤离”。

7月8日 富阳区村级组织换届试点工作动员部署会在万市镇召开。

7月9日 应急管理部消防救援局党委委员、总工程师周天带领国家防汛抗旱总指挥部工作组到富阳，检查指导全区防汛工作。

7月13日 富阳举行重大产业项目集中开工，本次集中开工重大产业项目25个，总投资232.6亿元，其中高新项目16个。

7月14日 富阳出台《2020年灾后“救灾助农”政策》。

7月17日 第一届浙江省上市公司高峰论坛暨2020上半年经济形势分析会在富阳举行。

7月18日 富阳大数据产业创新研究院开园。

7月21日至22日 杭州市委主要领导到富阳调研省委十四届七次全会和市委十二届九次全会精神贯彻落实情况。

7月21日 富阳区全面推进新劳动教育新闻发布会在洞桥镇杭州（国际）青少年洞桥营地举行，发布全区新劳动教育基地建设情况及2020年度“新劳动教育”实践体验活动线路。

7月24日 区委一届九次全体

（扩大）会议召开。全会高举习近平新时代中国特色社会主义思想伟大旗帜，深入学习贯彻习近平总书记考察浙江、杭州重要讲话精神，认真贯彻落实省委十四届七次全会、市委十二届九次全会部署要求，传达杭州市委主要领导到富阳调研考察的指示精神，系统研究部署推动重要讲话精神在富阳落地生根的思路举措，进一步动员全区广大党员干部牢记嘱托、扛起使命、担当作为，为打造现代版富春山居图而努力奋斗。

7月25日 2020年富春江开渔节暨“钱塘江诗路”富春江水上旅游线首航举行。

7月26日 2020第五届中国晒谱节暨富阳首届晒谱节在富阳举办，共展出姓氏家谱200余种，其中老旧家谱100余种、新修100余种。

7月28日 富阳区党群服务中心启用。

7月 富阳富春江（富春江第一大桥—中埠大桥）入选浙江省2019年美丽河湖，壶源溪（场口镇青江口—湖源乡窈口村）、葛溪胥口段（岩石岭—金慈大桥）入选2019年度杭州市市级“美丽河湖”名单。

7月 浙江省民政厅公布全省民政系统深化“最多跑一次”改革推进政府数字化转型的试点项目，富阳“收养一件事”改革入选。

8月

8月5日 浙江华达新型材料股份有限公司正式登陆上海证券交易所，股票简称华达新材，股票代码605158。华达新材成为富阳板块第五家上市企业。

8月5日 富阳区法治文化公园开园仪式在恩波桥畔举行。

8月6日 江西省上饶市广丰区党委书记胡心田率党政代表团到富阳考察。

8月8日 富阳区“胸痛中心全区模式”战略合作签约暨启动仪式举行。

8月11日 黔东南州委书记桑维亮，州委副书记、州长罗强带领黔东南州党政代表团到富阳考察“富民产业”发展工作。

8月12日 全区2020年新退休干部集体荣誉退休仪式暨进一步深化“争做最美老干部，人人增添正能量”活动在区党群服务中心“富春大讲堂”举行。这是富阳区级层面首次举行干部集体荣誉退休仪式。

8月12日至13日 区委副书记、区长吴玉凤率领党政代表团前往缙云对接山海协作工作。

8月13日 贵州省黔东南州人大常委会副主任、锦屏县委书记毛有智带领锦屏县党政代表团到富阳考察。

8月18日 杭州市2020年度城市精细化管理“一区县一品牌”现场会在富阳召开。

8月19日 望潮听涛·浙商全国500强研讨会在杭州举行。发布由《浙商》杂志独家制作的“浙商银行·2020浙商全国500强”榜单，富冶、富通、富春江、金固股份、中泰股份等5家富阳企业入选。

8月21日 富阳召开全区领导干部会议，市委常委、组织部部长毛溪浩出席会议并讲话，市委组织部副部长、两新工委书记虞文娟宣布省委、市委关于富阳区委、区政府主要负责人调整的决定。根据省委、市委有关文件，朱党其任中共杭州市人民政府党组成员、中共杭州钱塘新区工作委员会副书记，提名其任杭州钱塘新区管理委员会主任，免去其中共杭州市富阳区委书记、常委、委员职务。吴玉凤任中共杭州市富阳区委书记，提议其不再担任杭州市富阳区区长职务。王华任中共杭州市富阳区委委员、常委、副书记，提名其为杭州市富阳区区长候选人。

8月25日 浙江省群星行草书法大展开幕式在富春山馆举行。

8月25日 上海（富阳）投资环境推介会在上海举行。

8月28日 农业农村部乡村产业发展司发布“2020年中国美丽休闲乡村公示名单”，富阳东洲街道黄公望村入选。

8月31日 富阳投入使用公办学校新校园9所，分别是富阳中学、富春大青小学、大青幼儿园方家井分园、三桥幼儿园三联嘉苑分园、永昌镇幼、渌渚镇幼新浦分园、场口镇幼王洲分园、里山镇幼、湖源中幼窈口分园。

8月31日 浙江省“开学第一课——爱心护童行 文明伴成长”大型公益活动启动仪式在富春七小举行。

8月 2019年度美丽浙江建设（生态文明示范创建行动计划）工作考核优秀单位名单公布，富阳名列其中。

8月 浙江省工业转型升级领导小组办公室通报表彰2019年度浙江省“腾笼换鸟”和淘汰落后产能工作考核先进单位，富阳名列其中。

9月

9月3日 杭州市纪念中国人民抗日战争暨世界反法西斯战争胜利75周年仪式在抗日战争胜利浙江受降纪念馆举行。

9月4日 富阳举行既有住宅加装电梯首个安置小区集体开工仪式。

9月14日 禁止洋垃圾入境推进固体废物管理制度改革座谈会在富阳举行。生态环境部副部长庄国泰、副省长陈奕君、省生态环境厅厅长方敏及区领导吴玉凤、钟永明、喻乃群参加。

9月16日 杭州富春湾新城2020年工业企业拆迁工作动员大会召开，共涉及主体企业约60家、土地面积约169公顷，传统造纸工业企业全面退出富春湾新城。

9月17日 “富春山居·味道山乡”美丽乡村讲解员大赛总决赛在区融媒体中心举行。

9月22日 “决胜全面小康”第二届全国农民画作品展在公望美术馆举行开幕仪式。

9月23日 富阳举行“工伤一件事”全链条改革新闻发布会。

9月25日 电影《春江水暖》回乡记暨富阳影视产业发展研讨会举行。

9月28日 上海师范大学与富阳区人民政府举行合作办学签约仪式。

9月 富阳区第一人民医院与杭州市妇产科医院（杭州市妇幼保健院）举行共建医疗技术合作揭牌

签约仪式。

9月 2020中国民营企业500强峰会在北京举行。发布2020中国民营企业500强榜单和2020中国民营企业500强调研分析报告。浙江富冶集团有限公司、富通集团有限公司、浙江富春江通信集团有限公司3家企业上榜，排名相比去年都有所上升，其中富冶集团以2019年营业收入509.6亿元，成为富阳首家营业收入破500亿元企业。

9月 富阳召开粮食行业协会成立大会暨第一届会员大会。

10月

10月1日至8日 全区共接待游客107.5万人次，实现旅游收入7.87亿元，恢复至上年同期的80%。

10月9日 郁达夫中学（达夫校区）新校区启用。

10月10日 市人大常委会党组书记、主任于跃敏到富阳调研。

10月10日 富阳召开全区环境整治攻坚行动现场会。

10月12日 河南省副省长武国定率领党政代表团到富阳考察乡村振兴有关工作。浙江省副省长彭佳学、杭州市副市长王宏及区领导吴玉凤、王铧、钟永明陪同考察。

10月13日 富阳召开全区村社组织换届工作动员会。

10月25日 富阳区阳陂湖生态修复治理项目一期对外开放。

10月26日 富阳开展为志愿军老战士颁发抗美援朝出国作战70周年纪念章活动。

10月27日 富阳与浙江中医药大学签约，合作共建富阳中医骨伤医院。

10月28日 广西壮族自治区党委常委、自治区副主席黄世勇率领党政考察团到富阳考察乡村振兴、古村落保护、人居环境整治等工作。

10月28日 新登镇老年学堂揭牌，为富阳首个老年学堂。

10月 生态环境部公布“第四批国家生态文明建设示范市县”名单，富阳区入选。

11月

11月3日 第二届公望富春•中国山水画作品展在公望美术馆开幕。

11月6日 光电产业高峰论坛暨2020年中科院上海光机所校友产业论坛在富阳举行。

11月12日 富阳举行2020年全区重大项目集中开竣工、签约仪式。参加此次全区集中开竣工、签约仪式的项目共80个，总投资477亿元。

11月12日 集古学社在富阳挂牌落户。中国工程院院士潘云鹤与区委书记吴玉凤共同为集古学社揭牌。集古学社是一家致力于为全球华人科学家提供文化艺术交流平台的非营利组织。

11月18日 2020中国幸福城市论坛暨颁奖典礼在杭州举行，富阳区被推选为“2020中国最具幸福感城区”。

11月19日 “半月谈基层治理智库研讨会暨味道山乡与乡村振兴的探索与实践”活动在场口镇东梓关村举行。

11月20日至21日 “2020中国首席技术官大会暨中国（杭州）AIoT未来论坛”在银湖科技城召开。中国工程院院士郑纬民及数百名技术精英、行业专家探讨AIoT产业发展未来。

11月20日 全国精神文明建设表彰大会在京举行。富阳区新登镇半山村获评全国文明村，国网浙江杭州市富阳区供电有限公司获评全国文明单位。

11月24日 全省深化“千万工程”建设新时代美丽乡村现场会召开。富阳区获评2019年度浙江省新时代美丽乡村示范县。

11月24日 富阳举行全区改革攻坚大比武暨城市大脑富阳平台成果发布会。

11月24日 全国劳动模范和先进工作者表彰大会在北京举行。杭电股份缆线生产基地中压制造部副部长雷建土荣获“全国劳动模范”称号，富阳区第一人民医院重症医学科主任唐卫东以及国家水稻改良中心主任、全国超级稻研究与推广专家组组长、国家水稻产业技术体系首席科学家程式华荣获“全国先进工作者”称号。

11月29日 杭州富阳农发生态养殖有限公司桐坞牧场投产。

11月30日 “2018—2019绿色中国年度人物”、第四批国家生态文明建设示范市县和“绿水青山就是金山银山”实践创新基地表彰授牌活动在北京举行，富阳获“国家生态文明建设示范区”荣誉称号。

11月 浙江省政府发布《关于命名第四批省级特色小镇的通知》，硅谷小镇获富阳首个省级特色小镇命名。

11月 中国信息通信研究院主办的中国县域工业经济发展论坛发布《中国县域工业竞争力地图》，富阳入选“中国工业百强区”，名列第89位。

11月 富阳壶源溪绿道入选浙江省第四批“浙江最美绿道”。

12月

12月2日至5日 百县（市区）文化馆馆长论坛在富阳举行。

12月6日 胡润研究院首次发布“2020胡润中国最具投资潜力区域百强榜”，富阳区上榜。

12月7日 第六届郁达夫小说奖颁奖典礼在富阳举行。

12月8日 那曲市色尼区委书记李东，浙江省援藏指挥部副指挥长、色尼区常务副书记潘渭看望在富阳就业的那曲籍少数民族高校毕业生。

12月10日 富阳在杭州地区率先完成村（居）委会换届选举工作，首次实现全部村（社）一轮选出选足。

12月11日 杭州市“清廉学校”现场会在富阳召开，富春中学、富阳二中分别获得市第一批“清廉学校”示范点和优秀案例称号。

12月11日 富阳区退役军人服务中心办公楼启用，位于富春街道邮舍弄。

12月16日 中共浙江省委党校（行政学院）现场教学基地在富阳挂牌。

12月17日 区委书记吴玉凤率富阳区党政代表团赴西湖区、余杭区、高新区（滨江）考察产业发展，学习先进经验，为谋划“十四五”打开思路。

12月22日 杭州绕城高速公路西复线正式通车。

12月24日 嘉兴市海盐县委书记陈玲芳率党政代表团到富阳考察城市建设、社区治理等工作。

12月24日 全省新时代美丽城镇和特色小镇建设工作推进会举行。富阳区新登镇和硅谷小镇分别入选全省首批110个美丽城镇省级样板和第四批20个省级命名特色小镇。

12月27日 富阳举行全区重大交通项目集中开通暨地铁6号线试乘体验活动。春永线、杭州绕城高速西复线高桥连接线、杭黄高铁富阳站站前广场等一批重大交通项目建成投用。

12月29日 区委一届十次全体（扩大）会议召开。会议高举习近平新时代中国特色社会主义思想伟大旗帜，深入学习贯彻习近平总书记考察浙江、杭州重要讲话精神，全面落实中共十九届五中全会和省委十四届八次全会、市委十二届十一次全会部署要求。会议审议通过了《中共杭州市富阳区委关于制定国民经济和社会发展第十四个五年规划和二〇三五年远景目标的建议》，进一步动员全区广大党员干部群众抢抓机遇、锚定方向、实干担当，全面加快产业新动能、城市新轴线、发展新环境立起来，为高水平打造现代版富春山居图而努力奋斗。

12月30日 杭州地铁6号线一期正式开通运营，富阳迈入“地铁时代”。

12月30日 富阳富春山居农产品品牌馆开馆仪式举行。

12月 杭州富宏叉车制动器有限公司主导制定的全国首部《机械行业工业车辆制动器标准》正式实施。

（区委党史研究室）

4 区情综览

Profile

自然状况

【概况】 富阳区位于浙江省西北部，富春江下游，属杭州市所辖。地理坐标为北纬29°44′—30°12′、东经119°25′—120°09′，东接杭州市萧山区，南连诸暨市，西倚桐庐县，北与杭州市临安区、杭州市余杭区接壤，东北与杭州市西湖区毗邻。最东端位于东洲街道五丰村境内，北纬30°06′、东经120°09′；最西端位于万市镇何务村境内，北纬30°06′、东经119°25′；最南端位于湖源乡石龙村境内，北纬29°44′、东经119°55′；最北端位于万市镇东叙村境内，北纬30°12′、东经119°34′。区域东西长69.7千米（东起东洲街道五丰村，西至万市镇何务村），南北宽49.7千米（南起湖源乡石龙村，北至银湖街道杜墓村），总面积1821.08平方千米。富春江自西向东斜贯中部，320国道由北而南穿越全境。区政府驻地富春街道桂花路25号，距杭州市政府所在地31.5千米（径距），水陆交通便利。

全区整体地貌以"两山夹江"为最大特征。天目山余脉绵亘西北，仙霞岭余脉蜿蜒东南，富春江西入东出，斜贯区境中部。地势由东南、西北向中部倾斜。依其地表水陆形态分，山地、丘陵面积1439.6平方千米，占区境总面积的78.61%；平原、盆地面积299.63平方千米，占16.36%；水域面积91.98平方千米，占5.02%，故有"八山半水分半田"之称。

西北天目山余脉分布区以高丘为主，其特点是丘体零乱，丘顶浑圆，丘坡平缓，脉络模糊，多数呈馒头形。坡度组合15°—25°，山丘间岗地众多，土层深厚，有利于发展粮、林和各种经济特产，为境内茶叶、蚕桑、板栗、银杏等主要产区。

东南仙霞岭余脉分布区以低山为主，其特点是山势挺拔，脉络清晰，重峦叠嶂，山重水复，海拔均在500米以上。主峰杏梅尖，海拔1065.8米，为全境最高峰。由于山体高大，气候、土壤适宜竹木生长，是境内木材、毛竹主要产区。境内富春江流长52千米，江宽700米—1000米，平均水深7米。两岸风光秀丽，1982年，经国务院批准，富春江—新安江—千岛湖"两江一湖"被列为国家级风景名胜区。

建制沿革

【概况】 富阳历史悠久，秦王政二十六年（前221）置县，县治即今富阳区区政府所在地。初置县时幅员辽阔，辖境含今桐庐、建德等地。三国吴黄武四年（225），析富春部分县地置建德、新昌（后改寿昌）、桐庐三县。次年（226），又析富春部分县地置新城（后改新登）县。富阳、新登两县建置以此而始。

富阳秦汉称富春。新莽始建国元年（9），改名诛岁。东汉建武元年（25），复名富春。东晋太元十九年（394），为避简文帝生母宣太后郑阿春讳，更名富阳，富阳之名始于此。五代梁开平二年（908）复改名富春，北宋太平兴国三年（978）又改为富阳县，此后富阳之名沿袭至今。新登初名新城，五代梁开平元年（907），太祖朱温为避其父朱诚讳，改名新登，新登之名始于此。

富春之地，春秋属吴越。战国时，楚国屡败越国，夺取浙江以西土地。周显王三十六年（前333），越亡，富阳归属楚国。秦汉以后，隶属多变。隋、唐直至宋、元、明、清，均归杭州府（临安府、杭州路）所辖。民国时期，初属钱塘道，民国16年（1927），废道直属于省。民国27年（1938）改属第一行政区，后又多次变更，至民国37年（1948），改隶第四行政区。中华人民共和国成立后，初属临安专署，1952年改为省直辖。1955年划归建德专署。1958年12月，改属杭州市至今。

富阳历史上曾两度撤并。隋开皇九年（589）并入钱唐（后改钱塘）县，大业三年（607）复置。新中国成立后，1960年8月并入桐庐县，1961年12月复置。新登历史上曾5次撤并。三国吴黄武五年（226）析富春部分县地置新城县，治所即今富阳区西南新登镇。黄武七年（228）并入桐庐县，西晋太康十年（289）复置；旋又废入富春县，东晋咸和九年（334）复置；隋开皇九年（589）并入钱塘县，大业十四年（618）复置；

唐武德七年（624）并入富阳县，永淳元年（682）复置；五代梁开平元年（907）吴越改名新登县。北宋太平兴国四年（979）复为新城县。民国3年（1914），改名新登县。中华人民共和国成立后，1958年10月撤销，并入桐庐县；1961年12月又从桐庐县析出，划归富阳县。

1994年1月18日，经中华人民共和国国务院批准，撤销富阳县，设立富阳市，行政区域不变，隶属关系依旧。2月4日，浙江省人民政府发出《关于撤销富阳县设立富阳市的通知》。3月28日，富阳市举行撤县设市庆典活动。

2014年12月13日，国务院批复同意浙江省调整杭州市部分行政区划。具体为：同意撤销县级富阳市，设立杭州市富阳区，以原富阳市的行政区域为富阳区的行政区域，富阳区人民政府驻富春街道桂花路25号。

行政区划

【概况】 2020年，富阳区设乡、镇、街道24个，其中乡6个、镇13个、街道5个。年底，全区有行政村276个、村民小组4499个、居民区3个、社区59个（乡镇街道概况图）。

2020年富阳区乡镇街道概况一览表

表1

乡镇（街道）	面积（平方千米）	行政村（个）	村民小组（个）	居民区（个）	社区（个）
富春街道	105.45	12	186	—	37
春江街道	41.47	9	141	—	1
东洲街道	69.89	15	216	—	4
鹿山街道	63.31	9	110	—	2
银湖街道	158.24	22	429	—	8
春建乡	45.19	6	107	—	—
新桐乡	49.82	7	83	—	—
新登镇	179.37	28	590	—	5
胥口镇	68.82	13	217	—	—
渌渚镇	79.24	13	181	—	—
永昌镇	49.59	5	115	—	—
万市镇	155.37	15	293	1	—
洞桥镇	143.29	11	251	—	—
大源镇	105.23	15	199	1	1
灵桥镇	54.84	13	151	—	—
常绿镇	49.08	8	128	—	—
里山镇	25.46	5	71	—	—
渔山乡	36.76	4	80	—	—
上官乡	27.06	5	72	—	—
场口镇	58.05	24	323	1	1
常安镇	63.84	16	264	—	—
环山乡	38.52	7	113	—	—
龙门镇	27.30	4	72	—	—
湖源乡	125.87	10	107	—	—
总　计	1821.08	276	4499	3	59

人口变迁

【概况】 2020年底，全区总户数220568户，总人口691114人，平均每户3.13人，总人口比上年增加3039人。在总人口中，男性345768人，占总人口50.03%；女性345346人，占49.97%。男女性别比为100。全区乡村人口343248人，占总人口的49.67%；城镇人口347866人，占总人口的50.33%。

全区全年出生6094人（含2020年前出生而在本年申报户口的），比上年少出生1079人；出生率8.86‰，比上年下降1.64‰；死亡3961人，比上年多死亡529人，死亡率5.76‰，比上年上升0.74‰；自然增长2133人，自然增长率3.1‰。

全区全年迁入2275人，其中省内迁入543人、省外迁入1732人；全年迁出1083人，其中迁往省内301人、迁往省外782人。全区人口机械增长1192人。

（区委党史研究室）

国民经济和社会发展

【综合】 经济总量。经初步核算，全年全区实现生产总值812.1亿元，同比增长1.1%。其中：第一产业增加值49.5亿元，同比增长0.1%；第二产业增加值345亿元，同比下降2.7%；第三产业增加值417.5亿元，同比增长5.3%。三次产业增加值结构为6.1∶42.5∶51.4。按户籍人口计算人均生产总值117760元，按2020年平均汇率折算为17067美元。

数字经济。全区实现数字经济核心产业增加值（剔重）80.2亿元，同比增长2.5%。规上（限上）企业实现数字经济核心产业营业收入（剔重）410亿元，同比增长15.8%。其中，物联网实现营业收入72.4亿元，同比增长1.2%；

软件与信息服务业实现营业收入242.5亿元，同比增长11.2%；电子信息产品制造业实现营业收入397.7亿元，同比增长14.3%；电子商务业实现营业收入1.5亿元，同比增长110%。

财政收支。全年实现财政总收入138.7亿元，同比增长5.7%，其中一般公共预算收入90.1亿元，同比增长12.7%。全年一般公共预算支出102.5亿元，同比下降2.8%。

【农业、新农村建设】 农业生产。全年实现农林牧渔业总产值69.8亿元，同比增长0.2%；农业增加值49.9亿元，同比增长0.2%。猪牛羊禽等肉产量15930吨，禽蛋产量3463吨。

农业产业化。年末全区农业龙头企业达140家，其中杭州市级以上62家，实现销售收入81.1亿元。实有各类农民专业合作社530家。各类名牌农产品65只，其中杭州市级以上33只。

农业生产条件。全年投入水利建设资金15.1亿元。年末全区拥有农业机械总动力26.3万千瓦。年末有效灌溉面积（农田灌溉面积）22.55千公顷全区各类水库151座，除险加固病险水库3座、山塘12座。

美丽乡村加快建设。创建新时代美丽乡村62个、市级风情小镇1个、精品线路1个，贯通绿道166千米，黄公望村入选中国美丽休闲乡村。年末全区共有民宿示范村3个，现代民宿示范点52个。实施189个村的饮用水工程建设，各级投入资金11.5亿元。

【工业、建筑业】 工业经济。受疫情和产能腾退影响，全年规模以上工业增加值215.1亿元，下降4.1%。其中，高新技术产业增加值138.2亿元，同比增长2.4%；战略性新兴产业增加值72.2亿元，同比增长0.9%；装备制造业增加值92.6亿元，同比增长1.9%。

亿元企业。年末全区工业总产值超亿元企业170家（按独立法人计算），其中超100亿元企业1家，50亿元以上100亿元以下1家，20亿元以上50亿元以下7家，10亿元以上20亿元以下8家。

企业效益。全区616家规模以上工业企业全年实现营业收入1479.2亿元，同比下降1.5%；实现利税116.2亿元，同比增长4.7%；实现利润69.3亿元，同比增长31%。

建筑业。全年实现建筑业增加值48.4亿元。全区有总承包和专业承包资格的建筑企业153家。建筑企业房屋施工面积1673.6万平方米，同比增长109.4%；房屋建筑竣工面积364.0万平方米，同比增长12%。

【固定资产投资、房地产业】 固定资产投资。全年固定资产投资增长30.7%。从投资结构看，工业投资增长31.8%，交通投资下降30.2%，民间投资（不含房地产项目）同比增长29.7%，生态环境和公共设施投资同比增长21.9%，高新技术产业投资同比增长15.4%。

房地产业。2020年，房地产开发投资增长40.7%。房地产住宅施工面积548.7万平方米，同比增长20.7%；商品房销售面积163.4万平方米，同比增长24.7%，其中住宅销售146.1万平方米，同比增长28.5%；实现销售额339.8亿元，同比增长38.9%。

【商贸、旅游】 消费需求。鹿山时代综合体建成投用。全年社会消费品零售总额372.1亿元，同比下降2.0%。限上批零住餐企业销售额1026.2亿元，同比增长7.6%。

旅游业。“现代版富春山居图”“新登千年古城保护和开发”入选杭州文旅金名片培育项目，西岩温泉等11个重点项目加快推进，创建44个A级景区村庄和3个4A级景区乡镇。年末全区有旅行社29家；星级饭店6家，其中五星级2家。全年共接待国内旅游者1496万人，实现国内旅游收入153.8亿元。接待入境旅游者1800人，创旅游外汇收入116万美元。创建农家乐休闲旅游村（点）89个，全年实现乡村旅游收入8.2亿元。

【对外经济】 内外资利用。完善招商体制机制，成功举办上海等地招商推介会，签约高新产业项目172个，总投资324亿元，5个“152”项目开工建设。全年新批外商投资项目19个，实到外资31080万美元。

进出口。据海关统计，全年完成货物进出口总额293.6亿元，同比增长4%，其中自营出口134.1亿元，同比增长4.8%；自营进口159.5亿元，同比增长3.4%。全年完成跨境电商进出口总额43616.5万美元，其中出口额31711万美元，进口额11905.6万美元。全年完成服务贸易出口5亿美元。全年完成境外投资项目6个，总投资1911万美元。

【交通、邮电通信】 交通建设。地铁6号线、春永快速路、绕城西复线及大源、高桥连接线建成通车，彩虹快速路主线通车，“三铁三高三快速”对外交通网络基本成型。富春大道、秦望过江隧道、大盘山隧道等城市内部主干道加快建设，江滨西大道延伸段实现通车，“四好农村路”三年行动计划圆满收官。新增和优化公交线路17条，新增公共自行车42个点位1000辆。年末全区公路通车里程2025.0公里，其中境内高速公路里程85.6公里。全年全社会公路运输1842万吨，同比增长38.3%。全年公路货物周转量246701万吨公里，增长76.5%。全年完成公路旅客运输量43.3万人次，公路旅客周转量4690万人公里。

邮电通讯。全年邮电业务收入12.1亿元，同比增长4.0%。邮政特快专递业务724.33万件。年末全区固定电话用户8.9万户，同比下降4%。年末全区移动电话用户104.9万户，同比下降0.4%。按户籍人口计算，全区电话普及率165.0部/百人。全区（固定）互联网宽带接入用户31.4万户，同比增长0.7%；移动互联网用户93.7万户，同比增长0.8%。

【金融保险】 金融。年末全区金融机构本外币存款余额1569.12亿元，同比增长17.1%；本外币贷款余额1812.12亿元，同比增长21.6%。人民币贷款中，短期贷款余额596.91亿元，同比增长7.4%；

中长期贷款余额1190.18亿元，同比增长31.7%，其中住户中长期贷款余额595.81亿元。

保险。全年保险费收入90997万元，各类保险赔款与给付支出31156万元。

【教育科技】 教育。富阳中学改扩建等10个项目建成投用，富春九小、富春五幼等项目加快实施，在全省率先实现中小学教室、寝室空调全覆盖，入选全省首批“互联网+义务教育”实验区，新劳动教育实践成为全国金名片。年末全区有23个乡镇（街道）成为省和杭州市教育强乡镇，覆盖率达96%。全区学龄儿童入学率100%，初中入学率100%，初中升高中段比例99.9%，高等教育毛入学率71.8%。全区共有幼儿园73所，在园幼儿26057人；小学44所，在校学生45310人；普通中学24所，在校学生34662人。职业中学（机构）3所，在校学生7260人。民办学校在校学生9403人。全年普通中小学新增校舍0.37万平方米。年末拥有专任教师5738人，中小学校每位教师负担学生13.94人。

科技创新。创新平台取得突破，工创谷成功通过国家级众创空间备案，银湖创新中心成功申报国家级孵化器，实现国字号双创平台“零”突破。年末全区拥有众创空间6家，入驻创业团队223个；科技企业孵化器7家，入驻企业217家。全年组织实施各类科技计划项目1381项，其中省级1356项。全年专利申请7207项；专利授权4705项，其中发明专利824项。出台人才政策，征集“5110”计划项目247个，新增硕士研究生等高层次人才1322名，同比增长25.7%。

【文化、卫生和体育】 文化、广播电视、新闻出版、档案。承办首届全国文化馆百县馆长论坛，实施特色文化礼堂活跃工程，开展文化惠民活动405场。全年越剧团国内演出89场次，观众8万人次。区广播电台每日播音17小时，区电视台每日播出19小时。数字电视用户19.2万户。《富阳日报》全年出版250期，日发行4.5万份。区图书馆藏书699千册（件），书刊外借69.4万册次。全区县级以上文物保护单位89处（群），其中省级以上7处（群）。年末馆藏全宗档案191个，案卷（件）档案111223卷。开放馆藏全宗档案84个，案卷（件）档案20236卷。

医疗卫生。省人民医院富阳院区、省中医院项目动工建设，与浙江中医药大学共建富阳中医骨伤医院，首创家庭医生移动诊疗平台。年末全区有各类医疗卫生机构603个，医疗床位4532张，其中医院20个，医疗床位3388张。拥有各类专业技术人员6862人，其中执业医师2770人，执业助理医师456人，注册护士2930人。全年完成无偿献血13153人次，其中流动献血3932人次，献血总量385.8万毫升。全区儿童“五苗”接种率99%，“四苗”接种率99%，婴儿死亡率1.6‰。

体育。全民健身活动广泛开展，全年举办各类群众性体育比赛360场，参赛运动员6.5万人次。全区共有体育场馆22个，健身苑（点）576个。全年新建健身苑（点）39个、篮球场7个、乒乓球室32个。农村健身设施覆盖率达100%。体育设施达到省级标准行政村276个，体育强乡镇（街道）24个。全年全区共获得杭州市级以上各类奖牌143枚，其中金牌46枚、银牌57枚、铜牌40枚。

【人口、人民生活、社会保障、救济福利】 人口。年末全区户籍总人口69.1万人，同比增长4.4‰。出生人口6094人，出生率8.8‰；死亡人口3961人，死亡率5.7‰，自然增长率3.1‰。登记在册的流动人口数27.5万人，同比增长29.0%。

居民生活。全体居民人均可支配收入54175元，同比增长6.6%；城镇常住居民人均可支配收入63302元，同比增长4.5%；农村常住居民人均可支配收入38089元，同比增长7.2%。全区区内上牌的私人汽车拥有量129302辆，同比增长6.5%，全区每百户家庭拥有私人汽车67.4辆。

就业。全年新增城镇就业15331人，就业安置人数4260人；帮扶4260名城镇失业人员实现再就业，帮扶1809名就业困难人员实现再就业。年末全区城镇登记失业人数9638人，城镇登记失业率2.4%。

社会保障。推进社保、医保扩面，参保率稳定在98%和99%以上。职工基本医疗保险400004人，净增21209人。城乡居民基本医疗保险314513人，参保率99.82%。年末全区住房公积金缴存登记单位10240户，年末建缴职工86590人。2020年，公积金归集总额192011.7万元，发放公积金个人住房贷款3719户，贷款总额205346.5万元，支持职工购房面积41.0万平方米。

救济福利。全区最低生活保障人数11605人，其中城镇390人。2020年，城乡低保平均标准为1102元。完成220户困难老人家庭适老化改造，实现示范型居家养老服务中心乡镇（街道）全覆盖，在全国率先试点独居老人意外10分钟救援。年末全区拥有居家养老照料中心323家，养老床位5447张。年末全区五保供养服务中心11所，供养老人333人。福利院1所，床位186张，收养婴幼儿童14人，老人29人。共有特困人员637人，集中供养309人，集中供养率48.5%。全年区慈善总会共支出各项救助金3879.8万元。

【城市建设、资源灾害、环境保护和社会安全】 城市建设。开展“美丽杭州”攻坚行动，完成整治点位11.4万个。老城区有机更新有序实施，完成老旧小区改造8个，加装电梯75台，打通断头路8条。创建“美好家园”住宅示范小区8个，完成无障碍设施改造1235个。年末主城区建成区面积达30.8平方公里，市区道路长度284公里。全年全社会用电量69.3亿千瓦时，同比下降12.1%，其中城乡居民生活用电10.1亿千瓦时，同比增长6.2%。全年城区供水总量5772万立方米，市区管道煤气用户达15.2万户。年末实有公园22个，公园面积305公顷。年末市区园林绿地面积1246.7公顷，市区公共绿地面积699.9公顷，人均公共绿地面积14.7平方米，建成区绿化覆盖率44.9%。

资源灾害。全区总供用水量9602万立方米。完成造林面积8285亩，其中人工造林8285亩。全区森林覆盖率65.7%。“应急管理一张图”基本建成，有效防御强降雨和新安江水库九孔泄洪，成功抵御近20年来最大洪水。全区农作物受灾面积1592.5公顷，各类自然灾害造成直接经济损失9119.4万元。

城乡环境。创新“两点法+点长制”垃圾分类富阳模式，投用垃圾投放亭613座，垃圾总量逐年下降，循环经济产业园项目投入试运行。完成8个镇街和44个区块污水零直排建设，新增污水管网45千米，创建省市美丽河湖6条，富春江出境断面水质连续6年保持优秀，地表水监测断面、饮用水源地水质达标率100%。全年工业废水排放量5079.6万吨。建成国家级生态乡镇（街道）18个，省级生态乡镇（街道）2个、杭州市级生态乡镇（街道）4个。

节能减排。深入推进蓝天、碧水、净土、清废四大行动，高质量推进第二轮中央环保督察问题整改。改造、关停各类燃煤锅炉15台，治理工业炉窑32台，空气优良率达96.2%。推进污染地块修复，污染地块安全利用率达100%。化学需氧量和二氧化硫排放分别降低4.5%和7.0%，氨氮、氮氧化物排放分别降低4.4%和7.0%。

安全生产。全区共发生各类生产安全事故13起，死亡13人，其中交通运输事故死亡10人，生产安全事故起数、死亡人数均下降23.5%，获得全省首批“一星平安金鼎”。

（区统计局）

气　象

【概况】 2020年，富阳年平均气温明显偏高，降水量明显偏多，雨（雪）日偏多，日照时数明显偏少；全年各月平均气温持续偏高，夏季高温天数多、持续时间较长；梅雨来势猛，强度强，降水集中，出现明显梅涝。四季气候特点为冬季（2019年12月至2020年2月）气温特高、降水明显偏多、日照偏少；春季（2020年3—5月）气温明显偏高、降水正常、日照略偏少；夏季（2020年6—8月）气温略偏高、降水特多、日照明显偏少；秋季（2020年9—11月）气温偏高、降水正常、日照偏少。综合各种气象因素，2020年气候属较差年景。

【气温】 年平均气温18.10℃，比常年平均高1.4℃。全年有9个月平均气温在常年平均之上，偏高1℃及以上的月份有1月、2月、3月、5月、6月、8月和11月，其中，1月为富阳本站有记录以来最高，2月为富阳本站有记录以来第二高，3月为富阳本站有记录以来第三高，5月为富阳本站有记录以来第三高，8月为富阳本站有记录以来第二高，11月为富阳本站有记录以来第二高；7月和9月平均气温在常年平均之下，其中，7月为富阳本站有记录以来第三低；4月平均气温与常年平均持平。

全年日最高气温≥35℃的高温天数为35天，比常年平均多6天，

2020年富阳区气象要素与2019年、常年对照一览表

表2

月份	平均气温（℃）			降水量（毫米）			降水日数（天）			日照时数（小时）		
	2020	2019	常年平均	2020	2019	常年平均	2020	2019	常年平均	2020	2019	常年平均
1	7.10	5.70	4.30	210.40	91.50	78.90	18	17	13	60.70	61.50	100.80
2	9.60	6.20	6.30	87.50	211.20	90.60	16	22	13	105.20	26.90	95.50
3	13.00	12.40	10.20	173.60	149.20	140.90	18	18	16	94.20	122.00	115.40
4	16.20	18.20	16.20	56.90	137.10	135.70	9	16	15	173.20	125.70	138.30
5	23.30	22.00	21.40	170.60	196.10	140.90	15	11	14	124.30	170.70	162.40
6	26.20	24.80	24.80	369.80	161.30	226.50	18	15	15	60.80	119.50	140.80
7	26.70	27.80	28.80	452.50	233.50	185.20	20	15	12	65.20	145.90	217.50
8	30.60	29.10	28.10	86.00	255.30	164.20	6	12	14	224.80	218.80	196.00
9	23.50	24.70	23.70	201.50	72.70	124.90	14	7	12	97.40	189.00	140.10
10	18.90	19.70	18.20	36.00	42.70	71.20	9	10	9	106.30	135.10	141.20
11	14.70	13.90	12.20	36.80	26.30	69.70	11	9	9	129.10	135.80	125.30
12	6.90	8.60	6.30	22.40	87.90	49.20	10	12	9	105.50	125.70	125.40
合计平均	18.10	17.80	16.70	1904.00	1664.80	1477.90	164	164	151	1346.70	1576.60	1698.70

其中5月出现1天、6月出现5天、7月出现8天、8月出现20天、9月出现1天。全年日最高气温≥37℃的高温为10天，全部出现在8月。

连续三天日平均气温≤23℃的秋季低温出现在9月17日，比常年平均晚2天（常年为9月15日），连续三天日平均气温≤20℃的秋季低温出现在10月5日，比常年平均晚6天（常年为9月29日）。

年极端最低气温-6.4℃，出现在12月31日。

年极端最高气温38.3℃，出现在8月15日。

入春：日平均气温稳定通过＞10℃的初日出现在3月7日，比常年平均早18天（常年3月25日）。

入夏：日平均气温稳定通过＞22℃的初日出现在4月30日，比常年平均早42天（常年6月11日）。

入秋：日平均气温稳定通过气温≤22℃的初日出现在9月17日，比常年平均早16天（常年10月3日）。

入冬：日平均气温稳定通过气温≤10℃的初日出现在11月28日，比常年平均早7天（常年12月5日）。

终霜日为2月18日，比常年平均早19天（常年为3月8日）；初霜日为12月15日，比常年平均晚27天（常年为11月18日）；全年无霜期为300天。

【降水】 年降水量1904毫米，比常年平均多426.1毫米，多28.83%；降水量比常年平均偏多的月份有1月、3月、5月、6月、7月和9月，其中，1月为富阳本站有记录以来第二多，7月为富阳本站有记录以来最多；降水量比常年平均偏少的月份有2月、4月、8月、10月、11月和12月。

5月29日入梅，7月18日出梅，梅雨天数50天，梅雨期比常年平均多29天，富阳本站梅雨量787.2毫米，比常年平均多536.2毫米，多216.62%。区平均梅雨量754.24毫米，其中渌渚镇罗桥村站最大，达945.3毫米，其次渌渚镇施家村站931.2毫米。

全年共出现6次暴雨，分别出现在6月20日、6月25日、7月3日、7月7日、7月10日和9月17日。

年降水日数164天，比常年平均多13天。

【光照】 年日照时数1346.7小时，比常年平均少352小时，少20.72%；全年日照比常年平均偏多的月份有2月、4月、8月和11月；全年日照比常年平均偏少的月份有1月、3月、5月、6月、7月、9月、10月和12月，其中，6月为富阳本站有记录以来最少，7月为富阳本站有记录以来最少，9月为富阳本站有记录以来第三少。

【灾害性天气】 全年灾害性天气主要为：超长梅雨、高温干旱、1次强对流冰雹、6次暴雨、3次寒潮和3次大风。

超长梅雨　2020年入梅时间明显偏早（5月29日），比常年平均偏早15天，为近25年来入梅最早的年份，而出梅时间偏晚（7月18日），梅期达50天，明显偏长，是常年平均1.92倍。梅雨量达787.2毫米，是常年梅雨量的3.13倍，列历史第1位。梅雨量分布不均，短时降雨量大，全区梅雨量呈西南多东北少的特征，梅雨量大于900毫米的观测站集中在渌渚镇。

高温干旱　2020年富阳区高温日数35天，8月10日至25日连续16天持续高温，其中8月5日至24日连续20天没有出现有效降水，为有记录以来最少，部分乡镇出现干旱。8月12日至21日连续10天发布高温橙色预警信号。

无明显台风影响　2020年无明显影响富阳的台风，7月，西太平洋和南海没有台风生成，为新中国历史首次。8月台风“黑格比”紧擦富阳北上，无明显影响。

强对流冰雹　3月21日下午到夜里受雷雨云团影响，出现短时暴雨、雷雨大风和局地冰雹天气。区面雨量42.5毫米，最大万市镇彭家站81.4毫米，其次万市镇青岭头站71.3毫米，城区42.3毫米。有17个站点出现8级以上大风，最大常安镇永安山站和新桐乡新桐站10级，城区8级，银湖街道出现小冰雹。

暴雨　6月20日暴雨：区面雨量54.14毫米，共有41个站点出现50毫米以上降水，最大春江街道新建村站72.2毫米，城区63.9毫米。

6月25日暴雨：区面雨量76.4毫米，共有16个站点出现100毫米以上降水，最大富春街道三桥站133.1毫米，城区85.7毫米。

7月3日暴雨：区面雨量76.32毫米，共有8个站点出现100毫米以上降水，最大渌渚镇施家村115毫米，城区110.4毫米。

7月7日暴雨：区面雨量65.11毫米，共有3个站点出现100毫米

2020年8月25日，富阳开展人工增雨有效缓解旱情

（区气象局　供稿）

以上降水，最大湖源乡新二村121.9毫米，城区67.2毫米。

7月10日暴雨：区面雨量33.12毫米，共有6个站点出现50毫米以上降水，最大渌渚镇施家村57.9毫米，城区55.2毫米。

9月17日暴雨：区面雨量57.24毫米，共有35个站点出现50毫米以上降水，最大银湖街道银湖村100.2毫米，城区80.6毫米。

寒潮 2月14日受强冷空气影响，气温逐渐下降，日平均气温由14日的15.1℃降到16日的3.9℃，48小时降温幅度达11.2℃，17日最低气温降至-1.10℃。

3月26日受强冷空气影响，气温逐渐下降，日平均气温由26日的21.1℃降到28日的5.7℃，48小时降温幅度达15.4℃，29日最低气温降至4.6℃，27日后半夜到28日早晨高山区出现雨夹雪或雪。

12月29日受强冷空气影响，气温逐渐下降，日平均气温由29日的7.3℃降到31日的-2.3℃，48小时降温幅度达10.6℃，31日最低气温降至-6.4℃，出现严重冰冻，部分作物受到明显冻害以及零散自来水管被冻坏。

大风 全年出现3次大风，分别出现在3月21日、4月13日和12月29日，极大风速分别为18.7米/秒、18.4米/秒和17.8米/秒。

大雾 全年共出现45天大雾，比常年平均（26.5天）多19天。

霾 全年出现4天霾，比常年平均（43.2天）少39天。

（张日佳）

2020年7月10日，富春江富阳城区南门渡水文观测点

（区农业农村局 供稿）

水 文

【降水】 2020年，全区平均降水日数为149日，平均降水量为1846.3毫米，是常年的1.2倍，其中古城站降水量最大，为2118毫米，富阳站为1870.5毫米。4月15日至10月15日为汛期，全区平均降水量1279.8毫米，是常年同期的1.3倍，其中古城站降水量最大，为1512.5毫米，富阳站为1308.5毫米。

5月29日入梅，7月18日出梅，梅雨期历时50天，全区平均梅雨量768毫米，是常年梅雨量的3倍，其中窄溪站梅雨量最大，为928.5毫米，富阳站为745毫米。全年影响富阳台风1个，为8月的“黑格比”台风，全区平均过程雨量10毫米。

2020年富阳区平均月降水量和降水日数情况表

表3

	1月	2月	3月	4月	5月	6月	7月	8月	9月	10月	11月	12月	合计
降水量（毫米）	204.30	99.30	168.60	57.70	169.00	367.70	441.10	52.60	177.40	38.60	41.90	28.30	1846.30
降水日数（日）	17	13	13	8	14	19	20	6	14	6	10	9	149

2020年富阳区各雨量站降水量情况表

表4

序 号	站 名	梅雨期降水量（毫米）	汛期降水量（毫米）	全年降水量（毫米）	全年降水日数（日）
1	富阳	745.00	1308.50	1870.50	144
2	新登	853.00	1368.00	1977.00	148
3	窄溪	928.50	1454.00	2068.30	144
4	千家村	695.00	1151.50	1698.00	159
5	永昌	807.50	1278.50	1823.50	146
6	大源	722.50	1183.00	1794.00	141
7	盛村	880.00	1439.00	2057.00	153

续表4

序　号	站　名	梅雨期降水量(毫米)	汛期降水量(毫米)	全年降水量(毫米)	全年降水日数(日)
8	场口	811.00	1312.00	1861.00	137
9	古城	899.50	1512.50	2118.00	145
10	小樟村	760.50	1284.00	1813.00	145
11	岩石岭水库	816.00	1339.50	1922.00	150
12	徐畈	686.00	1136.50	1667.30	154
13	杉树湾	670.50	1194.50	1762.50	156
14	方里	673.00	1202.50	1739.00	154
15	东坞	683.50	1163.00	1701.50	156
16	何务	656.50	1150.00	1668.00	158
平均值		768.00	1279.80	1846.30	149

2020年徐畈站和窄溪站水面蒸发量情况表

表5　　单位：毫米

	1月	2月	3月	4月	5月	6月	7月	8月	9月	10月	11月	12月	全年
徐畈站	22.00	29.70	43.20	79.40	81.00	58.50	60.80	118.90	73.20	62.20	45.50	31.90	706.30
窄溪站	23.50	34.40	51.10	85.20	87.90	72.70	76.40	151.30	82.60	78.10	52.40	36.00	831.60

2020年富春江富阳站和窄溪站水位情况表

表6　　水位：米

		1月	2月	3月	4月	5月	6月	7月	8月	9月	10月	11月	12月	全年
富阳站	最高	5.93	5.12	5.56	5.38	5.94	7.63	9.09	5.30	6.13	5.69	5.16	4.89	9.09
	最低	2.75	2.75	3.41	3.32	3.31	3.67	3.16	2.36	2.59	2.26	2.27	2.67	2.26
	平均	3.99	3.86	4.35	4.30	4.44	5.30	5.20	3.69	4.03	3.82	3.48	3.54	4.17
窄溪站	最高	6.16	5.39	5.77	5.69	6.36	8.46	10.28	5.69	6.56	5.95	5.26	5.12	10.28
	最低	2.75	2.77	3.44	3.34	3.31	3.74	3.40	2.34	2.60	2.23	2.25	2.64	2.23

【蒸发】 2020年，徐畈站年蒸发量706.3毫米，其中：8月，月蒸发量118.9毫米，为全年最大月蒸发量；5月19日，日蒸发量6.9毫米，为最大日蒸发量。窄溪站年蒸发量831.6毫米，其中：8月，月蒸发量151.3毫米，为全年最大月蒸发量；8月19日，日蒸发量7.1毫米，为最大日蒸发量。

【水位】 富春江富阳站：受梅雨期降雨、上游水库泄洪和潮汐的共同影响，7月，钱塘江发生流域性洪水，富阳站出现年最高水位9.09米（7月8日）；本次洪水超8米警戒水位的持续时间43小时，超9米保证水位的持续时间8小时；年最低水位2.26米（10月27日）；年平均水位4.17米。富春江窄溪站：年最高水位10.28米（7月8日）；年最低水位2.23米（10月27日）。

南安溪徐畈站（测站基面）：最高水位5.12米（7月7日），最低水位3.08米（11月8日），平均水位3.27米；最大流量162立方米/秒（7月7日），最小流量0.022立方米/秒（9月9日），平均流量1.83立方米/秒。

壶源江湖源站（测站基面）：最高水位4.58米（6月20日），最低水位0.78米（10月17日），平均水位1.8米；最大流量908立方米/秒（6月20日），最小流量5.96立方米/秒（10月17日），平均流量39.5立方米/秒。

岩石岭水库（中型水库）：水位最高54.24米（7月7日7时），超汛限水位（52.15米），最低49.52米（4月18日15时），自入梅以来岩石岭水库已出现5次溢流。

皇天畈内河水位未超警戒水位（6.45米）。

（于　璇）

【编辑　刘　亮】

5 中国共产党杭州市富阳区委员会

Hangzhou Fuyang District Committee of the Communist Party of China

区委全会

【区委一届八次全体（扩大）会议】 2020年1月6日，中共杭州市富阳区委一届八次全体（扩大）会议召开。会议回顾总结富阳转型发展三年来取得的成绩，研究部署2020年及下一阶段工作任务，审议通过《关于坚持“三高”发展、奋力起跳争先，全力加快向一流的大都市新型城区迈进的决议》，团结带领全区党员干部群众，始终聚焦高新产业发展、高品质城市建设、高水平社会治理，奋力起跳、奋勇争先，全力加快向一流的大都市新型城区迈进。区委常委会主持会议。区委书记朱党其作报告，区委副书记、区长吴玉凤作会议小结并部署工作。区委副书记徐林亮等区委委员、候补委员出席会议。

【区委一届九次全体（扩大）会议】 7月24日，区委一届九次全体（扩大）会议召开。全会高举习近平新时代中国特色社会主义思想伟大旗帜，深入学习贯彻习近平总书记考察浙江、杭州重要讲话精神，认真贯彻落实省委十四届七次全会、市委十二届九次全会部署要求，传达杭州市委主要领导到富阳调研的指示精神，系统研究部署推动重要讲话精神在富阳落地生根的思路举措，审议通过《中共杭州市富阳区委关于牢记嘱托扛起使命担当作为奋力打造现代版富春山居图的决议》，进一步动员全区广大党员干部牢记嘱托、扛起使命、担当作为，为打造现代版富春山居图而努力奋斗。区委常委会主持会议。区委书记朱党其作报告，区委副书记、区长吴玉凤作会议小结并部署工作。区委副书记徐林亮等区委委员、候补委员出席会议。

【区委一届十次全体（扩大）会议】 12月29日，区委一届十次全体（扩大）会议召开。会议高举习近平新时代中国特色社会主义思想伟大旗帜，深入学习贯彻习近平总书记考察浙江、杭州重要讲话精神，全面落实中共十九届五中全会和省委十四届八次全会、市委十二届十一次全会部署要求，审议通过《中共杭州市富阳区委关于制定国民经济和社会发展第十四个五年规划和二〇三五年远景目标的建议》，进一步动员全区广大党员干部群众抢抓机遇、锚定方向、实干担当，全面加快产业新动能、城市新轴线、发展新环境立起来，为高水平打造现代版富春山居图而努力奋斗。区委常委会主持会议。区委书记吴玉凤受区委常委会委托作工作报告，在全会结束时就贯彻落实全会精神、做好当前工作作出部署。区委副书记王垒、徐林亮等区委委员、候补委员出席会议。

区委重要会议

【区委常委会会议】 1月7日，一届区委常委会召开第120次会议，听取并研究区委组织部关于干部人事工作方案，区委组织部关于全区“不忘初心、牢记使命”主题教育总结工作情况，区应急管理局关于2019年度富阳区应急管理工作情况，区“两会”筹备情况的汇报，区政府办关于2020年《政府工作报告》起草情况，区发改局关于2020年度富阳区项目投资计划有关情况；听取区人大常委会、区政府、区政协和区法院、区检察院党组工作汇报。

2月8日，一届区委常委会召开第121次会议，听取区防疫工作指挥部办公室关于全区疫情防控情况汇报；听取并研究区经信局关于全区企业复工、惠企政策和服务企业专项行动有关情况；传达学习习近平总书记关于地方人大设立常委会40周年重要指示精神，浙江省十三届人大三次会议精神。

2月25日，一届区委常委会召开第122次会议，听取并研究全区疫情防控和企业复工复产、服务企业有关情况，区经信局关于全区企业“双抢双增”大比武竞赛活动有关方案，区卫生健康局关于一线医护工作人员关心关爱政策有关情况，区人力社保局关于富阳外来员工享受待遇有关情况。

3月12日，一届区委常委会召开第123次会议，听取并研究区委组织部关于干部人事工作方案，区纪委监委关于区管干部违纪违法问题处置工作情况，区纪委一届五次全会筹备工作，区委统战部关于

2020年度政党专题协商计划有关情况；传达学习中央、省纪委全会精神，全国、全省统战部长会议精神，全国宣传部长会议、全省宣传思想工作会议和全市宣传思想工作会议；学习贯彻习近平关于统筹推进新冠肺炎疫情防控和经济社会发展有关讲话精神。

3月23日，一届区委常委会召开第124次会议，听取并研究区卫生健康局关于《杭州市富阳区计划生育协会改革实施方案》有关情况，区工商联关于《杭州市富阳区工商业联合会深化改革实施方案》有关情况，区委组织部关于2020年度干部教育培训计划，区委统战部关于2020年度区社会主义学校培训计划，区经信局关于全区战疫情促发展暨企业“双抢双增”大比武推进大会筹备情况，区委政法委关于区委政法（信访）工作会议筹备情况；传达学习全国、省市组织部长会议精神，中央、省委政法工作会议精神。

4月10日，一届区委常委会召开第125次会议，专题研究“新登片区、葛溪流域”联动发展回头看工作，调研新登镇古城项目建设情况；区发改局汇报新登片区联动发展相关工作情况，区农业农村局汇报葛溪流域联动发展相关工作情况，新登镇、渌渚镇、胥口镇、永昌镇、万市镇、洞桥镇汇报本乡镇相关工作情况。

4月16日，一届区委常委会召开第126次会议，传达学习上级领导到富阳调研讲话精神；听取并研究区教育局关于进一步推动富阳中学高质量发展有关情况，区人力社保局关于新冠肺炎疫情下富阳区根治欠薪工作专题情况，区信访局关于信访工作有关情况，区考评办关于2019年度区级机关、乡镇（街道）综合考评结果有关情况。

4月29日，一届区委常委会召开第127次会议，听取并研究区委组织部关于干部人事工作方案，区财政局关于企业纾困建议，区发改局关于全区经济形势的汇报；传达学习上级领导到杭州调研讲话精神，市十三届人大五次会议和市政协十一届四次会议精神。

5月18日，一届区委常委会召开第128次会议，听取并研究区委组织部关于干部人事工作方案，区委宣传部关于区融媒体中心体制机制改革有关情况。

5月24日，一届区委常委会召开第129次会议，听取区服务企业联席会议领导小组办公室（区经信局）关于重点企业联系工作情况，区项目办（区发改局）关于重大项目联系工作情况，区住建局关于重点建筑企业联系工作情况。

5月26日，一届区委常委会召开第130次会议，听取并研究区委组织部关于村（社区）组织换届准备工作有关情况，区应急管理局关于乡镇（街道）应急管理组织保障体系建设工作有关情况，区财政局关于2019年度考核奖励方案，区财政局关于全区产业引导基金有关情况，区商务局关于全区“大好高”项目招引政策有关情况；传达学习全国巡视工作会议暨第十九届中央第五轮巡视动员部署会精神。

6月1日，一届区委常委会召开第131次会议，听取并研究区委编办关于设立区社会矛盾纠纷调处化解中心有关情况。

6月22日，一届区委常委会召开第132次会议，听取并研究区委组织部关于干部人事工作方案，区委组织部关于成立全区村和社区组织换届选举工作领导小组有关情况，区委组织部关于党建引领社区治理工作情况，区委组织部关于2020年区优秀共产党员评选工作情况，区考评办关于2020年度富阳区综合考评办法有关情况，区防疫工作指挥部办公室关于近期疫情防控情况，区应急管理局关于近期应急管理工作情况，区委改革办关于建立区委常委联系区域联动发展工作机制。

7月10日，一届区委常委会召开第121次会议，听取并研究区应急管理局关于防汛有关工作情况，传达上级有关会议精神。

7月16日，一届区委常委会召开第134次会议，听取并研究区委组织部关于干部人事工作方案，区委组织部关于区优秀共产党员建议名单有关情况，区委办关于区委全会筹备、全会报告和文件起草有关情况，区委宣传部关于2019年度省委对杭州市委意识形态工作责任制落实情况重点检查结果，区委人才办关于“新时期人才政策”有关情况，区财政局关于全区国有企业人员薪酬改革方案有关情况。

8月21日，一届区委常委会召开第135次会议，听取并研究区委组织部关于干部人事工作方案，民政局关于《杭州市富阳区关于着力建设七大示范区推进新时代民政事业高质量发展的实施细则》起草情况和全区民政会议暨“七大示范区”建设推进会筹备情况；传达学习习近平在企业家座谈会上的重要讲话精神和习近平对制止餐饮浪费行为作出的重要指示精神，全省巡视巡察工作会议暨十四届省委第十轮巡视动员部署会议精神。

9月4日，一届区委常委会召开第136次会议，听取并研究区委组织部关于干部人事工作方案，区应急管理局关于《杭州市富阳区第二轮安全生产综合治理三年行动计划》起草情况，区教育局关于教育工作和庆祝第36个教师节座谈会方案有关情况，区防疫工作指挥部办公室关于秋冬季疫情防控有关工作情况，区农业农村局关于2020年富阳区乡村振兴部门及乡镇（街道）考核细则制订及有关情况；传达学习《中国共产党农村工作条例》《中共浙江省委农村工作办法》《关于开展全省低收入农户高水平全面小康攻坚的通知》文件精神。

9月17日，一届区委常委会召开第137次会议，听取并研究区委组织部关于干部人事工作方案，区委办关于全区“百日攻坚”行动动员部署会筹备情况和“百日攻坚”行动方案起草情况，区总工会关于工会工作有关情况，区委统战部关于《杭州市富阳区践行亲清新型政商关系助力打造现代版富春山居图的实施意见》起草情况；传达学习习近平在科学家座谈会、全国抗击新冠肺炎疫情表彰大会、中央第七次西藏工作座谈会上的重要讲话精神和在2020年中国国际服务贸易交易会全球服务贸易峰会上的致辞精神，省委书记袁家军在省委党校秋季学期开学典礼讲话精神，全省新乡贤工作推进会精神。

9月30日，一届区委常委会召开第138次会议，听取并研究区委组织部关于全区村社组织换届选举工作有关情况，区财政局关于企业纾困有关情况。

10月16日，一届区委常委会召开第139次会议，传达学习省委书记袁家军在调研城西科创大走廊建设和在浙江文化研究工程实施15周年座谈会上的讲话精神，十九届中央第六轮巡视工作动员部署会议、中央第四巡视组巡视浙江省工作动员会议和巡视指导督导工作专题培训会议精神；听取并研究区委组织部关于省市抗击新冠肺炎疫情表彰推荐建议名单，市生态环境局富阳分局关于第二轮中央生态环保督察有关工作。

10月29日，一届区委常委会召开第140次会议，传达学习习近平在深圳经济特区建立40周年庆祝大会和中央党校中青年干部培训开班式上的重要讲话精神；听取并研究区政府党组关于三季度全区经济形势分析，区委组织部关于干部人事工作方案。

11月9日，一届区委常委会召开第141次会议，听取并研究区纪委监委关于区管干部违纪违法问题处置工作情况，区人大常委会党组关于富阳人大设立常委会40周年纪念活动和贯彻落实《中共杭州市委关于高水平推进新时代人大工作和建设的意见》有关情况，区民政局关于《杭州市部分行政区划优化调整的方案》有关情况。

11月11日，一届区委常委会召开第142次会议，传达学习《中共中央　国务院　中央军委关于加强新时代党管武装工作确保党对国防后备力量绝对领导的意见》文件精神，中央、省军民融合相关会议精神；听取并研究区人武部关于全区武装工作开展情况。

11月17日，一届区委常委会召开第143次会议，听取并研究区委组织部关于干部人事工作方案，区委组织部关于市级抗击新冠肺炎疫情先进个人与先进集体表彰推荐建议名单；传达学习许罗德在省委第十一轮巡视工作动员部署会上的讲话精神。

12月4日，一届区委常委会召开第144次会议，传达学习习近平总书记近期讲话精神；传达学习省委书记袁家军近期讲话精神；听取并研究区市场监管局关于食品安全工作有关情况，区司法局关于2020年度法治政府建设工作有关情况，区发改局关于富阳区对口帮扶和山海协作有关情况；听取区人大常委会、区政府、区政协11月工作总结和12月份工作安排。

12月16日，一届区委常委会召开第145次会议，听取并研究区人力社保局关于《富阳区被征地农民参加基本养老保险实施方案》有关情况，区委编办关于杭州光学精密机械研究所机构升格有关情况。

12月27日，一届区委常委会召开第146次会议，传达学习中央经济工作会议和省委经济工作会议精神；听取并研究区委办关于区委全会筹备、“十四五”规划建议、全会报告和文件起草有关情况。

【区级领导班子和领导干部2019年度考核会议】　1月6日，富阳召开全区领导班子和领导干部2019年度考核会议。朱党其、吴玉凤、汤金华、陆洪勤、徐林亮等区四套班子领导参加。区委书记朱党其代表区委班子述职，并作个人述职述廉，区委副书记、区长吴玉凤代表区政府班子述职，并作个人述职述廉，区人大班子、区政协班子及其他区领导以书面形式述职。

【全区“不忘初心、牢记使命”主题教育总结大会】　1月10日，富阳区“不忘初心、牢记使命”主题教育总结大会召开。区委书记朱党其强调，认真学习贯彻中央和省市委主题教育总结大会精神，不断巩固扩大主题教育成果，推动富阳主题教育常态化、长效化，为全区加快向一流的大都市新型城区迈进凝聚更强动力。杭州市委主题教育第三巡回指导组组长李强煜讲话。区委副书记、区长吴玉凤主持。市委主题教育第三巡回指导组成员、区四套班子领导及法检两长参加。会议宣读获省、市的先进集体和个人名单，表彰区级“党建双强”“最美党员”及区级机关事业单位党员干部进社区志愿服务先进个人。

【全区党委（党组）书记抓基层党建和人才工作述职评议会】　1月15日，2019年度全区党委（党组）书记抓基层党建和人才工作述职评议会暨强基固本大比武汇报会召开。朱党其、吴玉凤、徐林亮等区领导参加。会上，市委组织部部务会议成员、派驻纪检组组长马立群讲话，春江街道、东洲街道、新桐乡、渌渚镇等16个乡镇（街道）、区级机关单位党组织主要负责人作口头述职，其他单位作书面述职。参会人员根据述职情况，评议各乡镇（街道）党（工）委和区级机关单位党组织2019年度党建工作等情况。

【全区党建工作会议】　3月12日，全区党建工作会议召开。会议回顾总结2019年度党建工作，研究部署2020年度党建任务。区委书记朱党其强调，全区各级党组织和广大党员干部要把责任扛起来，把任务落下去，切实发挥好党建引领作用，着力提高党的建设整体水平，为富阳实现高质量转型发展凝聚更强动力。区委副书记徐林亮主持会议，区委常委、宣传部部长夏芬，区委常委、统战部部长陈平，区委常委、组织部部长万重丰分别部署宣传思想文化工作、统战工作和组织工作。区委党校、区委党史研究室作书面交流。

【全区战疫情促发展工作推进会暨企业“双抢双增”大比武推进大会】　3月25日，富阳召开战疫情促发展工作推进会暨企业“双抢双增”大比武推进大会。区委书记朱党其在会上强调，坚定信心、鼓足干劲，以非常之力渡非常之关，全面推动富阳转型发展再上新台阶。会议由区委副书记、区长吴玉凤主持。区领导汤金华、陆洪勤、徐林亮等参加会议。

区委副书记徐林亮通报2019年度各类先进名单，表彰富阳区2019年度十大工业功勋企业（优秀企业家）、十大工业优秀企业、十佳成长型高新技术企业、十佳服务业企业、十强外贸出口企业、富阳区政府质量奖和2019年度招商引资工作先进代表、服务企业先进单位。现场集中签约24个项目。富通集团有限公司、杭州光学精密机械研究所、浙江永盛科技股份有限公司、杭州润歌网络有限公司、杭州富春湾新城管委会、富阳经济技术开发区管委会等相关负责人作表态发言。与会人员还观看《“双抢双增”决战全年奋斗目标》视频短片。

【全区农村工作会议暨“富春山居·味道山乡”大比武动员大会】 4月1日，富阳召开全区农村工作会议暨“富春山居·味道山乡”大比武动员大会。区委书记朱党其强调，坚定全域景区化目标，推进美丽城乡、美丽经济、美丽人文“新三美”融合发展，全面建成现代版富春山居图最美示范区。会议由区委副书记、区长吴玉凤主持。区领导汤金华、陆洪勤、徐林亮、夏芬、钟永明、万重丰、孙洁，以及相关部门和乡镇（街道）主要负责人，相关发言代表和受表彰单位负责人，中国水稻研究所、中国林科院亚热带林业研究所、乡村振兴学院负责人等在主会场参会。会议还以视频会议的形式在各乡镇（街道）设立分会场。

【2020年富阳区文明委全体（扩大）会议】 5月8日，区文明建设委员会全体（扩大）会议召开。区委书记、区文明委主任朱党其强调，全区上下以习近平新时代中国特色社会主义思想为引领，全面贯彻落实中央和省委、市委相关会议精神和决策部署，全力绘就现代版富春山居文明示范图，为加快建设一流的大都市新型城区注入新动力、凝聚正能量。区委常委、宣传部部长、区文明委副主任夏芬部署工作。副区长、区文明委副主任孙洁宣读命名区文明家庭、区（示范）文明单位、区文明村镇文件。区领导华之江、孙晓明参加会议。

【区委统战工作领导小组会议】 6月4日，富阳召开区委统战工作领导小组会议。区委书记朱党其在会上强调，瞄定更高目标，拿出更实举措，为富阳高质量转型发展凝聚更强大的统战力量。区委副书记徐林亮主持会议。区委常委、统战部部长陈平传达中央有关文件精神，部署2020年区委统战工作领导小组工作任务。会议审议《2020年区级机关单位统战工作重点任务分解》《关于加强基层商会党建工作的指导意见》《关于在全区宗教界开展“美丽场所”创建活动的通知》《关于开展富阳区乡贤助力招商工作的实施方案》《杭州市富阳区加强网络人士统战工作2020—2024年实施方案》等文件。

【半年度乡镇（街道）党（工）委书记工作汇报会】 7月3日，富阳召开半年度乡镇（街道）党（工）委书记工作汇报会。区委书记朱党其强调，各乡镇（街道）要定好目标、理好思路、议好措施，以“一年脱掉一层皮”的精神和“咬定青山不放松”的定力，坚定不移走好转型发展道路，全力绘就现代版“富春山居图”。区领导吴玉凤、汤金华、陆洪勤、徐林亮等参加会议。

【区四套班子联席会议】 9月2日，富阳召开区四套班子联席会议，研究讨论秦望“城市眼”整体规划建设设计方案。吴玉凤、王垈、汤金华、陆洪勤、徐林亮等区四套班子领导及法检两长、开发区主任、副区（长）级领导参加。会议审议通过该项目总体规划建设方案。

【全区“百日攻坚”行动动员部署会】 9月21日，富阳召开“百日攻坚”行动动员部署会。为打好年度目标攻坚战、确保“十三五”规划圆满收官，区委区政府决定从9月下旬至12月底，全面开展“百日攻坚”行动。区委书记吴玉凤在会上强调，围绕“目标不变、决心不变、任务不变”，聚力主要指标、项目建设、招商引资、要素保障和环境提升“五大攻坚”，咬紧牙关、奋力冲刺，确保“两手抓、两战赢”，高质量完成全年各项目标任务。区委副书记、代区长王垈主持会议。汤金华、陆洪勤、徐林亮等区四套班子领导参加。

【全区村社组织换届工作动员会】 10月13日，富阳召开全区村社组织换届工作动员会。区委书记吴玉凤要求，深入学习贯彻习近平总书记关于基层组织建设和村社换届的重要指示精神，全面落实省市委部署要求，用足用好前期试点工作经验，重点把握村社组织换届的人选关、结构关、程序关、纪律关、选后关，全力交出村社换届高分答卷，为奋力打造现代版富春山居图提供坚强组织保障。区领导胡志明、钟永明、万重丰、赵玉龙参加。

【区委、区政府三季度经济形势分析会】 10月29日，区委常委会召开会议，传达学习习近平在深圳经济特区建立40周年庆祝大会和中央党校中青年干部培训开班式上的重要讲话精神，分析三季度全区经济形势，部署下阶段工作。区委书记吴玉凤主持会议并讲话。会议听取并研究三季度全区经济形势。2020年以来，富阳科学统筹疫情常态化防控和经济社会发展，全面推进复工复产复商复市，经济社会发展呈现“稳步回升、逐季向好、好中承压”的特点。

【区委常委会议军会议暨区四套班子领导“军事日”活动】 11月11日，区委常委会召开议军会议，传达学习上级有关文件精神，研究富阳武装工作。会议强调，深入贯彻习近平强军思想，全面落实党管武装政治责任，关心关爱军人军属，深入推动武装工作全面建设，形成互促并进的军地融合格局，努力推动富阳国防后备力量建设再上新台阶。区领导吴玉凤、王垈、汤金华等参加。

【区四套班子务虚会】 12月19日，区委书记吴玉凤主持召开区党委、人大、政府和政协四套班子务虚会，回顾总结今年工作，研究谋划“十四五”和明年工作思路。会议强调，认真总结“十三五”，准确把握大局大势、深入分析所处方位，明确目标路径、夯实坚强保障，为“十四五”加快建设现代化国际大都市新城、高水平打造现代版富春山居图不懈奋斗。区领导王垈、汤金华、陆洪勤、徐林亮等参加。会上，区四套班子领导结合前一阶段外出考察学习的收获，讲认识、谈体会、明方向，并立足富阳实际和各自分管工作，畅谈“十四五”规划和2021年工作打算。

重要活动

【秦望“城市眼”项目开工活动】 1月10日，杭州富阳秦望“城市眼”综合体开工。秦望“城市眼”综合体项目是富阳推进拥江发展、南北呼应的关键节点，是推进城市有机更新的重大举措。项目占地21.7万平方米，由6宗子地块组成，规划总面积约76.3万平方米，商业面积30.6万平方米，其中自持面积约12.3万平方米，住宅面积约45.7万平方米。区委书记朱党其宣布项目开工，区委副书记、区长吴玉凤致辞。区领导汤金华、陆洪勤、张霖、钟永明、王洪光参加。

【杭州富春湾新城滨富特别合作区项目开工活动】 3月17日，杭州高新区（滨江）富阳特别合作区项目集中签约暨集中开工活动在灵桥镇的宏华数码喷印装备和耗材生产基地项目地块举行。正泰等总投资42亿元的4个项目意向落户富阳，总投资453亿元的10个项目开工建设。杭州市副市长柯吉欣宣布开工并讲话，高新区（滨江）区委书记王敏主持，富阳区委书记朱党其致辞。高新区（滨江）领导李志龙、郑迪、姜永柱和富阳区领导吴玉凤、张霖、喻乃群参加。

【全区扩大有效投资重大项目集中开工活动】 3月23日，富阳举行2020年全区重大项目集中开工仪式。集中开工项目25个，总投资232.8亿元，包括总投资64.8亿元的7个政府投资项目。区委书记朱党其下达开工指令，杭州富春湾新城杭黄高铁片区1平方千米综合开发项目奠基开工。区领导吴玉凤、汤金华、陆洪勤、丁永刚、张霖、孙洁、王洪光、喻乃群、许玉钧参加。

【区四套班子领导儿童节慰问活动】 6月1日，富阳区四套班子领导分四路开展“六一”国际儿童节慰问。区领导朱党其、夏芬、华之江、喻乃群、王小丁一行前往省盲人学校、春江中小、富春四幼，区领导吴玉凤、张霖、万重丰、胡狄华一行走进富春一幼、富春三小，区领导陆洪勤、陈平、钟永明、孙洁一行到银湖高桥小学和天河富春湾幼儿园，区领导徐林亮、孙晓明到富春二小和富春五幼等学校，慰问广大师生，为孩子们送去节日祝福和礼物。

【全区重大产业项目集中开工活动】 7月13日，富阳举行2020年全区重大产业项目集中开工活动。集中开工25个重大产业项目中，14个工业项目总投资63.2亿元，6个商服项目总投资17.7亿元，5个房地产项目总投资151.7亿元。其中涉及高新产业16个，包括高新工业项目12个和高新服务业项目4个。为富阳进一步提振经济、确保增长，夯实产业发展基础，全力建设“高新产业强区”和“高新制造业示范区”再添新动力。区委书记朱党其宣布，总投资232.6亿元的25个重大产业项目启动。区领导吴玉凤、丁永刚、张霖、裘富水、喻乃群、孙柏平、许玉钧参加。

【“一府两院”工作报告会暨民生福祉擂台大比武】 7月30日，富阳举行2020年“一府两院”工作报告会暨民生福祉擂台大比武。区委书记朱党其参加会议并讲话。区委副书记、区长吴玉凤作半年度政府工作报告和全区生态环境状况专题报告。区人大常委会主任汤金华主持会议。民生实事项目各责任单位主要负责人依次上台陈述，回答人大代表和市民代表现场提问并接受满意度评价，新闻媒体现场直播。区领导丁永刚、张霖、钟永明、赵玉龙、祝一君、郎卫国、裘富水、陈鸿麟、华之江、孙洁、喻乃群、高飞、沈尧、赵平、许玉钧，区人大常委会组成人员，区人民政府组成人员，区监察委员会负责人和来自基层一线的区人大代表等参加会议，部分在富的省、市人大代表，各乡镇（街道）主要负责人列席会议。

【全区重大项目集中开工、签约、竣工活动】 11月12日，富阳举行2020年全区重大项目集中开竣工、签约仪式。集中开竣工、签约仪式项目80个，总投资477亿元。这些项目的建设和投用，对于改善富阳人居环境，提升富阳区位优势、发展潜力和新旧动能转换具有重要意义。区委书记吴玉凤宣布2020年富阳区重大项目集中开工、集中竣工，区领导王垈、张霖、裘富水、喻乃群、邵良、许玉钧参加。

【“三看三立”外出考察】 12月17日，区委书记吴玉凤率富阳区党政代表团赴西湖区、余杭区、高新区（滨江）考察产业发展，学习先进经验，为谋划“十四五”打开思路。杭州市委常委、余杭区委书记张振丰，西湖区委书记高国飞、区长董毓民，高新区（滨江）区委书记王敏、区长李志龙接待富阳区考察团。区领导王垈、汤金华、陆洪勤、徐林亮等参加考察。

上级领导到富调研

【市人大常委会党组书记、主任于跃敏到富阳调研】 2月19日，杭州市人大常委会党组书记、主任于跃敏到富阳区杭州多宝电子有限公司、杭州长命电池有限公司和杭州电缆股份有限公司调研，通过看生产、问经营、查防控，详细了解落实企业疫情防控工作、复工复产情况以及存在的困难和问题，认真听取富阳企业家人大代表提出的意见建议。希望企业在毫不懈怠做好疫情防控的前提下，进一步坚定信心、鼓足干劲，全力以赴推进复工复产，叮嘱属地镇街和区级部门主动下沉，为企业提供精准服务，最大限度减少疫情带来的影响。富阳区委书记朱党其，区人大常委会党组书记、主任汤金华陪同。

【省委常委、省纪委书记、省监委主任许罗德到富阳调研】 3月11日，浙江省委常委、省纪委书记、监委主任许罗德到富阳调研“清廉村居”建设等工作。许罗德一行先后到鹿山街道山水社区、富春街道宵井村和富春街道监察办公室，实地调研基层“清廉村居”建设和“家门口的监委”建设等工作。杭州市委常委、市纪委书记、市监委主任陈擎苍，富阳区领导朱党其、胡志明参加。

【省委常委、统战部部长熊建平到富阳开展“走亲连心三服务”活动】 6月24日下午，浙江省委常委、统战部部长熊建平一行到富阳开展“走亲连心三服务”活动，传达省委十四届七次全会精神。他指出，要紧紧围绕深入学习贯彻习近平总书记考察浙江重要讲话精神，立足统一战线各领域独特优势，对照建设“重要窗口”的新目标、新定位，找准切入点，用实际行动当好窗口建设者、维护者、展示者，推动统战工作齐头并进、高质量发展。杭州市委常委、统战部部长陈新华，富阳区领导朱党其、吴玉凤、陈平陪同调研。

【市委副书记张仲灿到富阳调研】 7月7日，杭州市委副书记张仲灿到富阳调研展开数字赋能基层治理工作。张仲灿一行先后到春江街道社会治理综合服务中心、富春街道江滨社区，听取相关工作汇报，给予充分肯定，希望富阳继续保持良好的工作态势，积极创新，做好成功经验的固化，确保各项工作落实落地，为基层社会治理提供更多的“富阳经验”。富阳区领导朱党其、徐林亮参加调研。

【生态环境部副部长庄国泰一行到富阳调研】 7月14日，禁止洋垃圾入境推进固体废物管理制度改革座谈会在富阳举行。生态环境部副部长庄国泰带队指导，通过召开座谈会、实地走访等方式，深入了解富阳禁止洋垃圾入境推进固体废物管理制度改革的落实情况。浙江省副省长陈奕君、省生态环境厅厅长方敏参加，富阳区领导吴玉凤、钟永明、喻乃群陪同。

【杭州市委主要领导调研】 7月21—22日，杭州市委主要领导到富阳区调研浙江省委十四届七次全会和杭州市委十二届九次全会精神贯彻落实情况。强调富阳区要深入学习贯彻习近平总书记考察浙江、杭州重要讲话精神，认真落实省委和市委决策部署，立足区域定位，发挥自身优势，加快建设产城融合、职住平衡、生态宜居、交通便利的大都市新城区，全力打造现代版“富春山居图”样板地，努力在展现“重要窗口”的“头雁风采”中扛起富阳担当、干出富阳作为。杭州市领导许明、王宏参加调研。富阳区领导朱党其、吴玉凤、汤金华、陆洪勤、徐林亮等陪同。

常规性工作

【改革工作】 召开中共富阳区委改革委员会会议2次、改革办公室工作例会3次，建立党委（党组）书记改革述职、分管领导专项抓改革、重点改革任务和改革亮点“红黄黑榜”等机制，确保改革工作“一委两办六小组”运行机制落实见效。创刊《富阳改革》，交流各地各部门改革做法和经验。举办改革攻坚大比武活动，深挖全区改革潜力，营造比学赶超的改革氛围。区级4个方面27项重点改革任务推进有力，滨富特别合作区合作模式改革经验在省委办公厅《浙江信息》“工作交流”栏目刊发；激励外地员工到富阳安居乐业“15条新政”被省委办公厅《浙江信息》《督查通报》栏目刊发；探索退役军人创业改革等5项改革经验被省委改革办《竞跑者》刊发；参与制定全省群众和企业全生命周期“一件事”地方标准，“富阳标准”升级为“浙江标准”；在全省率先推出投资项目“全过程”管理集成改革，经验入围浙江省投资专班工作最佳实践；新劳动教育改革经验入选教育部《中国基础教育典型案例》《大中小学劳动教育指导纲要》；干部8小时内外政治建设、“家庭健康三色码”、“电力大数据”环保监测新模式等一批改革经验，得到省领导黄建发、陈奕君等批示肯定；巡察向村居延伸、基层纪检监察工作规范化建设等一批改革经验在全省性会议上作典型交流。2020年度，富阳区全面深化改革考核成绩进入全省第一方阵，获优秀等次。

【督查工作】 2020年，围绕全区“三高”建设发展要求，以“3+X”（“3”指“三高”建设发展的重点工作涉及高新产业发展、高品质城市建设、高水平城市治理等各项工作，“X”指区委、区政府阶段性工作重点）内容为督查重点，扎实开展督查。全年组织开展收储土地“拔钉清零”情况、粮食生产工作推进情况、生活垃圾分类工作、环境卫生工作、“百日大攻坚、冲刺全年红”专项行动进展情况等各类专项督查活动170余次，向区委、区政府主要领导上报督查专报160余件，制定、编发全区性文件4件、通报10期。围绕全区重要活动扎实开展重点督查，为上级领导到富阳调研、杭州市“六大行动”比学赶超活动等重大活动顺利开展提供坚实保障。协同开展疫情防控工作专项督查，定期向上报送疫情防控有效做法。协同做好中央环保督查整改、党建引领社区治理等重点工作。重点做好省级《今日聚焦》、市级《今日关注》、区级《聚焦一线》栏目曝光案件整改反馈和抽查核验，完成整改9期。做好市区两级领导批示交办的工作，形成闭环式管理，全年办理反馈上级党委领导批示交办件19件；转办区委主要领导批示件1608件，调研或会议督办465件。充分发挥协调督查办公室工作职能，用好省“三服务”协同办理电子化平台，全年上报典型案例12篇，其中被省级录用1篇。全区收集服务群众类、服务基层类、服务企业类问题39350个，办结率99.98%。

【考评工作】 2020年度富阳区综合考评成绩继续保持杭州市区、县（市）前列，再次获评“优秀”等次。考核体系突出科学合理，区级机关优化调整分类方式、结果运用，充分承接省市考核；乡镇（街道）新增特色专项，积极探索“一地一特色”专项工作考核模式。推行比武竞争法，牵头组织“抢时增效，勇争一流”擂台大比武竞赛活动，形成全区“争先创优、比学赶超”氛围。紧盯民生民意诉求，开展社会评价工作，收集市、区两级社会评价意见892条，进一步压实部门和乡镇（街道）责任，制定整改目标505项，针对其中118项重点整改目标及整改完成情况，全年2次在《富阳日报》上公示，接受社会公众监督，整改完成率100%。

【保密工作】 2020年，富阳区国家保密局切实做好保密指导和管理工作。覆盖式检查89家列入考核的部门和乡镇（街道），针对涉密载体保管不当、违规存储传输密件等问题要求限期整改，将检查结果应用于年底考核。向全区18家部门和乡镇（街道）开展保密教育课程送上门服务，为110余名保密员开展专业讲师授课的2天集中培训，提升保密意识理论水平效果显著。经过2个月设计、编辑，印发《中华人民共和国保守国家秘密法》相关条例、保密宣传标语、历届领导人对保密工作批示要求等保密知识宣传笔记本5000册。为24个乡镇（街道）配发涉密电脑，安装保密自查自评系统，有效改善其保密台账完整度与规范性。

【政策研究】 围绕区委决策部署和工作重点，着力把握当前经济社会发展阶段性特点，开展重点课题调研，完成地铁开通、夜经济发展、光电产业发展等课题调研。统筹做好区领导主持课题工作，梳理区领导2019年度领衔课题相关工作，完成课题报告24篇。办好区委刊物，全年出刊《美丽富阳》6期、《富阳政研》9期。全年完成全区性重要会议、重要活动、重大工作的讲话材料、汇报材料等420余篇，其中区委全会报告2个，区委常委会纪要27期。

【信息工作】 2020年聚焦高新产业发展、高品质城市建设、高水平社会治理，认真梳理、刊发各单位的特色创新工作，全年编发《富阳信息通报》（专报、转报）31期，获区领导批示27个。全年上报舆情信息1053篇，被中共中央办公厅录用1篇，综合录用11篇；被浙江省委办公厅录用87篇（单篇41篇、综合46篇），其中正面亮点信息10篇；被杭州市委办公厅录用25篇（单篇18篇、综合7篇），其中专报4篇。全年累计获省市领导批示12则。

【富阳、台湾两地交流】 7月4日，富阳举行2020“公望富春两岸文化周”主活动——“情牵两岸、共跃龙门”浙台邻里节杭州启动仪式。以线下线上结合互动的形式，深化富阳和南投的结对联系，在“云上交流”环节，南投市市长宋怀琳、南投市市民代表洪世耀和南投市里长协会理事长穆仁国分别通过视频方式对本次活动的成功举办表示祝贺，同时在龙门古镇举办两岸乡亲结亲仪式，10户台湾家庭和10户龙门古镇家庭结亲，开展别开生面的认亲和多种民俗文化互动活动。11月2日，中共十八届中央政治局委员、北京市原市委书记、两岸企业家峰会理事长郭金龙一行专程到富阳视察“海峡两岸交流基地”，充分肯定富阳围绕“讲好名画故事、强化平台建设、推动交流融合”所开展的两岸基层交流工作。富阳区委获“浙台经济社会融合发展突出贡献单位”称号。

（蒋宇鸿）

组织工作

【党组织和党员基本情况】 2020年，全区设党工委9个、党组44个、党委222个、党总支部238个，基层党支部2672个。党员51929名，其中女党员15673名，少数民族党员123名。流动党员997名，其中外出流动党员226名，接收流动党员771名。

【干部政治素质数字化档案】 以“习近平总书记对富阳德的考察批示十周年”为契机，制定《关于进一步突出政治标准培养选拔干部的实施意见》。探索建立以干部政治表现“纪实”为核心，覆盖干部8小时内外全领域，可供实时统计、查询、分析和预警的干部政治素质信息化档案，累计收集全区区管干部1190名各类信息2.59万余条，为深入推进考实干部政治素质打下坚实基础。相关做法在中组部《组工信息》《党建研究》刊登，获浙江省委常委、组织部部长黄建发批示肯定。

【干部队伍教育】 2020年，举办主体班次15期，部门班次12期，培训区管干部1500余人次。突出干部党性理论教育，重点围绕习近平总书记重要论述设置教学课程。探索干部教育培训新模式，疫情防控期间会同党校推出直播网课130余节，较好实现“停课不停学”目标。重视干部专业能力提升，持续抓好领导干部周末大讲堂、“三个一流”周末进修班和业务干部“执笔时代新画卷”能力提升研讨班，围绕产业发展、城市建设、社会治理等方面最新理念和具体业务，培训学员950人次。

【干部队伍结构优化】 持续推进年轻干部“五级梯队”培养选拔五年行动计划，分层分类精准落实培养举措，择优选取年轻干部45名开展“墩苗”培训，精准选派年轻干部78名到区招商引资与产业发展委员会办公室、秦望“城市眼”工程建设指挥部等单位培养锻炼。抓好各单位年轻中层干部配备统筹把控工作，修订完善全区中层干部选拔任用办法，为优秀年轻干部脱颖而出提供机会。加大优秀年轻干部选拔力度，全年提拔重用年轻结构性区管正职5名、副职14名、部管干部5名，有效优化干部队伍结构。

【干部监督管理】 深化干部监督进社区，全区所有区管领导干部在居住地社区亮身份并领办服务项目726个。做好2019年度领导干部个人有关事项报告查核和专项整治工作，组织处理存在瞒报、漏报行为的领导干部3名。开展省级容错裁定试点，梳理三张清单，制定出台实施办法，相关做法得到杭州市委常委、组织部部长毛溪浩批示肯定。

2020年11月16日，富阳区委常委、组织部部长万重丰陪同中国社会科学院“社会组织与公共治理研究”课题组在富春街道鹿山社区调研走访

（区委组织部　供稿）

专项督查公职人员企业兼职问题，全年清理兼职759人次。加强领导干部日常管理，依托党政OA平台，开发领导干部个人有关事项即时报告、因私出国（境）审批等功能模块，实现领导干部日常管理事项网上申报办理。

【公务员管理改革】　推进公务员职业生涯全周期管理“一件事”改革工作，梳理和优化公务员录用、晋升、转任、退出等9个审批事项流程，基本实现高频业务“网上办”。深入实施机关干部岗位目标责任制考核工作，评选2019年度优秀公务员719人，记三等功139人，嘉奖奖励580人；申报入选杭州市担当作为好干部5人，杭州市十佳公务员2人。完善公务员职级管理办法，统筹开展综合类及公检法单独序列职级晋升工作，择优晋升四调以上职级公务员136人次，制定政策和兑现职级相应待遇。

【“百日解难”专项行动】　坚持以人民为中心的工作理念，持续开展“百日解难”专项行动，从社区扩面至农村。组织机关部门牵头领办，集中100天，重点围绕乡村用水、道路交通、养老助残等方面，在村、社区收集热点难点问题987个，并全部化解。举办“百日解难”大比武，评选十佳解难案例，营造浓厚的比学赶超氛围，确保办理实效。相关做法获浙江省委常委、组织部部长黄建发批示肯定2次。

【提升党员队伍管理】　严把发展党员质量关，注重在疫情一线考察识别优秀人员，全年发展党员615人，确定入党积极分子1000余人。抓实在职党员干部回居住地小区报到制度，建成“八小时外”党支部156个。深化电教远教工作，完成省级重点课题资源《以匠心致初心》，制作《我不是英雄》获省、市两级党员教育电视片观摩交流大赛一等奖，20余个基层党建工作素材被省、市党建电视栏目录用。持续深化智慧党建工作，全面推广使用西湖先锋智慧党建系统，完成市级“先锋堡垒指数”等模块试点任务，平台活动开展率、党员签到率等指标均在全杭州市前列。

【“模范机关”创建】　深入开展创建“模范机关”，组织各区级机关党组织以“政治统领，组织模范、学习模范、服务模范、清廉模范、文明模范”为重点，制定《创建模范机关实施意见》，按照正向指数定量与反向条件定性相结合原则，出台创建评选细则“五大指数”18条和反向标准5条，深入推进举旗铸魂、党建双强、两学一做、走亲连心、正风肃纪、示范引领等六大行动，表彰模范机关10个和创建先进单位10个。

【人才招引模式创新】　抢抓疫情引才“窗口期”，富阳区在杭州市范围内率先出台“服务人才温情10条”，制定实施“新富阳人15条”，共同推进外地人才同城同待遇。全年新增各类人才近2万人，疫情影响下同比增长42.80%，相关做法得到浙江省委常委、组织部部长黄建发批示肯定。举办各类主题“云聘会”28场，新增招引硕士及以上学历人才1043人，同比增长29.90%。组织开展“5110”计划项目评审2期，在全部征集项目247个中博士研究生学历人才162个，分别同比增长48.8%、38.5%。

【新时期人才新政出台】　围绕产业转型发展的实际需求，出台《关于加强新时期高层次人才引育的若干意见》。优化人才分类体系，增设区级F类人才，将企业急需技能和职称人才纳入全区人才政策体系。完善配套政策，针对全区A—F类人才体系，推出涵盖企业的研究院建设奖励、企业引才奖励以及人才个人的认定奖励、安家补助、车牌补贴、一次性工作生活补贴、职业水平提升补贴、住房保障等相关配套政策，全年各类人才支出同比增长35%。

【人才平台建设】　持续深化校地合作模式，指导浙江工业大学银湖创新创业研究院完成国家级众创空间备案，稳步推进“一站式创新综合体”建设。推进重点平台品牌建设，助力中国科学院上海光机所杭州分所获评“省级新型研发机构”，共建应急产业技术创新研究院，人才产业集聚新高地初具雏形。深耕富阳特色人才品牌，连续第12年举办“相约富春”品牌活动，设置光电产业高峰论坛暨2020年中国科学院上海光机所校友产业论坛、中国（杭州）AIoT未来论坛等分会场活动，签约落地项目5个，总投资近2亿元。

（叶城钢）

宣传思想工作

【理论学习】 创新理论学习巡听旁听制度，推动二级理论学习中心组学习规范化。组织区委理论中心组专题学习会13次，发布理论小贴士54期。全区“学习强国”学习平台总学员突破21万人，全国、省、市学习平台录用稿件近2000条。组织策划重大理论课题研究7项，《浙江在线》等网站栏目刊出理论文章30余篇。发挥社科力量开展现实课题研究13项，其中获杭州市委主要领导批示肯定1项。承办“我们的价值观：2020杭州富阳理论研讨会”等研讨活动3次。组建“富春窗”新时代理论宣讲团，培育“星火少年”“春江后浪”等特色宣讲品牌100余个，全年宣讲1100余场，线下受众6万余人。举办“我最喜爱的习总书记的一句话”等宣讲大赛，开辟《富春窗》新媒体宣讲专栏。“富春窗”新时代理论宣讲团被评为2020年浙江省基层理论宣讲成绩突出集体。

【对外宣传】 深入推进“三个立起来”“迎展行动”等专项宣传30余个，总阅读超7200万人次。开展“战疫情 促发展”主题宣传，开设专题12个，报道8000余篇次，总阅读超5400万人次，其中单篇阅读量超10万人次的74篇。开展“走向我们的小康生活·富阳故事”主题宣传，开展融媒体采访系列活动，推出Vlog视频日志6个，播放量突破70万人次，《人民日报》、新华社等权威媒体围绕探寻乡村振兴实践密码等议题刊载报道321031篇。创新运用“采编先融”模式，爱尚富阳APP实现“新闻+政务+服务”改版，用户量超8万户。全年推出融媒体产品30余项，“富阳发布”微信推文2871篇，其中单篇阅读量超10万人次的30余篇，“富阳发布”抖音号上线点赞35万人次。富阳区融媒中心获浙江日报集团2020年度影响力奖和浙江广播电视集团全省广播电视新闻协作一等奖。围绕“现代版富春山居图”城市品牌，推送外宣专题报道4300余篇，其中中央级主流媒体报道577篇，省级主流媒体报道951篇。出台《区级机关对外宣传专项资金管理办法（试行）》，建立新闻通讯队伍。依托“富春山居·味道山乡”等主题活动，助推新劳动教育、龙鳞坝、黑山顶、牛八碗等富阳元素爆红网络，协办“2020中国幸福城市论坛”。富阳获2020年“中国最具幸福感城区”称号。

【营造清朗网络空间】 建立党委领导、政府管理、企业履责、社会监督、网民自律等多主体参与的网络综合治理体系，营造清朗网络空间。发挥网络宣传员作用，围绕群众关切的疫情、医疗、就业、教育、住房等社会热点问题，开展舆论引导。持续做好“捉谣记”信息发布，转发辟谣信息506次，有效避免不实信息在网上传播。推进网络生态“瞭望哨”布点织网工程，实现乡镇（街道）、村（社区）全覆盖。持续办好《春江时评》网评专栏，全年推送网评文章200余篇，被中央宣传部全网推送9篇。组织开展“身边的美好”短视频传播活动，征集并推送视频50余个，推动网络风尚向善向好。

【精神文明建设】 2020年，新登镇半山村、国网浙江杭州市富阳区供电有限公司被评为全国文明村、全国文明单位，环山乡被评为省文明乡镇，湖源乡窈口村、新桐乡春渚村、银湖街道洪庄村、新登镇上山村被评为省文明村，杭州市富阳区行政服务中心、中国建设银行杭州富阳支行被评为省文明单位、徐丽丽、吴立琴、童郁羽3户家庭被评为省文明家庭。蒋建军被评为全省最美抗疫志愿者，黄小建被评为杭州市道德模范，黄小建、俞利茵、冯亦斌被评为杭州好人，叶亚珍获最美杭州人提名奖。开展评选第六届区级道德模范，评选区级“文明家庭”37户。

制定《富阳区公筷公勺推进方案》等制度性文件，《孝善九则》《孝善指数》获2020年度杭州市宣传思想文化工作创新奖。开展文明创建大比武活动，完成中央、省、市三级测评。新认定文化家园14家，其中杭州市四星级文化家园2家。搭建数字智慧平台，构建“1+24+326”文明实践云网格，注册志愿服务组织1600余个，常态化提供志愿服务项目100余项，开展各类活动1000余场，惠及群众2万余人。新时代文明实践（所）站全域覆盖，成立区级志愿服务总队，下设分队1600余支，文明实践志愿者16万余人，开展志愿服务8000余场次，参与35万余人次。开展“机关干部文明劝导”等文明养成活动，参与党员干部6000余名、志愿者5万余名。

【第二课堂教育实践】 开展“书记进校园”中共十九届五中全会宣讲活动75次，受众学生5万余人次。开展“扣好人生第一粒扣子”等主题活动2400余次，实施“春泥计划”1700余场，入围第十六届杭州市“美德少年（新时代好少年）”10人。全区开展新劳动教育实践体验活动，认定新劳动教育体验基地24个，制定劳动教育课程149个，惠及学生4万余人，得到浙江省委常委、宣传部部长朱国贤批示肯定。12月29日，《光明日报》头版头条《浙江富阳的“新劳动教育”为何这么热？》点赞富阳区“新劳动教育”十年探索经验。

【农村文化礼堂建设】 全区提升文化礼堂项目建设58个，新增四星级文化礼堂15个，五星级文化礼堂8个，开展各类文化礼堂专项活动6910余场次，获杭州市“十佳文化礼堂”3个、市“十佳礼堂人”3人、省“最美文化礼堂人”2人，常安镇、场口镇被评为浙江省农村文化礼堂建设示范乡镇。

【群众性文化活动】 开展“文化管家”社会化管理试点工作。建设杭州书房2家，获杭州市书香家庭2户、书香社区2个。举办第六届郁达夫小说奖颁奖典礼。组织开展“全民阅读·学习强国”“老乡说小康”等重大主题文艺活动12项。持续强化“家在富春江上”“公望富春”等多个文化品牌，组织实施文化惠民活动近3100场。牵头组织

2020年6月2日，“富春窗 春江后浪”新时代理论宣讲团成立仪式暨“我最喜爱的习总书记的一句话”宣讲比赛在区融媒体中心举行

（区委宣传部 供稿）

协调拍摄“建党100周年”献礼电影《信仰的力量》，农村放映电影3444场，指导276个行政村农家书屋开展文化活动3600余场。

【“扫黄打非”行动】 2020年，查处“扫黄打非”案件31件。举办杭州市“扫黄打非”第一次现场培训班。新闻出版政府数字化转型10项指标位居全市前列。创新“四联工作法”，建成“扫黄打非”示范点26个，其中省级示范点1个、市级示范点2个。富阳区“扫黄打非”办公室被评为2020年度浙江省成绩突出集体、2020年度杭州市考核验收优秀单位。

【思想文化队伍建设】 制定《2020年度富阳区意识形态考核工作方案》，组织开展区委常委带队督查意识形态工作责任制落实情况。梳理村社一级党组织意识形态工作责任清单，创新制定《富阳区村（社）党组织意识形态工作责任制清单》简称“村社二十条”。全区宣传系统推广“四力学堂”学习模式，举办宣传系统“模范机关”创建大比武。区委宣传部机关开展“走亲连心三服务”，创新推出企业服务流程图，开展暖心慰问25次。渔山乡组团被评为富阳区“百日解千难”擂台大比武“十佳组团”。以区委巡察整改为契机，开展“严纪律、明规矩、促整改”活动，撰写学习体会和巡察整改自我剖析文章68篇，列出廉政风险清单12张内容173项，排查发现漏洞18个，建立完善制度18项。制定《廉政风险防控工作方案》，动态调整充实廉政风险清单91项。

（吴大钟）

统战工作

【“大统战”工作格局构建】 2020年，区委常委会研究统战工作4次，传达学习省市有关会议精神，审议通过《2020年政党专题协商计划》《2020年富阳区社会主义学校培训计划》《践行亲清新型政商关系助力打造现代版富春山居图》等文件。将统一战线各领域议事协调机构涉及的部门单位整合纳入区委统战工作领导小组，统筹推进全区统一战线工作，审议出台《区级机关单位统战工作重点任务分解》《关于加强基层商会党建工作的指导意见》《关于在全区宗教界开展“美丽场所”创建活动的通知》《关于开展富阳区乡贤助力招商工作的实施方案》《杭州市富阳区加强网络人士统战工作2020—2024年实施方案》等文件。结合“走亲连心三服务”工作，完善区领导联系民主党派、工商联、无党派、新的社会阶层等代表人士制度，按照工作对口、常态联系的原则，确定代表人士135名，区领导联系走访党外代表人士230余人次。组织开展党外人士“双走访”活动，部委班子成员分5个组带队，联系走访党外代表人士195名，及时掌握动态，帮助解决困难。

【统战人士队伍建设】 建立完善民主党派基层理论中心组学习制度、组织开展区新的社会阶层人士联谊会“庆祖国华诞、赞富春山水”红歌快闪活动、区新生代企业家联谊会“富春论道”理事学习、区知识分子联谊会“走进新农村、感受新变化”等活动，区工商业联合会创设的“富商学习会”，通过工商联点题、企业家包场的模式，围绕“弘扬新时代企业家精神”主题开展两轮“大学习大讨论”活动，入选浙江省工商联系统年度优秀案例。在浙江大学海宁校区同期举办全区党外代表人士专题培训班和基层统战干部培训班，提升能力素质，增强统战干部与代表人士的沟通联系。举办新的社会阶层人士培训班、新生代企业家培训班。打造党外人士教育培训主阵地“同心·大讲堂”，举办大讲堂活动8期，邀请专家学者以及统战成员宣讲解读，增强广大统战成员的政治定力和政策理论水平。

【基层统战工作规范化建设】 用好考核“指挥棒”，在乡镇街道统战工作规范化建设“星级评定”基础上，明确经济统战、新乡贤工作、宗教工作以及代表人士队伍建设四个方面的重点任务，以“大比武”形式推动有关工作的执行落实。区委统战工作领导小组制定下发《2020年区级机关单位统战工作重点任务分解》，明确成员单位和非成员单位统战工作的具体职责，按照分类分档形式配套完善机关统战工作考核办法，明确4个方面16项工作指标。

【民主党派基层组织规范化建设】 8月，制定下发《杭州市富阳区各民主党派基层组织规范化建设座谈会会议纪要》，进一步明确理论中心组学习、领导班子议事、民主生活会等民主党派基层组织规范化建设的标准要求，结合新联会“四自”运转模式的经验推广，参照延伸至各统战团体，为统战组织强化自身建设、优化参政履职、深化凝心聚力提供路径方向，得到省委统战部副部长王利月批示肯定。以民盟富阳区基层委员会内部监督机制为样板，推动党风廉政建设向党派团体的有效延伸。

【同心助力共谋发展主题活动】 围绕多党合作制度效能的提升，修订完善政党协商、对口联系、课题调研、专项民主监督等制度办法，落实党外人士意见建议受理、落实、反馈、督促的流程办法。举办专题政情通报会，听取富阳区各民主党派、统战团体提交的关于“高新产业发展”4个专项民主监督报告以及14项课题调研成果，着眼民营经济高质量发展，建立完善“亲清直通车·政企恳谈会”工作机制，联合区经济和信息化局、市规划资源局富阳分局等部门分别召开专题恳谈会2次。开展“同心抗疫情、合力促发展”五大专项行动，动员全区统一战线参与疫情防控和复工复产，累计向区内、区外捐款6340余万元，捐赠各类口罩90.73万个、防护服5000余套。引导民营企业开展东西部对口扶贫、山海协作、消薄增收，向贵州锦屏一次性捐助1630万元，向凉山州正洛村捐赠产业帮扶资金50万元。打造“公益联盟·同心荟”，全面整合统一战线优势资源，推动统一战线社会服务工作形成上下衔接、左右互通、前后呼应的良好局面。

【党外人士成长成才平台搭建】 9月，制定下发《关于推荐党外代表人士后备人选的通知》，明确党外代表人士“不备不用”的工作原则，推动各级党组织和党派团体主动物色和培养优秀党外人士。建立完善党外代表人士队伍建设的分析研判机制，综合分析、整体研判统战部机关本级以及各单位推荐的党外代表人士，形成300人的后备人选库，保持动态更新，确保人选质量，初步构建党外代表人士“123”培养梯队。

【经济领域统战工作】 围绕中心、服务大局作为统战工作的第一要务，开展“走进光机所，科企紧携手”系列专场活动，为企业创新发展搭建平台，提供机遇。围绕构建“富阳版”亲清政商关系、助力打造富阳区一流营商环境，协助区委出台《富阳区践行亲清新型政商关系实施意见（试行）》，制定践行亲清政商关系的3套清单，指导亲清政商关系开展实体化样板示范点试点工作，推动形成“亲不逾矩、清不远疏”的政商交往新常态。发挥港澳台及海外统战资源优势，帮助牵线和服务涉外企业到富阳投资、海外高层次人才到富阳创新创业。

区新企联（青商会）的青年企业家捐赠价值120万元的防疫物资

（区委统战部　供稿）

【海外统战工作】 2月，发动全区涉侨企业、海内外侨胞、留学生等捐款捐物，共同抗击新冠肺炎疫情，累计向区内捐款1000多万元，捐赠各类口罩20余万个。3月，海外疫情暴发，第一时间启动侨情调查摸排工作，建立微信群8个，指导做好回国申报、健康防护、政策解读等工作，向海外侨胞和留学生捐赠防疫爱心包500余份。开展“侨企服务年”活动，走访企业74家，协调解决问题21个。通过“侨家大院”线上线下两个平台，开展暑期“青芒计划”、香港青年创新创业政策宣讲等活动50余次，服务人群1000多人次。发挥杭州厘米科技有限公司留学企业孵化器作用，协助引进涉侨、留学生创业企业12家。累计慰问困难归侨侨眷60余位，发放慰问金3.5万元，推荐优秀侨界人士参加省市侨联组织的培训班及区委统战部组织的党外人士培训班，增强侨界人士的综合素质。

【新乡贤统战工作】 组建乡镇一级乡贤联谊会“全覆盖”和村级乡贤联谊会120余个，探索教育、卫健系统建立行业乡贤联谊会。引领广大乡贤参与助推产业发展、乡村振兴、民生保障、社会治理。乡贤招引签约、洽谈105个项目，资金超220亿元；乡贤参与助力的各类强村富民活动230余次，受益群众超10万人，帮助化解矛盾纠纷2000余件。邀请乡贤回归担任村党组织“领头雁”的经验做法在全省新乡贤统战工作会议上作经验交流。乡贤陈肖中回乡投资3.7亿元创办小六石文旅综合体，被浙江省委统战部在乡贤工作专题推介。

（楼宗熠）

巡察工作

【政治巡察】 区委常委会专题学习中央、省市委有关巡视巡察的领导讲话和会议精神9次，区委书记专题会议学习上级巡视巡察新精神3次。1月，召开2020年区委巡察工作动员部署会，纪委书记、区委巡察工作领导小组组长胡志明总结2019年工作，部署2020年工作。

区委书记朱党其对巡察工作提出要高标准推进巡察工作、充分发挥巡察“利剑”作用的要求。制定《中共杭州市富阳区委2020年度巡察工作计划》，谋划部署2020年度巡察工作。结合富阳实际，细化出台区委巡察“‘三个聚焦’内容及具体表现形式”300条和村（居）延伸巡察“‘三个聚焦’内容及具体表现形式”188条。修订完善巡察工作制度44个。

【巡查工作全覆盖】　常规巡察区金融办、区工商联、市医保局富阳分局、区退役军人事务局、区科协、区委编办、区委统战部、区委宣传部、富春湾新城管理委员会、杭州市公安局富阳分局、杭州市规划与自然资源局富阳分局、富阳经济技术开发区管理委员会、区机关事务服务中心、公积金富阳分中心、区政协办、区人大办、区政府办公室、区人民法院、区数据资源管理局和区委办公室等区级机关党组织20个，发现问题556个，移交问题线索24件。组建巡察组24个，采取“异地交叉”“两不两直”飞行巡察的方式，完成对65个村（社）延伸巡察“回头看”，发现问题1535个，移交问题线索76条。与纪检监察、审计等职能部门及被扶贫地区相关职能单位联合，开展“区内扶贫开发和区委扶贫协作专项巡察”，发现问题46个。11月2—30日，区纪委、区委组织部、区委巡察组联合对回访督查区委第十一轮、十二轮巡察的16个单位党组织，发现整改不到位问题37个。

【巡察发现问题整改】　督促被巡察党组织履行整改主体责任，成立巡察整改领导小组，召开整改专题民主生活会；党组织书记履行第一责任人责任；班子成员履行好“一岗双责”。区委书记专题会议听取巡察情况汇报3次，约谈被巡察单位党组织书记及班子成员46人次，对重点人、重点事、重点问题“亲自督”。区纪委、区委组织部对被巡察党组织问题整改情况开展“日常督”。10月28日，区纪委召开“第十三轮巡察反馈问题整改情况督查会”，区委常委、纪委书记、监委主任胡志明听取各派驻纪检监察组组长汇报被巡察单位整改监督工作有关情况并提出要求。区纪委和组织部牵头，巡察组参与，开展回访检查16次。区委巡察办“一周一通报”整改情况，发布“整改通报”16期。

2020年1月10日，2020年区委巡察工作动员部署会召开

（区委巡察办　供稿）

【巡察成果运用】　与区纪委、监委联手，对巡察过程中发现的重要问题线索实行“边巡边移”、快查快办。推动立案25件，党纪政务处分22人，移送司法机关12人，组织处理45人，提醒谈话2166人，建立和完善制度606项，退回（收缴）资金25011.47万元。与组织部选人用人专项检查工作相结合，出具被巡察单位班子及班子成员“政治体检报告”20份。

【巡察信息化建设】　充分运用“码上举报”信访举报平台，构建来访、电话、信箱、网络“四位一体”信访体系。完善“巡察电子档案”管理流程，扫描挂接2019年度巡察档案。严格管理、规范使用保密电脑，用好巡视巡察发现问题线索管理系统，开展业务培训、制定操作规程，及时录入2020年度三轮20个被巡察单位的问题线索和底稿材料，规范管理。

【巡察工作公开】　推行“阳光巡察”，公开巡察各个阶段工作情况，在《富阳日报》公示“反馈的问题”和“问题整改情况”6次。富阳电视台播放巡察工作专题片，修改完善《画说规程》，重新编印《富阳区委巡察工作制度汇编》《“三个聚焦”内容及表现形式》《工作手册》《案例、故事、体会》《书记谈巡察》等书籍。邀请24位被巡察单位一把手在《富阳日报》“书记谈巡察”专栏发表体会文章24篇。

（方　菲）

机构编制工作

【事业单位改革】　2019年10月30日，全省事业单位改革部署推进会召开。是年11月，富阳区事业单位改革领导小组成立，编印《富阳区事业单位资料汇编》，集中3周时间分2个组走访调研，收集意见建议67条，解答各类政策问题320余人次，全面了解涉改单位运行情况、人员编制分布情况，以及实际困难。2020年4月，根据调研结果，与省市对接，与周边区县市业务研讨，制订《富阳区事业单位改革方案》，是月13日，区委编委第三次会议审议通过。5月底，全区以195家事业单位为改革基数，整合“小弱散”、职能相近、重复设置事业单位49家，精简比例25.1%，收回事业编制名额98名，精简科级领导职数41个，同步重新明确23家非全额事业单位经费形式。6月底，转隶17家主管局人员453名，以及事业单位注销、登记、变更，调整编外人员指标、调整权责清单、机关事业单位地理信息变更等。7—9月，开展机构改革“回头看”，实地检查57家主管单位192家事业单位，发现楼层指引牌、标识牌更新不及时、事业单位未及时注销、中层干部调整不到位等问题37个，下发改正通知11份，加速事业单位改革从“物理整合”向“化学反应”转变。7月底，完成市场监管、交通运输、文化市场、农业四大领域执法改革（生态环保领域由杭州市落实），完成“三定”规定印发、转隶人员等工作。

【滨富合作区体制建设】 滨富特别合作区作为全省首个特别合作区，采用“飞地+体制创新”运营模式，由富阳负责合作区5.8平方千米范围内的征地拆迁、场地平整、土地空间整理、基础设施建设、公共配套、社会治理、供地管理工作，完成土地出让后，交由合作区管理委员会；高新区（滨江）负责产业投资导向目录、产业招商地图、招商引资、产业培育等经济管理工作，在不改变现有行政区划和隶属关系情况下，打破行政区划壁垒，探索构建协同联动、权责清晰、共建共享的跨行政区融合发展合作机制。合作区编制由富阳借与滨江一部分，市编委支持一部分，人员从富阳区、滨江区两地相关部门抽调而成。8月，组建杭州高新区（滨江）富阳特别合作区管理委员会及下属事业单位。

【公共卫生领域编制保障】 新冠肺炎疫情发生前，富阳区是全省唯一一个按省级标准足额配置疾控编制的地区，受到浙江省卫生健康委员会的高度评价。突如其来的新冠肺炎疫情发生后，区委编办立即会同杭州市富阳区卫生健康局实地调研评估医疗卫生机构31家和疾病预防控制机构，编写《杭州市富阳区医疗卫生机构和疾病预防控制机构编制评估报告》，对履行职能、能力建设、经费保障3个方面问题提出建议，解冻疾控中心编制4名，新增卫生综合执法队编制9名。

【教育编制实现全面优化】 全面核查202家学校的班级数、学生数等基础数据，实地走访中小学幼儿园42所，听取意见的一线教职工238人次，提交编委会审议核增事业编制68名、幼儿园阶段非公教师指标65名、职高阶段外聘教师指标3名，全面优化各学校职教工的编制配置，引入教职工二次调配机制，推进教育事业高水平发展。

（姜伟锋）

信访工作

【无信访积案区推进】 2020年，富阳持续推进“无信访积案区”创建活动，统筹推进信访积案化解工作，消存量、控增量。杭州市交办村级组织换届信访积案15件，逐一落实包案区领导和稳控工作责任人，全部按期得到化解。国家交办信访积案12件，办结率、化解率均为100%。历史积案48件，化解43件，化解率89.58%。年度新增积案9件，新增积案率0.28%，新增积案率同比下降69.23%。富阳区连续三年被省信访工作领导小组命名为“无信访积案”县（市、区）。

【统一平台运转】 2020年，电话督办4600余件，发函督办62件，召开协调会79次，协调来电1300余件，督办91次，督办来电140余件。在杭州市信访局组织《信访条例》修订实施15周年岗位大比武暨杭州市第三届“工匠杯”12345政务热线客服技能大赛中获团体二等奖，参赛选手分别获“最佳服务奖”“最佳亲和奖”“最佳风尚奖”“最佳进步奖”等个人单项奖。区长公开电话受理中心获杭州市级青年文明号、杭州市级巾帼文明岗、杭州市先进团支部。

【抗击疫情】 保持疫情期间线上、线下各信访渠道畅通，特别是来电、网上信访等群众咨询、举报、申诉主渠道，占疫情期间信访总量80%以上。“63312345”区长公开电话承担24小时疫情监督电话、健康码申诉、外来人员报备等职能，7×24小时畅通，接通率保持95%以上，当场解答率93%以上。入驻健康码专班，编写简单实用的钉钉软件安装手册，服务复工企业，承担疫情期间卡口管控、信息排摸、健康码安装等。

【《信访条例》修订实施15周年活动】 以信访业务大比武、征文、视频征集、广场宣传、业务专题培训等形式开展国务院《信访条例》修订实施15周年系列活动，形成征文50余篇、微视频7部、总结春江小队会、灵桥网上村务公开、鹿山云监管、渌渚孝善工作室等一批信访改革中涌现出来的好经验、好做法。参加全市信访系统岗位练兵比武竞赛活动，获应知应会知识竞赛个人优胜奖。

【重要信访攻坚破难】 区信访局与区纪委监委联合出台《关于加强信访举报工作协作配合的办法（试行）》，与区司法局一同梳理《律师参与信访工作实施办法（试行）》，严格落实最高人民法院、最高人民

2020年4月15日，富阳召开事业单位改革部署推进会

（区委编办　供稿）

2020年6月，区信访局赴金苑社区对接协调“百日解百难”事项
（区信访局　供稿）

检察院、公安部《关于依法处理信访活动中违法犯罪行为的指导意见》，开展依法信访宣传，营造依法信访、理性维权氛围。推行重点乡镇（街道）挂牌（案）管理，实行重点信访事项红色预警。开展集中治理重复信访、化解信访积案专项工作，省市交办79件涉及农村建房类信访事项100%化解，144件区级信访积案得到化解或落实稳控措施。

（钱　生）

党校教育

【党校建设】　2020年，获全省党校（行政学院）系统成绩突出集体、首届杭州市党校系统科研组织奖第一名。12月24日在全省市县党校（行政学院）校（院）长培训班上作经验交流发言，与会市县两级党校校长90余人到富阳区委党校现场考察行政后勤管理改革创新工作。

【习近平新时代中国特色社会主义思想学习宣传】　区委党校组织教师学习中共十九届五中全会精神、习近平总书记考察浙江杭州重要指示和系列重要讲话，邀请上级党校专家教授专题辅导，邀请中央电视台著名评论员杨禹教授作《党的十九届五中全会精神深度解读》专题报告，在主体班次中开设系列课程。受新冠肺炎疫情影响，坚持以多种方式确保习近平新时代中国特色社会主义思想进企业、进农村、进社区、进机关、进校园、进网络的“六进”活动，全年宣讲159场，受众12013人次。

【党校培训】　2020年，区委党校实行“专业化培育锻炼、主题化研究课程、精细化过程管理、精准化考核评价”四化模式，围绕区委区政府中心工作，突出实践导向，分领域分层次制定干部教育培训方案，深化干部专业化素养培训，举办业务干部“执笔时代新画卷”专业能力提升系列培训班等主体班23个28期，培训学员4555人次；举办全区发展对象、新党员、部门班和异地班等班次36期，培训学员3128人次。其中利用周末时间，举办区管正职领导干部周末学习大讲堂、区管副职领导干部“三个一流”进修班、区年轻干部“三高”发展进修班、年轻干部“墩苗工程”周末进修班，培训成效明显，得到领导肯定，受到社会好评。

【现场教学】　不断改革现场教学体系，把现代版富春山居图作为展示富阳独特韵味的窗口，谋划打造“1+5+N”现场教学体系，聚焦富阳成就经验，推介富阳转型发展的生动实践，做精做实三服务和乡村振兴等精品线路，提升富阳现场教学的知名度与美誉度。2020年，区委党校现场教学点接待学员58批3378人次，尤其是浙江省委党校厅级领导进修班、中青班、处级干部任职班等高规格班次7个到富阳开展现场教学。12月16日，浙江省委组织部、省委党校共同授牌中共富阳区委党校“三服务”现场教学线路为“现场教学基地”。

【教学改革】　2020年，创建“一中心四团队”教学改革模式，即在习近平新时代中国特色社会主义思想富阳区委党校教学科研中心总揽下，下设基础理论与政治建设、改革发展与经济建设、基层治理与社会建设、意识形态与生态文化四个团队。打造校内精品课8堂和现代版“富春山居图”特色现场教学案例6项。

【智库建设】　2020年，党校教师围绕区委区政府中心大局深入基层调研，做实科研咨政各个环节，强

2020年11月9日，富阳区2020年度第五期富春名家大讲堂暨春江论坛报告会举行
（区委党校　供稿）

化教师科研能力，助力党校智库建设。咨政课题9个得到区主要领导批示肯定，部门委托课题《数据赋能推动家庭和谐设“家庭健康码”做实源头治理“最小单元”》得到杭州市委主要领导肯定性批示，部门委托课题《做强社区大党委，共筑防疫安全网》被市委组织部选入《杭州市干部教育案例》。被2020年度浙江省委党校中国特色社会主义理论体系研究中心第二十二批规划课题立项6项、杭州市社会科学届联合会课题立项3项、市委党校社科联课题立项13项。浙江省委党校中国特色社会主义理论体系研究中心第二十一批规划课题获得优秀结项课题1项；杭州社科联结项3项、良好结项2项；杭州市委党校社科联结项课题13项、优秀结项9项。被浙江省理论研讨会入选论文获奖9篇，第五届浙江省社会科学届学术年会二等奖1项。

【会务服务】 2020年度，接待各种会议和培训209场次，其中承接区委一届十次全体（扩大）会议、全区“不忘初心、牢记使命”主题教育总结大会、区纪委一届五次全体（扩大）会议、全区战疫情促发展暨双抢双争推进大会、区政府第七次全体（扩大）会议、区委政法（信访）工作会议等会议，服务参会人员24789人次，就餐14735人次。

（张琦迪）

党史 地方志工作

【《中国共产党富阳历史第三卷（1978—2002）》编纂】 在2019年编纂基础上，继续推进富阳地方党史第三卷编写工作，组织编纂团队外出学习取经，积极参加省、市组织的编纂业务培训，提高编纂水平。3月，完成初稿，共分5编25章，约58万字。至年底，完成内部交叉审稿2次，召开内部交流座谈会2次，修改4次，进入统稿阶段。

【新四军两渡富春江研学中心布展文案】 在2019年工作基础上，继续修改和补充完善布展文案，赴省内外及各乡镇（街道）采访当事人和当事人亲属、知情者及党史研究者，征集实物近200件。加强与长兴新四军苏浙军区纪念馆、泾县新四军军部旧址等相关场馆的交流，做到资源共享。协助常绿镇完成场馆设计、布展、施工EPC一体化招标工作，召开专家评审会3次。至年底，研学中心建设进入深化设计方案阶段。

【《党报看富阳》编纂出版】 10月，《党报看富阳》编纂出版。全书分上、下两册，收录《人民日报》《浙江日报》两家党报对富阳改革开放40余年发展进程中的部分重要新闻报道共427篇33万余字。全书根据辑录内容分为经济发展、城乡巨变、社会治理、生态建设、党建引领等五个篇章，全面真实地反映富阳自中共十一届三中全会以来在政治、经济、文化、社会、生态文明和党的建设等各个领域的长足进步。

【指导红色场馆建设】 根据区委领导对于鹳山区块全面反映富阳历史文化的指示，向区委区政府提出建设富阳史志馆的建议，并得到同意。配合壶源溪流域综合整治工程，协助湖源乡做好党群服务中心的红色文化部分内容审核工作。指导场源区委旧址史料陈列室、中央调查组在富阳史料陈列室、常安镇革命史料陈列室等红色场馆建设。做好杭州市第四批党史教育基地申报工作。积极挖掘利用党史和地情资源，注重发挥好场馆作用，全方位展示史志资源，让史志活起来、动起来，更好地服务广大群众，凝聚党心民心。

【党史宣教】 成立富阳史志六进服务宣讲团，传承红色基因和优秀历史文化，定期赴基层一线开展宣教服务，全年共进行宣教场次20场，受惠党员群众5000余人。做好学习强国特色供稿，全年被“学习强国”全国、省、杭州平台共录用图文及视频18次，其中，《杭州富阳：一门三院士》《抗战时期＜四库全书＞秘藏纪实》被全国平台录用。联合数据资源局，开展史志资源编研共享平台建设，切实发挥史志服务功能。开展“奋斗与梦想”——中国共产党富阳历史图片展活动，参与巡展农村文化礼堂16个，参观人数5万余人次。通过人大建议案和政协提案办理，进一步宣传富阳党史事件和人物，澄清错误说法和非主流思想。

【《富阳微村志（第一辑）》出版发行】 4月，由富阳区史志办公室和区档案馆联合编纂的《富阳微

2020年4月，《富阳微村志（第一辑）》出版发行

（区委党史研究室 供稿）

村志（第一辑）》由上海文化出版社正式出版。本书共收录行政村31个，涉及富阳区乡镇街道24个，其中包括浙江省历史文化名村东梓关村、罗隐故里双江村、富春山居图卷首墅溪村等。

【《富阳年鉴（2020）》出版发行】 11月，《富阳年鉴（2020）》由方志出版社正式出版发行。《富阳年鉴（2020）》采用分类编纂法，以类目、分目、条目3个层次为框架结构。卷首设特载、年度聚焦、大事记、区情综览，全书共设35个类目，275个分目，1793个条目，共92.5万字。全面、客观的反映富阳区人民在2019年勇于开拓创新，在政治、经济、文化、社会、生态文明和党的建设中取得的新成就、新经验，以及在前进道路上遇到的新情况、新问题。《富阳年鉴（2020）》首次实行全彩印刷，是富阳历史上第25部综合年鉴。

【富阳史志资源编研共享平台】 12月，完成富阳史志编研共享平台建设。该项目投资25万余元，依托"浙政钉"数字平台，打造富阳党史和地方志资源编研共享系统，系统主要有编研、共享两个模块。实现党史和地方志编研过程项目化、史志资源共享化、党史资政互动化和党史宣教大众化。

（吕　克　刘　亮）

档案工作

【国家级数字档案馆测评】 2020年，富阳区档案馆在省级数字档案馆评估基础上，围绕国家级数字档案馆创建的各项任务，对照专家组的评估反馈意见，对基础设施、系统功能、档案资源、保障体系和服务绩效5个方面99个分项300多个评分点进行全面整改和提升，形成1000余页电子台账，高分通过国家级数字档案馆测评，进一步提高数字档案馆系统建设的水平，实现数字档案全流程管理，使档案资源和数据更加安全可靠、利用服务更加高效便捷。

【电子化归档】 富阳区档案馆做好全区30余家单位电子化归档工作的考核指导、系统讲解，与杭州市档案局、馆以及富阳区档案局的沟通协调工作，及时为富阳区数据资源局提供相应的考核通报数据。至年底，归档2019—2020年富阳区行政审批电子文件41.8万余件，归档率达100%，圆满完成《2020年杭州市政府数字化转型考核指标体系》中行政权力事项办件电子归档率考核目标任务。

【实体档案和数据资源质量双加强】 2020年，通过数字化加工及二次质检项目的招投标，并确定中标单位，全面启动目录数据、影像数据和实体档案的质检工作。至年底，项目基本结束，共完成馆藏30个全宗12164卷35268件档案184万页数字化成果的校对修改以及实体案卷的质检套盒工作，提升档案历史数据的准确性，提高档案资源的质量，规范档案的实体保存。

【档案利用服务】 2020年，接待档案利用者3762人次，利用档案77935卷次10091件次，累计复制档案13080页。深化"异地查档 跨馆服务"，通过浙江省档案服务网受理网上查档445件，其中查本馆档案410件，受理省际间查档1件，杭州市一窗综合受理平台知识青年身份认定60件，真正实现了市民查档"跑零次"。

【档案接收】 完成区人民政府、区委组织部、富春街道办事处等24个单位计9244卷、25150件档案实体的接收进馆。首次接收进馆2003—2017年出生医学证明档案1279卷，首次接收进馆1978—2018年领导接待来访档案、复查复核档案等信访档案723卷、77件。征集防控疫情档案资料9份、"两会"照片近900张、新登老照片40余张和《东梓关》等视频11.13G。受赠"叶盛高摄影作品"电子照片1917张、视频85.5M。征集近代富阳开明民主人士项墨庄照片、书信、日记，并进行仿真件制作。接收《东安袁氏甘坞民二房家谱》等宗谱6套、54册等。

【富阳首届晒谱节】 7月26日（农历六月初六），"2020第五届中国晒谱节暨富阳首届晒谱节"在富阳区富春山馆举行。全国台湾研究会副会长王在希、世联国际（控股）有限公司董事长闻健明、中国文化信息协会家文化中心工作委员会主任蔡允中等领导嘉宾应邀出席，与来自社会各界百余名群众，共同见证隆重的祭谱大典，深切感受中华传统文化的魅力。晒谱节分设两地，主会场富春山馆，分会场龙门古镇。配套祖像展、姓氏溯源展、寻谱寻根、亲情谱交流、"家谱知识"讲座等

2020年7月26日，"2020第五届中国晒谱节暨富阳首届晒谱节"在富阳区富春山馆举行
（区档案馆　供稿）

活动，内容丰富精彩，让大家走近姓氏文化、了解姓氏文化、参与姓氏文化、品味姓氏文化。

【档案文化建设】 以“从档案中找寻独特的富阳文化元素”为主题，持续编纂《富阳档案》系列专刊；组织富阳区档案文史编研人员研讨会，组建以退休老师为骨干的档案编研人才库；以“古今富春——富阳区档案史料展”为依托，开展档案体验活动，让参观的中小学生零距离感受富阳历史进程、社会变化、人文风貌；以“6·9”国际档案日宣传活动，在桂花西路、江滨西大道等《富阳日报》阅报栏投放《档案见证小康路、聚焦扶贫决胜期》的宣传图片；纪念抗战75周年推出“富阳区档案馆馆藏抗战史料展”；配合浙江省档案馆、省电视台“跟着档案去旅行”栏目组完成《跟着档案去旅行》——《东梓关村 唤醒乡村复兴路》拍摄任务，4月11日晚在浙江电视台新闻频道播出。

【档案编研工程】 挖掘现有档案资源，从档案史料中考证苏东坡与新登的渊源，推出《苏东坡之“新城道中”》，获区委书记吴玉凤批示肯定；与华东师范大学合作开发“近代富阳（新登）的土地档案的研究和开发”项目；出版《富阳古旧地图集》《富阳历史上的今天》《富阳新登近代报刊文献选辑》，与富阳区史志办公室合作出版《富阳微村志（第一辑）》等编研成果。

（陈 明）

老干部工作

【概况】 2020年，全区离休干部76人，其中副县职以上离休干部2人，杭州市属代管2人，易地安置离休干部11人。退休干部7983人，其中机关单位退休干部2070人，事业单位退休干部5913人。

【离退休干部队伍建设】 坚持把政治建设放在首位，基层离退休党组织学习贯彻全国“两会”精神、十九届五中全会精神、习近平总书记系列重要讲话精神。牢固树立大局意识，创新模式，通过微信、钉钉等载体组织全体离退休干部党员开展读入党誓词、谈入党初心、谈人生理想、谈红色经历的“一读三谈”活动。制定出台《关于推进离退休干部党支部规范化建设的指导意见》，创建市级“最美离退休党支部”14个、规范化党支部21个；组织开展“精品初心党课”拍摄评比，入选市委老干部局“初心课精品集”1个。

【发挥老干部余热】 组织区级老领导、退休支部书记赴北支江亚运场馆、阳陂湖生态湿地公园等地开展“走看促”活动4次，为助力打造现代版富春山居图建言献策。组织退休农技专家深入偏远乡村开展茶叶、水稻种植和生猪养殖技术指导，受众2000余人次。全区离退休干部8000余名参与疫情防控值班值守、助力复工复产，捐款70.3万元，捐物200余人次，帮助有需要退役士兵等实现再就业50余人，其相关暖心行动获区主要领导批示。动员离退休干部做“公筷公勺”、垃圾分类、节约粮食等主题活动倡导者、践行者、引领者。承办省委老干部局“银尚达人助力‘公筷公勺’进我家”活动。持续推进老干部“进社区、亮身份、献余热”活动，新增“解忧工作室”8家。成立镇村“银雁返乡联站”10个，“银雁”448名返乡助力社会基层治理和乡村振兴。

2020年8月12日，全区2020年新退休干部集体荣誉退休仪式暨进一步深化“争做最美老干部，人人增添正能量”活动举行

（区委老干部局 供稿）

【老干部服务保障】 完善离休干部“一人一策”精准服务方案，完善“六必访”机制，全年走访慰问离退休干部500余人次，慰问资金41万余元，解决各类诉求20余件。招选优质专业涉老服务机构为离休干部提供个性化居家养老服务；完成抗战离休干部居室适老化改造；启动“银龄互助”老帮老项目。出台《关于进一步规范干部退休工作的通知》文件，举办首场全区新退休干部集体荣誉退休仪式。

【区老年大学建设】 创新模式，提升老年大学办学水平。以智慧化校园平台建设为依托，实现学员网上报名、缴费、学籍管理等。探索打造“家门口”教学点，新设老年大学场口分校，将办学触角继续向基层一线延伸。

【区老干部活动中心建设】 优化功能，丰富活动中心寓教功能。继续提升“老党员驿站”等党建共享基地建设，持续推进9个协会、10支志愿服务团队建设，创新活动模式，开展“云赏花”、居家诗词创作等活动，丰富老干部晚年生活。

（巴胜生）

关心下一代工作

【组织机制建设】 6月，富关委〔2020〕1号文件公布新一届富阳区关心下一代工作委员会领导班子。同时调整区关工委讲师团、关爱团、科技团成员。制定《杭州市富阳区关工委主任会议工作制度》《杭州市富阳区关工委及成员单位工作职责》《关于加强全区关心下一代教育基地建设的意见》等工作制度。

【教育基地建设】 挖掘、创建抗日战争胜利浙江受降纪念馆、常绿镇党史教育基地、灵桥红色展览馆、富通集团通信展览馆、富春江水电科普馆、大华智能产业园、富伦生态科普馆、安防体验馆新登基地等一批适合青少年成长成才的新型教育实践基地，形成爱国主义、红色基因、科技普及、生态环保、传统文化、安防素质、高新技术等青少年教育实践体系，并在每个基地组建不少于3人的五老队伍。创建1个省级、2个市级、10个区级、20余个乡镇级教育基地。据统计，“五老”在基地中献余热五老130余人，受益青少年2.63万余人。

2020年9月23日，“东洲街道关心下一代教育基地启动仪式”举行

（区关工委　供稿）

【假日爱心学校】 做好疫情防控各类措施基础上，以学校、村（社区）为主体，村校、校企结合，五老参与，多方协作，坚持以“加强学生思想教育，丰富学生假期生活，保障学生假日安全，促进青少年健康成长”为指导思想，根据实际，创新形式，7月6日至8月21日，全区创办假日爱心学校28所，开设班级35个，招收学生1250余名。

【《育苗》撰写】 组织11位五老骨干撰写《育苗》一书，分为家教万象、隔代之间、红色传承、政策法规、孝道传承、科普杂谈、关工委艺苑、关工委动态8个模块，汇集王韶国《讲故事　传孝道》、寿美珠《实行垃圾分类　共建绿色家园》、董广生《家长要关心子女的心理健康》等优秀宣讲材料20篇，作为“五老”宣讲参考资料，下发各乡镇街道关工委及中、小学关工委，起到探讨教育经验、传承优秀文化、培育新苗成长作用，教育青少年1.35余万人次。

（骆全木）

【编　辑　沈绍坤】

6 杭州市富阳区人民代表大会

Hangzhou Fuyang District People's Congress

重要会议

【区十六届人大四次会议】 2020年1月17日至20日举行区十六届人大四次会议，出席会议代表247名，列席会议人员312名。会议听取和审查区人民政府工作报告、区人大常委会工作报告、区人民法院工作报告、区人民检察院工作报告，批准上述报告。审查和批准富阳区2019年国民经济和社会发展计划执行情况的报告及2020年国民经济和社会发展计划，审查和批准富阳区2019年财政预算执行情况的报告和2020年财政预算。会议投票表决2020年政府民生实事项目，依法表决通过陈鸿麟为监察和法制司法委员会主任委员、蒋寿南、戴钰虎、来建良为副主任委员，赵玉龙为社会建设委员会主任委员、宋国胜为副主任委员，依法选举叶建华、宋国胜、胡利明为杭州市富阳区第十六届人民代表大会常务委员会委员。

1月17日下午，召开预备会议，选举产生大会主席团成员47名，选举赵玉龙任大会秘书长，通过大会议程。会议期间，举行全体会议4次，主席团会议5次。

大会共收到代表议案和建议201件，立案194件，涉及民生保障38件、工业经济13件、农业经济32件、现代服务业2件、城乡基础建设50件、资源管理11件、社会事业发展39件，其他9件。不予立案7件。其中，《持续提升城乡人居环境，打造美丽乡村的新样板》列为大会1号议案，《加快城乡供水能力建设，保障居民饮用水需求》列为大会2号议案，《加大教育基础设施建设投入，推动教育提质升档，提高教育现代化水平》列为3号议案，由区人大常委会主任会议集体督办，区人民政府区长牵头办理。其余代表议案、建议均作建议处理，交相关部门处理。建议中，加强城乡交通路网建设、加快城市片区综合整治、优化营商环境、加快富春湾新城基础设施建设及提升服务软环境方面、着力破解农民建房难等建议，代表们反映比较集中，呼应群众的迫切愿望，比较客观、准确地反映富阳区产业发展、城市建设和社会治理等方面的问题。

【区十六届人大常委会第二十八至三十八次会议】 2020年，区十六届人大常委会举行会议11次，听取和审议专项工作报告15个，发出审议意见书11份，作出决议、决定18项。

区十六届人大常委会第二十八次会议于1月12日召开。主要议题：（1）听取《关于杭州市富阳区2019年国民经济和社会发展计划执行情况与2020年国民经济和社会发展计划草案的报告》；（2）听取《关于杭州市富阳区2019年财政预算执行情况和2020年财政预算草案的报告》；（3）书面审议《杭州市富阳区2019年生态环境状况和生态环境保护目标完成情况报告》；（4）书面审议《杭州市富阳区2019年法治政府建设年度报告》；（5）听取杭州市富阳区人大常委会工作报告，表决通过区人大常委会2020年工作要点（草案）；（6）听取杭州市富阳区人大常委会关于2019年政府民生实事项目监督情况的报告；（7）征求对杭州市富阳区人民政府工作报告（征求意见稿）、杭州市富阳区人民法院工作报告(征求意见稿)、杭州市富阳区人民检察院工作报告（征求意见稿）的意见；（8）审议2020年政府民生实事项目表决办法（草案）；（9）审议2020年政府民生实事候选项目；（10）听取杭州市富阳区第十六届人民代表大会第四次会议筹备工作情况的报告；（11）审议杭州市富阳区第十六届人民代表大会第四次会议日程（草案）、《选举办法（草案）》、有关名单（草案）和关于代表提交议案截止时间的决定（草案）；（12）听取并审议杭州市富阳区第十六届人大常委会代表资格审查委员会关于代表资格审查的报告；（13）审议并表决代表工作有关事项。

第二十九次会议于3月19日召开。主要议题：（1）审议并表决代表工作有关事项，表决通过关于接受金雪传辞去杭州市富阳区第十六届人民代表大会代表职务的议案；（2）审议并表决杭州市富阳区人大常委会2020年工作要点（修订稿）。

第三十次会议于4月2日召开。主要议题：审议并表决公安机关提请杭州市富阳区人大常委会许可采取刑事强制措施的有关事宜，会议以电子表决的方式通过杭州市富阳区人大常委会关于许可对杭州市富阳区第十六届人大代表白亮浩、叶小明依法采取刑事强制措施的决定。

第三十一次会议于5月20日召开。主要议题：（1）听取和审议区政府关于新冠肺炎疫情防控专项工作的报告以及区人大常委会关于富阳区新冠肺炎疫情防控专项工作的调查报告。（2）听取和审议区政府关于数字经济发展情况的报告以及区人大常委会关于富阳区数字经济发展情况的调查报告。（3）听取和审议区政府贯彻落实《杭州市居住区配套设施建设管理条例》情况的报告以及区人大常委会关于《杭州市居住区配套设施建设管理条例》执法检查情况的报告。（4）听取和审议杭州市富阳区人大常委会关于设立社会建设工作委员会及法制内务司法工作委员会更名的决定（草案）。（5）审议并表决人事任免及代表工作有关事项。决定接受王洪光辞去杭州市富阳区人民政府副区长职务，并报杭州市富阳区人民代表大会备案；决定任命高飞为杭州市富阳区人民政府副区长；决定接受倪洪水辞去杭州市富阳区第十六届人民代表大会常务委员会委员职务，免去倪洪水杭州市富阳区人民代表大会财政经济委员会副主任委员职务、来建良杭州市富阳区人大常委会法制内务司法工作委员会主任职务、丁建民杭州市富阳区人大常委会法制内务司法工作委员会副主任职务，任命来建良为杭州市富阳区人大常委会监察和法制司法工作委员会主任、宋国胜为杭州市富阳区人大常委会社会建设工作委员会主任、丁建民为杭州市富阳区人大常委会监察和法制司法工作委员会副主任、陈学群为杭州市富阳区人大常委会社会建设工作委员会副主任。（6）听取和审议杭州市富阳区人大常委会人大理论研究委员会和各工作委员会组成人员调整名单（草案）。

第三十二次会议于6月23日召开。主要议题：（1）审议并表决杭州市富阳区人大常委会关于加强检察公益诉讼工作的决定（草案）；（2）审议并表决人事任免工作有关事项，决定接受赵志军辞去杭州市富阳区人民政府副区长职务，并报杭州市富阳区人民代表大会备案，决定免去赵志军杭州市公安局富阳区分局局长职务，决定任命沈尧为杭州市富阳区人民政府副区长、杭州市公安局富阳区分局局长，任命李百山为杭州市富阳区人民代表大会财政经济委员会副主任委员。

第三十三次会议于7月27日召开。主要议题：（1）听取和审议区政府关于杭州市富阳区2020年上半年国民经济和社会发展计划执行情况与政府投资项目计划调整草案的报告。（2）听取和审议区政府关于杭州市富阳区2019年度财政决算（草案）和2020年上半年预算执行情况以及新增地方政府债券和抗疫特别国债收支预算调整（草案）的报告。（3）书面审议区政府关于杭州市富阳区2018年度预算执行情况和其他财政收支审计反映问题整改情况的报告。（4）听取和审议区政府关于杭州市富阳区2019年度预算执行情况和其他财政收支情况的审计工作报告。（5）听取区政府关于2020年政府民生实事项目进展情况报告。

第三十四次会议于8月24日召开。主要议题：审议并表决有关人事任免，决定接受吴玉凤辞去杭州市富阳区人民政府区长职务，并报杭州市富阳区人民代表大会备案，决定王华代理杭州市富阳区人民政府区长职务，决定任命王华为杭州市富阳区人民政府副区长、卜利斌为杭州市富阳区人民政府副区长。

第三十五次会议于9月30日召开。主要议题：（1）听取和审议区政府关于体育发展工作情况的报告和区人大常委会关于富阳区体育发展工作情况的调查报告。（2）听取和审议《杭州市富阳区人民代表大会代表议案和建议处理办法（修改稿）》。（3）听取和审议区政府关于社会矛盾纠纷调处化解、“最多跑一地”改革情况的报告和区人大常委会关于富阳区社会矛盾纠纷调处化解、“最多跑一地”改革情况的调查报告。（4）听取和审议区政府关于2019年度国有资产管理情况的综合报告和2019年度企业国有资产管理情况的专项报告以及区人大常委会关于2019年度富阳区国有资产管理情况和企业国有资产管理情况的审查报告。（5）审议并表决人事任免和代表工作有关事项，通过关于补选王华为杭州市第十三届人民代表大会代表的决定。

第三十六次会议于10月19日召开。主要议题：（1）听取和审议区政府关于新时代美丽乡村建设工作的报告和区人大常委会关于新时代美丽乡村建设工作情况的调查报告，围绕富阳区新时代美丽乡村建设工作情况开展专题询问。（2）审议并表决人事任免工作有关事项。

第三十七次会议于12月2日召开。主要议题：（1）听取和审议区政府关于《区人大常委会关于开展第七个五年法治宣传教育的决议》贯彻执行情况的报告和区人大常委会关于决议贯彻执行情况的调查报告。（2）听取和审议区政府关于无障碍环境建设工作情况的报告和区人大常委会关于无障碍环境建设工作情况的调查报告。（3）听取和审议2020年区政府民生实事项目完成情况报告。（4）听取和审议区人大常委会相关制度。（5）审议并表决人事任免有关事项。

第三十八次会议于12月31日召开。主要议题：（1）听取和审议区政府关于2020年财政收支预算第二次调整的报告。（2）听取和审议区政府关于区十六届人大四次会议代表议案建议办理情况的报告。（3）听取和审议区人大常委会各街道工作委员会工作报告。（4）听取部分杭州市人大代表年度述职报告。

富阳人大设立常委会40周年

【概况】 2020年是富阳人大设立常委会40周年。区人大常委会精心组织40周年系列纪念活动，制作完成《砥砺奋进四十年》画册和《一切为了人民》专题片，在《富阳日报》刊登“奋进四十年，履职为人民”系列报道，协助区委召开纪念大会，全面总结区人大常委会40年履职历程。40年来，历届人

2020年7月30日，富阳区“一府两院”工作报告会暨民生福祉擂台大比武举行
（区人大办 供稿）

大常委会共组织召开人民代表大会41次，召开人大常委会会议323次，审议、决定、研究、讨论数以千计的重大议题和重要事项；听取和审议“一府两院”工作报告812个，组织视察和执法检查612次；关于经济社会发展中的重大问题作出决议决定415项，依法任免国家机关工作人员2589人次。

人大常委会监督工作

【法律监督】 4月，开展认罪认罚从宽制度实施情况专题调研。针对职务犯罪认罪认罚适用有待完善、审判阶段认罪认罚工作开展有待加强、量刑减让不够精准等问题，提出“统一认识，职务犯罪案件平等、全面适用认罪认罚从宽制度；用心办案，审判阶段深入开展认罪认罚工作；精准量刑，明确量刑减让应遵循的原则”等意见建议。

5月，开展《杭州市居住区配套设施建设管理条例》执法检查。针对疫情防控情况减少人员密切接触的要求，创新调查方法，开展网上问卷调查。分别通过富阳人大微信公众号、《富阳日报》等媒体开展网上居住区配套设施建设管理情况满意度调查，累计浏览2887次，有效反馈755份，收到意见建议113条次，全面推进条例实施。

10月，开展“七五”普法决议贯彻落实情况监督工作。针对思想认识不够到位、普法不够精准、成效有待进一步提高、品牌创建力度不够、资源统筹不够科学等问题，提出“提高认识，增强做好法治宣传教育的自觉性；加强保障，进一步完善机制建设；精准施策，突出普法针对性；凝聚力量，加强普法队伍建设；贴近实际，增强群众普法获得感”等意见建议。

【工作监督】 3月至5月，开展全区新冠肺炎疫情防控工作专项监督。针对应急管理法治保障不充分、“以防为主、医防结合”机制不灵活、重大疫情防控救治能力不充足、统筹“防控和发展”力度不均衡等问题，建议巩固成果，紧绷思想之弦不放松；总结经验，健全公共卫生应急体系；补齐短板，推进社会治理能力建设；强化举措，保障经济社会运行秩序。

3月至5月，开展全区数字经济发展专项监督。针对产业规模不大、集聚效应不明显、要素保障不足、内生动力不够强、数据基础薄弱、信息化发展不平衡等问题，建议着力以数字经济推进产业转型，发挥好政府引导和企业主体作用，发挥科技力量的支撑作用，积极破解数字经济发展的体制机制障碍。

7月至9月，开展体育发展工作专题调研。针对体育场馆设施建设相对不足、社会体育发展水平有待提升体育发展重视度有待加强等问题，建议进一步提高思想认识，加大体育发展工作的宣传、投入和引导；进一步解决突出短板，加强规划引领，完善居住区健身配套设施建设；进一步打造特色品牌，做优做强体育赛事品牌和体育团队品牌。

7月至9月，开展社会矛盾纠纷调处化解“最多跑一地”改革情况专项监督。针对对社会矛盾调处化解中心功能定位的认识不够准确清晰、运行机制不够完善、人民调解组织有待加强、与乡镇街道和村联动有待加强、智慧化建设仍需提升等问题，建议明确目标，推动“最多跑一地”改革落地见效；完善机制，提升规范化水平；加强调解队伍建设，提升矛盾纠纷调处化解能力；加强诉源治理，提升调处化解质效；强化智慧支撑，推进数字赋能社会治理。

8月至10月，开展新时代美丽乡村专项监督，进行专题询问。针对进度相对滞后、管理能力不足、机制有待完善等问题，建议加强领导，全力推进，力争早日完成目标任务；完善机制，优化服务，加强美丽乡村建设各环节的工作衔接；加强管理，凸显特色，努力把富阳区新时代美丽乡村建设成全省甚至全国的示范村、样板村。

11月，听取和审议2020年区政府民生实事项目完成情况报告。建议区政府及相关部门按照既定时间表，加快完成项目“扫尾”工作，抓好项目建设细节，确保如期高质量兑现向全区人民群众作出的庄严承诺；健全民生实事项目长效管理机制，完善项目后续运行和管理，确保项目运行好、受益久；认真做好2021年民生实事项目征集工作，广泛听取意见，多渠道征集建议，把项目征集的过程作为发扬民主、集中民智、反映民意、凝聚民心的过程，助推政府决策与民意民愿深度融合。

11月至12月，开展无障碍环境建设工作情况专项监督。针对无障碍意识理念尚未深入人心、创建氛围不够浓厚、无障碍建设刚性约束力缺乏、设施质量问题比较突出等问题，建议进一步树立以人民为中心发展思想，积极营造城市无障碍生态氛围；进一步强化规划刚性力，加快推进无障碍设施建设法治化进程；进一步建立健全长效管理机制，让无障碍环境建设助推城市更美好。

重大事项决定

【常委会决定】 6月，审议并表决杭州市富阳区人大常委会关于加强检察公益诉讼工作的决定(草案)。会议强调，深刻认识贯彻落实决定的重要意义，以建设“重要窗口”为目标导向，不断增强维护国家利益和社会公共利益的主动性和自觉性；加强人大对公益诉讼工作的监督与支持力度，通过专题调研、代表视察等方式，破解公益诉讼领域重点难点问题，推动公益诉讼工作质效大提升；推动形成决定落实的强大合力，行政机关应当切实增强保护国家利益和社会公共利益的责任意识，自觉接受公益诉讼检察监督，区监委、区法院等部门与区检察院建立协作会商机制，凝聚公益保护共识。

7月，听取和审议区政府关于杭州市富阳区2020年上半年国民经济和社会发展计划执行情况与政府投资项目计划调整草案的报告。针对经济发展下行压力加大、产业结构调整任务艰巨、收支矛盾日益突出、项目前期不够充分等问题，会议提出，发力转型升级，提振实体经济，更加注重优化投资结构、加大重点产业链招商、推进小微工业园区建设、优化平台布局等；狠抓政策落地，优化营商环境，落实落细减税降费和中央“两直”政策，继续深化“走亲连心三服务”活动和进一步健全体制机制；完善决策机制，强化项目监管。

7月，听取和审议区政府关于杭州市富阳区2019年度财政决算（草案）和2020年上半年预算执行情况以及新增地方政府债券和抗疫特别国债收支预算调整（草案）的报告。针对预算执行及其他财政收支中存在的问题，建议积极培育涵养税源，增强财政保障能力；强化预算绩效管理，提升财政管理水平；加强债务管理监督，防范化解债务风险；落实部门主体责任，健全整改长效机制。

12月，听取和审议区政府关于2020年财政收支预算第二次调整的报告。会议决定批准区政府提出的《关于杭州市富阳区2020年财政收支预算第二次调整的报告》和2020年财政收支预算第二次调整方案。

人事任免

【任免干部】 区人大常委会坚持党管干部原则和人大依法任免干部相统一的原则，全年依法任免国家机关工作人员78人次，其中接受辞职3人。

5月20日，区第十六届人大常委会第三十一次会议表决通过，任免15人次，接受辞职1人；6月23日，区第十六届人大常委会第三十二次会议表决通过，任免5人次，接受辞职1人；8月24日，区第十六届人大常委会第三十四次会议表决通过，任免4人次，接受辞职1人；9月30日，区第十六届人大常委会第三十五次会议表决通过，任免14人次；10月19日，区第十六届人大常委会第三十六次会议表决通过，任免2人次。12月2日，区十六届人大常委会第三十七次会议表决通过，任免38人次。

代表工作

【代表活动】 做好民生实事项目监督。开展“代表监督周”活动，6月22日至7月5日，区人大常委会统一部署开展民生实事项目“代表监督周”专项活动，参加代表180余名，发现问题46个，提出意见建议54条，协调解决问题32个，起到很好的推动作用。听取政府专项报告，在区十六届人大常委会第三十三次会议和第三十七次会议上，专题听取区政府关于民生实事项目推进情况的报告，对办理工作提出合理化建议。组织评议，采取无记名投票方式测评，2020年区政府民生实事项目总体满意率为92.57%。10个监督工作组开展集中视察30余次，29个监督小组开展实地督查410余次，发现问题113个，提出意见建议288条，协调解决问题96个。

做优代表履职服务。在常态化开展区人大代表履职培训基础上，首次组织培训乡镇人大代表110余名、街道议事代表，通过专题讲座和现场教学相结合方式，提升代表履职能力。完善人大代表履职管理制度，优化升级“富阳代表履职”APP，开展优秀议案建议、履职积极分子评选，激励代表更好履职。推进人大代表述职活动，通过现场述职、书面述职、进代表联络站述职等形式，进一步提高代表接受选民监督的自觉性，增强代表履职的责任感和使命感。

深化履职阵地建设。坚持常委会会议邀请代表列席制度，累计45名代表列席参加常委会会议。组织代表参加常委会视察、检查、评议、调研等活动，常态化开展代表旁听村务例会制度，引导全区各级人大代表投身产业转型、营商环境优化、乡村振兴、社会治理等重点工作。扎实推进代表联络站“站”在一线建设，全区92个站点实现硬件标准化、制度规范化、活动常态化。15名区级领导人大代表和8名常委会工作机构、办事机构负责人进代表联络站，开展联系基层代表和群众活动，收集意见建议179条，协调推动解决问题89个。

【指导乡镇（街道）人大工作】 坚持“擦亮金名片+打造新名片”，推动乡镇（街道）人大工作品牌推陈出新。富春街道“周五晚接待选民”、春江街道“小队会”、胥口镇“代表包干制”等工作品牌提档升级，形成一批可推广、可复制、可操作的制度经验。各乡镇（街道）立足实际，不断拓展创新发展的重点领域和努力方向。新登镇建立“有机更新代表联络站”，开展古城复兴“金点子”征集活动；永昌镇创建“美丽码”，助力乡村庭院整治；大源镇成立“工棚会”，助推民生实事项目建设跑出“加速度”；龙门镇设立“景区代表联络站”，为古镇发展注入新活力；万市镇编印

"百姓法治通"，打通基层法治"最后一公里"；洞桥镇开设"状元直播间"，组织代表助力复商复游等。

议案建议

【议案建议办理】 区十六届人大四次会议收到代表议案建议194件，分解落实到31个主办单位，全部办理完成并答复区人大代表。其中，解决或基本解决的（A类）131件，占67.5%，同比提升23.1%；意见被采纳并列入计划逐步解决的（B类）45件，占23.2%；因目前条件所限暂时难以解决或留作参考的（C类）14件，占7.2%；与法律法规、政策不符的（D类）4件，占2.1%。区十六届人大四次会议代表建议解决率90.7%，同比提升6.7%。代表评价，办理态度满意的194件，满意率100%；办理结果满意的193件，基本满意的1件，满意和基本满意率100%。

督办期间，区人大常委会按照"内容高质量、办理高质量"要求，修订完善《代表议案和建议处理办法》，加强代表建议提出、交办、督办的全流程管理。强化主任会议成员领衔督办、办理情况定期反馈、不满意件"再督办"等举措，实现代表建议"事事有答复"向"件件有成效"转变。区十六届人大四次会议代表建议办理解决率较上年同期上升6.7个百分点。

2020年7月，区人大代表视察民生实事项目

（区人大办　供稿）

【大会议案】 1号议案《关于持续提升城乡人居环境，打造美丽乡村新样板的建议》：一是强化设计显特色，指导编制《规划设计导则》，实现"一村一品"；二是关注民生促和谐，督促做好房前屋后清洁美化及田林、边沟治理；三是培育产业富百姓，精准引导，充分考虑村内业态基础和经济现状，贴合当地文化资源优势，因地制宜引进、培育、发展特色产业；四是强化保障优服务，指导出台《关于印发杭州市富阳区关于推进新时代美丽乡村建设的实施意见的通知》《杭州市富阳区新时代美丽乡村创建项目及资金管理办法》，明确三年总投资20亿元和户均2万的奖补标准用于新时代美丽乡村建设，保证各环节服务保障工作全面落实到位。

2号议案《关于加快城乡供水能力建设，保障居民饮用水需求的建议》：一是锚定目标，农村供水覆盖快速延伸，实现"工作到班、目标到天、责任到人"，城乡规模化供水工程覆盖人口比例达到93.9%，处于全省领先水平；二是强化管理，居民用水质量全面提升，对全区农村水站实现运行管理、制水工艺使用、水质实时在线检测等方面远程监控和管理，保障人民群众的饮水安全；三是广泛宣传，节水护水意识深入人心，利用电视、广播、报纸等传统媒介和短信、微信、小视频等新媒体相结合的方式，广泛宣传富阳区开展农村饮用水提标改造工作的成效，引导广大群众参与到农村饮用水提标建设中来，切实提高护水意识、不断增强节水观念。

3号议案《关于加大教育基础设施建设投入，推动教育提质升档，提高教育现代化水平的建议》：一是聚焦教育发展，规划建设同步推进，指导编制《富阳区义务教育布局专项规划（2020—2035）》和《富阳区高中教育布局专项规划（2020—2035）》，制定"十四五"规划和三年学校建设行动计划；二是聚焦智慧教育，全面建设智慧校园，为全区公办中小学安装热成像红外测温仪，实现测温、亮码、人脸识别一站式"智慧管理"，率先在全市实现中小学、幼儿园空调覆盖率100%，受到《人民日报》等各级媒体关注；三是聚焦教育改革，提升质量促进公平，践行"轻负高质"，分层推进课程幼儿园园本化建设，推进中小学教学改革，加强中小学校规范办学和"阳光招生"工作，落实"公""民"同招，实现从幼儿园到高中招生全部线上报名、审核和录取；四是聚焦队伍建设，纯化师德提升能力，制订《杭州市富阳区名师名校长培养三年行动计划（2020—2022年）》，推进"区管校聘"、城乡学校教师校长交流和农村新教师挂职锻炼等工作；五是聚焦均衡发展，加大创建规范管理，对标高水平建设"美好教育"总目标，编制富阳教育改革发展"十四五"规划，做好"全国义务教育优质均衡发展区"和浙江省现代化学校创建工作，满足人民群众多层次、多样化的教育需求。

（刘　哲）

【编　辑　沈绍坤】

7 杭州市富阳区人民政府

Hangzhou Fuyang District People's Government

重要会议

【区政府全体会议】 2020年3月27日下午，区政府召开第七次全体（扩大）会议，深入学习贯彻落实中央和省、市、区相关会议精神，围绕政府工作报告确定的目标任务，为夺取新冠肺炎疫情防控和经济社会发展“两战全胜”，全力加快向一流的大都市新型城区迈进，奋起直追、奋力拼搏、奋勇争先。

【区政府常务会议】 全年召开区政府常务会议19次，讨论研究事关全区经济和社会事业发展的重大问题和重要事项。

1月3日下午，区政府召开第60次常务会议。会议审议《杭州市富阳区2019年国民经济和社会发展计划执行情况与2020年国民经济和社会发展计划》《杭州市富阳区2019年财政预算执行情况和2020年财政预算报告》。

1月7日上午，区政府召开第61次常务会议。会议审议《杭州富春湾双语学校项目合同》《2020年政府工作报告》《杭州市富阳区2020年投资项目计划编制情况》《杭州市富阳区2019年生态环境状况和生态环境保护目标完成情况报告》。

2月26日上午，区政府召开第62次常务会议。会议审议《关于进一步激励外地员工来富安居乐业的若干政策》《关于切实加强新冠肺炎防治一线医务人员援鄂医疗队员及其家属保障工作的通知》《关于推进农业“机器换人”和农业机械化高质量发展的实施意见（2020—2022年）》，以及2019年富阳区第二期高层次人才“5110”计划A类项目的相关事宜。

3月25日上午，区政府召开第63次常务会议。会议研究全区新冠肺炎疫情防控和复工复产、惠企政策兑现及“亲清在线”工作推进等情况，部署政府过“紧日子”确保财政收支平稳运行及政府数字化转型等工作。

4月9日下午，区政府召开第64次常务会议。审议《富阳区下岗转业志愿兵帮扶方案》。

4月22日下午，区政府召开第65次常务会议。研究有关企业纾困方案。

4月28日下午，区政府召开第66次常务会议。会议研究当前新冠肺炎疫情防控工作、开发区体制机制的相关事宜，审议《杭州市富阳区政府产业引导基金管理实施意见》、富阳区生态保护红线评估调整、自然保护地整合优化及“三线一单”编制方案和《富阳区国民经济和社会发展专项规划管理办法》。

5月20日下午，区政府召开第67次常务会议。会议研究全区开展耕地督察反馈问题和历年土地例行督察“挂账”问题整改工作、全区土地收储和重大项目推进“拔钉清零”工作、中央预算内投资项目储备、全区1—4月经济运行、2020年“信用富阳”建设的相关事宜。

6月16日上午，区政府第68次常务会议。会议审议《关于推进生猪等畜禽产业高质量发展的实施意见》《富阳区“无废城市”建设实施方案》《杭州富春湾新城发展三年（2020—2022年）行动方案》《富阳区新登镇小城市培育试点三年（2020—2022年）行动计划》和《富阳区场口镇小城市培育试点三年（2020—2022年）行动计划》。

6月29日下午，区政府第69次常务会议。会议审议《杭州市富阳区2020年度重大行政决策事项目录》《杭州市富阳区2020年法治政府建设工作要点》《杭州市富阳区国有土地使用权出让收入收支管理办法》《杭州市富阳区人民政府国网杭州供电公司共同推进“城市能源互联网”高质量发展助力现代版富春山居图最美示范区建设战略合作框架协议》，研究《杭州市富阳区2020年上半年法治政府工作报告》相关事宜。

7月23日上午，区政府召开第70次常务会议。会议研究2020年富阳两会建议提案办理、政府投资计划调整、预算压减情况和财政预决算相关事宜，审议《杭州市富阳区临时救助实施细则》和《关于加强新时期高层次人才引育的若干意见》。

8月6日下午，区政府召开第71次常务会议。会议审议《杭州市富阳区第二轮安全生产综合治理三年行动计划》《部分镇街社区规模调整和设置方案》，研究2020年富阳区第一期高层次人才“5110”计划A类项目，延长阶段性减免企业社保费实施期限政策相关事宜。

9月29日下午，区政府召开第72次常务会议。会议研究全区危化品运输安全“铁拳整治”工作情况，审议《杭州市富阳区创建全国健康促进区工作方案》和《杭州市富阳区“迎亚（残）运”无障碍环境建设行动计划（2020—2022年）》。

10月28日下午，区政府召开第73次常务会议。会议审议《关于划定杭州市富阳区禁止使用高排放非道路移动机械区域的通告》《杭州市富阳区人民政府关于推进政策性融资担保体系建设的实施意见》《杭州市富阳区人民政府办公室关于深化制造业企业资源要素优化配置改革的实施意见》。

11月9日下午，区政府召开第74次常务会议。会议研究关于《杭州市部分行政区划优化调整的方案》有关事宜。

11月17日下午，区政府召开第75次常务会议。会议审议《杭州市富阳区乡镇（街道）耕地保护责任目标考核办法》《杭州市富阳区发展学前教育第三轮行动计划》《杭州市富阳区关于加快推进3岁以下婴幼儿照护服务发展的实施意见》，研究近期新冠肺炎疫情防控工作有关事宜。

12月11日上午，区政府召开第76次常务会议。会议审议《关于调整杭州市富阳区非居民生活垃圾处理收费标准的通知》《关于严格财政支出预算管理的通知》《杭州市富阳区区级政府专项资金管理办法》，研究全区食品安全工作和“五水共治”有关事宜。

12月16日下午，区政府召开第77次常务会议。会议研究《杭州市富阳区2020年法治政府建设工作报告》有关事宜，审议《2019年度富阳区工业企业亩产效益综合评价工作结果》《杭州富春湾新城创建富阳光机电省级高新技术产业园区总体方案》《富阳区政府投资项目管理办法》《富阳区政府投资项目变更管理办法》《富阳区政府投资应急工程管理办法》《富阳区政府投资项目预算管理办法》《富阳区属国有企业货物服务采购管理暂行办法》《杭州市富阳区关于进一步加强乡镇（街道）政府采购管理的通知》等。

12月23日下午，区政府召开第78次常务会议。会议审议《杭州富春湾新城等9个区域“区域环评+环境标准”改革实施方案》《富阳区节水行动实施方案》《杭州市富阳区关于加快来料加工业发展促进低收入人群增收的实施办法》《富阳区农村公路建设养护管理办法》，研究区“两会”建议和提案办理情况、全区第二轮安全生产综合治理三年行动推进及近期应急管理工作有关事宜。

【区长办公会议】 全年召开区长办公会议12次，会议内容一般为回顾总结上月政府工作，研究部署当月政府工作重点。

【区政府专题会议】 全年召开区政府专题会议100余次，主要研究和讨论事关全区经济和社会各项事业发展的专项问题。

【其他重要会议】 区政府全年主持召开其他重要会议：2020年全区食品安全工作会议、城市大脑建设暨“健康码”常态化运行推进会、农村建房“流程全公开、监管全方位”工作推进会、全区安置房专项工作推进会议、全域土地综合整治暨垦造水田工作现场会、2020年法治政府建设工作会议暨府院联席会议、区“百日攻坚”行动（新时代美丽乡村建设和农村饮用水达标提标工作）专题督查推进会、区政府与区总工会第十一次联席会议。

重要政事

【调整和设立部分区政府议事协调机构】 杭州市富阳区粮食安全工作协调小组、杭州市富阳区食品药品安全委员会、杭州市富阳区发展电子商务工作领导小组、杭州市富阳区服务贸易创新发展工作领导小组、杭州市富阳区小微企业三年成长计划推进领导小组、杭州市富阳区开发区（园区）整合提升工作领导小组、杭州市富阳区推进楼宇（总部）经济发展领导小组、杭州市富阳区产业创新服务综合体建设工作领导小组、杭州市富阳区城市有机更新领导小组、杭州市富阳区城镇房屋使用安全治理改造工作领导小组、杭州市富阳区公共资源交易管理委员会、杭州市富阳区土地经营委员会、杭州市富阳区优先发展城市公共交通工作领导小组、杭州市富阳区建设高品质“四好农村路”工作领导小组、杭州市富阳区城市大脑建设指挥部、杭州市富阳区建设法治政府（依法行政）工作领导小组、杭州市富阳区人民政府防汛防台抗旱指挥部、杭州市富阳区财政管理领导小组、杭州市富阳区公款存放管理领导小组、杭州市富阳区国有资产监督管理委员会、杭州市富阳区推进特色小镇建设工作领导小组、杭州市富阳区经济体制综合改革领导小组、杭州市富阳区政府数字化转型（智慧电子政务建设）工作领导小组、杭州市富阳区节能工作领导小组、杭州市富阳区政府产业引导基金领导小组、杭州市富阳区创建浙江省教育现代化区工作领导小组、黄公望金融小镇建设工作领导小组、杭州市富阳区海绵城市建设工作领导小组、杭州市富阳区无障碍环境建设领导小组、杭州市富阳区农村饮用水安全提升保障工作领导小组、杭州市富阳区农业创客园（农创客小镇）建设工作、杭州市富阳区新时代美丽乡村建设工作领导小组、杭州市富阳区耕地保护工作领导小组、杭州市富阳区全域土地综合整治工作领导小组、杭州市富阳区治理城市交通拥堵工作领导小组、杭州市富阳区城市地下综合管廊和地下管线建设管、杭州市富阳区艾滋病防治工作领导小组、杭州市富阳区机关事业单位养老保险制度改革工作领导小组、杭州市富阳区粮食安全应急工作指挥部、杭州市富阳区质量强区工作领导小组、杭州市富阳区名牌产品评定委员会、杭州市富阳区打击传销工作联席会议、杭州市富阳区打击侵犯知识产权和制售假冒伪劣商品专项行动领导小组、杭州市富阳区打击走私综合治理领导小组、杭州市富阳区公平竞争审查工作联席会议、杭州市富阳区土地收储工作领导小组、杭州市富阳区农村污水处理系统示范工程项目（世界银行贷款项目）推进工作领导小组、杭州市富阳区实施国家基本药物制度领导小组、杭州市富阳区信用富阳建设工作领导小组、杭州市富阳区市场价格异常上涨事件应急领导小组、杭州市富阳区垦造水田工作领导小组、杭州市富阳区采砂制砂专项整治工作领导小组、杭州市富阳区“十四五”矿产资源规划编制工作领导小组、杭州市富阳区矿山整治政策协调小组、杭州市富阳区露天矿山综合整治领导小组、杭州市富阳区矿地综合开发利用工作领导小组、杭州市富阳区城市管理领导小组、杭州市富阳区数字化城市管理工作领导小组、杭州市富阳区亮化管理工作领导小组、杭州市富阳区住房租赁试点工作领导小组、杭州市富阳区治理车辆超限超载工作领导小组、杭州市富阳区户外广告管理领导小组、杭州市富阳区防治动物疫病指挥部、杭州市富阳区限制养犬管理工作领导小组、杭州市富阳区社会救助联席会议、杭州市富阳区高素质农民培育领导小组、杭州市富阳区“三美”新农村建设指挥部、杭州市富阳区气象灾害防御工作领导小组、杭州市富阳区防雷减灾工作领导小组、杭州市富阳区人工影响天气工作领导小组、杭州市富阳区重大农林植物疫情防控指挥部、杭州市富阳区定点屠宰检疫管理领导小组、杭州市富阳区渔业资源保护管理工作领导小组、杭州市富阳区绿化委员会、杭州市富阳区中医药工作领导小组、杭州市富阳区公共卫生管理委员会、杭州市富阳区爱国卫生运动委员会、杭州市富阳区健康促进与健康教育工作领导小组、杭州市富阳区献血工作领导小组、杭州市富阳区精神（心理）卫生工作领导小组、杭州市富阳区根治欠薪工作领导小组、杭州市富阳区农民工工作领导小组、杭州市富阳区社会保险委员会、杭州市富阳区社会保险监督委员会、杭州市富阳区“富阳工匠”认定工作委员会、杭州市富阳区道路交通安全工作领导小组、富阳区农村生活污水工程运行维护管理工作领导小组、杭州市富阳区新能源汽车基础设施建设推进小组、杭州市富阳区管道燃气特许经营评估工作领导小组、杭黄高铁沿线外部环境安全隐患综合治理领导小组。

政务工作

【外事工作】 在杭州市率先启动涉外新冠肺炎疫情防控工作，成立专班，制定涉外新冠肺炎疫情防控各项政策。强化对外风险防范，建立健全涉外协调机制，拟定《杭州市富阳区涉外突发事件应急预案》，增强涉外事件防范和处置能力。提高公共外语标识管理工作水平，全面检查全区外语标识，推动城市语言环境的优化和城市国际化水平的提升。

【督办工作】 细化分解《政府工作报告》涉及的目标任务、重要工作和民生实事工程，以“一单位一任务书”形式集中交办。通过办公室协同办公网，每月督查民生实事项目、重点工作完成情况。组织民生实事擂台比武，扎实推进省、市、区三级民生实事项目。通过区政府督办单，及时交办区领导关注的重点工作，限时督促办理。对区政府全体会议、常务会议和专题会议作出的决策部署和决定的工作事项，逐项梳理，通过系统督办、催办、协调会议等方式，提高督查质量，做到“事事有回音、件件有落实”。围绕“三高”建设、“安置房建设”“重点项目建设”等年度中心工作，落实线上、线下督查，每月现场督查重点工作，形成督查专报28期。建立区领导批示闭环办理机制，实现区领导批示无纸化交办，落实领导批示每周反馈梳理，每月办理汇总，每季度回头看，跟踪督办销号管理，全年办结率达98%。

【“两会”议案建议和提案办理】 2020年，办理区级人大代表建议232件、政协委员提案180件；按时办结率100%，人大代表满意率100%，政协提案满意率100%。

【政务信息】 完善挂职轮训制度和考核办法，乡镇（街道）信息市级录用批示率上升400%。坚持“全员办信息”制度，提高政务信息报送水平，全年完成上级约稿328篇，同比上升198%；围绕亮点创新工作上报专报40篇，获省领导批示9篇、市领导批示27篇。

【公文处理】 严控执行发文立项、配额管理和前置审核，坚持发文有依据、发文程序合规、发文主体规范的标准，每年控制好发文数量，确保三类文件发文数量控制在配额以内。2020年，区政府发文260件，比上年减少1.8%。下发三类文件24件，其中规范性文件19件，同比减少31%；政府各部门下发三类文件103件，同比减少42%。

（刘　雨）

行政服务

【办理行政服务事项总量】 2020年，进驻区行政服务中心审批服务部门（单位）36个，部门派驻工作人员360人，设置服务窗口118个，集中审批服务事项714项（主项），其中行政许可200项、行政确认44项、行政给付13项、行政裁决3项、行政奖励5项、其他行政权力239项、公共服务56项、审核转报6项；水电气等9家单位公共服务148项。区行政服务中心通过办事大厅升级改造、网办掌办引导服务、深化推进“一件事”改革等举措，办事窗口压缩比36%，网办率提升至83.4%，累计推行“人生一件事”36个、“企业一件事”23个。行政服务中心（含新登、场口分中心）线上线下共办理行政审批服务事项177.80万余件，办结率100%。办理各类交易事项1110项，交易总量额230.15亿元。其中建设工程交易项目409项，交易金额104.34亿元，节约资金21.7亿元，节约率17.21%；完成政府采购项目35次，采购金额0.97亿元，节约财政资金0.99万元，节约率9.22%；完成国有土地使用权出让104宗，交易额122.16亿元；完成各类产权交易562项，增加收入2.68亿元。

完成小额交易2052项，交易金额11.56亿元，节约资金1.04亿元，节约率8.23%。

【“指尖上的行政服务中心”打造】 以“去中心化”的整体思路，重构办事大厅功能布局，合理设置智能导服区3个、自助申报区6个、综合受理区9个，开发建设移动端在线取号、在线办事。办事窗口从184个减少至118个，压缩比36%，线上实际办理率从上年26%上升到82%，大厅日均人流量比去年下降47%。

【“政务服务2.0”平台省级试点】 通过梳理事项，设置2.0专窗，接入事项949个，提出测试问题231个，协助提升事项完成度，完成“政务服务2.0”平台省级试点，在全省现场会上介绍试点经验。

【“亲清在线”平台应用推进】 “亲清在线”平台富阳区服务企业9185家，在新登镇试点企业分配全覆盖，完成企业分配587家，完成率100%。强化亲清D小二队伍建设，D小二人员147人，实现全周“5+2”在线，处理企业咨询979件次。

【项目审批“全生命周期”管理】 深化投资项目“全生命周期”管理系统，在“浙政钉”平台上线运行，有效实现项目决策科学化、项目推进高效化、绩效评估准确化、部门配合协调化。

【不动产交易登记数字化转型】 依托省政务服务网和浙里办App，开通网上办和掌上办，不动产一般登记实现3个工作日完成，涉企不动产交易登记1个工作日完成，推出“存量房转移登记云面签”和抵押登记的全程网办，窗口办事人流量减少50%以上。

【“人生一件事”改革】 依托“一件事”联办平台，迭代升级“一件事”网办、掌办集成改革，深化“人生档案库”建设。人生9个阶段、36个“一件事”，188项联办事项，年均减少群众跑腿99.2万余次，年均精减材料435.16万余份，累计办理55万余件次。

【“企业一件事”推进】 围绕破解准入即准营难题，持续深入推进经营性企业开业一件事集成改革。2020年新增工程车营运管理、生猪保供、药品经营（单体药店）、医疗器械经营开业等4个“一件事”，累计23个“一件事”，平均减少企业跑腿80次，减少递交资料218份。

【“就近办”改革】 组织对乡镇（街道）综合受理人员126名业务和操作系统培训。公民个人办事事项实现“就近办”255项，实现率85.3%。推进“社银合作”和“警邮联动”，把社保（医保）业务经办权限下放至全区79个农商银行网点，在全区15个邮政网点下放办理公安“警E邮”事项。配置24小时办事服务综合自助机60台，布点在全区24个乡镇（街道）、开发区、区党群服务中心、部分村（社区）以及医院、银行、商场等公共场所，可办理社会保障、住房保障等八大板块543个审批服务事项。

2020年，浙江省政务服务2.0试点落地富阳

（区行政服务中心　供稿）

【交易平台整合】 建设工程、交通、水利等工程建设项目交易统一整合至杭州市级交易平台。加强平台制度建设，出台《富阳区行政事业单位国有资产租赁权网上竞价实施细则（试行）》，精简管理事项和办事流程。出台《杭州市富阳区村级小型工程项目实施暂行管理办法》，村级工程实现“自家工程自家管”。

【项目招投标电子化】 3月6日，首个全流程电子招投标项目进场运行，至年底，完成建设工程类电子化招投标项目190场，其中异地远程评标项目5个。政府采购、小额工程交易实现100%全流程电子招标。

【各行业主管部门监管】 统筹各行业主管部门力量进行监管，压实招标人主体责任，及时公开违规行为。2020年，处理违规企业15家。巡查所有进场交易项目开评标过程，督促中介服务机构严格执行开评标工作制度，严格把关评标专家评标行为，10月上报1名评标专家违规行为。强化涉黑涉恶重点行业、重点领域源头治理、专项治理、综合治理，移送公安案件7件。

（方连群）

住房公积金管理

【住房公积金缴存】 2020年，富阳区机关事业单位和企业住房公积金缴存，单位和个人分别按工资总额12%，缴存基数最低为2010元/月，最高为29335元/月。全区新开户单位792家，同比增长21.29%，职工16756人，完成年度计划111.71%，同比增长16.83%；

净增缴存职工6721人，同比增长11.94%；至年底，缴存额为19.20亿元，完成年度计划112.95%，同比增长16.19%，其中一般公积金19.03亿元，住房补贴0.17亿元。全年对申请开具上市证明企业78家进行全员建缴合规性审查。疫情期间推出降比缓缴政策，即受疫情影响确有困难的企业，可以申请降低公积金缴存比例，最低至3%，或申请缓缴公积金，期限均不超过12个月。受理企业74家，累计减免金额1765.9万元。

【住房公积金提取】 2020年，办理提取业务25.43万笔，提取额15.23亿元，完成年度计划126.91%，同比增长24.43%；年末住房公积金缴存余额37.21亿元，其中一般公积金36.7亿元，公积金补贴0.4亿元，一次性住房补贴0.11亿元。疫情期间推出无房租赁提取优惠政策，3—6月，无房租赁可按月提取，每月提取限额在原有标准上浮50%，即杭州市区（含余杭、萧山、富阳、临安）为1500元/月。据统计，3—6月受理此类业务10582笔，总金额5539.07万元，同比分别增长95.64%、45.63%。11月，行政服务中心场口分中心开设公积金窗口，为场口片区企业和缴存职工提供公积金缴存、提取业务等便民服务。

【住房公积金贷款】 2020年，公积金影像系统上线，贷款“线上办理”模式持续深入，整体办事时间缩短5个工作日，办事效率提升50%以上。推出长三角异地贷款“一网通办”，实现长三角地区异地贷款证明线上开具互认。委贷银行管理力度持续加大，重新印发《委贷银行考核办法》，加入企业公积金建缴、住房公积金宣传等内容，鼓励银行帮助宣传公积金政策、推动企业开户建缴。全年发放个人贷款3719户，同比增长21.97%；支持职工购房面积40.96万平方米，同比增长16.46%；个人贷款发放额20.53亿元，完成年度计划157.96%，同比增长22.53%；年末个人住房贷款余额61.08亿元。全区个人住房公积金贷款率164.11%，贷款逾期率0%。

【住房公积金资金管理】 2020年，富阳分中心加强业务稽核，对公积金缴存、提取、贷款等业务进行风险疑点排查和规范性检查，重点抓好公积金业务审批、资金分配使用、公款存放等关键环节的风险防控，确保资金安全。严格实施存款竞争性存放，2020年组织实施竞争性存放招标2期，合计金额3.1亿元，邀请派驻纪检组全程监督，杜绝违纪违规行为发生。全年实现住房公积金业务收入18879.31万元，其中委贷利息收入18291.36万元，住房公积金利息收入1.63万元，增值收益利息收入585.67万元，资金统一运行收支分摊0.48万元，其他收入0.17万元；业务支出14034.06万元，其中用于结付个人住房公积金利息支出5284.75万元，委贷手续费支出914.6万元，内部占用资金利息支出2623万元，其他支出5211.71万元；收支相抵实现增值收益4845.25万元；提取贷款风险准备金4845.25万元。

【住房公积金数字化建设】 2020年，为推进政府数字化建设，富阳分中心推出“三件事”创新。推出“农民建房一件事”，通过平台共享再造、材料精简优化，业务办理材料减少到2项，压缩60%，帮助实现新居愿望农户149户；推出“抵押注销一件事”，通过部门间业务协同办理，依托“一窗受理”平台及不动产网办平台，直接提交结清凭证获取抵押注销信息，解决群众办事“反复跑”麻烦。享受“不用跑”的省心服务群众594名；推出“企业开办一件事”，通过共享商事登记信息和“互联网＋可信身份认证”，由区市场监管局将新设企业信息直接推送给分中心，分中心可实时联网核验，即时办理缴存登记。通过商事联办成功开户企业4048家。

（宋弘毅）

富阳区公积金办理窗口

（公积金富阳分中心　供稿）

人才人事工作

【人才招聘】 2020年，强化网上引才服务，开辟“助力复工复产”重点企业招聘专栏，组织企业参加高校毕业生线上招聘会、高层次人才云聘会、长三角云聘会等线上招聘活动20场。开展“才聚富春、职等你来”人才招聘月活动，实现线上线下同步招聘，累计开展各类招聘活动46场，参会企业1541家次，推出招聘岗位6544个，达成初步就业意向3763人次。

【优秀高校毕业生引进】 2020年，出台《富阳区关于加强新时期高层次人才引育的若干意见》，通过以

2020年5月29日，富阳区综合性人力资源交流招聘会

（区人社局　供稿）

会引才、高校招才、校企联合育才、校地合作聚才、教育卫生吸才等招才举措，招引高学历人才到富阳就业创业。组织企业前往南京、重庆、成都、西安、南昌等八地高校32所开展校招活动，全年招引大学生8522人，引育研究生等高层次人才1322人，累计为3311名人才发放补贴4371.6万元。

【引才引智】　组织参加国际人才交流与合作大会、“创客天下大赛”，达成国内外人才新创业项目合作意向15个，涉及资金8.16亿元。开展研究生联合培养三方合作，签订研究生联合培养协议企业19家，招录研究生65名。强化省内外重点高校合作引才力度，与中国人民大学、长春工业大学、西南大学、浙江工业大学等省内外高校10所建立校地合作联络站。

【人才培养开发】　认定E类以上杭州市高层次人才1011名、选聘“钱江特聘专家”3人、“富春特支人才”28名，引进博士后4名。组织参加研修培训“135”人才530人次，评审中高级职称1711人，新增专业技术人员5114人，新认定杭州市级大师工作室2家、区级大师工作室8家。

【大学生创业扶持】　提升大学生创业无偿资助额度至5万—20万元，累计资助大学生创业企业65家，资助金额359万元，4家大学生创业企业获省市大学生创业荣誉，创业梦工场二期投入使用。推荐入选杭州市大学生创业杰出人才1人，评选区级大学生创业之星10人。

【就业指导和档案管理】　全年办理普通高校毕业生就业协议1257人，接收应届高校毕业生档案3462份。为企事业单位和个人办理档案管理6107人次，新增存放档案3968份。

【事业单位管理】　区人力社保局组织公开招聘事业单位工作人员78人，指导区教育局、区卫健局公开招考教师216名、医卫人员227名。推进事业单位岗位设置和聘任管理工作，全年办理调整岗位设置272家4512人次。完成2020年事业单位改革相关工作，办理事业人员各类人事关系转移及新增人员人事关系869人，完成驰援武汉医务工作者18名岗位晋级工作。

（杨　广）

应急管理

【避灾场所建设】　2020年，富阳区拥有避灾安置场所322个，其中区级避灾中心1个，乡镇（街道）级避灾中心24个，村（社区）级避灾点297个。全区完成规范化建设避灾场所50个，超额完成省市20个的任务；完成可视化建设避灾安置场所111个。村级避灾安置场所规范化建设达50%以上。

【物资储备】　2020年，区应急管理局调查摸底区、乡、村三级物资和部门物资，掌握全区各类应急物资储备情况，建立健全应急物资储备体系，确立区级、乡镇街道级和村级三级应急物资储备模式。及时补充更新应急物资，核销过期物资。区级主要储备防汛救灾应急物资：草包12万只、编织袋5万只、麻袋12万条、土工布1.1万平方米、发电机5台、排水泵10台、冲锋舟6艘、应急生活包3000个、各类救灾帐篷521顶、折叠床（椅）160张、棉被300床、卫星电话32部。

2020年，富阳区打造应急管理一张图，图为系统界面

（区应急管理局　供稿）

【安全生产责任体系建设】 2020年，富阳区进一步明确校外培训机构、玻璃栈道等新领域、新业态的安全管理职责；杭州市富阳区安全生产委员会组织架构由“1+8+X”调整为“1+16”。16个专委会均由各自行业主管部门牵头负责，组织架构更加扁平化，实现安全管理“零缝隙、零交叉”。建立完善乡镇（街道）应急管理“1+2+X”工作体制，“1”名副书记总牵头，“2”个分管领导分别落实安全生产和自然灾害防御工作，“X”名其他分管领导“一岗双责”，配套建立领导小组和议事、应急响应、责任追究、人员保障等机制。

【隐患排查治理】 2020年，富阳区全面推行“四＋五”工作法，促使乡镇（街道）、部门安全检查有载体、有方法、有闭环。“四”即每季度集中开展至少1次工矿企业安全生产专项行动，“五”为“企业自查、乡镇部门检查、整改处罚（约谈）、曝光宣传、分析评估”的“五步工作法”。乡镇（街道）、部门通过集中专项行动，持续保持执法检查的高压态势，倒逼企业安全由“被动接受监管”向“主动加强管理”转变，切实落实企业主体责任。

全年组织全区安全生产大检查15次，排查出事故隐患117654处，整改117654处。省、市、区、乡镇（街道）四级挂牌督办各类重点（重大）隐患共166处，其中省级2处、市级41处、区级123处，166处全部整改。开展隐患集中曝光6次。

【安全培训】 2020年，全区举办生产经营单位主要负责人证书、安全管理人员证书、特种作业人员操作证书等培训班83期，培训生产经营单位主要负责人1036人、安全管理人员1012人、特种作业人员3172人。开展企业百万员工安全大培训，培训2.5万余人。对全区危化矿山冶金等高危企业、生产加工型小微企业和三场所三类企业进行安全培训“三个全覆盖”。

【安全生产执法】 2020年，区应急管理局确定监督检查工作日1105个，通过全员执法、委托执法等手段，办结非事故处罚案件217起，罚款389.29万元。

【安全生产月活动】 6月，区应急管理局在全区范围内集中组织开展以“消除事故隐患，筑牢安全防线”为主题的“安全生产月”活动。各部门和乡镇街道开展“安康杯”知识竞赛、安全生产事故警示教育等16项宣传活动，征集书法、绘画、摄影等安全文化精品作品158幅，张贴或悬挂优秀安全标语、横幅、挂图9162幅，播放安全宣传视频514部。

【违法企业曝光】 2020年，区安全生产委员会办公室每月在《富阳日报》刊登非事故处罚案件信息，点名道姓公开企业名称、违法行为、处罚条款及罚金。全年共12期，曝光企业192家。将事故类行政处罚和5万及以上的非事故类行政处罚信息纳入富阳区公共信用信息系统，涉及相关企业和个人信息49条。

【生产安全事故比上年下降】 2020年，全区发生工矿商贸、道路交通、水上交通三类生产安全事故14起，死亡13人、受伤2人。其中工矿商贸企业生产安全事故2起，死亡2人；道路交通事故11起，死亡10人、受伤2人；水上交通事故1起，死亡1人。生产安全事故次数、死亡数均比2019年下降。

（李华锋）

数据资源管理

【区数据资源管理局建立】 5月，杭州市富阳区大数据管理服务中心成立，为杭州市富阳区数据资源管理局下属公益一类事业单位，机构规格为正科级，主要负责全区党政办公系统、政府门户网站的建设、管理、维护和自动化办公设备的管理、维护工作。承担区政府信息公开平台、区委区政府非涉密信息化系统的建设、日常管理、技术保障等工作；协助落实政府数字化转型等相关重大项目建设任务。

【数字赋能疫情防控】 1—4月，抗击新冠肺炎疫情防控初期，利用大数据整合规范精简报表，实现“多表合一精准报”。研发上线“来富工作一点通”，点对点帮助到富阳人员和用工企业精准匹配，累计到富阳人员9789人，到富阳工作率99.60%。在疫情防控进入常态化阶段后，牵头带领指挥部数据专班积极发挥数字赋能作用，做好健康码在富阳区的精准使用推广和推进“一码就医”等应用场景延伸。

【政府数字化转型】 编制发布《富阳区政府数字化转型三年行动计划》《2020年富阳区深化“最多跑一次”改革推进政府数字化转型工作要点》，明确全区政府数字化转型工作目标和路径。扎实开展“政务2.0”平台试点，共接入事项786个，10月在全省现场会上作典型发言。打造“指尖上的行政服务中心”，通过智能引导服务系统日均分流引导办事群众2500余人次，80%人流量被引导至政务2.0自助申报区办理，实体窗口从184个精简至118个，精简率36%，企业和办事群众窗口办理平均等待时长从14分钟减至6分钟，压缩57%，政务服务线上受理率从年初26%提升至82%。持续迭代升级“一件事”改革，全年新增“工伤一件事”等12个“一件事”，年均直接受益21万余人。组织编制完成富阳区政府数字化转型“十四五”专项规划。

【城市大脑建设】 完成杭州市“全年攻坚”任务，各项指标全部提前达标。建成投用五级数字驾驶舱乡镇、村（社区）试点，建成组织部、卫健、教育、发改等部门驾驶舱。亲清在线、民生直达、舒心就医、便捷泊车、畅快出行、欢快旅游等惠民惠企应用场景不断深化，“亲清在线”政策开发上线30条，累计兑现2.31亿元，位居全市前列。11月，组织召开全区改革攻坚大比武暨城市大脑富阳平台年度成果发布会。

【政府投资信息化项目全流程统筹管理】 编制出台管理办法。实施《杭

2020年11月23日，富阳举行全区改革攻坚大比武暨城市大脑富阳平台成果发布会　　（区数据资源局　供稿）

州市富阳区关于进一步推进政府数字化转型加强政府投资信息化项目管理办法（试行）》《杭州市富阳区政府信息化建设专项资金管理办法（试行）》，明确以“项目统筹、资金统管”原则，除信息化建设专项计划外，区发改局、区财政局原则上不再给任何单位独立项安排项目和资金，实现一个口子申报、一个盘子建设、一套体系管理。统筹管理项目资金。将分散在各个部门用于信息化的资金整合为全区信息化专项资金，由区数据资源局统一安排使用，按照“过紧日子”要求，从上一年度调减20%至1.28亿元。统筹后通过加强已建的维护管理力度和对新建项目的严格科学论证，初步实现小资金撬动大项目，更好地发挥财政资金绩效。

【电子政务基础建设】　统筹整合全区政务云平台和全区电子政务网络平台，基本完成全区各部门机房统一托管。加强政务云平台整合，除涉密项目外，将全区各单位新建系统全部部署到云平台，完成30个原有系统逐步迁移到云平台。强化基础设施支撑，会同公安富阳分局开展视频监控共享平台建设，按照依法授权使用、分级分类监管的原则，建立完善视频监控的共享互通机制。强化电子政务视联网、华数视频、电视电话、钉钉视频等视频会议系统的部署，为工作传达和信息传递提供重要保障。

（李　楠）

【编　辑　沈绍坤】

8 中国人民政治协商会议杭州市富阳区委员会

Hangzhou Fuyang District Committee of the Chinese People's Political Consultative Confrtence

重要会议

【政协九届四次会议】 区政协九届四次会议于2020年1月16-19日在富春街道举行。全区22个界别政协委员250名和列席人员101名参加会议。会议听取并审议通过区政协主席陆洪勤代表区政协第九届常务委员会所作的工作报告、政协副主席孙晓华受区政协第九届常务委员会委托所作的提案工作报告，表彰2019年度先进界别小组和优秀提案。与会人员列席区第十六届人大第四次会议，听取并讨论政府工作报告和会议的其他报告。会议审议、通过政协第九届杭州市富阳区委员会第四次会议决议。会议期间，收到全区各民主党派、工商联、无党派人士、有关人民团体和政协委员以提案形式提出的意见建议205件。

【政协常委会会议】 1月9日，区政协召开九届常委会第十四次会议，协商讨论区政协九届三次会议以来提案办理情况报告，2020年政府工作报告（征求意见稿），计划、财政、环境报告、法治政府建设和法、检两院工作报告等征求意见稿；协商通过区政协九届四次会议常委会工作报告和提案工作报告、大会建议案（草案）、2020年重点履职工作计划、大会议程和日程等有关会议筹备事项。

1月19日，区政协召开九届常委会第十五次会议，听取区政协九届四次会议各学习讨论小组讨论情况汇报，协商确定区政协第九届委员会增补常委候选人名单及选举办法（草案）、总监票人、监票人建议名单，审议提案审查报告（草案）、大会建议案（草案）、大会决议（草案）。

2020年4月15日，省政协主席葛慧君到富阳调研“请你来协商”平台建设和运行情况（区政协办 供稿）

8月11日，区政协召开九届常委会第十六次会议，专题视察并协商全区重点教育项目建设情况，听取区委常委、常务副区长张霖关于区政协九届四次会议以来提案办理情况通报，协商半年度政府工作报告、全区上半年计划、财政执行情况报告、生态环保报告和区法院、区检察院上半年工作情况，审议通过《杭州市富阳区政协2020年上半年总结和下半年思路》。

11月26日，区政协召开九届常委会第十七次会议，从十一个方面协商建言富阳区“十四五”规划思路，提出建议57条；民主评议加速“双创”平台建设提升企业孵化能力等6件区政协九届四次会议重点提案办理情况，通过承办部门汇报、常委和提案人点评打分、当场公布评议结果，提升提案办理绩效。

政治协商

【请你来协商】 出台《深化规范全区乡镇（街道）“请你来协商”平台建设的实施办法（试行）》，搭建乡镇（街道）协商议事堂、村

（社）协商议事厅，贯通区、乡镇、村社三级协商体系，打造融协商、监督、参与、合作于一体的综合性履职平台。

3月至11月，选取完善公共卫生应急管理体系、加快推进高水平交通建设、加快推进医养结合健康养老服务、加快解决杭州富春湾新城产业腾退背景下再就业问题、助推餐饮行业高品质发展、联动推进医疗医药改革、经典民生产业的保护和发展等协商议题7项，整合党派、团体、界别、专业机构力量，开展调研，听取民意，形成主报告7篇和子课题报告27篇。召开专题协商会议7次，邀请区委、区政府领导9人次、各界代表51人次，形成协商意见建议118条，被党委政府吸收采纳58条。如区卫生健康局落实"完善公共卫生应急管理体系"的建议，加强卫生应急队伍建设，独立设置综合性医院传染病区；区人社局和杭州富春湾新城管委会采纳"杭州富春湾新城产业腾退下再就业"的建议，开展杭州富春湾新城失业人员专场招聘会，制定《杭州富春湾新城失业人员再就业三年行动计划（2020—2022年）》，强化失业人员技能培训；区农业农村局、区文广旅体局落实"助推经典民生产业保护和发展"的建议，将元书纸、茶叶等经典产业纳入"十四五"产业规划。

【基层协商】 区政协在全区24个乡镇（街道）开展基层协商活动，推进24个村（社区）"基层协商示范点"建设，把协商平台搭建到群众家门口，助推解决群众烦心事。其中，富春街道后周社区协商解决"马路停车场""背街小巷整治难"等问题，新华社、《杭州日报》作有关报道；永昌镇政协工委组织各行业从业人员多轮协商漫永昌特色产业联盟运转机制，通过《漫永昌特色产业联盟章程》，推动"恬竹乡·漫永昌"慢生活旅居小镇建设；新桐乡政协工委通过"小马扎"工作法在小桐洲村开展香樟林环境整治基层协商，腾出100亩香樟林公园，助推"烟雨桐州"建设。

民主监督

【专项集体民主监督】 联动省、市政协开展"高水平全面建成小康社会补短板""农村饮用水达标提标行动""助推无障碍环境建设"等专项集体民主监督活动，为实现高水平全面建成小康社会尽责增色。开展第三轮"城乡生活垃圾分类处理"专项集体民主监督，围绕源头减量关、处置能力关、回收利用关、宣传引导关等内容，走访区城管局、垃圾分类处理站、居民小区、分类处置企业等地，发现终端不足、群众意识等问题，并提出建议。

【委派民主监督员】 聚焦区委、区政府三个"一流"重点任务，区政协向区民政局等11家单位委派由50名政协委员组成的10个监督小组，开展2020年度"助推'三高'发展，贡献委员力量"暨委派民主监督员活动。5—10月，各监督小组走访调研被监督单位32家次，就加快推进安置房建设、落实"新富阳人安居乐业政策"等问题提出意见37条，推动部门改进作风、提高效能。

【社情民意信息】 区政协畅通民意反映渠道，将人民群众和社会各界人士的意见、呼声，及时反映至区委、区政府及相关部门，督促办理落实。全年收到社情民意信息281篇，上报杭州市政协21篇，编发《富阳政协·普刊》1期、《富阳政协·参政建言》23期、《富阳政协·社情民意》15期48篇。其中，改进电子证照注册工作、优化富阳区公共自行车服务、加强健康码抽查力度等意见，得到有关部门采纳落实。

参政议政

【提案工作】 区政协九届四次会议以来，区政协收到提案形式的意见建议205件，立案170件，立案率82.9%，至年底，均已办复，并通过区政府门户网站公开，其中得到解决落实的提案101件。确定《关于加快推进医养结合健康养老服务的建议》《关于对浙A牌照小客车实行杭新景高速公路富阳段免费通行的建议》2件提案为政协全体会议建议案，《关于在杭州富春湾新城培育发展光电产业的建议》等6件提案为重点提案。3月27日，区政府召开第七次全体（扩大）会议，将170件提案分别交由47个单位承办。制定《区政协2020年提案督办方案》，实现提案督办全覆盖。召开B类提案解决落实工作专题会议，集中销号2018年B类提案27件、2019年B类提案16件和2020年B类提案转为A类33件。开展区政协常委会议评议重点提案、专委会评议集体提案、界别小组评议个人提案的三级民主评议提案办理情况，强化提案办理实效。评选区政协2020年度优秀提案20件。

【专题调研】 区政协聚焦区委"三个一流"中心工作，选取诗画春江文化长廊、小微企业园区建设、竹产业发展、调解能力建设、烟雨桐州、乡贤工作、春江花月夜、家政服务业、打造国家硬科技示范区等课题内容开展调研，全年提交调研报告46篇，其中获区委、区政府领导批示并被有关部门采纳落实29篇。

【助解民生小事】 以委员主导、媒体联动、群众参与、部门互动的形式，组织界别小组开展助解"民生小事"系列履职活动，助力破解立体车库运维长效机制、食品安全"你点我检"、改善农村公交候车亭、困境儿童长期帮扶、人行道基础设施修复、国省道沿线村庄减速带设置6件事关百姓生活感受的难题实事，发现问题14个，提出建议20条，并推动落实。如与区市场监管局联合开展大型商超市场政协委员"你点我检"活动，以"暖冬关怀""爱心装点七彩童年"为主题与相关社会组织联合开展困境儿童帮扶活动。

经常性工作

【中心任务】 完成区委交办的环境督查与垃圾分类、教育项目建设专班等重点任务，推进北支江综合整治及水上运动中心建设、里山溪等5条河道“河长制”管理工作，助推中科院上海光机所杭州分所、阳陂湖生态公园、峭山文旅综合体等建设工作，中科院上海光机所杭州分所被评定为首批38家省级新型研发机构和十大“杭州市最具影响力新型研发机构”，壶源溪被评为浙江省“美丽河湖”，壶源溪绿道入选浙江省“十大最美绿道”。

【理论研究】 制定《杭州市富阳区政协2020年度理论研究工作计划》，明确理论研究任务，全年撰写文章5篇，其中《持续推进政协协商与基层协商有效衔接的创新实践》《新时代培育基层协商文化的理论与实践探索》《富阳“请你来协商”搭到群众家门口，金字招牌更闪亮》等3篇文章在省市获奖。

【学习培训】 举办政协读书会1期。8月31日，邀请区委副书记、代区长王华作全区半年度经济社会发展情况通报和浙江大学人工研究所所长吴飞教授作《人工智能推动数字经济发展与挑战》专题讲座。举办政协讲坛2期。5月20日，邀请浙江大学公共政策研究院执行院长金雪军教授作《区块链技术的发展和应用》讲座；10月12日，邀请区书法家协会副会长王健林作《书法欣赏与入门》讲座。

7—10月，开展“政协委员读书月”活动，开辟线上+线下的“书香政协”读书阵地，号召政协各参加单位、全体政协委员和政协工作者崇尚学习、增强本领。7月27日，邀请浙江大学光华法学院李有星教授作《中华人民共和国民法典》解读；8月14日，邀请区金融办副主任李一力作《疫情冲击下的宏观经济金融形势简析》讲座；8月18日，开展“政协委员读书月”主题读书分享活动，30名政协委员和民主党派成员以朗读的形式进行读书分享交流，共同感悟人文情怀和社会责任。

【文史工作】 征集中华人民共和国成立前报纸杂志上刊载的富阳老照片，编撰出版《尘封的记忆——富阳老照片（1907—1949）》。开展新登古镇复兴文献整理、文化挖掘等工作，编纂出版《新登文丛》。开展阳陂湖（水利文化）陈列馆的展陈策划和设计，挖掘展示湿地文化和农耕文明。指导灵峰精舍装修和展陈方案设计，复刻灵峰精舍藏书和器物。协助省、市政协征编《浙江传统经典美食文化故事》等文史资料。完成政协书画院换届工作。

【团结联谊】 全年支持各民主党派提交集体提案9件、报送重要调研报告11篇，在政协全体会议和协商会议上发言20余人次，为富阳发展画好最大同心圆、汇聚最大正能量。参加各民主党派、工青妇、宗教、侨台等文化联谊活动，协助开展“情牵两岸、共跃龙门”浙台邻里节，依托茶文化研究会、政协联谊会等社团开展对外交流，讲好富阳故事。

2020年8月31日，杭州市富阳区政协读书会举办
（区政协办　供稿）

【服务基层】 开展“走亲连心三服务”活动，全体机关干部累计走访服务企业160余家，基层村社130余次，解决问题200余个。落实政协委员属地履职机制，150余名委员下沉乡镇（街道）和村（社），围绕垃圾分类、小区物业、停车拥堵、环境保洁等城乡治理难题，协商化解矛盾。组织政协委员开展送文化、教育、科技、规划、卫生、体育、法律下乡“送服务惠民生”活动16场，走访重点结对村（社）16个、困难群众48户，帮助协调解决老旧居民楼“亮灯工程”等问题54个，后周社区“小餐饮行业整治”获评全区“百日解百难”大党建比武十强。

【抗击新冠肺炎疫情】 区政协开展“积极担当作为助力‘双抢双增’”专题系列履职活动，全体政协委员和政协工作者下沉社区参与24小时防控工作，捐赠防疫物资3万余件，捐款310万元。深入开展“走亲服务”、网上协商等履职活动61次，涌现出杭州市优秀共产党员周正红、“富阳好房东”李朝阳、狼群公益救援队指导员谢益飞等先进委员。召开“完善我区公共卫生应急管理体系”请你来协商专题会议，协商形成意见建议13条，推动疫情防控补短板、强弱项。策划区政协抗疫专题新闻稿件28篇，组织创作抗疫文学作品50篇、书法绘画作品168件、摄影作品120件、音乐作品6件等，凝聚斗志，鼓舞士气。融合组团联村、“百日解百难”、项目投资、粮食生产等工作任务，走访服务企业146家次，帮助联系解决防疫物资、用工短缺等困难100余个，报送信息专报6期31篇、相关建议130余条。

重点提案

【全体会议建议案】 区政协九届四次会议提出全体会议建议案2件。

建议案《关于加快推进医养结合健康养老服务的建议》提出，富阳区人口老龄化程度明显高于全国水平，在医养结合健康养老服务发展过程中存在医养结合体制机制不够完善、兜底保障功能不够强、监管体系未形成合力等问题，建议要完善顶层设计，构建科学的医养结合体制机制；整合资源、突出重点，多层次推进医养结合养老服务；加大保障力度，提升医养结合健康养老服务能力。区政府针对该建议案，修订完善《杭州市富阳区关于深入推进医疗健康与养老服务相结合的实施意见》，挂牌成立4个区级医养结合指导中心，建立杭州市区县首个记忆障碍诊疗联盟，开展基层医养结合能力工程，完善居家养老医养护签约服务体系，创设全国首个家庭医生服务平台，开通互联网诊疗服务，全面推进医养结合健康养老事业发展。

建议案《关于浙A牌照小客车杭千高速公路富阳段免费通行的建议》提出，杭州主城区到富阳区的高速收费机制给频繁往返两地的人民带来隔阂和非同城的体验感，不利于打造优质营商环境，而余杭、临安等区都实行免费模式，建议由财政负担对装有ETC的浙A牌照小客车（七座及以下）在杭千高速杭州南至富阳段实行免费通行。区政府成立高速公路通行费补贴实施工作办公室，出台《富阳区高速公路通行费补贴实施办法（试行）》，对高职称职级人才和重点企业高管、骨干等人才两大类人员在杭新景、杭徽、杭州绕城西复线等高速公路杭州至富阳段予以免费通行。

【关于在杭州富春湾新城培育发展光电产业的建议】 区政协科技组提出，富阳区光电产业基础较为扎实，拥有一批光通信领域的优质企业和较为完善的产业链，发展氛围持续优化，创新环境日益改善，富阳经济技术开发区和杭州富春湾新城等平台配套逐步成熟，建议依托富阳原有光电产业基础，以中科院上海光机所杭州分所为核心，构建以光电制造为主导、光通信和激光为重点、光电智能装备制造、特种光纤及应用、光电功能材料为突破的“123”光电产业体系，在杭州富春湾新城规划建设国内领先、国际一流的光电产业产城融合示范园区。区经济和信息化局、杭州富春湾新城管委会以打造完整的光电激光（含通信）产业链为方向，在扶持中科院上海光机所杭州分所、培育高科技小微企业、招引上下游核心企业等方面作出努力。

【关于加速“双创”平台建设提升企业孵化能力的建议】 区政协工业组和致公党富阳支部调研发现，富阳区科技企业孵化器、众创空间建设工作虽然发展较快，但与滨江、余杭等城区相比，服务水平、孵化体系、创新团队、市场参与均有不足。建议明确发展重点区域、引导市场主体参与、鼓励盘活存量空间、加强政策扶持力度。区科学技术局以银湖科技城和杭州富春湾新城为重要区域，通过与厘米科技、创享+等专业孵化机构，中科院上海光机所杭州分所、杭州电子科技大学科学技术研究院等高校院所以及良谷空间、富春湾伯乐国际人才科技创新研究院等社会（创投）机构合作，完成投资项目10个，投资总额为7532万元。

【关于实施错时停车缓解城区停车难的建议】 民建富阳区支部和区政协特邀一组调研发现，富阳区机动车保有量已超过20万辆，停车矛盾日益突出，但同时停车位利用率不够高。建议通过信息共享、完善管理、严格执法等举措，推行机关和企事业单位内部停车场、部分城区道路停车场、商务地段停车场、居民小区停车场等的错时停车。区交通运输局、区城市管理局、杭州市公安局富阳分局和杭州富阳城市建设投资集团有限公司等单位通过新建、挖潜、改造等手段，完善“智慧停车”平台，首批完成共享停车场8个，车位超300个。

【关于推进城区居民自治提升社区治理水平的建议】 区政协特邀一组调研提出，富阳区实施社区规模调整后，社区布局不合理问题得到较好解决，但社区治理特别是居民自治方面还存在不少问题，如居民参与社区自治的热情不高、社区自治体系和自治组织不强、社区自治活动的平台载体不多、社会组织参与社区自治的力度不大等，严重制约新型城市化建设。建议制定富阳区居民自治的实施意见和具体操作办法，加强小区业主委员会组织建设，规范居民自治组织建设；把“五议两公开”等富阳区村级治理中的好做法引入社区治理，引导居民搭建自治平台；加大对社会组织的扶持力度，引导社会组织参与社区治理。区民政局在19个小区新成立业主委员会，完成12个业主委员会换届工作，组织开展业主委员会成员入职培训18场，选拔培育区级社会工作督导助理10名，新招录专职社区工作者99人。联合财政局出台《富阳区“三社联动”和社会组织发展专项资金管理办法》，增加社会组织奖励项目，推动社会组织发展。

【关于进一步加强中小学生心理健康教育的建议】 民盟富阳区基层委员会和区政协特邀二组调研发现，近年来，富阳区部分中小学生因心理问题导致悲剧事件发生，亟须引起重视。当前富阳区中小学生存在社会心理服务组织建设滞后、家庭心理健康教育缺失、学校心理健康教育重视不够等问题。为此建议：整合社会资源，营造重视心理健康教育的浓厚氛围；充分发挥学校心理健康教育的主渠道作用，保护学生身心健康发展；积极发挥家庭教育作用，提高家校合作能力；加强学校和医院（心理医疗机构）的合作共建。区教育局下发《富阳区疫情防控期间师生心理辅导工作指南》，开展心理健康教育全覆盖专项督查2次，新建浙江省心理辅导示范站2个，邀请心理专家组织大型干部教师心理健康集中培训3次，举办《沟通之道》家长课程师资培训8期40次3000多人次，全年对重点危机学生进行综合干预和转介，面询超2000例，处置危机200余例。

【关于深化富阳中医骨伤品牌建设的几点建议】 农工民主党富阳区基层委员会调研提出，“富阳中医骨伤”是祖国医学宝库中的重要宝藏，但近年来富阳中医骨伤受到新时期疾病谱变化、软硬件设施建设、病源分流等诸种因素影响，发展遇到瓶颈，主要存在专业人才培养不足、硬件建设和就医环境滞后、中医骨伤技术创新驱动不强等问题。为此建议：明确发展定位，提升富阳中医骨伤优质医疗资源供给能力；坚定发展路径，打造富阳中医骨伤金名片；加大政策扶持，全力推进中医骨伤事业发展。区卫生健康局明确国家区域骨伤诊疗中心发展定位，继续巩固三级甲等专科医院建设成果，加强张氏骨伤疗法国家级非物质文化遗产内涵建设。与浙江中医药大学合作，建立骨伤专业临床教学基地，培养医院的硕导和博导；合作建设制剂中心，开发具有富阳骨伤特色的系列制剂；扩建张绍富骨伤研究所，申报高层次科研及平台项目。与省中医院合作创建国家区域骨伤诊疗中心，在富阳骨伤医院建立博士工作站、名中医工作室，为医院人才培养提供“便捷通道”，设立博士工作站3个，乡贤名医工作室1个。坚持传承与弘扬“传统手法整复技术”，制定“136”人才建设及“名医师带徒”等系列人才培育政策，启动新一轮传承人培养计划，选派各类中青年业务骨干40余人次赴北京积水潭医院等全国知名大医院学习。

（陆勤波）

【编　辑　沈绍坤】

9 纪律检查·监察

Discipline Inspection and Supervision

领导调研

【省纪委书记到鹿山、富春街道调研】 3月11日，浙江省委常委、省纪委书记、省监委主任许罗德到鹿山街道山水社区、富春街道宵井村、监察办调研疫情防控和基层党风廉政建设工作。杭州市委常委、市纪委书记、市监委主任陈擎苍，富阳区领导朱党其、胡志明陪同。

【市纪委常务副书记到富阳调研】 4月28日，杭州市纪委常务副书记、市监委副主任朱华到富阳调研“强化清廉乡村建设有力推进基层治理”工作，召开座谈会。富阳区纪委、春江街道纪工委、鹿山街道纪工委、渌渚镇纪委、灵桥镇纪委、常绿镇纪委汇报工作情况。

【中纪委办公厅副主任到富阳调研】 10月19日，中纪委办公厅副主任王庭坚一行到富阳调研乡镇纪检监察规范化建设和派驻机构改革工作，并开展个别访谈。

重要会议

【区纪委一届五次全会】 3月18日，富阳区纪委一届五次全体（扩大）会议召开。回顾总结2019年纪检监察工作，部署2020年任务，审议通过胡志明代表区纪委常委会所作《坚定不移推进纪检监察工作高质量发展，为全力加快向一流的大都市新型城区迈进提供坚强保障》工作报告。富阳区委书记朱党其出席全会并作讲话。

【杭州市“清廉学校”现场会】 12月11日，杭州市“清廉学校”现场会在富阳召开。驻省教育厅纪检监察组组长郭丽华，市纪委副书记、市监委副主任郛月培，市纪委常委唐小辉，驻市教育局纪检监察组组长王秀清出席会议。区领导吴玉凤、胡志明参加会议。

【富阳区纪委监委机关党委成立】 6月15日，中共杭州市富阳区纪委监委机关委员会成立大会召开，机关、相关派驻机构和离退休支部全体党员参加会议。选举产生第一届中共杭州市富阳区纪委监委机关委员会和机关纪律检查委员会，曹晨英任机关党委书记，刘珺任机关党委专职副书记、机关纪委书记。

执纪审查和监察调查

【信访举报】 2020年，制定指定组团办信机制、信访案卷交叉检查工作机制、举报协作配合工作机制，开展初次举报“清零”行动、重复越级信访“清淤”行动。全年受理纪检监察信访313件次，同比下降34.1%，初信初访一次性办结率100%，“三多”（多年、多层、多头）信访件年度化解率83.7%，涉农信

2020年3月11日，省委常委、纪委书记许罗德到富阳调研疫情防控和基层党风廉政建设工作 （区纪委 供稿）

访量同比下降19.8%，重复信访量同比下降72.6%。

【审查调查】 2020年，各级纪检监察组织处置问题线索1276件，立案360件，同比上升7.50%；党纪政务处分334人，其中采取留置措施18人，移送司法机关22人，直接挽回经济损失5576.40万元。重点查处原富春山居集团党委书记、董事长郭林平，区住建局党委委员、副局长储勤君严重违纪违法问题。承办杭州市纪委指定管辖国家税务总局杭州市富阳区税务局三级主办张英杰，杭州市水务集团有限公司党委委员、副总经理朱弘，党委委员、副总经理代荣，杭州市拘留所原民警陈明等严重违纪违法问题。

【监察体制改革】 在杭州市率先完成派驻机构“六个一体化”改革和村社监察工作联络站全覆盖。完善监督贯通机制，出台富阳区纪委监委班子成员直接分管派驻机构和分片联系乡镇（街道）纪（工）委制度。建立全系统“指定组团、片组协作”办信办案机制，推进力量统筹。探索授权派出乡镇（街道）监察办调查辖区基层站所信访举报和问题线索处置，解决“看得到、管不了”问题。出台派驻机构与区属国企纪委协作配合实施办法，加强国企领域监督。实行与巡察监督协作配合“纪巡联动”机制，持续深化纪律监督、监察监督、巡察监督、派驻监督和派出监察办监督“五维一体”监督格局。不断完善派驻机构、乡镇（街道）纪（工）委“三重点”报告日常监督制度。统筹派驻监督作用发挥，在惠企政策落实、企业拆迁、亚运场馆建设、医保监管等10个领域开展项目化监督，发现问题197个，处置问题线索64条，上报区委主要领导的问题专报13篇。优化派驻机构“一组一品”日常监督工作机制，处置问题线索63条，党纪政务处分11人。各派驻机构主动监督能力不断提升，自办案件同比提升37.5%。8月28日，富阳区在全省乡镇纪检监察工作规范化建设推进会上作题为《高质量推进乡镇纪检监察工作规范化建设，推动基层监督“盆景变风景”》先进典型发言。

作风建设

【中央八项规定落实】 推进烟票背后“四风”问题、统计领域数字造假、规范挂职干部津补贴和公共资源中私人会所整治“回头看”等专项整治，查处违反中央八项规定精神问题79个，问责104人，其中查处形式主义、官僚主义问题47件66人，党纪政务处分24人，通报曝光作风纪律问题41件61人。

【群众身边不正之风和腐败问题查处】 聚焦微权腐败，严肃查处群众身边腐败问题33件46人，重点查处渔山乡五岭村、里山镇4个村村干部8名严重违纪违法问题。

【“三不”问题整治】 紧盯党员干部在中央环保督查整改、疫情防控等工作中存在的“不担当、不作为、不落实”，查处88件处理124人，其中区管干部11人，党纪政务处分6人。

【违规兼职重复享受福利清理】 制定《关于进一步规范公职人员兼职管理工作的通知》，清理公职人员兼职759人次，清退兼职取酬290.58万元、股金289万元。清理挂职（借用）干部重复享受工作补贴、误餐补贴和其他福利性补贴问题546人次，退回资金99.08万元。

【餐饮浪费专项监督检查】 贯彻中央“坚决制止餐饮浪费”指示精神，开展反对餐饮浪费监督，约谈16人，推动“厉行节约、反对浪费”纳入乡镇、部门主体责任考核。10月22日，中共浙江省委全面深化改革委员会办公室《竞跑者》报道有关做法。

【激励干部担当作为】 厘清诬告界限，规范诬告陷害的认定和处置，打击诬告陷害行为2件2人。通过发布正名通知书、召开澄清会和网络媒体通报等为有关干部澄清正名7人次；出台《重大改革创新容错纠错实施办法》，为4名干部容错免责。

政治监督

【中央环保督察问题整改监督】 围绕中央环保督察组转办信访件137件，以及第一轮环保督察反馈高风险问题27个和新发现重点问题14个，开展专项督查10次，发现和整改问题98个，问责3人。

【疫情防控监督】 严明疫情防控工作纪律，围绕区委防控决策部署和复工复产“两手抓、两战赢”，开展专项督查2900余次，发现问题1700多个，编发《督查通报》63期，查处涉疫问题22件46人。督促疫情期间“惠企十条”和减税降

2020年8月11日，淳安县委巡察办原主任胡晓明涉嫌包庇、纵容黑社会性质组织罪、受贿罪一案公开在富阳区人民法院开庭审理

（区纪委　供稿）

费政策落实落地，实现全区企业办理社保减免 7.65 亿元，核准缓交税款 4.23 亿元。

【村级换届护航】 开展基层信访清淤，梳理 2017 年以来“三多”信访件，清底村居干部问题线索 559 件，党纪政务处分村居干部 79 人，移送司法机关 9 人。运用巡察成果对村居一把手、班子、村监会主任三个层面进行一村一册政治画像，对换届人选提出不宜担任建议 8 人，重点关注 64 人，为村级换届提供重要参考。

【四责协同】 出台《关于进一步加强政治监督、推进“四责协同”的实施意见》。区委主要领导交办、转办批示件 631 件。区委主要领导带头听取 6 个单位主要负责人履责情况报告，集体约谈每轮巡察问题较多的单位班子，面对面集中听取 16 个单位主体责任报告，其余区领导 11 名分别听取 27 个单位主体责任报告，结合二级单位延伸听，实现主体责任报告听取“全覆盖、无死角”。区纪委监委班子成员分 7 个组每季度带队对 24 个乡镇“四责协同”落实开展全覆盖督导调研，综合研判日常监督、延伸巡察、信访情况，动态分析全区乡镇政治生态情况和村居清廉状况，实行一季一评一通报。

【巡察工作】 推进政治巡察，全年常规巡察党组织 20 家，发现问题 489 个，追缴（退回）资金 5200 余万元，问责 9 人，提前一年完成巡察全覆盖。围绕决胜全面建成小康社会、解决“两不愁三保障”联动开展扶贫领域专项巡察，发现并推动整改问题 46 个，督促完成全区 4955 户农村危房治理。开展人防领域腐败问题专项巡察，发现问题 20 个，移送司法机关 1 人。巩固深化富阳区委巡察向基层延伸，对 65 个重点村社“回头看”，发现并推动整改问题 1452 个，问责处理 55 人，党纪政务处分 11 人。7 月 28 日，富阳区委巡察向基层延伸有关做法在全省巡视巡察工作会议上作典型经验交流。

【警示教育】 坚持以案促改，加大对监督检查、巡察和案件查办中发现问题的督促整改力度，全年召开案情通报分析会 5 次，发送纪检监察建议书 66 份，推动相关责任单位建立完善制度 288 项。深度挖掘典型案件，制作完成“区管干部、中层干部、村居干部”违纪违法典型案例警示教育片。打造“庭审旁听”警示教育特色品牌，按同级同类组织区管领导干部、国企管理人员、村居干部等旁听各类案件庭审 13 场 1100 余人次，承办淳安县委巡察办原主任胡晓明案全市庭审旁听活动。

【清廉文化建设】 龙门古镇清廉文化基地、周雄纪念馆、二董清廉文化线入选杭州清廉文化精品阵地。组织创作清廉作品 45 个，微电影《何处春江无月明》被评为浙江省电影家协会幸福小康十佳影片，《口罩书记》获“玉琮杯”清廉微电影微视频大赛优秀奖。建设清廉学校，推动制定清廉学校创建标准和三年行动计划，统筹实施“阳光招生、阳光采购、阳光食堂、阳光工程”，承办杭州市清廉学校现场会，富春中学、富阳二中分别获杭州市首批“清廉学校示范点”和“清廉学校优秀案例”。推动清廉医院建设“标准化”“十个一”工作，全区公立医院清廉建设齐头并进。加快清廉企业建设，协助出台《践行亲清政商关系实施意见》，召开富阳区亲清政商关系工作推进会，打造“一区一园一镇（街）”亲清政商关系示范点。

队伍管理

【纪检监察队伍建设】 深化“讲忠诚、善担当、求实效”活动，落实机关党建内部通报制、内部政治生态研判等九大活动 18 个载体，持续提升纪检队伍觉悟素养。开展年轻干部“师徒结对”活动，做好年轻干部、新进干部的“传帮带”。依托钉钉平台开发每日“清风钉学”，深化“清风”学习平台，丰富“清风讲坛”“清风微讲堂”学习内容和形式。结合双月度例会，随机听取各部门“一岗双责”落实情况。开展特约监察员监督活动，将纪检监察机关置于外部监督之下。开发个人事项报告网上审批系统，严格执行个人事项报备制度，管住纪检干部八小时外。

（闻 倩）

【编 辑 沈绍坤】

10 民主党派
Democratic Parties

中国民主同盟杭州市富阳区基层委员会

【概况】 2020年，民盟杭州市富阳区基层委员会有盟员69名，其中杭州市政协委员2名，富阳区政协委员11名，下设文化、教育、科技、综合四个支部。全年，组织各类形式的活动45次，其中，学习讨论活动12次，组织参政调研活动15次，监督协商活动6次，各类社会服务活动12次。发展新盟员5人。被民盟中央评为2020年度思想政治建设和宣传工作先进集体，被民盟省委会评为2020年度宣传工作和反映社情民意信息工作先进集体，连续第三年被民盟市委会评为“先进基层组织”，并获评“示范性基层组织”。文化、教育、综合三个支部被民盟杭州市委会评为五星级支部，科技支部获评四星级支部。卢立平等12人被评为民盟富阳区基层委员会“2020年度优秀盟员”，汪立人等9人被评为民盟富阳区基层委员会“2020年度参政调研先进盟员”。

【抗击疫情】 2月，基层委员会向全体盟员发出抗击新冠肺炎疫情倡议书，要求严格遵守疫情防控规定，自觉做好居家隔离，不走亲不串门，开展防疫志愿服务，为阻击疫情献策出力。发动全体盟员捐款捐物，通过民盟杭州市委会捐款24700元，通过所在乡镇渠道捐款22960元，捐助口罩1500个，捐助食品价值2000元。发挥盟员优势，参与中药防治方案研究、医院防疫值班、隔离点医疗防控、社区隔离值守、“停课不停学”等工作，并为疫情防控、复工复产建言献策，向区、市两级报送《加强农村防疫工作》等社情民意10多篇。3月，向区委区政府报送《关于降低民营企业复工成本的几点建议》，得到区委、区政府主要领导批示，并由区政府专题落实。基层委员会被民盟省委会评为抗击新冠肺炎疫情先进集体，楼银妹盟员被民盟省委会评为抗击新冠肺炎疫情先进个人。

【自身建设】 1月，召开民盟富阳区基层委员会2019年度总结大会，晒优秀履职成绩，表彰先进盟员，开展新盟员欢迎仪式，主委孙晓华作基层委员会工作报告，总结回顾2019年度工作，谋划新一年工作思路。3月，创设“盟员云讲坛”网络学习平台，邀请原民盟富阳临时支部主委田凤兰首讲富阳民盟发展历程，庆祝中国民主同盟成立79周年。4—12月，盟员通过“盟员云讲坛”平台主讲习近平总书记在浙江考察重要讲话精神、纪念“五一”口号发布、全国“两会”精神、“九一八”国耻国难等专题课程10次，提升全体盟员理论水平。

5—10月，在民盟杭州市委会和中共富阳区委统战部的具体指导下，制定《民盟杭州市富阳区基层委员会规范化建设手册》，涵盖基层委员会概况、主要任务、班子建设、盟务活动、工作制度、盟员发展、盟员之家建设、换届选举、支部建设等九个方面。与民盟杭州市委会合作完成的《以制度健全化推进民主党派基层组织规范化、标准化建设》理论研究文章，被民盟省委会评为2020年度理论研究三等奖。11月，成立由7位盟员组成的内部监督小组，根据基层委员会内部监督制度对基层委员会、各支部及全体盟员的履职情况进行监督。

6—11月，开展“走基地·悟初心”行动，走访抗日战争胜利浙江受降纪念馆等盟员传统教育基地5家次，录制“追随先辈足迹 勇担历史重任”微视频，在民盟市委会开展的“见证·初心”经典讲述微视频比赛中获得优秀奖。9月，组织6名骨干盟员参加区委统战部组织的2020年杭州市富阳区党外代表人士专题培训班。全年开展以走访骨干盟员和盟员所在单位主要领导为内容的盟员“双走访”活动8次，了解盟员情况，发展和培养人才。发展赵涵文、蒋立桦、宋才渊、姜晓明、何晓红等5位新盟员，完善入盟发展后备库建设，入库培养对象10人。重阳节和春节前，看望慰问老盟员6名。

【参政议政】 区政协九届四次全体会议期间，共提交《关于建立新制造业产教联盟，促进区域产业健康发展的建议》等2件集体提案和10件个人提案，盟员董旭萍代表民盟作“加强中小学生心理健康教育，培养身心健康的时代新人”大会发言，2 件提案被评为区政协九届四次会议优秀提案。《关于我市经典民生产业保护与发展的建议》《探索开放式小区封闭管理，提升社区治理水平的建议》《关于进一步发挥民营医疗机构在居家养护和公共卫生服务中互补作用的建议》《关于杭州市综合医院感染科现状调查及发展建议》等 4 项课题被民盟市委会确定为中标课题，开放式小区封闭管理课题在民盟市委会“助推创建全国市域社会治理现代化标杆城市”研讨会上作交流发言。就“十四五”期间富阳区教育现代化建设走访区教育局、西湖区等地开展调研，并在区政协九届十七次常委会议专题协商“十四五”规划思路会议上作交流发言。以“盟员看发展”为主题，组织盟员参观城市规划馆、地铁建设工程、亚运场馆建设等城市建设项目，邀请杭州盟市委调研室主任金前进作参政议政工作培训，提升盟员参政议政意识。全年共撰写社情民意信息 88 篇，其中 35 篇被杭州市政协和民盟省委会、市委会录用。基层委员会被区委统战部评为 2020 年度“同心建言先进集体”。

【监督协商】 5—8 月，与区同心公益服务中心多次赴区科技局开展“增强创新驱动力”专项民主监督，提出创新动能、基础、资源要素三方面问题，提出 4 个方面的意见建议。11—12 月，各支部开展统一战线“同心河”葛溪万市段巡河监督活动 3 次，清理河道垃圾，发现问题并监督整改落实。围绕重点课题调研，与区教育局、区文广旅体局、区住建局、区商务局、区卫生健康局、富春街道、民营医疗养老机构等开展座谈交流 10 余次，突出协商实效。

【社会服务】 全年围绕“支教”“绿色”两个社会服务品牌，策划 12 项系列活动。1 月，与春晖社区开展“浓情腊八 为老服务”共建活动，为社区居民送温暖，紧密联系群众。2 月，组织盟员慰问防疫执勤卡点，向一线工作人员送去慰问物资。推进“垃圾分类进校园”系列活动，在富春二小收集牛奶盒，拓展省级绿色文明教育基地和新劳动教育基地建设。与区自行车协会共同举办“富春山居”系列骑行毅行活动，倡导低碳绿色文明生活。借助民盟杭州市委会培英公益基金力量，与区红十字会联合开展“圆梦助学”系列活动，成立“何双安名师云支教工作室”帮扶贵州省黔东南州提升教育水平，持续在大源镇育才学校开展“农村教育烛光行动”。8 月，为富春街道三桥村小学生开展为期一周的“暑假爱心课堂”活动。

（赵涵文）

中国民主建国会富阳区支部

【概况】 2020 年，民建富阳区支部发展新会员 3 人，转入会员 1 人，有会员 47 人。支部获民建浙江省委会抗击疫情优秀支部称号，并在民建杭州市委会进行的支部考评中获“2019 年度民建杭州市优秀支部”称号。会员孙丙华获民建中央优秀会员称号，会员张琳获民建浙江省委会优秀会员称号，会员武剑清获民建浙江省委会抗击疫情先进个人称号，会员单旭艇获民建浙江省委会参政议政先进个人称号。

【参政议政】 杭州市富阳区政协第九届三次会议上，民建富阳区支部共提交集体提案 4 件，向民建杭州市委会和富阳区委统战部提交各类信息共计 37 条。其中《关于严格控制手机软件权限防止过度收集隐私的建议》获全国政协录用，并有其他 2 篇被民建中央录用，1 篇被浙江省委统战部录用，有 6 篇被民建浙江省委会录用。

【组织建设】 2020 年，共组织各类形式的活动 31 次。4 月 26 日，开展了“新劳动教育”活动，支部成立专门的复工复产服务小组，为会内企业开展专业帮扶。5 月 18 日，与杭州民建妇工委共同开展调研活动，走访支部女会员企业，并召开座谈交流。9 月 3 日，举办民建杭州市委会骨干信息员培训交流会，民建杭州市委会主委郭清晔参加。9 月 9 日，开展调研活动，走访会员企业，民建杭州市委会副主委刘政奇参加。

【学习生活】 3 月 7 日，支部召开云会议，首次通过线上平台开展交流，学习关于习近平总书记在疫情防控和稳定经济社会发展重要工作部署会议上的重要讲话精神。7 月 14 日，支部召开半年度工作会议，并集中学习“2020 年‘两会’精神”及“民法典相关知识”。8 月 7 日，支部召开专题学习会，传达学习中共中央总书记习近平在企业家座谈会上对的重要讲话精神和区委一届九次全会精神。12 月 5 日，支部组织召开专题学习会，传达学习“中共十九届五中全会精神”。4 月 13 日至 5 月 20 日会员何大成代表民建参加第 32 期杭州市民主党派中青年骨干培训班，并获得学习积极分子称号。10 月 22 日至 26 日，会员单旭艇参加浙江省委统战部组织的党外特约信息员培训班学习并任班长。

【社会服务】 疫情期间，民建富阳区支部积极行动，全力抗击疫情。在收到杭州市委会、富阳区委统战部抗疫倡议书后迅速集结，共捐款 552476 元。5 月 27 日，支部发起“民建思源新春江人助学基金”成立，该基金计划每学年发放一次资助，定向用于奖励和表彰当年学业品德优秀的外来务工人员随迁子女。6 月 9 日，召开杭州民建思源送光明社会服务活动总结会，对 2017 年以来，持续三年的“民建思源送光明”活动做全面总结，项目实施以来，覆盖全区 24 个乡镇（街道），共计开展免费眼疾筛查 389 次，受益群众达 3.7 万余人，实施白内障眼疾救治手续 1589 例，减免医疗费用 270 余万元。6 月 18 日，开展 2020 年民建思源救护车捐赠仪式，民建杭州市委会向富阳第一人民医院捐赠负压救护车 1 辆。

（单旭艇）

中国农工民主党杭州市富阳区基层委员会

【概况】 2020 年，中国农工民主党杭州市富阳区基层委员会下辖 5

个支部，分别是人民医院支部、医卫综合支部、联合支部、教育支部、新登支部。共有党员109人，其中浙江省政协委员、杭州市人大代表、区人大代表各1人，区政协副主席1人，区政协委员13人。基层委荣获农工党中央党史和理论先进集体，农工党浙江省委会先进基层组织和先进社会服务集体，富阳区统一战线2020年度“最美·统战集体”同心建言奖等荣誉称号。汪春良、柳元被农工党浙江省委会评为“社会服务工作先进个人”和“宣传工作先进个人”。陆秀儿、沈吕诚、甘莉、曹廷生、陈小艳被农工党市委会评为2020年度“优秀党员”。蒋旭波、吴加强、柳元被农工党市委会评为2020年度“优秀党务工作者”。党员邵锦晖参加2020年农工党浙江省基层工作研讨班，被评为优秀学员。党员高建波、孙建强分别获得区统一战线2020年度“最美·统战个人”同心抗疫奖和同心兴业奖。

【抗击疫情】 人民医院支部全体在职党员第一时间签下抗击疫情决心书，递交院党委；农工党党员、区第一人民医院急诊科主任高建波，带领富阳第三批援武汉医疗队入编省第四批援武汉医疗队出征“前线”；农工党医务工作者奋战在抗疫一线，部分单党员积极参与村和社区的值班执勤工作，投身复工复产、建言献策等工作。疫情期间富阳农工党党员累计定向捐款捐物259920元，人民医院支部被授予农工党杭州市新冠肺炎疫情防控先进集体荣誉称号；党员高建波被农工党中央评为抗击新冠肺炎疫情先进个人；孙建强、姚红华被评为农工党杭州市“助脱贫、保抗疫”先进个人；柳元、喻晓明被评为新冠肺炎疫情防控建言献策和宣传工作先进个人；高建波、孙忠富、邵锦晖、闻立平、汪春良等9人次党员被农工党省、市委会评为抗击疫情优秀党员、先进个人。

【宣传思想】 2020年，举办各类专题学习会、理论中心组学习会、读书培训班10次，组织参加市委会、区政协、区委统战部举办的各类学习座谈会28次。8月，举办全体党员暑期读书会。11月，举办基层委2020年党员素质提升培训班，基层委、各支部班子及骨干党员共计20人参加。基层委在《杭州农工》《富阳日报》以及浙江农工党、杭州农工党、富阳政协、富阳统战等网站和微信公众平台上发布宣传报道、党员文章50余篇次。党员邵锦晖、孙建强的工作履职和先进事迹被富阳电视台同心同行栏目专题报道。党员吕观飞的国画《富贵满堂》入选农工党中央举办的农工党成立90周年暨第二届“美丽中国”美术摄影作品展网络展，党员葛漫天作品《专注》获摄影作品四等奖。葛漫天、朱水根、柳元的7幅摄影作品入选浙江省委会以“不忘合作初心，继续携手前进”为主题，举办的“壮丽九十年，奋进新时代”摄影展。

【组织建设】 陆秀儿、刘琦鑫、周涛、李炜、韩康、沈钗英6名培养教育期党员成为正式党员。召开新党员及培养教育期党员座谈会2期，开展参政议政专题培训。推选12名骨干党员参加农工党省、市委会和区委统战部举办的各类培训班，进一步做好后备干部的培养和使用。8月22日，召开党员大会，补选夏善泉为基层委员会委员；11月9日，召开基层委员会议选举夏善泉为副主任委员。规范基层委和人民医院农工党党员之家使用，使之成为党派成果展示、学习交流、组织活动、服务群众、对外宣传的窗口，增强了党员们的归属感和凝聚力。全年共组织退休党员活动1次，支部间交流活动3次，共计慰问党员18人次。

【参政议政】 基层委主要领导及骨干党员参加区委、区政府及政协、统战部组织的各类民主协商会、情况通报会12次。党员蒋旭波、邵锦晖、徐永群、沈吕诚、唐焕庆党员分别在区政协“完善我区公共卫生应急管理体系”“加快推进医养结合健康养老服务”“进一步发挥医保杠杆作用，联动推进医疗、医药改革”“推动餐饮行业高品质发展”以及“经典民生产业的保护和发展”等请你来协商活动中作专题发言。通过领导班子领衔调研、各支部发挥优势专业调研、参政议政工作小组专项调研等，广泛开展调查研究，撰写并上报调研报告12个。“两会”期间共提交15件提案、建议，其中《关于深化富阳中医骨伤品牌建设的建议》《关于加快推进医养结合健康养老服务的建议》《加强医保基金监管，推进医疗保障治理体系和治理能力现代化》《开展垃圾中转站治理，打通垃圾处理全链条》等集体提案4件。《关于深化富阳中医骨伤品牌建设的建议》被列为区政协九届四次会议口头发言；《关于加快推进医养结合健康养老服务的建议》被区政协以大会建议案的形式提交区委区政府；集体提案《关于完善“四个平台”和全科网格机制，打造高水平社会治理体系的建议》被评为九届三次会议以来优秀提案。全年共向上级部门报送社情民意信息45条，其中《关于后疫情时期加强师生、家长心理建设工作的建议》等6条信息被农工党浙江省、市委会录用，《建议重视校园消杀品储存使用中的安全隐患》被市委统战部合并录用并得到市委主要领导批示，《关于复工复学期间的红外体温枪使用与购买的建议》被市防指录用，《关于我区中小学开设节假日“空中课堂”》等6条信息被富阳区政协录用，并转送区四套班子领导和有关部门。

【民主监督】 2020年，根据区委统战部、区政协的统一安排，农工党富阳区基层委联合区新联会组成民主监督一组，多次赴经济技术开发区开展视察和民主监督，针对观念转变、技术支撑、创新服务、提升办事效率以及开发区全年目标任务完成情况、产业项目和城市配套项目建设、推动园区向现代城市转变等提出书面和口头建议10余条。在12月31日全区统一战线专项民主监督暨课题调研成果汇报会上向区委主要领导和有关部门作了专题汇报。每季度组织农工党党员赴新登镇对同心河“葛溪”新登段开展民主监督，并及时向当地政府反馈意见建议6条。

2020年12月31日，富阳区统一战线专项民主监督暨重点课题调研汇报会召开

（区委统战部　供稿）

【对口联系】 与对口联系部门区卫健局、生态环境富阳分局形成常态化对口联系机制的基础上，成立由主要领导任组长，分管领导任副组长，由医疗卫生系统以及生态环境资源方面的党员专家组成的两支对口联系队伍，通过多次实地走访调研和座谈讨论，就加快推进富阳区县域医共体建设、均衡优质医疗资源布局以及建立富阳区乡镇生态保护补偿机制等工作建言献策，推动对口联系部门的相关工作。

【社会服务】 加快富阳区三产服务业复工复产，助力“双抢双增”活动，“同心共建”社会服务基地医疗专家队伍赴多个乡镇街道为当地民宿业业主及餐饮业代表开展新型冠状病毒疫情防控知识讲解、院前急救知识培训。基地主动与富阳区多个工程项目部对接，累计为500余名工友提供院前急救知识培训、健康体检服务并开通急诊绿色通道，为富阳区高品质城市建设和重大工程项目的顺利推进添砖加瓦。全年共计开展急救培训10次，义诊服务3次，受益群众累计1500余人次。每月15日组织专家医生为金秋社区居民提供义诊服务。基层委携手区中医院进社区开展中医药防疫知识宣传和义诊服务。8月，组织富阳30余名教师党员参加农工党中央与贵州大方县教师“手拉手，追梦桥”教育帮扶活动。12月，组织10名党员加入统一战线方阵，参加“青春迎亚运・志愿展风采”富阳区迎亚运城市志愿服务行动。

（柳　元）

致公党富阳支部

【概况】 2020年，致公党富阳支部发展新党员3名，有党员19名。致公党富阳支部获致公党杭州市委会2020年度“综合工作先进集体”“组织工作先进集体”“对外联络工作先进集体”称号。党员蒋向群获致公党杭州市委会2020年度“组织工作先进个人”称号，倪斌获致公党杭州市委会2020年度“抗击新冠肺炎疫情先进个人”称号，张昕然获致公党杭州市委会2020年度“对外联络工作先进个人”称号，詹静怡获致公党杭州市委会2020年度“宣传思想工作先进个人”称号。申屠晨光获富阳区委统战部“同心建言”最美统战个人称号，张昕然获富阳区委统战部“同心兴业”最美统战个人称号。杭州市侨联和厘米科技创始人张昕然获“侨界创新创业新锐之星”称号、“杭州市侨界十杰提名奖”，省科技厅授予张昕然第四届浙江省十大创新女杰称号。倪敏子、朱红霞获致公党富阳支部2020年度“议政建言先进个人”称号，李玲燕获致公党富阳支部2020年度“组织工作先进个人”称号，张昕然获致公党富阳支部2020年度“对外联络先进个人”称号，杨静获致公党富阳支部2020年度“社会服务先进个人”称号，张生泉获致公党富阳支部2020年度“抗击疫情先进个人”称号。

【参政议政】 政协全会期间，支部党员申屠晨光、蒋向群、倪斌、倪敏子参加中国人民政治协商会杭州市富阳区第九届委员会第四次会议，提交个人和集体提案共12篇，其中《关于层层助推全民生活垃圾分类的建议》《关于积极推进富阳餐厨泔水处置工作的建议》《关于优化我区营商环境的对策和建议》被评为区政协九届三次会议以来优秀提案，《深化科技创新体系建设全面提升我区科技创新环境》《关于设立上海富春科创中心的建议》被选为大会发言。

支部承担政协请你来协商子课题《关于富阳区航空和水上建设的建议》《做优“产销品延”四篇文章　打造可持续发展的区域茶产业》课题调研，并在区政协请你来协商座谈会上作汇报。支部积极参加“十四五”规划农业产业规划的课题调研，党员刘宇涛在政协常委会上代表党派作《关于“十四五”期间推动现代化农业振兴发展的建议》发言。

支部赴市场监管局开展对口联系2次，参加电子行业协会标准制定研讨会3次，参与电子行业协会标准制定，9月该项标准在京发布。针对高新技术产业发展，支部党员通过实地走访、企业调研、座谈交流、参加政协主席团会议等形式开展监督，形成了《“高新产业发展”专项民主监督情况汇报》。

【自身建设】 支部完善和加强内部管理与制度建设，建立健全工作制度，规范工作程序，此项工作被推荐到致公党杭州市委会大会作经验介绍。支部积极开展宣传教育活动，提升党员个人素质能力和知识水平。3月，采用钉钉线上会议方式开展党员教育学习活动。4月，开展读书周系列活动，举行了致公明志论坛开展线上读书会，邀请樊登作云上读书分享。9月，党员倪敏子、张昕然、汪俊凯参加统战部举办的第四期杭州市富阳区党外代表人士专题培训班。支部召开领导班子民主生活会2次，收集意见建议14条，检视剖析自身问题4个方面。

【海外联谊】 支部依托富阳“侨家大院”，组织开展面向留学生和归国新侨群体的各类文化、经济活动12次。5月，党员张昕然的宁波厘米空间被评为“宁波富阳乡贤驿站”，成为富阳支部服务侨海关系的阵地。支部与侨联合举办青芒计划开营启动仪式。7月，致公党杭州市委会“明志海创联盟”积极促进富阳企业“走进非洲，共谋合作”，中非民间商会副秘书长谢琪应邀带队到富阳交流。9月，致公党杭州市委会明志海创联盟主办，致公党富阳支部协办，2020第二届创新主张大会在中国智谷富春园区举行。

【社会服务】 新冠肺炎疫情防控期间，致公党富阳区支部党员立足本职，参与疫情防控，调配募集防疫物资，开展捐款捐物、疫情卡口执勤等工作，支部累计捐款46700元，认购爱心小包裹7300元。推动复工复产，开展“酉好货精准扶贫”活动，扶贫消费4951.8元，党员倪斌的卡特兰酒店，与贵州酉阳和贵州毕节签订长期购销合作协议，助力解决复工复产难题，累计采购鸡鸭等200余只。

成立“富春江水上救援队”，累计巡逻250天2000人次，成功援救溺水者18名。支部党员杨静参与筹建“浙江省海豹救援队富阳支队”，在汛期开展巡逻活动。11月，致公党富阳支部联合杭州市一医院支部举办专家医疗团免费义诊日活动。富阳一汽大众4S店作为富阳区首个致公党交通安全教育基地，开展交通安全教育，累计开展安全培训35次，接受安全教育425人。

（蒋向群）

【编　辑　何开城】

11 群众团体

Mass Organizations

杭州市富阳区总工会

【组织建设】 聚焦基层基础，推进工会组建和会员发展全覆盖，开展“工会组建百日攻坚行动”和AAAAA级规范工会创建活动，夯实乡镇（街道）、村（社区）、企业“小三级”工会组织网络，建立健全行业、建设项目工地、商贸楼宇等工会组织，加强农民工、行业从业人员、劳务派遣人员等群体的入会工作。加强联合工会组织的经费保障和规范化建设，做到应建尽建、应入尽入，夯实工会基层基础。至年底，工会智慧平台实名制注册基层工会1491家，其中非公企业工会1017家，实名制注册会员达17万名。

【区政府与区总工会第十一次联席会议】 11月30日，富阳区政府与区总工会第十一次联席会议召开。汇报第十次联席会议以来全区工会工作情况以及区总工会2021年工作思路和“十四五”期间有关建议。区委副书记、代区长王牮及区领导张霖、华之江、高飞参加。

【服务“三高”建设】 聚焦思想引领，建立健全“五位一体”职工思想引领机制。以“万名职工大行动、服务三高立新功”建功竞赛为主题，开展劳模、工匠、建功标兵、突出贡献者、企业优秀员工等评选表彰活动，引领职工争当“三高”发展排头兵。累计评选表彰各级各类劳动先进典型589名，发动全区700余家规上企业开展“优秀员工、优胜班组”评选表彰活动。9月，成立劳模工匠协会，组建劳模工匠宣讲团，开展进机关、进企业、进学校宣讲劳模工匠精神30余场次，优先安排示范典型人物参加疗休养，激励全区职工立足岗位、争先创优、服务三高。

【战疫情促发展】 聚焦复工复产，助“两战”促发展。组织动员各级工会干部和职工参与新冠病毒疫情防控，组织各级工会慰问疫情防控工作人员1370人次、复工复产企业94家，慰问款物合计151.23万元；出台“杭外非公企业工会会员返岗百元交通费补助”政策，共补助自行返岗复工企业1000余家，杭外员工14770名。实施“5000名疫情防控人员区内疗休养、5000名企业一线职工区内疗休养和2020年度‘战疫情、促发展’机关事业单位专题工会活动”等活动，助力区内旅游经济复苏，共有16808人次，按700—800元/人在区内疗休养，投入经费1222.81万元；实行小微企业工会经费返还和临时性减征政策，累计返还总额2000余万元。

【“产改”构建四大体系推进】 聚焦劳资双赢，构建产业工人队伍建设改革工作“四大体系”。推动出台《新时代富阳产业工人队伍建设改革实施方案》，成立“产改”工作协调小组，定期组织召开协调小组会议，厘清协调小组各成员单位工作职责，明确责任分工。召开全区“产改”工作推进会2次，选树市级试点单位3家、区级试点单位72家，以点带面推进“产改”工作。以杭州市14个区（县市）产改成果展示为契机，推动产业工人队伍建设改革向纵深发展，着力构建思想引领、技能提升、职工成才、维权服务“四大体系”。推动“五百项目”进企业，构建职工技能提升体系。以“企业订单、政府买单”的模式开展百场免费技能培训进企业，出资500万元，培训职工8000余名。以“传统产业+高新产业”“比武+晋级”模式开展百场技能比武进企业400余场次。以构建新型师徒关系为目标，实施“百位名师带高徒”奖励工程，“传帮带”高徒3000余名。以“人人献金点子”的形式，开展百万合理化建议奖励活动，积极引导职工群众立足岗位、创新创业。以“百名高技能人才奖励”为载体，落实500万元用于人才晋级、创新奖励资金。全区初中高级技能人才达13.91万人，比2019年增长5%。

【参与社会治理擂台比武】 8月19日，按照擂台比武的模式，以演讲、情景剧等形式展演工会参与社会治理典型案例，擂台赛当日微信直播平台点击量6.83万人次、“杭+新闻”阅读量达34万+人次。

2020年9月26日，富阳举办庆祝2020年"9·26"工匠日暨劳模工匠进校园活动
（区总工会　供稿）

【"9·26工匠日杯"职业技能竞赛】　5月，区总工会、人社局、住建局在场口镇及执法中心项目建设工地举办全区职工职业技能大赛启动仪式暨"'9·26'工匠日杯"建筑工人技能竞赛，共23支代表队，115名工人参加钢筋工、砌筑工、抹灰工、镶贴工4个工种的竞赛。区人大常委会副主任、区总工会主席华之江参加启动仪式。

【职工服务】　推动服务职工"四级网络"进企业，在区、乡镇（街道）、村（社）三级工会服务职工网络的基础上，建立规模企业职工服务点115个，为职工提供困难救助、医疗互助、法律援助、健康佑助等一站式、普惠性、常态化服务。帮扶救助困难职工199人次，发放救助款25余万元；参与职工医疗互助超过14万人，核发4277人次共500余万元医疗互助金；接待职工电话咨询和现场咨询232起，发放各类宣传资料2000余份，参与安全生产事故调查9起；调解各类劳资纠纷99件，调解成功率98%，追讨农民工工资110余万元。

创新服务方式，重点关注环卫工、快递员的生产生活及其劳动条件。在城区设立11个"爱心驿站"，为户外劳动者打造休息服务场所。常规化开展资助千名一线职工免费健康体检、万名职工夏季高温慰问等实事项目。

【结对扶贫】　聚焦精准扶贫，参与"三对口两协作"结对扶贫工作，援助锦屏第二期"返乡农民工创业贷款贴息帮扶基金"50万元。实施企业一线职工赴缙云疗休养三年行动计划，赴缙云企业一线职工疗休养3314名，区、乡镇（街道）两级工会给予经费补助149.13万元。发动125家企业工会采购13879份"扶贫礼包"，涉及金额208万元。

【自身建设】　税务代征工会经费3542.62万元，拨付24个乡镇（街道）工会工作经费614.76万元，完成上解杭州市工会经费916.18万元，返还小微企业工会经费537.19万元，缓减企业上缴工会经费5000万元。

（盛泉军）

共青团杭州市富阳区委

【概况】　2020年，全区有各类团组织1578个，建团率100%，其中基层团组织84个，团工委8个，团总支54个，团支部1254个。全区14—35周岁青年22.41万人，其中团员2.96万人，团青比例13%。全年发展新团员1653人。

【新生代企业家联谊会二届二次理事大会】　1月9日，富阳区新生代企业家联谊会二届二次理事大会暨青年商会三届二次会员大会召开。区委副书记、区长吴玉凤，区委常委、统战部部长陈平出席，西湖大学副校长仇旻作为特邀顾问到场祝贺，区级相关部门负责人及区新企联（青商会）全体理事（会员）参加。大会总结富阳区新企联（青商会）2019年在服务理事、服务社会和自身建设方面的成就，并规划了2020年的发展方向。通报区新企联（青商会）2019年度财务收支情况及新理事（会员）增补名单。

【新企联（青商会）捐赠防疫物资】　新冠肺炎疫情期间，新企联（青商会）向区疫情防控应急指挥部捐赠3M护目镜300副；防护服1000套；KF94口罩10002个（韩国采购），N95医用口罩5000个。

【一线防疫人员慰问】　团区委慰问杭黄高铁富阳站、场口高速口、龙门高速口、富阳高速口等7个高速公路和进出城主要道口疫情检测点，鹿山街道山水社区、东吴社区，富春街道桃源社区、江滨社区、春晖社区、鹿山社区、恩波社区等小区一线执勤人员和防疫志愿者200余名，发放慰问物资。

【"3·5"学雷锋日】　3月5日，由共青团杭州市委、共青团杭州市富阳区委联合举办的"春天行动：青春助力春茶采摘"志愿服务活动在富阳区银湖街道坑西村千亩茶园进行，来自全区各乡镇（街道）共52名春茶采摘志愿者参与。活动还提前发动网红主播，以短视频、网络直播等方式，推出"我为春茶作代言"专栏，帮助银湖街道坑西村民推介坑西村茶叶。

【青年人才"1+1"伙伴行动】　4月8日，团区委举办"团聚青年 与富阳共未来"富阳区共青团服务青年人才"1+1"伙伴行动启动仪式，团区委副书记袁媛、张启杭，开发区组织员董颖、创新创业孵化基地负责人、青年人才大使、青年人才服务员代表、青年人才代表以及其他新兴领域青年群体代表共30余名青年参加。

【共青团杭州市富阳区委二十一届四次全体（扩大）会议】　4月17日，共青团杭州市富阳区委二十一届四次全体（扩大）会议召开。团区委副书记袁媛作题为《高举旗帜跟党走 勇挑重担建新功 为全力加快向一流的大都市新型城区迈进贡献青春力量》的工作报告，二十一届团区委委员、候补委员；乡镇（街道）团（工）委书记；局（公司）、学校及重点联系企业团组织书记；团区委机关全体干部，区青少年宫班子及主任助理等120余人参加。会议回顾总结2019年工作成果，谋划部署2020年工作任务，为富阳区全力加快向一流的大都市新型城区迈进贡献青春力量。

【“味道山乡”青年小剧场】 为了纪念五四运动101周年，在全区上下扎实推进“味道山乡”工作中积极发挥青年团干作用，共同助推美丽城乡、美丽经济、美丽人文建设，为全力打造“现代版富春山居图最美示范区”贡献青年力量，富阳团区委开展“味道山乡青年小剧场”活动，24位乡镇（街道）团委书记担当味道山乡代言人。

【纪念“五四”青年节座谈会】 5月2日，富阳区纪念“五四”青年节座谈会举行。区委书记朱党其寄语全区广大青年，要学习贯彻习近平总书记浙江考察重要讲话精神，牢记殷殷嘱托，勇挑历史重担，争做时代的弄潮儿，在推动富阳转型发展的过程中放飞青春梦想，谱写青春华章。区领导徐林亮、钟永明、万重丰、华之江、孙晓明参加会议。

【青·夜学】 5月，团区委启动每月一期的“青·夜学”活动，全年共举办夜学7期，来自全区各直属团干部和自主报名青年共计600余人。

【第一届青年业委会委员联谊会成立】 6月29日，在团区委和区住建局共同指导下，富阳区青年业委会委员联谊会第一次会议召开，来自全区各小区业委会的青年代表共计20余人参加。团区委相关领导，区住建局、富春街道、春江街道、银湖街道的相关科室负责人及团组织负责人参加本次活动。活动加强对青年业委会委员的联系凝聚和组织引导，搭建青年业委会委员共同成长平台，鼓励更多青年“走出家门、走进社区，以社区为家、在社区当家”，助力全区高水平社会治理建设。

【西藏籍青年临时团支部成立】 7月10日，富阳区西藏籍青年临时团支部成立仪式在富春街道蒋家桥社区举行，团区委、富春街道团工委相关负责人，西藏籍青年代表共计20余人参加。

【富阳区青年学子“青潮计划”启动】 7月23日，富阳区青年学子“青潮计划”启动仪式在富阳区党群服务中心富春大讲堂举行，区委人才办、团区委、区人社局、区教育局等单位相关领导，以及来自全区10所中学的高中毕业生代表140余人参加活动。引导青年热爱家乡、感恩家乡、回报家乡，积极鼓励富阳籍优秀学子大学毕业后回乡创业就业，助力全区“三高”发展，为家乡建设添能助力。

【富阳区直属团干部培训班举办】 9月24日，团区委举办的富阳区直属团干部培训班在杭州科技职业技术学院创业园正式开班，来自全区各直属团组织的80名团干部参加本次培训。

【富阳“小青团e家”电商学院成立】 9月28日，团区委举行城北组团联动发展“服务联享”兴农行动暨“小青团e家”电商学院成立仪式。区委常委、宣传部部长夏芬，共青团杭州市委副书记罗孙一鸣，区政府党组成员、副区长高飞参加。

【“青春迎亚运·志愿展风采”杭州市暨富阳区迎亚运城市志愿服务行动启动】 12月3日，由杭州2022年第19届亚运会组委会、共青团浙江省委作为指导单位，团杭州市委主办、富阳区委组织部、宣传部、统战部、团区委联合承办的“青春迎亚运志愿展风采”杭州市暨富阳区迎亚运城市志愿服务行动启动仪式隆重举行。共青团中央青年志愿者行动指导中心党委书记张朝晖、中国空间技术研究院党委副书记李杰、共青团浙江省委副书记王慧琳、共青团杭州市委书记李莲萍、富阳区委书记吴玉凤等领导及全市志愿者代表1000余人参加。

【结对帮扶·爱心援助活动】 12月18日，在锦屏县会议中心会议室，富阳团区委与锦屏团县委举行“结对帮扶·爱心援助”活动暨物资发放仪式。富阳团区委副书记、锦屏县扶贫办副主任杨小华，锦屏团县委书记刘开灵出席仪式。本次“结对帮扶·爱心援助”活动中的投影仪设备和困难学生结对帮扶资金由青年商会爱心企业家赞助。为6个易地扶贫安置点社区分别捐赠价值6000元的大屏投影仪设备各1台，共计折合人民币3.6万元。共结对

2020年12月3日，“青春迎亚运·志愿展风采”杭州市暨富阳区迎亚运城市志愿服务行动启动
（团区委 供稿）

12名困难青少年，结对周期为2020年至2022年，结对期间为困难青少年提供每人每年5000元的生活补助。

【富阳区召开村（社）团组织换届动员会】 12月17日上午，富阳区召开村(社区)团组织换届部署会。团区委全体班子成员、机关各部室负责人、各乡镇（街道）团组织负责人参加会议。

（潘晓晨）

富阳区妇女联合会

【概况】 2020年，完成基层妇联换届。全区有基层妇女组织2204个，其中，乡镇（街道）妇联24个、机关和事业单位妇女委员会（妇女工作委员会）35个；村（社）妇联326个，机关事业单位妇代会81个，“两新”（新经济组织和新社会组织）妇女组织1738个。妇女团体会员32个，其中，区女企业家知识分子联谊会1个、区工会女职委1个、乡镇（街道）农家女能手协会24个。区妇联下属事业单位区妇女活动中心。全区有专职妇联干部36名，其中，区妇联12名，乡镇（街道）妇联24名。

【思想政治引领】 开展“千鹤妇女精神”“我们在一起守护幸福家”等主题活动，打造区级“富春巾帼讲堂”，各乡镇(街道)“美丽讲堂”“乡村妈妈成长课堂”“我们的活动日”等各具特色的主题课堂。全年，共开展各类宣讲活动100余场次，覆盖妇女群众十万余人次。

【抗击“新冠肺炎疫情”】 全区共有3112名妇联干部、462支巾帼志愿队、6886名巾帼志愿者奋战在防控一线，34528户家庭参与防控和后勤保障工作，组织捐款捐物950万余元，捐赠口罩达20余万只。开展“巾帼带货、爱心助农”直播3场，直接成交和后期带动销售收入达69.6万元；开展“巾帼战‘疫’、爱心助农”活动，共成交订单988个、金额80865元；3000余名巾帼志愿者参与复工政策宣传、健康码安装、返岗员工安顿；2500余名区级机关、乡镇（街道）的巾帼志愿者报名“万名党员进茶园”专项行动、参与春耕抢种抢收。

【两规实施】 2020年，完成富阳区妇女儿童发展“十三五”规划；完成实事项目10件。充分保障妇女参政议政权利，进一步提升妇女参与公共事业和决策管理能力，“五险”参保享受人数逐年上升，妇女基本医疗保险参保率高达99%以上；完成《富阳区“十三五”妇女、儿童发展规划终期监测评估报告》，启动编制富阳区“十四五”妇女儿童发展规划。

【家和智联】 与区委政法委联合推行以“家和智联”为载体的基层社会治理工作，树立大数据治理理念，全过程、全链条、闭环式、数字化推进“平安家庭”建设。基层妇联组织、妇联干部采集婚姻家庭矛盾信息4936条，参与信息审核和研判32298条，组建矛盾纠纷化解队伍（帮帮团）304支。

【新时代“最美庭院”大比武活动】 庭院比武再升级，以挑战赛的形式，启动新时代“最美庭院”大比武活动，突出“比示范、比长效、比内涵”。全年共开展“最美庭院”大比武5场，评出优胜村52个；评选新时代美丽庭院样板村10个，区级美丽庭院示范户1000户，农户主动参与率达95%以上；荣获浙江省“最美庭院”称号1户。

【楼道比武】 6月，在全区54个村（社）152个小区中开展“我爱我家·平安万家”小区楼道消防安全专项大比武，全面提高城市家庭楼道消防安全知晓率和整治参与率，着力打造“小区楼道争先赛、社区月月PK赛”的工作模式。全年共组织开展比武5次，比武优胜小区累计128个（次）。富春、东洲、鹿山、银湖、新登等乡镇（街道）共建立巾帼志愿队伍96支1767人，上门宣传劝导5万余户（次）。

【双学双比 巾帼建功】 全年组织民宿女主人培训班1次、召开民宿女主人专题座谈会1次；牵头协调多个部门，为全区来料加工低收入人群争取区级补助资金每年100万元，助力困难妇女和家庭增收；推荐3名传统女手工美食达人参加省“妈妈的味道民间美食巧女秀”，获最佳人气奖1人、优胜奖2人。推进“巾帼建功”创建活动，荣获浙江省最美庭1户，浙江省三八红旗手1位、三八红旗集体3个，浙江省“示范妇女微家”1个；杭州市2018—2019年度三八红旗手6位，杭州市巾帼文明岗5个，杭州市巾帼建功标兵5位；创建富阳区“巾帼文明岗”29个，富阳区“示范妇女之家”20个。

2020年3月7日，“巾帼带货，爱心助农”公益直播开播

（区妇联　供稿）

【“我在富春山乡有个家”活动】 4月，进一步深化“我在富春山乡有个家”活动，在24个乡镇（街道）分6个组团全面铺开，共推选797户代言家庭，线上线下与5万多户城市家庭结亲，结亲率达98%，接待30.6万人次，总收益达3700多万元，带动周边农户收入451万元，组建姐妹合作社23个。

【家庭文明建设】 丰富发展新时代家风家教内涵，承办杭州市“万家同行·点亮城市文明之光”启动仪式。各级妇联组织共推荐“最美家庭”107户，其中获评杭州市“最美家庭”5户，杭州市文明家庭1户，省“最美家庭”2户，全国五好家庭1户；杭州市绿色家庭18户。

【“好家庭”信用贷】 与建行富阳分行签订战略合作协议，推广“好家庭信用贷”，共发放“好家庭”信用贷4879万元，帮助种植养殖、民宿、来料加工等行业的200余名女性及家庭创业。

【家庭教育】 注重家庭教育基础工作，1月，紧抓《浙江省家庭教育促进条例》颁布实施契机，深入开展“家庭安、家教优、家人和、家风正、家园美”的“守护幸福家”主题宣传活动50余场次，线上线下参与人数6700余人；制作“公筷公勺”宣传视频，线上线下“公筷公勺”宣传活动30余次。在村（社区）家长学校和“儿童之家”全面开展暑期“相伴童行·家庭家教家风基层宣讲”活动180场，参与人数7000余人次。

【妇女维权】 将区级婚姻家庭矛盾纠纷人民调解委员会纳入“区矛调中心”，建立“家事调解室”；打造“富春娘家人”工作品牌，统一标识，推动基层村（社）“富春娘家人”工作室全覆盖。全区妇联系统共接待来信来访60件，通过ODR平台调处34件，主导化解婚姻家庭矛盾纠纷数1562件。把“四必访”女性和家庭纳入重点走访关注对象，落实“一户一策”帮扶工作举措10637件；为全区725名留守、困境儿童落实“代理妈妈”，为595名低保女性落实健康保险。组建“1+4+24”三级“富春平安花”队伍，开展“富春平安花”走基层法治宣传活动；全区线上线下共开展普法宣传活动600余场（次），参与近9万人次。

【关心关爱行动】 牵头开展区四套班子领导“六一”慰问活动，共走访慰问小学、幼儿园9所；6月6日，与杭州市妇联联合举办的“同在蓝天下 我们共成长”留守儿童关爱活动走进上官乡，来自主城区的6户亲子家庭与这里的孩子们一起度过了快乐的一天；为7名“两癌”困难妇女申请杭州市“春风行动”医疗救助，走访慰问困难妇女64名，共计金额6.5万元。

【“两个覆盖”】 在已建党组织的两新组织中实现妇女组织全覆盖，在楼宇商圈、产业园区、特色小镇、专业市场中实现妇女组织全覆盖。全年，共有各类“两新”妇女组织1738个，妇女之家、妇女微家370个。

（吕海燕）

富阳区工商业联合会

【概况】 2020年，区工商联新增会员352家，因有机更新等原因退出的245家，会员总数1394家。全区所属商（协）会28家。其中，乡镇、街道商会24家，行业商（协）会1家（电动车），其他2家（企业家协会、民企联），富阳异地商会1家（富阳莲都商会）。异地富阳商会6家（广东、深圳、北京、上海、新疆、杭州）。

区工商联被全国工商联评为2020年度全国工商联民营企业调查点工作先进基层工商联；被浙江省工商联评为2020年度全省工商联系统先进单位、2019—2020年度浙江省“五优”县级工商联、抗击新冠肺炎疫情以来民营企业调查点工作基层工商联；《凝聚民企力量 助力脱贫攻坚》《创新学习方式 加强民营经济人士思想政治引领》获得浙江省县级工商联服务“两个健康”优秀案例；被杭州市工商联授予2020年度杭州市区县（市）工商联扶贫攻坚、调查研究工作、组织建设、基层商会党建等四项优秀单位称号。10月，富冶集团董事长罗忠平获评由中共杭州市委、杭州市人民政府举办的第四届世界杭商大会“杰出杭商”。

【战疫情助复产】 2月，成立工作专班整理汇编惠企政策及企业复工复产指南、法律服务指引，形成“电子包”并通过“富阳发布”“学习强国”和全区商协会“一键式”推送至全区企业和“企业服务专员”。抓好惠企政策解答，助力全区企业及时了解政策、享受政策。对100余家执委企业一次性减免会费达160万元；向会员企业发出《百企示范、千企争强，积极投身“双抢双增”大比武》倡议；联合区银保监组开展“金融专项服务活动”，对有金融服务需求的105家企业，协调相关银行针对贷款周转存在困难的17家企业和急需融资的10家企业，实施“一企一策”，携手企业共度时艰；搭建网上“复工复产企业互助平台”，有效解决防疫物资调剂等10余个互助问题。疫情期间，总商会微信公众号连续发布“同心抗‘疫’富阳民企在行动”专栏8期，宣传富阳民营企业家踊跃捐助、勇于担当的典型事迹；联合司法局开展线上线下法规宣传活动。

【思想引领】 针对疫情实际情况，创新工商联点题、企业家包场的“富商学习会”模式，全区200多名骨干企业家组成10个“学习分会”，以“弘扬新时代企业家精神，打造现代版富春山居图”为主题的“大学习大讨论”专题活动10场次，联动相关职能部门开展现场为企服务，参加人员达到300多人次，学精神、谈体会、谋发展，营造凝心聚力共克时艰的良好氛围，创新的做法获企业界欢迎与好评。“富商学习会”系列活动的做法与成效以“1+10+X”富阳模式得到区委书记批示肯定，并入选全省工商联系统优秀案例。开展“固定党日进民企”活动，与结对企业党支部共同开展讲党课学精神和非公党建互学互比“1+2”活动，切实抓好非公党建工作，积极探索以推进非公党建、新时代劳动关系、清廉建设，助力企业健康发展。全年编印《富商》杂志4期，刊登12名非公经济人士创业故事，弘扬新时代企业家精神。向全国、省、市级工商联及网站报送富阳民营经济发展信息25篇。

【企业调研】 3月，对23家2019年产值超5亿元的民营企业进行调研，营业收入总额、税后净利等指标逐个整理核实后汇总上报。

【建言献策】 “两会”期间，委员和代表们围绕经济社会发展难点，区工商联主席、浙江春江轻纺集团总经理孙伯勇提交《加强城区道路两边的绿化树木的修整，增加路边居民楼低层住户阳光照明时间》，区工商联副会长、杭州天铭科技股份有限公司董事长张松提交《关于用好税收优惠政策招引高素质团队和及促进产业集聚的建议》等提案；区工商联副主席、杭州富春江通信集团有限公司总经理孙臻提交《关于培育壮大5G产业 打造发展新优势的建议》；区工商联副主席、浙江金火机床有限公司羊立民提交《关于提高土地利用率的建议》议案；区工商联执委、杭州富阳多宝电子有限公司陈深海提交《关于完善工业垃圾处置措施助推实体经济高质量发展的建议》等提案、议案，撰写提交提案、议25件。组织发动近600家（次）企业参加全国、省、市工商联7次网上调研，调研数量和成效位列全市第一。组织59家企业对抗击疫情、助推企业复工复产的74条降本减负政策进行评估并形成评估报告。联合科职院，开展《关于“十四五”期间促进我区民营经济高质量发展的建议》调研课题，并获得杭州市工商联系统优秀调研成果二等奖。

【招商安商引商】 1月，联合统战部组织150余位在外富商举办“新春座谈会”，宣传推介富阳招商招才政策，引导富商返乡创业。会同区委统战部制定出台《乡贤助力招商工作实施方案》，组建杭州、宁波、西安、武汉乡贤驿站4个。走访在外富商、企业50多家（人），召开座谈会5次，鼓励富商回乡创业，帮助富商做好项目对接、政策指导、部门协调等，接待在外富商100多人，累计收集异地富商及乡贤信息1080人，筛选有效项目5个。

【营商环境优化】 联合经信、环境生态富阳分局等部门举办“亲清直通车·政企恳谈会”，共收集困难问题、意见建议25个，形成问题反映、办理、反馈、评价的工作闭环。会同区纪委监委、区委统战部积极谋划打造“富阳版”亲清政商关系工作，推动出台《富阳区践行亲清新型政商关系实施意见（试行）》。11月，召开全区践行亲清政商关系推进大会。组织70余名企业家开展“走进光机所、科企紧携手”系列专场活动，通过互动交流、高新项目路演，强化科企合作，助推富阳高新科技成果转化和产业化。10月，组织40名企业家赴宁波健峰开展“实战性TQM总经理领导力和成长力”为期5天的管理能力提升培训班一期；邀请专家《“内循环”下如何拥抱新经济及企业转型升级》和组织执委企业在线参与全国工商联德胜门大讲堂和市联杭商大讲堂，帮助民营企业拓宽视野、探索转型机遇，受训达500人次以上。开展走亲连心三服务活动，走访企业166家、召开座谈会13次，收集意见建议35条，协调解决17个问题。

【商会改革】 4月，会同区委统战部制定出台《杭州市富阳区基层商会工作规范化建设实施方案（试行）》和考评办法，建立商会工作统一由统战委员分管、分管经济工作领导协同的工作机制；会同组织部、统战部联合出台《关于加强我区商会党建工作的指导意见》《关于进一步明确基层商会党建工作相关事项的通知》等文件，并联合召开全区基层商会建设工作推进会进行动员部署，实现商会党建工作“双覆盖”和统战联络员全覆盖。组建商会党支部3个（新桐商会、环山商会、新登商会）。6月，鹿山商会12家会员企业向“鹿山东吴教育基金”捐赠310万元；6月和7月，先后组织24名基层商会负责人赴宁波、台州等地先进商会开展学习交流，指导23家乡镇商会抓好监事会（监事）选举、“党建入章程”等工作，完成洞桥、上官商会换届选举。新登商会、新桐商会被杭州市工商联授予杭州市“四好”商会。9月，在市委组织部、市工商联召开的杭州市商会党建工作会议上富阳商会党建工作列为典型交流。12月，上官商会联合杭州市国际商会、下城区贸促会联合承办“迎亚运·共健康”杭州市国际商会2020年首届运动会并派队参赛，上官商会获协作并进

2020年11月17日，富阳召开践行亲清新型政商关系工作推进会
（区工商联 供稿）

项目团体冠军和男子乒乓球单打项目亚军。

【巡察整改】 以巡察整改为契机，针对巡察反馈的问题，逐条分析原因，抓细抓实整改措施，制定和完善《关于加强我区基层商会党建工作的指导意见》《杭州市富阳区基层商会规范化建设实施方案》《关于推进构建亲清新型政商关系的工作意见》《关于联系基层组织和走访非公经济代表人士的制度》等17项制度，建立健全机关管理制度，规范人财物管理，以制度固化整改成效。在区委第十二轮巡察反馈问题整改情况的通报中整改成效位列第一。

【履行社会责任】 新冠肺炎疫情防控期间，全区民营企业慷慨解囊捐款捐物、逆行开工保障供给、全球采购支援火线、全力全员复工复产。累计捐款4280万元，捐赠防护物资42万余件。7月，中国中纺集团有限公司授予浙江春江轻纺集团有限公司总经理孙伯勇“抗疫保供先进个人”称号。组织区工商联执委、富阳华邦建材公司董事长孙继武等企业家向四川省凉山州正洛村捐赠资金共计50万元，帮助该村壮大养殖业、完善村内基础设施建设以及50户贫困村民安装太阳能热水器，捐赠电视机12台，送去“圆梦礼包”，并走访贫困户6户并向每户送去500元慰问金。向对口帮扶地区锦屏县捐赠教育基金、购买扶贫礼包、同心书包等价值200多万元。4月，18家企业组织被贵州锦屏县委县政府授予“扶贫爱心企业”称号，11月，区委区政府对在助力脱贫攻坚中表现突出的富冶集团、金鑫钢构集团、富春江通信集团、富通集团、中泰钢业集团等17家企业进行隆重表彰。富阳区民营企业家在参与脱贫攻坚事业中的相关案例相继被《中华工商时报》及中央统战部、国务院扶贫办、学习强国等网站平台刊登报道。民企助力脱贫攻坚工作被评为全省工商联系统优秀工作案例。

（朱欢英）

杭州市富阳区科学技术协会

【概况】 2020年，区科协有区级学（协）会20个、民非企业2家，企业科协12个，院士工作站2家；乡镇、街道科协24个；社区科协分会49个；下属事业单位1个。区科协被中国科协办公厅评为2020年科普中国信息员队伍建设区县级科协优秀组织单位，被杭州市科协评为2020年度“科普中国”落地应用优秀组织单位。

【科普助力疫情防控和科技服务企业复工复产】 1月27日，区科协专题研究部署开展新型冠状病毒防控科普等工作。组织24个乡镇街道科协广泛传播国家权威部门发布的相关信息，组织全区22000余名科普信息员宣传新型冠状病毒相关应急科普知识。其间，利用“科普中国”、区科协网站、微信公众号分享科普文章381039篇次；印发防疫科普宣传折页65000份、印发防疫宣传挂图1932张。科学指导疫情防控和企业复工复产，做好疫情防控与“三服务”结合工作。

【“战疫情、促发展，千名专家进千企”专项行动】 根据杭州市科协“战疫情、促发展，千名专家进千企”专项行动的要求，5月25日开始，富阳区科协在全区开展企业入户调查工作，分组、分片了解企业在发展规划、技术研发、成果转化、产品竞争力、科学管理、人才培养等方面的需求，发挥科协智力集聚优势，精准服务企业。重点走访服务高新企业、高新潜力企业、农业龙头企业112家，浙江大学教授丁凡解决浙江固微科技有限公司液压活塞行程监测、压力监测等方面问题；浙江工业大学材料科学与工程学院院长助理、副教授周密到现场指导浙江工谷环保科技有限公司、浙江大铭新材料股份有限公司针对企业提出的生产工艺改进、产品研发方面问题；浙江工业大学机械工程学院特种装备制造与先进加工技术教育部重点实验室的裘信国博士指导浙江泓盛制药有限公司为企业药品自动检测器错检率高问题。

【区科协十一届二次全委会】 8月14日，区科协十一届二次全委会议召开，会议听取和审议区科协2020年上半年工作报告及下半年工作计划，选举增补区科协第十一届委员会常务委员14名。

【下属事业单位更名】 5月13日，根据事业单位机构编制框架等有关要求，下属事业单位中国农村致富技术函授大学浙江省杭州市富阳区分校更名为杭州市富阳区科技服务中心。

【建言献策】 撰写调研文章4篇。区老科技工作者协会针对热点民生问题组织会员开展调查研究，撰写的《关于加强公共卫生体系建设的调查与思考》《富阳区“美丽河湖”建设存在的问题与建议》调研报告获区委区政府主要领导肯定批示。

【科普活动】 9月18日，杭州市第34届科学普及宣传周活动启动仪式暨“战疫情、促发展、千名专家进千企”富阳行活动和2020年富阳区全国科普日暨33届科普宣传周活动启动仪式在场口文化礼堂举行。活动现场，浙江大学求是特聘教授、博士生导师卫龙宝作主题报告——《数字农业》。浙江农林大学副教授戴丹作《电商赋能 乡村蝶变——电子商务助力乡村振兴》专题报告。浙江农林大学风景园林与建筑学院副教授白鸥针对乡村地区独有的生态资源优势，作《生态旅游的理论与实践》专题分享。现场进行小品《礼物》、莲花落《书呆子养鱼》、科普剧《一个地球不够用了》、科普歌曲《神奇魔方》等科普节目演出。中国科学院自动化研究所研究员、中国科学院大学人工智能学院卢汉清教授为场口镇中心小学学生作“人工智能”科普讲座。启动仪式后，市级学会专家点对点上门开展“战疫情、促发展，千名专家进千企”专项行动，针对富阳场口镇的医疗电子技术、健康服务、猕猴桃种植、水产养殖等需求，开展科技服务对接。全年开展“科普自由行”、全

2020年9月18日，2020年全国科普日暨杭州市第34届科普宣传周活动启动
（区科协　供稿）

国科普日广场活动、科普大讲堂、科普电影巡回放映等各类线下科普活动，在全区党群中心、30所中小学校、610个村、社区及重点场所等播放科普电影710场，科技下乡3场，科技知识竞赛9场，制作挂图、展板、海报等11736块（张），编印发放各种科技科普宣传资料60余万份，参与科技宣传人员2100人次，受益人群达10万余人次。

【科普大讲堂活动】　11月28日，邀请中国科学院院士、环境土壤学家朱永官及其团队到富阳开展“健康农业、健康土壤”主题学术活动，并为全区农业和生态科技工作者就健康农业、健康土壤问题进行专题科普讲座。全年开展节能环保、健康卫生、实用技术、安全常识等方面的科普知识讲座、专题报告、技术培训和学术交流181场，受训人员5916人次。

【新时代文明实践科普宣传】　区科协牵头组织成立新时代文明实践中心科学普及志愿服务队，各成员单位秉持平台共享、资源信息共享、成果共享的理念，谋划好计划，加强交流，确保科学普及志愿服务队工作扎实有效开展。以科普进党群服务中心、进文化礼堂为主阵地，传播正能量，唱响主旋律，围绕打造现代版富春山居图，组织乡镇科协、学（协）会及普通志愿者开展各类科普活动服务150余场。举办2020年富阳区农村文化礼堂“活跃工程”暨“文化科技下乡”启动仪式。

【科普宣传创新】　联合富阳融媒体中心拍摄制作系列科教纪录片《富春江鲜知多少》，通过系统梳理富春江鱼的14目34科、118个品种，介绍其品种、习性、水环境变迁等内容，以科普富春江鱼类知识为主线，融合传播富阳历史人文、地理环境和社会发展情况。计划拍摄8期，至年底完成拍摄制作2期，并在富阳电视台新闻综合频道、文化生活频道播出，创新传播形式，以科普为媒介讲好富阳故事。为实现基层科协组织健全，科普活动经常化，科普设施完善要求，用好2020年基层科普行动计划中央补助资金29万元，集中更新富春街道（社区）“一站一栏一员”标准化建设，进行社区居民科学素质提升培训，把科普组织延伸至社区一线，精确选定社区居民聚集区域新建15个科普画廊，拓宽视野，发挥资金效应，除定制内容外，从周边市县采购居民喜闻乐见的科普宣传画册、折页进行悬挂和发放，在街道所属35个社区开展内容丰富多样的科普宣传活动，为下步全面开展新型村（社）科普宣传开辟了新的路径。

【科普工作信息化】　2020年“公众科普”微信平台新增科普中国栏目，对接科普中国云数据，助推“科普中国”在富阳落地应用。累计推送图文信息1237篇，关注人数最高峰值达到49217人，涉及299个城市，日均点击阅览超过1000次182篇，单篇科普微信最高阅读人数18012人次，总阅读量29万余人次。富阳科普网站年度发送97篇图文信息，动漫44个作品，科普视频128部影片。至12月4日，“科普中国”信息员累计注册35446人，注册人数全市第一；分享科普文章264万篇；科普信息传播活跃榜位居全市第一，初步形成科普信息化的协同机制和运营模式。利用“科普自由行”活动在公众科普微信平台线上报名参加科普知识竞赛8万余人，线下接待1200余人次。

【科普电影大篷车巡回放映和科普电影进校园活动】　6月15日至12月15日，委托杭州富阳时尚影艺文化发展有限公司在区党群中心、30所中小学校、610个村（社区）开展科普电影大篷车巡回放映活动，共放映各类健康卫生、生态环境、食品安全常识、校园安全及事故应对办法、火海逃生等影片710场。

【青少年科普教育基地】　全区共有青少年科普教育基地28家。6月29日，杭州市富春江水电设备有限公司水电科普馆被国际小水电中心授予“国际小水电中心小水电科普工场”称号。

【反邪宣传警示教育】　开展“春蕾计划”反邪警示教育宣传月活动、反邪教广场舞等工作，区反邪教协会与杭州（国际）青少年洞桥营地合作，投入近10万元新建和打造青少年反邪教警示教育基地。9月12日，富阳区2020年防范邪教宣传月启动仪式在青少年洞桥营地开展。富春四小、富阳区施肩吾小学、富阳区万市镇中心小学等200多位学生参加，通过反邪教趣味问答，共同绘就“崇尚科学、反对邪教、全民行动、从我做起”的百米长卷，并在画卷上集体承诺签名，升旗仪式，救援、自救技能观摩培训等活动。

（李成钢）

富阳区文学艺术界联合会

【概况】 2020年，区文联有所属协（学）会13个，会员1602名，其中国家级会员70名，省级会员209名，地（市）级会员390名。全年出刊《富春江》正刊4期。被省文联评为全省文联系统成绩突出集体称号。

【第二届公望富春·中国山水画作品展】 11月3日，第二届公望富春·中国山水画作品展在公望美术馆开幕，中国美术家协会理事、中国文联美术艺术中心活动管理处处长杜松儒，浙江省文联副主席、书记处书记赵晓刚，浙江省美术家协会主席、中国美术学院院长高世名，浙江省文联二级巡视员、浙江省美术家协会副主席骆献跃，全国山水画家刘罡、张谷旻、李岗、包洪波等，区领导陆洪勤、夏芬、赵玉龙、孙洁等应邀参加。作品展由中国美协、省文联、富阳区人民政府主办，中国文联美术艺术中心、省美术家协会、中共富阳区委宣传部、区文联承办。自2019年12月底在中国美术家协会官方网站发布征稿通知，至2020年5月15日截稿，共收到全国各地投稿作品4107件，经专家初评、复评，最终评出入选作品101件，其中20件为入会资格作品。这些作品题材丰富、主题鲜明、手法多样、气势恢宏，较为全面地展现了新时代中国山水画创作的新气象，受到全国美术界关注。

【第六届郁达夫小说奖颁奖典礼】 12月7日，由浙江省作家协会江南杂志社、富阳区人民政府主办，中共富阳区委宣传部、区文联承办的第六届郁达夫小说奖颁奖典礼在富阳举行，中国作协副主席阎晶明，省委常委、宣传部部长朱国贤，浙江省委宣传部副部长葛学斌，杭州市委常委、宣传部部长戚哮虎，省作协党组书记、副主席臧军，省作协主席艾伟，区领导吴玉凤、王华、汤金华、陆洪勤、夏芬、赵玉龙、孙洁等领导，郁氏家属代表郁美兰，中篇小说奖得主迟子建，中篇小说奖提名奖得主孙频、马小淘、须一瓜，短篇小说奖得主斯继东，短篇小说提名奖得主邵丽、雷默、徐则臣，《十月》杂志主编、评论家陈东捷等嘉宾出席颁奖典礼，“不废江河万古流”郁达夫史料展、获奖作家读者见面会同期开展。

【“决胜全面小康”第二届全国农民画作品展】 9月22日，由中国美术家协会、浙江省文联、富阳区人民政府主办，浙江省美术家协会、中共富阳区委宣传部、区文联承办的农民画作品展在公望美术馆开幕，省政协副主席张泽熙，中国文联副主席、中国美术家协会副主席、浙江省文联主席许江，浙江省文联党组书记、副主席、书记处书记陈瑶，中国美术家协会分党组成员、秘书长马锋辉，浙江省文联党组成员、书记处书记吕伟刚，浙江省文史馆副馆长姜玉峰，浙江省文联二级巡视员、浙江省美术家协会副主席骆献跃，杭州市文联党组书记、常务副主席汪华瑛，区领导吴玉凤、夏芬、孙洁等出席开幕式。共展出作品299件，央视现场直播开幕盛况，央视新闻频道、中国文艺网、浙江文艺报均作详细报道，中国文艺网还就本次展览制作了线上展厅。

2020年11月3日，第二届公望富春·中国山水画作品展在公望美术馆开幕

（区文联 供稿）

【“不废江河万古流”郁达夫史料展】 12月6日，由区文联主办，公望美术馆、郁达夫研究学会承办的“不废江河万古流”郁达夫史料展在公望美术馆开幕，展出郁达夫手稿、实物、著作、研究专集，图片资料、未公开发表日记（含复印件）等若干。

【文艺家进校园支教】 全区60位艺术家在52所中小学完成总计856课时的艺术支教课程。支教老师董小青指导新登镇中心小学创编的越剧小戏《徐玉兰学戏》获中国少儿戏曲小梅花荟萃原创类集体节目称号。

【公望美术馆2020年展览】 2020年，公望美术馆先后举办“秋水春山”长三角地区水彩画联展（延展）、“富春山居”浙江省第六届女书法家作品展暨第五届女篆刻家作品展、寒石书画艺术全国巡回展、“丹青协作·花开山海”富阳与缙云书画摄影作品展、“一万个太阳”中国自闭症学生公益画展、“相约富阳·共抒小康”宿迁·亳州·富阳书法交流展、“决胜全面小康”第二届全国农民画作品展、第二届公望富春·中国山水画作品展、“不废江河万古流”郁达夫先生史料展、“同心”大写意花鸟画展。

【以艺战疫】 组织文艺工作者创作文学、书画、摄影、音乐、民间故事和工艺等各文艺门类的作品总计403篇（件），“富阳文艺”公众号推送74次。《富春江》出刊富阳援鄂医护人员专刊1期，采写创作文章31篇，以创作表达关切，鼓舞全民士气。积极倡导和发动100余名文艺志愿者到所在村（社区）参与防疫物资搬运、捐款送物、隔离点值守等防疫工作。区音舞协会会员精心编排16个节目，联合春建咸康村首创网络“村”晚。

【富阳区文联第八次代表大会】 9月29日，富阳区文联第八次代表大会召开，杭州市文联党组书记、常务副主席汪华瑛，区领导吴玉凤、夏芬、万重丰、赵玉龙、孙洁、王小丁出席开幕式。大会正式代表、杭州地区其他县(市)地区文联领导、区各群团组织、第四纪检监察组，宣传系统各部门负责人，文联历任主席，老艺术家代表及乡镇（街道）文联负责人参加会议。区委书记吴玉凤在开幕式发表讲话，会议审议通过第七届文联工作报告、文联章程及大会决议，选举产生文联新一届领导班子。

【富阳区第十八届郁达夫文艺奖】 经富阳区第十八届郁达夫文艺奖评奖委员会评选，区第十八届（2018—2019年）郁达夫文艺奖评选出一等奖作品3件，二等奖作品31件，三等奖37件。

【长三角文艺发展联盟“艺·江南”会议与会人员到富阳考察】 7月3日，长三角文艺发展联盟“艺·江南”会议与会代表一行赴龙门古镇、东梓关村、新登镇上山村实地走访，考察富阳文艺助力乡村振兴。

【全区文艺界学习贯彻习近平新时代中国特色社会主义思想专题培训班】 11月6日，区文联举办全区文艺界学习贯彻习近平新时代中国特色社会主义思想专题培训班，邀请省委党校老师张红岭专题授课。区领导夏芬、孙洁参加培训班开班仪式并讲话。

【区文联所属文艺家协（学）会活动】 区作家协会举办“我眼里的味道山乡”征文、本土作家新书分享会等活动；区美术家协会举办创作写生、观摩活动，备战国展省展；区书法家协会承办机关书法培训班，举办“味道山乡”富阳山水采风诗词展；区摄影家协会开展缙云采风活动，组织新会员培训班，提升创作水平；区音乐舞蹈家协会群策群力举办新年音乐会；区戏剧曲艺家协会联合市级协会开展杭州百名戏剧人戏曲专场惠民演出；区电影电视艺术家协会拍摄制作壶源溪流域短视频，推介富阳“百村百味”；区民间文艺家协会组织青少年体验根雕文化，传承富春匠艺；郁达夫研究学会协助做好第六届郁达夫小说奖颁奖典礼及“不废江河万古流”郁达夫史料展布展工作。《三国演义》学会开展富春东吴胜迹寻访活动，采风创作并出刊《三国与富春》会刊；富春印社举办“物阜民康”篆刻作品展；董邦达董诰研究会开展“二董”文化主题创作，参与新桐乡“清风堂”文化陈设布置。

【乡镇（街道）文艺工作】 与龙门镇文联在龙门古镇核心景区保忠堂举办“百花造美周·高波布艺作品展”并在现场开展布艺、纸花制作。与萧山区文联在灵桥举办以“富春山居”为主题的富阳萧山两地书法雅集活动，两地30余位作者在富阳元书纸上用不同笔体、风格书写孙过庭书谱。与春江街道联合举办2020年春江诗会，来自全国各地的诗人和本土文学、诗歌爱好者近300人欢聚太平公园，用诗歌、文学的形式反映富阳转型发展进程以及全区乡村振兴面貌。与银湖街道联合举办“笔墨抒小康”富阳书法村作品联展，“同心”大写意花鸟画展。为胥口策划打造省级摄影创作基地，与《中国摄影报》合作筹备全国性的摄影大赛。永昌镇成立漫永昌文学社，启动首期文化事业发展基金。与省摄协、区委宣传部、东洲街道、鹿山街道、新桐乡、渌渚镇共同举办“富春山居·味道山乡”全省摄影大赛。

【重要创作成果】 实施“对话富春江”项目12个。扶持裘星一作品集《320的远方有多远》和许文培故事集《家老如宝》出版。方格子作品《长河》入选中国作家协会2020年度定点深入生活项目扶持。叶萍小说《魏薇薇》、陆桂云散文集《烟火乡间》出版。施涌潮作品《江山一览春无尽》、阳桂芳作品《富春墨韵》、金雪伟作品《东梓关之晨》分别入选第二届公望富春·中国山水画作品展；金雪伟作品《家园》、吴苗作品《安居乐业奔小康》分别获得第二届全国农民画展入会资格，蒋仁杰作品《幸福像花儿一样》作品入选。陶桂生作品《古墨·新茶》获得第三十六届兰亭书法节“兰亭杯”全国农民书法大赛优秀作品奖；潘海峰作品《题醉中所作草书卷后》获省书协主办的省农民书法篆刻大展提名奖。民协朱剑星新故事《现在，我们都好了》、陈志荣新故事《猪肉涨价后》获“浙江省2020年度好故事奖”，何凤娣新故事《学习之星》、邵艳云新故事《不翼而飞的50万》、陈煜琴新故事《无地自容》获浙江省第十四届新故事大赛征文一等奖。

【文艺人才】 区作家协会会员王海平、钱旭群分别入选省作协“新荷计划”人才库；区美术家协会会员郑谅入选省文联“新峰计划”。区美术家协会会员邵玉峰加入中国美术家协会，区书法家协会会员唐青青加入中国书法家协会，区戏剧曲艺家协会会员刘彬彬加入中国戏剧家协会。

（沈小惠）

【编　辑　何开城】

12 法 治
Rule of Law

政法综治

【概况】 2020年，区委政法委以全力打造区域社会治理富阳示范区为目标，以推进高水平社会治理、提升社会治理效能为主线，围绕“固根基、扬优势，补短板、强弱项”工作重点，坚持系统治理、源头治理、综合治理、依法治理，全面提升社会平安防控、风险防范化解、基层社会治理、政法铁军履职效能，为助力“三高”发展、全面建成小康社会提供坚强保障，“平安富阳”实现十六连冠，平安创建成绩创历史最高纪录位列全省第三，各项工作走在省市前列。

【防疫攻坚战】 组建群防群控工作专班，启动区镇村三级指挥体系，落实24小时值班值守，每日视频联线会商研判，发动群防群控力量，开展入户排查、宣传及管控，扎紧村社954个卡口；运用“大数据＋网格化”手段，织密疫情防控排查网，累计参与群防群治达84万多人次，走访人员664万多人次，接收核查省市疫情防控数据558批次共计77444条；对24个乡镇（街道）开展150余批次检查指导，检查场所部位2600余个，从严从快打击涉疫类违法犯罪，确保疫情期间社会稳定。

【平安创建】 出台年度平安考核办法，固化区领导每月专题研判分析平安创建工作，实行部门季考、乡镇（街道）月考通报制，对区级机关单位平安考核实行“否优”“否良”目标控制，推动平安创建“四张清单”（责任、督查、问题、整改）制度，形成了问题督查一提醒一整改一反馈的闭环式管理，有效破解平安工作不落地。全面推行55个重点部位平安建设标准，落实场所“片区化管理”，压实部门“行业监管”责任和辖区“属地责任”。打造多样化平安宣传格局，公交车候车亭、阅报栏亭安装固定宣传牌600余块，开展平安创建网络问卷调查，参与人次达20万。

【社会稳定】 以“铸墙”“净土”“攻心”三大工程建设为载体，推进反恐、人民防线等工作，建立全省首个民族特色出租房旅馆式服务管理站，开展大规模风险隐患排查8次，调处各类矛盾纠纷5158起，调解成功5112起，调解成功率99.1%；化解项目化监管重大涉稳问题21件，推进重大风险评估工作，风险评估数量达361次，有效保障各类重大工程推进、重大活动实施、重大政策落地。

【扫黑除恶】 组织开展“线索清仓、逃犯清零、案件清结、伞网清除、黑财清缴、行业清源”的六清行动及十大行业领域涉黑涉恶突出问题专项整治和新型网络犯罪专项打击工作。2018年以来，全区共打掉涉黑恶犯罪集团18个，破获案件470件，查封、扣押、冻结涉案资产2.14亿元，移送起诉934人，已判决涉黑恶案件39件154人，判决生效保护伞案件5件。

2020年4月14日，富阳荣获2019年度平安建设一星金鼎

（区委政法委 供稿）

【基层社会治理】 聚焦城市大脑建设，推动社会治理数字赋能“三网一库”建设，深化重点人员全息网，开展重点人员全息网3.0版建设，探索“家和码”三色网，完成全区27.3万户家庭建档工作，推进平安村（社）智治网，开发“富春智联”一体化平台进行“全域组网”；完善统一地址库建设，采集统一地址63万余处，实现社会治理要素“一图全览”。以“最多跑一地”改革为牵引，统筹整合政法、司法、信访等资源力量，推动“多中心”向“一中心”集成，实现矛盾纠纷“一窗受理、一揽子服务、全链条解决”，全区四级信访总量下降42.31%，去杭赴省越级访批次下降12.06%，进京越级访人次下降31.25%，诉讼案件中一审民商事案件总量下降16.67%，县域万人成诉率中民商事案件万人成诉率下降34.06%，矛盾纠纷就地化解率97.45%，满意率97.60%，基本实现“五降二升”工作目标。提升网格工作，突出网格员能力建设，全年网格队伍上报处置各类事件287303件，有3名网格员获评省级优秀网格员，44名网格员获评杭州防疫先进网格员，72名网格员在村（社）换届中进入村支两委队伍。

【政法工作水平提升】 动员部署开展“执法司法规范化水平提升年”活动，聚焦五大类24项执法司法问题开展治理，排查整改问题378个。推进数字卷宗单轨制协同办案模式，投入1200余万元建成公安机关执法办案管理中心，出台刑事案件速裁程序快速办理机制，推动全区大型涉案财物集中管理，推动诉源治理向警源、访源、诉源三源共治转变；贯彻落实《中国共产党政法工作条例》和省委五个配套制度，以“模范机关”创建为契机，深化政法系统“最强党支部”“最美党员”创评活动，政法队伍思想政治、素质能力、纪律作风明显提升，2020年区委政法委被评为杭州市政法系统“八个排头兵”“十佳先进集体”。

（钟益林）

公 安

【概况】 2020年，杭州市公安局富阳区分局（以下简称分局）统筹新冠肺炎疫情防控和经济社会发展新形势新要求，紧扣区委区政府和杭州市公安局工作部署，锚定“三个一流”总目标，为“重要窗口”建设及加快迈进一流大都市新型城区提供最安全稳定保障。全区110有效警情及刑事、治安、交通等主要警情数分别同比下降9.81%、11.44%、4.65%、23.74%，全口径死亡交通事故数及死亡人数同比下降26.76%、25%，全区社会治安秩序持续良好。杭州市政府在全国新疆劳动力到其他省市务工服务工作电视电话会上交流“富阳工作经验”；全市执法办案管理中心建设现场会在分局召开，分局在全省执法管理中心建设现场会上作经验交流。“富春智联”一体化平台受到杭州市委市政府高度肯定。巡特警大队成为全省巡特警七支“王牌军”之一。富阳区看守所连续第九次获评“全国一级看守所”，分局车辆管理所连续第六次获公安部“全国一等县级车辆管理所”荣誉称号。年内1个集体和3人次荣立二等功，6个集体和29人次荣立三等功，27个集体和99人次因工作突出受到表彰奖励。

【缪承潮检查疫情防控工作】 2月13日，杭州市副市长缪承潮在副秘书长王震及杭州市公安局、交通运输局、卫健委等部门负责人陪同下，到杭千高速东洲互通、杭黄高铁富阳站检查疫情防控工作，并慰问公安执勤人员。

【王建指导执法规范化工作】 7月14日，省公安厅党委委员、副厅长王建在省公安厅法制总队总队长徐芳根等陪同下，到分局调研指导执法规范化工作。

【张阿军调研务工人员服务管理工作】 8月26日，省公安厅党委委员、副厅长张阿军到富阳区杭州日月电器股份有限公司调研务工人员服务管理工作。

【马宝明指导执法办案管理中心建设】 10月29日，公安部法制局副局长马宝明在省公安厅法制总队正处长级督查专员严正满陪同下，到分局调研指导执法办案管理中心建设。

【新冠肺炎病毒疫情防控】 突如其来的新冠肺炎疫情期间，分局迅速投入疫情防控一线，24小时扼守入杭入富18个通道，创新大数据分析，研发“追疫在线”“来富工作一点通”等模块，推进“通道查控、人员闭环研判、协助属地防控、助力复工复产、入境人员接驳”等工作，打好疫情防控战争。累计研判分析涉疫人员3.6万余人，落地管控7100余人，接驳24批2534人。2月16日，区委副书记、区长吴玉凤在分局《关于服务企业复工复产助推全区经济社会发展的报告》上作出批示：“要感谢和表扬公安在这场疫情防控阻击战中的主动意识，自觉行动和创新举措。”2月22日，区委副书记、区长吴玉凤又在《区公安分局春节假期安保工作总结》上作出批示：“公安分局在防疫阻击战中体现了铁军的担当！”

【疫情防控物资保障】 分局将疫情防疫工作作为首要政治任务，主动、超前服务，落实战时应急保障服务工作，抓住物资保障与内部安全防范工作重点。及时发放口罩、手套、防护服、护目镜、洗手液、雨衣、消毒酒精、体温计，为一线实战民警提供防疫物资。做好内部安全管理，落实进入分局人员体温检测、公安场所消毒、食堂分餐制等防范措施；核酸和血清抗体检测一线和窗口警力新冠病毒1125人，接机入境人员80余次，保障入境人员集中隔离观察，为全区复工复产提供有力支撑。

【“疫情风险”智控网】 疫情防控初期，依托基础管控3.0系统和“富春智联”平台，研发“追疫”模型，获取重点地区人车信息，落地核查重点地区到富阳人员并隔离观察；研发“来富一点通”APP，分析研判涉疫到富阳人员和服务企业复工数据，编写分析预警报告；利用“语音外呼平台”及AI语音机器人，全域筛查全区流动人口28万余人，分流核查重点地区来杭5.55万人，管控入境返浙0.26万人，发现在富涉疫流动人口82人和涉疫接触0.17万人。

【涉外疫情防控】 根据新冠肺炎疫情防控形势，研究细化防境外疫情输入措施，落实“三个一步、三层排查、三个同步”的“三三”技战术，全方位织密涉外疫情防线，最大限度实现境外入富人员闭环管控，防范“疫情回流”风险。全年核查上级下发涉疫数据2万余条，劝阻非必要办证申请0.2万人次，对接入境省外隔离后回富0.14万人次，入境杭州回富隔离0.23万人次。

【抗“疫”战场】 抽调精干警力组建涉疫人员闭环管控工作组，24小时不间断核查研判分析涉疫人员数据。在实战中形成“下发数据必核实、涉疫人员必分析、关系人员必彻查”等工作法。累计分析发现涉疫重点人员0.57万人，新增管控人员185人。打击以抗疫物资为名的诈骗犯罪，侦破口罩诈骗案件24起，抓获犯罪嫌疑人6人，追回损失28.3万元。

【疫情防控督察】 开启网上、网下双管齐下督导方式，每日细督严查全区各疫情检测点和全局44个基层所队疫情防控开展情况，督导检查任务落实、命令执行、信息畅通、纪律作风等工作。开展通道查控、内部防控、指令单办理、社会面基础管控等现场督察3轮次，下发问题交办单、发布专项督导通报、提出各类督导建议，督促各基层所队自查自纠问题150余个。

【公安信访】 6月20日，信访力量全建制进驻区矛调中心集中办公，借力党委政府各类治理平台，最大限度排查化解矛盾纠纷。全年局领导信访接待40次，倒查信访案件69件，存在执法瑕疵案件11件，执法问责处理13人，考核扣分承办单位4个。以局领导包案化解、责任单位走访沟通、司法救助等方式，化解杭州市公安局领导交办重要信访3件，签订停访息诉23件。

【重大项目主动服务】 高质量办理区委区政府主要领导批示指示件30余件，严厉查处江南区块非法倾倒渣土等案件，新安江水库九孔泄洪时刻雨夜登上新沙岛紧急转移群众2000余人。推行《服务企业复工复产十项措施》及三级警企联系制度，优化服务企业经济发展模式，完善专班工作机制，确保循环经济产业园、亚运场馆、地铁沿线拆迁等全区重大项目安全落地。

【重大案件侦破】 7月2日，以富公通〔2020〕第25号文件下发《分局重大警情案事件处置规范》并执行，提升重大案件侦破效能。专案办理春江金龙纸业重大诈骗、中远包装骗取国家专项资金、王某莉诈骗等案件。承担“泰国跨境电信网络诈骗案”侦办工作，抓获犯罪嫌疑人7人，破获“杀猪盘”式诈骗案件12起。牵头侦办国督“3·12”跨境组织赌博专案，抓获犯罪嫌疑人38人，扣押冻结涉案资产2亿余元，摧毁关联赌博平台3个。

【各类刑事犯罪侦破】 全年，涉黑涉恶十类犯罪采取强制措施265人，逮捕81人，移诉251人。移诉“3·28”黑社会性质组织案及恶势力犯罪集团案件2个。侦破杭州市公安局挂牌督办的“2003年黄某媚被杀案”积案。抓获2001年“6·20”特大抢劫杀人案漏网逃犯田某寿。24小时内快侦快破现发命案、“两抢”案件各2起，强奸、放火、猥亵案件破案率100%。打好侵财犯罪民生保卫战。年内，传统侵财犯罪移诉361人，其中侦破入室盗窃案件224起，完成率176.38%。新型犯罪嫌疑人采取强制措施343人，同比上升66.67%，移诉215人，同比上升59%。

【打击涉黄涉赌犯罪】 以打击整治跨境赌博为重点，经所队双层打击架构和重大案件合作联打机制等模式，实现黄赌毒打击全局化。全年黄赌警情下降10.4%，移诉黄赌犯罪嫌疑人256人。特别是在打击整治跨境赌博方面，破获涉案团伙23个，侦办案件61起，抓获犯罪嫌疑人334人。查明涉案资金34400万元，查扣冻结涉案资金3419.1万元。摧毁网络赌博平台及实体赌场12个，打掉支付平台或地下钱庄5个、技术服务商4个，列全市前茅。

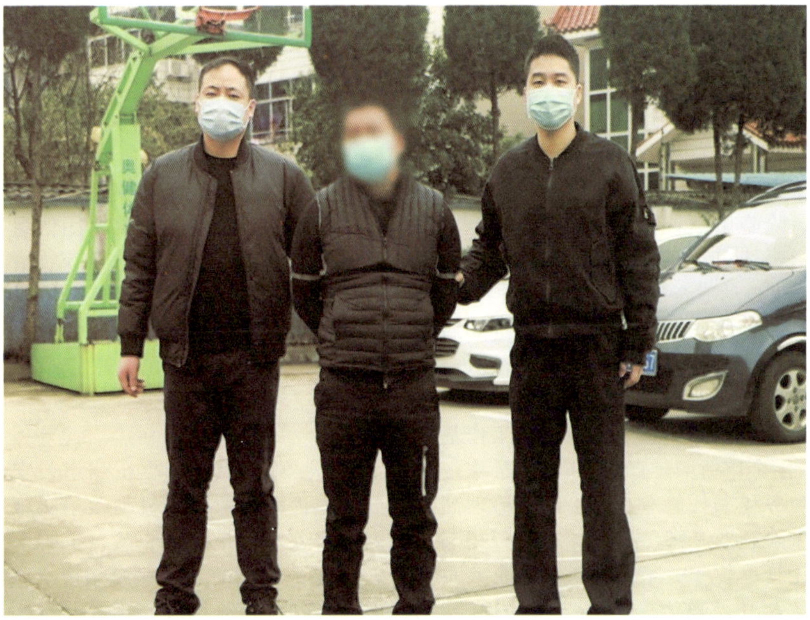

2020年3月2日，民警在渌渚镇新岭村抓获跨国盗窃嫌疑人叶某

（公安局富阳区分局 供稿）

【打击环食药民生类犯罪】 以集中打击环食药犯罪“昆仑”行动为抓手，以民生犯罪为重点，强化措施抓打击，新立案件9起，破案23起，起诉13起，打掉窝点8个团伙9个，涉案价值659.1万元。全年办理省督案件4起，抓获犯罪嫌疑人19人，移诉12人，维护全区民生领域的稳定和安全。年内，环食药类犯罪嫌疑人采取刑事强制措施99人，移送起诉95人，行政拘留2人。

【打击涉毒犯罪】 组建研判团队，研判刑事打击涉毒人员25人，行政处罚41人，强制戒毒7人。坚持高位推动、关口前移，指导、提高派出所办理各类涉毒行政案件能力，深挖吸毒人员线索来源。全年涉毒犯罪嫌疑人采取刑事强制措施39人，移诉33人。发挥攻坚能力，从派出所一起普通吸毒案件入手，发现一条涉滇、湘、浙跨省贩毒渠道并申报富阳首个公安部2019-499部目标案件，抓获犯罪嫌疑人36人，全链条破获此案件。

【侦破假币案件】 根据公安部买卖外币线索，碰撞、研判银行卡、支付宝等资金数据及线上、线下交易数据，分析主要嫌疑人、作案手段和售货下家，抓获嫌疑人3人，查获涉案外币硬币2000余公斤，查获涉案工具一批，发起“云端”集群打击，该案为杭州地区唯一一起假币案件，公安部经侦局发贺电表扬。

【风险企业排查整治】 加强金融风险隐患排查整治，深究涉稳企业出资情况、经营内容等规律特点，由“被动追查”转向“源头把控”，对接工商、金融办等部门，定期通报梳理更新排查数据，摸清辖区金融风险企业存量。拓展情报线索收集途径，夯实经侦风险排查工作基础，全年新增排查经侦单位524家，商务秘书托管单位302家，梳理高风险企业8家，存在异常商务秘书托管单位101家，约谈问题企业负责人18人次。

【打击“网贷”案件】 实时监测、研判私募、区块链、电商等高风险行业异动情况，提前做足“控人、控证、控资金”准备，把握处置主动权。全区有P2P平台7家，已良性清盘4家，纳入打击对象3家，已审判2起，移送审查起诉1起，实现全区“网贷”平台案件清零。开展为期三个月“网贷”案件追赃攻坚战，逐案会商纳入打击的3起案件，制定“一案一领导、一案一策”等措施；以每日“清单化推进”方式，新增追赃战果估值2478万元，追赃率提升9.5%，累计网贷案件追赃8854万元，网贷案件总追赃率35.62%。

【清“积案”专项整治】 针对经侦积案多、受案、立案后长期挂案、立案审查期限长、办案周期长等执法问题，3月起，开展清积案专项工作。其间，制订侦查计划，集中力量清量，每日汇总侦查计划落地情况，每周一推进，每周一汇商，强势推进清理积案。作出不予立案55起，撤销年前案件11起，移送外地3起，破获2018年前集资类案件2起。至年底，积案从99起下降到21起，涉众型案件从18起下降到5起。

【打击涉网违法犯罪】 侦破黑客类非法控制、破坏计算机信息系统、侵犯公民个人信息、帮助信息网络犯罪活动、网络开设赌场、网络传播淫秽、网络组织卖淫等案件29起，打击犯罪嫌疑人210人，破获省督案件2起。年初，通过网络侦查，明确畅乐游戏跨境网络赌博团伙组织架构，抓获人员57人。截获疫情期间假口罩诈骗线索，破获案件7起。全年，网络协查104起，电子数据勘验353批次，出具检查报告567份。

【勤务运作模式】 据杭州市公安局《完善派出所勤务机制改革实施方案》要求，推进“小脑+手脚”勤务改革，建强派出所综合指挥室，形成系列工作流程图，统筹派出所日常勤务运作；建设基础管控中心，统筹、协调各警种部门的基础工作。统一规范全区警务室外观标识、装备及人员配备，加强警务支点建设。至年底，全区建有各类社区警务站（室）120个。健全指挥中心、派出所综合指挥室、警务站（室）、街面警力的三级四层防控指挥体系，加强街面巡逻防控工作；优化防区划分，创新以巡区为作战单元的社区警务团队工作制；以对讲机活动轨迹常态化线上巡查，确保派出所60%以上警力在街面巡逻防控。

【社会治理体系多元化】 8月，在全市率先完成所有社区民警（含基础副所长）100%进村、社党委班子工作。以“百万警进千万家”及“全警联村社”等活动为切入点，投入警力4700余人次，社会力量5400余人次，走访各类家庭9500余个，排查消除风险隐患2700余起，通报基础类问题1100处，化解可能引发“民转刑”案件或群体性事件矛盾纠纷47起。完善警民联调、警媒联调、警律联调等警调衔接机制，全区13个户籍地派出所设置驻所警调衔接工作室，全年受理各类民事、治安纠纷3700余件，占治安案事件总警情10%，调解成功率89%以上。特别是通过司法确认、警律联调等“多元化”警调衔接机制，调处各类疑难复杂纠纷，成功率91.20%。

【民爆物品管控】 全区在建重点项目多，民爆物品使用量大，占杭州地区的一半，根据上级要求，以推广使用电子雷管为抓手，开展以“查违规、查隐患、查制度”为重点的民爆行业安全隐患集中排查整治行动，组织检查150家次、项目1200个，责令整改安全隐患45处11家次，立案处罚2家次；确保全区储存仓库、临时爆破项目有序施工。

【危险物品管理平台】 以公安部《易制爆危险化学品治安管理办法》实施为契机，完善“危险物品管控平台”数据，改进监管与检查模式，严肃跟踪督办，闭环整改检查发现的问题，处罚追责。全年检查危险物品单位1800多家次，整改各类安全隐患69处，行政处罚10家。

【行业场所管理】 根据省公安厅、分局“云上公安、智能防控”第一战略部署要求，依托分局“互联网+”理念聚焦源头，制定旅馆业管理“五个一律”严管措施，在全区747家旅馆、民宿业中推广“人证合一”系统。严把“网约房”入口关，有序推进新兴业态。全年处罚旅馆业99家次，其中开具反恐罚单6张；处罚擅自经营、违规“网约房”各7家次，行政拘留5人次。助力成立行业协会，加强行业自治；全区148家寄递网点，均安装“萤石云”及“人证合一”系统，全年处罚寄递网点29家次，其中万元以上罚单10张。紧盯行业丑陋现象，经AI警情分析，侦破龙池、迎宾浴场等场所4家组织卖淫案件，刑事强制措施17人。

【缉枪治爆】 配合区农业农村局回购民用猎枪，民用猎枪及子弹均收缴入库；牵头开展全区打击整治枪爆违法犯罪专项行动，收缴散落社会面的各类枪支弹药、危险物品。破获非法持有枪支案件2起，采取刑事强制措施4人。清查收缴非法烟花爆竹2424箱及各类管制刀具、仿真枪支；组织销毁各类枪支678支、子弹17358发，各类战争遗留11件，炸药10千克，雷管50发。

【大型安保主动作为】 出动警力2432人次安保大型活动137起（含各派出所自行开展安保工作的各类活动）；出动警力967人次做好警卫22起。

【道路交通环境整治】 探索形成区域交通治理东洲模式，破解东洲区域交通乱堵问题。推广洞桥镇“全民共治”、春江街道“交企联管”等模式，实现警民联动管理，构建“政府牵头、属地主责、部门齐抓、全民参与”的“大交管”格局。从源头入手，发动社会各界参与交通安全管理。联合单位部门和企业，建立“交治站”，抄告员工的交通违法行为。挂牌治理的富春街道、鹿山街道、常安镇3个乡镇（街道）并建成交通安全管理劝导站。5月起，每月定期分析全区交通状况，上报专题分析报告。排查整治道路隐患，全年治理隐患点712处。

【工程运输车整治】 紧盯道路安全目标，做深做细施工管理，督促企业落实工地工程运输车“六定”（定人、定车、定时、定路线、定车道、定车速）、右转弯避让，做好“一停二看三听四指挥”等管理措施，降低工程车右转弯风险，督促工程运输车规范行驶，预防和减少涉及工程车道路交通事故的发生。年内，查处工程运输车违法9717起，同比上升99.16%。

【电动自行车整治】 结合电动自行车“守小门”工作，抽调警力定期督导检查全区24个乡镇（街道）重点路口电动自行车驾驶员头盔佩戴率、守法率，检查结果同步纳入乡镇（街道）当月平安考核，压实乡镇（街道）属地管理职责。联动区市场监管局监督、抽查电动自行车重点批发单位，查处非法销售和改装不符合新国标电动自行车的行为。持续推进电动自行车交通安全专项整治行动，严查闯红灯、骑快车道、逆向行驶、不戴安全头盔、违法载人五类重点违法行为，坚持处罚与教育并重原则，落实重点违法行为宣教训诫工作。全年查处电动自行车违法19.9万余起，同比上升314.04%；查扣违法电动自行车9863辆；涉及电动自行车交通事故死亡人数同比下降33.33%；安全宣教47.5万人次。

【溯源追处】 精确研判报警3次以上、网约车、出租车等事故易发驾驶员，约谈、告诫其驾车时严守交通规则。溯源追处发生交通事故和视频巡查发现的重点违法车辆驾驶员2147人次；溯源分析，深度追踪其通行轨迹，深挖交通违法行为，指令相关中队追处；严格违法记分处理，年内记满12分的驾驶人1721人次。

【交通安全宣传】 围绕320国道、305省道、307省道等穿村（镇）公路周边行政村，常态化开展交通安全宣传，将交通安全宣传纳入村（社）每月党员固定主题党日活动，组织警员为各行政村上交通安全培训课，以真实交通事故案例、交通违法行为为素材，制作交通安全宣传资料，在各媒体端口推送；与教育部门联合，加强学生上下学时的交通安全管理，培养学生的交通法律意识。

【“车辆检测一件事”】 车管所前往春江车辆检测站调研，探讨现阶段难点、堵点问题，稳步推进“身份信息连锁变更一件事”，针对群众在办理个人身份信息变更以后，需要多次跑窗口变更其他个人关联事项的情况，以群众需求为导向，全面打通部门壁垒，在身份信息变更后，同步换发其他证件，实现联办事项一窗受理、只跑一次。完成“车辆检测一件事”，购车市民在4S店就能实现新车上牌、查验等服务一站式办理。

【开辟“第二战场”】 主动服务执法办案诉讼保障工作。经管教民警教育感化，在押人员提供各类线索55条，其中涉枪线索3条，涉毒线索7条，涉黑涉恶线索34条，其他案件线索11条；突破零口供4人次，破获贩毒、赌博案件各1起，刑事拘留5人。

【“智慧”监管】 投入1600万元资金，升级改造“智慧监管”、监所设施，更新监室终端、完善全方位视频监控、防误放系统、监区门禁、自助办案系统、警务实战平台、看守所讯问指挥等技防系统建设。推进“铁桶工程”，清零监室内悬挂点，保证监所安全。“智慧伙房”落地，实时跟踪在押人员日常生活、食品物品供应等情况，做到工作可记录、可量化、可回溯。医疗专业化，看守所门诊部配备X光机、血常规检测、B超机、心电图等设备，与人民医院实时传输、实时检测。做好在押人员艾滋病、糖尿病、结核病筛选，及时发现和处理疑难病情，保证在押人员健康权，确保监所安全稳定。增加律师会见室、网上预约和设立快速会见室，缓解律师会见难现象，得到省公安厅领导肯定。

【监所规范管理】 抓好监所正规化建设。根据省公安厅“看守所工作实务指引”要求，规范值班领导岗位、巡控岗位、收押综合岗位、管教岗位、医务岗位和“管教工作三必须、在押人员日常生活三统一、矛盾纠纷三定位、案事件处理三步走”工作，促进监管精细化管理。定期组织在押人员开展行为养成训练、广播体操和内务卫生竞赛，改观监室面貌和监管秩序。全年，在押人员生活秩序良好，未发生严重违规现象。

【执法办案管理中心】 6月1日，正式运行分局执法办案管理中心，兼具“集约化办案、全流程管控、一站式服务、一体化协同、专业化支撑”五大功能，促进分局执法规范化建设向纵深推进。全年办理各类案件1089起、1324人，提供价格鉴定等各类办案服务事项2296次，除涉政、涉众类案件外，一体化协同率100%，受到基层办案民警好评，呈现“三降三升”效果，即执法问题发生率、案件退查率、案件下行率下降，执法效率、执法质量、执法能力提升，吸引公安部法制局及山东济南等全国各地公安机关60余家到中心考察学习。

【执法全要素闭环管控】 围绕“警、案、人、物、音视频”等执法要素，创新推行“二三四”管理机制，构建“全流程、全要素、全时段”监督管理模式。实行“二级管控”即警情处置、案件管理、办案区管理、涉案财物管理、执法音视频管理等为重点，实现警情处置等所有执法活动130%的监督管理；实施“三色督导”即制定“红橙黄”三色执法问题清单，分色督导日常发现的执法问题，根据问题严重程度推进整改；实行“四个当日”即当日发现、当日通报、当日整改、当日反馈各类执法问题，“日清”各类执法问题。

【执法问题专项整治】 以百万警情大体检、取保候审案件清理、涉案财物清理、未结伤害类案件清理、罚没款专项清理等“五大活动”为重点开展专项整治，发现各类执法问题1271个，并予以整改，取保候审平均办案时间明显加快。严肃问责发现的突出执法问题，全年，执法问责处理民警5人次、局规扣分95人次106分，黄牌警告单位1个。

【维护网络安全】 防范抵制政治安全风险，确保网上政治安全和全区社会大局平稳。围绕疫情防控、准确把握时效性，发现并处置网传“1·28”中茂大酒店作为隔离点，网传“3·28”富阳官员子女2000多人回国等不实言论，查实网民43人、教育训诫36人、行政拘留7人。年内关注三同步警情89起。

【网吧管理】 全区网吧54家，均装置人脸识别系统，正常营业50家。不定期开展网吧交叉检查、集中整治和对抗式检查，重点检查网吧实名登记、禁烟工作落实情况。确保全方位、无死角管控全区网吧阵地，营造“严管、严查、严处”的高压管理态势。年内检查网吧300家次，结合“雷霆”系列行动，处罚违规网吧65家次，压实网吧业主的管理职责。

【网站、平台管理】 全年网站备案新增136家，全区网站备案总数累计1121家。执法检查未及时落实备案制度、未建立网络安全管理制度等单位，处罚违规单位72家。排摸全区党政机关、事业单位、国有企业网站132家和重要信息系统，依托网络安全技术公司远程检测、整改落实循环等方式检查网站975次，实地检查规资、信访、人社、卫健等单位54家次，确保政府网站和重要信息系统安全。结合“护网2020”，推进《勒索病毒专项清理工作》《涉疫信息系统和数据排查整治专项工作》《云平台梳理排查工作》《网络直播行业专项整治工作》等各类专项行动20余个，排查整治全区各类网络游戏、涉数据APP、搜索引擎、电子购物、即时通信等平台，构筑网络安全严密防线。5月6日，经技术侦测发现区疾控中心OA系统存在疫情相关信息外泄安全风险漏洞，立即采取应急处置并督促落实整改。

【“信鸽平台”+“好房东”APP】 自主研发“信鸽平台”，统一管理全区微信群860余个成员6.1万余人，日均可收集各类信息2300余条，发布各类通报提醒和防范信息73期，直接受众445.3万余人次；搜集房东群申报流动人口入住、离开信息6000余条。首创推出“好房东”APP，全区2.8万名房东使用安装率95.7%，以此申报流动人口登记信息24万余条，占全年流动人口登记数的49.4%，减轻派出所管理压力。省公安厅治安总队刊发简报全省推广分局这一典型做法。

【“富春智联”社区治理平台】 用好“城市大脑警务操作系统”，创新研发具有富阳特色的智能化项目“富春智联”社区治理一体化平台，受到杭州市委市政府肯定。平台采集人车轨迹信息20余万条/日、预警模型精准发现新增流动人口0.72万人；曝光台妥善处置各类矛盾纠纷事件0.27万起。通过“智安小区”建设，启动智能系统四大类，全区改造智安小区前端设备建设166个，汇聚房屋信息0.77万幢10.52万余间，人员信息17.99万条，车辆信息6.8万条。

【“一窗通办”改革】 落实各项便民举措，推进办事群众现场体验感，提升群众办事满意率。牵头推出“民宿开办”“外国人居住登记”“工程车营运”“身份信息连锁变更”等“一件事”，深化“警医邮”合作、推动“零警力4S店”建设、推进“流动服务车”等交管业务。9月底，改革“一窗通办”，全区公安窗口15个业务85项实现“一窗通办”，全年累计办理户籍、护照等39.29万余件，解决“黑户”等疑难户籍问题12个，为行动不便群体上门办证送证服务125次。

【“浙里拍”手机自助拍照】 根据上级要求，落实场地，配备华为智能手机及专用补光灯等设备， 9月，上线“浙里拍”手机自助拍照业务。深化“最多跑一次”改革，推进政府数字化转型，切实解决群众办理出入境证件拍摄证件照时“排队长、等待久、拍不好”等问题。

【香港居民回乡证换补发】 受新冠肺炎疫情影响，部分长居内地的香港居民所持通行证过期后不便返港申请换发，在内地交通出行、金融支付等遇到实际困难。经上级部门批准，10月10日起，新增香港居民换补发回乡证业务。

【涉外宾馆三率提升】 以境外人员住宿登记管理为抓手，加强涉外宾馆数据登记率、准确率、及时率三个100%。按照“雷霆系列专项行动”等工作要求，结合涉外宾馆从业人员流动性大特点，先后培训全区涉外宾馆20余家负责人、从业人员200余人次业务知识，并分别上门“一对一”指导，提升全区涉外宾馆三率。结合疫情防控工作要求及时开展入住实时上报工作。全年经检查、抽查，对未按规定登记的相关涉外宾馆下发整改通知书；二级督导不具备接待外国人能力的中小宾馆、旅店及散居社会境外人员，要求一律向所在地派出所申报住宿登记；有效提高全区涉外宾馆的数据质量。

【“三非”违法违规案件查处】 分析掌握出入境领域犯罪活动新动向及作案方式、手段新变化，坚持问题导向、查处非法利益链的全过程、全环节，主动出击，持续保持对国边（境）犯罪活动的严打高压态势。年内，办理行政案件28起，其中非法居留案件6起，非法入境案件1起，非法就业案8起，非法聘用8起，外国人违反住宿登记案件5起。办理偷越国边境案件10起，逮捕4人，取保候审6人。遣送出境1人。

【国家工作人员报备工作】 适时开展法定不准出境人员报备工作督导检查工作。督导发现多个执法办案单位存在迟报、迟撤或者不按规定扣留证件的情况；督导通报及时防止发生犯罪嫌疑人持证出国及未及时撤销导致当事人不能办证引发投诉的情况。全年，录入不准出境人员报备数1527人，其中本省籍人员996人，外省531人，撤销131人，处理证件345人次。加强国家工作人员报备工作，及时更新数据库，全年新增国家工作人员报备462人。

【“富春义警”】 深化“警民融合”，树立“警力有限，民力无穷”理念，形成以社区民警为龙头、辅警力量为搭配、村（社区）等群防群治力量为主力军，平安志愿队伍为补充的社会风险防控稳固防线。发展“晨夕”“星夜”等“富春义警”队伍202支20余万人，在平安建设中，破获各类刑事治安案件50余起，抓获违法犯罪人员30余人，消除各类安全隐患200多个，预警异动重点人员100余次。《人民日报》《平安时报》《杭州日报》等主流媒体专题报道“富春义警”在协助抓获嫌疑人、安全防范、紧急救援等事迹。

【“云办案”模式创新】 新冠肺炎疫情期间，针对传统办案模式成本高、提审隐患大、外地取证难、退赃效率低等问题，转变思路，依托大数据、互联网，以非接触性侦查办案手段为突破口，创新开启云作战、云提审、云询问、云退赃等“云办案”模式，为案件侦办插上“加速器”。经“云办案”模式侦办案件23起，案值200万元。

【刑侦工作转型升级】 实行重大警情、案件提前介入和主侦主办工作制度。推行刑侦周报和重大案件专报制度。每周编撰《刑事工作周刊》，通报周发破案情况、点评刑侦基础工作、提出防范建议等。专门设置执法管理室，实行全流程、全方位执法监督、执法保障工作。建立集服务支撑、主动研判和培训指导职能的刑事研判合成作战中心，全时空、全方位、全流程保障刑侦打击工作，实现全局刑侦工作“一盘棋”；通过指导案件分析、实时研判、提前参与警情处置、协助审查攻坚克难等措施支撑派出所民警侦查办案。

【开创刑侦新模式】 8月，成立侦查指挥系统，同步开发手机端APP。提炼推广新技战法，形成视频“以图搜图”工作法，阵地管控“收售双向追查”工作法和技术勘验“WiFi握手”觅踪法等。应用专案侦办新模式。改变专案警力集中办理模式，根据案件特点，灵活采用集中+分散的专案办理模式。搭建办案新架构，实行警种牵头、派出所协同配合的集约化办案新机制。

【刑侦人才培养】 采取带案上挂实战、上门授课、以会代训、警企交流（邀请企业技术员授课）等方式培训全局刑侦民警，提升刑警业务能力，中层以上干部结合专业特长作一次培训授课。全年，组织集中培训（含以会代训）6次，上门授课活动19次，带案实战培训76人次。围绕绩效考评办法，实行专项实绩杭州市公安局排名与分管领导、职能中队领导和民警挂钩制，落实责任传导到位、到人，提升民警责任心和执行力。

【禁毒办工作】 落实专人每日检查、每周点评、每月通报各派出所逢嫌必检、乡镇人员管控、场所禁毒宣传、人员打击等情况，提高各派出所、乡镇禁毒工作的责任感，做实做强涉毒基础工作。考核、监督乡镇街道的禁毒工作。年内，以禁毒办名义向10个乡镇（街道）发放重点问题整改清单，要求在规定时间内予以整改。

【禁毒宣传】 开设富阳禁毒公众号，宣传禁毒效果。4月，采取新方式、新手段与各乡镇禁毒社工开展“六个一”禁毒宣传活动，即在一周培训期间将禁毒社工6人安排在大队跟班培训、开展一次禁毒考试、进一个乡镇进行帮扶、建一期公众号、做一个微视频、大队领导与禁毒老社工上一堂课。组织培训5期，开展多种形式的宣传活动，其中广场禁毒摆摊走进中央电视台《新闻联播》栏目。

【禁种铲毒】 把握每年3—6月季节特点，在罂粟开花与结果时发挥乡镇街道的禁毒力量，整体联动、宣传发动、技能培训、物质奖励、立体监督、法律支撑，全面压实乡镇责任，全区非法种植毒品原植物案刑事立案3起，取保3人；行政立案15起，行政处罚15人，13个乡镇（街道）发现铲除罂粟3785株。

【年度警情】 2020年，全区110总警情22.83万起，有效警情9.59万起，其中刑事警情0.21万起，治安警情0.89万起，纠纷警情1.75起，求助警情1.49万起，交通警情4.56万起，火警504起，举报警情1887起。与上年同比，总接警量下降2.05%，有效警情下降9.81%，刑事警情下降11.44%，治安警情下降4.65%，交通警情下降23.74%，特别是"110"与"63312345"并轨后，提升分流处置非警务类警情，减轻基层派出所负担。

【"指挥大脑"】 牵头评估全区社会治安状况平安指数态势，全年上报各类信息快报568份，办理上级人员核查指令199条，处理涉疫指令1330条，信息分析下达警情研判指令单48期；以派出所重大警情应急处置为抓手，落实综合指挥室二级指挥、勤务督导、研判支撑、信息管理等机制，提高指挥调度能力；推进情指行一体化建设，完善"大脑+小脑+手脚"勤务运行模式；开展人力情报物建、应用，破获各类刑事治安案件50余起，抓获违法犯罪人员30多人，消除各类安全隐患200多个，重点人员异动预警100余次。

【督导考评】 分局考评办根据分局重点工作推进计划，制定分局首期目标，并按要求严密推进；科学制定全局各单位综合实绩评估办法和全警绩效考评办法，首次试行全局民警分七个单项考核排名；推行重点项目每周跟踪督导机制，实时跟踪落后项目推进情况，约谈告诫工作推进不力单位的分管领导。

【参谋保障】 围绕分局党委中心工作，发挥参谋保障作用，常态化做好政务督导、发文办会、保密机要、收发阅办、档案史志等工作，服务分局党委科学决策，保障全局重点工作有序推进。1月15日，省公安厅数字档案室创建考核组到分局考评验收，高度评价分局数字档案室创建及档案管理工作，分局在申报自评基础分上以全省唯一加分的单位获评全省示范数字档案室。第二轮《富阳公安志（1991—2015）》出版。

【预警防控】 排查辖区内金融、科技、信息咨询等企业，提升识别风险企业能力。发放宣传资料1万余份，组织"网格员"120人次参加26次培训。与建行合作拍摄《防范集资诈骗宣传微视频》2部，其中一部获评省公安厅经侦总队优秀预防教育微课程。5月15日、6月15日，联合区金融办、区市场监管局、人民银行等多家单位开展大型"与民同心为您守护""守住钱袋子护好幸福家"防范非法集资宣传活动，提升群众识骗防骗能力。

【政治建警】 坚持党建引领，党委带头、全警覆盖，持续强化公安队伍意识形态建设。建立"学习强国每日一学、政治理论每周一学、固定党日每月一学、线上每周一测、线下每月一考"的"五个一"学习制度，开辟"红旗书屋"等学习阵地，学习习近平新时代中国特色社会主义思想，打牢"刀把子"忠诚根基。贯彻习近平重要训词精神，全警上下述忠诚。局长带头参加全市公安机关"头雁领航讲忠诚·铁军担当铸警魂"公安局长政治能力大比武并获佳绩，组织"千警同宣誓""青听——局长与青年民警面对面"等系列主题活动，举办青年民警政治能力大比武，营造"忠诚履职"比拼氛围。增强基层党建引领力，创建"模范科所队"，打造"一支部一品牌"，特别是新冠肺炎疫情阻击战中，党员请战书385份递交分局党委，党员突击队8支直奔"战疫"最前线。

【全警大练兵】 制订全警实战大练兵3年规划和年度实施方案，确立4个大类15个练兵任务，细化111项练兵内容，组织小教员集中封闭培训2期，铺开全警实战大练兵；开辟钉钉掌上课堂，实行"线上+线下"同步培训，教学质效双提升。坚持一线抓练兵，在疫情防控中把握契机开展战地练兵，组建教官团队送教上门一线练兵单位；组织青年民警岗位综合素质大比武，以赛促训提升实战技能。围绕"第二警队"加强辅警招录、培训、使用和考核，择优招聘新辅警271人，转聘提升辅警64人，创新举办集中封闭式新辅警能力素质提升班2期。

【从严治警】 开展"坚持政治建警全面从严治警"教育整顿活动，整改落实区委巡察问题，掀起刀刃向内、正风肃纪的"自我革命"。加强党规警纪学习，组织全警观看警示教育片、旁听腐败案件庭审，整治顽瘴痼疾，增强全警规矩意识、底线意识。抓住关键少数，分层分类开展近年规模最大的中层干部政治轮训，局长沈尧带头上党课，以上率下抓学习促教育；邀请专家上门授课指导；参训干部180人均撰写调研文章、心得体会，在政治轮训专栏晾晒教育成果，示范推动从严治警全面深化。构建新时代公安特色大监督体系，组织开展对抗式网上督察大比武，提升基层自查自纠能力。盯牢防死"枪车酒赌密"等重点环节，落实严防涉酒驾车"三规""四查"要求，线上线下交叉开展饮酒报备实时检查，现场踏勘易涉酒场所抽查，做到管在平时、严在日常，牢牢堵住制度措施管理漏洞。

【爱警惠警】 围绕疫情防控等急、难、险、重任务，摸清双警家庭、警医家庭、援疆驻京民警、困难家庭等队伍状况底数，制定推出《疫情期间战时爱警暖警十项措施》《激励关爱民警辅警九项举措》，解决一线警力后顾之忧；邀请中科院专家团队实施SFBC高效焦点解决和培训项目，紧贴实战为一线警力提供战时心理辅导服务，确保一线队伍身心健康稳定。与卫健、教育等职能部门协作，推进"民警健康管家平台"二期建设，解决警力医疗救治"绿色通道"、功模民警和优秀辅警子女入学难题，连续第六年举办民警、辅警子女暑期托管等系列惠警机制。发挥关爱警察基金会、互助协会、工会等资源优势，创新建立关爱互助实时钉钉报告制度，动态掌握队伍伤病、困难等情况，及时帮扶关爱民警、辅警539人次，落实关爱慰问金113.7万元；深化“内部最多跑一次”改革，内部事项34个一网式办理，全年网上办结事项8400余件，为基层减负增效。

【自主监督体系构建】 4月21日，发布《关于全面启用督察问题交办平台的通知》，将督察问题交办平台运用融入分局综合绩效考评、基层基础、队伍正规化管理体系，三位一体全面推进。根据新情况调整发布《2020年督察问题交办规则》《构建大监督工作情况通报》，倒查开展情况、指导推进全警运用。各单位录入各类自主监督问题6067条，其中队伍管理3258条、执法执勤322条、社会面管控1201条、其他286条；自主监督体系依照《局规》记分1404.75分1394人次，记分绝对值和平均值均列全市第二。

【警营文化】 以开放巡特警大队史陈列馆、警官俱乐部、党员活动室等，加强警营文化建设，沉淀文化底蕴。推行“请进来，走出去”方针，年内接待各地公安机关考察团36余批次参观交流，发挥巡特警金名片在浙江和全国的影响力。

【公安宣传】 全年落地报道918篇次，其中中央级媒体24篇，省市级媒体329篇次，区级媒体565篇次，展现富阳公安铁军良好形象。注重先进典型挖掘培养，同步向区委组织部、妇联、团委等部门推送典型事迹，宣传表扬200余人次。歌颂分局战役精神的原创诗歌《把春天带到富春江边》，在省市级媒体及“学习强国”平台发布；银湖派出所民警深井勇救中毒工人，万市派出所民警营救遇险群众等先进事迹。

（徐晓红）

检 察

【概况】 2020年，富阳区人民检察院完成过渡房的搬迁，获全国检察宣传先进单位、杭州市政法系统“最强党支部”等集体荣誉17项，全省检察机关行政检察专业人才等个人荣誉32项。

【维护大局稳定】 2020年，共受理提请批准逮捕案件436件617人，审查后批准逮捕361件502人；受理审查起诉案件1190件1705人，审查后提起公诉1011件1463人。依法从快批捕“迎宾发廊杀人案”、“灵桥一家六口被劫杀案”等2起陈年命案犯罪嫌疑人。办理疫情期间销售不符合标准要求的伪劣口罩案5件5人，5日内完成全区首例以销售口罩为名实施诈骗案的批捕与起诉。起诉一起利用技术手段非法控制手机终端投放木马广告的非法控制计算机信息系统案。配合公安机关开展打击跨境网络赌博专项行动，起诉利用第四方支付平台为境外赌博提供资金结算“3·12”等专案犯罪团伙86人，涉案资金超7亿元。对原浙江富春山居集团有限公司党委书记、董事长郭林平等25名职务犯罪被告人依法提起公诉。

【扫黑除恶专项斗争】 围绕扫黑除恶“六清”行动部署要求，起诉涉黑涉恶案件13件55人，起诉省扫黑办督办的非法控制拱墅区皋亭坝、淳安县遂安片区工程领域的鲍小渊等人涉黑案，30名被告人分别被判处有期徒刑二十三年六个月至一年九个月不等刑期。起诉“保护伞”案件5件5人，依法办理杭州市公安局钱塘新区分局原党委委员、治安大队大队长王伟包庇、纵容黑社会性质组织、受贿案等典型案件。向区纪委移送“保护伞”线索9条，其中查实线索4条，涉及人员均受相应纪律处分。

【法治营商环境营造】 聚焦“六稳”“六保”，制定服务民营企业“十个一”工作意见，疫情期间服务28家企业100余次，帮助协商解决问题8项。与区司法局联合出台《涉民营企业社区矫正对象外出管理规定》，减少社区矫正对象请假外出难对企业生产经营影响。听取涉案企业、属地乡镇街道、行业主管部门的意见，准确把握法律政策，先后对11名犯罪情节轻微的民营企业负责人作出相对不起诉决定。上述经验做法被省检察院转发肯定，一起案件获评全省检察机关助力复工复产十大典型案例。全年共受理涉企诉讼监督信访案6件，对一件不当冻结民营企业资金案予以监督纠正。

【刑事诉讼监督优化】 监督公安机关立案17人、撤案1人，纠正漏捕2人，追诉漏犯20人。对认为确有错误的刑事判决，向法院提出抗诉8件，其中2件已发回重审。发挥驻公安机关执法办案管理中心检察官办公室作用，探索刑事速裁案件快速办理机制，办理杭州地区首例“36小时内完成侦、诉、判”案件。通过纠正违法通知书与检察建议，监督纠正社区服刑罪犯脱管漏管11人，审查暂予监外执行监督案件43件。依法对重大案件犯罪嫌疑人，开展侦查终结前讯问合法性核

2020年5月22日，富阳区检察院搬离秦望路2号，迁入恩波大道745号

（区检察院 供稿）

查，规范侦查取证行为。对公安机关撤案的一件危险驾驶案予以监督，重新立案，依法起诉。协助杭州市检察院查处司法人员滥用职权与执行判决、裁定滥用职权案一件。

【民事行政检察】 联合法院等相关单位出台《关于建立民事诉讼监督工作机制的实施意见》《关于防范和查处虚假诉讼的实施意见》，探索对员额法官案件抽查机制。针对"套路贷"中虚假诉讼案件向法院发出再审检察建议23份，均已立案再审。办理的一起当事人申请监督民间借贷纠纷案，经提请抗诉后法院已再审改判。发出民事审判程序、执行活动违法检察建议14份，均被采纳。针对执行法官未经审批擅自填写空白格式法律文书的漏洞，发出改进型检察建议。成功办理一起行政申诉案件，使积聚多年的矛盾纠纷在检察环节得到化解。针对国土领域裁执分离案件，发出检察建议39份，督促乡镇街道依法履行行政生效裁定，已拆除违法建筑物及设施7549平方米，退还非法占用的土地29275平方米。依托区行政争议调解中心，积极派员参与矛盾纠纷化解，推动16起行政争议成功调处。

【检察公益诉讼】 落实区人大常委会《关于加强检察公益诉讼的决定》，创新"网格化+公益诉讼"工作机制，办理公益诉讼案件70件。以诉前磋商方式督促整治农贸市场野生动物经营利用中的违法行为，获评全省检察机关保护野生动物公益诉讼典型案例。通过刑事附带民事公益诉讼等方式推进3处矿山盗采点进行生态修复；联合区农业农村局在富春江长山弄水域设立增殖放流基地，督促非法捕捞行为人放流鱼苗26万余尾；对随意倾倒建筑垃圾、工地扬尘污染等问题，运用诉前检察建议助力全区开展专项整治。针对部门间因信息壁垒导致的医保基金流失、耕地占用税未追缴以及罚没的违章建筑物移交后未依法处置的情况，督促落实整改。开展道路交通限高设施专项监督行动，督促拆除或改良相关设施，确保急救车辆通行。

【区域治理】 发挥认罪认罚从宽制度对化解社会矛盾、促进社会和谐的作用，协同有关部门完善制度实施，全年适用认罪认罚案件1081件1490人，确定刑量刑建议采纳率99.9%。加强类案分析研判，为党委政府决策提供有效参考。在办理侵犯公民个人信息案时，发现房地产行业从业人员交易大量住宅小区的业主个人信息，及时向区住建局发出检察建议，推动全区开展专项检查。报送的野生动物及其制品经营利用、政府采购领域伪造印章招投标乱象等11份检察信息被区主要领导批示，推动相关问题解决。履行普法责任，深入开展《中华人民共和国民法典》等学习宣传活动。

【群众诉求解决】 完成12309检察服务中心入驻区矛调中心工作，完善人民调解、行政调解、司法调解"三位一体"联动工作体系。落实"群众信访件件有回复"，妥善处理群众来信来访862件次，100%做到7日内程序回复、3个月内办理过程或结果答复。依托矛盾化解"最多跑一地"联动机制，新登检察室联合乡镇、基层站所等，共同化解涉及征地拆迁、土地补偿、邻里关系等方面的矛盾纠纷。坚持"应救尽救"原则，对15名涉案被害人进行司法救助。针对疫情期间律师会见难、阅卷难等问题，依托移动检务平台，提供"掌上一站式"服务，利用远程视频提讯系统，帮助实现非接触式会见；建立异地阅卷机制，为出行受限的律师行使阅卷权提供便利。

【未成年人司法保护】 推进侵害未成年人案件强制报告及强制干预制度，加强涉罪未成年人和未成年被害人双向保护。全年共起诉侵害未成年人人身权利犯罪23件24人。联合社区等社会力量为涉案未成年人提供观护帮教，依法决定不批准逮捕4人，相对不起诉21人，附条件不起诉7人，20人成功复学、就业。聚焦未成年人食品安全、校园周边环境等重点领域，办理涉未成年人公益诉讼案件，推动完善校园安全风险防控体系。在办理一起强奸案时，发现被告人在多家校外培训机构任职期间性侵多名未成年人，以检察建议督促区教育局对辖区内培训机构开展专项检查，并推动区妇联出台未成年人权益侵害预防保护工作机制，获评全市检察机关未成年人司法保护优秀案（事）例。深化"法治进校园"工作，打造精品法治教育网课，受教育学生达7000余人次。

【作风素能提升】 压实全面从严治党主体责任，每月开展检务督察，严格执行防止过问干预案件"三个规定"。深化司法责任制综合配套改革，出台部门绩效评价"月晒"方案，探索实施检察官业绩考评。开展执法司法规范化水平提升年活动，做好全面排查、整改提高等各阶段工作。以"队伍建设提升年"

2020年8月4日，富阳区检察院通过远程视频，完成对被告人鲍某某等30人的庭审指控工作
（区检察院　供稿）

活动为契机，开展富检论坛、检察微课评比等岗位练兵活动。

【数字化改革创新】 通过电子数据技术协助等形式开展检察技术支持办案395件，开展远程提审、远程庭审500余次。推进数字卷宗单轨制协同办案，建成公益诉讼快速检测实验室，研发公益诉讼“随手拍”微信举报平台，运用“非羁码”对非羁押犯罪嫌疑人进行区域活动动态监管。深化指尖上的微检务，实现手机端办公、办会等各项审批云服务。

【关心关爱】 实施“育心、育能、育廉、育美”工程，精心打造院史荣誉室、党建活动室、休闲阅览室等特色文化阵地。参与结对社区“百日解百难”、镇村“百日解千难”活动，建立“法律帮帮团”志愿服务机制，持续开展“走亲连心三服务”和“模范机关”创建活动。从谈心谈话、检务保障、正向激励等方面落实关心关爱各项举措，对生活困难干警及时给予精神疏导与物质帮扶，促进队伍凝心聚力。

【检察监督】 邀请人大代表、政协委员、行业代表等98人次参加检察开放日、专题座谈会等活动，举行民事、行政与公益诉讼案件公开听证，代表委员作为听证员参与案件监督。深化检务公开，通过案件信息公开系统，发布程序性信息1903条，公开法律文书1168件，开展辩护代理预约服务507人次。《富阳日报》开设“检察之声”专栏推出深度报道，通过“富阳检察”官微发布信息1万余条，新媒体影响力位居全省检察系统前列。

（傅杨丽）

法 院

【概况】 2020年，区法院围绕区委“三高”发展目标，全面推进依法治区，积极回应群众关切，全力护航“重要窗口”建设。全年新收案件18294件（不含旧存），同比下降11.93%，诉源治理成效明显；办结各类案件19053件，一线法官人均结案323.48件。

【助力疫情联防联控】 第一时间组织成立抗疫志愿队伍，先后组织200余名干警赴乡镇街道、高速路口参与一线防疫。依法从严从快惩处口罩诈骗、销售假冒伪劣口罩等涉疫刑事案件4件4人，全力做好疫情引发诉讼的预警研判与源头化解。织密助力复工复产“法律防护网”，组建专人深入企业走访排摸，通过诉调对接机制快速化解一起标的3000余万元的涉疫情防控药品生产企业金融纠纷。着力攻克疫情期间执法办案的难点、堵点，开通律师远程会见服务，全面推行“零接触”在线办案模式，确保战疫期间公平正义“线上相见”。

【防范化解重大风险】 强力推进扫黑除恶专项斗争，审结“3·28”专案等涉黑涉恶案件12件56人。深化“打财断血”“打伞破网”，处置涉案财产1亿余元。加快监委移送案件的办理，判决胡晓明涉黑保护伞等职务犯罪案件14件14人。继续深化认罪认罚从宽举措，适用案件723件，服判息诉率94.59%，依法高效惩治犯罪。严惩破坏市场经济秩序犯罪，审结“能量镧”“和仙谷”“佳航金服”等非法吸收公众存款、集资诈骗等经济犯罪案件52件71人，涉案金额近9亿元。

【护航全区中心工作】 加强产权司法保护，依法保护企业物权、债权等合法权利，审结各类涉股权、合同案件3491件。制定执行合同质效提升28项改革目标举措责任清单，构建“快送、快调、快审、快结、促执”买卖合同快审机制，设立买卖合同专审团队以及专执团队，买卖合同案件审理平均用时同比减少19天。优化破产指标办理，推进破产案件简易审理机制，加快涉案资产快速释放，全年审结破产案件60件，盘活企业存量资产19.8亿元，释放房产面积31.7万平方米，营商环境测评涉法院指标杭州地区综合排名第一。依法推进城市功能区块转型升级，安排专人进驻富春街道湖塍村等区块搬迁工作组，全程参与法律指导，确保群体性搬迁依法有序推进。

【服务基层社会治理】 进一步发挥区社会矛盾纠纷调处化解中心及“最多跑一地”联动机制功能，全力打造递进式矛盾纠纷分层过滤体系。全年诉前调解矛盾纠纷7663件，调解成功3128件。深度推进基层社会治理，优化法庭布局，启用龙门人民法庭，进一步便利基层群众就近诉讼。深化“微法庭”平台法律业务指导、诉调衔接、普法宣传等功能，推动“微法庭”向物业管理、房地产及装饰装修行业协会、婚姻家事领域延伸。探索金融纠纷非诉解决机制，通过打造“金融纠纷调解室”“金融微法庭”平台，实现金融领域纠纷诉前高效化解。该机制自2020年7月下旬试运行以来，共调解结案151件，纠纷化解平均用时15天，涉及金额2.11亿元，为当事人节省诉讼费用216万余元。

【调判结合化解民事纠纷】 坚持“能调则调、当判则判、调判结合”工作方针，注重以调解方式化解民事纠纷，全年新收民商事案件9315件，审结9891件，调解撤诉率66.44%，诉讼争议标的46.9亿元。对于不宜调解或调解不成的案件，及时作出裁判，民事刑事一审当庭宣判率52.04%。探索新型家事纠纷化解模式，深化与区妇联等部门的工作联动，通过引入心理咨询师、聘请家事调解员等方式，有效化解家事矛盾纠纷，维护家庭和谐稳定。保障房地产市场健康发展，审结涉房屋买卖、租赁、建设工程纠纷等案件731件。引导强化个人信息在消费领域处理、收集、使用的监督和管理，依法办理社会高度关注的国内“人脸识别第一案”，为新技术运用作出司法判例。

【多措并举推动依法行政】 发挥行政审判监督作用，审理行政诉讼案件93件，审查非诉行政案件157件。强化司法与行政的良性互动，深入剖析行政案件的审理情况，发布年度行政审判白皮书，通过对行政机关工作人员培训授课、邀请行

2020年6月15日，富阳法院开庭审理原告郭兵与被告杭州野生动物世界有限公司服务合同纠纷一案（该案被媒体冠为国内“人脸识别第一案”）

（区法院　供稿）

政机关执法人员观摩庭审，从程序上规范行政机关依法行政，共同推进法治政府建设。深化府院联动，推进行政争议调解中心实质化运作，40起行政纠纷通过部门联动得到圆满化解。全年行政机关败诉率5.38%，同比减少22.09个百分点，行政机关负责人出庭应诉61次，出庭应诉率达100%。

【凝聚合力推进执行攻坚】　深化执行联动，建立健全协助法院执行“一件事”联办工作机制，有效提升执行效率。加大强制执行力度，常态化开展搜查、腾房等专项行动10余次，通过影院、户外大屏、楼宇电视等集中曝光老赖800余人次，判处拒执犯罪16件20人，进一步浓厚执行氛围。全年受理各类执行案件7482件（不含旧存），执结7651件，实际执行率为91.45%，执行到位标的额25.77亿元。开展执行团队化升级改革，创新运行“三三〇一”机制，形成以执行服务大厅为平台、执行指挥中心为枢纽、三个执行团队为主力的“一厅一中心三团队”执行模式，进一步加快办案节奏、细化节点监督，结案平均用时同比缩减16.1天。加强执行难源头治理，强化立案、审判、执行、破产一体化执源治理机制，执行移送破产案件75件，完善执行案件退出机制，着力打通解决执行难问题“最后一公里”。

【优化司法服务】　推行无纸化办案办公，实现立案、审判、执行等各个流程材料数据化，随案生成电子卷宗，进一步夯实智能服务基础。深度运用网上立案、跨域立案、延伸立案等新型立案方式，全年共网上立案11768件，网上立案率达87.18%，尽力实现当事人起诉立案“一次不用跑”。推动实现当事人“掌上诉讼”，通过微信小程序“移动微法院”送达法律文书18.6万件次，办结案件12629件，让公平正义“触手可及”。深入推进公检法司各部门数据交换，通过政法机关一体化办案系统实现审判协同960件，搭建政法系统数据可复用、可追溯、可分析的数据流转“高速公路”。

【提升办案质效】　落实司法责任制，完善院庭长监督管理、案件质量评查以及员额法官考核等工作机制，优化审判权运行模式。深化“轻重分离”“快慢分道”的繁简分流试点改革，适用简易程序、小额诉讼程序快速审结案件6877件，实现矛盾纠纷的快速高效化解。强化办案评比激励，通过“办案之星”“办案优胜部门”竞赛评比，摆擂台、亮数据、拼成效，营造“比学赶超”快办案、办好案的氛围，法官个人最多办案780件。开展未结案专项治理，对长期未结案实行动态监管，逐案制定化解方案，加强督查催办力度，进一步提升办案效率。改革案件评查机制，院领导专项督导审判执行工作质效，通过常规评查、重点评查及专项评查，严把案件质量关。

【保障民生权益】　妥善审理事关群众切身利益的案件，审结教育、医疗、社会保障等与民生密切相关的案件1176件。依法保护生态环境，增进生态环境民生福祉，审结涉环境资源案件21件，保障生态文明（美丽富阳）建设。畅通欠薪纠纷快速处理机制，审结劳动争议、追索劳动报酬纠纷案件105件，执结拖欠职工工资案件204件，帮助劳动者实现工资债权919万余元。加大司法救助力度，对25名生活困难的当事人给予司法救助16.5万元，为经济确有困难的63名当事人缓、减、免交诉讼费130.9万元，进一步传递司法人文关怀。

【改进司法作风】　深入开展司法廉洁教育，围绕“三个建设年”和司法规范化水平提升年活动暨执行不力问题专项治理，结合区委巡察，扎实推进“以案释德、以案释纪、以案释法”警示教育活动。落实从严治党责任，深化“清廉法院”建设，自觉接受派驻纪检组监察监督，坚持从严教育、从严管理、从严监督。不断拓展法院廉政建设外延，召开“助廉保安、互联共创”培训会，动员干警家属加强“八小时以外”教育、监管。设立内部司法监督专员，加强岗位制约和监督，有效运用监督执纪“四种形态”，以巡查促规范、以巡查保廉洁。司法规范化建设持续推进，规范化提升年活动杭州法院赋分排名第一。

（王泽烽）

司法行政

【概况】　2020年，区司法局落实法治建设统筹、协调、督促、检查、推动职责，荣获年度法治浙江（法治政府）建设先进单位，创建法治浙江（法治政府）示范县（市、区）；“法治浙江建设群众满意度测评”连续两年获全市第一，跃至全省第四，全年获省市领导及区主要领导批示肯定14次。

【法治富阳建设】 组织召开区委全面依法治区委员会第二次会议等4次重大会议，落实区委常委会专题听取法治富阳建设工作情况。完善协调小组工作架构和定期例会制度，组建法治联络员队伍，制定法治富阳建设考评细则，开展法治建设群众满意度提升行动。区行政争议调解中心实现实质化运转，推行全区法治建设任务月报制、“两高一低”排名每周研判通报制、行政争议案件化解“双专班制”、拟败诉（纠错）案件每案必调等措施。全区行政诉讼败诉率和行政复议纠错率分别为8.87%和8.57%，较2019年分别同比下降15.78个和48.89个百分点。开展重大行政决策能力提升专项行动，实现重大行政决策目录100%公开，成为杭州地区首个镇（街）全公开目录的区域。严格落实行政规范性文件合法性审核，为“秦望眼”金茂合作项目等提供高效法律顾问服务。构建镇街“5＋X”合法性审核新模式，推动乡镇（街道）合法性审查全覆盖。锚定争创省级法治示范区县目标，推出“五个首创”组合拳。一是全省首发“规范查处”指引。聚焦违建违占问题痛点，以“三张清单一张图”（权力清单、文书清单、提示清单、程序导图）为重点内容，省内率先制发《违法建筑查处规范化指引》，提升行政执法工作规范性，获副省长刘小涛批示推广。二是全省首建“两级述法”制度。将法治政府建设工作报告纳入区级两会和镇街人代会（议事会）议程，开展满意度测评、通报整改等工作，形成“述—评—改”闭环机制。三是全市首创“执法监督”品牌。建立以行政执法监督与复议监督、审判监督的协作为第一层次，与人大、政协、纪检监察、检察监督的协作为第二层次的“线”“面”结合双层次监督协作机制，全面提升行政执法监督能力，获杭州市委常委、秘书长、政法委书记许明批示肯定，并在全市推广。四是全市首建“顾问考核”机制，全区法律顾问参与乡镇法律审查并出具意见1115个，提供有效建议2135条，参与涉法涉诉等案件办理239次，参与力度显著提升。五是全市首发“执法监督”文书。成立区级法治建设监督员队伍，借力专项巡察，首发《行政执法监督通知书》，制发《杭州市富阳区行政执法公示办法》等文件，推动行政执法“三项制度”全覆盖。

【社区矫正和安置帮教】 2020年，全区在册社区矫正对象611人，无脱漏管情况发生。建成以司法局为龙头、五大社会组织为依托，多部门协同的“1+5+X”的教育模式，累计开展教育、活动700余场次，受教育人数达1万余人次。建设“智慧矫正中心”，发挥远程视频帮教中心作用，与60家监狱实行对接，为275名富阳籍罪犯开展视频亲情会见，接待罪犯家属661人，会见人数位列杭州地区第二，全省前十。与各乡镇（街道）协调安置帮教相关工作，落实“必接必送”，重点帮教对象衔接率100%。

【大调解和基层基础】 2020年，全区共调处矛盾纠纷5158件，成功率99.1%，涉及金额1.45亿元。建立村专职调解员制度，推进行业性、专业性调解组织建设，强化人民调解与行政调解、司法调解的衔接联动，建立警调、访调、诉调对接制度，村（社）书记兼调委会主任全覆盖，为加强新时代人民调解工作打牢组织基础。创建省级“枫桥式”司法所，制定争创“枫桥式”司法所暨精品法治路线三年规划，富春司法所成功创建全省首批省级“枫桥式”司法所。

【法治宣传】 加强领导干部等重点普法对象学法用法，广泛开展疫情防控、民法典、矫正法、《浙江省民营企业发展促进条例》等专项法治宣传；构建“一二三四五”普法工作体系，打造制度、实体、组织、传播、服务“五星阵”；通过举办“宪法进校园”、举行宪法宣誓仪式等活动，积极开展“12·4”国家宪法日系列宣传活动。建成1个3万平方米的区级法治文化公园，被司法部官方微信宣传推广，“七五”普法圆满收官。

【公共法律服务】 打造“一刻钟”法律服务圈，推行“一窗审批、多点受理”三级公共法律服务网络，实现法律援助全区通办优办，加大对残疾人、农民工等弱势群体的法律援助力度。推进政法一体化协同办案，实现刑事援助案件线上全推送。公证处积极服务公民同招摇号、安置房产权证办理等中心工作，全省首创存量房转移不见面审批，全年共办理2659件。

【法律服务行业管理】 围绕“三高”发展，主动为亚运场馆建设、数字经济发展等提供法律服务，打造最佳营商法治环境。全区律师、法工参与区联合接待中心、区长公开电话、法院、交通法庭等值班值

2020年8月5日，杭州市富阳区法治文化公园开园

（区司法局 供稿）

守806天（次），接待咨询5045余人次。对标省市要求，制订行动方案，全面开展党建“三强双进”、人民满意项目创建活动，落实中小所帮扶措施、青年律师培养计划，创造拴心留人的事业发展环境。完成8家律所与省内7家优秀所的结对帮扶，确定富阳区律师行业市级青年拔尖人才4名、区级青年骨干人才10名并上报杭州市局。指导杭联所成功创建杭州市规范化律师事务所，总计创建4家；全区有执业律师、公职律师、援助律师180余名，律师万人比达到全面建成小康社会评价指标2.5以上。

（来　肖）

案　例

【百万电诈案件破获】 8月30日，分局接沈某报警称：7月至8月27日，其在网上认识炒股指导“刘老师”，并进入“刘老师组建的微信炒股群”，沈某在8月13日经微信扫码下载“刘老师”推荐的“掌融智投”APP，并在该APP上注册和投资，先后投入资金255万元炒股，至8月30日发现平台无法提现，损失252.9万元。案发后，分局成立专案组，同步侦查资金、网络、通讯流，厘清犯罪团伙整体脉络，查明团伙在境内外的落脚点和身份。9月6日，专案组兵分三路，奔赴重庆、山西、辽宁三地，先后抓获犯罪嫌疑人15人，追回损失38万余元。

【2019-466部目标贩毒案件破获】 2019年9月6日，分局派出所在办理一起唐某某吸毒案件时，发现其手机拍摄一张海洛因照片。经核查该照片拍摄于嘉兴桐乡一市场公厕内，从而发现唐某某在桐乡购买海洛因毒品的信息。分局成立专案组侦办此案。专案组调取该案支付宝、财付通账户1200余个，查询通话号码320余个，查清该案贩毒架构及人员涉及浙江富阳与桐乡、湖南怀化、云南昆明、缅甸等地，涉案30余人。2019年10月25日，该系列贩毒案被公安部确认为2019-466部目标侦办案件。2020年6月13日，专案组在云南昆明、湖南怀化、浙江嘉兴等地先后抓获主犯邓某、朱某、舒某等贩毒嫌疑人5人。至此，历经9个月，抓获贩毒嫌疑人36人，缴获毒资19万元，查扣车辆1辆，斩断一条缅甸、云南、湖南、浙江嘉兴与富阳的贩卖毒品链。

【朱某等人伪造货币案件破获】 2019年9月30日，接公安部云端“重庆杨某持有、使用欧元硬币线索”，分局立即专案侦查。经查杨某于2018年7月19日在淘宝网闲鱼二手购物APP店铺“诚信赢天下87065059”以1：6.2的价格购买1000欧元硬币。9月8日，杨某在芬兰赫尔辛基机场使用该欧元硬币69元购买物品后，被芬兰警方以使用假币为由调查，两天后释放。经警方核实，“诚信赢天下87065059”店主为江西高安籍人朱某，现住富阳区春江街道新建村某路某号。专案组调取嫌疑人朱某支付宝交易记录：2017年5月至2019年9月，部分支付宝交易记录备注商品名称为美元、日元等外币。物流和快递信息显示，2017年5月至2019年9月，其利用闲鱼网APP二手物品交易平台注册账户“诚信赢天下87065059”出售外币200余笔，交易金额243万余元，涉及安徽、北京、福建、重庆等19个省市、107个买家。分析和碰撞朱某相关银行交易明细后发现，其线上、线下均有外币交易。朱某话单信息显示其与从事“洋垃圾”业务的人员联系密切。2020年4月10日，抓获犯罪嫌疑人朱某，现场查获美元、日元、泰铢、加拿大元等疑似各国外币硬币约900公斤，清洗抛光机械、榔头等工具；查明犯罪嫌疑人朱某通过闲鱼网站销售金额271万余元，线下销售金额500余万元。朱某因涉嫌伪造货币被刑事拘留。

【“圆梦金卡”民族资产解冻类诈骗案件破获】 4月15日，省公安厅转发线索：富阳区湖源乡倪某琴涉及民族资产解冻嫌疑，需对该人研判分析。分局研判组以倪某琴为研判基点，分析其资金、数据、通信流等参数发现：倪某琴与王某元（富阳籍）等人2018年在王某君（身份证110107196303240646）推荐下参与“圆梦金卡”民族资产解冻类诈骗项目。8月12日，鉴于该案件犯罪团伙基本架构完整，骗取财物事实清楚，分局在吉林、杭州等地集中收网二厅相关嫌疑人一举抓获诈骗嫌疑人16人。富阳分局查办涉及受害人60余万人，涉及金额300余万元。至年底，移送起诉嫌疑人13人。

【部督“122浙007”专案破获】 3月，杭州市公安局获取菲律宾99集团开发德州赌博APP扑克王涉嫌组织跨境赌博的重大线索。省公安厅副厅长、杭州市委常委、杭州市公安局局长金志指示，指定富阳分局侦查菲律宾99集团发展国内代理、组织跨境赌博的相关线索。7月24日，该案被列为部督“122浙007”专案。分局抽调警力22人组建专业研判团队，从人员架构、资金结算等方面研判分析、侦查落地，制订收网方案。期间，横跨浙、闽、陕、湘等多个省市，多轮集中收网。从赌博集团、线下代理、线上推广、资金结算、灰黑产业等多个链条环节入手，采取强制措施犯罪嫌疑人127人，扣押手机61部、查封车辆4辆、车位3个、房产1处；同步冻结银行账户186个，股票证券账户3个市值760万元，合计冻结查扣资产2.16亿元。全链条铲除浙江省内赌博代理团伙及一整条资金结算等灰黑产业链。

（徐晓红）

【起诉富阳首例涉疫口罩诈骗案】 2月21日，区检察院依法对在新冠肺炎疫情防控期间利用网络平台发布虚假口罩售卖信息实施诈骗的犯罪嫌疑人陈某某提起公诉，2月26日，由该院提起公诉的富阳首例涉疫口罩诈骗案宣告判决，被告人陈某某骗取他人财物合计人民币60530元，数额巨大，其行为构成诈骗罪，被依法判处有期徒刑三年六个月，并处罚金人民币25000元。

【起诉以鲍某某为首的“3·28”涉黑专案】 3月18日，区检察院以组织、领导、参加黑社会性质组织罪、赌博罪、寻衅滋事罪、敲诈勒索罪、强迫交易罪、非法拘禁罪、串通投标罪、合同诈骗罪、聚众扰乱社会秩序罪、行贿罪、故意伤害罪、窝藏罪等罪名，依法对鲍某某等30人提起公诉。9月29日，该案一审判决，30名被告人分别被判处有期徒刑二十三年六个月至一年九个月不等刑期。

2004年起，被告人鲍某某开始实施聚众赌博并抽取头钱等违法犯罪，先后网罗被告人吴某某、鲍某某、詹某某等一批淳安县籍宗族老乡、刑满释放人员及当地闲散人员，在杭州市拱墅区皋亭坝一带为非作恶，逐渐成为颇具声名的恶势力组织。2005年年初，被告人鲍某某组织该恶势力成员采用暴力、威胁等手段强行介入皋亭坝一带的废旧布条交易市场，强行收取保护费，非法控制该交易市场长达2年多，从中获取非法利益，由此正式建立起以被告人鲍某某为组织领导者，以被告人鲍某某、范某某等9人为骨干成员，以鲍某某、杨某某等8人为积极参加者，以被告人鲍某某、吴某某等12人为一般参加者组成的结构稳定、层级明晰、分工明确、势力庞大的黑社会性质组织。该组织以“江湖规矩”管理组织成员，维系组织架构，长期盘踞在皋亭坝一带，通过赌博抽头、敲诈勒索、寻衅滋事等违法犯罪谋取非法利益和扩大势力影响。2009年前后，该组织以合法公司为外衣，不断网罗社会闲散人员，介入拱墅区征迁、建设项目中的土方工程，以暴力手段驱赶中标方退出工程、迫使合作方放弃工程利益、强行向发包方索要虚增工程款，从中获取非法利益3000万元以上。2010年起，被告人鲍某某将该组织势力扩张到其老家淳安县，违法犯罪目标也从土方业务扩展到土建、市政、绿化等多个工程领域。其间，该组织通过聚众赌博、高利借贷、利益输送等手段，拉拢工程项目负责人、村干部为违法犯罪提供帮助，扰乱市场经济秩序，破坏农村基层组织；通过感情联络、利益输送等方式，以送现金、金条、贵重物品为手段，腐蚀公职人员，为该黑社会性质组织搭建“保护伞”。

该黑社会性质组织不断通过实施违法犯罪活动获取非法利益以维持组织存续、发展，使其能够长期盘踞在拱墅区、淳安县，为组织领导者被告人鲍某某及其家族成员、亲密关系人获取上亿非法资产，严重破坏了当地的经济、社会生活秩序，严重损害了农村基层组织的政治生态和国家机关的公信力。

【以诉前检察建议助力公民个人信息保护】 为切实加强公民个人信息保护，区检察院对审查起诉的侵犯公民个人信息相关刑事案件开展公益诉讼线索排查，推动以个案整改促行业规范治理。

2017年6月至2018年10月期间，某房地产代理有限公司4家分公司的多名员工以向富阳多家房产公司、物业公司员工购买或与装修公司信息互换等方式，通过微信、QQ等私人通信工具，非法获取包含业主姓名、房号、联系电话在内的消费者个人信息5万余条，涉案的14家中介、房产、装修、物业等公司均未与员工签订保密协议，也未采取有效的技术措施或其他措施防止信息泄露。该案判决后，公司并未就其涉嫌未采取必要的技术措施和其他必要措施防止消费者信息泄露、未经消费者同意向其发送商业性信息等行为被追究行政责任，致使社会公共利益持续处于被侵害状态。

2020年4月18日，该院向区市场监管局发出诉前检察建议，督促其依法调查和处理涉案公司的违法行为，并开展专项检查活动，加强对辖区消费者个人信息的保护管理，提升房产中介公司、装饰装修公司及物业公司等相关行业的法律意识。6月17日，区市场监管局复函称对本案关键的某房地产代理有限公司富阳分公司等4个分支机构采取顶格处罚，其余房产、装修、物业等10家公司各被处以罚款2万元。同时与物业、房产等行业协会进行对接，专题组织50余家企业集中式法律知识培训3期，警醒行业协会明确加大对失信企业的惩戒力度。

【起诉富阳首起中国公民境外盗窃案】 6月8日，区检察院依法对富阳首起跨国盗窃案的犯罪嫌疑人叶某提起公诉，被告人叶某系上海某某箱包有限公司乌干达分公司工作员工，2月10日，其在位于乌干达坎帕拉市E-TOWER大厦10楼的员工宿舍内，侵入一同事卧室，窃得其保管在行李箱内的公司营业款10万余美元及152.7万乌干达币，共计价值人民币71万余元。后叶某将其中9.5万美元以6.88的汇率兑换成人民币65.36万元汇入自己的银行账户，于当日乘坐国际航班潜逃回国。

案发后，该院第一时间介入公安机关侦查，引导跨国取证。追回赃款人民币55万元及美元5000元。

【起诉一起法律工作者诈骗案】 9月25日，区检察院提起公诉的一起法律工作者项某某诈骗案，由区法院作出一审判决。

2013年12月23日，何某某委托被告人项某某代理其诉蒋某甲、陆某甲、陆某乙、蒋某乙民间借贷纠纷一案，法院民事判决生效后，蒋某乙、陆某乙等人均未履行相应给付义务。2014—2015年间，项某某未经何某某委托，以非法占有为目的，多次伪造授权委托书（特别授权）、强制执行申请书等材料向法院申请强制执行，并谎称其为何某某的强制执行案件代理人，以放弃执行、免除担保责任、申请法院解除查封等为由，骗取被害人蒋某乙、陆某乙共计人民币30万元。该院起诉指控的犯罪事实均获判决支持，被告人项某某因诈骗罪被判处有期徒刑三年，缓刑四年，并处罚金人民币50000元。

【起诉一起非法控制计算机信息系统案】 11月18日，区检察院依法以非法控制计算机信息系统罪，对北京佰策科技有限公司朱某某、吴某某等7人提起公诉。

2018年3月14日，被告人朱某某以变更法人的方式，成为被告单位北京佰策科技有限公司法定代表人，先后招揽被告人吴某某、兰某某（均另案处理）等人担任公司财务融资、产品等部门负责人，开展以移动互联网广告、软件开发为主要内容的经营活动。为快速发展业务，被告人朱某某决定和手机厂商合作，通过技术手段非法控制合作品牌的手机终端，以实现上游广告主的广告投放需求，获取非法利益。

2018年9月至2019年11月间，北京佰策公司与深圳致璞科技有限公司、珠海小源科技有限公司及张某某等人密谋，通过将北京佰策公司研发的“蝴蝶”“雄鸡”“金龟”SDK（软件开发工具包）植入金立品牌手机、魅族品牌手机及使用珠海小源公司智能短信模块的国产品牌手机中，开展应用分发、拉活唤醒、覆盖开屏三项非法业务，在用户不知情的情况下对手机进行非法控制，覆盖设备共计约9900万台，每月活跃设备均在2000万台以上。截至北京佰策公司2019年3月封账数据，非法获利共计人民币7463万余元（以下币种均为人民币）。截至北京佰策公司2019年12月业务数据，非法获利共计15001万余元，违法所得共计6942万余元。

【逮捕潜逃17年的“迎宾发廊杀人案”犯罪嫌疑人】 9月14日，区检察院对霍某某涉嫌故意杀人罪一案提前介入，就取证规范、继续侦查方向等问题提出引导侦查取证意见。9月24日，该院依法对17年前富阳桂花西路“迎宾发廊杀人案”犯罪嫌疑人霍某某以涉嫌故意杀人罪作出批准逮捕决定。

2003年3月23日晚，犯罪嫌疑人霍某某在杭州市富阳区（原富阳市）富春街道桂花西路迎宾发廊搭识被害人后，黄某某将其带至发廊附近一租房内进行性交易，后因嫖资问题双方发生争执，犯罪嫌疑人霍某某即采用掐脖子等手段将被害人黄某某杀害。事发后，犯罪嫌疑人霍某某潜逃回老家辽宁省，靠打零工谋生，后于2020年9月10日在辽宁省的家中被警方抓获。

【逮捕潜逃19年的富阳灵桥镇外沙村一家六口被杀案犯罪嫌疑人】 12月7日，区检察院依法对19年前富阳区（原富阳市）灵桥镇外沙村一家六口被杀案犯罪嫌疑人田某某以涉嫌抢劫罪作出批准逮捕决定。

犯罪嫌疑人田某某伙同田某甲、吴某甲、吴某乙（均已判死刑、已执行），经预谋，事先准备作案工具，于2001年6月19日从杭州市萧山区楼塔镇搭乘过路客车窜至杭州市富阳区灵桥镇外沙村欲抢劫作案，四人经踩点确定外沙村被害人楼某某家为作案对象，并隐藏于外沙村路边一抽水机房中伺机作案。6月20日凌晨，四人采用翻围墙等方式进入楼某某家院内，后因被害人一家被惊醒，四人用残忍手段将其一家六口杀害，并抢得财物若干。事发后，四人逃回贵州老家，田某甲、吴某甲、吴某乙先后被公安机关抓获归案，犯罪嫌疑人田某某闻讯公安机关前来抓捕，先躲藏于山上，后化名“李波”潜逃至贵阳市某网吧打工谋生，后于2020年11月1日被当地公安机关抓获，同年11月4日被押解回富阳。

11月7日，区检察院及时对富阳公安分局侦查的田某某涉嫌抢劫罪一案进行提前介入，就案件取证规范、继续侦查方向等问题提出引导侦查取证意见，12月7日，该院以涉嫌抢劫罪对田某某依法批准逮捕。

【起诉“3·12”跨境赌博专案】 2020年12月至2021年1月，区检察院依法以涉嫌开设赌场罪，先后对刘某、江某、李某某等20人提起公诉，该专案系利用网络实施的跨境赌博系列案件。

2020年3月至8月，犯罪嫌疑人刘某、江某为“必发娱乐”“扑克王”等境外网络赌博平台提供赌博资金支付结算服务，在网络上建立名为“风暴支付”（后改为“金贝支付”）的支付通道，吸引犯罪嫌疑人李某某、黄某某、曾某某等多人，由上至下逐级建立“龙支付”“星云支付”等下级支付结算通，通过向下发展码商，由码商预先在拼多多、闲鱼等网站上开设店铺，发布虚假商品信息，建立收款账户，生成收款二维码或支付链接。待境外网络赌博平台需要时，码商将相应金额的钱款作为赌博资金预付款转入支付结算通道内，境外网络赌博平台核实资金到账后，同步将码商的收款二维码显示在境外网络赌博平台充值界面，供参赌人员充值赌博资金，并按比例从赌博资金中非法获利，涉案赌博资金累计近三千万元。

在此过程中，另犯罪嫌疑人刘某某等10余人在“扑克王”赌博软件内创建游戏社区，采用发送邀请码的方式，组织、招引参赌人员下载“扑克王”赌博软件并加入游戏社区，以抽取提成、返利的方式非法获利，涉案赌博资金总计4亿多元。

（傅杨丽）

【编　辑　何开城】

13 军　事
Military Affairs

综　述

【概况】　2020年，富阳区认真学习贯彻习近平新时代强军思想，进一步落实习近平总书记备战打仗号令和练兵备战训令的重大政治任务，着眼随时应急应战任务要求，突出学习教育日常化、战备建设规范化、训练落实实战化、部队管理正规化、作风建设常态化，确保思想政治有强化、人员素质有提高、自身建设有成效、基础建设有增强、民兵能力有提升、双拥共建有推进，常规工作有巩固、大项任务有亮点、主责主业有特色，圆满完成上级年度各项工作。区人武部被省军区表彰为“全面建设先进单位”和“民兵工作先进单位”。

【富阳区常委议军会议】　11月11日，富阳区委常委会召开议军会，会议听取区委常委、区人武部政委王继刚同志关于富阳区武装工作开展情况的汇报，学习省委、省政府、省军区《关于加强新形势下党管武装工作的意见》《关于加强新形势下全省国防教育工作的若干意见》，讨论研究全区国防运动员委员会、国防教育委员会、国防教育讲师团人员调整和征兵相关政策调整及部队驻军需要解决的问题。

【“评星挂牌”活动开展】　全年持续开展“评星挂牌”活动，经杭州警备区复审通过基层规范化建设五星单位7家，分别是富春街道、东洲街道、春江街道、银湖街道、环山乡、龙门镇、湖源乡。

【新型冠状病毒疫情防控】　严格落实上级部门关于疫情防控文件要求，严密做好疫情防控组织领导、营区和人员管控、卫生防疫相关工作，发挥民兵“战时应战、平时应急”的排头兵作用，动员辖区专武干部和民兵力量参与地方疫情防控；区人武部民兵训练基地被纳入杭州市医疗隔离点，积极配合地方政府做好承接准备、民兵执勤和部分保障任务。

【队伍建设】　认真落实党管党员、党管干部要求，加强干部队伍建设，落实干部半年讲评、专武干部阶段性工作讲评，在专武干部队伍中开展“培塑新形象、树立好样子”专题教育活动，严格限制专武干部地方兼职工作，组织专武干部参加省军区、警备区两级专武干部训练比武。坚持交班制度，强化干部、职工日常值班制度，确保24小时值班不间断。

民兵与预备役

【民兵训练】　5月18日至22日，组织富阳区部分专武干部、区民兵

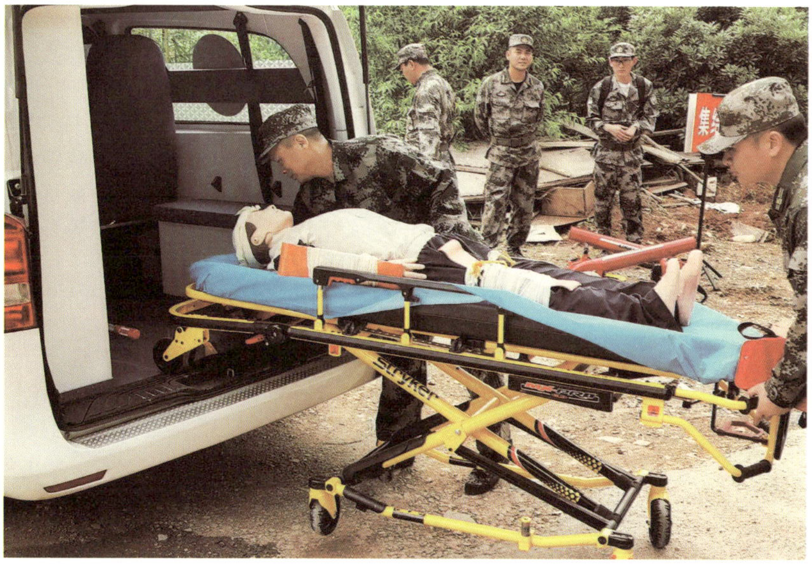

2020年6月，富阳区组织民兵参加训练

（区人武部　供稿）

应急连排长参加杭州市组织的专武干部暨重点民兵分队干部骨干网上集练，分会场设在区民兵训练基地。6月8日至10日、6月11日至13日，分两批次组织民兵在区民兵训练基地，完成民兵共同基础训练。6月至7月，组织民兵参加全省民兵专业分队跨区联训。6月21日至6月23日，组织部分民兵连长、民兵教练员在区民兵训练基地集中训练。

2020年11月11日，富阳区四套班子领导参加“军事日”活动

（区人武部　供稿）

【民兵组织整顿】　5月24日至5月27日，区人武部分3个检查组对全区24个乡镇、街道进行民兵组织整顿集中点验，到点率达到95%以上，点到率达到100%。在军委国防动员部民兵组织整顿回头看检查中零扣分。

【民兵装备购置】　全年，根据民兵执行任务装备需求，购置多功能箱式救援车1辆，应急装备物资1批，指挥箱组1套，应急连民兵单兵携行工具1批。

国防教育

【国防教育】　落实国防建设理论学习列入地方党委中心组学习计划，调整国防教育委员会成员，建立国防教育讲师团，邀请国防大学李银祥教授为全区干部进行习近平强军思想理论授课。开展国防教育进社区、进学校、进电视。充分发挥国防教育场所的作用，组织党员干部、师生、职员、群众到革命遗址、烈士陵园等场所进行纪念活动。加强国防教育基地建设，完善设施、强化功能，承担起学生军训、领导干部军事日、国防教育师资培训等任务。

【国防动员潜力调查】　4月至8月，按照“筹划部署、组织实施、实践运用、复盘总结”4个阶段组织国防动员潜力调查，上报数据通过杭州市国防动员委员会审核，受杭州市国防动员委员会通报表彰。

【学生军事训练】　全年，区人武部承担区江南中学等10所高中及浙江建设技师学院学生军事训练任务，共动用教官184人次，完成军事训练学生约8030人，总体安全顺利，无事故或特殊情况发生。

军民共建

【军人荣誉感强化】　举办征兵宣传晚会，表彰立功受奖现役官兵家属39名，邀请退役老将军陶正明（原江西省军区政委）为新兵授书；加大军属就业、军人子女入学政策倾斜力度，扩大现役军人免费或优惠享受交通、旅游、文化活动等公共服务资源的覆盖范围；制作“军队为你骄傲”宣传片，入选杭州市“最美退役军人”人物评选3人。开展“军民携手同心、共筑百年梦想”宣传教育活动，深化“为你骄傲”系列主题宣传活动成果，开展寻找杭州“最美军嫂”活动；开展慰问军属大走访活动，春节期间组织上门慰问浙江籍现役官兵亲属。

【增强群众性活动教育实效】　结合征兵宣传、军民共建以及重大节日、纪念活动等，组织开展读书演讲、知识竞赛、主题征文、政策咨询、专题展览、文艺下乡、红色短信创作等丰富多彩的国防教育活动。利用各种文学艺术形式，积极创作国防和军事题材的影视、音乐、戏曲、美术、图书、动漫、游戏。分层次分区域、有计划有步骤地组织开展全民国防教育日、国防教育宣传周等活动，真正形成社会声势、扩大影响面。

（任帅鹏）

【编　辑　何开城】

14 农业·新农村

Agriculture and New Countryside

● 打造现代版富春山居图

综 述

【概况】 2020年，全区实现农林牧渔业总产值70.1亿元，同比增长0.2%，农业增加值49.9亿元，同比增长0.2%，农村常住居民人均可支配收入38089元，同比增长7.2%。

新时代美丽乡村

【项目建设】 启动新时代美丽乡村创建85个，总投资6.9亿元，完成年度创建任务62个。完成“富春江上行”完成精品线路建设，总投资745万元，“春井访茶”精品线路建设，总投资1120万元，完成“烟雨桐州”风情小镇建设，总投资1200万元，俞家村省重点历史文化(传统)村落保护利用重点村建设，总投资1800万元。申报认定东洲街道红旗村等省新时代美丽乡村精品村23个，东洲街道何埭村等新时代美丽乡村达标村69个。成功申报认定常绿镇为省级美丽乡村示范乡镇，“富春江上行”风景线为省级美丽乡村风景线，富春街道宵井村等省级美丽乡村特色精品村5个。

【农村人居环境提升】 完成农村人居环境提升三年（2018—2020）行动，完成厕所、垃圾、污水三大革命以及文化礼堂建设、农村饮用水工程、“四好农村路”建设任务。做好乡镇（街道）“三清三整三提升”，完成2020年度城乡公厕服务大提升——新登镇潘堰村花海公厕等公厕的提改或新建任务6个。成功申报认定湖源乡新一村神堂山公厕等省级示范性农村公厕3个，场口镇东梓关村公厕等省级星级农村公厕12个。

美丽经济

【农业产业】 2020年，全区有农业龙头企业140家，其中省级7家，杭州市级66家。新增省级农业龙头企业1家（富春江轻纺集团），杭州市级5家，区级10家。各级农业龙头企业充分体现辐射带动能力，在疫情期间发挥复工复产主力军作用，全区农业龙头企业固定资产总值81.3亿元，年总产值89.7亿元，其中全年销售额达86.7亿元，同比增长0.7%。全区有富春山居农夫乐园（美丽农业产业园）24家。

【民宿经济】 2020年，全区完成创建民宿106家，民宿示范户（点）12家。拥有民宿568家，其中精品民宿52家，房间3221个，床位5286张；农家乐175家，新增56家。结合工会疗休养推介畅游山乡住民宿，全区民宿全年累计接待游客超过46万人次，经营收入6580余万元。在“亲清在线”平台推出农业品牌建设和民宿补贴等政策，线上兑现总计1898.6万元。优化“民宿经营补贴一件事”办事流程，推进民宿

2020年10月13日，鹿山街道南山村开镰割稻

（区农业农村局 供稿）

经营补贴“最多跑一次”改革。

【农村电商】 2020年，全区共有各类农村电商528家，电商销售总额7.12亿元，同比增长16%。其中，杭州朵朵严选生态农业发展有限公司以“基地+新媒体营销”的模式，自建农产品供应链体系，推广特色农产品，销售规模2000万元以上。12月，富春山居农产品品牌馆正式开馆，采用线上线下运营相结合的方式推广并销售富阳区农特产品。共有来自24个乡镇（街道）130余个农业主体提供的310余种农产品上架，全年线上线下累计销售300余万元。

【美丽经济项目招商】 结合新时代美丽乡村建设，开展美丽经济发展村创建工作，确保每个创建村至少有1个美丽经济项目。全区11个乡镇（街道）招引美丽经济项目26个，举办美丽经济招商推介大会，累计签约落地美丽经济项目超过30个，计划总投资超过100亿元。其中富阳小六石欢乐谷项目一期投资1.5亿元，“五一”期间对外开放运营。

【“富春山居”区域品牌】 坚持“一镇一业、一乡一品、一村一特色”，推出农夫乐园、美丽农业产业园、美丽农牧渔场、美丽田园等“富春山居”系列品牌产品，形成品牌效应。全年共新增培育美丽农业产业园（农夫乐园）6个。申报国家农业产业化联合体项目1个（鸿利食品），推荐富阳区竹笋产业化联合体创建省级农业产业化联合体，富阳区鲜竹笋特色农产品优势区创建浙江省特色农产品优势区。创建杭州市乡村产业技能大师7个，产业技能大师工作室2个。

【农事节庆活动】 2020年，举办渔山稻香节、东洲葡萄节、拔山茶叶节等特色农事丰收节庆活动，“百花大会”“富春江江鲜大会”等大型特色乡村品牌活动。制作推出“乐游富阳——富阳旅游商城”，上架旅游产品96个、旅游线路19条、特色村庄体验点32个。

【区域联动组团发展】 结合壶源溪流域、葛溪流域等6个联动组团发展，开展“富春山居 味道山乡”大比武，以美丽经济指数为内容，开展乡村经济大比武，组织开展网上味道山乡—农产品、民宿专场大比武等。创新“直播带货”新模式，全区安顶“云”上等19场线上活动助销本地农产品达到2335万元。全区乡村旅游人次达到1500万人次，同比增长34.9%；乡村旅游营业收入8.57亿元，同比增长27.9%。

农村经济管理

【精准扶贫】 编制《富阳区低收入农户救助增收制度汇编》和《富阳区低收入农户帮扶手册》，出台《一户一策一干部低收入农户高水平全面小康结对行动》工作方案，建立“一户一策一干部”长效帮扶机制，实现干部结对低收入农户全覆盖。区扶贫办牵头组织民政、医保、住建等职能部门，对24个乡镇（街道）开展“两不愁三保障”情况专项督查。开展“春送温暖、夏送清凉”活动，全区机关干部对捆绑结对镇街特别困难的低收入农户，按照每年1000元/户的标准，发放慰问金共计203.9万元。疫情期间，区财政向全区低收入农户按100元/人的标准，发放现金消费补贴及节日临时生活补贴共计1500万元。区财政为“7·9”洪水受灾低收入农户发放救灾款425.78万元。出台《关于加快来料加工业发展促进低收入人群增收的实施办法的通知》（富政办〔2021〕4号），每年安排100万元用于低收入人群来料加工从业人员和吸纳低收入人群来料加工的经纪人补助。实施2020年杭州市“联乡结村”项目新绿村老房修缮项目。

【集体经济巩固提升】 全区288个村（社）集体经济年收入10.4亿元，增幅21.3%，经营性收入7.7亿元，增幅22%，完成各村年收入60万元以上、经营性收入30万元以上的任务。完工“消薄”项目30个，项目总投资5700多万元，拨付扶持资金3352.4万元，产生年收益427.8万元。区政府与富阳农商银行签订战略协议，设立乡村振兴专项资金2.5亿元，其中5000万元为免息转贷资金，累计办理免息转贷2470笔，金额53.5亿元，节省转贷费用1600万元；村设立薄弱金融便民服务点109个，每年创收10万元/村。完成二期“村企合作”95个项目签约工作，新增投资8200万元，每村每年实现合作回报20万元。组织159个相对薄弱村每村出资100万元与开发区集团联合建设“乡村美丽大厦”，项目位于银湖科技城总部核心区，总用地面积约0.67公顷，项目概算约1.94亿元，项目运营后预计年租金不低于项目总投资额10%。

【“三资”管理】 完成“清产核资”和村级负债专项调查工作。完

富阳区春江街道新建村田相整治

（区农业农村局 供稿）

成村级“0”现金收支体系建设，288个村（社）全面完成支付村务卡和收款“一码通”办理，累计完成收支10748笔4555.4万元，备用金统一下调至1000元以下。完成村级财务网上审批体系，全年全区累计完成网上审批72438笔，涉及资金30820.72万元，极大提升村级财务审批绩效。组织开展大比武检查2期，开展大比武整改“回头看”1期，集中开展村民福利专项整治，全区福利比上年下降38.24%；开展历史遗留“白条抵库”专项整治工作，清理资金568.07万元；完成全区288个村（社）审计工作，审计金额达68.18亿元。组织村级财会人员专题培训3期共计380余人次。

【土地“三权分置”改革】 开展“土地确权”回头看，年度累计修订确权错误信息2298户，补发权证2298本，接待调处解决土地矛盾纠纷90余件，现场答复70余件、实地走访调解10余件，办理土地纠纷仲裁案1起。推进土地适度规模流转，土地流转率达68.5%以上，累计流转面积1.12万公顷。做好土地流转合同规范化管理。开展土地规模流转奖补工作，整村流转项目2个，适度规模流转项目35个，面积559.8公顷，发放补助金额约154.8万元。

种植养殖业

【粮油生产】 全区粮食生产总面积1.53万公顷，总产9.8万吨。

【救灾种子储备】 救灾种子储备63.6吨，其中杂交稻种子4吨、晚稻种子55吨、早稻种子2.5吨、玉米种子1吨、大豆种子1吨、蔬菜种子0.1吨；6月，发放救灾种子7.04吨；8月，完成56.56吨到期储备种子的转商工作。

【茶叶生产】 茶园总面积4607公顷，其中采摘面积3967公顷，茶叶总产量2414吨，总产值59005万元；名优茶产量1785吨，同比增长1.3%，名优茶产值56672万元，同比增长0.2%。

【蚕桑生产】 桑园面积109公顷，饲养蚕种932张，生产蚕茧47.88吨，蚕茧产值140.09万元，分别比上年减少11.4%、26%、25.7%、35.1%。

【水果生产】 水果种植面积4517公顷，其中园林木本水果3403公顷，草莓、西甜瓜1114公顷，总面积比上年增加24公顷，增长0.68%；水果总产量71783吨，总产值43608万元，分别比上年增长3.7%和4%。

【中药材】 中药材面积212.27公顷，总产量137吨，总产值4591万元。

【蔬菜生产】 全区蔬菜面积10858公顷，产量41.13万吨，产值98497万元，其中，食用菌产量1007吨，产值2456万元。

【畜牧生产】 生猪存栏呈上升趋势，生猪存栏9.02万头，同比增加92.32%；生猪出栏13.73万头，同比下降54.08%。家禽存栏有所减少，存栏87.89万羽，同比下降16.64%，家禽出栏267.88万羽，同比下降36.89%；禽肉产量4222吨，同比下降35.38%，禽蛋产量3463吨，同比下降66%。草食牲畜方面，羊存栏1.46万只，出栏2.14万只；兔存栏5.03万只，出栏14.7万只。

【渔业生产】 全区淡水养殖面积2497公顷，与上年基本保持不变，水产品总产量18527吨，较去年增加4.2%，其中养殖产量17670吨、捕捞产量857吨；渔业总产值42363万元，增幅6.54%。主要养殖品种有异育银鲫、三角鲂、白鲈、青虾、罗氏沼虾、小龙虾、黑斑蛙及“四大家鱼”等品种，主要养殖模式有池塘多品种混养、池塘循环水养殖+休闲渔业、稻渔综合种养、虾类大棚设施化“一年双茬”养殖等模式与技术。全区渔业养殖结构渐趋合理，科学养鱼水平进一步提高，渔业生产产量稳中有升，渔民收入明显增加。

【竹产业】 竹材产量达1100万株，年产值0.88亿元左右，比上年同期增长30%；鲜笋产量14.3万吨，比上年同期增长5.9%；竹产业一产产值7.6亿元；竹产业综合产值18.07亿元，较上年增长18%以上。

【木本油料】 新增香榧面积35公顷，全区香榧总面积2768公顷，投产面积达700公顷，干籽产量400吨，产值7800万元，同比增长20%；山核桃投产面积550公顷，干籽产量280吨，产值2800万元，同比增长27.2%；油茶总面积333.33公顷，主要集中在常安、新登等乡镇，干籽产量85吨，同比增长0.06%；新增“太秋”新品种甜柿30公顷，全区甜柿栽培面积100公顷，其中太秋甜柿亩产效益达2万元以上。

【花卉苗木】 全区花卉苗木实有面积2520公顷，虽然受非粮化整治影响，但在全省大花园建设和亚运会示范景观建设推动下，花卉苗木产业发展仍持稳中有升发展趋势，花卉苗木综合产值4.37亿元，较2019年增长5.8%。

林业

【造林抚育】 2020年，通过森林抚育，珍贵树种基地建设，全面提高富阳区森林的资源价值、景观价值和生态功能，采用卫生伐、割灌除草、抚育加补植、人工造林等措施，完成森林抚育675.8公顷，为计划任务的100%；完成珍贵树种基地建设33.3公顷，为计划任务的101.4%，并完成了对前两年的珍贵树种104.3公顷基地的抚育；完成杭州市彩色珍贵示范林2公顷。

【林区基础设施提升】 按照“宜留则留、宜修则修、宜改则改、宜封则封”的原则，持续开展全区林道通行安全隐患排查整治工作，全区设置以奖代补建设林道林道标识牌912条；全年完成林区道路硬化提升11条6万平方米，登山道路挖掘提升工程5条。

【一村万树】 全省“一村万树”行动自2018年开始实施，富阳区以“一村万树”三年行动为抓手，全域提升乡村绿化美化水平，为推进美丽乡村和“大花园”建设提供有力的生态支撑。2020年，共创建“一村万树”示范村6个、推进村50个。

【一亩山万元钱新模式】 2020年，富阳承担中央、省及区本级林业科技推广项目8个，推广实施“一亩山万元钱”高效林业新模式，重点发展林下种养殖循环发展立体林业、新品种引种和高效栽培新技术应用等，努力建设一批亩产超万元的林下经济示范基地，不断提高林地综合利用率和产出率。全区完成“一亩山万元钱”创新示范任务共计1960公顷，其中新建培育320公顷，辐射推广673.3公顷，巩固提升966.7公顷。实现产值2.18亿元，其中增加值0.64亿元。

【百万亩国土绿化】 2020年，全区完成各类新造林570.47公顷，占年度任务计划的114.09%，完成造林更新数据“落地上图”。

【森林生态文化】 弘扬森林生态文化，通过珍贵树种进社区、进乡镇，省调控苗发放，省市区联动亚运林义务植树、区四套班子领导义务植树活动、各乡镇义务植树认建认养建设活动等一系列平台和载体，不断丰富义务植树尽责形式。全区参加植树人数达26.5万人次，种植珍贵树种33.2万株。黄公望森林公园获得省级生态文化基地，龙门森林公园和黄公望森林公园获得省级森林氧吧，湖源乡新一村、东洲街道黄公望村获得省级森林人家称号。

【战略合作工程】 2020年，通过和亚林所战略合作的政策支撑和科技支撑，完成万市银杏特色村二期、上官竹博园和五四橡树特色村建设，芸香科植物主要病虫害防治研究成果1个，建成“一亩山万元钱”林作创新示范点5个，科技帮扶基地8个，培养县乡两级林业管理人才50人次，基层一线实用人才300人次。

【参加义乌森博会】 2020年11月1日至4日，第十三届义乌国际森林产品博览会在义乌国际博览中心举行，富阳区农业农村局组织本地企业10家参加，富阳企业参展展位30个，展示产品包含家具、盆景、纸业、炒货、木雕等众多种类，产品质量优良，深受消费者欢迎，其中获得森博会金奖企业5家。

农业产业化

【市级“菜篮子”工程建设】 2020年，完成杭州市“菜篮子”工程建设项目9个，其中水产4个，蔬菜5个。

【市级畜禽屠宰行业发展项目】 2020年，完成杭州市级畜禽屠宰行业发展项目1个。

【省级美丽生态牧场】 2020年，完成省级美丽生态牧场2个。

【区本级农林项目】 2020年，完成区级农林项目84个，其中农林产业发展项目58个，农林基础设施建设项目10个，农林生态项目16个。

【农林项目网上申报】 加强农林项目信息化管理，通过“富阳区支农项目库”录入项目139个，其中农林产业发展项目58个，农林基础设施建设项目10个，农林生态项目16个，杭州市指导性任务55个。

【粮食生产功能区】 开展杭州市级粮食生产功能区项目建设4个，区本级粮食生产功能区项目6个，共计建设项目10个，已拨付补助资金339.85万元。完成533.33公顷粮食生产功能区提标改造任务指标。

【中央农业支持保护补贴（耕地地力保护）】 对全区10745.29公顷耕地进行每亩121.93元的补助，共惠及91452户农户，补助资金1965.26万元。

【规模种粮（油）大户】 全区规模种粮（油）大户188个，大小麦种植面积563公顷，单季稻种植面积为2608.7公顷，油菜种植面积为264.6公顷，旱粮种植面积120.5公顷，共计拨付补助资金1367.08万元。

【粮食高产示范】 全区建设省级水稻高产千亩示范方5个，省级旱粮高产百亩示范方1个，建设杭州市级水稻高产百亩方2个，建设区本级水稻高产示范方4个，其中省级水稻高产千亩示范方1个、区级水稻高产示范方项目亩产未达到创建标准2个，验收不合格，亩产均达创建标准验收合格项目9个，共计拨付补助资金63万元。

【蔬菜之王】 9月22日，杭州市富阳区场口镇场口村滕雁鸣种植的冬瓜，长161厘米、腰围194厘米，达到221.4千克，入选吉尼斯世界纪录。

【高标准农田建设】 2020年，安排资金4500万元，完成2019年存续及2020新建高标准农田1000公顷，新建机耕路26千米，沟渠58千米，机埠、小堰坝、下田道等设施1650多处。

【杭州市农田质量提升工程】 2020年，完成2019年度环山乡环一村等村中低产田改造工程，面积166.70公顷，新建排渠0.23千米，灌渠1.235千米，机耕路6.58千米，新建跨渠便桥15座、下田道30处、涵洞19处。项目总投资450.22万元，财政补助450.22万元，其中杭州市级补助230.67万，区级补助219.55万元。

【垦造耕地后续管护】 完成新垦耕地商品有机肥配送项目62个，实施面积241.7公顷，共增施商品有机肥3611.7吨，补助393.6万元；实施东洲街道红旗村新垦耕地等杭州市新垦耕地后续管护示范项目9个，面积66.67公顷，共计投资220.08万元，补助资金136万元。

【精品渔业基地打造】 开展省级渔业健康养殖示范县（场）创建工作，推广绿色生态养殖技术模式，改造提升养殖尾水治理，推进养殖用药减量行动等工作，全面提升渔业水域环境质量和推动水产养殖业转型升级。申报实施省级渔业健康养殖示范县创建，省级水产健康养殖示范场创建5家，省级水产产业技术项目1个，市级“菜篮子”水产基地建设项目4个，提升改造水产养殖尾水治理示范点8个，落实水产养殖用药减量示范点2个。围绕“实行绿色健康养殖，提升质量安全水平，促进产业转型升级”的主线，配置养殖尾水处理设施，提高渔业装备生产能力，改善渔业水域和基地生态环境，全力推进渔业可持续发展。

农业机械

【农业机械监督管理】 公告注销报废拖拉机212台，申请和受理补助高耗能农业机械756台，报废更新补助198.6万元，补助农机报废回收网点86.14万元，解体农机1010台套。免费实地检验农业机械590台，开展农机安全生产检查97次，出动执法人员295人次，检查农机企业175家，排查安全隐患9起。创建省级平安农机示范乡镇5个，杭州市级“平安农机”合作社1家，发放农田新牌证39副，拖拉机驾驶员换证39本，注销驾驶证450本。开展拖拉机和联合收割机驾驶人考试1期88名，通过考核88名，举办各类农机操作安全教育培训班13期，培训632人次。

【农机具推广】 完成各级农机购置补贴总资金943.44万元（其中补贴资金中央674.48万元、省94.32万元、市99.96万元、区级配套资金74.68万元）。通过购机补贴政策购买各类农机具2696台套，秧盘6000只，受益农户（经营组织）1780户。

【实施农业“机器换人”示范工程】 完成省级“机器换人”示范基地1家，省级“平安农机乡镇”5家，省级农机合作社示范社1家，市级“平安农机”示范合作社1家。

农业生态环境与安全

【动物尸体无害化处理】 2020年，全区公共收集点3个、生猪保留场和屠宰企业病死畜禽无害化暂存库24个、畜禽无害化收集冷柜暂存点17个，共计43个，病死动物收集、暂存设施的病死畜禽无害化处理收集体系正常平稳运行。养殖环节共处理病死猪1853头、犬192只、羊2只、骡1匹、禽14453.8千克，罚没猪肉产品5674千克；屠宰环节无害化处理病死动物及病害、不合格产品病死猪151头，肉牛9头，家禽25168羽，病害动物产品32.9吨。

【粮油病虫害总体发生情况及防治】 全区农作物病虫害总体呈大发生态势，其中草地贪夜蛾偏重发生，水稻褐飞虱大发生，稻纵卷叶螟偏重发生，局部大发生；纹枯病偏重发生，虫害重于病害，草害继续成为粮油作物稳产高产的主要障碍。全区粮油作物病虫草鼠害发生面积97400公顷次，其中虫害48333.3公顷次、病害17533.3公顷次、草害19000公顷次、鼠害10666公顷次。综合防治面积122320公顷次，其中虫害56200公顷次、病害31200公顷次、草害23533公顷次、鼠害9520公顷次，挽回粮食1.68万吨、油料0.23万吨，损失粮食0.25万吨、油料360吨。

【草地贪夜蛾】 完成草地贪夜蛾防治试验1项，全区安排监测点24个，各监测点每日上报监测数据，严密监测草地贪夜蛾发生情况。全区发生面积530公顷，防治面积600公顷。

【省农作物病虫监测网富阳区域站建设】 省农作物病虫监测网富阳区域站全部迁建新桐乡新桐村黄金畈。全年发布《病虫情报》15期，情报准确率达到95%以上，防治信息通过“农民信箱”、“富阳区病虫防治信息交流群”实时传送，确保其时效性，辐射普及面均达到100%，全年未出现技术性责任事故。

【化肥零增长】 实施万家主体免费测土配方施肥活动，为154家生产主体开展免费服务；全年推广使用水稻缓控释肥584吨，施用面积1496.7公顷，建设省级水稻化肥减量增效示范区1个33.3公顷；推广新型水溶性肥20吨，水肥一体化集成示范26公顷，建设水肥一体化示范区8个30公顷。

【农药零增长】 加强绿色防控技术集成应用，注重典型示范和面上辐射相结合，建立省级绿色防示范区3个，全年完成农作物病虫害绿色防控应用面积7933公顷。将统防统治、绿色防控等重点工作与农业水环境治理紧密对接，减少农药用量，控制种植业污染。组建飞防专业化组织2家，全年统防统治推广面积7200公顷，完成农药减量11.7吨，完成率106.36%。

【农药废弃包装物回收处置】 设立农药废弃包装物回收点119个，回收41.20吨，回收率91.8%，处置42吨，无害化处置率104%。

【氮磷生态拦截沟渠建设】 完成东洲街道三条氮磷生态拦截沟渠建设项目，项目总投资约85万元。

【沼气安全生产】 加强沼气工程日常巡查，全年落实检查156人次，检查沼气设施52处，排除安全隐患14处。

【农作物秸秆禁烧和综合利用】 将秸秆禁烧监管纳入网格化环境监管体系，开展三级巡查，落实网格化巡查2000余人次。通过农民信箱发送禁烧短信提醒30余万条，分发秸秆利用和禁烧告知书2.8万份。推广秸秆还田、稻草大田栽培食用菌、桑（果）枝条栽培食用菌等生产技术，开展秸秆生产生物质颗粒燃料、有机肥等资源化利用，扶持建设年均消纳农林废弃物2000吨以上的生物质颗粒燃料企业3家，年均消纳农林秸秆2500吨的有机肥生产加工企业2家，食用菌生产基地1家。

【农村统一灭鼠】 4月15—25日开展春季农田统一灭鼠工作，购置毒饵母液163.5千克，配置饵料16350千克，累计投放面积1.66万公顷。

【土壤肥料检测】 采集土壤样本744个、植株样本374个，完成化验6831项次，其中土壤容重326项次、土壤速效钾735项次、土壤阳离子966项次、土壤水溶性盐472项次、土壤有机质225项次、土壤有效磷550项次、土壤有效态硼938项次、土壤全氮464项次、植物全氮493项次、植物全磷643项次、植物全钾643项次、土壤pH376项次。

【耕地质量监测】 开展耕地质量监测，完成国家级地力监测点1个，省标准农田长期地力监测点取样和评价8个；开展农业面源污染监测点8个，完成省级动态监测点的取样和分析99个；开展全区农田土壤污染常规监测点10个和农田土壤污染综合监测点9个监测工作。开展耕地土壤质量评价，编制完成《富阳区耕地质量报告》。

【中轻度污染农田安全利用示范】 对全区水稻重点种植区块开展受污染耕地安全利用，施用钙镁磷肥、腐殖酸、石灰等安全利用物资11634.2吨，面积1464.84公顷，安全利用率达92.99%，全面完成上级指标任务。与中科院南京土壤研究所、中国水稻所、浙江大学、浙江科技学院、浙江省农业科学院等科研院校开展农田土壤污染综合防控试验区建设，常安农田土壤污染综合防控试验站（2014年建成）、环山乡和新桐乡（2019年建成）两个农田土壤污染生物质炭修复试验站。同时开展8个受污染耕地安全利用不同模式示范区建设，面积80公顷。

【渔业生态保护】 落实省农业农村厅等十部门联合印发的《加快推进水产养殖绿色发展的实施意见（2019—2022年）》文件要求，开展省级水产健康养殖示范场创建、池塘生态化改造、养殖尾水治理示范点建设、水产养殖用药减量行动等工作。积极争创省级渔业健康养殖示范县，已完成省级水产健康养殖示范场创建5家，池塘生态化改造面积80公顷，养殖尾水治理示范点8家，水产用药减量试点2个。

【农产品质量安全检测】 全年共完成定量检测1573批次（农产品873批次、林产品166批次、畜禽产品438批次、水产品96批次）合格率99.42%，完成定性检测31096批次，合格率99.9%。

【“三品”基地建设】 全年完成66家无公害农产品、2家绿色产品续展，年审绿色农产品企业3家，新增认证绿色食品7个；全区拥有有效期内的无公害农产品136个、绿色食品30个、有机农产品8个。

【古树名木保护】 完成全区3876棵古树名木的挂牌工作。为全区古树名木保护单位提供技术指导，在病虫害防治、保护方案等方面全年开展技术指导30余次。完成41棵古树保护工程，对22棵古树进行枯死枝清理和灾后应急处理。

【湿地公园建设】 2月2日，开展以“湿地与生物多样性——湿地滋润生命”为主题的世界湿地日宣传活动，通过微信公众号、电视、广播等途径向广大群众宣传湿地的功能、湿地资源的现状、保护湿地的意义等。加强对湿地公园特别是咕噜咕噜岛湿地公园的监管力度，进行现场监督检查。及时跟进阳陂湖湿地公园、富春湾新城湿地公园等重要湿地建设进度。

【野生动植物保护管理】 依托爱鸟周、野生动植物保护宣传月等主题活动，通过电视台、报纸、微信公众号、现场活动等方式开展形式多样、内容丰富的宣教活动，提高群众生动植物保护思想意识。开展各类宣传教育活动20余次，宣传教育人数超过20万人次，发放各类宣传手册7800余份。

【野生动物救护】 做好野生动物的救护工作，全年共救护野生动物162只，其中附录一级保护动物12只，国家二级和附录二级保护动物65只，其他动物85只。

【森林公安、森林消防安全】 2020年，共查处林业行政案件53起，罚款90万余元，侦办刑事案件3起，有力打击涉林违法犯罪活动，确保林区治安形势平稳。扎实推进森林防火各项工作落地，协调促进各相关部门认真履行职责，指导督促各乡镇（街道）认真落实责任、加强宣传教育、强化火源管控，着力强化队伍建设，完善落实长效管理措施和机制，综合防控能力明显得到提升。全年共发生森林火情7起，未发生森林火灾。通过科学有效处置，发生的森林火情全部在2小时之内扑灭，完成森林消防各项防控目标。区森林公安局被杭州市森林公安局记集体嘉奖一次。

【渔业管理】 全年检查水产养殖和苗种单位100余家次，抽检80批次，开展全区规模以上养殖户的培训工作，培训60人次。累计登临检查渔船120艘次，渔业查处案件22件，罚没款42000元。放流三角鲂、鲢鱼、鳙鱼、黄尾密鲴等鱼苗，放流冬片200万尾、夏花420万尾。成立群众性护渔组织25支，分2次集中上交收缴的电捕工具成套128套，不成套1套，发放奖励资金4.84万元，经考核确定等次后发放补助资金91万元。完成杭州市级“平安渔业示范县”创建，并完成创建浙江省级“平安渔业示范县”工作。完成富春江富阳段禁渔期管理工作。落实柴油补贴及政策性保险工作，维护渔民权益。

【禁渔期管理】 3月1日零时至6月30日24时在富春江富阳段（东起东洲街道五丰村，西至渌渚镇新港村港东自然村）基础上，增加渌渚江、葛溪、壶源溪、大源溪4条支流实施为期4个月的禁渔期制度。

【重大动物疫病防控】 免疫生猪猪瘟、猪口蹄疫、禽流感等动物疫苗432.71万头（羽）次，采集各类监测样本6717份（套），样品检测5007份。

【森林病虫害防治】 完成松材线虫病除治面积2600公顷，清理松材线虫病疫木及枝丫 1.14 万吨，注射药剂 5000 瓶，通过开展综合防治降低虫口密度，确保来年发病面积、死亡株数双下降。对发生舞毒蛾疫情的 1066.67 公顷山林进行紧急防控，喷施苏云金杆菌生物药剂 10 吨，布设舞毒蛾性诱捕器 500 套，开展成虫诱杀。

【产地检疫与调运检疫】 发放产地检疫合格证 18 份，其中南瓜苗 1 份，0.03 公顷，2.4 万株；冬瓜苗 1 份，0.03 公顷，2.4 万株；苦瓜苗 1 份，0.01 公顷，1.2 万株；番茄苗 1 份，0.01 公顷，2.4 万株；黄瓜苗 1 份，0.02 公顷，3 万株；西瓜苗 1 份，0.03 公顷，2 万株；甜瓜苗 1 份，0.01 公顷，1.2 万株；辣椒苗 1 份，0.27 公顷，10 万株；葫芦苗 1 份，0.03 公顷，2 万株；黄蜀葵苗 1 份，0.003 公顷，0.45 万株；丝瓜苗 1 份，0.03 公顷，1 万株；茄瓜苗 1 份，0.2 公顷，7.5 万株；甘薯苗 1 份，0.03 公顷，4 万株；紫云英苗 1 份，23.33 公顷，8750 公斤；草莓苗 0.67 公顷，50 万株；水稻苗 3 份，80 公顷，12 万千克；发放调运检疫证 25 份，其中水稻种子 16 份，17085 千克；大豆 3 份，1750 千克；茶 2 份，145 万株；落花生 1 份，400 千克；草莓 2 份，4 万株；谷子 1 份，100 千克。签发森林植物检疫证书 2643 份，其中省内 477 份，省外 2166 份。

【重大植物疫情防控】 设立重大农业植物疫情监测点 13 个，重点监测梨树疫病、葡萄根瘤蚜、稻水象甲、红火蚁等被列入国家和省检疫对象目录的病虫害；设立林业监测点 4 个，重点监测松褐天牛等林业有害生物，全年无重大植物疫情发生。

科技宣传

【农业科技下乡】 创新组团服务模式，以普法政策惠农业，放心农资进乡村，“机器换人”助春耕，民生水利保饮用，植树绿化促造林，生猪疫情防控保供给，禁渔护鱼保安全，农业科技大培训等八大行动为主要内容，积极开展科技下乡“五送”服务月活动，共出动农技人员 953 人次，服务农户、基地 396 余家。结合“三联三送三服务”要求，全年开展集中送科技下乡活动2次，发放科普书籍资料 13122 余册，展出宣传图版 200 余块，服务农民 12109 人次。

【农业科技】 全年完成区级农业科技推广项目 22 个，形成结题论文 22 篇。组织推荐蒋玉根专家获选全国最美农技员；组织推荐浙江省农业丰收奖一等奖 1 项，三等奖 2 项；浙江省科技进步奖一等奖 1 项；浙江省推广贡献奖 1 人；组织报送优秀科技论文 13 篇；主持编纂《杭州市富阳区农业科技推广成果论文选编》论文集。

【农技推广体系建设】 以人才招录、在职专技人员继续教育为抓手，着力健全基层农技人员队伍建设，提升基层农业公共服务中心作用发挥，完成富阳区首批 5 名定向培养基层农技人员招录；以首席专家团队为引领，全年建立新品种、新成果、新模式的集成农林产业示范点（基地）70 余家，完成科技攻关项目 20 项，指导矮子鲜桃、太秋甜柿、绿禾源樱桃番茄、东洲葡萄等优特农产品获省级以上奖项 10 余项；以基层农技推广体系建设为抓手，创建省级科技示范基地 2 家，推广应用农业绿色高质高效技术模式 5 个。

【新品种新技术推广】 2020 年，发布富阳区农业主导品种 149 个、主推技术 102 项，以粮食、蔬菜、水果、茶叶、水产等主导产业为主，共培育科技示范主体 200 余户。

农业人才培训

【农民素质提升工程】 2020 年，全区完成农村实用人才培训 5000 余人次，向杭州市申报农培项目 3 个，其中土专家培训项目 1 个、高素质农民培训项目 1 个、农创客培训项目 1 个。

【农民学历教育】 全年在读中专生有 6 个班 246 名。其中 2018 级 2 个班 103 人［种植专业（果树）1 个班 51 人、种植专业（花卉）1 个班 52 人］，2019 级 2 个班 75 人［种植专业（果树）1 个班 45 人、种植专业（花卉）1 个班 30 人］，2020 级 2 个班 73 人［种植专业（果树）1 个班 38 人、种植专业（花卉）1 个班 35 人］，上半年 2018 级学员修完教学计划规定全部课程，经考核鉴定成绩合格，毕业 90 人。

【高素质农民培育】 富阳区承担高素质农民培育任务 100 人，开设培训班 4 期，实际完成经营管理型高素质农民培育 270 人，浙江省农民教育培训信息管理系统农民评价参与率 100%；输送到浙江大学、省农函大等高校参加高素质农民培训 18 名，通过培训取得乡村兽医合格证 53 人。

【农技人员继续教育培训】 分 13 期共组织基层农技人员 996 人次参加中央农广校线上继续教育；推荐 11 名中高级职称专业技术人员参加市农广校举办的为期 5 天的中高级人才知识更新研修班。

【农业实用技术培训】 全年共举办农业实用技术培训班 63 期，培训各类学员 2596 人。

【实训基地、田间学校】 申报创建省级田间学校 2 家，分别为杭州蓝郡农业科技有限公司、杭州富阳水映生态农业开发有限公司。

防汛防台抗旱

【主要灾害】 受超长梅雨期、富春江超标准洪水和第 4 号台风“黑格比”侵袭等灾害影响，富春江堤防、沿江闸站、溪道堤防护岸、山塘等水利工程受到一定程度水毁，水毁共 338 处，其中富春江堤防 1 处 40 米、溪堤护岸 186 处、水闸 2 座、山塘 7 座、灌溉设施 124 处、机电泵站 13 座、其他 5 处。富春江超标准洪水影响期间，苋浦路附近、东吴公园、江滨东大道（君望小区前）等区域因河水倒灌，影响车辆和行人通行。全年未出现明显旱情。

【防汛检查】 3月，区、乡镇（街道）、村三级联动开展汛前防御检查，共出动人员1932人次，检查各类水利工程和涉水工程2066处（点）。其中，中型水库1座、小（1）型水库7座、小（2）型水库151座、万方以上塘坝工程630座，防洪堤171千米，渠道270余千米，溪堤490余千米，灌溉机埠387座，排涝泵站110座，涵闸156座，水电站19座，堰坝746条，水文测站67处等，共发现风险隐患148项。下达《关于认真做好2020年度病险水利工程及涉水项目安全度汛工作的通知》，明确整改要求和度汛措施，其中20处重点风险隐患，上报防指并发布督查专报，联合应急管理局持续跟进督查整改，共开展督查行动3次。

【预警监测】 开展山洪灾害调查评估工作，对358个重点防御村落划定防御区域，建立防御对象清单；完善监测预警平台，山洪灾害预警信息及时传送到防御责任人。完成山洪灾害高危险区需转移人员“浙江安全码”赋码12000多人。新建水库水位遥测站118座，水库水位遥测全覆盖。

【防御体系建设】 成立区农业农村局应急工作领导小组、区级防汛抢险和洪水调度专家组，含15名专家，编制《富阳区农业农村局水旱灾害防御工作预案》，修编《富阳区防御富春江洪水方案》、岩石岭水库、皇天畈排涝泵站控制运用计划，编制富春江洪水风险图，完成钱塘江流域防洪减灾数字化平台有关建设工作。储备袋类2万条、土工布500平方米、砂石料5000立方米、水泵23台、救生衣300件、快艇及冲锋舟4条等防汛抢险物资。

水利建设和管理

【概况】 2020年，完成年度任务15.08亿元。实施常规水利项目511处，围绕提升城镇重点区域排涝能力、山塘水库综合防洪能力、城乡水环境面貌、农村饮水达标提标、农业综合生产能力等五大方面，总投资3.74亿元，财政补助3.35亿元。实施完成2座水库和20座塘坝的除险加固、完成339200人口农村饮用水达标提标改造。

【富春江治理工程】 富春江治理工程是省“百项千亿”重点水利项目，2020年完成年度投资0.6亿元。自2014年开工以来，至年底，累计完成场口堤、中柏堤、港东堤、程坟堤、浦西堤、赵家堤、黄金畈堤、包家琪堤、东洲堤、春江堤、三山堤、灵桥堤12段堤防加固43千米，完成华墅堤四座水闸前期工作。

【北支江综合整治工程】 2020年，完成北支江配水泵站、上游水闸船闸主体工程、下游水闸船闸基础工程，启动北支江清淤工程、南岸堤防整治工程，完成年度投资4.5亿元。

【河湖清淤工程】 以“绝不把污泥、浊水带入全面小康社会”为工作目标，扎实做好河湖清淤各项工作，力争全面剿灭劣V类水体。完成清淤30万立方米，完成率330%。

【水利规划】 完成《富阳区水安全保障“十四五”规划（2021—2025）》送审稿编制。

【水利工程管理】 开展在建水利工程标后管理、文明工地和“清洁家园文明富阳”专项整治行动，通报检查情况、下发整改通知单。加强施工安全和质量检查力度，推进水利标准化和文明工地建设。督促业主单位履行建设管理职责，严格查处施工、监理单位的不良行为。以“三服务”“支部建在项目，党旗飘在工地”和水利工程志愿服务队为载体，深化开展好水利项目建设的组团指导和服务工作。推进完成水利项目的“云”电子招投标，完成《杭州市富阳区水利工程项目建设管理办法（试行）》修订。

【水资源管理】 落实最严格水资源管理制度，推进节水型社会建设。做好重要水源地保护工作，水资源费计量征收工作，全年征收水资源费1792万元。规范取用水行政许可管理，全年新批取水户3家，延续10家。

【水土保持】 2020年，安排水土保持综合治理专项资金200万元，实施富春街道金家桥小流域水土保持综合治理工程，并结合小流域整治，茶园、山核林等各类经果林封禁封育治理，基本农田改造、种植林草、坡面径流调控等水保措施进行治理，共治理11平方千米。对每一个生产建设项目的水保落实情况进行监督检查，在建生产建设项目累计开展水保监督检查260余次。完成水利部生产建设项目遥感图斑复核473处，共送达整改通知书52份。

【生态调水】 鹿山翻水站全年累计运行6325小时，生态调水1.36亿立方米，基本满足农业灌溉、城市景观用水的需要。3月，秦望闸拆除完毕，秦望浦水质改善应急配水工程11月1日正式调水，至年底调水约160万立方米，太平浦泵站调水290万立方米，通过科学调度，城区河道水体更换频率明显加快，特别是太平浦，水质改善明显。

【河道保洁】 实施富春江富阳城区段河道保洁，从富春江中埠大桥至新沙岛下嘴口，长15.8千米，保洁面积15.3平方千米，委托浙江省钱塘江海塘物业管理有限公司负责保洁。全年打捞垃圾计928.6吨，出动保洁人员10360人次，打捞动物死尸4具。完成小源溪、灵桥大浦、宋家溪、里山溪、渔山溪、常绿溪、洋浦江等7条58.21千米无违建河道创建工作。全区2384千米河溪道河道开展保洁工作。

【美丽河湖】 完成富阳区美丽河湖创建实施方案（2019—2022）编制。以“绿水青山就是金山银山”的绿色发展理念为导向，创建葛溪、壶源溪、渌渚江为省级美丽河道。

【水利工程标准化管理】 落实925处山塘水库、堤防、水闸泵站安全管理责任人，6月6日，进行集中培训，全区水利工程巡查率达到85%以上。151座水库编制度汛

省级美丽河道葛溪

（区农业农村局　供稿）

控运计划、监测预报预警方案、应急工作方案，落实监测预报、控制运用、应急处置“三个重点环节”。完成水库安全鉴定（认定）38 座。完成全区 35 处山塘水库等水利工程的标准化管理创建工作。

【农村小水电管理】　落实农村小水电站主体责任，逐级签订责任状，将安全生产责任层层落实。开展农村水电站安全生产和安全度汛大检查 4 次，检查在运行小水电站 36 座（次），发现并整改安全隐患 11 处，完成小水电清理整改工作，其中完成关停退出 8 座，整改 12 座。

【岩石岭水库运行管理】　全年累计发电量 662 万千瓦时，产值 355 万元。一级电站三台机累计运行时间 7340 小时，二级电站三台机累计运行时间 2710 小时。葛溪流域累计配水天数 309 天，累计配水量 16061 万立方米。

【皇天畈排涝站运行管理】　皇天畈排涝站共计运行 31 台次 214 小时，共计排涝约 1730 万立方米，运行正常，确保洪涝期能发挥效益。

【“3·22”世界水日】　3 月 22—28 日，开展以“坚持节水优先，建设幸福河湖”为主题的宣传活动，活动内容包括水法律法规政策咨询、主题宣传图板展示、分发水法规资料、赠送主题宣传纪念品等，现场发放各类水法律法规小册子、宣传彩页、主题海报等各类宣传资料 1200 余份、纪念品 600 余份、展出宣传图板 30 块，富阳人民广播电台连续 7 天播放涉水工作。

依法行政

【法治监督】　开展行政规范性文件清理，清理规范性文件 20 个，继续有效 17 个，废止 2 个，拟废止 2 个，宣布失效 1 个；制定出台规范性文件 5 个（其中区政府办公室发布 2 个），均按照《浙江省行政规范性文件管理办法》实行合法性审查。开展 2020 年行政执法案卷和执法检查记录评查，评查行政处罚案卷 49 件、行政许可案卷 43 件、行政执法检查记录本 3 本。法制审核局名义承办的行政处罚案件 76 件、动物诊疗行政许可案 2 件。执法人员参加行政诉讼案庭审旁听 2 次，办理行政诉讼案 1 起，行政负责人出庭参加诉讼 1 起，通过行政调解化解行政争议 5 起。全局订立各类生效合同 23 个，无争议合同。申领浙江省行政执法证 38 人，新制发行政执法辅助人员工作证 62 人。推进“互联网+政务”掌上执法，双随机监管系统执法人员入库 131 名，通过浙政钉 APP 掌上执法检查 554 次，各执法机构立案查处违法案件 79 件，处以罚没款为 72.544 万元，涉嫌犯罪移送司法机关 1 件。举办《农作物病虫害防治条例》、新《中华人民共和国森林法》、法制员法治建设业务知识、农业农村局综合行政执法业务知识、《中华人民共和国民法典》等培训，编印法治宣传手册 1500 余份、新《中华人民共和国森林法》知识问答宣传资料 5000 余份。

【行政执法能力建设】　召开全区农资监管工作会议暨农资从业人员业务培训班，参加人员 150 人，发放统一农药实名制购买提示牌 129 块，发放宣传资料 600 余份，签订农资质量安全责任书 150 份。开展放心农资下乡进村的法律知识宣传活动，发放宣传资料 600 余份，接受现场的农民咨询 50 余人次。规范执法程序，倡导文明执法，全年受理查处涉农案事件 4 起，罚没款 8774 元，协调解决纠纷投诉 28 起。

【农资市场监管】　共出动执法人员 933 人次，检查各类农资生产、经营单位 493 家次。对 72 家／次主要农资生产、经营单位进行抽样检查，抽取农业投入品样品 160 个，检测不合格 3 个，抽样合格率达到 98%。对农资经营市场开展“双随机”执法检查和行政许可事中事后监管，上门对随机抽到的 28 家农资生产经营户的农药、兽药生产经营许可证、肥料登记证、营业执照、农资经营台账、包装标签等进行执法检查，创建省级“示范农资店”5 家。

【水政执法】　开展乡镇河溪道水政巡查 60 次 180 人次，现场纠违 5 次，立案查处涉水违法案件 3 起，共处罚款 36008.28 元，没收违法所得 47100 元。及时受理和调处群众举报，全年调处 12345 区长公开电话和解决群众涉水来信来访案件 11 起，行政处罚案件均无行政复议和行政诉讼。

【行政审批】 围绕“最多跑一次”改革，在日常行政审批、改革等工作中加大依法行政力度，深化政务服务2.0事项推广应用。共完成农药经营许可、执业兽医注册、林木采伐许可、占用林地许可、水土保持许可、涉河建设项目审批、畜牧相关许可和农机相关许可共53200余件，共征收水土保持补偿费约303万元，森林植被恢复费约5648万元。

数字赋能

【构建智慧三资监管体系】 推出农村集体产权网上竞价交易，加速农村“三资”管理最多跑一次改革跨入新时代，累计完成线下交易879宗，交易金额11.38亿元。启用村级财务网上审批系统，采用“线下+线上”相结合的模式，村级层面保留纸质签字，镇街审核开启移动终端“线上”审批，同步推出村级收款“一码通”和村级支付“村务卡”，实现“0”现金收支体系。282个村社启用网上审批系统，累计收到审批申请73435笔35.84亿元，审批通过64843笔27.8亿元；288个村社全面完成村务卡办理，村务卡有效消费额36.39万元，交易笔数439笔；284村完成“一码通”办理，交易笔数10309笔，累计交易金额4516.04万元。启用阳光“三资”APP，根据村级财务公开管理规定，实现农村集体“三资”监管原始数据自动整理分析，自动采集“三资”月度公开、季度公开和年度公开数据，分类生成有关公开资料，使公开内容更规范，公开时间更及时，公开程序更透明，公开对象更精准。在“清产核资”的基础上进一步优化“三资”监管系统内部功能，实现债权债务预警、资产资源及交易数据分析。

【富春江远程视频监控系统】 2020年，在富春江场口防洪堤上建成江堤预警系统29套，热成像30套，船载移动热成像3套。监控室人员20小时值班，主要对河道采砂、水域保洁、违章建筑、堤防安全实施实事监控扫描巡查。

【北斗定位系统实时监管渔船】 谋“技防”，提升安全监管水平。陆续对全区登记在册的151艘渔船全部安装北斗定位系统。实时掌控船舶动态，获取渔民、设备相关信息，数据可通过系统传输到监管平台。在汛期、台风期，通过平台，第一时间掌握所有渔船所处位置并收到信息数据100余条，及时发布400余条安全提醒信息，确保渔船停靠安全。渔船作业中占用航线，系统自动后台报警，并通知船员并做好对应措施；在日常作业时，如发生机械、碰撞等安全事故，船员可通过手机紧急呼叫，第一时间引导相关部门前往处理，为救援打好基础。

【水利建设项目“云”电子招投标和信息化监管】 为进一步深化招标投标领域“放管服”改革，推进“互联网+”监管模式，4月，全区开展杭州地区首个水利建设项目“云”电子招投标，全年共完成49个水利项目施工、监理的“云”电子招投标。同时，全区的省市重点和规模以上水利建设项目逐步依托省水利工程建设管理平台进行开工至竣工验收的全过程信息化监管。

【高标准农田数据库建设】 对全区高标准农田调查摸底的基础上进行高标准基本农田数据库建设，实现高标准农田建设动态管理，同时对全区高标准农田现状、质量等进行评估，建立项目储备库。

（于　璇）

【编　辑　何开城】

15 经济管理

Economic Management

● 打造现代版富春山居图

综合经济管理

【概况】 2020年，区发改局深入贯彻落实区委一届九次全会、区政府第七次全体会议、全区经济发展“创先争优”动员大会精神，在疫情防控常态化前提下，牢牢把握转型发展主基调，认真落实区委区政府关于统筹推进新冠肺炎疫情防控和经济社会发展工作的决策部署，狠抓各项发展和改革工作的落实，全年完成地区生产总值812.10亿元，为全区实现“两手抓、两手硬、两战赢”做出了积极贡献。

【规划计划统筹】 完成《2020年杭州市富阳区大计划》，明确年度投资项目计划、投资节点计划、社会发展指标分解计划和专项计划。完成2020年国民经济和社会发展计划草案的报告，明确年度经济社会发展目标。牵头健全全区高质量发展和“15+7”指标体系，制定全区乡镇（街道）MEI和高质量考核细则。如期高水平完成“十三五”既定目标任务，全面开展“十四五”规划编制工作，共安排总体规划纲要1个、区域规划2个和专项规划24个。

【重大课题及战略对接谋划】 完成《富阳区大花园典型建设实施方案》，对《壶源溪流域联动发展》《大龙门区域联动发展》《新登片区区域联动发展》规划进行回头看。对接一带一路倡议、长三角一体化、“四大”建设、诗路文化带建设规划、城市国际化、军民融合发展等重大战略布局，组织完成杭州市亚运城市、体育公园、大花园建设、诗路文化带、产教融合等战略规划重点项目申报，落实7个社会足球场建设工作。

2020年11月11日，富阳举办“十四五”规划系列主题圆桌会

（区发改局 供稿）

【有效投资扩大】 出台《杭州市富阳区政府投资项目管理办法》《杭州市富阳区政府投资项目变更管理办法》《杭州市富阳区政府投资应急工程管理办法》，全年安排政府投资计划项目329个，年度计划投资310.6亿元。全年完成固定资产投资412.3亿元，同比增长30.7%，增速位列全市第二名。11个省重点项目全年完成投资42.4亿元，完成年度任务的154.2%，全市排名第四名；30个市重点项目全年完成投资101.90亿元，完成年度任务的139.90%，全市排名第四名。新增“152”项目5个，富通科技、宏华软件、创新智能、中泰深冷、上海光机所项目顺利开工，全年落地率100%。实现22个新出让工业用地项目开工，6个月内开工率100%。

【产业发展】 疫情期间，研究制定服务业企业复工指南，指导企业做好复工防疫准备，开展企业复工审核和检查，协调企业复工障碍和产业链问题，全力推进全区2万余家服务业企业复工复产，为全年服务业经济复苏奠定基础。科学编制2020年度区重点工业和服务业投资

2020年6月30日，富阳区重大基础设施项目集中开工暨杭新景灵桥互通改造工程开工（区发改局 供稿）

项目计划及节点计划，编制2020年新增工业和服务业项目年度用地计划。按照“筛选一批、培育一批、纳统一批”小升规培育推进模式，及时摸排企业经营状况，建立“小升规”企业培育库，新增规上服务业“小升规”企业71家，其中高技术服务业27家。富阳经济技术开发区和富春湾新城整合成一个产业平台（富阳经济技术开发区），并列入杭州市拟打造6个省级重大战略平台之一，其中滨富合作区作为开发区范围。

【“亲清在线”平台建设】 更新理念，转变思路，充分借助“数字赋能”提升“三服务”水平，重点推进“亲清在线”平台建设和拓展开发。全年实现上线政策30条，兑现资金3.73亿元，涉及企业和个体工商户1.72万家；综合排名杭州市15个区县（市）前4名。

【项目申报和资金争取】 大盘山隧道、春永线、秦望通道、亚运射击射箭现代五项馆、北支江水上运动中心、银湖水厂、省人民医院等11个项目被列入省重点项目。成功申报11家区内企业列入国家及省级疫情防控重点保障企业名单，协助企业获批低息贷款共计6.27亿元。成功发行地方政府专项债券34亿元，其中，杭富轨道交通项目发行债券资金20亿元，阳陂湖生态修复治理项目（二期）债券10亿元，新登古城老旧小区改造工程债券4亿元，债券发行额度列杭州市首位。积极争取中央预算内投资，向上申报各类中央预算内投资总额15亿元以上，争取新登镇棚户区改造安置房项目中央预算内资金3469万元。城建集团25亿元和开发区集团13亿元企业债券获国家发改委批准。

【深化信用体系建设】 启动区级公共信用平台升级，优化平台性能，“信用富阳”平台数据库包含64个部门406类5204项170多万条信用档案。各部门在评优评先、资金扶持、资格认定、项目审批、招投标等多方面开展信用应用，严格审核，限制有失信行为的个人和企业，全年各部门查询使用65144次。开发《企业信用评价分》体系，通过7个维度、10项一类指标、18项二类指标形成“企业综合信用评价分”，体现企业的信用价值。会同人民银行、农商银行推出“助微贷”阶段性产品，以《企业信用评价分》为依据，累计对1328户小微型企业、个体工商户发放12.93亿元信用贷款，有效缓解小微企业融资难问题。

【能源管理】 2020年，实现GDP能耗同比下降10%以上、用能总量净削减30万吨标煤以上、原煤用量同比下降15%以上的能源“三控”考核目标。根据省政府“十大民生实事”要求，建成5座综合供能服务站项目。淘汰35蒸吨/小时以下燃煤锅炉3台，淘汰清园热电、富春环保热电燃煤锅炉。完成20家节约型机关的创建验收。

【经济形势监测分析】 做好全区经济运行分析和企业监测工作，按季度对全区工业企业和服务业企业进行监测，并形成监测报告及热点话题专题报告。加强宏观环境和经济形势判断，重点围绕疫情对我区经济运行的影响，每月召开全区经

2020年5月9日，富阳—缙云“消薄飞地”项目杭州缙云大厦开工（区发改局 供稿）

济形势分析会议，分析富阳区经济结构、产业结构、投资结构的问题，提出针对性的政策建议。

【投资项目制度改革】 深入推进投资项目审批和“全过程”管理改革。牵头抓好联审联批中心工作，2020年一般企业投资项目从赋码到竣工验收审批“最多80天”实现率100%，其中开工前审批平均用时6.2天。7月始对新出让工业用地项目开始在“亲清在线”开展项目审批，为工业项目审批提速做好保障工作，立项阶段实现“秒办”。强化数字赋能，升级投资项目“全过程”信息化管理系统。2020年以来，进一步加快系统建设、优化功能体验、拓宽使用场景。系统实现电脑端+手机浙政钉应用全覆盖，实时获取项目信息。相关做法得到上级部门肯定，省投资专班作为最佳实践案例宣传、省委《政策瞭望》杂志刊登。

【小城市培育试点】 牵头新登镇和场口镇制订小城市培育试点镇三年（2020—2022年）行动计划，立足各自优势，打造全省一流小城市。两个小城市2019年考核均获评小城市培育试点镇良好单位，其中新登镇位列考核第23名，较上年前进32名；场口镇位列考核第14名，较上年前进28名。

【未来社区试点】 8月，“富阳杭黄社区”被列入全省第二批未来社区试点项目清单。按照未来试点创建程序，杭黄社区实施方案通过杭州市方案审查，实施单元内完成全部政策处理和征迁工作，并符合土地出让条件，在第二批未来社区试点项目中进度名列前茅。

【特色小镇建设】 牵头特色小镇开展年度考核，硅谷小镇获省级创建类考核优秀、药谷小镇获省级创建类考核合格、黄公望金融小镇获省级培育类考核良好等次。10月23日，省政府正式发文通过硅谷小镇验收命名。

（赵晓英）

国有资产监督管理

【国有资产概况】 2020年，杭州市富阳区国有资产监督管理委员会直接监管区属国有企业6个，分别为城建集团、交通集团、山居集团、开发区集团、富春湾集团和杭州富阳投资发展有限公司。富阳区区属企业实现营业收入127.15亿元，同比增长-8%；利润总额29.28亿元，同比增长-8.7%；国有净利润27.11亿元，同比增长-14.4%；上缴税费2.2亿元。区属企业资产总额2864.2亿元，同比增长21.6%；所有者权益1142.41亿元，同比增长27.4%。富阳区政府资产1253.22亿元，其中：行政事业单位110.81亿元，国有及国有控股企业1142.41亿元。

【国有资本运营】 完善融资机制。创新置换贷款机制，用期限3年以上的低成本新增贷款置换以前年度未到期的高利率贷款，节约存量贷款利息5.99亿元。调整融资综合成本控制方式，采用LPR分年限分档控制利率，新增贷款利率平均下降100BP。规范开展短期闲置资金的投资理财业务，全年实现理财收益4.17亿元。提升投融资水平。提高区属企业信用等级，新增国内评级AA+2家国际评级BBB-1家，增强企业融资能力，全年完成项目融资608.33亿元，综合成本4.9%，同比下降0.5%。积极化解政府债务。向上争取新增政府专项债券34亿元，平均利率3.4%，发行规模位列全市第一、全省第三。深化“一化责任、二消债务”化债举措，全年隐性债务累计化解率59.6%，在杭州13个区县中位列第二名。“一化责任”：通过国企改革和财政扶持政策，政府平台实现性质和职能的转变，通过资金、资产、资源注入国企，实现政府隐性债务向企业经营性债务的转化。“二消债务”：以国企市场化运营为主，逐年消化企业经营性债务，降低资产负债率。

【国企管理监管】 改进国企监管方式。完善“1+N”制度监管体系，厘清区国资办与区属集团公司监管责任，实行分级管理、分级落实责任，全年出台监管制度60个。“1+N”：制定《区属国有企业重大事项管理办法》作为统领性文件，配套制定《关于加强和改进企业国有资产监督管理的意见》《企业监事组履职清单》《企业内部审计管理办法》等文件，形成完整的国资监管制度体系。加强国有资产管理。上线国有资产网络竞价交易云平台，完善国有资产网上拍租平台，国有资产实现数字管理，全年网上房产竞拍25套，总成交金额4325.2万元，溢价率19%；处置闲置车库车位984个，处置率92%。推进国企人事薪酬改革。修订《富阳区国有企业人员管理办法》《改革区属国有企业工资决定机制实施办法》，建立人事用工激励约束机制，分类核定企业用工编制，实行末位淘汰制。

【国有企业党建】 细化党建考评标准，全年开展党建督查4次，对督查结果进行通报，督查问题要求反馈整改结果；完成32个党支部规范化建设考评验收工作。抓实党组织运行。富阳区属国有企业共有党支部49个，党员815人。组织党建会议10次，举办党建培训3次，培训400余人。推进以“服务三看四态，点亮国企标签”为主题的党建品牌创建工作，培育“‘红筑’党建联盟”“农村贴心水管家”“养护头雁红色‘路长’”等党建特色品牌11个。2020年，城投集团党委所属机关党支部获评“杭州市级最强党支部”，富春山居集团党委所属清风实业党支部获评“杭州市抗疫表彰先进集体”。

（郛婉燕）

财　政

【概况】 2020年，杭州市富阳区实现地区生产总值812.1亿元，按可比价格计算，同比增长1.1%。其中：第一产业增加值49.5亿元，同比增长0.1%；第二产业增加值345亿元，同比下降2.7%；第三产业增加值417.5亿元，同比增长5.3%。三次产业结构比

2020年9月29日，富阳召开2021年预算编制工作会议

（区财政局　供稿）

建设。安排2.09亿元，支持实施健康服务专项行动，建成家庭医生移动医疗平台，引进名医工作室18个。全年社会保障和就业支出7.82亿元，增长112.5%。新增城镇就业15331人，完成困难老人家庭适老化改造220户，实现示范型居家养老服务中心乡镇（街道）全覆盖。投入4.49亿元，支持美丽乡村建设，创建新时代美丽乡村62个。安排1.32亿元，撬动商业银行为经营性收入10万元以下的经济薄弱村办理免息转贷47.57亿元，全区288个村（社）集体经营性收入达到30万元以上，低收入农户人均可支配收入增长10%。

6.1∶42.5∶51.4。按户籍人口计算，人均生产总值117760元。全区实现财政总收入138.72亿元，同比增长5.7%；一般公共预算收入90.14亿元，同比增长12.7%。一般公共预算支出102.52亿元，同比下降2.8%。全年财政收支平衡。

【财政收入】　全年一般公共预算收入占财政总收入的65%，占GDP的11.1%。其中，税收收入85.49亿元，占一般公共预算收入的94.8%。研判财政经济形势，加强收入结构分析、规模预测。与税务部门建立工作互动机制，制定组织收入预案，实施动态调整，把握组织收入主动权。盘活土地资源，加大土地出让和处置力度。全年征收非税收入420.6亿元，同比增长39.8%，其中，土地出让收入409.3亿元，同比增长42.4%；纳入一般公共预算收入管理的非税收入4.65亿元，同比下降41.1%。

【支持经济发展】　出台《关于应对新型冠状病毒肺炎疫情支持企业共渡难关的实施意见》《关于做好提高财政资金拨付效率有关工作的通知》等政策，投入1.86亿元，支持企业抗击疫情。实施“减税减费减租减息减支”专项行动，减免企业税费18.01亿元、房租0.9亿元。开展共抗疫情服务企业专项行动，走访企业113家。促进产业发展。加快产业政策兑现，对符合条件的企业，简化流程，及时兑现，全年兑现产业政策资金23.38亿元。投入4.91亿元，支持先进装备制造、服务贸易、现代服务业等产业提升。推进杭州市富阳区科技投资引导基金、富阳区制造业转型升级产业基金、富阳经济技术开发区产业引导基金、富春湾新城发展基金、富阳区美丽乡村发展基金等5个政府产业引导基金实质性运作，基金池总规模15亿元。加强招才引智。投入7.73亿元，支持高层次人才引育、科技创新，引进高层次人才1322名、科技创新顾问102名、高校院所技术转移中心11家，落地产业化项目9个，建成区级以上科技企业孵化器及众创空间12家，创建国家级科技企业孵化器1家、众创空间1家。

【民生保障】　全年民生支出81.02亿元，占一般公共预算支出的79%。支持疫情防控。开通政府采购、资金支付两条“绿色通道”，保障医疗物资、医疗救治、卫生防疫、一线医护人员补贴等支出，全年疫情防控支出3.83亿元。全年教育支出23.74亿元，同比增长8.5%。投入2.45亿元，建成中小学、幼儿园18所。安排资金3745万元，支持中小学、公办幼儿园教室空调安装。安排“新劳动教育”实践专项资金400万元，支持中小学生实践体验活动。全年卫生健康支出12.46亿元，增长118.6%。安排2.41亿元，加强疾控中心、卫生服务站、医院

【财政改革】　实施全面预算绩效改革。区委、区政府印发《关于全面落实预算绩效管理的实施意见》，明确富阳区全面实施预算绩效管理的总体要求和具体举措。出台《杭州市富阳区区级政府专项资金管理办法》《杭州市富阳区财政存量资金管理办法》《杭州市富阳区预算执行风险内部控制办法》等管理办法，规范财政资金管理。完成预算绩效管理系统开发，资金、项目的绩效目标、绩效监管、绩效评价实现闭环管理。加强政府投资预算管理。建立经济建设科、预算审核中心、PPP项目中心合署办公模式，健全重大建设项目决策机制，做好政府投资预算管理的关口前移和源头把控。推进“数字财政”建设。优化政府采购电子化交易系统，完成交易项目646个，涉及金额9.82亿元。加快“乡镇公共服务平台+一卡通”建设，将涉农补助和民生补贴资金纳入乡镇公共服务平台管理，发放财政补助资金4.02亿元，受益88万人次。推进财政电子票据改革，全区352家用票单位完成改革，共计开票126万张，开票金额78.72亿元。

【财政监管】　开展乡镇（街道）存量资金、文创专项资金、扶贫专项资金、垃圾分类专项资金、民宿产业发展项目等检查，收回违规财政补助资金12万元。推行政府采购意向公开，全区采购预算金额30万

富阳区 2020 年财政收入执行情况表

表 7

项 目	年度预算（万元）	累计收入情况			
		累计收入（万元）	上年同期（万元）	为上年（%）	为预算（%）
财政总收入	1380000	1387234	1312560	105.70	100.50
一、一般公共预算收入	900000	901379	800008	112.70	100.20
（一）税收收入	848800	854920	721045	118.60	100.70
1. 增值税（50%）	144000	144363	189511	76.20	100.30
2. 改征增值税（50%）	117800	120777	88004	137.20	102.50
3. 企业所得税（40%）	105500	106178	119306	89.00	100.60
4. 个人所得税（40%）	39000	39873	36717	108.60	102.20
5. 城市维护建设税	39000	39834	46589	85.50	102.10
6. 契税和耕地占用税	241500	244668	102055	239.70	101.30
7. 其他地方各税	162000	159227	138863	114.70	98.30
（二）非税收入	51200	46459	78963	58.80	90.70
1. 教附、地方教附	24500	24665	35703	69.10	100.70
2. 残保金	3500	3614	4881	74.00	103.30
3. 其他专项收入	2300	2238	447	500.70	97.30
4. 行政性收费收入	24000	24323	9176	265.10	101.30
5. 罚没收入	12000	11696	15959	73.30	97.50
6. 其他收入	20000	20370	17797	114.50	101.90
7. 国有企业计划亏损补贴	-35100	-40447	-5000	808.90	115.20
二、上划中央收入	480000	485855	512552	94.80	101.20
1. 增值税（50%）	144000	144363	189511	76.20	100.30
2. 改征增值税（50%）	117800	120777	88004	137.20	102.50
3. 消费税（100%）	1500	1638	1002	163.50	109.20
4. 企业所得税（60%）	158200	159267	178959	89.00	100.70
5. 个人所得税（60%）	58500	59810	55076	108.60	102.20

富阳区 2020 年财政支出执行情况表

表 8

项 目	年度预算（万元）	累计支出情况			
		累计支出（万元）	上年同期（万元）	为上年（%）	为预算（%）
一般公共预算支出	1025000	1025150	1055038	97.20	100.00
一、一般公共服务	105000	106226	96061	110.60	101.20
二、公共安全	56500	56390	50704	111.20	99.80
三、教育	240000	237423	218846	108.50	98.90
四、科学技术	56400	56365	56338	100.00	99.90
五、文化旅游体育与传媒	18300	19352	17870	108.30	105.70
六、社会保障和就业	81000	78199	36790	212.60	96.50
七、卫生健康	132000	124567	57003	218.50	94.40
八、节能环保	26500	26055	58139	44.80	98.30
九、城乡社区	38300	38208	87772	43.50	99.80
十、农林水	84500	88699	79358	111.80	105.00
十一、交通运输	78600	78689	201856	39.00	100.10
十二、资源勘探信息等	6500	6429	13623	47.20	98.90
十三、商业服务业等	6200	13239	6688	198.00	213.50
十四、援助其他地区	7600	7597	7293	104.20	100.00
十五、自然资源海洋气象等	10800	10759	10837	99.30	99.60
十六、住房保障	37000	37209	21102	176.30	100.60
十七、粮油物资储备	1500	1401	40	—	93.40
十八、预备费	—	—	—	—	—
十九、其他支出	6400	6374	3367	189.30	99.60
二十、债务付息支出	31900	31969	31351	102.00	100.20

元以上的政府采购项目纳入采购意向公开范围。扩大异地评审专家评标范围，明确公开招标限额以上项目异地专家抽取比例需在50%以上。建立政府采购评审专家考核评价机制，完善供应商诚信体系和失信惩戒制度，开展政府采购代理机构综合信用评价，抓实违法违规案件查处，全年清退评审专家5人，清退网上超市供应商3家、责令整改57家，行政处罚代理机构4家。出台《关于进一步落实政府过紧日子的通知》，全区非刚性政府专项资金压减20%，一般性支出压减10%，“三公”经费压减6.4%，日常公用经费压减5%，共计压减支出8.39亿元。推进部门支出标准化、规范化建设，编制并发放部门预算财政财务管理操作手册556份。深化“一化责任、二消债务”化债举措，全年隐性债务累计化解率59.6%，在杭州13个区县市中位列第二名。

【队伍建设】 全面从严治党。创建模范机关，推进党建与业务融合，被评为富阳区区级模范机关，“党建三化三强，助力财政新征程”党建品牌获得杭州市财政系统党建创新成果展金奖。建设清廉财政，建立“控权四级联动”防控机制，开展内部廉政风险点排查，梳理风险点73个，逐项制定防控措施。完成事业单位改革。事业单位从原来的6家整合为5家，完成9名事业单位人员转隶工作。制订“三定”方案，明确岗位设置、职责、人员等事项。发挥先锋模范作用。开展社区文明共建、抗击疫情志愿服务、支持企业复工复产等活动，离退休干部党总支入选浙江省标准化离退休干部党支部、支部书记获得浙江省“最美助力之星”称号，1名干部获得富阳区“最美战疫志愿者”称号。加强干部队伍建设。开展财政精神大讨论、干部师徒结对、财政夜学、党建知识竞赛等活动，提升干部能力素质，增强干部队伍凝聚力。

（邬婉燕）

税　务

【概述】 2020年，区税务局被评为“杭州市税务局2020年度组织绩效考评第一等次单位”，新登税务所办税服务厅获“浙江省巾帼文明岗”荣誉称号，税源管理三科办税服务厅获“浙江省青年文明号”荣誉称号。

【经济社会发展支持】 推广“非接触式”办税缴费方式，减轻纳税人缴费人办事阻碍，全年综合网上办税率达95.2%。顶格落实税费优惠政策，确保减税降费政策红利直达困难企业、直达市场主体，全年累计办理各类税收优惠53.1亿元，办理延期缴纳税款70.6亿元、社保费0.61亿元。助力地方消除集体经济薄弱村三年行动工作，100%核准109个“薄弱村”从租房产税征前减免。

【组织税费收入】 2020年，全区组织税费收入175.7亿元，同比下降6.40%。其中：税收收入128.45亿元，同比增长1.5%；非税收入3.21亿元，同比下降30.3%；社保基金收入41.84亿元，同比下降23.1%；其他收入（职业年金）2.2亿元，同比增长3.7%。按财政口径，组织财政收入132.71亿元，同比增长7.3%，占区财政总收入的95.7%。入库一般公共预算收入86.37亿元，同比增长16.1%，占区一般公共预算收入的95.8%。

【税费管理】 完善税务登记信息，逐户核实税务部门和市场监督管理部门登记信息不一致的疑点数据，摸清市场主体数量和存续状态，分3批累计完成核查1.29万户次。稳步推进个人所得税综合所得首次年度汇算，个人所得税综合所得年度汇算完成率为86.27%，涉及补退税6.26万人，其中申报补税3249人，实际申报补税1716.27万元，申报退税5.94万人，实际申报退税2460.23万元。开展风险分析模型构建工作，初步构建发票虚开虚受风险分析模型，形成具备20个风险指标的扫描识别体系，全年有序实施风险应对任务71批1788户，发现问题1087户，补交税款共计1073.53万元，滞纳金34.97万元。加强发票协查管理，共办理协查案件107户，涉及增值税发票287份，金额1584万元，税额154.85万元，价税合计1738.85万元。深化税务、银行、乡镇合作机制，全面完成28.92万人的城乡两费集中征缴工作。10月28日，在新设立登记的纳税人中开展专票电子化试点，至年底，首批32户试点纳税人开具电子发票。

【依法治税】 上线应用行政执法信息公示平台，制定《行政执法公示平台公示事项清单》，完成5个

2020年12月，富阳区税务局开通“银发绿色通道”，帮助老年人群体跨越政务办事“数字鸿沟”
（区税务局　供稿）

2020年富阳税收情况表

表9　　　　单位：万元

项　　目	2020年	2019年	同比增减	增长%
一、税收收入合计	1284450	1265178	19272	1.52
1. 增值税收入	460155	570942	-110787	-19.40
2. 消费税收入	1638	1002	636	63.49
3. 企业所得税	251113	284552	-33439	-11.75
4. 个人所得税	100488	91792	8695	9.47
5. 资源税	6719	7508	-788	-10.50
6. 城市维护建设税	39834	46591	-6757	-14.50
7. 房产税	33825	17026	16799	98.66
8. 印花税	14404	12392	2012	16.23
9. 城镇土地使用税	26661	15851	10811	68.20
10. 土地增值税	71353	79829	-8476	-10.62
11. 车船税	5777	5598	179	3.20
12. 车辆购置税	26971	28912	-1942	-6.72
13. 耕地占用税	17571	16674	896	5.38
14. 契税	227098	85381	141717	165.98
15. 环境保护税	660	957	-298	-31.12
16. 其他税收	184	170	14	8.10
二、出口退税合计	-127360	-111253	-16107	14.48
三、社会保险基金收入合计	418405	544193	-125787	-23.11
1. 企业职工基本养老保险基金收入	184660	315092	-130432	-41.39
2. 失业保险基金收入	7500	9943	-2443	-24.57
3. 职工基本医疗保险基金收入	161195	146353	14842	10.14
4. 工伤保险基金收入	3709	5031	-1322	-26.28
5. 生育保险基金收入	0	10208	-10208	-100.00
6. 城乡居民基本养老保险基金收入	2916	324	2592	799.93
7. 机关事业单位基本养老保险基金收入	45986	45516	469	1.03
8. 城乡居民基本医疗保险基金收入	11695	11726	-31	-0.26
9. 其他社会保险基金收入	746	0	746	
四、非税收入合计	32096	46054	-13958	-30.31
1. 教育费附加收入	16430	23810	-7380	-30.99
2. 地方教育附加	10975	15860	-4885	-30.80
3. 文化事业建设费收入	48	397	-349	-88.02
4. 税务部门罚没收入	31	26	4	17.04
5. 残疾人就业保障金收入	4252	5742	-1490	-25.95
6. 废弃电器电子产品处理基金收入	137	209	-72	-34.37
7. 国家重大水利工程建设基金收入	35	0	35	—
8. 可再生能源发展基金	163	0	163	—
9. 地方水利建设基金(防洪工程维护费)	25	10	15	148.81
五、其他收入合计	25583	24540	1042	4.25
1. 工会经费收入	3543	3277	265	8.09
2. 职业年金	22040	21263	777	3.66

大类13个小项近万条执法与服务信息公示。探索实践"法律顾问＋公职律师"联动机制，全年共审核合同45件，提供政府信息公开答复法律意见书2件，提出涉税举报处理建议3件，积极应对行政复议和行政诉讼案件。对照长三角区域申报发票类税务违法行为行政处罚裁量基准、税务轻微违法行为"首违不罚"清单，更新裁量标准，保障执法公平公正。深化税务法院税费征缴协作机制，拓展个人房产司法拍卖交易税费法院代扣，共计协作征缴各类税费85户次6663万元。

【纳税服务】 推广电子税务局、手机办税APP和征纳沟通平台等"不见面"办税渠道，探索"非接触式"办税缴费事项由"分辖区零散受理"向"全区归集统一受理"转变，初步形成业务集中受理、集中咨询为核心的区县二级集中处理模式。推出"一对一"服务专员制度，抽调64名税收业务骨干组成困难企业联络员队伍，下沉企业一线，"点对点""面对面"跟踪辅导、精准帮扶。借助金三数据平台，利用税收大数据分析企业上下游供需信息，为211户企业匹配供应商和采购商信息共1966条，打通企业产供销链条。开发推出"税费帮您算"小程序，一键解决办税群众税费计算难题。成立"富春说税"宣讲团队，"线上直播＋线下授课"全方位、专业化政策宣传。扩大"银税互动"受惠面，将M级评级企业纳入"银税互动"范围，实现A、B、M级纳税信用企业全覆盖，帮助454户企业取得信用贷款2.8亿元。

【纪检监察】 2020年，区税务局围绕疫情防控、减税降费政策落实、纪律作风建设等情况开展督查20次，问题通报1次。建立廉政风险排查防控机制和廉情分析制度，组织局属各单位排查出风险点79个，制定梳理防控措施80条。开展警示教育，对1起严重违纪违法案件召开案情剖析会和开展"以案促改"专项整治。把"四种形态"贯穿监督责任全过程，运用"第一种形态"谈话8人次，运用"第二种形态"和"第四种形态"各1人次，编写《纪检监察提醒》12期，发送廉政提醒66次，开展廉政谈话86人次，出具廉政评价意见141人次。

【队伍管理】 2020年，区税务局共有在职干部职工319人，其中公务员296人，事业人员7人，工勤人员16人。推开首轮职级晋升和临近退休人员职级晋升工作，晋升四级高级主办22人，一级主办18人，三级主办27人，四级主办7人；开展中层领导干部竞争上岗，选拔正科级干部7名，副科级干部7名。组织2020年度"岗位大练兵、业务大比武""党建＋税收业务"知识竞赛，鼓励干部"学业务、练技能、当能手"，组织干部参加全国税务系统2020年度数字人事业务能力升级和领导胜任力测试工作。

（杜阳清）

土地资源管理

【概况】 2020年，全区规划和自然资源工作围绕始终坚持"三看四态促转型"，坚定"三个拥抱"，奋勇拼搏，以"争朝夕 争突破 争一流"深化作风建设年专项行动为抓手，成立七支党员先锋队，全力做好"强引领、保发展、护青山、盘存量、快出让、守红线"工作。重点开展用地报批、盘活存量、土地整治、土地收储出让、执法监察、矿政管理、不动产登记服务等工作。

市规划资源局富阳分局持续破解农民建房难行动获得杭州市副市长缪承潮的批示肯定；完成"除险安居"三年行动任务被浙江省政府授予的"成绩突出集体"称号；获得2019年度杭州市全域土地综合整治和土地要素保障工作先进集体称号；"云端上的登记服务"获得区委书记吴玉凤批示肯定和改革攻坚大比武第三名；拥江发展工作排名14个区县第二名；《乡村振兴、富阳实践——打造现代版富春山居图》获全省规划科学技术进步一等奖；坑西村、方家井村、宵井村分获全省土地利用优秀成果评选获二、三等奖；经营性用地出让220亿元，再创历史新高；区数字城市1∶2000 3D产品数字航测成图与建库项目荣获2020地理信息产业优秀工程银奖；社区大党委、城乡捆绑组团全部被评为"双十佳"；局退休老干部支部获得浙江省"首批标准化离退休干部党支部"称号，被评为市、区两级"最美支部"。

【事业单位改革】 2020年，完成杭州市规划和自然资源局富阳分局事业单位改革，通过撤销、更名、维持现状等举措对18家事业单位进行清理规范整合，设置15家事业单位，改革前全局事业编制178名，改革后事业编制（含参公）185名，增加7名，实现编制数最大化、领导职数最优化、结构布局最合理化。

【"最多跑一次"改革】 围绕智慧服务，开展抵押登记全程网办，实现"零次跑"。推行存量房交易"云面签"模式，提升审批效率，群众回访满意率100%。深化"农民建房一件事"系统，联合相关部门推出扫码监督、公积金提取、水电气开通等延伸服务。推进农房确权登记发证，完成发证98691户，符合登记条件农房确权登记率100%。出台12条抵押登记新举措，降低企业融资成本。完成"多审合一、多证合一"改革试点工作，提高审批效率，优化营商环境。

【区委第三巡察组巡察】 2020年，根据区委统一部署，区委第三巡察组于5月18日至6月27日对市规划资源局富阳分局进行了集中巡察。整改完成巡察组反馈的3个方面32个具体问题和自查自纠的2个问题，共计34个问题。巡察整改期间，共开展谈话提醒教育117人次，组织处理6人，重申、完善、建立各类规章制度46个。

【规划资源法律法规宣传教育】 制定《2020年富阳区规划和自然资源宣传思想教育工作要点》，深入落实法治宣传教育实践活动。全年，组织开展"4·22"世界地球日、"6·25"全国土地日、"8·29"全国测绘法宣传日等主题宣传活动

5次；通过培训讲座、以案说法、业务考试、宣传册等普及法律知识；组织开展“亮灯之夜”和“规划资源大讲堂”学习活动，采取知识沙龙、专题培训、交流讨论等方式培养全方位发展的干部队伍，全年共开展12堂课、825余人（次）参加；全年推送微信364条，微博360条；被各级各类刊物录用信息123篇；编发局内部刊物《富阳规划和自然资源动态》19期；编印规划资源宣传册3.5万册；编印《2019年度规划和自然资源文件汇编》400套。

【队伍建设】 全面落实各科室领导批示件、信访件办理工作责任，实行承办责任人负责制。全年共上报纪检监察组织线索4件，全部在规定时间办理答复。认真落实“人才强区”工作要求，2019年通过公开招考，录用11人，选送多名人才（包括后备干部）到富阳区各平台挂职锻炼。

【发展用地保障】 重点梳理全区重大项目落地需求和盘活存量空间潜力，争取新增用地指标共计149.27公顷，其中农用地148.53公顷。开展“三块地”消化三年行动和“百日攻坚”行动，消化“三块地”733.4公顷，其中批而未供土地303.27公顷，供而未用土地256.13公顷，低效用地再开发174公顷；盘活存量建设用地329.07公顷。全年、全域实现新增工业项目标准地出让，已出让工业用地98.13公顷，“标准地”出让率100%，工业用地出让占比55%。制订2020年全区留用地指标消化初步计划，消化14.18公顷。

【经营性用地供应出让】 抢抓轨道交通、快速路等建设机遇，结合城市有机更新、旧城改造等工作，扩大收储范围。出台《富阳区工业用地做地管理办法》《富阳区工业用地收储验收管理办法》，明确工业用地做地主体、部门职责、收储标准等。加大精准招商力度，开展“拔钉清零”专项行动，全年完成净地收储42宗152.13公顷，出让和公告经营性用地43宗114.93公顷，出让总金额219.8亿元。

【土地综合整治和生态修复】 2020年，加大土地综合整治和生态修复力度，开展垦造水田项目46个，面积2790亩，完成区级验收39个，面积106.67公顷。完成全域土地综合整治与生态修复工程项目10个，土地整治面积239.73公顷。治理废弃矿山1家，开展综合整治矿山3家，提升矿山2家，完成渌渚镇打石山一期采矿权交易。完成金鑫矿、宏升矿等4家绿色矿山提升方案编制工作，提升矿容矿貌。

【执法监察】 开展卫片执法、农村乱占耕地建房整治、扫黑除恶、例行督察整改等专项工作，完成2019年度卫片任务，违法耕占比约0.5%；立案查处各类违法案件53起，移送公安涉刑线索2条，移交涉黑涉恶线索8条，申请法院强制执行78起；例行督察整改清单整改率达到100%；79件信访已经处理了71件。搭建、调试完成“天眼指挥综合监管平台”，试运行银湖街道、东洲街道及富春街道布设点位11个。

【拥江发展】 2020年，创建市级美丽城镇2个，新登镇获评省级样板镇，完成精品村建设10个。完成“零直排”镇街创建8个；确保25条重要河道、8个监测断面水质达标。富阳五期、新登三期等污水厂开工建设，完成建设任务。完成钱塘江及支线绿道5条共计17.5千米的下达任务，并自加压力，增建钱塘江及支线绿道4条共计22.7千米，全年共计完成钱塘江及支线绿道40.2千米，完成长川绿道新桐段提升方案设计。壶源溪绿道获评第四届“浙江最美绿道”。富阳区拥江办获得浙江省第二届绿道健走大赛区县优秀组织奖（第一名）。富阳区拥江办获杭州毅行大会市级优秀组织金奖（第一名），以及多项团体和个人一等奖。富春湾绿道被评为杭州市最美绿道，场口镇人民政府被评为市绿道建设最配合镇街。富阳绿道建设获得市优秀奖。

（冯　颖）

矿产资源管理

【矿山专项整治】 2020年，全区共有有效期内持证矿山14家，其中普通建筑石料矿山5家，石灰石矿山5家，铅锌、银等金属矿山3家，萤石（普通）矿1家，露天矿山（普通建筑石料、石灰石）大型矿山比例达到100%，形成以石灰岩、普通建筑石料为主兼顾银铅锌、萤石的矿产开发格局。

【废弃矿山生态修复】 根据浙江省打赢蓝天保卫战三年行动计划和《浙江省矿山生态环境保护与治理

2020年，富阳推进美丽矿山建设示范工程

（市规划和自然资源局富阳分局　供稿）

规划（2016—2020 年）》的要求，继续推进废弃矿山生态修复工作。2020 年，完成废弃矿山生态修复项目 7 个，累计完成 105 个，开展治理 3 个。

【绿色矿业发展示范区建设】 围绕“全区域、优布局、园区化、产业化”的工作目标，全面建设绿色矿山，积极打造美丽矿山，整体推动绿色矿业发展示范区建设，富阳成为全省唯一通过批准并开展实施的县级绿色矿业发展示范区。通过提升矿容矿貌，延长矿业产业链，探索创新机制等改革创新手段，以 4 家绿色矿山（其中 3 家为露天矿山，1 家为地下矿山）提升为主要抓手，打造绿色矿山建设升级版。4 家矿山均已被自然资源部纳入全国绿色矿山名录，其中两家绿色矿山（杭州富阳宏升建材有限公司江洲村砂岩矿、杭州富阳金鑫矿业有限公司铜山铅锌矿）已按照提升方案的要求完成提升工作并通过专家组和相关部门的验收。

【矿地综合利用】 6 月，渌渚镇打石山矿地综合利用项目一期采矿权完成挂牌出让，矿区面积 0.29 平方千米，出让年限 2 年 4 个月，出让资源储量 530 万吨，出让收益 3.99 亿元，项目完成后可平整土地 21.67 公顷。开展项目二、三期采矿权设置前期准备工作，预计整个项目完成后可采储量（建筑石料矿、石灰岩矿）达到 2810 万吨，可利用土地 49.73 公顷，实现资源开发、矿地利用、生态保护协调发展。

【地热资源勘查】 2020 年，完成富阳区银湖街道坑西村地热勘探项目地热地质调查、地球物理勘查和 2 处地热探采结合井钻探，其中 1 号地热井设计井深 2000 米，实钻井深 2096 米，获得出水量 578.53—359.08 立方米 / 天，井口出水温度 47-44℃的勘探成果，热矿水类型为含氡、偏硅酸、硫化氢的氟型温泉淡水。

【矿产资源开发】 2020 年，全区正常生产的 9 家持证矿山矿石总产量 1744 万吨，工业总产值（采掘）14.46 亿元，利润总额 3.59 亿元；矿山企业总销售额（含下游深加工产业）33.29 亿元，纳税额 3.83 亿元；矿业权出让收益（政府非税收入）4.76 亿元。

【矿政管理】 规划资源、生态环境、应急管理、公安、农业农村等部门联合开展矿山专项整治检查活动，在此基础上，采取由基层规划资源所定期巡查、矿产资源所不定期检查、聘请矿政管理技术支撑单位协助参与矿产资源开发利用的监督管理、矿山储量动态监测、综合行政执法队及时查处等手段，形成全面打击非法开采的氛围，有效控制盗采盗挖势头。

【地质灾害防治】 2020 年，出台《富阳区 2020 年度地质灾害防治方案》，明确全区地质灾害的重点防范期、防范区域、防治措施，提高地质灾害预防和应急处置能力。强化地质灾害防治科普宣传，全年组织开展宣传培训活动 20 余次。出动地质灾害应急处置 200 余次，对 79 起处置点进行立项整治，累计完成不稳定斜坡、遗留项目、应急治理等各类整治项目 110 处，使 400 余人脱离地质灾害的威胁。启动全区 1 ∶ 50000 地质灾害风险普查和万市镇、洞桥镇、新登镇、渌渚镇、大源镇、常绿镇 6 个重点乡镇 1 ∶ 2000 地质灾害风险调查；新增地质灾害专业化监测点 6 处；全年没有发生地质灾害人员伤亡事故。

（蒋终利）

市场监督管理

【概况】 2020 年，全区实有各类市场主体 98620 户，同比增长 11.78%，其中内资各类市场主体 98298 户，同比增长 11.96%，外资企业 322 家，同比增长 0.94%。全区新设各类市场主体 16359 户，同比增长 15.96%，其中内资各类市场主体户 16335 户、同比增长 4.38%（其中内资企业 5948 家、农民专业合作社 17 家、个体工商户 10375 户）；外资企业 24 家。全区累计内资企业 38353 家，注册资本（金）76650126.9 万元，较上年同期分别增长 10.92% 和 6.51%。全区新设外商投资企业 24 户，投资总额 18924.06 万美元，注册资本 14027.5 万美元，外方认缴 8671.44 万美元，外方认缴比例达 61.82%。外商投资企业新设数量、投资总额、注册资本均有不同程度的下滑，新设数量同比下降 14.29%，投资总额同比下降 88.77%，注册资本同比下降 79.33%。

全区共有规模以上农产品生产经营主体 712 家、食品生产企业 139 家、流通企业 8563 家、小作坊 358 家、食品相关产品生产企业 19 家、餐饮单位 6953 家（大型及以上餐饮 65 家，中型餐饮 492 家，小型餐饮 2629 家），三小 3209 家；学校食堂 92 家，幼儿园食堂 109 家，养老机构食堂 28 家，其他单位食堂 324 家，集体用餐配送单位 5 家、定点屠宰企业 5 家。

富阳区共有涉药涉械单位共 1532 家，其中药品生产企业 12 家（其中注射剂类高风险企业 4 家、中成药企业 1 家、医用氧 2 家、中药饮片生产企业 3 家、原料药企业 1 家）、药品批发企业 16 家、药品零售连锁企业 4 家、零售药店 297 家（单体药店 181 家，连锁门店 101 家，乙类非处方药店 15 家）、医疗机构 595 家（6 家区级医疗机构）、医疗器械生产企业 40 家（其中 20 家停产）、医疗器械经营企业 567 家（与部分药品零售企业重合）、化妆品生产企业 1 家。

全区注册登记在用的特种设备总数 17625 台，其中在用锅炉 270 台、压力容器 4241 台、电梯 6533 台、起重机械 4491 台、游乐设施 22 台、厂（场）内机动车辆 2068 台。另外登记在用各类车用气瓶 1266 只、工业气瓶 11 万只、民用液化石油气气瓶 20 万只，压力管道 500 千米。

【营商环境打造】 全区实有各类市场主体 96962 家，新设市场主体 13417 家，同比增长 8.83%，其中企业 4939 家，同比增长 13.44%。巩固全国压缩企业开办时间工作推进会成果，统一全区免费送章的材质、规格、数量、质量标准；8月实现税控盘首年服务费全免，实现开办企业零费用。标准化改造新登、场口分中心“开办企业”窗口，实现全区“开办企业”标准化、制度化、规范化，做到“同城通办”“同城同标”“同城同质”。实现常态化企业开办最多5件申请材料、1个环节、30分钟、零成本就可以办结，企业开办进入“分钟制时代”。

【准入准营一件事】 推进88个区级事项的证照分离改革，新增告知承诺事项37个，实现区级告知承诺事项49项；对39个事项采取“优化审批服务”措施，在原有基础上进一步压减办理时限、材料和审批要件。联动“证照分离”与“多证合一、证照联办”、企业全生命周期“一件事”、“经营性企业一件事”等，释放改革效应。推出“药品经营（单体药店、连锁门店）开业一件事”“医疗器械经营开业一件事”“民宿经营及补贴一件事”。

【复工复产复市】 疫情期间，组建“企业复工登记服务青年突击队”指导企业实现复工复产。通过“全程网上办、掌上办、寄递办”的“一站式”办理登记注册，达成不见面办理。全程帮扶企业杭州华昌制衣有限公司、浙江珍琦护理用品有限公司等企业火速转产生产防疫物资。通过“绿色快办”为300余家企业办理涉及增加口罩等防疫物资经营范围或医疗器械备案手续。发挥动产抵押登记等助企融资职能作用，高效审批办理动产抵押登记121件，帮助企业融资363331.76万元，股权质押登记44件，融资金额1971171.79万元，缓解受疫情和延期复工影响的中小企业资金困难。

【数字转型】 深化“一网通”系统应用。持续推进企业登记“网上办”“移动办”，加大电子营业执照的应用推广，推行全区通办、同城通办、长三角一体化“一网通办”。办理“多证合一”事项16333件，同城通办71件，长三角一体化办理1件。推进“零见面”审批。通过实名认证、电子签名实现登记全程无纸化“零见面”审批，全区全流程零见面办件量已达到10791件，其中企业新设网办率达100%，全流程网办已占新设比例82.74%。设立商事登记智能导服区，提供政务服务APP端、政务服务网PC端、自助服务机终端作为实体大厅端的有效补充打通“零见面”审批最后“一公里”。加快推行经营范围规范化。上线市场主体经营范围“智能化”登记系统。实现办事群众申报经营范围从“填写式”向“选条目”转变，切实解决经营范围登记事项的申请人“填报难”、登记机关“规范难”、许可部门“识别难”问题。已有1.87万户企业实现经营范围规范化登记，其中涉及涉企经营许可办理企业10269户。

【食品安全风险隐患防范】 根据《杭州市食品销售场所新型冠状病毒防控工作要点》，加强对商超、食品店、便利店监督检查，重点检查落实索证索票、进货查验及记录要求，要求企业重点做好散装食品、裸装食品防护及标签明示，避免人为交叉污染的风险，在落实好疫情防控的同时，切实保障食品安全；做好农贸市场疫情防控措施，检查中未发现有活禽和野生动物交易现象；做好食品生产企业、小作坊复工复产帮扶指导工作，梳理出两项惠企政策并通知企业到位。针对《浙江省市场监管局关于实施稳企业稳经济稳发展第二批服务举措的通知》可以减免技术服务（食品检测）收费的优惠政策进行积极宣传，共有12家企业或个人委托送检64批次，其中个体工商户2家，6批次，共计减免检测费3670元。

【重点行业生产经营规范】 找准生产经营薄弱环节，梳理监管重点，针对风险较高、监督抽检容易不合格的食品行业类别进行重点管控。分别针对糕点、豆腐皮、茶叶等食品生产企业（小作坊）开展集中业务培训，分析存在的安全隐患及风险防控措施。针对全区5家包装饮用水生产企业进行了全覆盖式现场调研走访，了解行业的总体质量状况，查看工艺流程，排查风险隐患。联合永昌镇政府，共同谋划臭豆腐行业协会筹备工作，梳理企业发展和存在的困难等问题，联合永昌镇开展豆制品行业协会筹备工作，通过行业规范督促会员加强内部管理，促进产业健康发展。

【保健食品普查】 认真落实杭州市市场监管局《关于全面开展保健食品生产经营单位普查工作的通知》要求，在全区范围内开展为期两个月的保健食品生产经营单位信息普查工作，建立富阳区保健食品生产经营单位基础信息和监管数据库，完成305家保健食品生产经营单位普查工作，其中大型商超8家，保健食品批发3家，药店294家。

【食品监督抽检】 重点针对速冻食品、包装饮用水、糕点、茶叶、水产制品等重点产品，大型商超、农贸市场批发户为重点行业实施抽检，全年抽检756批次，其中，生产环节139批次2批不合格，流通环节617批次6批次不合格，对不合格食品严格按照程序开展核查处置。开展“你点我检”系列活动。开展“六一”儿童食品、农贸市场食用农产品、鲜活水产品、校园配送企业等系列“你点我检”活动，在活动中，邀请区人大代表、政协委员、社会监督员、群众代表全方位、立体式的监督检查，媒体记者进行全程跟踪报道。抽取蔬菜、水产、水果、婴配、儿童食品等产品114批次，全部合格。

【高风险食品“物防”】 富阳区共有食品冷藏库41家（15470立方米），食品冷冻库40家（30711立方米）。区市场监管局对富阳辖区内在杭州、宁波海关有备案记录的进口肉类、水产品收货人名单全部进行了核查。对富阳辖区内冷链食品开展全面检查，出动执法人员658人次，检查冷链企业及冷链食品经营单位共325家次，检查1089批次的冷链食品。全程溯源，推进“浙冷链”使用。经过5个月的运行，全区浙冷链系统运作趋于平稳，近三次即第48期、第49期、第50期各区、县（市）精密智控指数中，富阳区赋码排名分别为：第八名、第六名、第五名；扫码排名均为第一名。开展十二轮检测。其中，第十二轮监测共涉及大自然农批市场、世纪联华易容商贸、世纪联华新登店、杭州富阳千嘉商业城（新登）、振翔冷库、杭州富阳鸿利食品有限公司等6家重点场所，采集各类标本78份（从业人员咽拭子标本30份，冷链食品及包装涂抹物标本24份，环境涂抹物标本24份）。累计采集各类标本1052份，经中心实验室检测，新冠病毒核酸均为阴性。

【农村家宴放心厨房创建】 2020年，23个乡镇（街道）申报创建35家，完成现场踏看指导及布局方案图纸设计33家，其中3家（里山镇灵峰村、东洲街道学校沙村、新桐乡春渚村）已建成，包括上年度建成本年通过验收的9家，累计完成建设验收并上报12家、超额完成省、市、区分解任务10家的要求。

【中小学及幼儿园“智能阳光厨房”创建】 该项为省、市实事任务，通过调查摸底，在中小学食堂在阳光厨房的基础上，通过加装物联感应设备、AI智能抓拍系统，升级改造“智能阳光厨房”，完成“智能阳光厨房”升级改造33家。学校食品安全智慧化管理水平又迈上新台阶，实现了智能抓拍，及时预警。

【放心消费餐饮示范单位创建】 2020年，放心消费示范单位申报创建社会餐饮、学校、企事业单位食堂等68家，列入创建名册55家，并录入省民生实事项目系统，建立申报创建群，制定创建标准和创建模板，开展线上线下指导。

【阳光厨房建设】 通过调查摸底，分解落实提升改造目标任务，加强宣传引导，鼓励企业积极申报创建，结合后周社区小餐饮、网络订餐专项整治行动推进，完成建设100家。

【区级医院食堂专项检查】 完成了区级医院食堂开展专项检查6家，重点围绕食品安全管理体系建设、人员管理、场所环境、采购储存、众食安APP电子台账等内容全面排查，对发现主要存在医院主体管理责任履行不到位等问题，提出限期整改意见要求，并组织复查验收，整改成效明显。

【餐饮食品安全隐患大排查大整治专项行动】 制定《餐饮食品安全隐患大排查大整治专项行动方案》，按照“细查、严管、重罚、实改”的要求，对学校、医院、企事业单位、建筑工地食堂等开展大排查大整治，其中检查学校食堂63家，养老机构42家，机关企事业单位50家，建筑工地食堂24家，发现问题单位73家，责令整改14家，整改完成59家，切实防范食品安全事件。会同区文创办、教育、消防及属地乡镇对32家画室培训机构开展专项检查，强化安全生产责任落实。

【春秋季学校食品安全检查和培训】 出动844人次，检查489户次，其中学校食堂187家次，托幼园食堂115家次，校园周边餐饮单位186家次。培训学校食堂及周边餐饮单位325家，培训人数950人次。对30所学校食堂及周边部分餐饮店餐具抽检共计185批次。

【网络订餐小餐饮专项检查整治】 印制《餐饮食品安全平安网格巡查要点》4000份，《小餐饮食品安全规范提升要求》1000份，发放并指导小餐饮对照自查自纠。5月6日，科所联动，联合后周社区开展小餐饮、网络订餐专项整治，共检查指导181家，通过集中整治检查，分三轮三批进行逐户上门检查，按照一、二、三档进行验收，并由富春街道给予适当奖补，从整治、验收情况来看，80%以上的商户都进行积极地整改提升，三防设施安装完成率达80%以上，建设阳光厨房72家，后周区块餐饮行业总体面貌得到明显改善和提升。推广外卖封签使用。在奥特莱斯、玉长城等商业综合体开展外卖封签使用推广宣传指导，使用外卖封签网络订餐单位636家。

【食品安全监督抽检】 组织开展季度食品安全监督抽检，突出粮油、米面制品、食用油、煎炸油、调味品、蔬菜、水产品、肉制品、餐饮具消毒等重点品种类别，对大中小餐饮单位、网络订餐进行食品安全监督抽检，共计抽检1146批次，其中食品及原料664批次，发现不合格15批次，餐饮具482批次，发现不合格66批次，对不合格产品依法进行核查处置。针对高风险餐饮食品中式凉拌菜、盒饭、鲜榨果汁、奶茶、冷冻饮品、酒类（葡萄酒、黄酒、米酒、白酒）等，开展食品安全风险检测共计抽检82批次，未出现重大食品安全风险隐患问题。

【重大活动食品安全保障】 通过“提前介入，排查隐患”“监督抽检，强化责任”“驻点监督、全程指导”等方式，完成富阳“两会”、“我们的村晚”、银尚达人助力“公筷公勺”、中高考等重大活动餐饮安全监督保障；特别是在中高考期间，对考点学校食堂提前介入检查指导，加强校园周边餐饮监督检查，做好应急值守，采取巡回、驻点保障相结合的方式，从6月26日中考开始至7月19日普通高中学业考结束，共出动监督保障人员150人次，监督保障考点学校食堂30家，未发生食品安全事件。

【“省放心市场”创建工作】 对照放心农贸市场“五个放心”创建标准，紧盯3家创建单位的工作进度，努力克服疫情影响，深入市场督促指导，通过“强化组织领导、列出问题清单、制定一场一策、工作借势借力、管理创新机制”五项举措，持续推进省级民生实事项目创建工作。11月，商业城、新登、胥口3家农贸市场通过省市场监管局考核验收，成功创建为“省放心市场”。

【“农贸市场规范提升”工作】 围绕“农贸市场规范提升工作”这一区级民生实事项目，针对一些农贸市场（菜场）安全隐患多、环境脏乱差问题，以“放心市场”和“星级市场”建设为抓手，选取10家农贸市场，开展农贸市场（菜场）规范提升工作。成功创建省“放心农贸市场”3家、“四星级文明规范市场”1家、“三星级文明规范市场”1家、“二星级文明规范市场”2家和“一星级文明规范市场”3家。

【格式条款备案工作】 推进格式条款备案工作，55家企业在合同备案系统注册，备案合同343份，其中：商品房买卖合同187份，房产中介合同46份，委托合同91份，物业管理合同15份，旅游服务和供水等其他合同4份。通过现场检查和备案清查的方式，对企业的“霸王条款”、不合理条款进行清理，监督企业修改内容重新备案，切实保障消费者权益。

【信用公示】 2020年，新评定为“浙江省AAA级守合同重信用公示企业”单位50家，新评定为“浙江省AA级守合同重信用公示企业”单位51家，新评定为“浙江省A级守合同重信用公示企业”单位27家。帮助企业建立健全合同信用管理体系，规范合同签订、合同履约，加强合同风险防范。

【广告专项整治】 2020年，共查处违法广告案件32件，罚没款114.5万元，其中1万元以上案件9件，涉及虚假广告案16件，上报广告典型案例9个。

【整治住宅小区电梯广告】 组织开展专项整治，检查住宅小区63个，电梯800多台，检查广告1200多条次，责令改正不规范广告内容40多处，集中行政约谈广告经营单位8家，物业公司15家。

【广告监测和统计工作】 借助国家、省、市三大广告监测中心系统平台，严格落实属地监测监管职责，加大电视、广播、报纸三大传统媒体和网络平台的广告监测力度，发现问题，迅速依法处置。全年监测媒体广告568条次，责令改正25条次。召开“全区广告业统计工作专题会”部署广告业调查统计工作，根据国家总局和省局相关工作要求，指导全区39家广告经营单位开展经营数据网上统计系统报送工作，完成2019—2020年度的广告业统计工作，全面了解富阳区广告业发展的现状。

【广告监管知识宣传】 9月，组织辖区广告经营单位64家、房地产企业14家和基层市场监管所业务骨干13个开展新《浙江省广告管理条例》和广告语言文字规范培训工作。通过富阳日报刊登宣传；通过云梯维小保平台将动漫宣传视频在全区700多台电梯内投放；通过富阳广播电台《新闻早高峰》栏目解读新条例。

【质量提升行动】 2020年，瀚晖制药获“浙江省人民政府质量奖”，实现省奖“零”突破，成为富阳区质量管理示范标杆企业。至2020年年底全区现有各级政府质量奖获奖企业37家。

【品牌提升行动】 2020年，重点在先进制造业、数字经济新兴产业、战略性未来产业、传统优势产业、现代农业和服务业、节能环保产业等重点行业的龙头骨干企业，成长性强的中小型企业，以及在“品字标”品牌建设及“亩均论英雄”改革中取得显著成效的企业中，通过龙头带动和政策引领，引导行业内企业走品牌发展道路，提高区域竞争力和行业知名度。2020年，富阳区新增“浙江制造”认证企业3家，进入现场评审企业5家，启动对标认证企业2家，培育认证企业15家。累计“浙江制造”认证企业16家，品字标产品24个。

【传统优势产业质量提升行动】 重点在阀门、球拍两个特色产业部署质量提升行动，通过强化标准供给、品牌指导和专利申报服务，促进产业发展和效益“双提升”。2020年，着力在特色产业中部署“政府质量奖”“浙江制造”梯度培育企业，重点在优势龙头企业中发展目标企业，通过目标企业的标杆作用，推动整个产业的高质量提升。启动永盛科技、杭州亿泰“浙江制造”品字标认证，三方阀门申报2020年区政府质量奖。

【“防疫物资”认证专项检查】 2020年，共排查口罩等防疫物资生产企业28家，其中涉及口罩生产企业11家，熔喷布生产企业4家，无纺布生产企业1家，隔离衣生产企业3家，防护眼罩、面罩生产企业2家，额温枪生产企业1家。其中涉及出口及意向出口企业5家，发现疑似CE和FDA证书4张，移交上海浦东新区市场监管局违法认证线索1条。

【检验检测机构资质认定自我声明的合法性监督抽查】 2020年，全区共有各类检测机构20家，根据杭

新冠肺炎疫情期间，富阳区查处“三无”口罩行动
（区市场监管局 供稿）

州市市场监管局工作要求，以“双随机，一公开”为载体，邀请技术专家组成检查组，重点检查检验检测机构是否按要求完成2020年度统计、年度报告和2020年自查工作，是否在资质认定证书规定的能力范围内出具检测报告，是否依据相关标准或技术规范规定的程序和要求出具检测报告等。

【CCC产品专项检查】 全区目前共有3C认证企业74家，共894张证书，对辖区15家3C企业生产、主要原材料管理、产品检测、标签标志使用和管理等进行检查。检查发现多数工厂能够按照认证要求组织生产，但也发现部分企业管理意识淡薄，存在生产用主要材料把关不严，辅助材料或装置包装没有标签标识等问题。

【有绿色认证摸底调查】 落实《关于加快推进绿色产品认证工作的意见》（浙市监评〔2019〕25号）要求，建立健全绿色产品认证体系，推进全区绿色产品认证工作。根据市场监管总局已发布目录的12类产品，以及工信部发布的绿色设计产品清单，结合辖区产业实际，完成摸底调查，开展绿色认证宣传，并鼓励有条件的企业开展绿色产品认证，增强产品竞争力。

【各级标准制修订】 5月，召开社交电商团体标准制定座谈会，各企业代表在各自领域内发表意见和建议，9月28日，中国电子商会正式发布相关标准。全年指导和帮助企业完成团体标准3项，国家标准2项、行业标准3项的发布。

【计量服务小分队】 2月，对辖区内农贸市场、超市等人员密集重点场所开展额温计比对服务，共计出动检查人员100余人次，服务农贸市场、超市及交通卡点56家，现场比对额温计82把。3月后，主要做好学校复学红外体温计校准比对工作。采用现场指导和PPT的方式对使用红外体温计310名人员进行培训，为学校一线防控提供计量技术支撑。共为153所学校核查比对体温枪总数1119把，提供准确度修正体温枪数779把。

【开放计量实验室活动】 5月14日，邀请市民参观区市场监管检测中心燃气表检定实验室与富阳区水表检测中心，普及计量知识，保障民生民安。

【新能源汽车充电桩强制检定准备工作】 按照国家市场监督管理总局2019第48号公告（2019年11月4日发布），充电桩被列入《实施强制管理的计量器具目录》。自2020年11月1日起，列入目录中的产品未按照规定申请强制检定的，应责令停止使用，并依照有关规定给予处罚。富阳区共有充电站34个，充电枪250把。5月，联合多部门对辖区内的新能源汽车充电站进行现场检查。共检查富春街道、春江街道等6家充电站开展联合现场检查。经检查发现6个充电站分别为6家制造单位，其中3家单位安装的电能表没有合格证标识，并反馈相关部门。

【“千家民企计量帮扶”活动】 充分发挥市场监管职能优势，选调素质高、业务强的专业技术人员，注重发挥党员先锋模范作用，通过组建“计量惠民”“计量入企”等多种形式开展活动。提高全社会对计量促进企业提质增效作用的认识，展示市场监管服务经济社会发展的良好形象。帮扶企业数达25家，出动帮扶企业计量专家30人次，向企业开放计量实验室2次，涉及企业7家；为企业提供计量咨询服务193次，涉及企业106家。

【知识产权】 2020年，全区全年完成商标权质押额1.44亿元，专利权质押额6.28亿元；授权发明专利824件，有效发明专利拥有量2193件，每万人发明专利拥有量29.5件，PCT国际专利申请量15件，新增商标注册3083件，新申请商标3907件，有效商标注册量18676件。新认定杭州市专利试点（示范）企业33家。

【打击知识产权侵权行为】 3月，在全区范围内开展为期3个月的“西湖龙井”地理标志商标和质量安全专项整治。本次整治行动以教育劝导为主，处罚惩治结合的方式开展，共出动执法人员328余人次，口头劝导100余次，发出《指导意见书》20份，整改30起，立案14起，罚没款1.75万元。10月，召开流通领域知识产权保护工作推进会，落实省市商品流通领域知识产权保护责任，增强商品流通领域特别是商品市场、大型商超的知识产权保护意识和能力。

【“小微企业三年成长计划”落实】 1月1日至10月30日，新增小微企业3570家，完成率114.56%；新增八大万亿元企业1328家，完成率113.7%，新办“个转企”347家，完成率184.57%，提前完成杭州市下达年度目标任务。对全区215家样本企业近三年经营情况、财务制度等项目逐一进行确认，剔除问题企业，由项目对接人逐一对样本企业开展数据采集。要求各成员单位认真落实国家和省有关扶持小微企业发展的政策，加快推进小微企业在财税优惠、融资支持、用地保障、人才引进、资源对接等方面扶持举措落地落细。全力做好2020年全省小微企业“成长之星”推选上报工作，推荐上报“成长之星”8家。

【“两直”资金补助】 7月22日8点30分至7月28日24点，完成“两直”资金补助申报工作，8月7日，完成资金兑付。通过“亲清在线”平台申报市场主体29834户（小微企业14551户，个体工商户15283户）。其中，通过审核12785户（其中小微企业5988户，个体工商户6797户），成功支付补助资金7347.4万元，完成率100%。处理异议1347起，分别涉及税务、社保、出口额等情况；累计接待来电来访29000余人次，在线咨询560余件，现场帮助企业群众申报3000余件。

【净化市场环境】 全年开展列入异常经营名录工作。对2488家企业、99家农民专业合作社、1517户个体工商户未按规定报送年度报告的经营户列入经营异常名录。

【规范经营秩序】 开展淘汰落后产能相关整治。重点对有无营业执照、有无虚假广告、有无食堂及许可证、有无培训协议及其合法合规情况进行培训。配合做好“无欠薪”工作，配合开展类金融整治，维护劳动市场、金融市场秩序稳定。全年查办无照经营案件63起，罚没款23.13万元。助力“先照后证”，至10月30日，全区推送“先照后证”企业登记信息23470条次，各部门累计接收或回退22903条次，主动接收率97.58%。

【信用信息公示】 6月30日完成年报工作。2019年度应报企业33337家，已报年报企业31286家，年报率为95.42%；2019年农民专业合作应报534家，已报年报436家，年报率为82.58%。通过公示系统公示即时信息657条，包括行政许可信息16条，股东及出资信息59条，股权变更信息23条，行政处罚信息559条；同时，经申请移出经营异常名录的企业912家（含农民专业合作社）、移出记录1185条。做好企业标准情况信息、产品质量监督抽查不合格记录信息、食品安全不良信息、红名单等4类信息的按周期归集，指导在省级工业产品许可该事项中落实信用承诺。组织10家企业申报2019年市级信用管理示范企业，其中申报杭州市级用管理示范企业的数量连续两年突破两位数。

【“浙政钉·掌上执法”】 做好浙江省行政执法监管平台（浙政钉）富阳区的牵头工作，全区依托全省行政执法监管平台开展掌上执法单位26家，掌上执法率99.6%。至10月18日，全区共开展双随机抽查342次，双随机事项覆盖率63.98%，应用信用规则率77.88%，跨部门联合监管率16.75%。

【重点领域执法】 全面保障疫情期间市场秩序，严厉打击相关防护物资商品的假冒伪劣、囤积居奇、哄抬物价、损害消费者权益等违法行为，1—5月，全局立案查处涉疫案件32起，结案30起，共处罚没款20.96万元，没收一次性口罩1.9万余只，移送公安机关2起，采取强制措施2人。办结章村大药房涉嫌经营未取得医疗器械注册证和商标侵权的第二类医疗器械案，罚款7.5万元，成为省局第一批督办案件和市局在疫情防控期间发布的第一个行政执法指导案例。

结合2020年知识产权执法“铁拳”专项行动开展双打工作，全年共办理商标侵权类案件53起，处罚没款62.64万元；持续推进反走私综合治理，对富阳辖区内大型冷链食品开展全面排查，共检查冷链企业及冷链食品经营单位共15家，冷库12个，共计检查27个批次的冷链食品；全年共立案查处传销案件10件，结案10件，罚没款160.8万元；开展“西湖龙井”地理标志商标和质量安全专项整治活动，共办结“西湖龙井”商标侵权案件14起，处罚没款1.75万元，没收标注“西湖龙井”字样的大小包装袋2000余个，铁盒200余个；开展“亮剑2020”重点领域消费安全综合执法行动，围绕房地产及物业管理、教育培训、母婴行业、互联网等重点领域，重点查处侵犯消费者个人信息、虚假宣传、违法广告等违法行为，行动期间，共查办案件26起，处罚没款43.94万元，向公安移送案件线索1件；查办系列侵犯公民信息案件，其中杭州某房地产代理有限公司富阳分公司等4个分支机构侵犯公民信息案件被列入浙江省“亮剑2020”重点领域消费安全十大典型案例；开展“亮剑2020”食品安全百日执法专项行动，共办结案件36起，处罚没款23.41万元；开展电动自行车专项整治已排查经营户125家，签订责任状125份，排查问题10余个。全局共办结各类案件684件，罚没款1087.11万元，其中万元以上大要案167件，移送公安案件5件。

【特种设备安全监管】 2020年，各乡镇（街道）完成特种设备使用单位检查3461家，发现隐患327处。完善特种设备安全专委会的职责，健全特种设备安全工作协调机制，加强齐抓共管，共同指导督促特种设备生产使用单位加强特种设备安全管理全区重点公众聚集场所完成安全责任承诺全覆盖。实施企业年报制度，建立特种设备安全失信惩戒和守信激励机制。实施特种设备违法行为曝光，2020年度特种设备违法案件通过富阳区政府网站进行曝光。

【特种设备日常监督检查】 2020年，共出动执法人员1902人次，检查特种设备生产和使用单位938家次（其中列入双随机检查任务的有257家），抽查设备2887台次，排查隐患181处，发出《特种设备安全监察指令书》121份，整改175处。

【特种设备专项整治】 开展特种设备生产许可证证后监督检查。共完成对29家生产单位的特种设备生产许可证证后监督检查，其中气瓶充装单位7家、气瓶检验单位3家、车用气瓶充装单位3家、移动式压力容器充装单位2家，特种设备制造单位12家，特种设备安装维修改造单位2家。检查组累计发现问题120余处，发出《检查备忘录》29份。

开展移动式压力容器安全专项大检查。深刻吸取“6·13”沈海高速公路温岭段槽罐车爆炸事故教训，根据本区实际情况，发出《关于立即开展移动式压力容器安全专项大检查的通知》，组织人员对辖区移动式压力容器物流企业3家、移动式压力容器充装单位3家、利用移动式压力容器运输卸液的充装单位7家，开展专项检查。

开展快开门式压力容器安全大检查。涉及企业68家，设备338台。

加强大型游乐设施安全监管。全区在用的21台大型游乐设施已经全部完成乘客束缚装置等专项安全隐患排查整治，并检验合格有效。

加强场（厂）内专用机动车辆安全监管。督促全区杭州野生动物世界等4家单位签订限期淘汰和不再新增不符合《场车技术规程》观光车的告知承诺书，全区登记在用的38台旅游观光车全部检验合格有效。

加强电梯安全监管。加大对在

用的700台智慧电梯系统的应用管理，组织开展73台15年以上老旧电梯的安全评估及隐患整治工作。确保全区电梯安全平稳运行。

【便民服务点建设】 2020年，将爱丽芬城堡、野生动物园、首创奥特莱斯、洞桥文村、湖源窈口5个点列入2020年的便民服务点建设。

【24小时“网定店送”药房】 按照“安全、规范、便捷、长效”的原则，通过资质审核，先进带动的模式，确定了7家质量管理规范、守法意识较强、信用等级良好的连锁药店，升级为24小时“网订店送”药店。

【药品抽样工作】 组织全面培训，提升监管人员对抽样的重视程度，制订抽样计划、完成抽样单及封条制作、对接委托运输、开展现场抽样等有条不紊地推进药品抽样工作，确保准备工作到位、抽样程序到位、安全保障到位。全年完成185批次药品的抽样工作，其中制剂132批，饮片52批，包材1批，收到检测报告167批，其中不合格1批，已移交稽查。

【化妆品行业共建共治】 组织全区19名监管人员，4名生产企业质管员参加公益网络培训，3人获得了培训证书。开展化妆品科普知识进社区宣传活动，接待群众410余名，发放宣传册530余册，播放公益视频80余次。组织近200人参加全国化妆品安全科普知识竞赛。开展化妆品不良反应监测培训，化妆品安全监管员、生产企业质管员、部分经营企业负责人共38人参加培训。

【药械日常监管】 2020年，富阳区共检查药品批发和连锁企业49家次，药品零售企业现场检查334家次，医疗器械生产企业30家次，医疗器械经营企业228家次，医疗机构595家次，全面完成年度任务。提前完成杭州市市场监管局布置的药品经营企业飞行检查任务，对辖区4家批发企业开展了飞行检查，下达整改通知书4份，并提出了整改建议，检查结果全部上报并公示。共开展33次医疗器械生产企业飞行检查、换证检查、日常检查等，检查医疗器械生产企业18家，检查结果全部上报杭州市局并公示。

【“放心消费”创建】 2020年，富阳区共完成放心消费单位2123家，含放心餐饮56家、放心网店20家，无理由退货承诺单位1230家、放心工厂348家、放心消费街区1条，超额高效完成120%杭州市市场监管局任务数（放心消费单位创建任务数1750家、无理由退货承诺单位1000家、放心工厂322家、放心消费街区1家）。

【“3·15”消费维权新闻发布会】 举办2020年“3·15”消费维权新闻发布会，公布2019年度与疫情防控期间侵害消费权益典型违法案例，同时现场接受杭州日报、钱江晚报、富阳日报、富阳电视台、富阳广播电台、富阳新闻网、富春论坛七家主流媒体网络连线形式采访，回应消费者疫情期间重点关切。

【“消费教育”活动】 开设“直播课堂”。向富春第七小学1000多名师生宣传放心消费知识与疫情期间消费安全内容；开展“云上消法”培训，邀请公职律师，对电商行业、商业体客服人员和消费维权联系站负责人、电商经营者等300余人开展新《消费者权益保护法》解读与培训。

【消费者保护工作】 累计受理消费者投诉件227起，其中涉及网络投诉案件74起，为消费者挽回经济损失23.05元，为消费者挽回重大经济损失10.5万元，达成调解案件223件，成功率98.2%，双方当事人满意率100%。

（刘芝琪）

统　计

【统计服务】 围绕高质量发展考核目标任务，完成农业、工业、服务业、信息经济、特色小镇等统计调查业务20余项。建立专报制度，着眼全区经济运行、转型发展、疫情影响、复工复产、刺激消费等方面做好统计咨政服务，增强针对性、可用性和时效性。全年撰写的统计分析24期，获区委、区政府主要领导批示。深化班子成员分片联系机制，成立由不同科室两两组合的4个走访小分队，走访重点企业、上市培育企业、基础薄弱企业和新上规企业，现场指导解决一些统计问题。全年共走访企业180家，记账户全覆盖，解决50个统计问题。优化《统计快报》《统计月报》《富阳固定资产投资动态专报》等统计资料，第一时间报送区委区政府主要领导及各政府部门参阅。强化新旧媒体有机融合，在统计数据服务多元化上下功夫，认真落实政务信息公开工作，着力发挥富阳区政府门户网站的主渠道作用，及时做好各类统计数据、部门动态网上发布。

【大型国情国力调查】 2020年，启动富阳区第七次人口普查工作，成立常务副区长张霖为组长的区第七次人口普查领导小组，机构组建、两员选聘、业务培训、划区绘图、普查宣传等工作均走在杭州市前列。10月31日，完成入户摸底调查。11月1日，全面展开第七次全国人口普查登记工作，全区4000余名普查指导员、普查员开展逐户逐人登记工作。11月8日、9日，区委书记吴玉凤，区委副书记、代区长王犇分别在办公场所参加第七次全国人口普查登记工作。

【统计基础建设】 推进乡镇（街道）、村（社区）统计规范化建设，做好规范化验收考核。加强日常督查、抽查，做到规范化验收考核。充分发挥考核指挥棒作用，强化过程、动态考核，每月进行考核打分。强化对新上任基层统计员、重点行业重点企业统计员的业务培训，重点抓好新入库投资项目、拟上市企业统计员业务培训，提高基层统计员的业务水平。全年共培训1000余人次。

【统计法治建设】 联合区纪委组织实施“双随机”抽查。全区对68家单位进行统计执法检查核查，其

2020年3月，富阳启动第七次人口普查(图为11月8日，富阳区委书记吴玉凤参加人口普查登记)　　（区统计局　供稿）

中对33家单位进行双随机检查。7家单位进行立案查处，其中2家单位当场警告，5家单位予以警告并罚款。持续强化统计普法宣传。广泛开展《中华人民共和国统计法》《中华人民共和国统计法实施条例》《关于深化统计管理体制改革提高统计数据真实性的意见》《统计违纪违法责任人处分处理建议办法》《防范和惩治统计造假、弄虚作假督查工作规定》精神的学习和宣传，不断深化学习效果，提高依法行政的能力和水平。

【提升队伍能力素质】 深入推进学习型机关建设，高标准组织开展“统计讲坛”，邀请有关局专业人员、心理老师、法律顾问授课，不断创新授课方式，拓宽授课思路，丰富授课内容，实现“课课精彩、期期受益”。安排局领导班子开设《手把手案例分析讲堂》，通过案例讲解分析和现场教学，提升干部实战业务能力。

（孙依娃）

审　计

【概况】 2020年，区审计局在杭州市13个县（市、区）审计机关工作考核中连续第七年荣获第一名，并被省审计厅评为综合考评优秀单位。全年统筹后完成审计项目19个，通过审计，查出主要问题金额10.35亿元，促进增收节支和挽回损失0.72亿元、上缴各类财政结余资金13.31亿元、制定完善制度120项；向区纪委监委等相关部门移送案件线索31起，经审计移送有24名相关责任人员受到处理处分。审计信息（专报）、审计报告等被区委区政府领导批示66篇（次），被上级审计机关采用50篇（次），在《中国审计报》《中国审计》等报刊发表审计调研文章或信息28篇。上报项目5个全部被评为杭州市优秀审计项目，并有项目1个被评为浙江省优秀审计项目。

【预算执行审计】 开展富阳区2020年度财政预算执行情况审计，同步开展政府采购、垃圾分类、国有资产和政府购买商业保险、就业政策等专题审计。充分运用大数据分析技术，从部门预算编制、预算执行、相关政策落实和公务卡报销等事项入手，在数据采集、数据分析和疑点核查等环节全面实现了一级预算单位审计全覆盖要求，并结合各类专题有效促进了区级部门全面绩效预算管理工作。

【投资项目审计】 为2355个政府投资项目竣工结（决）算提供咨询服务，核减工程造价4.6亿元。升级改造投资项目管理系统，简化送审程序，实行远程抽签摇号，实现一次都不用跑；对工程结算制度进行整合，出台统一的公共投资项目造价结算咨询管理办法；严管中介协审机构，对3家协审单位处以取消备案资格处罚，对3家协审单位处以整改1个月暂停业务分配处罚。

【经济责任审计】 对9个单位（5个乡镇、4个部门）共计22名区管领导干部开展任期经济责任审计，查出违规金额76万元、管理不规范金额56241万元，发现审计问题66个，提出审计意见建议35条，发出审计决定书1份、审计建议函4份，

2020年9月，开展亚运场馆跟踪审计

（区审计局　供稿）

相关单位均认真进行了整改。对安排经责审计的5个镇街全部开展自然资源资产责任审计。

【专项审计调查】 对企业拆迁评估、部分公有资产、农村“三资”管理、林业资源资产保护和政策执行、国有企业运营、亚运场馆建设等进行了专项审计调查或跟踪审计。其中：通过企业拆迁政策执行情况跟踪审计，对62家拆迁企业评估情况进行审核，扣减拆迁补偿资金1300多万元，并将4名涉嫌违法人员移送公安部门；通过部分公有资产管理审计调查，促进21套“隐形”房产登记入账，收缴公租房租金21.7万元，腾退租（住）户3户，盘活闲置车位、储藏室等价值2357.08万元，追缴经营性用房租金20.47万元；通过农村“三资”管理情况审计调查，收回拖欠租金100.54万元，并对违纪违规的村干部进行批评和问责；通过林业资源保护和政策执行情况审计调查，为今后自然资产资源审计打开了思路，并促进相关部门出台《杭州市富阳区古树名木认养细则（试行）》《杭州市富阳区林区道路建设管理实施意见》；通过部分国有企业运营情况审计调查，联动纪检部门，查出3家区属国有企业下属子企业存在违纪违法问题，经审计移送，相关人员已受到处理；通过亚运场馆建设管理情况跟踪审计，促成相关部门及项目参建单位召开专题会议，及时整改。

【内部审计指导】 全年组织内审人员参加省、市举办的培训班6期67人次。推荐上报优秀内审成果，其中：内审项目获省优1个、市优3个；内审论文获省二等奖1篇、市一等奖1篇、市二等奖6篇、市三等奖1篇；内审案例获省三等奖1篇、市一等奖2篇、市三等奖1篇。2020年，区审计局在杭州市13个县（市、区）内部审计业务指导和监督工作考核中连续第三年荣获第一名，连续第五年被杭州市审计局评为特等奖。

（王　凯）

物价管理

【价格调控和监测分析预警】 密切跟踪分析价格总水平、重要商品和服务市场价格变化，强化对苗头性、倾向性、潜在性问题的研究，加强与价格监测点、调查户的联系沟通，切实抓好重要品种、重要时段、关键节点的市场价格和供求情况监测，完成月度及节假日市场价格监测动态与分析工作。每月对部分民生价格进行公示2次，每月向区委区政府报送居民生活必需品价格监测旬报3次，及时研判。

【做好降费减负工作】 落实阶段性降低企业用水用气用电政策。根据省市关于新冠肺炎疫情防控期间临时降低企业用气用水用电价格的通知，出台《关于新冠肺炎疫情防控期间临时降低企业用气用水用电价格的通知》（富发改价格〔2020〕9号）和《关于延长临时降低企业用水用气价格政策执行期限的通知》，为支持企业达产稳产，切实降低企业用能成本。落实企业用户用水气到户价格均下调10%，落实支持性两部制电价，降低除高耗能行业用户外现执行一般工商业及其他电价、大工业电价的电力用户电费等政策。清理收费目录清单，进一步明确行政事业性收费项目、收费标准及依据。进一步清理规范政府定价经营服务性收费，落实机动车检测检验服务收费（包括机动车安全技术检验收费、机动车排气检测收费）实行市场调节价，督促企业做好收费标准调整公示工作。

【价格成本监审】 开展城镇管道燃气配气成本情况调查，掌握城镇管道燃气经营企业的经营情况和用气单位的负担水平。开展城市供水成本定期监审工作，系统掌握富阳区城市供水企业经营情况和用户用水费用负担情况。开展污水处理成本监审工作，摸清污水处理成本运行情况。根据2020年农业水价实施计划和任务要求，配合农业农村部门做好农业水价验收相关工作。

【重点价格政策落实】 落实疫情防控期间学校收费管理工作要求，指导民办学校做好新学期学费标准备案工作。规范人才公寓（人才限价房）上市交易管理工作，公布我区人才公寓（人才限价房）市场评估价格。按程序核定海正药业人才公寓销售价格。根据区委改革办要求调整富阳区公办医院配套停车场停车收费政策。根据区垃圾分类办要求调整富阳区非居民生活垃圾处理收费政策。

（赵晓英）

【编　辑　何开城】

16 工 业
Industry

● 打造现代版富春山居图

综　述

【概况】　2020年，富阳实现规上工业增加值235.8亿元，同比增长-4.1%，位列全市第12位；完成工业投资61亿元，同比增长31.8%，增幅位列全市第2位；完成时尚产业增加值80.2亿元，同比增长2.5%，位列全市第10位；完成亩均工业增加值125万元／亩，位列全市第9位；完成规上工业销售产值1164.73亿元，同比下降13.4%；完成规上工业销售产值1175.82亿元，同比下降12.9%；新增“小升规”工业企业85家。

【5家富阳企业入选浙商全国500强】　8月19日，望潮听涛·浙商全国500强研讨会在杭州举行。发布由《浙商》杂志独家制作的“浙商银行·2020浙商全国500强”榜单，富阳企业入选5家。榜单显示，浙江富冶集团有限公司排名第39位，比上年上升1位；富通集团有限公司排名第46位，比上年下降3位；浙江富春江通信集团有限公司排名第82位，比上年上升4位；浙江金固股份有限公司排名第346位，比上年下降27位；杭州中泰深冷技术股份有限公司排名第477位，2020年首次上榜。

【4家富阳企业入选2020浙江省民营企业100强】　9月3日，省市场监管局、省工商联共同发布“2020浙江省民营企业100强”榜单，富阳企业入选4家，为历年最多。其中，浙江富冶集团有限公司营业收入509.6亿元，排名第21位，比去年提升5位；富通集团有限公司营业收入450.81亿元，排名第24位，比上年提升4位；浙江富春江通信集团有限公司营业收入250.58亿元，排名第52位，比上年提升9位；杭州京东惠景贸易有限公司营业收入164.22亿元，排名第81位，2020年首次上榜。

【2家富阳企业入选2020中国企业500强】　9月28日，“2020中国500强企业高峰论坛”在河南郑州举办，中国企业联合会、中国企业家协会连续第19年发布“2020中国企业500强”榜单。富阳企业入选2家，浙江富冶集团有限公司营业收入509.6亿元，位列第365名；富通集团有限公司的营业收入450.81亿元，位列第408名。

【3家富阳企业入选2020浙江省百强企业】　10月21日，省企业联合会、省企业家协会、省工业经济联合会发布2020浙江省百强企业榜单，富阳企业入选3家。浙江富冶集团有限公司排名第38位，比上年提升4位，富通集团有限公司排名第42位，比上年提升3位，浙江富春江通信集团有限公司排名第75位，比上年提升13位。3家企业还入选2020浙江省制造业百强企业和2020浙江省成长性最快百强企业。

【4家富阳企业入选2020浙江民营企业200强】　11月29日，浙江民营经济高质量发展台州峰会在台州举行，首度发布“2020浙江民营企业200强”榜单，富阳企业入选4家。浙江富冶集团有限公司营业收入509.6亿元，排名第28位；富通集团有限公司营业收入450.81亿元，排名第31位；浙江富春江通信集团有限公司营业收入250.56亿元，排名第70位；浙江华达集团有限公司营业收入61.32亿元，排名第180位。

产业转型

【产业培育】　编制富阳制造业高质量发展“十四五”规划，聚焦光电通信、智能装备、数字安防、生物医药、集成电路五大产业链，建立链长制。全年，共清退造纸及关联企业260家，新腾出产业空间446.67公顷，规上工业高新技术产业增加值、战略性新兴产业增加值分别占规上工业增加值的62.69%、33.76%。

【产业平台提升】　推动高新产业项目和资源要素向产业发展集聚平台聚集。推进富阳经济技术开发区发展光电通信、智能装备、生物医药等产业，全年共开工建设产业项目40个，竣工30个；加大富春湾新城高新项目引育，全年竣工投产新亚低温等重大产业项目5个，开工建设项目13个。硅谷小镇通过省级特色小镇命名验收。

【企业转型升级】 出台富阳区深化制造业企业资源要素优化配置改革实施意见，推进全区11个产业（创新）园建设，创建省级小微企业园10家。富通通信入选国家级绿色工厂，为富阳区首家。浙江金固股份有限公司入选省级绿色工厂，累计完成“低散乱”整治企业227家、淘汰落后产能企业31家、改造提升低效企业30家、审核通过清洁生产企业29家、创建市级节水型企业8家。

杭州雄迈信息技术有限公司

（区经信局 供稿）

数字经济

【核心产业集聚】 2020年，实现数字经济核心产业增加值80.2亿元，增速2.5%，GDP占比达9.9%。新建续建（含技改）数字经济产业项目56个，开工54个，完工14个，其中在建项目有浙江远鸿、全至电子、春江研究院、东方通信产业园等制造业项目16个及润歌网络、西安寰星等总部项目8个。

【数字赋能制造业】 出台制造业数字化改造专项政策和“新制造业”政策，累计补助项目111个，下拨制造业数字化改造项目（含技术改造）资金1.6亿元。实施机器换人项目117个，工厂物联网项目54个，企业上云799家，建设5G基站574个。浙江大华智联有限公司入选首批省级未来工厂、市级智能制造示范企业，累计认定省级智能工厂数字化车间6家，实现规上工业企业数字化全覆盖。

【传统产业数字化转型】 6月23日，富阳召开省级电子制造业工业互联网平台现场会，制订2020—2022年电子信息行业智能化技术改造实施方案，开展电子信息制造业、电力管材、仪表阀门等传统行业数字化诊断，累计诊断企业79家，诊断企业实施项目22个，计划投资1.3亿元。推进开发区银湖创新中心、上官球拍园区数字化改造。

工业投资

【工业项目推进】 开展竣工达产专项行动，组织供地项目“回头看”，开工建设项目247个，其中企业投资项目226个，企业投资重点工业项目99个，中续建及技改项目55个，新建项目开工40个，占比90.91%。

【工业项目招引】 2020年，招引振达金属科技、赫希家居科技、白家食品、甫凯汽车、绿邦生态、安泰英标等高新产业项目6个，完成怡田工具、欧星环美、鑫璐实业、巨骐信息等区内异地安置“留心留根”项目4个，认定研判道勤纸业、华丰管业、智乘信息科技总部经济项目3个。

企业培育

【龙头企业】 2020年，全区产值百亿元以上企业2家，为浙江富冶集团、富通集团，产值10亿元以上工业企业15家。上市企业5家，其中上交所主板1家，为华达新材，深交所中小板3家，为富春环保、金固股份、星帅尔，创业板1家，为中泰深冷；“新三板”存量挂牌企业12家；浙江股权交易中心挂牌企业38家。入围中国民营企业500强和省首批“雄鹰行动”企业3家，分别为浙江富冶集团、富通集团、浙江富春江通信集团；入围杭州市“鲲鹏计划”企业4家，分别为浙江富冶集团、富通集团、浙江富春江通信集团、华达新材。

【成长企业】 开展“瞪羚计划”，培育高成长、高新潜力企业，出台《杭州市富阳区高新潜力企业培育工作实施意见（修订）》和专项激励政策，全年入库培育高新潜力企业126家。区内单项冠军培育企业1家，为新亚低温，隐形冠军企业2家，为惠迪森药业、正大空分。

服务企业

【企业复工复产】 开展“共抗疫情、服务企业”专项行动，组建服务专班6个，出台“惠企十条”“服务人才温情十条”，结对规上工业企业和服务业企业，派出服务专员977名。完成杭产品本地应用对接、企业风险隐患排查，上线企业码富阳专区。推广员工电子通行证、“来富工作一点通”服务平台，精准掌握全区企业复工员工返富返岗数据。

【防疫物资调配】 配合上级部门调配口罩，开展全区口罩调配，协调企业转产口罩或防护服，涉及珍琦护理等企业5家，实现口罩日产量从零提升到最高400万片，提升民用防护服制能力，支援周边区县市，开设防疫物资集中平价采购点。

【服务企业质效提升】 完善服务企业联席会议、服务专员全产业覆盖、问题办理闭环等机制，开展“五比五学”提升服务企业质量大比武，至年底，全区各级各部门累计走访企业6.78万家次，协调解决问题

1.9万余个，累计兑现涉企扶持资金18.09亿元，其中防疫助企资金3.25亿元。

有色金属冶炼和压延加工业

【概况】 2020年，富阳有色金属冶炼和压延加工业实现规上工业销售产值240亿元，占全区规上工业比重的19%，缴纳税金3.2亿元，行业增加值率约9.2%，位列全区工业行业第一位。规上工业企业15家，主要企业有富冶集团、昭和线缆、和鼎铜业（为富冶集团控股子公司）等，其中富冶集团合并销售产值205亿元，占该行业的87%，缴纳税金3.1亿元，占该行业的96%。

【和鼎铜业实现全省金锭出口首单】 5月，富冶集团子公司和鼎铜业首批197.61千克金锭产品出口通关，为浙江省首次出口金锭产品，也是富冶集团历史首次。富冶集团全年还将出口电解铜5万吨、白银220吨。

【富冶集团与嘉兴港务、杭州环宇签订合作备忘录】 9月14日，浙江富冶集团有限公司与浙江海港嘉兴港务有限公司、杭州环宇国际货运有限公司在浙江省海港集团签署铜精矿散改集业务合作备忘录，旨在通过深化合作、以散改集，提升铜精矿业务，推动浙北区域集装箱业务增长。

【富冶集团产品完成上交所注册批复】 12月9日，上海期货交易所发布公告，富冶集团产品“金凤”牌金锭、银锭完成注册批复。通过上海期货交易所注册批复，富冶集团完善产品交割品种，打通主要产品期现通道，具备通过期货市场进行保值、交割一体化操作的空间，提供市场利润渠道保障，至年底，主要产品产能达到铜45万吨、金15吨、银500吨的规模。

电气机械和器材制造业

【概况】 2020年，富阳电气机械和器材制造业（主要电缆光纤光缆）实现规上工业销售产值152亿元，占规上工业比重的12.3%，缴纳税金3.6亿元，该行业增加值率约12.7%，位列全区工业行业第二位。现有规上工业企业46家，主要企业有新恒力电机、富生电器、新际电子、富通、富春江光电、金色能源、华日家电、鸿世电器等。

【杭州富通通信技术股份有限公司入选国家级绿色工厂】 11月，工业和信息化部公布第五批绿色制造名单，富阳企业杭州富通通信技术股份有限公司入选国家级绿色工厂，为富阳首家。绿色工厂评选标准有用地集约化、原料无害化、生产洁净化、废物资源化、能源低碳化等五大类，评审指标80余项。经第三方逐项评估，杭州富通通信技术股份有限公司高分获选。

【富通集团、富春江通信集团入选省电子信息制造业营业收入30强】 11月，省电子信息产业百家重点企业名单公布，富通集团有限公司和浙江富春江通信集团有限公司入选2020年（第20届）浙江省电子信息制造业营业收入前30家企业。富通集团有限公司位列第二名，仅次于海康威视；浙江富春江通信集团有限公司位列第五名，排名均与上年持平。

【富阳召开2020中国通信光电缆学术会议】 10月21日至23日，富阳召开由中国电子元件行业、中国电器工业协会电线电缆分会、中国电子元件行业光电线缆及光器件分会主办，浙江富春江光电科技有限公司承办的2020中国通信光电缆学术会议暨专家联席会议，来自全国各地的知名光纤光缆企业、行业组织、研究院所等产业界各方嘉宾和代表参加，总结通信光电缆行业创新发展之路，探讨新形势下行业如何实现新一轮发展。

【富通集团入选2020年中国线缆行业最具竞争力企业10强】 9月22日，2020中国电线电缆行业大会在上海举行，发布“2020年中国线缆行业最具竞争力企业10强”等系列榜单，富通集团入选。此次评选由中国电器工业协会电线电缆分会、上海电缆研究所联合主办，全国线缆行业以及经济、管理等领域权威专家组成评审组，对全国线缆企业的规模、增长和效率、技术创新、客户满意度、品牌知名度、企业文化、企业家管理水平以及行业贡献等维度进行综合分析、评价，最终评选出上榜企业名单。

【富通集团入选2020年度电子信息竞争力百强企业】 9月11日，由工信部指导，中国电子信息行业联合会主办的2020年度电子信息企业竞争力报告及前百家企业发布会举行，发布2020年度电子信息竞争力百强企业榜单。富通集团入选

富通工业4.0智能制造工厂

（区经信局 供稿）

2020年度电子信息竞争力百强，位列榜单第29位。

【富通集团入选浙江省第一批“雄鹰行动”培育企业名单】 12月2日，浙江省经济和信息化厅公布第一批“雄鹰行动”培育企业名单，六大领域68家企业入选。富通集团入选数字经济龙头企业领域的第一批“雄鹰行动”培育企业。此次培育企业申报和遴选的重点领域包括绿色石化、汽车制造、数字经济、高端装备、医药化工和时尚消费，分千亿级企业、数字经济龙头企业和行业龙头企业。

【3家富阳企业获省级节水型企业荣誉】 3月，浙江省经信厅、省住建厅、省水利厅、省节水办联合发文，公布2020年度浙江省节水型企业名单，杭州富生电器有限公司、浙江中医药大学中药饮片有限公司、杭州富阳立新纸业有限公司等3家富阳企业获省级节水型企业荣誉。富生电器作为企业代表参加由杭州市举办的“3·22”世界水日主题活动，并接受授牌。

【富春江光电中标中国电信光缆集中采购】 12月，2020年中国电信室外光缆集中采购项目中标结果公布，富春江光电科技位列所有22名中标候选人第15位，成功中标入围。

【富春江环保参与二噁英在线检测技术团体标准制定】 12月22日，中国环境保护产业协会发布《生活垃圾焚烧烟气二噁英激光电离飞行时间质谱在线检测系统技术要求》（T/CAEPI 28-2020）团体标准，将在2021年1月1日正式实施。该标准由浙江大学主编，浙江富春江环保科技研究有限公司、浙能锦江环境控股有限公司、上海康恒环境股份有限公司、重庆三峰环境集团股份有限公司联合编制。标准规定生活垃圾焚烧烟气二噁英激光电离飞行时间质谱在线检测系统的技术要求，适用于生活垃圾焚烧烟气中二噁英毒性当量浓度的在线检测。该标准的制定对于规范生活垃圾焚烧烟气二噁英激光电离飞行时间质谱在线检测系统的设计、装备水平及其工程应用具有重要指导意义。

【富春江集团循环产业园项目获新进展】 12月18日，富阳区循环经济产业园生活垃圾焚烧发电项目完成110千伏倒送电操作，为保障项目后续设备调试及正式投运打下坚实基础。富阳区循环经济产业园生活垃圾焚烧发电项目，是杭州地区目前规模最大的同类项目，承担着保障富阳全区垃圾处置职能。项目建设规模为焚烧处置生活垃圾1500吨/日，总投资达13.76亿元。项目采用国际先进工艺，各项指标全面严于国标及欧盟2010标准。该项目投运后，每年可发电2.24亿千瓦时，占杭州地区清洁能源总发电量的10%。按照每年的发电量换算，项目投运后，富阳每年可节约标准煤约5.18万吨，减排二氧化碳12.9万吨。

【富阳举办光电产业高峰论坛】 11月6日，富阳举行光电产业高峰论坛暨2020年中科院上海光机所校友产业论坛。本次论坛由上海光机所主办，富阳区政府、杭州光机所、南京先进激光技术研究院、中国激光杂志社共同承办，邀请上海光机所优秀校友和产业精英共同研讨谋划光电产业的发展趋势、产业前景和合作模式，旨在通过交流加强合作，共同促进光电产业创新发展，大力推动地方经济发展。上海光机所是中国建立最早、规模最大的激光科学技术专业研究所，是以探索现代光学重大基础及应用基础前沿、发展大型激光工程技术并开拓激光与光电子高技术应用为重点的综合性研究所。杭州光机所首批引进富阳项目团队12个，完成公司注册并进行产业化项目8个，荣获“杭州市十佳新型研发机构”称号。

金属制品业

【概况】 2020年，富阳金属制品业（主要金属表面热处理加工）实现规上工业销售产值140亿元，占规上工业比重的11.3%、缴纳税金3.48亿元，行业增加值率约9.7%，位列全区工业行业第三位。现有规上工业企业60家，主要企业华达新材（营业收入46.4亿元，增长3.8%）、张小泉、浙锚科技等。

【华达新材登录上海证券交易所】 8月5日，浙江华达新型材料股份有限公司在上海证券交易所上市，成为富阳第五家上市企业，也是A股主板首支富阳股票。华达新材首次公开发行的A股不超过9840万股，占发行后总股本的25.03%。招股书显示，华达新材拟募集资金7.5亿元，将用于扩建高性能金属装饰板、高性能金属装饰板基板（含热镀锌工艺）生产线、扩建研发中心等项目。

【华达新材实施年产35万吨热镀铝锌板及基板技改项目】 9月7日，华达新材拟在厂区一号和五号厂房内新建年产35万吨热镀铝锌板及基板生产线各一条。项目建设期预计1年，总投资1.74亿元。此次技改项目的实施，将有助于完善公司产业链配套。

【张小泉与良渚文化签订合作协议】 12月6日，良渚文化&张小泉合作签约仪式暨新品发布会在良渚古城遗址公园举行。本次发布会由杭州良渚遗址管理区管理委员会和张小泉股份有限公司联合主办，世界文化遗产“良渚”携手民族品牌“张小泉”，以“中华瑰宝 良钢良魂”为主题，推出多款融合五千多年文明精粹与现代生活新风尚的国潮新品。

【张小泉亮相城市礼物杭州首站启动发布会】 9月24日，“人民甄选·城市礼物”杭州首站启动发布会在杭州西博会博物馆举行。发布会首发“人民甄选·城市礼物”杭州城市宣传片，亮相城市礼物盒，富阳企业张小泉入选。“人民甄选·中国礼物”是由人民日报人民创意发起，与天猫共同主办，重新定义“好品牌”“中国礼物”等大型IP传播项目，旨在用“人民的视角”甄选“最好的中国城市礼物”，为品牌开启“以流量破局、用价值攻坚”的精准前进路径，推动“爱国风”的社交风尚。

【张小泉入选2020杭州市民体验日最具品质体验点】 11月4日，“民意直通·市民体验”专题活动暨2020杭州市民体验日启动仪式在杭州东新街道举行。

【张小泉与珞石达成战略合作】 9月4日至9日，2020年中国国际服务贸易交易会（“服贸会”）在北京国家会议中心举行。9月6日，在“2020智能科技与产业发展论坛”上，刀剪行业龙头企业张小泉与国产轻型机器人领军企业珞石机器人举行战略合作签约仪式。

计算机通信和其他电子设备制造业

【概况】 2020年，富阳计算机通信和其他电子设备制造业实现规上工业销售产值122亿元，占规上工业比重的9.9%，行业增加值率约36%，位列全区工业行业第四位，为全区发展趋势最快行业。现有规上工业企业36家，主要为5G产业相关企业，主要企业为大华智联、雄迈信息、奥克光电、德宝通讯、华宏通信、星帅尔、日月电器、吉众机电等。

【大华智联入选首批省“未来工厂”名单】 12月23日，省首届“未来工厂”发布会发布2020年浙江省首批“未来工厂”名单，浙江企业入选12家，富阳企业浙江大华智联有限公司的大华视频监控未来工厂项目入选。大华视频监控未来工厂项目以视频监控智能制造试点示范项目为依托，利用三维数字仿真技术，构建工厂、车间、产线、产品三维数字模型，实行动态优化和数字化管理，通过制定装配+测试柔性线等非标设备，购置部分MES系统、APS系统、TMS系统、光学检测机、贴片机、传感器、机器人、工业相机等自动化设备和工业软件，建设大华智能视频监控产品数据管理平台、数字化智能生产车间以及高效智能物流仓，建成设备互联、人机互联、工业控制系统数据集成共享、业务协同分析的大华智慧物联智能制造工厂。

【富阳召开全省电子制造业工业互联网平台现场会】 6月23日，富阳召开全省电子制造业工业互联网平台现场会。本次会议采用线上线下相结合的模式，设东洲街道浙江大华智联有限公司主会场，微信平台直播，近7000人次参加会议。大华股份专家作“AI驱动创新，以价值引导制造转型”专题报告，现场演示大华电子工业互联网技术，阿里云、横店东磁、浙江电信、工业富联、舜宇智能等重点企业就工业互联网平台建设等内容作交流分享。

【富阳召开中国首席技术官大会暨中国AIoT未来论坛】 11月20日至21日，由浙江省人工智能学会、富阳区人民政府主办，富阳经济技术开发区管委会、富阳银湖网易联合创新中心等联合承办的“2020中国首席技术官大会暨中国（杭州）AIoT未来论坛”在银湖科技城召开。中国工程院院士郑纬民及数百名技术精英、行业大咖共同探讨AIoT产业发展未来。中国首席技术官大会是国内知名的技术盛会，已连续召开5年。中国AIoT未来论坛则创办于2019年6月，AIoT即“AI+IoT”，是人工智能与物联网在实际应用中深度融合发展的新阶段。两大重量级会议联合召开，旨在为AI、IoT相关领域的院士科学家、首席技术官、CTO、CIO、工程师和创业者提供AIoT未来趋势交流和创新思想碰撞平台，展示发布高水平的AIoT创新成果，共同促进国内以AIoT为核心的信息技术融合发展。

【2家富阳企业中标中国移动光缆分纤箱产品集中采购】 9月，中国移动发布2020—2021年光缆分纤箱产品集中采购中标候选人公示，项目采购光缆分纤箱产品共计约806.52万套，采购满足期为1年。富阳2家企业中标，分别是：杭州奥克光电设备有限公司，投标报价321846942.53元（不含税），中标份额7.87%；杭州华宏通信设备有限公司，投标报价331802677.54元（不含税），中标份额4.72%。

【百场培训进企业活动启动】 5月24日，杭州日月电器有限公司举行2020年“万名职工大行动·服务‘三高’立新功”百场培训进企业启动仪式暨日月电器消防安全培训。“百场培训进企业”活动自2016年开始，已连续开展5年，目的提升职工素质，为服务富阳“三高”发展提供智力支持和人才保证。

【日月电器外地员工返岗服务】 2月11日，富阳日月电器公司党委成立外地员工复工小组，通过电话、微信等方式，告知富阳疫情形势和防控政策，并由专人远程指导申领杭州健康码和企业复工通行证。落实外地员工来杭专机和萧山机场到富阳专车，安排专业医生团队做好测量体温、讲解防疫知识和上岗须知等返岗准备。2月22日晚9时，经8个多小时的专机专车，97名外地员工返岗。

【星帅尔电器外地员工返岗服务】 2月12日，星帅尔电器有限公司复工复产，到岗本市员工120名，未返岗外省员工96名，生产线无法正常运转。公司党总支组建员工返岗服务队，20名党员与贵州、湖南、河南、安徽、江西等地员工建立联系，根据员工居住地现状、个人身体状况等逐个制定返工计划，提前帮助员工预订车票、整理宿舍等，并落实3辆接送车到杭州、富阳各客运站等候接站。至2月25日，接送车往返客运站、企业21次，96名外省员工全部返岗，落实杭州健康码、电子通行证申领及疫情防控培训等任务。严格执行厂区隔离防控措施，落实下班后门禁管理，组织员工返岗服务队为宿舍员工提供代购代送等服务，有效保证企业复工复产。

非金属矿物制品业

【概况】 2020年，全区非金属矿物制品业（主要水泥及水泥制品）

实现规上工业销售产值97亿元，占规上工业比重的7.8%，缴纳税金5.2亿元，行业增加值率约为30%，位列全区工业行业第五位，为全区税收贡献最大制造业行业。现有规上工业企业48家，属高能耗行业，2020年用能总量62.8万吨标煤，占全区规上用能量的22%，主要企业有南方水泥、海通管桩、鼎立管桩、巨润混凝土、九龙混凝土等，其中南方水泥旗下3家（南方水泥、胥口南方水泥、山亚南方水泥），产能占该行业的33%。

【胥口南方水泥复工复产】 2月，在防控疫情的基础上，胥口南方水泥加快复工复产，切实挽回经济损失。在公司党支部的牵头下，做好外省员工返岗工作，共包车接回员工40人，高铁转飞机3人。提前备足口罩、消毒水、体温测量仪等防疫物资，落实212名返岗员工信息排查、健康管控以及厂区防疫等各项措施。

通用设备制造业

【概况】 2020年，全区通用设备制造业实现规上工业销售产值93.8亿元，占规上工业比重的7.6%，缴纳税金3.4亿元，行业增加值率约23%，位列全区工业行业第六位。规上工业企业69家，主要企业江丰系、三方集团、永盛科技、中控流体、通力机械、美科斯叉、中泰深冷、维彬科技、金火机床等。行业最大企业为江丰股份系列的电梯自动扶梯及升降机制造。

【浙江江丰新材料有限公司金属材料深加工项目】 浙江江丰新材料有限公司新建年产90万吨金属材料深加工项目，包括特种机械设备金属加工产品20万吨、各种型号履带板20万吨、圆钢加工轴25万吨等，总投资15亿元、固定资产投资9亿元，其中一期投资6亿元、工期24个月。项目所在地块东西宽约170米、南北长约385米，总用地面积57424平方米，其中生产性用房建筑面积82540平方米，办公楼及生活服务设施建筑面积12756平方米，达产后预期产值53亿元，增加地方税收1.42亿元、净利润1.8亿元以上。项目建成后江丰股份将成为国内综合规模最大的电梯零配件生产、研发及销售集散地，增强企业在导轨和机械类优特钢金属加工制品的竞争力和行业地位。

【杭州富芯半导体等3个项目入选省重大产业项目库】 12月，省发改委、省自然资源厅公布2020年度第二批77个省重大产业项目名单，3个富阳项目入选。按浙江省重大产业项目申报及奖励管理办法，项目可申报特别重大产业类、引领性重大产业类、重大产业示范类，入选后可分别获得100%、60%、40%的土地指标奖励。位于滨富特别合作区的杭州富芯半导体有限公司（一期）年产60万片模拟芯片项目入选特别重大产业实施类项目，为富阳首个入选该项目库项目，项目固定资产总投资174.47亿元，投资强度可达5434万元/亩，增加值不低于160万元/亩，年税收不低于40万元/亩，是首个落户富阳的百亿级项目。杭州正泰锦绣光伏科技有限公司杭州正泰新能源智能制造项目（预选类）和杭州中泰深冷技术股份有限公司深冷技术新能源、高端装备智能制造产业项目（实施类）分别入选的引领性重大产业项目和重大产业示范类项目。

【14个工业产业项目集中开工】 7月13日，富阳举行2020年全区重大产业项目集中开工活动。此次集中开工的重大产业项目25个，工业项目14个总投资63.2亿元，商服项目6个，总投资17.7亿元，房地产项目5个总投资151.7亿元。

杭州中泰深冷技术新能源、高端装备智能化制造产业项目，项目位于东洲街道高尔夫路区块，总投资12亿元。项目建成后拟建设年产3万—20万立方米/天LNG撬装成套装置2套、20万—100万立方米/天LNG成套装置2套和3万—10万立方米/天撬装LNG加注装置5套、冷箱20套、板翅式换热器3000吨。预计年创产值为8.5亿元，创税收0.55亿元。

浙江创兴高端电机智能制造项目，位于东洲街道高尔夫路原万汇家私地块，总投资15.5亿元，依托生产体系建设、信息化系统建设和智能物流系统建设，以满足年产高效压缩机电机770万台、新能源车用驱动电机20万台的产能，达到规模效应。达产后年产值预计10亿元，年税收预计5000万元。

中科院上海光机所科研孵化大楼及光电激光制造基地项目，位于杭州富春湾新城春江街道，总投资15.5亿元，建设内容包括一幢科研孵化大楼和一个光电激光特色产业园。建设初期以光电功能材料、激光智能制造与智能传感、光电材料加工与检测技术等方向为重点，后期逐步拓展研发及应用领域，研发的科技成果和科研项目将在富阳进行产业化。项目建成投产后，年产值可达10亿元，税收约0.7亿元。

中恒电气“新基建”产业基地项目，位于东洲新区，总投资4.5亿元，将建成年产50万个整流模块智能化生产线和年产5000套高压直流电源（HVDC）系统生产线。预计年创产值约10亿元，创税收约0.2亿元。

申能环保年利用处置固体废物40万吨辅助配套设施建设项目，位于场口新区环山区块，总投资3.5亿元，分两期实施。一期项目主要建设内容包括生产性厂房、研发中心、化验楼、宿舍楼、事故池、地磅房及其他辅助用房。项目全部投入使用后年营收约15亿元，税收约1.1亿元。

杭州集联科技物联网项目，位于杭州富春湾新城春江街道，总投资2.7亿元，主要进行物联网及安防智能设备的研发生产、物联网大数据运维以及提供智慧城市整体解决方案等。建成投产后年产值约1亿元，税收约500万元。

杭州高驰新建智能装配检测线项目，位于东洲新区，总投资1.5亿元，建成后年产智能装配检测线50条（500台/条）。预计年创产值约1.7亿元，创税收900万元。

浙江连盛医疗产品研发项目，位于杭州富春湾新城春江街道，总投资1.5亿元，建成后将进行基因检测产品、羟基磷灰人工骨粉、羟基磷灰石再生修复牙膏、医疗器械等产品的研发销售。项目投产后预计年产值约2.5亿元，税收1500万元。

杭州华达多功能彩色涂层板生产线配套高固体分聚酯涂料项目，位于新登工业园区，总投资1.47亿元，建成后预计可实现年产值约3.5亿元，税收约1000万元。

浙江三自光电智能监测设备项目，位于杭州富春湾新城春江街道，总投资1亿元，主要生产图像型火灾探测器、路面气象监测设备、三维测量设备等。项目建成投产后，年产值可达1.2亿元，税收约550万元。

浙江云视通智能设备生产项目，位于杭州富春湾新城春江街道，总投资1亿元，建成后生产视频安防设备整机及半成品、物联网通讯模组、LED节能照明产品，年产各类整机及PCBA约400万台。公司主要客户为海康、大华、涂鸦等。建成投产后预计年产值可达1亿元，税收约1000万元。

浙江佳伯尔智能科技电器附件及消防安全品生产项目，位于杭州富春湾新城大源镇，总投资1亿元，建成后年产各类智能家用安防产品150万个（套），主要包括独立式烟雾报警器、可燃气报警器、水感报警器以及智能开关、智能插座等智能家居。项目建成投产后，预计年产值可达1.65亿元，税收约810万元。

浙江求是嘉禾智能巡检机器人生产项目，位于杭州富春湾新城春江街道，总投资1亿元，主要进行安保、物流、农业等各类智能巡检机器人的研发、生产和销售，是国内领先的机器人核心控制系统和整体解决方案提供商。项目建成投产后，年产值约1亿元，税收约450万元。

七一五所水声计量楼建设项目，位于富春街道七一五所所区，总投资1亿元，建成后主要进行深水下声压校准、低频长线列阵空气声校准、水声换能器电声参数综合测试、发射特性测试等。

【智能装备产业项目进展】 12月，中泰深冷智能化生产基地研发楼顶板完成、B生产厂房基础完成40%；创兴智能机电厂房一桩基工程进入施工，倒班宿舍土方开挖；中恒电气存量厂房改造完成并投产，新建厂房桩机已进场施工；飞旋科技一期厂房完成初检，设备进场并试生产，研发楼施工图纸设计中；新亚低温科技新建低温泵生产基地厂房主体竣工并进入试生产；远鸿新能源目前二号、三号厂房主体完成，一号、四号厂房主体完成80%，研发中心基础施工中；宏华软件智能化工厂项目研发楼、一号厂房主体完成，二号厂房结顶。

造纸及纸制品业

【概况】 2020年，全区造纸及纸制品业实现规上工业销售产值65亿元，占规上工业比重的5.2%，缴纳税金2.78亿元，行业增加值率约16%，位列全区工业行业第七位。规上工业企业40家，主要企业有杭州特种纸业、珍琦护理、一鸣包装、富伦生态、永昌印花纸等。

【珍琦护理转产口罩生产】 2月，珍琦护理投入2500万元购置设备、改造生产线转产口罩生产。2月18日凌晨1时51分，首片口罩成功生产。至年底，发展成为富阳最大口罩生产企业，日产能300万片。参与儿童口罩国标起草，获多国市场准入资格认证。进入防疫用品生产领域，生产医用外科口罩、N95口罩等，适度多元化布局消毒凝液、消毒喷雾、防护手套、隔离服、防护服等。产品供应国内药店、超市等近1万家，远销海外国家10余个，成为省级重点民用口罩及关键材料生产企业。

【珍琦护理试水“淘宝直播”】 3月10日，浙江珍琦护理用品有限公司首场新品发布会试水“淘宝直播”。当天直播时长2小时，共上线成人防护口罩、小神兽儿童口罩、安心裤卫生巾、免洗洗手液、75%酒精湿巾、成人护理垫、成人纸尿片、成人纸尿裤等商品2000余件。直播间最高在线人数3.7万，累计观看4.5万人次。

【全面腾退造纸产业】 2020年，全面清退造纸及关联企业1000家，新腾出产业空间446.67公顷。规上工业高新技术产业增加值、战略性新兴产业增加值，分别占规上工业增加值的62.69%、33.76%。

医药制造业

【概况】 2020年，全区医药制造业实现规上工业销售产值41亿元，占规上工业比重的3.3%，缴纳税金1.6亿元，行业增加值率约为40%，位列全区工业行业第八位。现有规上工业企业12家，主要企业包括海正药业、瀚晖制药、惠迪森药业、中医药大学饮片、华威医疗。最大的海正系（含瀚晖制药、海正生物）、惠迪森药业2家企业，占该行业的84.5%。

【海正动保启动省重点研发计划项目】 7月3日，2020年省重点研发计划项目启动会在海正动物保健品有限公司（以下简称“海正动保”）举行。浙江大学专家团队和海正动保及相关企业深度探讨重点研发项目相关问题。由浙江大学孙红祥教授团队和海正动保共同研发的新型绿色兽药创制及畜禽重要病原菌耐药性控制技术研究是富阳本年度在农业方面的唯一一个省重点研发计划项目。省重点研发计划项目是贯彻党中央国务院和省委、省政府各项决策部署，超常规实施“一强三高十联动”科技新政，攻克一批关键核心技术，特别是“卡脖子”技术，开发出一批战略性标志产品，提升科技创新对高质量发展和“两个高水平”建设的战略支撑作用，由省科技厅启动科技创新工作。

【微芯生物与海正药业达成战略合作】 12月16日，深圳微芯生物科技股份有限公司（以下简称微芯生物）与浙江海正药业股份有限公司（以下简称海正药业）宣布达成战略合作，宣布从即日起，微芯生物将自主研发并由旗下全资子公司成都微芯药业有限公司生产的西格列他钠片（双洛平）在中国19个省份区域的推广权独家授予海正药业，本合作旨在为中国患者快速提供创新机制的糖尿病治疗药物，微芯生物仍然是该产品的所有者和生产者。微芯生物董事长鲁先平和海正药业总裁李琰共同签署合作协议，标志着双方将建立长期稳固、互惠互利的战略合作伙伴关系。

【海正药业替格瑞洛片获批】 8月20日，海正药业发布公告，公司产品仿制药替格瑞洛片收到国家药监局的药品注册证书，获批上市。2019年，替格瑞洛片国内销售额为12.36亿元。替格瑞洛片主要适用于急性冠状动脉综合征(ACS)的治疗，降低ACS患者或有心肌梗死（MI）病史患者的心血管死亡、心肌梗死和卒中的发生率。在ACS后至少12个月的治疗中，与氯吡格雷相比，替格瑞洛片作用更优。海正药业替格瑞洛片按新4类获得国家药监局批准上市，视同通过仿制药一致性评价。

【海正药业HS236胶囊获批药物临床试验】 7月30日，海正药业收到国家药品监督管理局核准签发的HS236胶囊（50毫克、200毫克）的《药物临床试验批准通知书》。HS236为成纤维细胞生长因子受体4（FGFR4）选择性抑制剂，HS236胶囊主要适用于治疗肝细胞肝癌和其他晚期恶性实体瘤。国内外有部分制药公司研发FGFR4抑制剂的，尚未有FGFR4特异性抑制剂类药品上市销售。5月，海正药业向国家药品监督管理局提交该药品临床注册申请获得药品审评中心受理。后续其将按照上述药物临床试验通知书要求进行该产品临床试验研究。海正药业在该药品研发项目上已投入约2072万元。

【海正药业全资子公司盐酸莫西沙星原料药获得CEP证书】 7月23日，浙江海正药业股份有限公司发布公告，其全资子公司海正药业（南通）有限公司收到EDQM签发的盐酸莫西沙星原料药欧洲药典适用性认证证书。盐酸莫西沙星片适用于治疗上呼吸道和下呼吸道感染，属抗结核的二线药品。国内外盐酸莫西沙星原料药的主要生产、销售厂家有BAYER PHARMA、KRKA、四川国为制药有限公司、南京优科制药有限公司等。

【海正药业吗替麦考酚酯胶囊通过仿制药一致性评价】 5月18日，海正药业公司收到国家药监局核准签发的吗替麦考酚酯胶囊的《药品补充申请批件》，公司的吗替麦考酚酯胶囊通过仿制药质量和疗效一致性评价。吗替麦考酚酯胶囊适用于接受同种异体肾脏或肝脏移植的患者中预防器官的排斥反应，应该与皮质类固醇以及环孢素或他克莫司同时应用。

【圣兆药物与海正药业扩大原料药合作】 4月21日，圣兆药物与浙江海正药业股份有限公司（以下简称“海正药业”）签署合同，圣兆药物委托海正药业开发阿立哌唑（一水合物）无菌原料药的生产工艺，双方在圣兆药物指定的原料药受托生产企业共同完成阿立哌唑（一水合物）无菌原料药工艺验证批的生产。

【2家富阳企业获评市级“平安示范单位”】 5月，浙江惠迪森药业有限公司、杭州广安汽车电器有限公司获评2019年度“平安示范单位”。经企业自主申报和相关部门推荐，并逐级审核，共评选出示范单位企业20家。

其他行业

【概况】 2020年，全区化学原料和化学制品制造业实现规上工业销售产值48亿元，占规上工业比重的3.8%，主要企业中策清泉。全区电力、热力生产和供应实现规上工业销售产值28.9亿元，主要企业供电公司、富春环保等。全区橡胶和塑料制品业实现规上工业销售产值36.9亿元，现有规上工业企业48家，主要企业华丰新材料、联通管业、鑫璐实业。全区废弃资源综合利用业实现规上工业销售产值26.4亿元，主要企业有申能固废、立升资源。全区汽车制造业实现规上工业销售产值23亿元，现有规上工业企业15家，全部为汽车零部件及配件制造，主要企业有申能固废、立升资源。金固股份、润德车轮、广安汽车电器、欧星环美等。全年受疫情、中美贸易战、“双反”影响较大，金固股份全年完成工业产值9.8亿元，同比增长-30%。

（陈品男）

供　电

【概况】 2020年，国网浙江杭州市富阳区供电有限公司完成固定资产投资3.19亿元，其中电网投资3.13亿元；实现售电量51.46亿千瓦时，获评全国文明单位，省电力公司对标“领先单位”和“多元融合高弹性电网建设指标领先单位”双领先，绩效综合得分位列杭州供电公司第3名，社会评价位列富阳区单列参评单位优秀，获杭州公司级及以上荣誉集体和个人百余个，获杭州公司级及以上奖项成果25项，获副省长陈奕君、副市长胡伟、区委书记吴玉凤等领导同志批示肯定13次。

【电网规划】 促请杭州公司与富阳区政府签订《共同推进“城市能源互联网”高质量发展助力现代版富春山居图最美示范区建设战略合作框架协议》。成立富阳区电网规划委员会，审议通过《富阳电网“十四五”规划及远景展望》，完成《富阳区电力设施布局规划（十四五修编）》、《适应城市转型发展的富阳主城区多元融合高弹性配电网规划》等重点规划任务。深化“网上电网”应用，完成富阳区用地规划信息录入，实现全域空间负荷分布预测并开展“十四五”电网滚动规划。

【电网建设】 完成主网“4开工10投产2续建”的年度基建任务，全年共新增主网容量68万千伏安、新建35千伏及以上线路227.40千米，其中220千伏赤松变和110千伏后周变投运，解决主城区、东洲、银湖电网高负载等问题。持续开展老旧设备大修改造，完成检修改造主变24台、中低压母线33段、老

2019年全社会用电量及用电性质构成表

表10

用电分类	2020年用电量（万千瓦时）	构成比例（%）	2019年用电量（万千瓦时）	增长率（%）
全社会用电	692508.40	100.00	787838.97	-12.10
全行业用电量	591391.47	85.40	692639.08	-14.62
其中：农、林、牧渔业	3718.57	0.54	3622.38	2.66
工业	470176.82	67.89	586414.33	-19.82
建筑业	23760.25	3.43	18764.15	26.63
交通运输、仓储、邮政业	7205.96	1.04	7077.30	1.82
信息传输、计算机服务和软件业	17141.71	2.48	9278.71	84.74
批发和零售业	18053.52	2.61	18333.72	-1.53
住宿和餐饮业	5418.11	0.78	5622.86	-3.64
金融业	1086.68	0.16	1220.13	-10.94
房地产业	10765.29	1.55	8657.93	24.34
租赁和商务服务业	3468.02	0.50	3761.96	-7.81
公共服务及管理组织	30596.54	4.42	29885.62	2.38
城乡居民生活用电量	101116.93	14.60	95199.89	6.22
其中：城镇	40562.68	5.86	38856.40	4.39
乡村	60554.25	8.74	56343.49	7.47

旧开关98台。加快一流配电网建设，累计新建改造10千伏及以下线路135.84千米，改造新增配变120台，新增配网容量5.63万千伏安，完成低压台区改造78个，配电自动化有效覆盖率达到84%，打造拔山地区0.40千伏高弹性配电网示范区。

【营商环境】　与多部门联合出台延伸投资界面政策文件，为客户节约办电成本2960万元。省内率先将用电申请嵌入农村“建房一件事”，依托浙江政务2.0平台完成全省首条低压业务线上申报。全面推进“阳光业扩”管控平台，高低压业扩时长分别缩减16.95%、39.74%，优化营商环境电力服务“六举措”获评富阳区“最多跑一次”改革十大亮点，完成国研中心、国家发改委等组织的“获得电力”营商环境评价。推出“疫情防控、助推企业复工复产20条举措”，开展“助企惠民三服务”走访活动，累计优惠电费1.59亿元，惠及客户4.48万户。首推电力复工指数分析报告，助力全区指数排名位列杭州区县第1。全市率先试点建设转供电用能管理平台，清退转供电不合理加价611万元。

2020年5月31日，富阳首座220千伏装配式GIS智能站赤松变建成投运
（区供电局　供稿）

【供电服务】　确保防疫场所等重点用户和人民群众的安全可靠供电，编制“一馆一策、一企一策”保电方案，累计投入4640人次、2075车次。深化“三大一重”服务，累计对接服务事项417项，完成杭黄高铁、亚运场馆等重要业扩项目31项、阳陂湖生态园区等主网迁改工程8项。完成全区79所中小学空调加装和10个老旧小区电梯加装电力改造。首推“电力大数据+环保监管”等数智应用，构建智慧型配网抢修管理体系，实现智能替代环节17个，实现智能回复停电咨询41%，负荷转供决策时长缩短95%，平均抢修时长列省内第5。取消10千伏计划停电网格点5个，持续增强“不停电”施工作业能力，10千伏带电作业同比增加94%，不停电计划作业占比90%以上，全口径供电可靠性提升至99.99%。

（楼嘉程）

【编　辑　刘　亮】

17 商贸流通

Commerce and Circulation

综　述

【概述】　2020年，新冠肺炎疫情严重冲击国内国外市场，导致投资、消费、进出口快速下行，经济负增长。富阳围绕扎实做好“六稳”工作，全面落实“六保”任务，坚定招强引优、产业链引育不动摇，切实加强对外贸企业及相关涉外单位指导，推进国内国际“双循环”发展，督促商贸企业科学做好疫情防控，保障“菜篮子”“米袋子”供应，确保市场主体有序经营。

招商引资

【概述】　2020年，富阳区招引产业项目172个，总投资324亿元；其中，高新产业项目112个；实际利用外资31080万美元，其中制造业利用外资7818万美元；5个“152”项目全部开工。

【招商体制】　11月，调整杭州市富阳区招商引资与产业发展委员会和下设机构，由原先实行“1+2”招商体制，新调整为办公室1个（招委会办公室），小组3个（富阳经济技术开发区招商组、杭州富春湾新城招商组、区商务局招商组）协同专班3个（乡贤专班、招商宣传专班、要素保障专班）。实行招商引资委员会月度例会制度，每月召开由区委书记、区长两位“一把手”亲自参加的重大产业项目专题研究会议。实行区四副班子领导联系项目制度，以区领导为责任人的专项小组负责项目盯引、洽谈、协调、推进直至落地开工，实行“一杆到底”负责制和“一条龙”服务制。

【招商项目】　坚持以符合“九高九新”为导向的高新产业、战略性新兴产业、先进制造业、服务业项目为招商主方向。强化产业链项目招引，梳理相关联的上下游企业，精准对接，盯引产业链头部企业，招引一家，带动一批。立足杭州着眼北上广深及中部的武汉、西安、成都等重点城市。紧盯杭州本地优质企业，选择性承接核心区项目溢出。紧密与重点城市的联系，拓宽信息渠道，加强信息沟通。全年引进10亿元以上重大产业项目11个。

【利用外资】　2020年，新设外资企业19家，增资企业10家，合计合同外资17238万美元。外商投资三产行业趋势明显，投资金额较小。现有外资企业不断发展壮大，增资金额高达1亿美元。从实际利用外资看，实际利用外资31080万美元。房地产占比过高，高达21162万美元，占比68%；制造业利用外资偏低，实到7818万美元，占比25%。现有企业增资并购现象突出，高达19816万美元，占比63.75%。

对外贸易

【概述】　全年累计出口134.1亿元，同比增长4.8%，出口增幅列杭州13个县市区第六；进口159.5亿元，同比增长3.4%。

【创建省级重点进口平台】　2020年，根据浙江省商务厅等省级9个部门出台的《浙江省进口贸易促进创新示范区和重点进口平台创建办法》要求，经申报，通过省级专家评审，富阳口岸进口商品交易平台创建成为浙江省第一批重点进口平台。

【“一带一路”市场】　2020年，富阳区共有与“一带一路”国家有贸易往来企业，438家实现进出口总额66.4亿元。

【出口品牌培育】　2020年，富阳区注重提升企业多元化创牌意识，积极培育出口名牌。新认定杭州市出口名牌2家。共有省出口名牌企业8家，市出口名牌企业23家。

【出口转内销】　搭建“富阳严选”平台，通过线上线下融合帮助外贸企业转内销清库存拉动本地消费。推出“富阳严选”专场活动20场，梳理出符合内销条件的出口名牌和品质浙货68件，销售金额超千万。

【境外投资】　2020年，富阳区完成境外投资项目6个，累计中方投资1885.5万美元。富阳区有多家企业到“一带一路”沿线国家开展境外投资或进行项目增资。

【服务贸易】 2020年，富阳区累计完成服务贸易5亿美元，新发展入库企业17家。新增认定杭州市服务贸易示范企业5家，成长型企业3家。富阳区进入商务部业务统计系统并正常申报数字的服务贸易企业共93家。

电子商务

【概述】 2020年，富阳区实现网络零售额164.2亿元，同比增长43.4%，网络零售额增速在杭州市考核单位排名第二位，在浙江省增速排名第十位。

【电商主体培育】 2020年，富阳区以上官球拍产业带、永昌鞋产业带为主体，开展走访、座谈调研和资源对接活动，帮助企业开拓跨境电商新领域。联合富阳区电商公共服务中心等电商机构，通过主题授课、实操演练的方式，开展“社区直播电商玩法揭秘”“抖音直播带货实战训练营”“跨境直播大作战”培训活动，共计培训约300家企业、500多人次。通过本地培育和招商引资，累计打造垂直类电子商务平台10余个；被认定为杭州市首批新零售企业8家。

【电博会富阳展示馆】 9月18日至20日，由杭州市人民政府、浙江省商务厅主办的第七届中国（杭州）国际电子商务博览会在杭州国际博览会展中心举行。富阳展示馆共接待客流1500人次，现场接单500余个，达了抖音、雨果网、商协会等电商专业机构资源。

【富阳发布国内首个社交电商经营规范团体标准】 由富阳商务、市场监管等相关部门推动，区电子商务行业协会牵头，浙江微谷企业管理咨询有限公司、浙江汇仓云品共享贸易有限公司、浙江欣觎生物科技有限公司等13家机构在北京共同发布实施《社交电商经营规范团体标准》，富阳成为全国第一个社交电商经营规范团体标准的诞生地，成为行业风向标。富阳发布有关富阳成为国内社交电商团体标准首发地的新闻阅读量突破10万+人次。

【农村电商】 2020年，富阳累计培育浙江省商务厅认定的淘宝镇1个，淘宝村9个、农村电商示范村4个和农村电商示范服务站4个。

粮食安全

【储备管理】 推动保粮手段科学化，积极应用富氮气调、空调控温等绿色储粮措施，使绿色储粮比例逐年提升。轮出储备粮全部通过省内粮网拍卖销售，临时储备销售按有关规定进行，确保在阳光下操作。中心粮库继续保持省“四星级”粮库和市规范化管理优秀单位荣誉称号。

【流通安全】 开展2020年度全社会粮油供需情况调查，全区粮食消费总量24.93万吨，粮食总产量9.75万吨，产需缺口15.18万吨；各类食用植物油消费总量1.25万吨，自产0.39万吨，产需缺口0.86万吨。加强粮食市场信息的监测预警工作，建立健全粮食流通监管联动机制，建立“双随机”抽查事项清单和名录库，开展粮食市场联合执法检查，检查企业29家。修订《富阳区粮食安全应急预案》，落实粮食应急供应点36个，大米应急加工企业2家（日加工能力250吨），应急运输企业1家（日运输能力300吨），组织开展应急管理培训，提高应对粮食安全风险能力。开展粮食安全宣传活动，全年发放爱粮节粮储粮宣传资料1500余份；开展“庆丰收 倡节粮 筑粮安”新米推介活动；宣传视频“守住粮心拒绝盛宴”被学习强国、浙江新闻客户端等媒体录用。

【粮食仓储设施建设】 12月，富阳区第二粮库开工建设，粮库位于新登镇昌东村，一期用地面积3.34公顷，总建筑面积15298.8平方米，概算总投资2.2亿元；共建散装平房仓8栋及其他配套附属设施，总仓容达4.02万吨（小麦）。完成投资5538万元，为概算投资额的25%。

【产销合作】 开展“订单粮食”工作。累计与本地194家种粮单位签订粮食订单1.71万吨，面积4.56万亩，订单数量比上年增长71%；实际收购粮食1.68万吨，履约率98.24%。抓好粮食收购收储。累计落实收购库点2个，收购仓容1700吨，协调农发行落实收购资金，6957万元。运用“智慧粮库”信息管理系统开展粮食收购“一站式”服务，政府奖补资金以“一卡通”形式直接发放到种粮农户手中。支持粮食经营企业与主产区粮食企业建立长期稳定的购销关系，支持粮食收储企业把“订单粮食”向省外粮食基地延伸。2020年，与省外订单基地签订早稻订单4000吨（因

2020年8月，富阳本土生鲜电商企业“富城生鲜”参加第七届中国（杭州）国际电子商务博览会 （区商务局 供稿）

质量不达标，省外订单补库计划未得实施）；通过省内早稻产区余缺调剂早稻2000吨，委托代储晚稻6000吨。

（张瑜琳）

经济合作

【东西部扶贫协作之锦屏】 2020年，富阳开展与锦屏县高层互访交流。加强资金支持，落实政府援助资金5125万元。加强产业合作，引导企业实际新增投资3.21亿元，带动贫困人口数218人，援建锦屏县扶贫车间8个，吸纳建档立卡贫困户就业135人。加强劳务协作，开展两次劳务联合招聘活动共计提供就业岗位1000余个，达成就业意向200余人。实现结对帮扶全覆盖，累计完成致富带头人培训191人，其中成功创业38人，带动贫困户516人。

至年底，自2013年开始的富阳和锦屏对口帮扶工作结束。其间：两地主要领导亲自挂帅、亲自部署、亲自推动扶贫协作工作，累计领导互访交流25次，召开高层联席会议10次。富阳10个乡镇、10个村、5家国企、15家民企、5家医院和35所学校分别与锦屏76个深度贫困村、18家医院和60所中小学（幼儿园）结对，实现了县、镇、村三级结对全覆盖，形成了党政机关、群团组织、市场主体多维度的立体式协作。富阳共选派7名党政干部到锦屏挂职，派出86名专业技术人才赴锦屏帮扶，接受锦屏177名党政领导干部和342名专业技术人才到富阳挂职锻炼，两地合作开展干部培训1249人次，专业技术人才培训4392人次。两地立足优势资源，聚焦发展需求，通过东西部产业合作机制促成21家企业实际新增投资5.45亿元，吸纳建档立卡贫困人口就业440人次，联系销售锦屏农特产品8664.69万元，走宽造血式产业扶贫路子，设立“返乡创业扶持基金”和扶贫车间，带动贫困户就近就业，推进合作项目78个，其中社会事业、基础设施、培训和劳务协作等民生项目占比60%。在脱贫协作结束之时，富阳与锦屏缔结友好城市。

协助脱贫期间，“银龄计划”的代表，退休教师马钢民扎根教学一线，推行“全员育人”，入选国务院志愿者扶贫案例50佳；锦屏三江中学和富阳实验中学高三学生之间互赠书信435封，传递跨越山水的友谊，《人民日报》作专门报道；“滴水公益”“同心公益”等社会组织开展“圆梦课桌”“圆梦礼包”爱心助学活动；江丰股份、富生电器、鸿世电器等企业发起村企结对，开展消费扶贫，提供资金、技术、市场等支持。

【山海协作】 2020年，富阳与缙云县建立定期互访、对接、交流的长效工作机制，开展在医疗、文化、旅游、科技等领域交流互动活动。创新合作内容与方式，探索开启“飞粮”模式，富阳首次在异地建立粮仓。山海协作工程稳步升级，缙云大厦5月9日开工建设。缙云—富阳山海协作生态旅游文化产业园2018年、2019年连续两年获省级山海协作相关工作考核优秀等次。推进网营物联（缙云）智慧供应链产业园项目建设，充分发挥富阳—缙云山海协作产业发展专项资金作用，助推缙云乡愁富民产业进一步发展壮大。落实山海协作援建资金，其中缙云县480万元、淳安县330万元、衢州市衢江区100万元、丽水龙泉市竹羊畲族乡80万元。

2020年12月23日，富阳—缙云两地粮食技术合作签约暨第二粮库工程开工

（区商务局 供稿）

【其他对口工作】 2020年，富阳在资金支持方面，帮扶对口支援新疆2290万元，西藏那曲地区457万元，帮扶区域协作桐庐县2000万元。在交流互访方面，接待长春九台区考察组到富阳考察，组织辖区3家企业赴吉林省长春地区参加吉浙两省“百家企业手拉手”启动仪式暨对口合作经贸考察活动。在贸易合作方面，杭州龙门古镇与长白山讷殷集团就南北两处旅游景区加快合作达成书面协议；浙江李大叔生态农业开发有限公司与吉林省优稼得粮油有限公司达成销售合作协议；长春市特色农产品在杭州富阳归园田居生态农业开发有限公司、富阳名优特产店设立销售专柜。

（吕 苗）

供销合作商业

【概况】 2020年，供销合作社系统实现总经营收入54.88亿元，同比增长10.75%，其中商品销售总额47.49亿元，同比增长15.36%；营业收入7.16亿元，利润总额4054万元，同比增加10.86%；所有者权益5.36亿元，上缴税收总额3147万元，获全国百强县级供销社，全省和全市供销社系统综合业绩考核优秀。

【复工复产服务】 组建专项服务组，赴常安镇开展企业复工复产服务。对全区供销系统社有资产的所有承租户实施2月租金减免，3月、4月租金减半政策，共计减免租金653.2万元。免收2月、3月新增业务担保费、减少在保业务担保费，提供存量转贷服务，开辟融资“绿色通道”，降低中小企业融资成本。快速审批担保农企8家，涉及金额1250万元，免收担保费用近3万元。免收参股专业合作社2020年度固定分红2.75万元。

【全力保障供应】 大自然农批市场疫情期间照常营业，日均销售蔬菜、肉类、水果、水产等60吨，确保市民日常所需。所属北支江蔬菜、盛侬生态、九重天农业、绿禾源生态农业等“空中菜篮子”基地，面向市民开展“你居家我跑腿”农产品无接触配送业务。百合医药承担区防疫物资供应工作，为全区提供口罩20万个。

【优化为农服务】 会同区府办、区农业农村局等部门组建区共抗疫情春茶生产服务专班，做好综合协调、防疫指导、市场交易、销售帮扶、本地采茶工协调等工作。对区茶叶产业农合联会员落实疫情防控和春茶采摘补助8万余元。成立供销红马甲志愿服务队，开展春茶、草莓、竹笋等当季农产品采摘、加工工作，破解企业“用工难、用工贵”问题。将31吨肥料赠送到8家保供基地，助力春耕生产。对因冰雹受灾的百亩油菜实验基地进行补助1.50万元。

【纾解产销“堵点”】 利用朋友圈、微信、业主群等渠道，帮助销售青菜、香椿、草莓、禽蛋等滞销农产品2000余吨。对接“富城生鲜”，实现农副产品从大自然农批市场直达餐桌。在大自然农批市场开辟滞销农产品免费销售场地。对接机关单位食堂承包商、系统所属企业食堂定向批量采购农产品。发起“你工作，我送菜”抗疫助农爱心认购活动。

【服务架构夯实】 建立《杭州市富阳区农合联会员准入和退出机制》。建设148家“富阳供销e家”村级综合服务社，聚集农资、担保、银行、保险、气象、快递、电商、卫健等涉农资源，提供农资供应、农产品展示展销、信贷金融、农业保险、财务代理、农事咨询、气象信息、农村物流、缴费充值、农村电商、健康咨询等服务，构筑农民办事不出村综合服务平台。建立水产产业农合联，以“水产产业+农合联+载体（公司）”运作模式，有效提升水产品的竞争力。

【做实生产合作】 全年储备农药189吨，农膜121吨，化肥3836吨，其中复合肥1593吨、氮肥2068吨、钾肥175吨。落实农资专项运费补助10万元，打通运输线24条，春耕农资商品送村入户，开展农资优惠供应、农技咨询、推进测土配方施肥和推广有机肥使用等活动，支持农业生产。开展“推进粮食生产送农资下乡活动”，为122家种植业农合联会员赠送价值共计70余万元的农资商品，助力粮食生产稳产稳收。依托智慧农资平台、网上庄稼医院、工作微信群，提供线上农技知识教学。开展农药包装废弃物、废旧农膜回收等业务。完成拔山茶园病虫害统防统治1333.33公顷，保护拔山茶园生态链，提升茶叶的产量和品质。

2020年12月9日，富阳供销e家村级综合服务社启动

（区供销社　供稿）

【做深供销合作】 所属公望酒业公司托底收购东洲葡萄1000吨，助果农增收500余万元，收购本地桑果3000多吨，帮助桑农增收300多万元。所属杭富罐头公司对竹笋实行统购分销，收购竹笋原料16000多吨，为竹农增收4000余万元。开发富阳区域农产品信息平台——“富阳供销e家通”，通过打造本地优质农产品线上展示展销平台，促进本地农产品互通、互助、联销。举办一月一次的供销集市，打通农合联会员进社区展示展销通路，让本地特色农产品直达市民的餐桌。

【做优信用合作】 开展免保证金、免反担保、降低担保费率、降低转贷费用的“两免两降”最多跑一次优质服务，全年提供涉农担保32笔、金额2806万元，其中农合联会员担保24笔、金额2110万元。对因强降雨、疫情等受损严重的专业合作社、农合联会员单位给予总计20余万元的经济扶持。对因梅汛受灾的农合联会员赔付91.05万元。

【助力脱贫攻坚】 立足供销社优势和产业基础，采取产业扶贫、消费扶贫、电商扶贫等形式，帮助贫困农户增收。利用区际对口支援和扶贫协作机制，做好全区机关事业单位采购并发放锦屏、缙云“扶贫礼包”工作。实施结对村消薄行动，以产业扶贫为重点，在常安镇项家村引进板栗小香薯种植，并提供种子、种苗、肥料、包装，开展技术辅导、培训、收购、销售等全产业链服务，一期亩产量达0.75吨，村民实现收入翻番，常安镇项家村摘掉“经济薄弱村”帽子。

【实施项目强企】 完成灵桥镇光明村改造项目。以1.45亿元的价格竞得场口8号地块，实施“澳海百合·云泽赋华庭”商住项目。对省农资集团进行财务投资1亿元。首个托管的农村农贸市场——胥口镇农贸市场创建“省放心农贸市场”，成为乡村农贸市场改造提升样本。

【加强资产管理】 打石山仓库资产借拆迁之机，成功置换了粮食储备公司胥口粮站资产，实现基层经营阵地的留存。出台《资产维修管理办法》，明确资产维修管理的职责，规范资产维修操作规程，保障资产维修的质量安全，充分发挥资产的使用效益。

【强化企业服务】 重点加强对社有企业重大投资、资产运营、债务风险等的监督，规范资本运作、强化资本约束、提高资本回报、维护资本安全。以“走亲连心三服务”为载体，实行组团包干、定期走访、点对点项目化服务，帮助社有企业解决发展中的实际困难。对杭富罐头公司补助1万元，用于派遣专车专列接外省员工返富返岗，支持企业复工复产。

【强化党建引领】 按照“对标、补短、争先”路径，开展“模范机关”创建。加强基层支部规范化建设，规范党员发展程序和党员活动室标准化建设。结合固定主题党日活动，到渌渚、万市、洞桥、建德等地开展廉政警示教育和红色研学。建立班子成员基层联系点制度，班子成员每季度深入基层社、社有企业和农合联会员单位开展调查研究、指导工作、征求意见、解决问题。

【深化队伍建设】 完善绩效考核机制，实行全员绩效考核，实施基层社、全资（控股）公司薪酬制度改革，激活内部经营活力。通过公开招考引进2名实用人才。合并供销资产、百合市场、百合商厦等3家全资企业，实行一副班子，三块牌子的运行体制，干部职工资源实现优化配置。深入推进“清廉供销”建设，做好经济责任审计和巡察回访督查工作，加强廉洁文化建设和警示教育，9600万元对外担保全部脱保。

【实施理论走心工程】 成立“富阳供销e家”宣讲团，通过现场授课、网络课堂、音频、文艺作品等形式开展宣讲活动，扩大党的理论宣传覆盖面。通过报纸、电视、电台等平台和自媒体宣传报道为农服务和改革发展中的新成效、新经验。开展“风雨七十载 同心筑未来”庆祝建社70周年主题活动，通过“流金记忆·供销社的故事”征集、“供销印象·文艺作品”征集展览、《新时代 新供销》形象手册汇编、“供销逐梦·风雨七十载 同心筑未来”联欢会等系列活动，坚守为农初心、传承供销文化，进一步激发干部职工爱党、爱国、爱社、爱岗热情。

（董银玲）

烟草专卖

【概况】 2020年，累计销量3.84万箱，同比增长5.74%；含税销售额累计达19.8亿元，同比增长6.23%；单箱销售额达到5.16万元；产生毛利5.62亿元，同比增长6.47%。

【业务经营】 建成现代终端示范街5条，现代终端968家，其中香溢合作店59家；双屏机安装707台，“香溢通”覆盖面达28.2%，“香溢家”活跃会员9.7万个，占比55.68%，3497户客户加入“香溢坊”自律小组，并建立279个小组，覆盖面为83.26%，市场卷烟零售销售价格执行到位。累计实现非烟交易额326万元，主推香溢“杭州专区”产品，尝试多方式200人以上线上“带货直播”6次，现场交易共30万余元。

【市场监管】 2020年，共查获各类案件380起，同比增长14.45%，查获卷烟总量40427条，同比增14.45%，其中本土辖区市场查获量较上年同期提升49%。进一步强化物流寄递、道路运输案件追查成网成功率，查获走私加热不燃烧卷烟网络案1起，共抓获犯罪嫌疑人11人，其中3人获刑；持续开展电子烟、“天价烟、烟票”专项检查。

【跑改服务】 2020年，积极跟进政务服务及互通互联办事改革，简化办事手续，提高服务质量，行政中心烟草窗口获得“示范窗口”称号，两位窗口人员均获得“服务明星”称号。积极开展学校周边许可证退出工作，集中整治中小学校周边市场。

（方洪潇）

【编 辑 赵雪红】

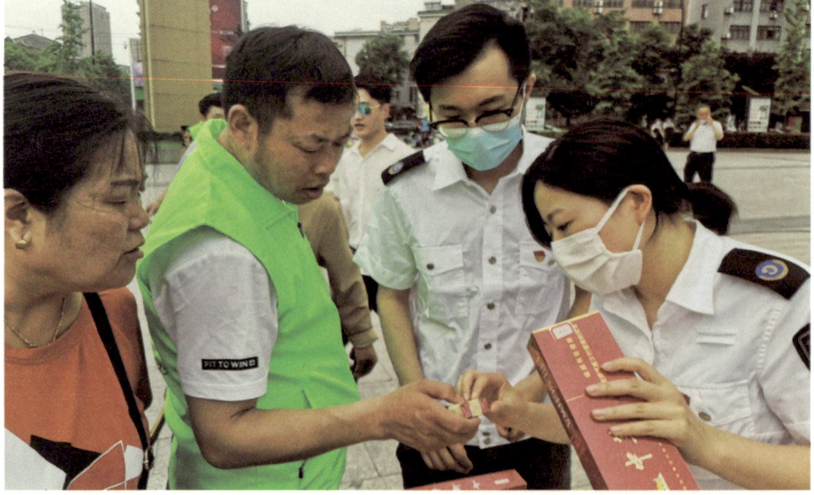

2020年5月15日，举办“5·15”打击和防范经济犯罪系列宣传活动
（区烟草专卖局 供稿）

18 金 融
Finance

综 述

【概况】 2020年，富阳区金融机构贯彻落实稳健的货币政策，全力做好“六稳”“六保”任务，围绕区委区政府“三高”发展战略，服务实体经济，防控金融风险，深化金融改革，全力支持疫情防控和经济社会发展。全区共有银行类金融机构31家，营业网点163家，从业人员2599人。新设恒通村镇银行新登支行、富春支行、台州银行富阳新登小微综合支行和宁波银行杭州新登小微综合支行等营业网点4家。

全区金融机构本外币各项存款余额1569.12亿元，比年初增加229.44亿元，同比少增13.06亿元，增长17.13%；本外币各项贷款余额1812.12亿元，比年初增加322.12亿元，同比多增115.12亿元，增长21.62%；表外融资余额255.08亿元，比年初增加23.83亿元，其中银行承兑汇票余额110.39亿元，比年初增加12.25亿元。累计发行债务融资工具47亿元，余额105亿元；小额贷款公司贷款余额11.02亿元；办理外债登记借入资金9023.35万美元、内保外贷业务4000万美元。

【惠企资金落地】 2020年，积极

2020年富阳区银行类金融机构人员情况表

表11 单位：人

项目＼名称	人行	银保监组	工行	农行	中行	建行	交行	农发行	中信银行	杭州银行	农村商业银行	邮政储蓄	招商银行	兴业银行	民泰银行	泰隆银行	浦发银行	浙商银行	民生银行	南浔银行	恒丰银行	北京银行	平安银行	稠州银行	恒通村镇	光大银行	华夏银行	宁波银行	江苏银行	台州银行	南京银行	合计
金融机构数（家）	1	1	8	10	6	9	3	1	3	3	76	3	1	4	2	4	2	1	3	2	1	1	2	1	6	1	1	2	1	3	1	163
其中 市级机构	1	1	1	1	1	1	1	1	1	1	1	1	1	1	1	1	1	1	1	1	1	1	1	1	1	1	1	1	1	1	1	31
二级支行	—	—	7	9	5	8	2	—	1	2	22	2	—	—	1	3	—	—	—	—	—	—	—	—	5	—	—	1	—	2	—	70
分理处	—	—	—	—	—	—	—	—	—	—	52	—	—	—	—	—	—	—	—	1	—	—	—	—	—	—	—	—	—	—	—	53
储蓄所	—	—	—	—	—	—	—	—	—	—	1	—	—	—	—	—	—	—	—	—	—	—	—	—	—	—	—	—	—	—	—	1
社区支行	—	—	—	—	—	—	—	—	1	—	—	—	—	3	—	—	1	—	2	—	—	—	1	—	—	—	—	—	—	—	—	8
从业人数（人）	26	4	166	184	130	155	44	18	81	74	877	75	26	46	78	92	34	38	27	35	29	28	14	21	91	23	25	61	17	49	31	2599

2020年富阳区金融机构本外币存贷款余额情况表

表12 单位：亿元

栏目 机构名称	年末余额	比年初增减		栏目 机构名称	年末余额	比年初增减	
		2020年	上年			2020年	上年
金融机构存款合计	1.569.12	229.44	242.49	金融机构贷款合计	1，812.12	322.12	207.00
人民银行	25.19	12.74	1.72	人民银行	-	-	-
工商银行	103.60	9.28	17.89	工商银行	94.64	-0.76	11.15
农业银行	122.31	35.24	8.42	农业银行	121.12	32.00	24.06
中国银行	46.98	-3.71	6.41	中国银行	81.83	23.33	-3.64
建设银行	92.75	21.59	9.01	建设银行	111.83	44.16	10.09
交通银行	34.61	6.72	2.74	交通银行	35.92	2.98	4.64
农业发展银行	1.68	0.31	0.13	农业发展银行	21.38	12.73	-2.14
中信银行	130.37	28.52	24.44	中信银行	131.72	15.28	17.02
杭州银行	52.25	3.17	6.68	杭州银行	72.91	18.00	8.84
农村商业银行	514.42	87.48	74.12	农村商业银行	338.89	54.08	30.17
邮政储蓄银行	45.33	6.19	7.70	邮政储蓄银行	48.15	9.03	9.48
招商银行	27.35	1.07	7.20	招商银行	107.21	29.63	10.40
兴业银行	51.16	4.61	17.35	兴业银行	88.03	6.13	18.47
民泰银行	15.78	1.39	2.05	民泰银行	14.16	1.23	-1.97
泰隆银行	11.40	3.31	2.33	泰隆银行	19.83	4.18	4.83
浦发银行	30.18	3.42	-2.52	浦发银行	72.77	11.98	0.17
浙商银行	26.19	0.57	-3.24	浙商银行	69.67	15.20	18.75
民生银行	29.50	0.87	7.77	民生银行	48.95	-3.66	18.46
南浔银行	4.00	-0.78	-0.66	南浔银行	12.97	1.95	0.20
恒丰银行	11.71	-16.85	2.74	恒丰银行	25.66	-0.19	0.27
北京银行	14.22	2.26	1.81	北京银行	45.52	1.59	3.99
平安银行	11.76	3.05	6.62	平安银行	1.77	0.18	-0.56
稠州银行	5.05	-3.78	4.23	稠州银行	6.11	2.16	-0.76
恒通村镇银行	15.84	3.80	3.26	恒通村镇银行	17.51	2.82	-0.50
光大银行	30.01	6.67	4.01	光大银行	50.02	-0.54	2.38
华夏银行	17.16	1.81	3.76	华夏银行	26.03	5.11	0.41
宁波银行	36.69	-2.92	11.85	宁波银行	59.02	8.04	18.22
台州银行	3.76	0.51	1.05	台州银行	5.76	0.56	1.83
江苏银行	18.98	14.37	-2.40	江苏银行	22.23	13.63	-4.78
南京银行	38.30	-0.63	15.39	南京银行	60.50	11.29	7.53

应对疫情对实体经济的负面冲击，参加金融支持稳企业保就业“攻坚行动”，推动央行政策性资金落地惠企。在3000亿元疫情防控专项再贷款政策上，全区银行机构发放优惠贷款7.51亿元，企业实际支持覆盖率100%，加权平均利率2.77%；在5000亿元再贷款再贴现专用额度政策上，2家法人银行发放专用额度贷款741笔，金额14.20亿元，另外7家银行分支机构发放支小再贷款专用额度资金1.76亿元；在1万亿元再贷款再贴现新增额度上，全区银行机构发放贷款5026笔，金额29.5亿元，加权平均利率5.23%；在普惠小微企业贷款延期还本付息支持工具上，2家法人银行为1322家普惠小微企业办理延期本息金额15.68亿元；在普惠小微企业信用贷款支持计划上，2家法人银行累计投放普惠小微信用贷款25.74亿元，惠及普惠小微企业7923户。

【重点领域金融支持】 2020年，民营企业信贷贷款余额582.69亿元，比年初增加72.75亿元，同比多增57.81亿元，增长17.06%，增量、增速均创新高。小微企业贷款总量较快增长，贷款余额669.6亿元，比年初增加96.32亿元，同比多增23.11亿元，增长19.58%，比上年同期提高3.23个百分点；贷款户数较快增长，达61181户，比年初增加5028户，其中普惠小微企业贷款快速增长，贷款余额333.03亿元，比年初增加90.44亿元，增长37.28%。制造业企业融资总量企稳回升，表内外融资总额457.49亿元，比年初增加9.45亿元，增长1.93%，其中表内贷款余额341.87亿元，比年初减少13.21亿元；较多制造业企业为降低成本而转向表外融资，表外融资115.61亿元，比年初增加22.66亿元，其中银行承兑汇票余额比年初增加16.83亿元；

剔除造纸业企业拆迁归还贷款因素，制造业表内外融资当年新增41.05亿元，其中表内贷款新增18.14亿元，表外融资新增22.91亿元；制造业表内外贷款变化分行业看，铜业、纺织业、通信电缆业分别新增4.65亿元、3.58亿元、6.29亿元，造纸业、医药业分别减少31.6亿元、0.79亿元。政府融资平台及国有企业贷款平稳增长，余额497.13亿元，比年初增加83.89亿元，增长23.09%。批发零售业贷款持续增加，余额93.84亿元，比年初增加27.75亿元，增长42.4%。房地产企业贷款较快增长，余额66.3亿元，比年初增加11.28亿元，增长20.5%。住户贷款延续较快增长态势，余额729.42亿元，比年初增加168.8亿元，同比多增91.47亿元，增长30.11%，其中个人住房贷款余额370.92亿元，比年初增加86.53亿元，增长30.43%。短期、中长期贷款“双增”，短期贷款余额598.69亿元，比年初增加56.8亿元，增长7.49%；中长期贷款余额1190.64亿元，比年初增加271.65亿元，增长31.72%。

【金融风险防范化解】 2020年，全区金融机构坚决有效防控金融风险，保持不良贷款“双降”态势，金融风险持续低位运行。全区金融机构不良贷款余额6.86亿元，比年初减少2.6亿元；不良贷款率0.38%，比年初下降0.25个百分点；新发生风险进一步缓解，全年新发生不良贷款8.06亿元，同比减少5.62亿元；稳步处置不良贷款，全区金融机构累计处置不良贷款10.66亿元。潜在风险相对平稳，关注类贷款余额24.1亿元，比年初减少19.47亿元，占全部贷款的1.33%，比年初下降1.59个百分点。

【涉外经济服务】 2020年，富阳区外汇指定银行参加“优化外汇金融服务，助推浙江外贸高质量发展”系列活动。对接“订单+清单”系统，累计走访对接涉外企业600余家次，支持125家外贸企业获得授信总额247.1亿元，累计发放贷款96亿元。完成跨境收支统计间接申报39547笔，金额45.66亿美元，其中：涉外收入申报33228笔，金额23.26亿美元；涉外支出申报6320笔，金额22.4亿美元。国际收支顺差0.86亿美元，同比收窄1.89亿美元。落地货物贸易外汇收支和资本项目收入支付便利化政策、跨境金融区块链服务平台试点等政策。推动跨境人民币业务合规有序发展，全年共办理跨境人民币结算29.09亿元，增长20.26%。推广跨国公司资金集中运营管理，新增开办业务企业1家，全年累计放款4.27亿元。

【金融管理与服务水平提升】 畅通支付结算、国库资金拨付、外汇服务、现金供应等“绿色通道”，保障疫情期间各项金融服务平稳、安全、高效运行。推进利率市场，全区金融机构严格落实LPR形成机制改革政策和浙江省市场利率定价自律机制，维护存款市场平稳有序，全年未发生违背自律机制的情况。银行间市场资金融资持续发展，富阳农商银行发行大额存单38.2亿元、同业存单60亿元、二级资本债2亿元，新增获批发行债务融资工具企业1家。推进“移动支付之省”建设，拓宽停车场、重点商圈等领域移动支付应用，实现“智慧医疗”全域覆盖。深化“现金服务示范区”创建，推进大额现金管理、新版人民币发行、硬币自循环等工作，持续整治拒收现金和非法使用人民币图样等违法行为，维护人民币法定地位。落实存款保险制度，全面启用存款保险标识。提升征信服务水平，广泛开展“信用记录关爱日”等活动，推广应收账款融资服务平台应用，应收账款质押贷款业务量达46.69亿元，推进保证贷款登记系统应用。开展金融消费者权益保护、金融消费者教育、金融纠纷调解等活动，妥善处理金融消费者投诉，强化金融广告治理，保障金融消费者合法权益。

银　行

【中国人民银行富阳支行】 2020年，中国人民银行富阳支行立足基层央行职责，出台货币信贷工作指导意见及金融支持疫情防控和企业复工复产指导意见13条。协助做好重点企业新增贷款财政贴息政策实施、2019年金融支持地方经济发展考核评价、小贷公司年度考核、政府性存款竞争性招投标、金融数据统计等工作。金融服务保障工作及报告获区委、区政府主要领导批示29次，获富阳区机关考核优秀单位、平安创建考核优秀单位、招商引资优秀服务奖。

落实“三张清单”机制，组织银行机构通过“富阳发布”微信公众号等向社会公开；推进“首贷户拓展”行动，制订三年行动方案，建立专项监测机制，指导督促银行

2020年5月，富阳区金融机构负责人会议暨外汇管理工作会议举行
（中国人民银行富阳支行　供稿）

机构发放小微企业首贷户1654户，占全部小微企业户数的27.8%，金额46.96亿元，占全部小微企业贷款发放金额的11.19%；组织开展“百地千名行长助企业复工复产”专项行动，全区金融机构走访企业2587家次，授信387.94亿元，发放贷款94.75亿元；加大企业纾困力度，减息企业4000余家1.3亿元，办理无还本续贷、到期贷款展期等企业398家16.3亿元；降低企业贷款利率，四季度企业贷款加权平均利率4.77%，同比下降178基点；小微企业贷款（包括个人经营性贷款）加权平均利率5.31%，同比下降124个基点。

持续跟踪监测大型民营企业风险、债券兑付和违约风险等，密切关注富春湾新城建设、造纸业整体腾退、华融黄公望金融小镇，定期排查金融风险；推动破产重整企业3家。落实法人银行存款保险费率管理、保费核定、风险监测等工作，启用存款保险标识；推进央行金融机构评级，开展法人银行资产质量专项评估；开展综合评价，指导4家银行分支机构开业；督促金融机构落实重大事项报告制度；强化金融消保评估，处理金融消保投诉，组织开展“金融消费者权益日”“守住钱袋子”“金融知识普及月”等宣传活动。开展法人义务机构反洗钱分类评级，强化重点可疑交易分析，推动“涉黑”案涉案嫌疑人洗钱定罪宣判1起，持续整治互联网金融风险，落实差别化住房信贷政策，协助处置“野风大城小院”房地产风险事件。

全年划拨财政补贴资金4520万元，指导银行机构划转防疫资金9948万元；拓宽停车场、重点商圈等领域移动支付应用，实现“智慧医疗”全域覆盖；推动助农服务点创新建设，联合区供销总社、卫健局等7家单位，打造综合助农服务站；落实“云互联”平台、企业工资支付监管平台上线工作，巩固警银联络机制，协助破获电信网络新型违法犯罪30余起，处理地下钱庄转移资金案1起，排查疑似高危企业、个人银行账户36.6万户，移送涉嫌跨境网络赌博重点可疑线索6条。

全年拨付防疫资金1.33亿元、“两直”资金4387万元，办理预算收入620.8亿元、预算支出560.51亿元、退库38.23亿元，支持个所税退税、非税收入减税降费改革，实现财政支出无纸化。保障疫情期间现金供应，开展整治拒收现金行动，处置拒收现金投诉2起。整治非法使用人民币图样行为，开展祭祀用品店现场巡查。创建“现金服务示范区”，落实大额现金管理、新版人民币发行、硬币自循环。出台《富阳区假币犯罪举报奖励办法》，协助破获加工境外假硬币案1起。加强征信安全管理，落实征信保护、维权及二代征信系统上线，推广应收账户融资服务平台应用，办理业务46.69亿元。推进保证贷款登记系统应用，办理查询1.1万笔。推动建设食品安全金融征信体系、企业劳动保障违法行为联合通报机制。

全年办理货物贸易外汇收支便利化、资本项目收入支付便利化业务2108.75万美元、1704.73万美元；推广跨国公司资金集中运营管理，指导富通集团向境外子公司放款4.27亿元，支持和鼎铜业完成业务备案；推进跨境金融区块链服务平台试点及税务备案电子化，分别办理业务427.56万美元、1084.45万美元；支持企业通过外债、内保外贷融资1.23亿美元；支持企业向境外子公司放款6749.55万美元；强化本外币协同管理，办理跨境人民币结算29.09亿元，增长20.26%。开展货物贸易非现场核查993家次、现场核查5家，发放风险提示函企业2家，注销企业名录5家；加强国际收支间接申报管理，现场核查银行机构4家，办理业务39548笔，金额45.66亿美元，差错率低于0.01%；严厉打击地下钱庄、非法网络炒汇、虚假贸易融资等违法违规行为。

【中国农业发展银行富阳支行】 至年底，本外币各项存款余额1.68亿元，比年初增加0.31亿元，增长21.74%；各项贷款余额21.38亿元，比年初增加12.73亿元，增长147.17%；发放县级储备粮油贷款6134万元、现代农业园区贷款7亿元、城乡一体化项目贷款6.39亿元；不良贷款率为零；全年实现净利润-0.12亿元，获“东西部扶贫协作爱心单位”称号。

【中国工商银行富阳支行】 至年底，本外币各项存款余额103.6亿元，比年初增加9.28亿元，增长9.84%；各项贷款余额94.64亿元；另有表外贷款5亿元，银团贷款58.13亿元；不良贷款率0.06%；实现中间业务收入0.86亿元；全年实现净利润2.92亿元。获杭州市金融系统“战疫情 促发展”优秀团队称号。

【中国农业银行富阳支行】 至年底，本外币各项存款余额122.31亿元，比年初增加35.24亿元，增长40.47%；各项贷款余额121.12亿元，比年初增加32亿元，增长35.91%；不良贷款率0.05%；实现中间业务收入0.88亿元；全年实现净利润1.99亿元。

【中国银行富阳支行】 至年底，本外币各项存款余额46.98亿元；各项贷款余额81.83亿元，比年初增加23.33亿元，增长39.88%；不良贷款率0.33%，比年初下降1.75个百分点；全年实现净利润1.98亿元。

【中国建设银行富阳支行】 至年底，本外币各项存款余额92.75亿元，比年初增加21.59亿元，增长30.34%；各项贷款余额111.83亿元，比年初增加44.16亿元，增长65.26%；不良贷款率0.1%；全年实现净利润2.09亿元。

【中国交通银行富阳支行】 至年底，本外币各项存款余额34.61亿元，比年初增加6.72亿元，增长24.09%；各项贷款余额35.92亿元，比年初增加2.98亿元，增长9.04%；不良贷款率0.08%；实现中间业务收入0.14亿元；全年实现净利润1.05亿元。

【中信银行杭州富阳支行】 至年底，本外币各项存款余额130.37

亿元，比年初增加28.52亿元，增长28%；各项贷款余额131.72亿元，比年初增加15.28亿元，增长13.12%；票据直贴量42亿元；不良贷款率0.07%，比年初下降0.29个百分点；国际结算业务量6.81亿美元；全年实现净利润4.56亿元。获中信银行总行“先进基层党组织”、中信银行杭州分行2020年绿色金融先进单位称号。

【杭州银行富阳支行】 至年底，本外币各项存款余额52.25亿元，比年初增加3.17亿元，增长6.46%；各项贷款余额72.91亿元，比年初增加18亿元，增长32.78%；不良贷款率0.13%，比年初下降0.21个百分点；全年实现净利润1.33亿元。获杭州银行总行“先进党支部”“文明规范服务示范网点”称号。

【富阳农村商业银行】 至年底，本外币各项存款余额514.42亿元，比年初增加87.48亿元，增长20.48%，存款市场份额32.78%；各项贷款余额338.89亿元，比年初增加54.08亿元，增长18.71%，贷款市场份额18.7%；不良贷款率1.17%；实现净利润4.66亿元，同比增长5.19%；上缴税收3.55亿元。获“浙江省民企最满意银行”“浙江农信综合实力十强银行”“杭州市消薄增收特别贡献奖”“全区民政民生领域先进集体”“区级机关优秀单位”“富阳区2020年度金融服务先进单位”“富春众善奖”荣誉。

【邮政储蓄银行富阳支行】 至年底，本外币各项存款余额45.33亿元，比年初增加6.19亿元，增长15.82%；各项贷款余额48.15亿元，比年初增加9.03亿元，增长23.08%；不良贷款率0.1%；全年实现净利润1.07亿元。

【招商银行杭州富阳支行】 至年底，本外币各项存款余额27.35亿元，比年初增加1.07亿元，增长4.07%；各项贷款余额107.21亿元，比年初增加39.63亿元，增长38.19%；不良贷款率0.14%，比年初下降1.26个百分点；全年实现净利润2.71亿元。

【兴业银行杭州富阳支行】 至年底，本外币各项存款余额51.16亿元，比年初增加4.61亿元，增长9.9%；各项贷款余额88.03亿元，比年初增加6.13亿元，增长7.48%；不良贷款率0.21%，比年初下降1.1个百分点；全年实现净利润2.31亿元。

【浙江民泰商业银行杭州富阳支行】 至年底，本外币各项存款余额15.78亿元，比年初增加1.39亿元，增长9.66%；各项贷款余额14.16亿元，比年初增加1.23亿元，增长9.51%；不良贷款率3.5%；全年实现净利润0.23亿元。

【浙江泰隆商业银行杭州富阳支行】 至年底，本外币各项存款余额11.40亿元，比年初增加3.31亿元，增长40.91%；各项贷款余额19.83亿元，比年初增加4.18亿元，增长26.71%；不良贷款率1.4%，比年初下降0.18个百分点；全年实现净利润0.97亿元。

【上海浦东发展银行杭州富阳支行】 至年底，本外币各项存款余额30.18亿元，比年初增加3.42亿元，增长12.78%；各项贷款余额72.77亿元，比年初增加11.98亿元，增长19.71%，其中民营企业贷款占全部贷款50.17%，制造业贷款占21.63%；不良贷款率0.14%，比年初下降0.38个百分点；全年实现净利润2.63亿元。

【浙商银行杭州富阳支行】 至年底，本外币各项存款余额26.19亿元，比年初增加0.57亿元，增长2.22%；各项贷款余额69.67亿元，比年初增加15.2亿元，增长27.91%；不良贷款率0.02%；全年实现净利润1.95亿元。

【中国民生银行杭州富阳支行】 至年底，本外币各项存款余额29.5亿元，比年初增加0.87亿元，增长3.04%；各项贷款余额48.95亿元；不良贷款率0.08%；全年实现净利润2.06亿元。

【南浔银行富阳支行】 至年底，本外币各项存款余额4亿元；各项贷款余额12.97亿元，比年初增加1.95亿元，增长17.7%；不良贷款率1.66%；全年实现净利润0.91亿元。

【恒丰银行杭州富阳支行】 至年底，本外币各项存款余额11.71亿元；各项贷款余额25.66亿元；不良贷款率0.48%；全年实现净利润1.09亿元。

【北京银行杭州富阳支行】 至年底，本外币各项存款余额14.22亿元，比年初增加2.26亿元，增长18.88%；各项贷款余额45.52亿元，比年初增加1.59亿元，增长3.62%；不良贷款率为零；全年实现净利润0.69亿元。

【平安银行杭州富阳支行】 至年底，本外币各项存款余额11.76亿元，比年初增加3.05亿元，增长35.02%；各项贷款余额1.77亿元，比年初增加0.18亿元，增长11.32%；不良贷款率为零；全年实现净利润912万元，增长269.23%。

【稠州银行杭州富阳支行】 至年底，本外币各项存款余额5.05亿元；各项贷款余额6.11亿元，比年初增加2.16亿元，增长54.68%；不良贷款率0.1%；全年实现净利润200万元。

【富阳恒通村镇银行】 至年底，本外币各项存款余额15.84亿元，比年初增加3.8亿元，增长31.51%；各项贷款余额17.51亿元，比年初增加2.82亿元，增长19.2%；不良贷款率1.42%，比年初下降0.31个百分点；全年实现净利润0.2亿元。获富阳区巾帼文明岗荣誉。

【光大银行杭州富阳支行】 至年底，本外币各项存款余额30.01亿元，比年初增加6.67亿元，增长28.58%；各项贷款余额50.02亿元；不良贷款率为零；全年实现净利润

1.28亿元。

【华夏银行杭州富阳支行】 至年底，本外币各项存款余额17.16亿元，比年初增加1.81亿元，增长11.79%；各项贷款余额26.03亿元，比年初增加5.11亿元，增长24.43%；不良贷款率不足0.01%；全年实现净利润0.74亿元。

【宁波银行杭州富阳支行】 至年底，本外币各项存款余额36.69亿元；各项贷款余额59.02亿元，比年初增加8.04亿元，增长15.77%；不良贷款率不足0.01%；全年实现净利润2.9亿元。

【台州银行杭州富阳支行】 至年底，本外币各项存款余额3.76亿元，比年初增加0.51亿元，增长15.69%；各项贷款余额5.76亿元，比年初增加0.56亿元，增长10.98%；不良贷款率0.58%；全年实现净利润3539万元。

【江苏银行杭州富阳支行】 至年底，本外币各项存款余额18.98亿元，比年初增加14.37亿元，增长311.71%；各项贷款余额22.23亿元，比年初增加13.63亿元，增长158.49%；不良贷款率0.03%，比年初下降0.14个百分点；全年实现净利润0.22亿元。

【南京银行杭州富阳支行】 至年底，本外币各项存款余额38.3亿元；各项贷款余额60.5亿元，比年初增加11.29亿元，增长22.94%；不良贷款率0.01%；全年实现净利润1.44亿元。

（章森松）

银行监管

【概况】 2020年，富阳区共有银行机构29家（其中政策性银行1家、大型银行6家、股份制银行10家、城市银行9家、农村中小金融机构2家、新型农金机构1家），网点177个（其中小微专营支行9家、社区支行8家），从业人员2654人。各项存款1506亿元，比年初增加185亿元，同比增长21.51%，各项贷款1810亿元（其中用于小微企业贷款600.25亿元），比年初增加320亿元，同比增长21.51%，不良贷款7.04亿元，比年初下降2.41亿元，不良贷款率0.39%，比年初下降0.25个百分点。

【实体经济服务】 部署疫情期间金融服务要求，现场督查银行和保险网点防疫措施23家次，指导银行完成2月—3月到期的贷款60.01亿元周转，涉及企业612家，实施贷款延期还本付息18.21亿元，发放中长期流贷114.42亿元，同比大幅增加57.45%。汇编惠企举措清单，督促政策落地，倡议减息让利，银行业让利超1.30亿元。引导发挥保险保障功能，开通线上理赔通道，简化流程。深化服务解难题，开展企业金融服务需求调查108家，指导银行完成受疫情影响企业贷款周转8家。全年服务企业38家，解决问题17个、涉及融资2.89亿元，制定上官乡“球拍小镇”专属金融服务方案，指导富阳恒通村镇银行推出“球拍贷”。

【金融风险化解】 针对某药企3000万元疫情贷逾期，及时摸底企业融资情况并向浙江银保监局专题汇报，指导成立债委会通报相关情况，协调区金融办约谈企业，指导金融纠纷诉前调解。推动法人监管精细化，将富阳恒通村镇银行精准画像作为年度重点工作。针对富阳农商行相关债券风险事项，约谈并下发监管提示，督促其审慎制定资金业务风险偏好，回归本源，推动2家法人机构逾期60天以上贷款全部入账。维护金融市场秩序，现场督查天安财险富阳支公司托管情况，配合浙江银保监局完成工行省分行、建行杭州分行和临安中信村行现场检查，核查信访事项2起。稳妥处置地方风险事件，跟进泰禾房产“大城小院”项目风险情况和网贷平台出清工作，开展“3·15”宣传、打击和防范经济犯罪宣传日等宣教活动，提升金融消费者风险意识，推动造纸行业债务处置，全区不良率0.39%。

【金融纠纷化解】 推动金融行业微法庭和金融审判巡回点挂牌成立，在杭州范围内首创以ODR系统为依托、“行业调解+司法确认”为衔接保障的金融诉调机制。全年收案301件，调解结案281件，其中成功调解151件、金额2.11亿元，成功率53.7%。平均每案用时15天，减少当事人诉讼成本468.2万元。加强金融宣教，提高金融消费者法律意识，推动纠纷由终端化解向源头合规治理延伸，共建诚信富阳、平安富阳。获富阳区委书记吴玉凤、区委副书记徐林亮、副区长高飞批示肯定，金融微法庭被评为杭州法

2020年9月28日，金融纠纷诉源治理推进会召开
（浙江银保监局富阳监管局 供稿）

院第一批示范村社“微法庭”，经杭州中院推荐，中央电视台《道德观察》栏目组到富阳取材拍摄“微法庭系列节目”。

【浙江省金融综合服务平台应用推广】 推广浙江省金融综合服务平台，通过《富阳日报》、“富阳发布”发布“金融业务线上办”倡议书，全年向小微企业820户，授信22.26亿元。在省银协的支持下，联合区不动产中心推动“总对总”线上抵押登记模块在银行机构的应用全覆盖，累计办结3112件。

（俞一洁）

证券·期货

【概况】 2020年，富阳区有证券营业机构7家，与上年持平，全年交易额2143.69亿元，比上年增长53.45%，至年末，累计开户数9万余户。有期货营业机构2家，与上年持平，全年交易额2297亿元，比上年增长57.76%。

（赵雪红）

【财通证券股份有限公司杭州江滨西大道证券营业部】 财通证券股份有限公司杭州江滨西大道证券营业部位于富阳区富春街道江滨西大道50号，营业面积834平方米。全年营业部交易总量945.76亿元，累计开户数43091户。

（倪建军）

【浙商证券富阳江滨西大道营业部】 浙商证券富阳江滨西大道营业部成立于2010年4月，位于富阳区江滨西大道15-11号。2020年，浙商证券股份有限公司总市值超400亿元，富阳营业部员工人数25名，累计开户数14800多户，A股成交量超320亿元。

（沈建农）

【中信证券杭州桂花西路证券营业部】 2020年，中信证券富阳营业部有员工17人，全年交易量277.72亿元，新增开户1372户。

（潘慧敏）

【中国银河证券杭州江滨西大道证券营业部】 中国银河证券杭州江滨西大道证券营业部成立于2014年6月18日，位于富阳区江滨西大道16号。2020年，营业部有员工9人，经纪人4人。营业部全年交易量为266.54亿元，比2019年增长72.99%。新增开户1034户，累计开户11470户。

（刘明昆）

【安信证券股份有限公司杭州富阳富春街证券营业部】 安信证券股份有限公司杭州富阳依江路证券营业部地址位于富阳区鹿山街道鹿山时代城E幢509室、510室，成立于2017年10月。2020年，营业部全年交易量为87.93亿元，营业部有员工5人，累计开户2359户。

（徐金炜）

【国元证券股份有限公司杭州江滨西大道证券营业部】 国元证券股份有限公司杭州江滨西大道证券营业部成立于2017年7月，位于富阳区江滨西大道39-40号，营业部员工人数16名。富阳营业部累计开户1800户，全年A股交易量95亿元。

（李增平）

【华福证券有限责任公司富阳江滨西大道证券营业部】 华福证券有限责任公司富阳江滨西大道证券营业部成立于2017年3月7日，位于富阳区江滨西大道证券28号。至2020年，营业部有员工11人，经纪人3人，累计开户5653户。2020年交易量为150.74亿元。

（吕望栋）

【信达期货有限公司富阳营业部】 信达期货有限公司富阳营业部成立于2008年7月，办公地址位于江滨西大道57号国贸写字楼10楼1002室，为富阳地区成立最早的期货营业部。依托信达资产管理有限公司强大的金融综合平台，根据富阳地区产业特点，营业部形成比较鲜明的特色服务：针对铜、锌、螺纹、PVC及各类农产品产业链的各个环节出具可行性套保方案；提供商品的跨期、跨品种、跨市套利对冲服务。营业部2020年累计开户98户，全年成交金额达1097亿元。客户日均权益规模5.05亿元。

（田新成）

【美尔雅期货有限公司富阳营业部】 美尔雅期货有限公司富阳营业部成立于2017年7月，办公地址位于江滨西大道10号开发大厦13楼。营业部实践“金融服务实体经济”深入服务产业客户，2020年，营业部根据富阳地区产业特点，在产业服务为主的基础上，建立线上个性化服务体系，2020年全年成交金额1200余亿元。

（蒋 梦）

保 险

【概况】 2020年，富阳区共有保险公司35家（其中财产险公司20家，人身险公司15家）、网点61个，从业人员5086人，累计实现保费收入247867万元，同比增幅5.45%，其中财险保费收入85529万元，快速增长14.78%；寿险保费收入162338万元，同比增长1.18%。保障水平进一步提升，累计赔付支出68573万元，同比增加2.24%，其中财险和寿险公司分别赔付47165万元、21408万元，同比分别提升1.4%和4.41%。另有保险中介11家、网点31个，从业人员194人，全年代理保费收入8680.08万元。

【中国人民财产保险股份有限公司富阳支公司】 中国人民财产保险股份有限公司富阳支公司是富阳区最大的国有财产保险企业，主营车辆险、企财险、工程险、家财险以及责任险、意外险等财产保险业务。

公司机构网点布局广，在富阳城区、大源、新登、场口、万市、银湖等设有多个分支机构；人员配备充足；服务优势显著，有覆盖全国，管理完善的理赔调动体系，为客户提供一系列主动、迅速、高效、优质的理赔服务。

2020年，公司向富阳区政府无偿捐赠“逆行无忧”保险，开办农业政策性险种共计17个，处理政策性农险赔案1100余件，共计赔付金额900万元，为保障富阳经济社会稳定发展提供强大的保险保障。员工及代理人员200余人。

【中国人寿财产保险股份有限公司杭州市富阳区支公司】 中国人寿财产保险股份有限公司杭州市富阳区支公司位于富阳区富春街道康月路53号27、29，内设互动、车行、银保、营销、重客和个代六大业务渠道和经理室、综合、理赔客服3个部门，下设新登营销服务部。2020年，公司正式在编员工20人，劳务派遣员工29人，个人代理人30人。获省公司颁发的2019—2020年优秀基层党组织。

【中国平安财产保险股份有限公司富阳支公司】 中国平安财产保险股份有限公司富阳支公司2020年客户通过好车主APP开展线上化理赔服务，线上理赔率达86.90%。全面开展0手续理赔、小额惠修等理赔创新服务，创新服务触达85%小额出险客户。支公司一直致力于如何转嫁初创型公司的各类风险，提高企业的稳定经营能力，为科技的发展作出应有的贡献。2020年，参与区经信委负责的首台套项目，保费规模约960万。

【中国太平洋财产保险股份有限公司富阳支公司】 中国太平洋财产保险股份有限公司富阳支公司成立于2003年5月29日，位于浙江省杭州市富阳区富春街道江滨西大道41、42号，2020年，在编员工35人。下辖新登营销服务部位于新登镇葛溪东路50、52号，公司主要经营各种企业财产险、机动车交通事故责任强制险、机动车商业险、责任险、信用保证保险、健康险人身意外险等保险与再保险业务和中国保监会批准的其他业务。

【中国大地财产保险股份有限公司富阳支公司】 中国大地财产保险有限公司富阳支公司成立于2005年，目前员工32人，营销员50人。2020年，富阳支公司在创新科技的驱动下，上线"筋斗云"核心系统，提高业务服务能力；推进客户服务线上化，完善客户服务体系；推行大地"礼"赔品牌服务，提升客户服务体验。

公司以"保险为民、服务社会"的服务宗旨，先后为亚运会配套道路、杭富城际铁路等政府工程项目、区政府公务用车、区安全生产责任险等提供专项保险方案，提供个人保险服务超1万人次，全年为富阳地区共提供保险保障235亿元。

【阳光财产保险股份有限公司富阳支公司】 阳光财产保险股份有限公司富阳支行公司，2020年，在册职员30人，个人代理10余人。在受降镇、大田镇，松溪镇新设门店，实现"保险进乡镇，服务老百姓"。公司秉承"打造符合人性与最具活力的金融保险服务集团"的愿景，践行"让人们拥有更多阳光"的公司使命，为百姓带来更高品质、更便捷的金融保险服务。

【太平财产保险有限公司杭州富阳营销服务部】 太平财产保险有限公司浙江分公司富阳营销服务部，2020年，公司员工16人，其中内勤员工4名，外勤正编销售人员12人。全年，配合政府推进安全生产责任险，共服务危化企业12家，提供保障2.6亿元；提供疫情保障，包括为驰援武汉的区医护人员免费提供个人新冠保障和个人意外及疾病保障，累计份数15份，累计保险达1000万元；为社区和村抗疫人员免费提供新冠保障43份，累计保额达800万元；为配合企业复工复产，为30家企业免费扩展新冠保险保障；赠送18家企业雇主责任（含新冠保障）保险。

【安诚财产保险股份有限公司富阳支公司】 安诚财产保险股份有限公司富阳支公司位于杭州市富阳区富春街道金桥北路196、198号，2020年，公司在编员工13人，各类销售人员近50人。提出"更快、更准、更透明"的服务承诺，全力打造让消费者放心的"三更"保险服务标杆。富阳支公司在安诚浙江分公司连续多年获得效益优胜支公司单位。

【浙商财产保险股份有限公司富阳支公司】 浙商财产保险股份有限公司富阳支公司，2020年在编员工18人。推进交通工具乘客意外伤害保险、环境污染责任保险，坚持"细分专业、特色服务、创新模式、高质发展"的经营理念，努力打造具有浙商特色的数字化、专业化保险公司。奉行"同责、同心、同创"的价值观，以家文化凝聚力量，积极践行保险担当，认真履行社会责任，为人民谋幸福，为社会添平安。

【华安财产保险股份有限公司浙江分公司富阳支公司】 华安财产保险股份有限公司富阳支公司位于杭州市富阳区银湖街道高桥西路49-5,49-6号商铺,公司设有财产险、责任险、意外伤害险、短期健康险业务。2020年,公司有在编人员3人,营销人员3人。

【天安财产保险股份有限公司富阳支公司】 天安财产保险股份有限公司富阳支公司位于富阳区秦望路222号城市花园5号楼(文教路88号)4楼，2020年，员工10名。公司围绕"做强"战略，开展险种结构调整及员工队伍整合，业务发展态势良好，有力地支持了地方建设。

【英大泰和财产保险股份有限公司富阳支公司】 英大泰和财产保险股份有限公司富阳支公司主要经营机动车辆保险、意外险、建筑工程一切险、财产保险一切险等保险业务，富阳支公司位于富阳区金桥北路161-17号，2020年，公司员工6人，下设业务拓展，出单，理赔，综合等部门。

【国任财产保险股份有限公司杭州市富阳支公司】 国任财产保险股份有限公司杭州市富阳支公司于2015年7月17日开业。2020年，富阳支公司有员工8人，业务网点1个。4月，完成注册资本增至40.07亿元，为富阳支公司深耕富阳地区业务提供有力的保障。为了更好为客户服务，国任保险升级开通7×24小时全国统一客服电话新热线"956030"。按照"深化改革、创新转型、价值发展”的核心经营理念，富阳支公司在综改后积极谋转型、创发展，获农险业务承保资质。

【中华联合财产保险股份有限公司富阳支公司】 中华联合财产保险股份有限公司富阳支公司2020年在原有的服务体系建设基础上，进一步强化了服务体系建设，从战略高度加深对服务的认识，通过明确服务内容、服务标准、具体措施、组织架构、职能职责定位和考核办法，建立具有中华保险特色的服务体系。

【长安责任保险股份有限公司富阳支公司】 长安责任保险股份有限公司富阳支公司为各类企业及个人客户提供有关机动车辆保险、财产保险、工程保险、责任保险、意外伤害保险、短期健康保险、保证保险及货运船舶保险等丰富的保险产品以及专业的理赔服务。2020年，富阳支公司共有12名在编员工以及14名营销员。支公司始终以服务社会经济大局为己任，打造以责任保险为经营特色的、全面发展的财产保险公司，在多个领域形成了自己的拳头产品和市场优势。通过创新和高价值的产品、优质而细致的服务，突出优势，着力提供独具特色、品质高端的风险保障和保险服务，在诸多领域中为客户提供专业化、系统化的风险管理解决方案。

【都邦财产保险股份有限公司富阳支公司】 都邦财产保险股份有限公司富阳支公司2020年10月1日办公地址由杭州市富阳区富春街道江滨西大道10号开发大厦9楼搬迁至杭州市富阳区富春街道桂花路33号百合大厦6楼。富阳支公司下辖3个营销服务部，员工总计27人。

【永安财产保险股份有限公司富阳支公司】 永安财产保险股份有限公司富阳支公司位于富春街道水稻所路5-4号，公司设有个险、团险等业务渠道和综合、客服职场部门。2020年，公司有在编人员12人。

【泰山财产保险股份有限公司杭州市富阳支公司】 泰山财产保险股份有限公司杭州市富阳支公司位于杭州市富阳区银湖街道高桥西路49-5、49-6号商铺，公司设有财产险、责任险、意外伤害险、短期健康险业务。2020年，公司有在编人员3人，营销人员3人。

【大家财产保险股份有限公司浙江分公司富阳区营销服务部】 大家财产保险股份有限公司浙江分公司富阳区营销服务部于2020年4月15日由安邦财产保险股份有限公司浙江分公司富阳区营销服务部正式更名，位于浙江省杭州市富阳区富春街道大桥路72-15号。大家财险致力于为个人、家庭和企业客户提供多层次、全方位的财产保障服务。

【中银保险有限公司浙江分公司富阳营销服务部】 中银保险有限公司浙江分公司富阳营销服务部，2020年，员工4人。业务零投诉，业务拓展方面：车险在综合改革制度下始终贯彻落实监管高质量发展要求，利用中行股东资源优势，深挖银保渠道车险，发展多元化车险业务；夯实非车险方面对内建设和客户基础建设。

【中国人民人寿保险股份有限公司杭州市富阳支公司】 中国人民人寿保险股份有限公司杭州市富阳支公司位于富阳区富春街道公望街1119-1号南区3楼。公司设有大个险、团险、银保、互动四大业务渠道和其他后援部门。2020年，公司正式员工6人，各类销售人员240余人。人保寿险富阳支公司秉承着“人民保险，服务人民”的宗旨，积极投入到各类公益活动中，发挥自身优势，给更多的客户带去保险保障。

【中国人寿保险股份有限公司杭州市富阳支公司】 中国人寿保险股份有限公司杭州市富阳支公司位于富阳区龙浦街200号二楼，公司设有大个险、团险、银保三大业务渠道和综合、客服、教培三个职能部门，下设新登、场口、万市、大源等营业网点。2020年，公司正式在编员工40人，劳务派遣员工2人，各类销售人员2000余人。2020年，富阳支公司以党建为引领，以高质量发展为根本要求，重价值、强团队、稳增长、优服务、补短板、防风险，实现业务和队伍的稳步增长。先后荣获“标杆党支部”“党建引领型支公司”“先进党支部”“先进单位”等荣誉称号。

【中国平安人寿保险股份有限公司浙江分公司富阳营销服务部】 中国平安人寿股份有限公司富阳营销服务部成立于2000年4月，办公地址位于富阳区金桥南路29号，2020年，拥有保险从业人员以及员工558人。中国平安将AI科技广泛应用在金融、医疗及智慧城市等领域，全面支撑“金融服务、医疗健康、汽车服务、智慧城市”等生态圈建设。公司借助人工智能技术首次在业内推出“智慧客服”，实现柜面业务在线一次性办理、全流程智能化，每一位客户建立生物识别档案，通过遍布全国的客服中心建立在线智能调度平台，提升服务效率。

【中国太平洋人寿保险股份有限公司杭州市富阳支公司】 中国太平洋人寿保险股份有限公司杭州市富阳支公司位于体育馆路457号文创大厦9-11楼，下辖新登和万市2个营销服务部，2020年，员工15人，业务员近500人。富阳支公司拥有专业化政保项目人员29人，通过“医院监管服务、案件调查服务、民营监管服务”三项服务内容，强化责任，规范运行，做好第三方监管服务工作。开发大数据智慧平台，强化对医保基金使用的监管，规范医保定点单位的医疗服务行为，提高医保基金的使用效益。

【阳光人寿保险股份有限公司富阳支公司】 阳光人寿股份有限公司富阳支公司成立于2014年3月，设有两个营业点，分别位于富阳区恩波大道519号财富中心A座1601-2室和富阳区新登镇新兴路18号2楼。主要经营人寿保险、健康保险和意外伤害保险等一切人身险业务。2020年，富阳支公司在册人员79人，较2019年增加30人。

2020 年度富阳区财产保险公司情况表

表 13

单位：万元

机构名称	原保险保费收入	应收保费	赔付支出
中国人民财产保险富阳支公司	37397	1770	21665
中国平安财产保险富阳支公司	11251	11	6026
中国人寿财产保险富阳区支公司	10160	550	4943
中国太平洋财产保险富阳支公司	8814	384	4822
中国大地财产保险富阳支公司	5438	87	2927
太平财产保险富阳营销服务部	3461	-2	1407
阳光财产保险富阳支公司	2277	33	1420
浙商财产保险富阳支公司	1730	2	985
安诚财产保险富阳支公司	1638	3	802
英大泰和财产保险富阳支公司	1241	0	339
国任财产保险富阳支公司	1094	3	704
天安财产保险富阳支公司	1035	0	595
永安财产保险富阳支公司	942	0	591
中华联合财产保险富阳支公司	772	0	454
都邦财产保险富阳支公司	583	-10	427
华安财产保险富阳支公司	531	0	814
长安责任保险富阳支公司	529	0	356
中银保险富阳营销服务部	225	4	181
大家财产保险富阳区营销服务部	205	0	385
泰山财产保险富阳支公司	161	0	48

2020 年度富阳区人身保险公司情况表

表 14

单位：万元

机构名称	原保险保费收入	应收保费	赔付支出
中国人寿保险富阳支公司	53605	1486	9491
中国平安人寿保险富阳营销服务部	39247	904	4341
中国太平洋人寿保险富阳支公司	28294	334	2815
新华人寿保险富阳营销服务部	13181	251	1302
太平人寿保险富阳支公司	12300	0	1343
中国人民人寿保险富阳支公司	6215	113	521
泰康人寿保险富阳第一营销服务部	3283	0	669
民生人寿保险富阳营销服务部	2074	59	260
阳光人寿保险富阳支公司	1949	0	260
华泰人寿保险富阳营销服务部	944	16	110
国华人寿保险富阳支公司	874	45	262
长生人寿保险富阳营销服务部	372	46	33
中意人寿保险富阳营销服务部	330	12	62
信泰人寿保险富阳营销服务部	2	2	1
富德生命人寿保险富阳区营销服务部	0	-15	0

【太平人寿保险有限公司杭州中心支公司富阳支公司】 2020年，太平人寿保险有限富阳支公司秉承企业文化传统，承担企业社会责任，在防疫工作中做好先锋引领。同时在支持企业复工复产上，公司积极配合上级机构的直播带货活动。此外，富阳支公司也通过上下齐心配合，奋勇冲刺，实现正增长目标，全年总保费收入同比增长8.6%，迈上1.2亿元的平台。

【富德生命人寿保险股份有限公司杭州中心支公司富阳区营销服务部】 2020年，富德生命人寿股份有限公司杭州中心支公司富阳区营销服务部秉承“以客户为导向”的经营理念，不断致力于诚信经营和改善服务，为客户提供全面、优质的风险管理和家庭理财服务。

【民生人寿保险股份有限公司浙江分公司富阳营销服务部】 2020年，民生人寿保险股份有限公司富阳区营销服务部位于富阳区江滨西大道10号开发大厦9楼，设立营销收展两个部门。

【华泰人寿保险股份有限公司浙江分公司富阳营销服务部】 华泰人寿保险股份有限公司浙江分公司富阳营销服务部位于富阳区富春街道519号财富中心A座20楼，公司设有个险、综合、客服3个职能部门。富阳营销服务部为1200多户家庭提供专业保障，2020年，理赔客户11人，理赔金额7.16万元。所有理赔案均在收到资料三天内完成理赔款，得到客户的高度认可和信任。2组织员工参加各类公益活动，如下乡为群众提供视网膜检测等。

【泰康人寿保险有限责任公司浙江杭州富阳第一营销服务部】 泰康人寿保险有限责任公司浙江分公司富阳第一营销服务部成立于2002年9月，办公地址位于恩波大道519号财富中心A座1504室，2020年，泰康人寿富阳服务部保险从业人员以及公司员工203人。积极推进“长寿时代、泰康方案”，形成三大客户解决方案和一大职业解决方案。升级创新服务体系，服务内容从保险支付向前后端扩展。

【长生人寿保险有限公司浙江分公司富阳营销服务部】 长生人寿保险有限公司浙江分公司富阳营销服务部位于杭州市富阳区富春街道体育馆路457号杭报集团富阳文化创意大厦15楼。2020年，富阳营销服务部业务人员73人。

【中意人寿保险有限公司浙江分公司富阳营销服务部】 中意人寿保险有限公司浙江省分公司富阳营销服务部于2018年1月19日正式开业，公司位于富阳区体育馆路文创大厦7楼。2020年，富阳营销服务部在编营销员23人，内勤3人。主要经营人寿保险、健康保险和意外伤害保险等保险业务。

【信泰人寿保险股份有限公司浙江分公司富阳营销服务部】 信泰人寿保险股份有限公司富阳营销服务部设立于2016年12月27日，地址位于富阳区孙权路231号春城大厦二单元，主要经营人寿保险、健康保险、意外伤害保险等各类人身保险业务。

【国华人寿保险股份有限公司富阳支公司】 国华人寿保险股份有限公司富阳支公司位于富阳区富春街道复城国际7楼，主要经营健康人寿、意外伤害保险等各类人身保险业务。2020年，富阳支公司在编内外勤3人。

【新华人寿保险股份有限公司杭州中心支公司富阳营销服务部】 新华人寿保险股份有限公司杭州中心支公司富阳营销服务部成立于2002年，坐落于富阳区桂花西路82号8层，是新华保险在长三角地区的重要营销服务部之一。2020年，拥有内外勤员工270人，坚持为客户提供专业高效的家庭风险规划服务和方便快捷的理赔服务。

（俞一洁）

小额贷款

【概况】 2020年，富阳区共有小额贷款公司6家，分别是杭州富阳浙丰小额贷款有限公司、杭州富阳永通小额贷款有限公司、杭州荣泰小额贷款有限公司、富阳市海通小额贷款有限公司、杭州富阳富仑小额贷款有限公司、杭州富阳金富春先进小额贷款有限公司，注册资本总额8.75亿元。全年累计贷款金额69525万元，贷款余额110201.6万元（详见小额贷款公司2020年发放贷款情况表）。全年共实现营业收入8279万元。

富阳区小额贷款公司严格按照《中华人民共和国公司法》的相关规定及《浙江省小额贷款公司试点暂行管理办法》等要求，设立股东会、董事会、监事会。建立有效的监督制衡机制，包括《股东会决策运行制度》《董事会决策运行制度》等，确保公司合规、稳健、持续、快速发展。各小贷公司按规定制定《贷款风险管理办法》《内部风险控制制度》《贷款损失追偿制度》《高管人员风险责任追究制度》等规章制度。

（何 君）

担 保

【概况】 2020年，富阳区共有融资担保机构7家，其中主要为区内中小微企业和“三农”提供融资担保4家，主要提供汽车消费贷款担保或者非融资性担保3家。

全年富阳区融资担保机构共提供融资担保85047.8万元，提供非融资担保金额92448.3万元，年末融资担保业务在保余额105829.9万元，非融资担保业务在保余额95073万元。其中提供中小微企业和“三农”融资担保金额9845万元，年末在保企业担保余额15267万元，比年初下降7392万元；提供消费融资担保（含中小微企业、工程车、运输车、个人小汽车）金额75202.8万元，比上年增加29740.1万元，年末在保余额90562.9万元，比年初减少9454.9万元；提供工程履约和诉讼

小额贷款公司2020年发放贷款情况表

表15　　　　单位：万元

公司名称	注册资本	所有者权益	本年累计贷款金额	贷款余额
浙丰小额贷款公司	10000	14443	8678.00	9084.00
永通小额贷款公司	12500	20327	1110.00	12263.10
荣泰小额贷款公司	25000	37323	49607.20	48857.70
海通小额贷款公司	20000	7091	2020.00	20447.00
富仑小额贷款公司	10000	15314	3525.80	14458.00
先进小额贷款公司	10000	13192	4584.00	5091.90
合　计	87500	107690	69525.00	110201.60

保全非融资担保金额92223.3万元，年末在保余额95073万元。富阳区融资担保机构融资性担保费收入共计558.86万元，同比减少21.91万元，计提担保赔偿准备金-82.21万元，计提未到期责任准备金179.04万元，合计计提两项准备金96.83万元，同比减少69.4万元。

全年富阳区融资担保机构发生代偿12笔，累计代偿1376.13万元；回收当年及以前年度应收到代偿款1864.8万元，年末应收代偿款余额18392.5万元，比年初减少488.7万元。

全年富阳区融资担保机构总资产94594万元，其中流动资产93472万元，占总资产的98.8%（其中货币资金35232.5万元，应收款38194万元，存出保证金18636.7万元），固定资产819.37万元，占总资产的1%；融资担保机构总负债6294万元（其中应付款2046.5万元，存入保证金2110.3万元，担保赔偿准备金936.5万元，未到期责任准备金298.6万元），负债率为6.6%，融资担保机构所有者权益88300万元（其中注册资金71318万元，占80.77%）。

（何　君）

【编　辑　赵雪红】

19 交通运输 Transportation

综　述

【概况】　2020年，富阳以“项目为王、实干至上”理念和“最快速度、最高标准、最严要求”工作标准，强化交通运输行业管理，快速推进“三铁三高三快速”重大交通项目和高品质“四好农村路”建设，重大交通项目按照既定目标推进。杭州至富阳城际铁路工程（杭州地铁6号线）、杭州绕城高速西复线富阳段工程、杭州绕城高速西复线高桥连接线工程、杭州绕城高速西复线大源连接线工程、G235富阳灵桥至渔山段工程（春永线）等工程正式通车。渌渚江航道养护改造工程投入使用。杭富城际铁路附属配套工程（彩虹快速路西延）完成主线沥青铺设。湖州至杭州西至杭黄铁路连接线工程（富阳段）桥梁桩基全部完成，隧道开挖完成工程量85.70%。富阳320国道至富阳大桥连接线鹿山（大盘山）隧道工程，完成道路、桥梁工程完成20%，隧道工程完成25%。G235国道富阳灵桥至渔山段综合整治工程项目管线工程完工。杭千灵桥互通改建工程、新中线（太平至中埠大桥）工程、奉化至江山公路富阳场口至金沙段工程（环金线整治工程二期）、汽砭线新关至砭口段改建工程等工程开工建设。杭淳开高速公路、杭州中环北段、与杭淳开高速连接的六家山枢纽、温义宜高速、305省道新登段外移等工程前期工作推进顺利。北支江（亚运）旅游集散中心建设项目启动。

按照“一心二轴七廊二十线”中长期规划布局及“一江两岸五岛十线百村”的总体思路和“找短板、提品质”工作要求，快速推进75千米农村公路提升改造等省、市、区三级政府为民办实事项目，全面完成高品质“四好农村路”建设年度目标任务，全力打造通达、安全、美丽的农村交通圈层。全年，完成潭三线等农村公路提升改造112.1千米，环金线等农村公路大中修91.88千米，农村港湾式停靠站400个。完成新龙线、环金线等美丽公路2条、王家埠渡等3个美丽渡口创建工作。打造美丽经济交通走廊120千米。通过对环金线等壶湖源溪流域路网的改造，打造龙鳞坝等一批乡村旅游“网红”“打卡”景点。打通俞毕线复线等“断头路”8条，改造提升东上线场口中学段等“卡脖子路”。

开展安全生产大排查大整治专项行动。鉴于“6·13”沈海高速槽罐车爆炸事故，开展“雷霆整治”“铁拳整治”等安全生产大排查大整治专项行动，全年，累计检查发现和整改隐患问题124个，约谈企业5家，实施行政处罚19起，完成危运车辆“五统一”规范和87辆挂靠车辆清理等工作。完成首批71家“低、小、散”工程运输车企业整治工作。打好地铁沿线环境综合整治攻坚战，快速完成地铁沿线双向保通道路沥青浇筑16千米，更新破旧围挡绿篱2440块，关闭整合工地出入口23个，实施违反文明施工处罚5起，查扣涉嫌违法货车410余辆，实现沿线环境面貌的极大改善，得到杭州市委主要领导批示肯定。抓好工程车运输领域监管工作，持续加大违法超限运输、抛洒滴漏、非法改装等执法检查力度，查处违法超限运输等案件1276件，办理“一超四罚”案件12件，卸载货物2.62万吨，罚款1305.2万元。查处非法改装、非法营运等案件147件、罚款106.3万元。组织约谈施工企业（负责人）3家、实施行政处罚22起、罚款111万元。实施“工程车营运管理一件事”改革，事项办理时间从75天压缩到4.5天、材料从28份精简到8份，同步实现线上申报“零次跑”，助力富阳区“最多跑一次”改革走在省市前列。

公路运输

【概况】　2020年，辖区管养公路992条，总里程1976.69千米。按行政等级分，国道4条（其中2条系规划国道）100.28千米，占5.07%，省道4条88.25千米，占4.48%，县道公路46条460.5千米，占23.3%，乡道公路98条335.11千米，占16.95%，专用公路3条12.6千米，占0.64%，村道836条979.95千米，占49.58%；按技术等级分，国家高速公路85.62千米，占4.33%，一级公路158.93千米，占8.04%，二级公路185.54千米，占9.39%，三级公路206.08千米，占10.43%，四级公路1174.04千米，占59.39%，准四级公路166.7千米，占8.43%；按路面等级分，高级路面1957.15千米，占99.01%，次高级路面8.58千米，占0.43%，中级路面10.96千米，占0.55%。全区公路通乡率、通行政村率均100%。

【公路运输】 全年客运、公交安全行驶7396万千米，公共自行车服务38.81万人次。新冠肺炎疫情防控时期，累计运送重点人员578趟次2180人次，管控隔离人员2.2万余人次，复产复工接运人员219趟次5302人次。全年新增和更新并全部投入使用新能源公交车229辆；新增和优化公交线路17条；完成候车亭建设277处；新增公共自行车服务点位42处，投放带智能锁的全新公共自行车1000辆，完成全区公共自行车智能化管理系统升级；投入专用校车共62辆，日接送学生4700多人次。

【农村公路建管养】 全年完成“四好农村路”通自然村道路9条10.88千米；打通断头路1条5.47千米，提升低等级公路67条94.04千米；通乡镇、景区公路4条20.65千米，累计完成工程量100%。完成路面维修91.88千米。完成桥隧维修改造4座，完成普通公路服务站6个，完成渡口改造3个，建设改造乡镇运输服务站2个，建设改造港湾式停靠站400个。

【公路“三防”应急准备】 全年全区按照防汛体系规范化建设工作要求，配齐防汛抢险物资，做好三防抢险物资储备。全年，储备工业用盐80吨、防滑料50立方米、草包麻袋300只、冷拌料30吨、挖掘机1台、除雪撒盐车4辆、工程抢险车4辆、装载机4台等，组织应急演练2次。

【公路安全隐患治理】 全年修复、新增公路护栏852块、立柱607根、标志牌143块、护栏版面130块、警示柱979根，施划标线6000平方米，修复挡墙塌方145处，修复挡墙2500立方米，清理边沟680米，埋设圆管涵4道，清理上边坡塌方2800立方米，修补320国道、23省道等道路大面积坑洞11次，修复32000平方米。以网格化方式排查辖区三级以下公路禁止客运车辆通行标志等安全隐患。

【超限管理】 全年全区查处违法涉路案件1276件（其中现场处罚722件，非现处罚514件，其他涉路案件40件），罚款人民币1305.2万元，卸载货物2.62万吨，办理“一超四罚”案件12件，“非现场”违法车辆富阳籍车辆追溯率达到98%，列杭州公路系统第一位。

【交通质监行业管理】 6月，以“消除事故隐患，筑牢安全防线”为主题，开展交通建设工程特种设备使用和施工便道安全专项整治活动，重点对桥梁结构物、深基坑、高边坡施工安全开展专项检查，共计下发责令限期改正指令书8份。推进“平安工地”创建活动，召开大盘山隧道、新中线、环金线、汽赶线工程预备会，指导督促重大项目严格落实公路水运建设工程质量安全责任登记制并部署平安工地创建要求。组织开展防汛防台检查暨隐患大排查工作，督促参建单位做好防汛防台等工作。防汛抗洪期间，组建大盘山隧道工程四支应急队伍，为交通工程汛期的安全稳定提供有力支撑。

【客运管理】 制订出租车防疫补助和分配方案，全区9家出租车公司申请防疫补助金额总计73.5万元整。其中各公司自有车辆共计208辆，申请补助金额52万元；确权车辆86辆，申请补助金额21.5万元。及时发放公交车、出租车各类节能减排资金和油贴等，切实减轻企业负担。做好各类人大议案和政协提案、“百千万”、“社会评价整改”等答复和处理工作，办理完毕40余件，新增公交线路9条，优化10条。正式建成投入使用出租车服务中心。完成农村港湾式停靠站447个建设任务，并录入地理信息系统。

【货运管理】 全年富阳区交通运输部门将首批71家“低、小、散”工程运输车企业作为整治重点，制定专项整治方案，召开专题会议部署研究推进，按照“注销淘汰一批、处罚整改一批、整合提升一批”的原则和方向，对所有企业进行检查指导，整治到位企业71家，其中10家已注销，47家拟登报公告注销，12家进行处罚，2家正常运营，后期持续加强监管。强化“两客一危”车辆检查，出动执法人员1074人，出动执法车辆301辆，路面检查危运车辆435辆、客运车55辆，检查从业人员843人，进行安全教育325人次。入企检查66家次，发现隐患112处，完成整改112处。办结相关案件17件，其中客车案件2起，处罚金额3500元；危货车辆案件15起，其中未取得道路危险货物运输许可，擅自从事道路危险货物运输2起、承运人未按照规定制作危险货物运单6起、道路危险货物运输企业或者单位押运人员未取得从业资格上岗作业2起、危险货物道路运输车辆驾驶人未按照规定随车携带危险货物运单3起，共处罚金额14.04万元。

【运输企业安全管理】 成立安全生产专项整治行动指挥部道路运输治理工作专班，开展危险品运输企业“雷霆行动”专项整治。从运输企业、专用车辆、从业人员、停车场地、动态监管等5个方面及许可条件、法律法规、安全管理、档案管理、整改情况等5项内容对全区11家危货运输企业进行全面检查。发现112个隐患，全部整改完成，限期整改0个，对驾驶员221人、押运员237人进行合规性排查。

【维修驾培行业管理】 开展维修、驾培行业安全生产、环境治理等检查，共检查维修企业155家次，驾培企业23家次。组织9起道路运输从业资格考试，共考核654人次。5月，实现维修备案正常化。办理维修许可到期备案134家。开展“926工匠日杯”富阳区交通运输（汽车维修）职业技能竞赛。开展“阳光维修进乡镇”免费维修活动。积极动员符合条件的维修企业申报M站建设，通过企业申报、数据对接、专家审核，新增M站8家，富阳区M站总数达到11家，基本满足治理尾气需要。

【交通质监行业监督执法】 以日常检查为切入点，层层提升工程质量安全水平。在日常检查工作中，将施工围挡、车辆冲洗、裸土覆盖等文明施工内容纳入检查范围，对发现的问题下发责令限期改正指令书。做好中央环保督查期间的工程文明施工监管工作，开展文明施工和扬尘整治专项行动，督促湖杭铁路三分部将环保督查发现的问题整改到位。以信用评价为抓手，深化完善合同履约、材料价格调查、监理和检测行业监管、中介机构的管理体系建设。全年，开展试验检测单位专项检查2次，开展监理单位专项检查2次，对发现的问题下发整改通知，并严格按照《富阳区政府投资（交通工程）中介机构管理办法》进行考评，促进行业管理规范有序。通过外购第三方咨询服务破解监督难题。组织第三方咨询单位浙江交科交通科技有限公司专家组开展了8次安全监督检查，对富阳320国道至富阳大桥连接线鹿山（大盘山）隧道工程、新中线（太平至中埠大桥）工程项目进行了内外业的全面检查，并对发现的问题进行反馈，根据专家组意见下发责令限期改正指令书，督促施工单位限期整改。通过开展检查，有效地消除工程中存在的安全隐患。

以2019年区委巡察反馈意见和常年聘请法律顾问为抓手，结合往年执法评议考核，建立完善执法制度10余个，每年组织2次案卷评查，每月开展2次“平安三率”抽查，每季度组织一次作风效能督导，浙政钉掌上执法、“互联网+监管”及队站规范化建设等工作全面有序推进。

以各类专项监督检查为手段，推进工程项目质量安全监管常态化和监督执法规范化，全年开展各类专项检查220次，出动交通质监人员监督检查446人次，发出《责令限期整改指令书》99份，发出各类综合检查通报5份。落实需整改各类问题与隐患552条，提出问题与隐患整改意见及建议255条，整改完成率100%，检查范围实现全覆盖。通过约谈、通报、行政处罚等方式加大对参建单位违法违规行为的教育和惩处力度，全年共约谈3家施工单位负责人，实施行政处罚23起，处罚款111万元。

【公路行业宣传和执法规范化建设】 以万里美丽经济交通走廊、美丽公路、“四好农村路”为抓手，结合“路政宣传月”和“安全生产月”活动部署，明确宣传主题，开展进公路沿线党政机关、进乡村集镇、进厂矿企业、进在建工地、进货运站场、进中小学校等“六进”活动。通过张挂宣传横幅、制作小手册等方式着力宣传公路工作，呼吁社会一起爱路护路。派发宣传资料600余份，制作横幅40余条，电子显示屏4块，在各类纸媒上刊登报道10余篇。

【绿色交通管理】 2020年，富阳通过加快节能车辆更新和优化公交线路，推进绿色交通。全区294辆出租车中293辆为油气两用节能车辆（CNG）；新增和更新公交车229辆，全部为新能源车。全区1199辆公交车中819辆为新能源车，占比68.3%，清洁能源车以上的有1094辆，占比91.2%；营运客车中清洁能源车有29辆，占比近25%；淘汰老旧营运货车100余辆。

督促辖区正常经营的二类以上维修企业100%与有资质的回收企业签订废机油、废蓄电池、危固废回收合同，指导企业做好危废的贮存、处置工作，推进维修行业烤漆房“油改电”工作，做好维修行业VOS大气污染的治理；加大宣传，扩大水性漆在维修行业使用的覆盖面；贯彻落实I/M制度，从源头上开展汽车尾气治理工作；尝试教练车“油改气”的试点。

【参加杭州市交通运输系统执法比武】 11月26日至12月4日，富阳区交通运输局代表队参加杭州市交通运输系统执法比武系列活动。此次执法比武，制定《富阳区交通运输局2020年执法大比武工作方案》，成立比武工作领导小组，选拔优秀参赛选手。通过执法知识竞答、执法案卷评比、情景模拟执法比赛、队列会操4个项目的激烈角逐，富阳区交通运输局代表队获团体二等奖。在杭州市交通运输系统13支代表队中总成绩排名第三，位列七区（县市）第一。

杭州二绕中埠枢纽

（区交通局 供稿）

【举办“9·26”工匠日杯机动车维修职业技能竞赛】 9月21日—26日，由富阳区总工会、富阳区人力资源和社会保障局、富阳区交通运输局等单位联合主办，富阳区道路运输管理处、富阳区职业高级中学承办的区级一类技能竞赛，“‘9·26’工匠日杯”机动车维修职业技能竞赛开赛，竞赛分理论知识和操作技能两个模块，分别以30%和70%计入总成绩。经过激烈角逐，杭州富阳远征汽车服务有限公司李锋获得个人第一名。

【机构改革】 根据中央、省市有关改革要求以及《杭州市富阳区深化交通运输综合行政执法改革实施方案》《杭州市富阳区事业单位清理规范整合工作方案》文件精神，有序推进机构改革。改革前，局所属事业单位4家，事业编制157名，实有166名。其中，公益一类3家，事业编制85名，实有75名；公益二类1家，事业编制72名，实有91名。内设机构共24个。改革后，将区运管处、公路段、质安站的执法和行业管理及局信息中心的相关职能清理规范，整合或设置为区交通运输综合行政执法队、区交通运输管理服务中心、区交通建设服务保障中心3家单位，即“一队两中心”。内设机构21个。其中综合行政执法队实行“局队合一”体制，中心为公益一类事业单位2家。

【“工程车营运管理一件事”改革】 富阳推出营运审批一站式服务，通过事项梳理、压缩环节、精简材料、系统开发、数据共享、内部流转等，建立部门联动机制，变串联办为协同办。从6月4日起试行工程车营运办证“一套材料、一表申请、一次提交、一窗受理、一网通办、一次办结”的服务新模式。改革前，工程车营运管理企业需要跑2个部门、4趟，提交28份材料，历时75个工作日，办理3本证件才能正常营运上路。改革后，工程车运输企业一次不用跑、仅需提交8份材料、用时4.5个工作日，即可办完所有业务。

重大交通项目

【杭州至富阳城际铁路工程（杭州地铁6号线）】 项目总投资132.98亿元（富阳段99.27亿元），2017年11月开工建设，建设工期4年，线路全长23.5千米，起点为西湖区美院象山站，向西经银湖街道、富春街道，终点位于富春街道桂花路站（一期），设站12座，设计速度100千米/时，全线入地。西湖区段长6.76千米，设站3座，分别为美院象山站、音乐学院站、中村站；富阳区段长16.74千米，设站9座（预留1座），分别为文创园站、科创园站、科受风井（预留）、受降站、高桥站，汽车北站站、高教路站、富春站、桂花路站。12月30日，项目正式通车运营。

【湖州至杭州西至杭黄铁路连接线工程（富阳段）】 项目富阳段总投资58.95亿元，自湖州站引出，经吴兴区、德清县、余杭区、西湖区、富阳区，最后并行在建杭黄铁路引入桐庐站。线路全长137.6千米，其中富阳段约38千米，穿越银湖街道、富春街道、鹿山街道、渌渚镇。在富阳区富春街道西郎区块设富阳西站，拟建规模约2万平方米，项目建设工期3年。至年底，全线路基、桥梁、隧道施工全面开展，桥梁桩基全部完成，进入桥梁浇筑架设阶段，隧道开挖完成开挖22829米，共21座隧道贯通18座，完成工程量85.7%。

【杭富城际铁路附属配套工程（彩虹快速路西延）】 项目总投资44.1亿元，2017年11月开工建设，计划工期4年。全长16.96千米，自麦岭沙互通以西开始沿320国道至新老320互通交叉口以南约200—300米处。富阳段长8.01千米（其中地面形式1.76千米，隧道结合地面辅路6.25千米），与320国道、城际铁路320国道段共线。采用一级公路标准兼顾城市道路功能，主路设计速度80千米/时，辅路60千米/时，均为双向六车道，至年月底，完成主线沥青铺设。

【杭州绕城高速西复线富阳段工程】 杭州绕城西复线起于湖州德清与杭州余杭交界的姜家山附近，途经余杭、临安、富阳、萧山和诸暨等地，终点在杭金衢高速公路直埠枢纽南侧，路线全长98千米，双向六车道，设计时速100千米/时。其中富阳境内48.54千米（占全线总长的近一半），总投资130.5亿元，平均每千米造价2.69亿元。途经银湖街道、春建乡、富春街道、鹿山

杭州地铁6号线桂花西路站

（区交通运输局　供稿）

街道、环山乡、大源镇6个乡镇街道30个行政村，工程共有桥梁40座，共计17863米，其中特大桥一座（富春江大桥，长2176.83米），大桥26座；共设置隧道17座，隧道总长17885米，其中特长隧道2座（六弓山隧道，长3470米；驻军坞隧道，长3539米）；沿线设置互通立交5处［高桥、富春、鹿山、大源、环山（该处为杭千高速上的互通）］，大型枢纽1处（中埠），服务区1座（春建）。2017年11月开工建设，建设工期4年，项目于2020年12月22日随全省"县县通高速"集中通车活动正式通车。

G235富阳灵桥至渔山段工程

（区交通集团　供稿）

【杭州绕城高速西复线高桥连接线工程】 项目总投资5.95亿元，线路全长约6.11千米，按一级公路兼顾城市道路功能设计，设计速度80千米/时，路基宽39米，起于银湖互通出口，向东与县道横桐线相交后，经赤坞坑（北）、洪庄（南）后，与县道高泰线相接，随后沿高泰线老路展线，跨北渠（周公坞溪），经泗洲村南后与G320国道平交（终点）。12月27日，项目正式通车。

【杭州绕城高速西复线大源连接线工程】 项目总投资5.71亿元，路线全长约7.55千米，按一级公路兼顾城市道路功能设计，设计速度60千米/时，路基宽38米，起于杭新景高速连接线（大源过镇线交叉），与大源镇亭山东路相交后，下穿杭新景高速后至蒋家村北，经宫前村、大源互通出口、兰庄，至新关村。12月27日，项目正式通车。

【G235富阳灵桥至渔山段工程（春永线）】 项目总投资19.22亿元，全长13.98千米，位于富阳东部，是浙江省普通国省道路网中规划国道G235的组成部分。实施起点位于灵桥镇灵桥村（汤山桥），途经灵桥、里山、渔山等乡镇，终点位于富阳渔山乡与萧山义桥交界处的长岭头，与萧山境内的春永线相接，全长10.48千米。采用一级公路标准兼顾城市道路功能，设计速度80千米/时，双向六车道，路基宽42米。桥梁荷载等级为公路—I级，共设置大桥1座，中桥4座。2017年11月开工建设，建设工期3年，2020年12月27日，项目建成通车。

【富阳320国道至富阳大桥连接线鹿山（大盘山）隧道工程】 项目总投资25.9亿元，起点位于西环北路与公望街交叉口，路线沿西环北路往南布设至大盘山后分左右线设隧道穿越大盘山，出洞后沿鹿山5号路布线，最终与已建成的富阳大桥北侧桥头相接。路线全长6.35千米，其中隧道长2.29千米，一级公路兼顾城市道路标准设计，双向六车道，设计速度80千米/小时。至年底，完成项目部驻地建设、钢筋加工场、拌和站建设及隧道临建等，道路、桥梁工程完成20%，隧道工程完成25%。

【G235国道富阳灵桥至渔山段综合整治工程】 该项目总投资5.9亿元，项目起点位于与建黄线交叉口，主要利用老春永线拓宽，局部路段截弯取直，经灵桥、里山、渔山等乡镇，终点位于渔山乡与萧山义桥交界的长岭头路段，与03省道萧山义桥至楼塔段改建工程春永接线相接，全长10.48千米。建设内容为道路路基范围内自来水管、污水管、燃气管道布设，强弱电的上改下，以及道路两侧的绿化景观设计、沿江一侧房屋拆除等，至年底，项目管线工程完工，实施绿化景观施工。

【新中线（太平至中埠大桥）工程】 工程起于太平南峰村，路线沿原有老路逆江而上，设置长290米隧道穿越石塘岗山，终于中埠大桥桥头汤马线形成T字平交口。全长2.19千米，道路设计等级为一级公路，兼顾城市道路标准设计，双向六车道，设计速度60千米/小时。同时实施的绿道工程，起点与现状太平堤相连，终点与中柏堤相连，沿现状新中线布置，全长3.14千米。总投资3.84亿元。受疫情影响，2020年4月正式开工，计划2022年4月完工。该工程不仅可以缓解城区交通压力，改善城区的生态环境。修复富春江沿线岸边的环境，通过绿化、景观节点的建设，提升富春江南岸的风景美观程度。

【奉化至江山公路富阳场口至金沙段工程（环金线整治工程二期）】 项目路线全长3.9千米，共有3个隧道，长度分别为943米、725米、760米。桥梁两座，长分别为20米、40米。设计速度40千米/时，路基宽度为12米，按二级公路标准进行建设，总投资3.02亿元。受疫情及政策处理影响，2020年11月正式开工，计划2022年8月完工。该工程对实施城镇总体规划和城乡一体化建设起着推动作用，同时还可以改善沿线居民出行条件，促进当地旅游事业发展。

【汽旺线新关至旺口段改建工程】 项目起点位于富阳区大源镇新关造纸厂东侧，顺接G25富阳至G60诸暨高速联络线富阳大源互通至杭新景高速灵桥互通接线工程，路线向西南方向前进，全长2.67千米。项目按二级公路标准建设，设计时速60千米/时，路基宽17米。全线共设置桥梁2座，隧道1座。其中中桥1座长73米，小桥1座长38米，隧道1座长365米。项目于2020年12月正式开工建设，计划2022年8月建成通车，总投资2.8亿元。该项目建设有利于完善区域公路网，发挥网络化整体效益，改善沿线村民出行条件，同时满足西复线和大源连接线间建成后的交通流量。

【北支江（亚运）旅游集散中心建设项目】 包括富中渡埠迁建、新沙渡、小沙渡改造、小沙旅游码头、游客中心以及岛头配套道路、景观绿化等内容。其中，富中渡埠迁建：拟选址于原址下游，主要功能为客渡；小沙渡埠：对东洲岛岛头的小沙渡埠进行改造，主要功能为车渡，采用斜坡码头形式；新沙渡埠：现状新沙渡按美丽渡口标准提升改造；在新沙渡下游新建渡埠与小沙渡设置车渡航线，新建渡埠采用斜坡码头形式；旅游码头设置4个泊位，游客中心拟占地1340平方米（暂定），配置售票大厅、候船厅、办公房、厕所等功能；配套道路由环岛路与疏解路1、疏解路2组成；郁达夫旅游码头、新沙岛旅游专用码头、岛头码头提升改造；新建东梓关、新桐旅游集散中心。项目2020年开始启动前期工作，总投资估算约2.8438亿元。

（鲍双玉　胡爱雅）

【编　辑　赵雪红】

20 邮政通信
Postal Communication

邮　政

【概况】　2020年，全区邮政业务总收入10347万元，同比增长8.53%。其中，金融业务收入4844万元，同比增长20.83%；寄递类收入3433万元，较上年增长-35%；协同做好富春山居农产品品牌馆有关运营工作。区邮政分公司有员工376人（人力系统内人员），下设职能部室2个，专业化经营单位5个，邮政网点26个。

【邮务类业务】　全年，推进快包准加盟制，新设立鹿山、东洲标快经营部。开展极速鲜茶叶市场项目，业务收入43.8万元。开展教科书寄递项目，收入66万元；推进法院一键送达项目；开展中邮驿站，采取封楼的方式进行入驻，获得市分公司高度认可。优化调整集散中心内部操作流程、设备、人员等，集散转运组自有人员由原有10人缩减为5人，整体内部作业时间缩短30分钟左右，进口邮件基本做到不落地。优化转运邮路，压降运输成本，转运驾驶员从9人调整至7人，转运车辆从6辆调整为5辆。加快特快专递揽投团队建设，将原富阳城区经营部4条标快线路与相邻的鹿山营业部6条标快专段整合组建鹿山标快经营部，同时设立东洲经营部，提升特快专递投递和揽收服务质量。区分公司被市邮政管理局评为“2020年度邮政快递业优秀企业”。

【金融类业务】　全年金融余额规模为30.01亿元，年增4.56亿元；全年标保达成2.9亿元，同比增长27.46%，实现年初计划的124%。提升金融业务在队伍体系建设、客户管理维护、厅堂协销能力、项目拓展能力，网点配置营销主管3个，成立项目小组，推进代发工资、收单、对公、信用卡等项目发展。组织开展保险“学+练”训练营活动13场，累计出单1100万元。对灵桥网点、银湖网点、上官网点进行装修改造，打造智慧厅堂。

【电商业务】　推进农产品进城，通过“邮乐优鲜”“邮乐小店”等线上渠道，推广东坞山豆腐皮、“花果山”鲜桃、永昌鲜笋、东洲葡萄和新沙岛玉米等富阳特色农产品。全年通过线上和线下，销售农产品200万余元。协同做好富春山居农产品品牌馆运营工作，上架农产品310余种，日均营业收入5000余元。

富阳区2020年度邮政实绩情况表

表16

项　目	单　位	2020年实绩	项　目	单　位	2020年实绩
业务总量	万元	18868.00	邮运车辆	辆	14.00
业务收入	万元	10347.00	计算机总数	台	128.00
收支差额	万元	0.00	函件	万	165.00
固定资产原值	万元	1681.00	包件	万件	650.00
本年新增固定资产	万元	154.00	报刊收入	万元	591.00
期末员工总人数	人	376.00	集邮业务	万元	203.00
邮政(电)所总数	处	26.00	邮政储蓄余额	亿元	30.01
自有房屋建筑面积	平方米	24430.97	农村投递线路单程长度	千米	3541.00
邮路单程长度	千米	781.00	—	—	—

2020年2月，新冠肺炎疫情期间富阳区邮政分公司为全区中小学生配送新课本

（区邮政分公司　供稿）

【邮政服务】　疫情期间承担学校教材配送任务，分公司组织300余名员工及百余部车辆参与配送，实现投递质量“零差错”、项目“零投诉”。组织抗击疫情爱心捐款活动，分公司186名员工累计捐款30050元。全年投入资金50余万元，开展全区邮政营业包括代办所普服网点视频监控存储时间达到90天及视频监控全覆盖工作；改建新桐、东图、永昌、渌渚、胥口、常安等邮政代办所6个。到位区政府四好农村路物流服务网点建设专项资金540万元，管控全区302个站点运行质量，建设综合服务站。机要室被市邮管局推荐参评全省机要通信示范单位。区分公司被市邮管局评为“2020年度邮政普遍服务先进单位”。

【邮政安全】　全面落实企业安全生产责任，建立健全安全管理体系和事故防控机制，开展“安全生产月”和“安康杯”等安全知识竞赛活动；组织开展单位负责人和管理人员260余人参加安全知识学习和考试。通过悬挂横幅、图版、标语宣传、专项检查、应急预案演练和网点LED显示屏宣传等方式，认真做好安全护航工作和节假日、重大活动期间邮政服务质量等各项工作，全年实现“十无、十确保”。

（王安娜）

中国电信股份有限公司富阳分公司

【概况】　2020年，中国电信富阳分公司（以下简称公司）下设部门4个：市场部、政企部、网络部、综合部；政企支局1个，服务富阳区域内党政军、金融、医疗、教育等行业VIP大客户；综合支局17个，实现富阳区行政区域服务全覆盖。下辖营业厅28家、天翼卖场23家、泛渠道网点250家。主营收入2.06亿元。

【客户服务提升】　服务绩效KPI排名区县市第3，客服团队获“杭州电信第四届工匠杯全员客服技能大赛”总决赛团体一等奖。公司领导参与“11831183”倾听客户之声，全体员工参与“杭州电信第四届工匠杯客服技能大赛”，开展“2020最美服务事迹”评选，启动“服务核心价值观”教育宣传活动，构建“运营服务一线、一线服务客户”支撑体系，以客户为中心，严管服务质量、严守服务底线、严肃服务问责、严控经营风险，持续提高服务水平。

【5G新基建建设】　全力推进与中国联通公司5G基站共建共享建设，LTE拆闲补盲建设与深度竞合站点开通，安装开通5G站点441个，主要覆盖富阳城区、银湖街道、东洲街道、鹿山街道、富春湾新城及新登、龙门、场口等部分乡镇，开通深度竞合4G站点28个室外站点，24个室分站点，为实现承载高品质5G网络、VoLTE及大力发展NB-IOT业务做好准备；完成杭富地铁6号线9个地铁站及隧道内C网信号覆盖；围绕“五高一地”等重要场所建设，提升5G网络和LTE全网质量指标。全网CDMA站点377个，扇区716个；LTE站点984个，扇区4205个；室分站点173个。开展无线网络优化，调整富阳城区及乡镇话务密集区域基站天馈，专项优化富阳城区、杭黄高铁、高速富阳段，富阳高教园区及重要乡镇街道的信号覆盖，完成富阳区各类大型活动应急通信保障工作。

【精品光网建设】　完成管线建设投资246万元，完成公安监控、农村农业局应急指挥平台390个监控点位及阿里富春云等项目的光缆布放。完成34台XGPON-OLT建设部署，全网XGPON总数达到45台，富阳市区、新登、场口、大源、银湖和东洲等重点区域具备XGPON覆盖能力；启动IPRAN政企专网建设，完成新登、大源、高桥、富春湾等四个大B对设备的安装及上线；持续开展传输和数据网络隐患排查和整治优化，完成23台OLT上联光路和场口、常安和新登等3个局站汇聚交换机物理双路由优化，完成45个传输环的安全甄别，11个IPRAN传输环以及大源、三山、场口等7个大B对的双物理路由优化。全网OLT达到196台，富阳城域网出口带宽达400G，其中IDC出口带宽达220G。

【企业防疫抗疫】　成立党委书记总经理牵头的疫情应对领导小组，组建24小时应急通信保障小组，成立16支党员突击队和多支青年先锋队。疫情期间，共计投入全区保障的客户工程师、客户经理每日约20余人次，累计保障客户60余家（如卫健委、疾控中心、第一人民医院等重点单位），专线电路112条（如信访局等），紧急开通固话20门（重

2020年，中国电信全力助推智慧乡镇建设。图为天翼看家监控点位安装
（中国电信富阳分公司　供稿）

点是政府、疾控中心、街道疫情防控热线电话），WiFi 点位 3 个，重要卡口和隔离点监控点位 260 个（重点覆盖 5 个乡镇、5 个街道办事处）。1 月 24 日，网络部应急保障小分队紧急出动区疾控中心，移机隔离滞留值班固话。每日保证 4—6 名话务人员在线提供 24 小时不间断服务，接听市民诉求。完成区政府下属街道、社区、隔离点等约 260 个点位天翼看家和全球眼监控安装。开通富阳区数据资源管理局云会议账号，保障天翼云会议系统，满足跨域统一指挥调度需求。配合区教育局开展“停课不停学”工作。

（祝晓玲）

中国移动富阳分公司

【概况】 2020 年，中国移动通信集团有限公司富阳分公司（简称“分公司”）有正式员工 138 人，下设职能部门 4 个、属地网格 6 个，拥有营业厅 21 家，代办移动业务营业网点 238 家，服务企事业单位 16000 余家，涵盖党政军、金融、教育、医疗、工业能源、农商、互联网等行业，拥有 4G、5G 基站分别为 1469 个、358 个。富阳移动客户规模通话用户数为 68 余万户，市场占有份额在 70% 以上。获富阳区退役军人事务局“尊崇军人模范单位”荣誉称号。

【5G 基站建设】 全年增建 5G 站点 197 个，5G 覆盖从城区延伸至乡镇，同步建设 5G 汇聚机房 12 处。推进 5G 业务在全区建设、发展，与区政府、亚运办、医疗中心等部门签订 5G 战略合作协议。助力全区 5G 产业升级，为本地数字政务、智慧医疗、智慧旅游、智慧亚运等领域的 5G 应用推广打下基础。

【信息数字化建设】 分公司全面进入 2.0 时代，聚焦战略大客户，提供更专业化产品与服务，建立集产品应用创新、行业方案整合、ICT 建设实施、售后服务保障为一体，贯穿售前、售中、售后端到端的运营体系和专业团队，业务领域覆盖专线、IDC、云计算、企业融合通信等各类企业通信和信息化产品，开创数字化服务产业新格局设与支撑，做大连接规模、做优连接服务、做强连接应用，与富阳区建设“数字人大”系统、督查督办系统、应急指挥系统，参与医学“影像云”、富阳主城区区块智能交通、公安人脸抓拍和智慧安防等多项大型数字社会建设工程，以 5G 赋能打造北支江水上运动中心、区体育馆两个智能场馆建设，协助区政府打造“智能亚运”金名片。分公司将深耕 ICT 行业市场，厚植用户优势、提升连接价值，着力推进公司在 ICT 市场的规模发展。

（陈佳佳）

中国联通富阳分公司

【概述】 2020 年，联通富阳区分公司（以下简称“分公司”）现有在职员工 71 人，党员 8 人，平均年龄 34.7 岁，大专及以上学历占全员的 90.5%，前端占比为 59.5%。主营收入 6951 万元，完成率达 104.9%，同比提升 20.5%，杭州分公司小组

富阳移动大力推进5G用户
（中国移动富阳分公司　供稿）

2020年5月20日，富阳区妇幼保健院和中国联通杭州市分公司签订5G医疗战略合作协议

（中国联通富阳分公司　供稿）

排名第二。

【经营管理】　全年累计收集营销场景150多个，开展外场促销1000多场，推广增加客户6000多户。全年发展5G用户1000户，5G迁转2086户，ARPU定比12月提升4.4元，杭州分公司排名第一。分公司年底签约金额突破4000万元。重点深耕校园市场，成功整转签约校园3家，号卡增加客户3310户。

【网络建设】　全年分公司建设5G站点441个，4G锚点304个。增建新国标小区7个、端口752个，覆盖用户3887户。搬迁机房4个、基站16个，特别是富阳中心机房的搬迁，涉及赔补费用1900多万元，在规定时间内搬迁割接整个中心机房的任务。全年退网下电2G设备74套，年节省电费35.52万元。整合天面站点41个，拆除天线282副，节省网运成本8.2万元。改造存量站点直供电11个，每年节省电费8万余元。

（孙　莹）

杭州华数富阳分公司

【概况】　2020年，杭州富阳华数数字电视有限公司下设本部部门8个、中心服务部4个（下辖24个乡镇街道广电服务站），是富阳区广播电视网络建设、运营管理、安全播出的责任单位。全区数字电视用户24.2万户，有线电视数字化率已达100%；华数宽带用户近7.5万户，平均每3—4户家庭就有1户使用华数宽带。

【中小学校园安防系统升级项目】　完成22所项目学校校园安防设备升级改造工作，主要包括安防设备改造方案设计、原有线路和设备拆除（明确利旧使用的除外）、结构化综合布线、安防设备安装调试、设备测试、设备运维，整合现有校园各种监控及信息化设备、系统，打造富阳区统一的智安校园平台，实现校、教育局两级管理，数字赋能教育安全工作。

【中小学校园网络升级改造项目】　项目针对27所学校校园局域网进行升级改造，完成校园局域网内部万兆骨干传输、万兆上联以及千兆到桌面；建立可视化网络运维管理平台及驾驶舱，提升网络安全管理和运维水平。

【智安医院项目】　项目包括杭州市富阳中医骨伤医院和杭州市富阳区中医院，对医院本级的“人、车、物、事、组织”等进行全要素采集、全流程管控、多维度研判，实现内保工作治安要素可防、可控、可查，推动内保工作方式由事后处置向事前预警转型升级。同时将医院相关视频、报警等信息与公安进行对接，建立预警感知、警医联动、快速高效处理问题机制。

（杨　媛）

【编　辑　胡春国】

2020年4月27日，富阳区教育局向杭州华数富阳分公司赠送锦旗，感谢杭州华数富阳分公司在疫情期间对教育工作的大力支持

（杭州富阳华数数字电视有限公司　供稿）

21 旅游业

Tourism

综述

【概况】 2020年，全区接待国内外游客1496万人次，同比下降19.34%；实现旅游总收入153.84亿元，同比下降11.12%，其中接待境外游客0.2万人次，同比下降77.44%，实现旅游外汇收入115.8万美元，同比下降69.22%；接待国内游客1495.5万人次，同比下降19.3%，实现国内旅游收入153.8亿元，同比下降11.03%。因受新冠肺炎疫情影响，全区各景区景点接待游客213.88万人次，同比下降54.63%，收费景点门票收入仅为1.03亿元，同比下降40.05%。至年底，全区有国家A级景区8家，其中：AAAA级景区4家，即黄公望隐居地、杭州野生动物世界、富春桃源景区、龙门古镇景区；AAA级景区4家，即鹳山景区、贤德状元里景区、药谷小镇景区、硅谷小镇景区。省A级景区村庄89个，其中：AAA级39个，AA级47个，A级3个。省AAAA级景区镇4个。星级宾馆、酒店7家，其中：五星级2家，三星级4家，二星级1家。三星级以上品质旅行社12家，其中：四星级1家，三星级11家。

旅游开发

【规划编制】 启动杭州市富阳区文化旅游体育发展总体规划、区文化旅游体育发展“十四五”规划及区文化旅游体育公共设施建设布点专项规划的编制。

【重点项目】 全年指导推进富春小叠空梦想田园综合体、天钟山景区项目提升改造；协调推进银湖街道坑西村的西岩温泉文化旅游度假区、新登镇小六石欢乐园签约项目2个；牵头做好壶源溪流域联动发展项目；积极开展项目招商引资工作，协调组织有关部门及乡镇（街道）接待北京华熙鑫隆科技产业发展有限公司、北京中农国发集团有限公司等到富阳客商10余批次，投资意向明确，招商成效逐步显现。

【品牌创建】 全年创建新沙村、大溪村等省A级景区村庄44个，其中：AAA级13个，AA级30个，A级1个；创建湖源乡、洞桥镇、龙门镇为省AAAA级景区镇。

产业促进

【促旅政策措施】 根据《杭州市人民政府办公厅关于疫情防控期间支持旅游行业共渡难关的补充意见》及实施细则有关规定，对宾馆特惠补助、A级景区免费开放、非接触式场景应用、旅行社客源引进共4项内容进行补助，涉及旅游企业14家补助资金46.69万元。出台富阳区拓宽市场扩大旅游消费四条政策，鼓励旅行社组织区外团队到富阳游览或住宿。对旅行社组织游客游览“家门口的健康游”给予20元／人

2020年9月27日，“秋游富春山居”2020富阳文旅（杭州）宣传推广季活动在杭州滨江区举行
（区文广旅体局　供稿）

的奖励。面向全国医护人员，出台富阳AAAA级旅游景区凭医师证或护士证给予免门票政策。针对富阳援鄂医护人员及家属，推出富阳AAAA级旅游景区三年免门票政策。3月1日至5月1日，面向全国市民，推出富阳AAAA级旅游景区免门票政策。出台山海协作优惠政策，结对县（市、区）游客全年免费游览龙门古镇和黄公望隐居地旅游景区。针对到富阳工作的外地员工，出台黄公望隐居地、富春桃源景区和龙门古镇全年免门票政策。

2020年9月25日，2020中国杭州大学生旅游节在新桐乡桐洲岛亚联飞行营地开幕
（区文广旅体局　供稿）

【数字化转型】　建成富阳区智慧旅游大数据平台，通过客流、消费、评价多维度的数据监测分析，提升行业管理水平。落地杭州城市大脑的“多游一小时”，启动“20秒入园、30秒入住”两大应用场景建设，实现18家酒店自助入住功能，11个景区（点）扫码入园，位列全市第四季度赛马榜第五名。临江花园度假酒店获评杭州市智慧酒店。

【特色潜力行业】　培育亚联飞行国际飞行艺术节、龙门墨庄精品文房休闲墨疗体验点等4个特色潜力行业项目，争取到上级资金65万元。9家单位参与杭州市特色休闲示范点评选，常安镇永安山滑翔基地获评杭州市最佳特色休闲示范点，油盐酱醋小餐厅、春江茶苑、新桐海岸线皮划艇桐洲岛基地获评杭州市优秀特色休闲示范点，大隐健身、丰受堂墨庄、爱丽芬城堡元素时尚工厂等7家单位获评杭州市文旅消费特色示范点。双溪书画纸厂（杭州富阳双溪书画纸厂）的草木染竹纸礼盒包装获评浙江省优秀非遗旅游商品。响应省政府“诗画浙江·百县千碗”工程三年行动计划，推选出能够代表富阳特色的十二道“富春味道”菜品，深挖美食背后的文化内涵，讲好美食文化故事。

【旅游推广活动】　3月23日，欢乐游杭州——“家门口的健康游”启动仪式在桐洲岛举行，5月31日活动结束，全区共接待“家门口的健康游”游客5574人次。4月27日，举办“走百村　品百味　赏百花”富阳旅游达人自驾采风及旅行社踩线活动。5月19日，联合区内多家旅行社、景区、酒店在郁达夫公园举办2020“中国旅游日”富阳旅游服务进社区暨法制宣传活动。6月19日至20日，举办富春山居疗休养暨暑期纳凉产品推介会，邀请杭州市（区、县）60余家旅行社考察湖源溪山水画境纳凉产品。9月25日，2020中国杭州大学生旅游节在新桐乡桐洲岛亚联飞行营地正式开幕，来自国内各大高校的300余名在校大学生和20多个国家、地区的近百名来华留学生欢聚一堂参加活动。9月27日，在杭州举办2020富阳文旅（杭州）宣传推广活动，发布扩大旅游消费政策，通过政策红利，激活周边地区客源市场，打响“富春山居”文旅品牌。11月16日，赴上海开展“富春山居实景游”旅游推介会活动，进一步提升和扩大“富春山居·味道山乡”产品在上海乃至长三角地区的美誉度和影响力。11月17日至12月4日，组织富阳文旅企业参加杭州市城市记忆体验周活动，借助“城市记忆工坊”品牌知名度和美誉度，通过富阳竹纸、纸伞技艺展示、体验，农产品展销等形式更好展现富阳文旅形象。12月1日，组织富阳文旅示范项目、文旅消费目的地、优质合作商、文旅直播主播等各项目团队参加2020第十六届杭州·浙西旅游合作峰会暨2020中国（杭州）文旅产业创新发展论坛，寻求文化旅游产业新机遇、新形势、新业态。

【旅游形象宣传】　7—9月，开展味道山乡六大组团网上直播活动，借助FM104.5和FM93大流量宣传矩阵，对富阳24个乡镇乡村旅游资源进行全方位现场直播。9—12月，重点在杭州市区100个社区出入口道闸、806个社区电梯、100个社区广告栏、1个户外显示大屏进行富阳文旅宣传，进一步扩大和提升富阳旅游在杭州市区的知名度和影响力。统一汇编《我在富春山居》宣传折页和《富阳旅游指南》，内容包括“吃、住、行、游、购、娱”六要素及精品旅游线路、民宿等优质旅游产品，并通过线上和邮寄形式送达到富阳机关事业单位、乡镇街道、宾馆饭店和乡村旅游点。

旅游管理

【教育培训竞赛】　全年组织开展全区各景区村庄、文化礼堂、旅游景区讲解员业务知识培训、全国导游员年度培训、旅游行业艾滋病防控等培训活动，培训各类在职人员2300余人次组织全区27家游泳场所的救生员参加职业技能考试和复训工作，全年培训141名救生员，其中：447名初级救生员培训者通过并取得了职业资格证书，对97名救生员进行复训工作，全部通过复训考核。选送讲解员参加浙江省首届诗路文化带景区讲解员大赛，其中讲解员王文栋获浙江省“金牌讲解员”荣誉。

【安全生产管理】 1月，召开2020年度安全生产工作会议，与172家文化旅游体育行业经营单位签订《富阳区文化旅游体育行业安全生产管理目标责任书》。修订编制《杭州市富阳区旅游突发事件应急预案（试行）》。6月，在全国第十九个“安全生产月”活动期间，组织开展消防安全执法专项行动，在浙江南国大酒店、龙门古镇、金都网球中心开展人员密集场所安全预案演练和游泳场所防溺水及急救演练。协助富阳区融媒体中心、富阳华数公司完成搬迁，指导做好安全播出应急救援预案演练；与杭州市文广旅游局在杭州野生动物世界联合举办防动物外跑应急预案演练；与交通部门开展旅游交通安全与疫情防控应急演练。协助做好湖源龙鳞坝节假日期间和“富春山居·味道山乡”等节庆活动安全保障工作。组织开展富阳区水上旅游项目、高危体育项目、星级饭店、A级旅游景区等行业的安全生产和反恐怖防范工作专项检查，以及节假日期间的安全生产联合大检查。

【行业管理】 全年组织开展新冠肺炎疫情文广旅体行业各项防控工作，按区政府有关部门疫情防控通知精神要求，在规定时间内关停174家文广旅体行业经营单位，同时统筹指导行业经营单位的复工复产工作和疫情防控工作。组织开展A级景区、星级饭店、旅行社品质提升活动，全面推广实行使用“公勺公筷”、减少塑料垃圾、白色污染、垃圾分类。中国兵器集团杭州疗养院（临江花园度假酒店）创建浙江省银桂品质饭店。

【饭店业服务技能大赛】 12月，由区文化和广电旅游体育局、区人力资源和社会保障局、区总工会、共青团杭州市富阳区委员会共同主办2020年富阳区“‘9·26’工匠日杯”饭店业服务技能大赛举行。全区12家宾馆饭店80余位选手参加，最终评选出团体一等奖富阳国际贸易中心大酒店，团体二等奖富阳东方茂开元名都大酒店，团体三等奖中国兵器装备集团杭州疗养院、富阳瑞莱克斯大酒店与单项奖若干名。

（夏　晨）

【编　辑　胡春国】

22 富阳经济技术开发区

Fuyang Economic and Technological Development Zone

综　述

【概况】　2020年，富阳经济技术开发区（简称开发区）实现规上工业总产值769.4亿元，占全区的65.4%。其中，实现规上工业增加值156.7亿元，同比增长2.7%，占全区的66.5%。高新产业增加值122亿元，同比增长4.8%，占全区的83%，实现工业性投资29亿元，占全区的48%，高新产业投资21.5亿元，占全区的70%。全年开发区实现入库税收收入29.5亿元（不含房地产、建筑业、金融业企业税收），占全区的51%，其中制造业企业入库税收20.6亿元，占全区的57.7%。

征用集体土地146.3公顷，拆迁农户（银湖四联、东洲西村）142户，主体企业184家，盘活建设用地102.9公顷，搬迁承租户和企业241家，迁坟280余穴，政策处理土地面积146.3公顷。做好供地项目61个，其中工业用地项目32个，经营性用地项目17个，安置房等基础设施配套项目12个，共计出让面积120公顷，出让金49.16亿元（不含银湖37-1地块），办好批而未供任务36.5公顷，消化存量建设用地83.4公顷。经营性用地面积38.4公顷，工业用地面积55.3公顷，公建配套面积26.3公顷。

开发区实际经营企业有5528家，其中工业企业1448家。规上工业企业291家，占全区的44.4%，其中100亿以上企业2家，10亿元以上企业11家，1亿元以上企业102家；国高新企业247家，占全区67.1%；上市企业3家，占全区60%。4月24日，硅谷小镇景区被杭州市旅游景区质量等级评定委员会评选为国家AAA级旅游景区。12月18日，杭州富通通信技术股份有限公司入选2020年浙江省高新技术企业创新能力百强，名列第88位。是日，省商务厅公布第二批美丽园区名单，开发区被评为浙江省美丽园区示范园区。21日，省经济和信息化厅公布2020年浙江省“未来工厂”名单，浙江大华智联有限公司的大华视频监控未来工厂入选。22日，省经信厅公布2020年浙江省数字化车间（智能工厂）名单，杭州富通通信技术股份有限公司的光纤制造数字化车间、杭州龙盛工贸有限公司的智能安防监控设备数字化车间、海正生物制药有限公司的生物单抗类药物原液和制剂数字化车间入选。25日，省经济和信息化厅、财政厅公布2020年度浙江省装备制造业重点领域首台（套）产品名单，浙江轻机离心机制造有限公司的基于数字传感技术的P-100/3大型高效多级智控离心机、杭州华鹰游艇有限公司的70英尺双体动力豪华游艇、浙江永盛科技股份有限公司的高真空双插板阀入选。是日，省经济和信息化厅公布2020年度“浙江制造精品”名单，杭州星帅尔电器股份有限公司的QPE系列低功耗起动器、瀚晖制药有限公司的盐酸米诺环素胶囊、海正药业（杭州）有限公司的奥利司他（高质量）、杭

2020年12月21日，浙江大华智联有限公司的大华视频监控未来工厂入选省“未来工厂”名单（图为大华工厂）　　（富阳经济技术开发区　供稿）

州图南电子股份有限公司的智能广播终端共4个产品入选。28日，省科学技术厅公布关于2020年拟建省级高新技术企业研究开发中心名单，大华塑业功能性膜材料省级高新技术企业研究开发中心、海康保泰安防技术省级高新技术企业研究开发中心、开兰重工精密数控机床省级高新技术企业研究开发中心、摩科智能互联省级高新技术企业研究开发中心、图南智能广播系统省级高新技术企业研究开发中心、泰林生命科学省级高新技术企业研发中心、佐格气象装备省级高新技术企业研究开发中心入选。是日，省科学技术厅公示关于2020年拟认定省级企业研究院名单，浙江省雄迈集成电路设计研究院和浙江省新恒力中大型特种电机研究院入选。

共有科技孵化器8家，其中：省级2家，市级4家。众创空间12家，其中：国家级1家、省级1家、市级3家。硕士及以上研究生700余人。开发区联动部门镇、街，加快推进东洲重点区域交通组织优化、标识标牌美化、停车场建设等工作，开展“三沿”环境大整治、建设工地文明施工大比武等专项行动，持续打造夜景亮灯、草坪花海等城市景观，举办首届银湖未来艺术节。

【地铁时代】 12月30日，杭州地铁6号线正式通车。6号线穿越开发区银湖科技城，进一步提升开发区区位优势。结合地铁与受降溪景观建设，银湖科技城规划形成“三轴三带四街区”的发展格局，依托320国道城市发展轴、受降溪滨水活力轴、富闲路创新创业轴“两横一纵”，结合四个地铁站点街区，打破产业单元、科创单元、居住单元与保留村庄相互割裂的现有格局，着力形成“北住、中商、南工”的三带联动发展格局。野生动物园东站片区定位为文化创意街区，将依托天鸿文创园，对接浙江音乐学院和中国美院，充分考虑城市门户形象，核心发展文化创意、商业服务、高档办公等功能。银湖站片区定位为总部经济街区，将结合区域已成型的办公园区，配套商业街区、创意办公、总部办公、科技配套、文化艺术、滨水公园等功能，吸引人口流入，为总部办公集聚发展奠定坚实基础。虎啸杏站片区定位为中央商务街区，将依托于受降溪生态资源及良好的土地条件，发展商务办公、科技服务、滨水商业、酒店、高端居住等功能，辐射整个银湖科技城，形成城市客厅。受降站片区定位为教育制造街区，依托亚运场馆、安置住宅等项目，发展文化体育、社区商业、国际教育、社区医疗、科技工业等功能，形成高端品质生活的配套区。

【“链长制”试点示范单位】 10月13日，省商务厅公示省开发区产业链“链长制”试点示范单位，开发区被列为省开发区产业链“链长制”试点示范单位。开发区以“链长制”为突破口，打通项目产业链、价值链、创新链，推动健全“九个一”工作机制，推进产业集群“链式”发展。开发区汇聚规上5G企业66家，实现营业收入329.7亿元，占开发区（含托管区）规上企业营业收入（1331.7亿元）的24.8%，进出口规模达32.6亿元。产业集群研发投入8.2亿元，为全区总额的30.4%，研发投入占5G产业营业收入比重为2.5%。

【国家级众创空间】 3月31日，科技部火炬中心公示结束，开发区银湖科技城工创谷众创空间被确定为国家备案众创空间名单，成为富阳首家国家级众创空间。10月12日，工创谷众创空间被增选为2020年度省级优秀众创空间。工创谷众创空间位于开发区银湖科技城，依托富阳区浙工大银湖创新创业研究院，围绕富阳“高新工业强区”战略，重点在电子信息、物联网、先进装备制造、新能源新材料等领域引进和培育国内外高层次创新创业人才，开展高新技术和产品的研发，整合创新创业资源，推动创业项目孵化。作为富阳与浙江工业大学共同打造的众创空间，工创谷众创空间集创新创业、信息共享、创业服务、项目孵化为一体，汇集高校校友资源，为园区及入驻企业提供基础服务、政策解读、工商注册、创业指导、财税代理、法律咨询等各类服务。至年底，培育孵化与引进企业近80家、入选富阳区高层次人才计划项目39个、常驻人员超200人。

【设立浙江省博士后工作站】 4月27日，浙江省博士后工作办公室同意海正生物制药有限公司设立浙江省博士后工作站。海正生物制药有限公司成立于2010年7月29日，为浙江海正博锐生物制药有限公司的全资子公司。海正生物制药有限公司是一家聚焦于免疫系统疾病药物开发和生产的创新型生物药企业，公司高度专注于在全球范围内开发生物类似药及具有“全球首创”和“同类最优”潜力的创新生物药。至年底，公司拥有员工300多名，技术骨干人员100多人，其中博士8人。通过自主培养及海外引进等，组建一支由教授级工程师和海归博士为领头人，博、硕士为研发骨干，本、专科为生产一线的高学历、年轻化、专业化的技术团队，形成从R&D、生产、QA/QC、EHS、注册和装备等完整的人才体系。

【获评第四批省级特色小镇】 11月6日，浙江省人民政府发布关于命名第四批省级特色小镇的通知，富阳硅谷小镇入选。硅谷小镇位于富阳经济技术开发区银湖科技城，规划面积约3.11平方千米。作为数字经济类特色小镇，硅谷小镇深耕“1+6”数字经济产业集群，重点发力5G产业和数字新电商产业，累计落地5G、芯片、新零售、智能装备等产业的成长型企业总部近50个。建立光通信及5G企业战略联盟，形成以富通集团为代表的预制棒、光纤、光缆制造等上游企业，以佐格通信、图南电子为代表的中游通信设备制造企业，以炬视科技为代表的下游5G应用电子设备、智能制造、物联网等企业的5G特色产业集群。正在招引落地星程科技、美卓生物等新制造业隐形冠军企业以及普洛赛斯、煌龙医药等行业标杆性企业项目，国家高新技术企业资质项目11个，省、市级企业技术（研发）中心等资质项目2个。投入使用银湖实验学校、银湖公园、银湖

2020年11月，富阳硅谷小镇被评为浙江省特色小镇(图为2020年12月24日，区委副书记、代区长王华在省主会场接牌)

（富阳经济技术开发区　供稿）

人才公寓、银湖创业家园、味来银湖特色餐饮街区、小镇文体中心，开通硅谷小镇至富阳、滨江、余杭、西湖以及小镇内循环线等公交线路5条，启动建设硅谷小学、国贸银湖精品酒店、集装箱特色餐饮街。举办机器人科技节、青年节智跑、幸福马拉松等活动。至年底，集聚研发办公人员近万人，其中"新四军"创业人员235人、中高级职称技能人才671人；拥有创新平台25个，其中国家级2个、省级7个，双创平台建筑面积达8.6万平方米；团队356个，研发机构19个，其中省级以上15个；拥有有效发明专利239件，其中新增114件。

招商引资

【概况】 2020年，开发区直管区域实现实际利用外资5104万美元，其中：制造业外资5004万美元。招引产业项目86个，总投资134.9亿元，其中亿元以上高新项目40个。杭州普洛赛斯检测科技有限公司总部项目、图讯科技应急产业示范基地项目等62个项目落户银湖新区；中南钢结构有限公司生产基地项目等12个项目落户场口新区；中恒电气"新基建"产业基地项目、浙江创兴智能电机有限公司高端电机智能制造项目、杭州中泰深冷技术股份有限公司液化天然气成套装置撬装装备和冷箱及板翅式换热器生产基地项目等8个项目落户东洲新区；时森海（杭州）生物制药有限公司生物医药研究院项目等4个项目落户新登新区。

项目建设

【产业项目推进概况】 全年增建开工项目40个，其中：工业项目33个，东洲新区8个、银湖新区11个、新登新区3个、场口新区(包含环山)11个。服务业项目8个，均位于银湖新区。竣工项目34个，其中：场口新区16个、新登新区15个、东洲新区3个。产业项目推进在富阳区两大平台大比武、产业项目红黄榜等比武擂台中名列前茅，入选杭州市总工会杭州市工人先锋号评比名单。

【高效节能电机智能工厂项目】 7月10日，开发区与浙江创兴智能电机有限公司签约，由该公司投资15.5亿元，建设高效节能电机智能工厂项目。项目位于东洲新区原万汇家私地块，面积约5.76公顷。预计投产后可实现年产值10亿元，税收5000万元。年产特殊压缩电机2000万台、电动汽车驱动电机50万台、电动叉车应用电机20万台。

【"新基建"产业基地项目】 7月10日，开发区与杭州中恒电气股份有限公司"新基建"产业基地项目签约。由该公司投资2.2亿元，选址开发区东洲板块，占地约2.73公顷，预计投产后年产50万个整流模块智能化生产线和年产5000套高压直流电源（HVDC）系统生产线，与老厂房合计年产值5亿元，税收2000万元。

【生物医药研究院项目】 12月21日，开发区与时森海（杭州）生物制药有限公司生物医药研究院项目签约。该项目分为两期，一期是新登生物医药研究院，由该公司投资1亿元建设生物医药研究院。研究院下设创新药实验室、微生物实验室、酶工程实验室、制剂开发实验室、大分子药物实验室、分析中心、并配套注册申报、临床研究、QA、QC、知识产权等行政部门。先期研发的产品包括：创新药产品3个，分别为：替曲朵辛（河豚毒素，用于疼痛、伤口愈合、戒毒，为一类海洋创新药，填补国际国内空白）、生物药（一）PDL-1+TGFBR双靶点（用于非小细胞肺癌、HPV相关癌症、胃癌等）、生物药（二）CD3-Claudin（用于胃癌、胰腺癌）；仿制药产品16个，包括抗肿瘤药、局部麻醉药、妇产科用药等若干细分方向。二期是胥口生物医药产业化基地项目，计划总投资10亿元，拟利用药谷小镇原清源热电6.33公顷生物医药产业用地，增建产业化基地，为研究院提供产业化平台支持，计划生产NMN(长寿药)、疼痛药(河豚毒素)及老年病用药等保健品与创新类药品。二期项目建成后，预估达产产值29.07亿元，税收5.36亿元。

【恒康药业总部募投项目】 5月11日，开发区与浙江恒康药业股份有限公司"总部募投"项目签约。该项目位于银湖新区，占地约0.99公顷，由浙江恒康药业股份有限公司投资2.3亿元，拟建设成为国内领先的高端壁垒药品研发中心，MAH持证平台，药品国际贸易机构和专业化制剂合同销售组织（CSO）公司，生物医药项目孵化中心，成为浙江恒康股份有限公司和子公司及其他关联公司（生物医药报资平台）在内的总部基地。项目全部投入使用后预计实现年营业收入5亿元以上，年缴纳税金2000万元以上。

【图讯科技应急产业示范基地项目】 12月12日，开发区与浙江图讯科技股份有限公司就“图讯科技应急产业示范基地项目”签约，项目位于银湖新区，供地面积约2公顷。该项目总投资3.5亿元，预计建成投产后可实现年产值5亿元，税收约3000万元。

【重点项目集中开工仪式】 7月13日，开发区举行10个重点项目集中开工仪式，总投资52.11亿元，项目建成后预计年营业收入63.7亿元。其中3个总部项目：微谷研发总部大楼项目，总投资1.34亿元；杭州润歌网络新建研发办公楼项目，总投资1.3亿元；西谷数字零售产业综合体项目，总投资8.5亿元。工业项目7个：杭州中泰深冷技术股份有限公司，总投资11亿元，拟建设成为液化天然气成套装置撬装装备和冷箱及板翅式换热器生产基地；浙江创兴智能电机有限公司高效节能电机智能工厂建设项目，总投资15.5亿元，建成后拟年产特殊压缩电机2000万台、电动汽车驱动电机50万台、电动叉车应用电机20万台；中恒电气“新基建”产业基地项目，总投资2.2亿元，拟建成年产50万个整流模块智能化生产线和年产5000套高压直流电源系统生产线；申能环保年利用处置固体废物40万吨辅助配套设施建设项目，总投资3.8亿元，拟建设成为满足乙方“年利用处置固体废物40万吨项目”正常生产而必须配套的生产性厂房、研发楼、化验楼及其他辅助设施，包括洗袋系统、冶炼渣破碎磨粉系统、制砖系统、冰铜破碎等；杭州高驰智能装备有限公司，总投资1.5亿元，建成后拟年产智能装配检测线50条；杭州华达多功能彩色涂层板生产线配套高固体分聚酯涂料项目，总投资1.47亿元，建成后拟规划年产2.5万吨高固体份聚酯涂料；富阳银湖新区环形路小商业综合体项目，总投资2亿元，拟建设成为服务银湖硅谷小镇的餐饮、超市、酒店等于一体的综合体。

【富阳区重大项目集中开竣工、签约仪式】 11月12日，富阳区政府在开发区举行全区重大项目集中开竣工、签约仪式，参加项目共80个，总投资477亿元。开发区8个重点招商项目参加集中签约仪式，其中：场口新区项目3个，即浙江中南控股集团有限公司钢构、幕墙总部及制造基地建设项目（二期投资10亿元、三期投资10亿元）和黄公望高级中学新校区项目（总投资2.5亿元）。东洲项目项目1个：即大华AI高端产业园项目（总投资12亿元）。银湖项目4个，即杭州普洛赛斯检测科技有限公司总部项目（总投资1.5亿元）、银湖应急管理先进装备产业园项目（总投资5亿元）、杭州摘星社信息科技有限公司总部项目（总投资1亿元）、浙江动高实业集团有限公司总部项目（总投资1.5亿元）。

（沈丽洁）

【编　辑　胡春国】

23 杭州富春湾新城

Fuchunwan New Town, Hangzhou

综 述

【概况】 杭州富春湾新城位于富春江南岸，杭州市西南，辖“一街两镇”（春江街道、大源镇和灵桥镇），规划总面积约 53.3 平方千米，其中核心区约 45.6 平方千米，户籍人口 5.26 万人，外来人口 4.63 万人，规划总人口约 38 万人。杭州富春湾新城总面积 4060 公顷，其中建设用地面积 1922.33 公顷、农用地和未利用土地面积 2137.67 公顷。建设用地中工业用地 793.93 公顷，其中造纸企业用地 491.33 公顷，其他企业用地 302.6 公顷，商住用地 137.73 公顷，村庄建设用地 533.67 公顷，行政服务用地 53.73 公顷，道路绿化用地 244.13 公顷，其他（物流仓储、交通公共设施）用地 121.4 公顷，闲置建设用地 37.73 公顷。

【征地拆迁】 2020 年，计划腾退产业空间 200 公顷，实际完成 241 公顷，完成全年目标任务 120.5%，计划经营性用地收储 44.87 公顷，实际完成收储 46.66 公顷，进度 103.99%。

招商引资

【概况】 2020 年，累计引育杭州光机所、富芯半导体、飞旋科技、宏华数码等高新产业项目 73 个，用地面积约 218 公顷，计划总投资近 600 亿元，预计产值约 845 亿元、税收 20 亿元。飞旋科技、新亚低温等 5 个项目竣工投产，富芯半导体、正泰新能源列入省重大项目，浙江华达新型材料股份有限公司成功上市，上海光机所杭州分所获评首批省级新型研发机构。

【企业培育】 2020 年，围绕全区打造八大产业集群战略，重点培育光电激光（集成电路）、机电装备、智能专用设备等产业群落企业，实现光电激光产业集群在省内具有一定知名度。依托中科院上海光机所杭州分所、飞旋等引擎性项目初步形成光电激光、机电装备产业链。依托富芯半导体、宏华数码、东方通信等重大项目，培育信息技术、生命健康、高端装备制造、人工智能、新能源、新材料等产业，形成东部产业集聚区。培育高新潜力企业 11 家，国家高新技术企业 15 家。引进 5110 项目 A 类 5 个、B 类 5 个，硕士研究生及以上高端人才 88 人。

【留心留根】 全年累计落地“留心留根”及本地企业转型升级项目 9 个，其中金山仪表、新亚低温等高端装备制造项目 7 个，鸿昊集团、金富春集团大集团总部项目 2 个，总用地面积 16.27 公顷，总投资 17.9 亿元，预计达产产值约 27 亿元、税收 1.4 亿元。竣工投产金山仪表、新亚低温项目。

产业项目建设

【概况】 2020 年，杭州富阳富春湾新城完成上海外国语大学附属杭州学校、赫博药业、三自光电等 17 个项目开工建设。完成星辰三比齿科、银湖激光、东方通信、德联科技等 21 个项目供地或挂牌公告，供地面积 41.33 公顷。竣工投产飞旋科技、新亚低温等项目 5 个。省重大项目 2 个，为富芯半导体、正泰新能源。新增国有科技孵化面积 2.2 万平方米，开工建设国有科技孵化面积 9.3 万平方米。

“飞旋科技磁悬浮 + 产业化”项目：位于灵桥镇，由浙江飞旋科技有限公司投资建设。项目总投资 22 亿元，其中一期投资 7 亿元；用地面积 33.33 公顷，其中一期用地面积 7.08 公顷。项目投产后可年产磁悬浮高速电机 5500 台，其中鼓风机高速电机 2000 台、制冷压缩机电机 2000 台、空压机电机 1500 台。预期年产值 35 亿元，其中一期年产值 8.32 亿元，税收 1.7 亿元，其中一期税收 3780 万元。项目于 2018 年 12 月开工，厂房已竣工投产，2020 年过渡生产产值约 1.2 亿元。

中科院上海光机所杭州分所项目：位于大源镇，由中科院上海光机所与富阳区政府合作建设。项目总投资 15.5 亿元，其中固定投资 8.15 元，用地面积 9 公顷，其中一期项目用地 2.17 公顷，计划总建筑面积 93495 平方米，容积率 2.66。

项目将重点引进光电功能材料、激光智能制造与智能传感、光电材料加工与检测技术，建设科研孵化大楼和光电激光特色产业园。5—10年后形成一个从材料、光纤到激光器及激光应用的产业集群，年产值10亿元以上。项目于2020年6月开工，预计2022年6月竣工。

富芯半导体项目：位于滨富特别合作区，由杭州富芯半导体有限公司投资建设。项目入选杭州市标志性重大产业项目和浙江省152项目，完成省特别重大产业项目评审，计划被列入省"十四五"标志性重大项目。项目总投资400亿元，用地约43.33公顷，其中一期投资180亿元，用地约21.4公顷，拟建设12英寸、加工精度90—55纳米集成电路芯片生产线，规划产能5万片/月、产值50亿元。项目定位全球最先进的高端模拟产线，产品广泛应用于5G通信、云计算、汽车、工业、安防监控、消费电子等领域。至年底，该项目前期工作准备中。

中节能（富阳）项目：位于春江街道，由中节能（杭州）环保产业有限公司投资建设。项目总投资10亿元，其中固定资产投资5亿元，用地面积约6.46公顷。项目建成后将引进成长性好、创新性强的智能制造、电子信息技术、节能环保、新材料、医疗器械等符合杭州富春湾新城产业导向的高新产业项目（企业），预计实现年产值10亿元，税收5000万元。至年底，该项目施工前期准备中。

银湖激光项目：位于大源镇，由杭州银湖激光科技有限公司投资建设。项目总投资约2.15亿元，总用地面积约1.67公顷。计划研发产业化六大类高端激光设备，分别是半导体薄膜特别是太阳能薄膜激光加工设备、柔性超薄玻璃激光加工设备、光电功能晶体材料特别是蓝宝石的激光精密加工设备、透明材料特别是玻璃、晶体和光电功能材料激光高端精细标记设备、柔性集成电路板激光精密加工设备、塑料薄膜特别是光电塑料激光焊接设备。预计项目达产后年产值3亿元，年税收2000万元。

新亚低温项目：位于灵桥镇，由杭州新亚低温科技有限公司投资建设。项目总投资2亿元，用地面积约2.67公顷。计划年产重载卡车用发动机高压供气系统5000台，微型超高压压缩机1200台、超高速循环冷却离心泵1000台。预计年产值约4亿元，税收约1500万元。项目于2019年3月开工，2020年11月，竣工投产。

宏华数码项目：位于滨富合作区，由杭州宏华数码科技股份有限公司投资建设。项目总投资10亿元，用地面积8公顷。一期项目总投资5.05亿元，用地面积3.33公顷，计划建筑面积78871平方米，容积率2.44。预计年产2000台套纺织数码喷印设备和配套耗材，建成工业喷印数字化装备基地和智能制造示范基地。一期项目建成后预计年产值约3.25亿元，税收约1500万元。整个项目建成后预计年产值约7.8亿元，税收约3600万元。项目于2020年4月开工，计划2021年11月竣工。

政府投资项目建设

【概况】 2020年，杭州富春湾新城全年共承担政府投资项目46个，总投资319.05亿元。其中：市政基础设施项目19个，总投资87.67亿元；公建配套项目14个，总投资

杭州富春湾新城小微企业创新园

（杭州富春湾新城管委会 供稿）

94.66亿元；民生项目（安置房）12个，总投资136.72亿元。

【市政基础设施项目】 全年实施市政基础设施项目19个，总投资87.67亿元。

杭新景灵桥互通迁改项目：位于灵桥镇，杭新景灵桥互通向北改移1.9千米至现状春永线（富春湾大道）处，新建匝道G25长深（杭新景）高速公路相接（双向六车道），并在富春湾大道两侧设置收费站，形成三岔T形互通式立体交叉（梨形），主线全长1.87千米，互通匝道全长4.35千米。项目总投资7.5亿元。

富春湾大道（一期）项目：起点位于富春湾大道与学院路交叉口，终点位于江南大道与经纬路交叉口，一期工程实施总长2.98千米；项目建设形式为地下快速路（双向六车道）+地面主干路（双向六车道）形式，道路总宽55米；建设内容包括隧道工程、管廊工程、桥涵工程、河道工程、雨污水工程、交通工程及景观绿化工程等，总投资53.24亿元。

富春湾大道（二期）项目：起点位于富阳大桥连接线，终点至灵桥镇杭新景高速桥以东约700米，与在建春永线衔接，二期全线总长约6.98千米，以一期工程为分界线分东西两段：西段工程总长约0.97千米，东段工程总长约6.01千米；项目建设形式为地下快速路（双向六车道）+地面主干路（双向六车道）形式，道路总宽55米；建设内容包括隧道工程、管廊工程、道路工程、桥涵工程、河道工程、管线工程、隧道附属工程（机电及管理用房等）、管廊附属工程（机电及管理用房等）、交通工程及景观绿化工程等，总投资86.77亿元。

亭山路（一期）项目：西起科甲路东段，东至董家桥路，全长2120.98米，宽40米。建设内容为道路工程、排水工程、桥梁工程、景观工程、管线综合工程及道路附属工程等，总投资11.23亿元。

亭山路二期（赤亭纸路至科甲路）项目：涉及范围西起赤亭路，东至科甲路，道路全长1.73千米。道路等级为城市主干路，涉及速度为60千米/时，标准段红线宽45米，双向6车道。总投资2.9亿元。

科甲路项目：设计范围西起赤亭纸路，东至科甲路，道路全长1.73千米。道路等级为城市主干路，设计速度60千米/时，标准段红线宽45米，双向六车道。总投资1.12亿元。

赤亭纸路（亭江路）（富春湾大道以南段）项目：新建两条道路，一号路北起富春湾大道，南至与亭山路连接，全长约657.54米，建设形式为地上城市次路（双向六车道），道路标准段红线宽为40米；二号路东起一号路，西至与加油站大门连接，全长约64.81米，建设形式为地上城市支路（双向四车道），道路标准段红线宽为16米；建设内容包括道路工程、排水工程、绿化工程等，总投资1767.85万元。

经纬路一期项目：位于春江街道和大源镇，工程范围为北至江南大道，南至亭山路，总长1835.24米，道路红线宽度40米+10米绿化带；建设内容为道路工程、雨污水管线工程、桥梁工程、绿化工程、相关道路附属设施（含照明、标志标线）等，总投资1.43亿元。

经纬渠新建及景观配套工程项目：位于春江街道和大源镇，经纬渠为新开河道，南北走向，南起亭山路，终至江南大道南侧，全长1835米，宽15米，根据区块单元控制规划，经纬渠西侧绿化带宽度为15米，东侧绿化带宽度为20米。为了经纬渠水体交换的需要，拟将四季坞支渠改道流入经纬渠，改道长度约428米，采用箱涵形式。经纬渠渠道防洪标准为20年一遇，总投资0.76亿元。

春永线改造工程（灵礼路—胜利路）项目：位于灵桥镇，道路总长980米，宽18米，建设内容包括道路工程、管线工程、交通安全设施工程及其他道路附属工程。总投资约4000万元。

同登路（小源溪至灵礼路）项目：位于灵桥镇，西起小源溪东侧，东至灵礼路，道路全长687米，道路红线宽度75米（包含两侧各15米绿化带），道路由西向东依次与王家宕路和灵礼路平面相交，建设内容为道路工程，排水工程，综合管线工程，两侧绿化带工程。总投资约5000万元。

蔡伦路东段改造工程项目：东西向穿越富春湾新城，西起规划秦望南路，东至广源大道交叉口，道路红线宽度38.50米，全长1066.46米，建设内容为道路工程、雨污水管线工程等。总投资约5600万元。

王家宕路（滨富路）项目：位于灵桥镇，总体呈南北向，北起南大道以南320米，向南经富春湾大道、规划道路、同登路后至亭山路以北240米，道路全长约1681.50米，道路标准段红线宽为55米和45米。建设内容为道路工程，排水工程，综合管线工程。总投资约1.63亿元。

春南小而美区块配套道路工程：位于春江街道蔡伦路与科甲路交叉口向北150米处，为新建道路，共东西、南北两条路，等级为城市支路，线型走向基本依据规划线型，横一路西起规划道路，东至与规划科甲路连接，道路全长约为463.76米，道路标准段红线宽为20米；纵一路北起富春湾大道，南至与蔡伦路连接，道路全长约为313.73米，道路标准段红线宽为20米。建设内容为道路工程，排水工程，综合管线工程。总投资约1750万元。

江滨南大道东延至大源溪工程项目：位于春江街道和大源镇，起点为南大道北入口，终点为大源溪桥，道路总长4870米，宽30米，建设内容为道路工程，雨污水管线工程，绿化及相关配套设施工程。总投资约3.59亿元。

滨富特别合作区配套道路项目：位于灵桥镇，起点现状灵礼路，北至富春湾大道，南至同登路，东至规划道路，工程范围内共有道路2条，道路一（东西向）长约536.68米，道路二（南北向）长约420米，道路标准段红线宽为30米，建设内容包含道路结构、给排水、绿化及相关交安设施安装等。总投资约7320万元。

富春湾大道施工配套道路项目：位于灵桥镇，为配套临时施工道路，等级为城市支路，项目西起灵礼路，北至建黄线，总长1716米，道路结构总宽 7.50 米。建设内容为路面工程和路基工程。总投资约 0.15 亿元。

总部经济 A 配套道路项目：位于春江街道，为新建工程，涉及道路 3 条，分别为总部经济 A 配套道路一，道路全长约为 285.29 米，道路红线宽为 20 米；总部经济 A 配套道路二，道路全长约为 143.54 米，道路红线宽为 14 米；总部经济 A 配套道路三，道路全长约为 148.96 米，道路红线宽为 20 米，并设桥梁 1 座，长 20 米，跨径为 20 米。建设内容包括道路、管线、交安、绿化、照明等。工程总投资约为 2096 万元。

总部经济 B 配套道路项目：位于春江街道，为新建道路工程，涉及道路 2 条，为总部经济 B 配套道路一号路，道路全长约为 311.85 米，道路红线宽为 20 米；总部经济 B 配套道路二号路，道路全长约为 367.47 米，道路红线宽为 20 米。建设内容包括道路、雨水管网、污水管网、管线（自来水、强电、弱点、燃气、照明）等。工程总投资约为 3350 万元。

小源溪东侧景观带项目：位于灵桥镇小源溪东岸，南起灵桥高速，北至富春湾大道，全长约 1735 米，宽 20 米，类型为滨水综合性公园，同时含景观廊架造型、挑台、管理用房、生态公厕、驿站、小品等。总投资约为 2080 万元。

建设区块配套道路项目：位于春江街道，道路长度约 2258 米，南北向道路宽度为 20 米，北侧道路宽度 14 米，中部和南侧道路宽度 30 米，春江幼儿园西侧和南侧道路宽度为 8 米。建设内容为道路工程，排水工程，综合管线工程。总投资约 0.65 亿元。

【公建配套项目】 全年实施公建配套项目 14 个，总投资 94.66 亿元。

杭黄铁路站前广场项目：总用地面积 118325 平方米，包含站前人行广场、公交及出租车场站、游客集散中心、站前地下停车场、亭山路、进出站匝道、附属市政道路及景观等，总投资 6.5 亿元。

杭黄高铁片区一平方公里综合开发项目：位于杭州富春湾新城城市核心轴南部，北至规划同登路、南至杭黄高铁富阳站、西至竹简路、东至规划支路，总用地面积约 104.36 公顷。由中交城投作为中标合作方，负责项目整体开发策划、投融资、建设、土地开发等，合作期 5 年，其中建设期 3 年。为富春湾新城首个采用“片区综合开发模式”项目。

省人民医院富阳院区项目：项目位于蔡伦路以南，竹简路以东，大桥南路以西。总用地面积 12.27 公顷，容积率 1.8，绿地率 35%，建筑密度不大于 35%，建筑高度 80 米，总投资 32 亿元。本项目分期实施，一期总建筑面积 211990 平方米，其中地上 139920 平方米，地下 72070 平方米，总投资 26.19 亿元（含征迁费 10.7 亿元）。

大桥南路提升改造工程：项目主要建设内容包括道路中央隔离带，机动车与非机动车隔离带、两侧绿化带，全长约为 2877 米，绿化面积约为 70163 平方米，总投资约 2500 万元。

灵桥产业区块人才公寓（一期）项目：位于灵桥镇同登路南，王家宕路东，灵礼路西，灵羊线北，项目规划用地面积 41878 平方米，总建筑面积 181633 平方米，其中地上计容建筑面积 104695 平方米，地下建筑面积 76938 平方米。包含高层住宅楼 13 栋，多层以及其他配套设施 2 栋。其中地上 20 层高层住宅楼 11 栋；地上 18 层高层住宅楼 2 栋；多层建筑为地上 1—2 层，最大建筑高度为 58.80 米。设置地下车库 2 层，地下二层为人防地下室工程，设计人防总建筑面积为 23421 平方米。一期住宅 1458 户，其中 90 平方米大户型 152 套，70 平方米中户型 638 套，55 平方米小户型 668 套；机动车泊位 1571 个，其中地上车位 28 个，地下 1543 个；容积率 2.5，绿地率 35%。总投资约 4.45 亿元。

上海光机所杭州分所项目：位于杭州富春湾新城，东侧为经纬路，南、西、北侧为规划道路，总用地面积 21680 平方米。建设内容为科研实验室、商务办公楼、会议中心、科研展厅及配套用房。总投资约 6.3 亿元。

亭山渠项目：南起亭山快速路（规划），与杭黄高铁站接壤，北至富春湾大道，与中心渠接壤，总长度约 1462 米，新建规划河道宽约 15 米，河道东侧绿化带宽 25 米，西侧绿化带宽度 15—20 米，红线面积约 107815 平方米。建设内容包含河道开挖、新建驳岸、休息节点、健身步道等。总投资约 8000 万元。

亭山变以东高压线迁改项目：位于春江街道和大源镇，建设内容为亭山变以东春江、大源区块 35 千伏、110 千伏、220 千伏高压线迁改。总投资约 2.18 亿元。

亭山变以西高压线迁改项目：位于春江街道，建设内容为亭山变以西 35 千伏、110 千伏、220 千伏高压线及光电产业园 220 千伏高压线迁改。总投资约 1.78 亿元。

灵桥区块高压线迁改项目：位于灵桥镇，建设内容为灵桥产业区块高压线及灵桥变、永春变迁改。总投资约 1.12 亿元。

富春湾新城污水调配工程项目：位于春江街道，建设内容为新建春南污水提升泵站（规模为 1 万吨／日），新建 D400 压力管 2.9 千米；新建清源污水提升泵站，新建 D800 污水压力管 2.8 千米。总投资约 0.41 亿元。

灵桥污水提升泵站迁建工程项目：位于灵桥镇，建设内容为迁建灵桥污水提升泵站 1 座，新建 D600 污水重力管 130 米，D1000 污水压力管 120 米，路面开挖修复和景观改造等。总投资约 0.15 亿元。

上海光机所杭州分所临时过渡用房装修工程项目：位于春江街道，建设内容为 2—7 层、9 层及附楼装修，面积约 8700 平方米。总投资约 0.38 亿元。

【安置房项目】 全年实施安置房项目 12 个，其中在建项目 11 个：大源亭山安置小区、大源东升 1 号安置小区（二期）、春南安置小区、灵桥永丰安置小区（4 个 PPP 项目）；春北安置小区 A、B 区块、灵桥安置小区二期 A、B、C 区块、大源安置小区二期 A、B 区块均已完成桩基工程进入地下室主体施工阶段；新建项目 1 个：春北安置小区 C 区块。

春南安置小区建设工程项目：

用地面积为16.67公顷，总建筑面积64.92万平方米，其中地上建筑面积41.36万平方米，住宅总套数2884套，配建18班幼儿园1所，总投资25.09亿元。总承包单位为中电建建筑集团有限公司。项目于2019年4月开工建设，至2020年年底，完成工程量60%。

大源镇东升1号安置小区建设工程二期项目：用地面积为2.58公顷，总建筑面积8.56万平方米，其中地上建筑面积5.98万平方米，住宅总套数395套，总投资3.6亿元。总承包单位为龙元建设集团股份有限公司。项目于2019年3月开工建设，至2020年年底，完成工程量60%。

大源镇亭山安置小区建设工程项目：用地面积为6.87公顷，总建筑面积22.84万平方米，其中地上建筑面积16.22万平方米，住宅总套数1180套，总投资9.18亿元。总承包单位为龙元建设集团股份有限公司。项目于2019年3月开工建设，至2020年年底，完成工程量60%。

灵桥镇永丰安置小区建设工程项目：用地面积为7.87公顷，总建筑面积27.5万平方米，其中地上建筑面积20.22万平方米，住宅总套数1370套，配建12班幼儿园1所，总投资10.82亿元。总承包单位为龙元建设集团股份有限公司。项目于2019年3月开工建设，至2020年年底，完成工程量60%。

春北安置小区A区块项目：用地面积为6.87公顷，总建筑面积21.41万平方米，其中地上建筑面积12.96万平方米，住宅总套数890套，项目总投资9.07亿元。总承包单位为中铁建设集团有限公司。项目于2019年12月开工建设，至2020年年底，完成工程量30%。

春北安置小区B区块项目：用地面积为11.4公顷，总建筑面积42.2万平方米，其中地上建筑面积27.9万平方米，住宅总套数1938套，总投资16.11亿元。总承包单位为中铁建设集团有限公司。项目于2019年12月开工建设，至2020年年底，完成工程量30%。

大源安置小区二期A区块项目：用地面积为6.6公顷，总建筑面积22.26万平方米，其中地上建筑面积14.1万平方米，住宅总套数920套，总投资7.17亿元。总承包单位为中铁十八局集团有限公司。项目于2020年1月开工建设。至2020年年底，完成工程量30%。

大源安置小区二期B区块项目：用地面积为3.74公顷，总建筑面积13.22万平方米，其中地上建筑面积7.77万平方米，住宅总套数606套，总投资4.41亿元。总承包单位为中铁十八局集团有限公司。项目于2020年1月开工建设。至2020年年底，完成工程量30%。

灵桥安置小区A区块项目：用地面积为11.27公顷，总建筑面积42.9万平方米，其中地上建筑面积28.12万平方米，住宅总套数2142套，总投资17.15亿元。总承包单位为中交一公局集团有限公司。项目于2020年1月开工建设，至2020年年底，完成工程量30%。

灵桥安置小区B区块项目：用地面积为8.4公顷，总建筑面积32.72万平方米，其中地上建筑面积21.08万平方米，住宅总套数2142套，总投资10.95亿元。总承包单位为浙江奔腾市政园林建设工程有限公司。项目于2020年1月开工建设，至2020年年底，完成工程量30%。

灵桥安置小区C区块项目：用地面积为5.33公顷，总建筑面积19.4万平方米，其中地上建筑面积11.37万平方米，住宅总套数916套，总投资7.91亿元。总承包单位为浙江奔腾市政园林建设工程有限公司。项目于2020年1月开工建设，至2020年年底，完成工程量30%。

春北安置小区C区块项目：用地面积为4.09公顷，总建筑面积11万平方米，其中地上建筑面积6.59万平方米，住宅总套数476套，总投资44.08亿元。总承包单位为中铁建设集团有限公司。项目于2020年10月开工建设，至2020年年底，完成工程量5%。

（章佳星）

【编辑 刘亮】

24 投融资平台
Investment and Financing Platform

浙江富春山居集团有限公司

【概况】 2020年，集团实现营业利润1.76亿元，营业收入4亿元，上缴税收3776.27万元。公司总资产149.49亿元，净资产55.69亿元。

【资产经营投资管理】 2020年，集团拥有房产面积25.7万平方米，土地39.92万平方米。集团本级全年房租收入1852.5万元。对外投资企业24家，其中全资企业9家，出资额6.19亿元，控股企业1家，出资额5500万元，参股企业14家，出资额3.41亿元。

【机关事业单位公共资产管理中心】 2020年，集团公共资产管理中心房产面积21.59万平方米，其中经营性资产房产面积3.89万平方米；土地面积49.33万平方米，其中净地出租1.7万平方米，全年租金收入约810万元。

【直属子公司】 2020年，杭州富阳清风实业发展有限公司营业总收入1060万元，其中资产租赁收入858万元；黄公望隐居地景区实现旅游人数95397人次，营业收入119万元；杭州富阳文化旅游投资集团有限公司组建成立东梓关乡村旅游公司，打造富春山居农产品品牌馆，收购龙门古镇的经营权以及壶源溪水电站；富阳区食品公司屠宰生猪50602头、肉牛30444头；富阳区农林公司实现营业收入869万元，同比增长66%，盈利200万元；富阳区龙门古镇公司自5月1日恢复正常营业以来，累计接待游客（含杭州市民免票）14.73万人，实现收入438.94万元，其中门票收入407.52万元，租金收入31.42万元；富阳区阳陂湖公司自10月25日开园以来，累计接待游客25.52万人，停车场收入12.1万元，餐饮收入17.04万元，小交通收入64.87万元；富阳区运投公司参与管理建设项目16个，竣工项目6个；富阳区三国圆公司联合富阳各大旅行社共同推出“家门口的健康游·富阳人游富阳”美丽乡村一日游活动，大力推广“乐游富阳”电商平台，不断优化新劳动教育实践体验活动，累计接待学校45所学生8437名，实现营收168.83万元。

【融资管理】 集团融资50.9亿元（其中发行公司债20亿元），还贷17.81亿元，融资余额38.17亿元，对外担保余额44.21亿元。

【项目建设管理】 集团负责建设政府投资项目16个，投资4.46亿元。其中续建项目7个：杭州富阳阳陂湖生态修复治理项目（一期）西环北路以西开园区域除庙山公建和汀洲园部分区域外已竣工，绿化、桥梁已经建造整个项目的90%，水利部分已建造基础工程30%工程量；“1+7”红色综合体（一期）纪念馆的粉刷装饰工程装修总量的90%，铝合金、幕墙安装了总工程量的80%，篮球馆进入一层施工总工程量

阳陂湖生态湿地修复项目(一期)

（富春山居集团　供稿）

的33%；公安业务技术用房场外回填土总量的90%，室外铺装总工程量的90%；东洲12#地块公共租赁住房配建工程主体结构结顶，幕墙、涂料、墙地砖、门窗、管道施工了总工程量的80%；高桥公共租赁房项目主体结构全部结顶，内外墙粉刷施工了主体工程的71%；富阳区殡仪馆改扩建工程9#、10#楼屋面竣工；4#、5#、7#砌筑基本竣工，6#楼、8#楼主体竣工，占总工程量的24%；鹿山便民服务中心主体八层浇筑竣工，地下室顶板建造了总工程量的58%。东洲公租房项目QC小组获评全国二类成果及省工程建设优秀质量管理小组，并获2020年上半年度杭州市建设工程“西湖杯”结构优质奖；高桥公租房项目被评为2020年度富阳区根治欠薪优秀项目。

【文旅产业发展】 编制常绿镇全域旅游规划、泗洲古法造纸印刷文化园、“唐诗之路”智慧驿站、鹳山等新规划方案；10月25日，阳陂湖生态湿地修复项目（一期）对外免费开放，“乐游富阳”电商平台上线运营；开通杭州野生动物园、邮政店线下富春山居农产品品牌馆运营；组织策划推出新劳动教育活动模式，吸引全区35所学校8437名中小学生参加；龙门古镇举办2020年度百花大会、端午汉风文化节、龙门庙会等主题节庆活动，配合大学生旅游节做好分会场活动；开通“钱塘江诗路”富春江水上旅游线和“春江花月夜”夜游；成立东梓关乡村旅游公司，回收龙门古镇经营权回收，改由杭州龙门古镇旅游发展有限公司管理；完成龙门古镇景区小程序（20秒入园）预约系统；龙门古镇获2020年度杭州市优质景区景点称号。

（王　俊）

杭州富阳城市建设投资集团有限公司

【概况】 2020年，杭州富阳城市建设投资集团有限公司总资产1028亿元，总负债585亿元，净资产443亿元，资产负债率为56.9%；全年实现收入32.85亿元，利润6.78亿元。

【筹融资】 2020年，融资164.58亿元。借助主体信用等级AA+，在资本市场拓展业务，不断扩大直接融资比例。以集团为发行主体，在交易商协会发行PPN（非公开定向债务融资工具）30亿元、在交易所发行公司债40亿元，创造全国同级别、同等规模私募公司债最低利率，浙江省同级别私募公司债最大发行规模；相继获批企业债25亿元、公司债项目20亿元、超短期融资券10亿元、ABS（资产支持专项计划）17.9亿元。6月，全球三大国际评级公司之一的惠誉国际，给予集团主体国际信用BBB-评级，评级展望为稳定。为杭州市区县级第二家、富阳区第一家获得投资级国际信用评级的区级国有企业。

【杭富城际铁路】 项目起自之江旅游度假区6号线美院象山站，向西经由之江旅游度假区转塘，终点富阳城区桂花西路站，线路全长23.51千米，共设11个站点，项目总投资132.98亿元，11月13日，工程竣工；12月28日，投入初期运营。

【金桥北路综合管廊】 项目位于富春街道，北起高桥西路与金桥北路交叉口，南至体育馆路，长约6千米，标准断面为两仓，入廊管线为110千伏以上高压电缆，通信电缆和自来水输送管，项目总投资145457万元。至年底，廊体结构主体和装修部分全部竣工，路基部分还在施工中。

【秦望区块搬迁安置房】 项目位于富春街道，分2个区块，共50幢高层，总建筑面积约103万平方米，其中地上建筑面积约79万平方米，地下室27万平方米，项目总投资约54亿元。至年底，秦望区块搬迁安置房：（一）建造进度为78%，秦望区块搬迁安置房工程；（二）建造进度为80%。

【观前村安置小区及教师限价房建设工程】 项目位于银湖街道观前村，概算总投资1.94亿元，建筑总面积3.67万平方米，至年底，项目已基本竣工。

【北支江综合整治工程及亚运场馆水上运动中心】 该项目和激流回旋项目总建筑面积约5.95万平方米，地上建筑3.77万平方米，设置观众服务区、安保与场馆运行区、

2020年，富阳区秦望安置房建设

（区城投集团供稿）

运动员接待与训练区以及国际标准赛艇、皮划艇赛道。至年底，竣工项目土建部分，内部装修及室外景观等安装进度为70%。

【农村饮用水改造】 根据《农村饮用水三年行动计划》安排，本项目建设覆盖行政村185个，涉及乡镇街道23个，受益人数为33.6万人，项目全部竣工投入使用。

【老旧小区改造】 全年实施老旧小区改造区块10个，整治道路面积8.9万平方米，雨污分流管网33.2千米，整治绿化面积约3.30万平方米，惠及居民房屋274幢6053套，整治面积约35万平方米。

（刘超强）

杭州富阳交通发展投资集团有限公司

【综述】 2020年，杭州富阳交通发展投资集团有限公司总资产235.58亿元，净资产105.44亿元，资产负债率55.24%。营业收入22.05亿元，经营性利润4.09亿元；固定资产投入23.49亿元，融资46亿元，客运、公交安全行驶6352.3万千米，客运量4470.34万人次，公共自行车服务90.89万人次。6月，获AA+主体信用评级。

【鹿山（大盘山）隧道工程】 该项目总投资24.5亿元。北起公望街，与区内环快速路西线工程北段顺接，沿西环北路往南至大盘山后分左右线设隧道穿越大盘山，出洞后沿望波街布线，最终与富阳大桥北侧桥头相接。全长6.34千米，其中：高架桥3.03千米，隧道2.32千米，2020年1月开工建设，计划2022年8月底通车。至年底，完成工程量的17%。

【新中线（太平至中埠大桥）工程】 该项目总投资3.84亿元。起始春江街道太平南峰村，路线沿原有老路逆江而上，设置长290米隧道穿越石塘岗山，终止于中埠大桥桥头汤马线形成T字平交口。全长2.19千米，道路等级按国家一级公路设计，兼顾城市道路标准，双向六车道，设计速度60千米/时。同时实施的绿道工程，起点与现状太平堤相连，终点与中柏堤相连，沿现状新中线布置，全长3.14千米。2020年4月开工建设，计划2022年4月竣工。

【环金线整治工程二期（场口至金沙段）】 该项目总投资3.02亿元。为奉化至江山公路富阳段，路线全长3.9千米，设计隧道3个，长度分别为943米、725米、760米。桥梁2座，长分别为20米、40米。设计时速40千米/时，路基宽12米，按国家二级公路标准建设。2020年11月开工建设，计划2022年8月竣工。

【汽赶线新关至赶口段改建工程】 该项目总投资2.80亿元。起点位于富阳区大源镇新关造纸厂东侧，顺接G25富阳至G60诸暨高速联络线富阳大源互通至杭新景高速灵桥互通接线工程，路线向西南方向前进，全长2.67千米。按国家二级公路标准建设，设计时速60千米/时，路基宽17米。全线共设置桥梁2座，隧道1座，其中：中桥，长73米，小桥长38米，隧道长365米。2020年12月开工建设，计划2022年8月建成通车。

【北支江（亚运）旅游集散中心项目】 该项目总投资2.84亿元。包括富中渡埠迁建、新沙渡、小沙渡埠改造、小沙旅游码头以及岛头配套道路、景观绿化等内容，其中富中渡埠迁建，拟选址于原址下游，主要功能为客渡；小沙渡埠改造提升，主要功能为车渡，采用斜坡码头形式；新沙渡按美丽渡口标准作进一步提升改造，在新沙渡下游新建渡埠与小沙渡设置车渡航线，新建渡埠采用斜坡码头形式；小沙旅游码头设置四个泊位；配套道路由环岛路与疏解路1、疏解路2组成。

（胡爱稚）

环金线

（区交通集团　供稿）

杭州富阳开发区建设投资集团有限公司

【概况】 2020年，杭州富阳开发区建设投资集团有限公司总资产585亿元，负债332亿元，所有者权益253亿元，资产负债率56.75%，实现收入22.86亿元，净利润3.34亿元。集团持有经营类资产591503平方米，其中：科创中心102213平方米、百丈公寓45842平方米、银湖实验学校145122平方米、标准厂房75534平方米、安置房营业房46018平方米、法拍厂房146729平方米、其他房产31842平方米。其中：招商类资产368713平方米，自营类资产222790平方米。物业出租454034平方米、处置闲置车位（库）

251 个，扣除招商引资政策及疫情期间租金减免，实现经营收入 6167 万元（含车位处置款）。

【筹融资】 2020 年，集团增融资 120 亿元，其中质押贷款 1.19 亿元。集团贷款余额为 260 亿元，其中直接融资 50 亿元。

【土地经营】 集团出让 55 宗土地，其中：经营性土地 18 宗、工业土地 32 宗、公建配套 5 宗。出让经营性用地 39.11 公顷，做地收益 45.8 亿元。

【重点项目】 集团列入富阳区大计划政府投资项目 148 个，其中：续建项目 62 个、增建实施类项目 40 个、增建预备类项目 22 个、应急工程 20 个、园区配套工程 4 个。全年固定资产投资 30.17 亿元。

【亚运射击射箭现代五项馆项目】 项目位于银湖街道，主体为杭州富阳银湖新区建设有限公司，工程概算总投资 14.23 亿元，资金来源方式为自筹。该项目用地面积 27.52 公顷，总建筑面积 8.25 万平方米，其中地上建筑面积 6.06 万平方米，包括射击综合管 4.36 万平方米、新闻及安保中心 0.39 万平方米、飞碟辅助用房 0.53 万平方米、射箭及现代五项辅助用房 0.58 万平方米、马厩 0.20 万平方米、隔离马厩 0.01 万平方米；地下建筑面积 2.19 万平方米。工程于 2018 年 10 月正式桩基施工。至年底，完成总工程量 95.6%。

【杭州银湖科技城硅谷小学（原银湖小学工程）】 项目位于银湖街道，主体为杭州富阳银湖新区建设有限公司，工程概算总投资 2.09 亿万元，资金来源方式为自筹。该工程用地面积 3.11 公顷，总建筑面积 46697.22 平方米，其中地上建筑面积 30047.63 平方米，地上不计容面积 3010.29 平方米，地下建筑面积 13639.3 平方米。工程于 2018 年 12 月开工，完成总工程量 54%。

【药谷小镇综合配套工程（一期）】 项目位于胥口镇，主体为杭州富阳新登城镇建设投资集团有限公司，工程概算总投资额度为 3.49 亿元，资金来源方式为自筹。工程建设项目内容为药谷客厅工程、葛溪沿线综合整治项目和下练大桥项目。工程于 2018 年 4 月开工，至年底，完成总工程量 70%。

【便民服务大楼及执法中心项目】 项目位于场口镇，项目主体为杭州富阳场口新区建设有限公司，工程概算总投资 1.62 亿元，资金来源方式为自筹。项目用地面积 1.16 公顷，总建筑面积 36505.1 平方米，其中：地上建筑面积 27576.5 平方米，地下建筑面积 8928.6 平方米。项目于 2018 年 12 月开工，至年底，完成总工程量 74.5%。

2020 年，亚运射击射箭现代五项馆全貌
（区开发区集团 供稿）

【东洲新区安置房一期】 该项目位于东洲新区，主体为杭州富阳富春江房地产开发有限公司，用地面积 5.34 公顷，工程概算总投资 6.76 亿元，资金来源方式为自筹。总建筑面积 157786.93 平方米，地上计容建筑面积 104904.23 平方米，其中：住宅建筑面积 94234.95 平方米，配套公建面积 10269.28 平方米；地下建筑面积 55882.7 平方米。容积率 1.96，建筑密度 24.91%，绿地率 30%。该项目于 2019 年 12 月开工，至年底，完成总工程量 30%。

【新登镇公寓安置房项目】 项目分共和花园公寓安置房、惠来花园公寓安置房和塔山花园公寓安置房，均位于新登镇，项目主体为杭州富阳新登小城市建设有限公司工程，概算总投资 14.76 亿元，资金采用 PPP 模式筹措。建设用地面积为 10.22 公顷，总建筑面积为 34.88 万平方米，建设套数 2042 套。共和花园公寓安置房于 2019 年 6 月开工，至年底，完成总工程量 35%；惠来花园公寓安置房于 2019 年 12 月开工，至年底，完成总工程量 21%；塔山花园公寓安置房于 5 月开工，至年底完成总工程量 12%。

【新登双溪花园拆迁安置小区工程】 项目位于新登镇双溪村，主体为杭州富阳新登小城市建设有限公司，工程用地总面积为 3.72 公顷，总建筑面积为 10.41 万平方米，其中地上 7.03 万平方米，住宅 6.26 万平方米，地下建筑面积 3.1 万平方米，建成套数 568 套，计划总投资约 4.19 亿元。项目于 6 月开工，至年底，桩基施工阶段打入工程桩 703 根，打入工程桩总量的 93%。

【松溪家园五期工程】 项目位于新登镇，主体为杭州富阳新登城镇建设投资集团有限公司，工程概算总投资 1.66 亿元，资金来源方式为自筹。该项目用地面积 2.82 公顷，总建筑面积 60608 平方米，其中：地上建筑面积 52873 平方米，包括住宅面积 34504 平方米、配套用房 17642 平方米、物管用房 429 平方米、社区用房 98 平方米、消控室和开闭所200平方米，架空储藏室等面积3657平方米，地下建筑面积4078平方米。项目于2016年6月开工，至年底，已通过竣工验收。

【场口镇叶盛村安置房项目】 项目位于场口镇叶盛村，主体杭州富阳场口小城镇投资建设有限公司，总投资约9.6亿元，用地总面积为8.29公顷，总建筑面积为总建筑面积24.7万平方米，地上建筑面积16.15万平方米，地下建筑面积8.47万平方米。可建设套数1216套。项目于7月开工，至年底，桩基施工阶段已打入工程桩3383根，打入其工程桩总量的80%。

【场口镇场口村棚户区改造安置房项目】 项目位于场口镇，项目主体为杭州富阳富春江房地产开发有限公司，工程概算总投资3.53亿元，资金来源方式为自筹。总建筑面积78291.56平方米，其中地上建筑面积59383.36平方米，包括住宅面积41826.06平方米、配套公建17557.3平方米，配套商业15496.2平方米、车库1472.3平方米、社区用房131.8平方米、物业经营用房270平方米、物业服务用房187平方米；地下建筑面积18908.2平方米。项目于2018年9月开工，至年底，主体竣工，进行市政、排水、规划等单项验收，准备竣工备案。

【场口公寓房九期项目】 项目位于场口镇，主体为浙江富春山居集团有限公司（现为杭州富阳开发区建设投资集团有限公司），工程概算总投资1.74亿元，资金来源方式是自筹。总建筑面积45146.09平方米，其中地上建筑面积34612.9平方米，包括住宅面积29129.61平方米、公建配套面积2522.76平方米（含居家养老服务设施）、物业管理用房318.46平方米、消控室88.13平方米、开闭所84.32平方米、计容多层储藏室面积2469.62平方米；地下建筑面积10533.19平方米，由8幢主楼及公建配套组成，建设套数为271套。容积率1.8，建筑密度27.98%，绿地率30.03%。项目于2017年9月开工，至年底，主体及装饰装修部分基本竣工。

【银湖区块安置房建设项目（1#—10#安置地块）】 项目位于银湖街道，其中1#、3#—7#地块项目主体为杭州富阳富春江房地产开发有限公司，2#、8#—10#地块项目主体为杭州富阳开发区基础设施建设有限公司。10个地块工程总投资约81.91亿元，用地面积54.1公顷，总建筑面积169.78万平方米，可建设套数9407套。

（董林晓）

杭州富春湾新城建设投资集团有限公司

【概况】 杭州富春湾新城建设投资集团有限公司（简称富春湾集团）设职能部室7个，分别为办公室、人力资源部（党群工作部）、财务部、纪检审计部、资产经营管理部、总师室、项目建设部；全资子公司4家，分别为杭州富春湾新城基础设施建设有限公司、杭州富春湾新城资产运营管理有限公司、杭州富春湾新城产业投资有限公司、杭州富春湾新城房地产开发有限公司；员工90人，其中：集团本级38人，子公司52人。富春湾集团总资产为644亿元，总负债368亿元，净资产276亿元。杭黄站前广场项目获2020年上半年度杭州市建设工程“西湖杯”、2020年杭州市建设行业系统“最强支部”；灵桥安置小区建设工程B区块获评2020年度富阳区根治欠薪“示范项目”；灵桥互通改建工程获评2020年度杭州市交通建设重点工程督查优秀项目；杭州富春湾集团获评2019年度全市绿色建筑与建设科技发展成绩显著单位、富阳区“百日解百难”大比武获十佳社区大党委共建单位、城乡捆绑组团十佳案例；杭州富春湾集团获评促进共建社区公望社区获第五批杭州市国际化示范社区；灵桥安置小区建设工程B区块获评2020年度富阳区根治欠薪“示范项目”。

【筹融资】 2020年，完成融资143.07万元，其中：公司债发债额度15亿元、企业收购贷款89.83亿元、银行项目贷款及流贷38.24亿元；其他收入29.98亿元：其中杭黄一平方千米项目导入资金10亿元、春北片区项目导入资金15亿元、盘活用活4.98亿元；做地收入29.05亿元。富春湾新城长江大保护暨产业转型升级项目获国家开发银行67.45亿元授信。9月24日，富春湾集团公司债发行利率创最近6个月全国区县级国企同级别、同等期限、可比规模首次亮相资本市场最低利率纪录，利率为4.2%。

【复工复产】 2月10日，富春湾集团机关支部联合集团下属子公司支部建立复工复产专班，协调安排专车接返施工人员，疫情期间集团共派出专车21辆，分别前往四川、江苏、山西三省，往返共计8000多千米，接回建筑务工人员300余名。2月25日，集团在建21个在建工地实现实质性复工，到岗人员1235人，超过全面复工1209名人员的基本需求。落实房租减免政策，共减免承租户134户，减免资金123万元。

【人才招引】 3月，富春湾集团及下属子公司新入职员工15人，其中，本科14人；8—12月，引进紧缺人才3人，公开招录专业人才13人，其中硕士研究生4人，本科12人。开展职工年度培训7次，参加人员200余人次。

【产业空间腾退】 2020年，完成腾退土地241公顷，完成全年目标任务的120%，2020年度经营性用地收储任务44.87公顷，实际完成收储46.66公顷，完成率103.99%。

【助推招商、保障产业落地】 至年底，为11家招商引资企业提供临时过渡经营场地，年租金收入235.6万元。共引进区外优质企业7家，实现建筑业产值留富40.61亿元。

【安置小区资产处置】 根据区政府、区国资办相关文件规定和要求，资产经营管理部协同资产运营公司对建设锦苑、雁沙公寓、民主佳苑、直埔新居等4个安置小区内，闲置存量地下停车位及储藏室进行

2020年12月，杭州富春湾新城实景鸟瞰图

（杭州富春湾集团　供稿）

公开处置。其中，拟处置闲置地下停车位340个，实际处置成交286个；拟处置储藏室133个（间），处置成交46个（间），共计成交2534.94万元。完成旭阳家园安置房农居回迁38户，安置分配79套。

【做地情况】　至年底，完成保障项目供地123.67公顷，其中工业用地出让22宗、32公顷；经营性用地7宗、29.8公顷；杭州富春湾双语学校14.13公顷；其他政府投资项目47.73公顷；完成年度盘活存量考核任务100公顷；累计收取土地出让金34.35亿元。

【经营钢材贸易】　成立杭州富春湾新城产业投资有限公司，注册资金1亿元整，员工3人，公司地址为富阳区春江街道汽车客运南站6楼。至年底，签订钢材销售合同10份，总计约4.22万吨。

（陈　政）

【编　辑　胡春国】

25 城乡建设与管理

Urban-Rural Develepmend and Management

打造现代版富春山居图

城乡规划

【规划概况】 2020年，富阳开展规划编制项目10个，已完成或基本完成6个；开展地块选址论证编制或审查40余项。强化基础数据精准化管理，全面启动现状一张图，摸清家底，直观数据展示，为各项规划编制与设计提供可量化的数据支撑，扎实推进规划编制与设计。积极跟进杭州地铁线网规划与地铁四期建设规划，形成富阳区建议方案并上报杭州市政府。重点围绕公共设施，完成《富阳区学前教育布局专项规划》《富阳区中小学教育设施布点专项规划》《富阳区社区用房专项规划》《富阳中心城区人行过街设施整治规划》等，通过规划统筹设施布局、落实空间保障，有序推进实施，助力城市公共服务供给提升。重点聚焦富春江两岸、地铁沿线与重要交通枢纽节点，开展富春江两岸地区城市设计及景观风貌控制导则编制、杭富地铁沿线城市设计、湖杭铁路富春山居站及高铁小镇规划设计；启动姚家畈区块城市设计等，打造富阳主城区西入口门户形象。通过城市设计进一步统筹功能与建筑布局，优化城市形态，塑造特色风貌，描绘高品位的现代都市形象，引领城市轴线与城市节点形象立起来。挖掘历史底蕴、发挥文化优势，积极推进新登镇历史文化名镇保护规划、常绿镇大章村历史文化名村保护规划、历史建筑图则编制工作。开展富阳承接城西科创大走廊专项规划研究，谋划全区域重点平台发展方向，落实大银湖空间布局、交通组织、公共服务设施布局等内容；结合大城北区域融合发展要求，梳理环阳陂湖区域发展空间。服务200亿元（单位）土地出让、全力保障产业落地、精心指导政府投资项目，全力推进选址论证报告审查与编制工作。富阳区规划展示馆全年接待省市领导、各级党政代表、企事业单位、外地考察团、社会群体等各类团队93个，参观者达4000人次。

【杭州市富阳区中小学布点专项规划】 2020年，市规划资源局富阳分局会同区教育局组织编制《富阳区中小学布点专项规划（2020—2035）》，通过全面调研现状，综合考虑规划人口以及人口变化趋势，合理测算近、远期需求，按老城着重补短板、新城匹配发展要求、不同区域差异化配置原则优化“百户指标”，明确设施配建标准，并与新一轮国土空间规划紧密对接，优化空间布局，落实选址位置，制定三个五年行动计划安排，明确近期实施项目建设导则，引导民办、国际化（名校）学校规划，提出规划实施措施与建议等，为富阳区中小学教育设施建设和管理提供规划支撑。

【湖杭铁路富阳西站方案】 湖杭铁路富阳西站作为2022年杭州亚运会重要对外交通保障工程——湖杭铁路新建站点之一，是富阳区第二座高铁站，为富阳融入长三角、与杭州大都市一体化发展提供交通保障。站址位于富春街道西郸村西侧，距富阳区城中心约8千米，距离杭州西站约35千米。站房总建筑面积约2万平方米，线路2台6线，为高架站。一层为进站广厅、候车厅、售票厅、旅服用房、设备用房等；二层为商务候车区、商业、办公、景观平台等，打造多维度、立体便捷的进站模式。建筑方案设计结合自然山水优势，形成站城一体、城景相融的总体布局，营造有地域特色的建筑及空间形象，设计赋予建筑自由流动、错落有致的曲线屋面，整体轻盈通透而富有韵律，仿佛层峦叠嶂的山林，映照在这一片绿水青山之中，目标建设体现富春山居韵味的站房。

【富春山居站高铁小镇规划】 2020年，市规划资源局富阳分局启动编制《富春山居站高铁小镇规划》。城市设计范围北至规划文居街，南至规划站南路、飞凤路，东至规划横桐线，西至山体边界，面积约1.5平方千米，其中核心区用地面积约0.5平方千米。规划体现多元化、共享化、生态化理念，形成“一心、一带、两轴、多组团”的空间结构，将高铁小镇定位为富阳西部融入自然的以TOD引领的生态化活力小镇，以高铁、高速等高效便捷的交通体系为依托，承接城西科创大走廊、杭州西站云城辐射带动作用，将优质自然山水元素融入小镇建设，打造功能复合多元的特色片区。

【富春街道姚家畈区块城市设计】 姚家畈区块是贯通富阳老城区、鹿山、新登的重要节点，为全力建设富裕阳光的大都市新型城区，市规划资源局富阳分局启动编制《富春街道姚家畈区块城市设计》。规划范围北至四号渠，东至金苑路，南至南渠，西至金秋大道，面积约126公顷。规划以“山、水、城的融合与都市生活的多元化”为理念，在对该地区发展趋势以及发展问题深入研究的基础上，提出“打造智慧交通的核心枢纽区、城市更新的活力实践区、三生融合的未来示范区”目标，通过“空间秩序的构建+品质节奏的串联+城市基调的营造”来分步实现地区有机更新，并通过以“问题+目标”为导向提出城市设计更新指引。

【富阳承接城西科创大走廊空间战略研究】 为贯彻落实省市政府“集中力量建设杭州城西科创大走廊”战略布局，积极主动做好“联动发展区”，同时充分借势“杭州城西科创大走廊”品牌，加速自身城市转型、动能换挡、产业升级，展开项目编制工作。研究分两个层次开展，一是富阳全域范围，二是银湖街道、富春街道城西片（高教园、西郎板块）等重点板块，约200平方千米。规划立足自身资源特色，紧紧围绕城西科创大走廊发展趋势与需求，以创新一条链，空间一座城，通勤一张网为脉络，从产业、空间用地、交通等方面入手，以打造“富阳科创新高地、杭州科创新城区”为目标，全域层面形成“双轴引领、两翼联动、主体崛起、一体发展”的空间联动格局，重点板块层面形成“银湖未来科技城—高铁高教区块—富春湾新城”金三角格局，并以银湖未来科技城为核心，探索区域合作与承接、创新产业功能转移政策，打造富阳融入城西科创大走廊联动发展区的桥头堡。

【杭州历史建筑保护图则（富阳区第一批）】 富阳第一批115处历史建筑于2018年12月由杭州市人民政府公布保护名录，为推进富阳历史文化保护利用相关工作，完善富阳历史文化保护体系，加强历史建筑的保护与管理，根据《浙江省历史建筑图则编制导则》有关规定，市规划资源局富阳分局启动编制《杭州历史建筑保护图则（富阳区第一批）》，前期经过多次征求乡镇街道意见座谈会、部门专家审查会、公示环节，于2021年1月25日获杭州市政府批复。本批历史建筑分布区域涉及19个乡镇、街道，主要集中分布在富阳区新登镇、常绿镇和场口镇，其中清代及以前建筑77处，民国及以后建筑38处；建筑现状类型主要包括传统民居、名人故居、大礼堂、粮仓、家庙、祠堂等，这些建筑大部分仍在使用，部分建筑结合美丽城镇、美丽乡村建设作为展示馆、纪念馆、老年活动室等场所，同时也有大量传统民居建筑继续延续其居住的使用功能。图则根据历史建筑的历史、科学、艺术价值、存续年份以及完好程度等不同情况，坚持以“科学规划、分级管理、保护优先、合理利用”的原则，划出每处历史建筑保护范围，提出建设控制地带的保护要求，为历史建筑的保护与周边开发、管控提供良好规划支撑。

（冯　颖）

城市更新

【概况】 2020年，全面进行城中村自我改造，探索可在全区施行的城中村改造新模式。全年市政基础设施不断完善，市政公共事业配套管理投资43.89亿元，同比增长30.7%。从以往的传统市政项目建设管理逐步向高水平城市建设转型，在继续做好城区综合环境整治工作的同时，摸底调查水环境治理工作底数并拟定工作计划，同步梳理老旧小区三年建设计划。按照上级部门要求，统筹路网建设、给排水建设、绿化建设等九大类工作，管理范畴扩展至城市基础设施建设的各个方面，让城市面貌焕然一新。

【城中村自主改造工作】 2020年1月21日，启动湖塍村城中村自主改造工作。通过招标由杭州城投集团作为合作方参与湖塍村城中村自主改造项目；4月11日，项目正式启动；6月18日，984户搬迁户完成签约；7月6日，合作各方联合成立杭州富阳塍祥城建开发有限公司，负责项目实施；9月21日平衡地块一出让；至12月，安置地块完成选址、预审，安置房设计方案进行内部调整优化，整个项目推进有条不紊。该项目的成功实施，破解了资金筹措难题，初步形成富阳区切实可行的城中村改造新模式，为解决富阳区城中村联建房“痼疾”提供了方案。

【城镇危房治理工作】 2020年，城镇危房治理工作遵循边排除边治理的原则，对发现安全隐患的各类房屋，根据房屋鉴定情况，分类处置，通过腾空、拆除、重建、维修加固、实时监控等方式，认真落实解危和安全防范措施。针对2020年公共房屋安全排查工作发现的58幢丙类房屋，组织专业技术人员进行现场踏勘，提出处置建议并组织安全鉴定，其中：停用18幢、鉴定为B级的非危房27幢、鉴定为C级的13幢（已维修且复核鉴定为B级的6幢，停用7幢）。特大汛期期间，组织专业技术人员对位于低洼地带的房屋进行现场踏勘，并委托专业机构对其中的9幢房屋进行房屋安全性鉴定，鉴定结果均为B级。为彻底消除安全隐患，对已腾空多年的富春街道D级危房，采取政府回购拆除方式进行后续处置，共签约拆除61幢104户。

【城市交通建设工作】 2020年，轨道交通地铁6号线正式开通，彩虹快速路顺利推进。提升城市通行能力，大盘山隧道、秦望通道、富春湾大道等重要城市交通项目按节点顺利推进。疏通城市交通毛细血管，完成主次干道、支小路建设项目共计15个，其中完工8个项目，开工6个项目，续建1个项目，共计26.94千米。

【城市绿化建设工作】 扩大城市绿化面积，提升城区生活品质，新增绿化面积100余万立方米，涉及23个项目。其中阳陂湖生态修复工程一期完工，集休闲娱乐、科普教育等功能为一体，是城市发展的重要“绿肺”。江滨南大道东延至大源溪工程打造水运文化的沿江景观带，成为杭新景旅游线上富阳城市窗口景观带。

【老旧小区改造工作】 2020年，实施9个区块的老旧小区改造，整治面积约35万平方米（建筑面积约60万平方米），建设内容包括：整治道路面积8.9万平方米、雨污分流管网33.2千米、整治绿化3.3万平方米、优化铺装3.65万平方米、强弱电上改下13.8千米、增设停车泊位609个、改造无障碍设施236处、修建非机动车停车棚77处、改建垃圾集置点22处、安装治安监控276处、配置路灯323盏、解除13幢建筑檐口安全隐患，预计总投资约2.36亿元。

【地下空间开发利用工作】 地下空间建设10.9万平方米。重点推进秦望广场及周边地区地下一体化开发、金桥北路地下综合管廊工程、富春湾大道综合管廊工程、轨道交通等项目。与规划对接完成《江南新城地下空间专项规划》和《杭州市富阳区江南新城中轴线地区》两个地下空间的规划，目前中沙片区、商务核心区块、杭黄站前1平方千米未来社区，具备开工条件。

【城市给排水系统建设工作】 加快供排水设施建设，改善水环境，新增污水收集管网45千米、改造污水管网5千米、建设雨水管网21千米、新建供水管网12千米、改造供水管网5千米，开工2座水处理厂（富阳污水厂处理厂五期工程6万吨/日、新登污水处理厂三期工程3.1万吨/日），完成富阳区农村生活污水截污纳管示范工程（第二批）、富阳主城区向东洲区块供水工程一期等5个工程，重点推进银湖水厂一期工程建设。

【农村生活污水提标改造和运维工作】 以“五位一体”管理模式为纲、以三套制度办法为内容、以终端正常运行水质达标排放为目标，扎实推进农村生活污水处理设施提升改造和运维工作，新增45个省级标准化运维站点，完成杭州市建委考核目标。完成440个点位的提标改造工作及省民生实事工作考核，完成《富阳区农村生活污水治理专项规划》的编制、批复工作并印发实施。

【停车场（位）建设统筹工作】 全年竣工验收并启用公共停车场泊共计596个，新开工及续建公共停车泊位1646个，完成新增建筑配建停车泊位8180个；完成公共停车泊位智能化改造3000余个，接入城市智慧大脑系统1万余个，实时更新可停车数量，实现精确共享。

【充电设施建设统筹工作】 共备案9个公用、共用充电基础设施建设项目，完成竣工验收并接入市平台项目12个，累计建设120个公用桩（200枪），其中24个公用桩（42枪）为农贸市场、商业中心、产（工）业园等物流基地新能源物流车配套充电桩。累计共安装自用充电设施1643个。

【海绵城市建设统筹工作】 2020年继续海绵城市建设统筹管理，审查全区所有工程的海绵城市专项设计并确保落实，确保主城区河道整治等12个项目专项施工达标，全区海绵城市区域化面积达到建成区面积25%。

【无障碍设施建设工作】 2020年6月启动无障碍设施建设工作，全区无障碍环境建设机制逐步完善，形成政府部门牵头、责任单位实施、市民居民参与、人大政协监督的“四力合一”运行机制。市残联排查的2045个问题，至年底，已完成1246个，完成率60.9%，完成2020年度任务。在完成改造进度的同时，通过排查抽查全力确保改造合格率100%。

建筑业

【概况】 2020年，富阳针对建筑业打出“服务稳企、政策惠企、倒逼强企、规划领企”等一系列组合拳，以创建“美丽杭州”为抓手，开展“六个一批”（重点检查一批、集中曝光一批、顶格处罚一批、信用扣分一批、标化提升一批、管理比武一批）整治行动，全区建设项目现场管理水平明显提升。

【建筑业产值提升】 2020年，全面扭转近年来全区建筑投资快速增长，而建筑业产值逐年下降的不利局面，在一季度下降30.50%的情况下，半年度迅速实现V形反转，全年实现建筑业产值同比增长74%，成为富阳区全年经济由负转正超预期发展的基石，荣获“2020年度浙江省建筑工业化优秀县（市、区）”称号。

【规划领企】 编制《富阳区建筑产业高质量发展园区规划》，依托国家级富阳经济技术开发区场口园区及周边建筑产业优势，全力将场口园区打造成为绿色升级“示范区”。通过“筑巢引凤”，10月，省内知名钢结构龙头企业杭州中南建设集团钢结构有限公司落户富阳场口园区，促进富阳钢结构产业带动和建筑工业化推进。

【建设项目排名提升】 富阳区建设项目在美丽杭州创建比武中月度排名2次第一，年终排名获得第三名的好成绩，获得杭州市级标化工地数量增加150%，申报省级标化工地由0个增加到4个。

【惠企政策出台】 出台“富阳区惠企十条”和《富阳区促进建筑业发展若干意见》，建立惠企政策咨询服务热线，并首次将一级及以上建筑企业纳入招商范围。2020年度，5家优质一级企业落户富阳，其中产值10亿元以上企业4家。

【建设行业特种工继续教育培训】 为进一步提升富阳区建设行业特种作业人员的岗位技能，落实安全风险管理，严格执行特种作业人员持证上岗制度，规范做好证书延期工作。根据杭州市建委及杭州市建筑行业协会的工作部署，5月

16—17 日，富阳区住建局、富阳区建筑业协会为 4—9 月资质到期的建设行业特种工联合开展继续教育培训。

【企业复工复产】 出台《关于明确新型冠状病毒感染的肺炎疫情防控期间建设项目复工要求的通知》，制定《富阳区建设项目复工导则》，制定复工方案、施工区域、施工机械设备、重大危险源安全检查等。成立建筑工地复工服务专班，梳理疫情防控到位的“白名单”工地，利用电话、微信、上门服务指导等形式，开展点对点服务，争取尽快复工。整个疫情期间未出现 1 例建筑工地疫情问题。

【建筑企业红黑榜名单公示】 通过对重点区域建设项目的文明施工情况进行巡查，实施“红榜”表扬、“黑榜”警示及行政处罚曝光等奖惩措施，每月评比出“红榜”“黑榜”项目，在富阳日报设立建筑工程曝光专栏，定期将“红黑榜”、行政处罚案件的项目名称、建设、施工、监理单位等内容在《富阳日报》上公布，褒奖先进、惩戒落后，达到震慑目的，该项工作在杭州市属首创。全年，通报表扬“红名单”建筑工地 5 个，曝光“黑名单”建筑工地 15 个，行政处罚 3 批 57 起案件，涉及企业 55 家、自然人 2 名。

【严罚重处行动】 在建筑行业监管方面，做到“两手抓两手硬”，一手抓日常工程检查强度，一手抓行政处罚力度，对检查中发现的违法违规行为，一经查实，一律按照法律法规及浙江省裁量规则上限处罚，通过从严从重处罚为建筑企业敲响警钟，净化市场，提升现场管理水平，有力促进建筑业规范发展。2020 年，立案 125 起，结案 108 起，共处罚金 457.4 万元，分别同比上升 23.8%、14.9%、26.4%。结案案件中涉及转包违法分包案件 21 起，罚金 91.7 万元；工程质量 8 起，罚金 75.5 万元；文明施工 43 起，罚金 53.4 万元；安全生产 22 起，罚金 53.2 万元；违法施工 13 起，罚金 180.3 万元；其他 1 起，罚金 3.3 万元。案件数量、处罚力度在杭州市处于首位。

【建筑行业信用积分制度施行】 2019 年 12 月 1 日富阳区实施杭州市招投标办法，用新的信用分制度取代以往的企业积分制度，信用分在全杭州范围内的招投标中通用，对企业影响较大。区住建局将信用分扣分运用到建筑工程现场管理中，对现场管理不到位的施工、监理单位实施扣分，及时上报杭州市建委，第一时间形成市场影响，以市场促现场，倒逼企业规范现场管理。2020 年，共扣除信用分 76 分，涉及施工、监理企业 38 家。

【建设工程“争先创优”大比武活动】 对全区在建项目根据工程进度、企业贡献等内容进行评分，对前二十名建设项目的建设单位和施工企业进行排名通报。2020 年，政府平台项目大比武和镇村级小额工程大比武已经进行 2 次，形成专报 2 个。“争先创优”大比武于 4 月、7 月、10 月进行 3 次。各项比武结果均抄送有关领导、相关部门和单位，并在富阳日报公开。

房地产业

【概况】 面对复杂严峻的国际国内环境，富阳区在统筹推进疫情防控和经济社会发展的关键时期，确保房地产业的平稳、健康、高质量发展，加快培育租赁市场，加大住房保障力度，在坚持“房住不炒”定位下，围绕市委市政府打造“建筑强市”战略目标，富阳区积极探索、创新政策，多措并举，2020 年度房地产固定投资 184.5 亿元，同比增长 40.7%，增幅位居杭州市第二。

【房地产供应情况】 新建商品房批准预售 18114 套，同比增长 14.14%；批准预售面积 189.34 万平方米，同比增长 23.7%。其中：新建商品住房批准预售 15912 套，同比增长 53%；批准预售面积 175.94 万平方米，同比增长 40.73%。

【房地产交易情况】 新建商品房销售 16110 套，同比增长 25.73%；销售面积 166.27 万平方米，同比增长 23.69%；销售金额 343.27 亿元，同比增长 35.84%；销售均价 20645 元 / 平方米，同比增长 9.81%。其中：新建商品住房销售 13068 套，同比增长 36.91%；销售面积 147.36 万平方米，同比增长 27.13%；销售金额 313.08 亿元，同比增长 40.65%；销售均价 21246 元 / 平方米，同比增长 10.64%。存量房成交 5551 套，同比增长 38.39%；成交面积 66.93 万平方米，同比增长 56.34%；成交金额 115.18 亿元，同比增长 77.34%；成交均价 17208 元 / 平方米，同比增长 13.42%。其中：存量住房成交 5228 套，同比增长 40.73%；成交面积 58.77 万平方米，同比增长 50.62%；成交金额 109.12 亿元，同比增长 77.95%；成交均价 18566 元 / 平方米，同比增长 18.13%。

【房地产库存情况】 2020 年，批准预售尚未网签的商品房 10585 套，面积 108.97 万平方米，其中：住房 5944 套，面积 73.03 万平方米。

【杭州市第一个产业园区职住一体蓝领公寓打造】 利用东洲工业园区内闲置厂房 3.33 万平方米，改建成蓝领公寓——CCB 建融家园 • 普坤。共有房间 932 间，预计可容纳 2600 余人，平均租金控制在市场价的 70%。10 月 9 日，住建部办公厅印发的完善住房保障体系试点工作专刊中，《广州等试点城市充分发挥建行杠杆作用推动发展政策性租赁住房》一文重点介绍富阳区普坤社区项目。

【“新富阳人”公租房货币补贴政策】 3 月 3 日，出台“新富阳人”公租房货币补贴政策，对符合条件者按每户 300 元 / 月发放公租房补贴，保障期限 3 年，2020 年累计兑现 30010 户次 900.3 万元。

【高层次人才购租房补贴】 富阳区在杭州市级人才购租房补贴政策的基础上，进一步加大补贴力度，最高加码补贴 50 万元 / 人；扩大补

富阳首个蓝领公寓——CCB 建融家园·普坤

（区住建局 供稿）

贴群体，实现最低对浙江省级重点建设高校本科生人才的保障。

【富阳首个安置小区安装既有住宅加装电梯】 春江街道建设锦园小区为建设村整村安置小区，由于小区老年人居住率不断提高，上下楼不便问题日益凸显，加装电梯也成为住户的共同心愿。9 月，该小区正式开始加装电梯安装工作，这也意味着全区加装电梯工作从单点位加装向整体小区共同加装转变。

【物业管理前期操作规范制定】 区住建局通过创新行业监管手段，制定物业管理前期操作规范，对“首次业主大会会议筹备经费”和“物业管理用房使用和经营”进行明确，包括了前期物业管理的全过程，为加强前期物业管理监管提供了法理依据，为社区指导监管前期物业管理事务成为可能。这项措施在浙江省内属于首创，并被吸收到杭州市物业管理条例中。

【物业小区考核排名开展】 为进一步规范富阳区物业服务企业（以下简称“物企”）的服务行为，提高物业服务水平，充分发挥现代物业服务业在改善城市人居环境、提高居民生活品质、创新社会管理、促进社会和谐中的积极作用，对辖区内物业小区开展季度、年度考核，按照物业收费标准分甲、乙、丙、丁四个等级对小区物业进行评分排名。2020 年度考核结果显示，除一家物业企业考核不合格以外，其余所有小区全部合格。在 2020 年第四季度考核评分中，还结合了“集中攻坚”专项行动检查情况，出动 32 次检查，9790 个问题全部整改到位。

【住宅小区环境秩序整治】 5 月 23 日，开展“共建美好家园”住宅小区环境秩序整治集中攻坚行动。区住建局以安置房小区及投诉集中的住宅小区为重点检查对象，把小区重难点位置作为经常检查区域。发现问题后有针对性地进行督促整改；对于难点问题，与属地街道、社区及小区物业服务企业共同研究讨论治理办法。经统计，全区住宅小区通过自身自查自纠和有关部门督查共发现问题 5 万多个，已全部整改完毕。

人民防空

【概况】 区人防办（民防局）自机构改革以来，根据全新履职要求及省市人防工作目标任务，进一步建立健全了组织机构，在区人防指挥部统一领导和各成员单位的支持配合下，圆满地完成防化防疫、抢险抢修、交通运输、通讯、治安、消防、医疗救护 7 支人防专业队伍的收编整组，为遂行平时应急、战时应战任务奠定了坚实的组织保障。

【人防宣传演练】 结合“3·1”国际民防日、“5·12”防灾减灾日、“九一八”事变纪念日等活动，共发放防空防灾宣传手册 2 万余册，组织在校学生、社区居民、企业员工、商场员工共 10 场次计 2.3 万余人进行人员应急疏散演练，有效提升民众的防空防灾知识和技能。积极向各类媒体投送信息，人防工作信息及相关文章在国家人防杂志录用 1 篇，省人防网站录用 1 篇，杭州人防网站及公众号录用 12 篇，富阳日报 4 篇，富阳发布及富阳新闻网 5 篇，富阳电视台报道 3 次，富阳住建公众号 8 篇。警报试鸣日前后 3 天，共通过便民信息服务平台向社会各界发送防空防灾宣传信息累计 20 余

老旧小区清风阳光苑改造俯瞰图

（区住建局 供稿）

万条。

【人防警报试鸣管控工作】 召开警报试鸣部署及警报维护管理员培训工作会议，全面部署警报试鸣工作，对警报鸣放人员进行再培训；逐一检查和测试防空警报，确保全区26台警报完好率100%、鸣响率100%。

【人防指挥通信工程建设及岗位联训】 全年与市办进行电台联训46次，市办视频会议联通26次，应急指挥车参与市办联训联通2次，自身组织训练3次，并组织“浙江金盾-2020”（下城·富阳）城市防空袭人员临战疏散与接收演练、“杭州金盾-2020”防空防灾应急疏散综合演练活动。

【区人民防空专业队接受省市工作组联合战备点验】 为进一步推进人防专业队伍应急应战能力建设，不断生成和提高人防战斗力，根据省人防指挥部有关要求，省军区、省人防办、杭州警备区、杭州人防办于6月17日联合对各区（县、市）人民防空专业队进行战备点验。区住建局（人防办）根据上级要求和行业特点，组织了消防救援、医疗救护两支专业队伍接受省市联合点验组的战备点验，并组织其余5支专业队伍共17家单位进行观摩。

【人防应急指挥保障】 在年初疫情期间、梅雨汛期、台风灾害天气等时期，积极做好警报应急准备、充分发挥设备优势，应急通信指挥车及时保障抢险一线指挥。

【人防行政审批】 区人防办严格按照人防相关法律法规和省、市人防办审批要求，做到依法规范审批，严格按程序操作。全年共收取人防工程易地建设费49191075.7元，审批结建项目55个，审批结建面积491834.17平方米，竣工验收项目26个，竣工面积218847.13平方米，均在承诺的时限内提前办结。

【人防工程管理】 工程监管水平稳步提升。全年通过竣工验收的人

2020年9月21日，富阳举行防空防灾人员防护与应急疏散演练

（区住建局 供稿）

防工程共26个，已通过竣工验收的结建人防工程面积218847.13平方米，区人防办组织25个工程使用单位进行人防工程管理员培训，有25人取得工程管理证书；在组织培训的同时，区人防办加大对人防工程和设施的巡查力度，落实日常维护管理责任。随机巡查了180个单位，下发整改通知单18张。从检查的情况看，全区结建防空地下室工程安全和设备使用情况基本良好。

【人防专业队整组】 为进一步优化人防专业队伍的结构、规范人防专业队伍的建设，整合人防专业队伍，真正构建一支“平时能应急、战时能应战”的人防专业队伍。区人防办于6月17日组织召开了全区人防专业队整组工作会议，研究和布置了2020年度人防专业队整组和训练计划，全面优化落实了7支共240名队员的人防专业队伍，并组织首次人民防空专业队战备点验工作。

（赵心露）

城市公用设施

【市政基础设施建设】 杭州地铁6号线（富阳段）完成施工投入运营。金桥北路综合管廊廊体结构主体和装修部分全部完成。富阳区妇幼保健院门急诊医技和儿科综合大楼新建工程等4个医院全部完成招投标，进入桩基及基础施工。秦望区块搬迁安置房工程（一）完成78%，秦望区块搬迁安置房工程（二）完成80%。观前村安置小区及教师限价房建设工程基本完工，零星收尾。北支江综合整治工程及亚运场馆水上运动中心项目和激流回旋项目土建完成，内部装修及室外景观等完成70%。

根据《农村饮用水三年行动计划》安排，本项目建设覆盖185个行政村，涉及23个乡镇街道，受益人口33.6万人，项目全部完工投入使用。实施老旧小区区块改造10个，整治道路面积8.9万平方米，雨污分流管网33.2千米，整治绿化3.3万平方米，惠及居民房屋274幢6053套，整治面积约35万平方米。

【供排水】 2020年，全区完成售水总量8362万吨，同比增长6.18%，自来水水质合格率为100%；污水处理量5620万吨，同比增长4.7%，污水处理排放合格率100%。

2020年，完成管网铺设约1500千米，旧管网改造约46千米，完成184个村的农村饮用水建设工程，完成阳陂湖生态修复治理工程项目—西环北路桥梁给水管道永久迁改等迁改项目40多个。完成恩波经典、世纪大厦、鸣翠桃源等标准化泵房改造8个。完成麓城府、悦江府、上林湖花园二期B区给水工程、莱

江宸府标准化泵房改造

（区城投集团 供稿）

蒙水榭山住宅小区项目四期共4个二次供水标准化泵房的建设。完成主城区零星积水点改造27处。

【燃气供应】 2020年，实现销气总量1.76亿立方米，同比增长5.40%，其中管道燃气1.46亿立方米，车用气1696万立方米，液化气1.03万吨。新增工商业149家，民用户2万户。全年竣工天然气工程项目227个；完成建设燃气管道532.33千米，累计管网建设总长度1696.32千米。

（刘超强）

城市管理

【概况】 2020年，富阳区全力抓好防疫防汛阻击战，重点突破城市治理热难点问题，全域推进垃圾分类“两点法+点长制”，实现生活垃圾100%无害化处理，高质量完成高层住宅小区二次供水改造任务9个，施行渣土“工程车一件事”和审批“零次”跑改革，保障消纳渣土1200万立方米；着力提升城市管理精细化水平，率先推进“席地而坐”标准化道路保洁，完成“一街一路一园”省级示范创建；深化“一巡多功能”机制，共巡查发现各类问题线索39674件，现场整改、自行处置到位32298件，现场整改率为81.4%，跟踪督办4910件，整改率100%；常态化推进“美丽杭州”环境整治行动，100%完成市级交办整改问题4290件，自查整改环境问题91901件，获评杭州市整洁示范区；有序推进综合行政执法体制改革和新登基层执法改革，全年办结一般行政处罚案件1897件，罚款1363.1万元；查处简易案件20078件，罚款217.3万元。共受理承办各类信访投诉件5484件，其中区长公开电话2289件，“110”联动平台374件，浙江省平安建设信息系统平台61件，通过区电转接或者举报人直打投诉受理热线的件2780件（直接办结）。采集交办数字城管案卷85394件，及时解决率达100%。

【疫情防控】 2020年，面对突如其来的新冠肺炎疫情，临危受命，90余名城管队员坚守2处隔离点（1个市级，1个区级），确保场口驾校、胧林山居管控32天内“零确诊”，制定《隔离点管控操作手册》，指导全区隔离点防控。在疫情长效管理阶段，承担“金碧湾”“潽郦”两处市级隔离点管控任务，全年防控入境人员1200余人。疫情期间，组织2条清运专线，全力保障全区193处居家和集中隔离点的垃圾清运；落实市政公用（水、电、气）正常供应，组织落实疫情期间公厕、公交站、公园等公共空间部件消杀防疫，阻断公共空间传播链。全力协助126家行业管理单位和循环经济产业园复工复产；牵头“三美办”等单位，服务新桐乡复工复产；精心组织58名服务专员对接服务63家规上、线上企业，帮助协调解决复工复产和疫情防控难题。工青妇牵头，全局动员，成立“助采团”“销售团”“吆喝团”，助销农产品。

【江滨西大道防汛】 7月7日下午4时，全区启动防汛Ⅰ级应急响应，区城管局第一时间实行24小时值班制度和全员备勤制度，组建三级应急梯队。迅速落实强排车、排水泵、发电机等设施设备，全力保障鹳山公园、沿江沿线等重要点位，提高应急排水排涝能力和应急支援速度。牵头五大平台公司，堆叠沙包22万只，建起沿江保卫线，打好富春江江滨西大道保卫战。协助社区做好地下停车场市民车辆转移工作，其间出台人行道暂停车免罚举措。牵头城区内涝防汛成员单位实行24小时巡查和排涝工作，清理积水点645处，清捞垃圾6吨。应急响应解除后，按照“水退人进，边退边清”原则，调配工作力量，第一时间完成沿江沙袋撤除与江滨积泥和绿化清洗工作。

【“美丽杭州”创建】 2020年，根据全市“美丽杭州”创建暨“城市环境大整治、城市面貌大提升”集中攻坚行动，统筹融合开展“美丽杭州”和“清洁家园·文明富阳”环境整治专项行动，整治内容在杭州“八项整治”［城市综合、建设工地、住宅小区、城市道路（河道）及两侧、公路铁路及两侧环境秩序、道路交通秩序，园林绿化、城市生态环境］的基础上增加了“清洁家园”“企业环境”两个小组，考核对象突出5个街道、辐射五大平台，兼顾19个乡镇，延伸覆盖菜市场、商业圈和在建工地等重点区域。建立区、镇街、村社三级响应机制，实现网格、任务两网融合。确定每月一个“全民清洁日”，促进全民参与。深化“一巡多功能”综合巡查机制，促进现场整改，重点突出联合执法实效（全年发现问题39581件，现场整改率81.6%，跟踪督办4910件，整改率100%，查扣违规运输车辆2230辆）。考核机制深化为“每日检查督查，每周考核排名，每半月通报公示，每月综合考评”，全年开展自查自纠10万余件，100%完成市级交办（4300余件），环境治理工作受到国家环境部副部长庄国泰和杭州市委主要领导表扬，桂花路街区成为城市综合环境整治样板。

【垃圾分类】 2020年，富阳区分阶段全域推进垃圾分类“撤桶并点·定时定点”（简称“两点法”）、点长制，强化源头管控，将原18201个投放点减少到1990个，完成613座标准化投放亭建设，落实再生资源回收点495个，特殊垃圾临时堆放点400个，集置点459个。深化城乡分级分类清运模式，试点推进富春街等4条道路沿街商铺“音乐线”定时收运，落实肯德基等四大连锁餐饮企业和东方茂商业综合体低价值可回收物“餐盒线”专线回收工作，有害垃圾实现专线清运，易腐垃圾和可回收物量稳步上升，其他垃圾日均焚烧量降低至741.03吨，同比下降4%，全区生活垃圾无害化处理率达100%。统筹推进循环经济产业园项目建设，生活垃圾焚烧项目和餐厨项目投入试运行，该园区通过省级评审，被列入省级资源循环利用示范基地试点。持续开展垃圾分类“八进”宣传培训，联合人大、政协开展民主监督和专项督查，整改问题2781处，红黑榜通报10期，曝光违法行为15次，立案查处584件；部署开展全区11个层面垃圾分类大比武，调动全社会分类积极性。成功创建4个省级高标准示范村，20个市区两级示范小区，30个区级示范行政村和1个区级示范街道创建。取得1个市级优胜街道、3个市级优胜小区、3个市级优胜行政村、2个市级优胜单位、6个市级优胜家庭等荣誉。获全市治废项目能力建设突出贡献奖。

【数字赋能】 2020年，以深化“城市大脑”场景应用为重点，重点推进“先离场后付费”场景应用，全区102个收费场库全部实现“先离后付”，平均使用率达47.76%。专项推进“一把闸刀管亮灯”“一幅画面管广告”等重点工程，“两山两桥”等景观亮灯、户外电子大屏全部纳入市域统筹，实现“一键式管理”。启用渣土监管平台，赋好“一车一码”，落实渣土运输车辆全过程跟踪监管。突出日常服务，优化应用职能网格地图，推进违建信息化管理，推出违停即时提醒、犬证掌上办等便民举措。数字城管全年共采集交办数字城管案卷85394件，及时解决率达100%。

【精细化管理品牌创建】 以“富春山居图”和“春江花月夜”为蓝图，以洁化、序化、绿化、美化、亮化为标准，提升城市精细化管理水平。全面推进“中队、环卫、市政、园管”管理和作业一体化，实现网格一次巡查、快速整改、有效联动。实行分时段、分区域的分级市容管控制度，重点推进“便民服务点改造”“多杆合一”和“僵尸点位”整治提升工作，主动服务复商复市、商业外摆等经济活动，倾情打造恩波鱼市、北门路夜市等“城市景点”。开展非机动车集中整治，对未停放在规定地点的非机动车采取集中搬离措施，劝导、规范非机动车停放3119辆，拖移占绿市政设施或绿化车辆1600余辆，拖移共享单车、共享电单车1000余辆。对城区主要道路两侧及医院、农批市场周边人行道增设非机动车停车位计15000余米。8月19日，全市“一区县一品牌”精细化管理现场会在富阳召开，该项工作列副城区第一。江滨西大道、桂花路、郁达夫公园分获省级“街容示范街”“绿化美化示范路”“优质综合公园”称号。

富春街道巨利社区垃圾分类标准化投放亭

（区城管局　供稿）

【照明管理】 2020年，牵头组织落实“一把闸刀管亮灯”第二批任务，完成44个终端接入。以体现“灵秀富阳”为主题，以“一轴、两岸、三心”为重点，完成《富阳区照明分区规划》的线上和线下公示，7月获得市局批复。加大照明管理的“区查区改”工作力度，全年共检查断字缺亮次数119次，共出动检查人员1056人，发现问题703处，其中灯箱133处，其他570处，全部完成整改。路灯检查136次，发现灯不亮和闪灯694处，全部完成整改。

【犬类管理】 2020年，实行犬类管理“3+3+3”工作模式，即每年开展文明养犬专项治理3次，每月开展进社区文明养犬宣传3次，每周开展文明养犬检查岗工作3次，狠抓工作落实。全年开展文明养犬进社区活动30次，文明养犬检查岗100余次，专项治理3次。开展养犬办证和犬只收容工作，共办理养犬许可证139件、年审624件，收容流浪犬、无主犬等382条，立案查处不按规定时间携犬出户、携犬出户未束犬链、不按规定养犬、擅自养犬等案件19件，罚款共3600元。

【环卫保洁】 2020年，对标对表杭州主城区保洁标准，结合“美丽杭州”暨“百日攻坚”整治工作要求，优化作业模式，细化作业流程，强化“人机合、清死角、排隐患、整设施、重精细”的保洁作业模式，创建桂花路、富春街等“席地可坐”的示范道路4条。在细节上狠下功夫，对城区道路、绿化带进行细致排查、铲除、清理，从江滨东大道、恩波大道以及各高速口等主要道路入手，重点开展江边景观带保洁，精细化清洗城区 48 条主要道路，累计出动人员 10.6 万人次，各类车辆 8637 车次，清洗护栏 28.3 万米，清洗绿化 29.9 万平方米，清洗城市家具 4.1 万件次，排查果壳箱、公厕内设施设备 3800 个次，并对 2.8 万条次道路实施了清洗作业。优化环卫监管队伍，建立一体化监管模式，下沉环卫保障中心人员到属地中队，重点针对道路环境污染，实施“总协调人”制度，畅通信息渠道，提升治理实效。压紧压实“周检查、周排名、周通报”机制，专项组每周对城区 8 个保洁区块 32 条道路（每个区块抽取 4 条）进行专题检查，下发督查通报，进行约谈，落实整改，下发周考核通报 13 期，检查发现问题 2399 处。完成新一轮城乡生活垃圾市场化收运招标，全年共清运生活垃圾约 270465 吨。疫情期间，建立 2 条清运专线，全力做好 193 个居家隔离点及防控隔离点的垃圾清运工作。防汛期间，组织环卫工人对沿江 14.7 千米的游步道进行清淤，清理最厚积泥 65 厘米，清洗江边游步道共 29.31 万平方米。

【公厕服务大提升】 2020 年，完成提升改造公厕 4 座，提升改造公厕 30 座。完成青少年宫、恩波公园、苋浦公园、万方大厦等 6 座公厕无障碍设施整改，根据公厕服务大提升要求，完成便民设施（48 个地面吹干机、25 台小厨宝等）配置。完善公厕标识指引系统，创新应用“互联网 +”信息技术服务，推广厕所数字地图，依托高德地图导入城市 48 座公厕及 40 座对外开放卫生间信息，实现公厕网上一张图。安装了智慧化监管管理系统，实现实时监控公厕人流、空气质量等指标，旨在提升公厕智慧化管理水平。严格落实 24 小时保洁机制，按照“有厕纸无异味”“一客一洁”管理和服务标准，加大保洁频率，时时增加纸张供应量，确保公厕干净整洁。

【市政公用】 燃气 2020 年完成 53 个餐饮场所“瓶改管”，组织对全区各燃气公司负责人和 212 名送气工进行全覆盖培训，实现全部持证上岗。完成 2 万余户家庭户燃气软管升级，以及 80 户“瓶改管”工作。实行社会性评估。组织第三方对富阳华润管道燃气特许经营的规范性和群众满意度进行综合评估，目前评估即将结束，总体成绩较为理想。加强执法监管。实行“属地自查、中队交叉考核、部门联合检查”的工作机制，全年共查处燃气违法案件 12 起，查扣钢瓶超过 350 瓶。

给排水 2020 年完成 9 个住宅小区二次供水设施改造任务，完成 14 个省定生活小区“污水零直排”的建设任务。加强夏季高峰用水保供，夏季高峰期间，停止绿化环卫从市政管网取水，加强供水调度日调度约 2 万吨，并对个别用水大户进行了限供措施（改用自备水），查处非法取水 3 起，破坏供水管网 2 起。组织开展节水型小区和单位的创建，完成部分学校、公厕、公园和部分社区的公共用水设施约 400 套节水型器具的改造任务；开展城市节水宣传，联系郁达夫中学、富春七小等组织开展节水宣传进课堂活动。实行排水网格化管理巡查，按季对在建工地、餐饮业、宠物医院、中医诊所等开展专项检查。同步抓好城区排涝，积极协调水务公司、市政养护公司、重大交通指挥部、各建设项目施工单位开展排水工作，完成多个小区应急排水和管网检修工作，牵头抓好“美丽杭州”集中攻坚期间河道整治工作，共发现交办整改问题 2000 余个。

【市政养护】 2020 年，累计铺设沥青 148825 平方米，人行道维修 1392 平方米，安装止车石 158 只，调换各类井盖 262 只，对 104 条随路桥梁进行普查。对城区大型车辆较多的道路更换了 62 套 ф700 铸铁防沉降井盖。对东桥路、新桥新路、文教北路、孙权路、东大道、高泰线等 70 余条道路合计铺沥青细料约 115731 平方米、铺沥青中料约 30291 平方米。完成鹿山大道、孙权路、依江路、永兴路、天河路、龙江路等 150 条道路共 450 余处零星坑洞修补，面积约 2803 平方米。实行无障碍改造，完成了华庭路、西堤路、恩波广场等路段的人行道改造，面积达 4200 余平方米。对龙江路、鹿山大道等路的人行盲道进行了维修和整改。

【园林绿化】 2020 年，持续推进城区 9 个区块约 333 万平方米的绿化养护管理，对行道树遮挡红绿灯、交通指示牌等问题进行安全隐患排查和修理整治，全年累计发现整治问题 7072 处，加强“双最”绿地巡查，发现问题及时解决，确保长效养护规范化与精细化。郁达夫公园、桂花路分别被评为浙江省“优质综合公园和绿化美化示范路”。2020 年春节，环境小品“金瓜迎春”获得杭州市一等奖、“五一”自然花境“情满紫绣 ”获得杭州市二等奖，国庆立体花坛“龙翔凤舞鼎太平”获杭州市一等奖。

【志愿者活动】 2020 年，牵头组建 288 名志愿者的文明实践服务队，服务内容涵盖垃圾分类、文明养犬等市容秩序维护等六大项；重点开展垃圾分类、桶边督导等志愿服务，共计有 2983 名志愿者参与垃圾分类志愿服务活动，服务时长 13257 小时。作为区党群服务中心常驻单位，每月开展 1 次垃圾分类主题宣讲。持续开展“行走杭州”行动，全体干部随处巡、随手拍、随时办，逐步清理城市“顽渍”，共上报问题 6779 个，处理问题 6223 个，问题解决率达 91.80%。充分发挥社区大党委牵头作用，深度参与社区治理各项工作，及时组织 7 家成员单位组建突击队，下达目标任务，围绕杂物堆放、文明停车、垃圾分类等重点问题，分片包干整治。

行政执法

【事业单位改革】 2020 年，根据上级工作部署，通过整合等方式实现体制上与上级充分对应，机制上理顺科室与二级单位关系，完成杭州市富阳区市政园林和公用事业发展中心、杭州市富阳区环境卫生保障中心、杭州市富阳区市容景观发展中心、富阳区第一大桥管理所等 4 家事业单位机构编制规定及人员转隶。

【市容秩序】 2020年，制订下发《江滨公园沿线精细化管理方案》（富城管领〔2020〕1号）和《杭州市富阳区2020年城市管理示范街整治提升方案》（富城管领〔2020〕1号）。江滨公园增设文明告示牌，促进文明习惯养成；完善恩波鱼市相关硬件设施，制定管理制度（试行），实行定时定点规范管理；对郁达夫公园实行半封闭式管理，禁止电动车出入和停放；增加陈家弄亲水平台城管驿站岗亭，作为城市管理工作向基层延伸的窗口；清理示范街咪表杆、旧公用电话亭等，还路于民；落实“门前三包”制度，与沿街商户签订自我管理承诺书，张贴责任牌；落实江滨公园沿线错时管理；建立网上视频巡查机制等。开展两次市容秩序专项整治。针对出店经营、流动经营、噪音扰民等市容秩序问题，开展春季市容整治和夏季夜间市容整治。整治期间，全局出动人数6000余人次，教育劝导市容秩序问题7569件，立案查处1254件。老城区精细化品牌创建便民服务点提升项目于6月完工，共规范提升24处便民服务点。牵头开展临时经营点、商业外摆设置和管理工作，指导属地街镇落实政策；完成北门路夜市空余摊位招投标招租工作，空余摊位招租完成9处，其中6处为困难家庭、残疾人士照顾摊位。

【环境管理】 2020年，持续深化“一巡多功能”综合巡查机制，在日常巡查、抄告、整改、督办的基础上，结合“美丽杭州”创建活动，落实了“清洁家园 文明富阳”的长效治理工作。共巡查发现各类问题线索39674件，现场整改、自行处置到位32298件，现场整改率为81.4%。抄告交办7376件，及时反馈6885件，及时反馈率93.3%，有效处置6553件，有效处置率88.8%。7376件交办单中，三沿管理2652件，建设管理1134件，环境管理3118件，运输管理141件，防违控违289件，督办42件。

【户外广告】 2020年，编制金桥北路等17条道路户外广告设置详细规划方案，召开区级内审会议和主要商业节点业主单位内审会议，完成户外广告拆除应急单位招标工作，确定5家中标单位作为户外广告拆除应急单位，承揽我局本年度户外广告应急拆除工作。全年共拆除违规户外广告（招牌）2118处、9121.47平方米。每月对户外广告（招牌）审批、备案情况现场抽查，开展商户、商场沿街户外广告不规范，立柱、玻璃设置户外广告、招贴等问题专项整治，共整治不规范沿街户外广告181处。开展户外广告（招牌）安全整治，检查户外广告、招牌共3841处、签订安全责任书3841份，整改问题13处，大型户外广告、招牌提交检测报告7份。开展横幅、直幅、条幅广告专项整治，共清理102条。

【“两违”防控】 2020年，规划行政处罚一般程序案件共立案51起，其中拆除面积1993平方米，罚款244536元；住宅小区新增违建实施“即查即拆”55起，拆除面积1830平方米。通过“一巡多功能”交办乡镇（街道）农村违法私人建房共289处，已完成处置220处，综合处置率76.1%。重点推动银湖、东洲、鹿山等街道别墅小区落实巡查制度，如对万科公望小区5处新增违建实施动员业主自行拆除。对宋都江宸府小区10处圈占通风井搭建实施提前介入并强制拆除，强力拆除上林湖檀宫27处砖混建筑，有效阻断住宅小区同类违建滋生势头。先后开展了对富春街道亚林嘉苑、富春上城、宋都江宸府，银湖街道七里香溪、上林湖檀宫，东洲街道万科公望等小区的违建整治。推进物业违建登记报告制度。2020年，各物业公司上报违建信息共44起，中队完成拆除31起，立案1起，其他途径处置12起（业主自行拆除或整改）；涉违建投诉件共247件，相比2019年同期327件，同比下降24.50%。配合开展村社组织换届候选人资格审查，累计已审查26批共计11615人，筛查出同名人员84人。

【渣土管控】 深化渣土管理“两公开三统一”（公开透明信息、公正公平调节、统一管理、统一协调、统一标准）要求，推行“区级统筹协调、国企标化运营、村社参与得利”“政府主导与市场需求相结合”的新模式，打破渣土运营“涉黑”垄断旧格局，开创渣土管理“三个一”的新局面。优化“一站式”服务，工程车营运办证从75个工作日压缩到4.5个。实行“一盘棋”消纳，年内建成使用环山黄金坞等六大场地，新增容量1900万立方米，完成消纳1200万立方米（市域统筹127万立方米）。全域累计建成国有化消纳场26个（全市第一）。抓实“一体化”执法，深化联合执法，开展“一案双查”（查源头、查车辆）、“一车四查”（城管、运管、路政、交警），全年查处渣土类案件1415起。

【综合执法】 2020年，根据综合执法改革要求，城管执法领域由“7+X”的相对集中执法扩大至15个条线21个方面的综合执法，制定了区级综合执法案件移送协作办法，加强部门间的执法协同。开展道路运输环境、工程渣土、垃圾分类违法行为专项整治行动，实行一案双查、一车四查、典型案例媒体曝光。全年查处一般案件2865件，罚款1860万元，其中渣土类1415件，罚款1513万元，垃圾分类案件584件，罚款6.1万元。利用城管夜学、法制合作社等载体提升执法能力，开展非接触执法、掌上执法、721工作法，轻微违法教育劝导，全年人行道违法现场教育1414起。组织行政执法资格等级化考试，初级通过率位居全市城管系统第二。执法证持有率98.9%，完成4个省级基层中队规范化建设创建。通过行政争议调解机制，有效降低“两高一低”，实现零败诉。

（官炎鑫）

【编辑 吕克】

26 环境保护
Environmental Protection

环境质量

【概况】 2020年，富阳生态环境质量不断改善，生态文明建设持续进步，成功获“第四批国家生态文明建设示范区”“美丽浙江建设工作考核优秀区”“浙江省新时代美丽乡村示范县”等荣誉。

2020年，全区水环境质量稳中向好，富春江干流水质稳定保持Ⅱ类，出境断面水质自2015年以来持续保持“优秀”，全区12个地表水监测断面、4个集中式饮用水水源地水质达标率100%；全区大气环境质量持续改善，全区环境空气优良天数352天，优良率96.2%（总有效天数366天），同比上升2.4个百分点，城区细颗粒物（PM2.5）年均浓度28.7微克／立方米，同比下降18%，可吸入颗粒物（PM10）年均浓度为57微克／立方米，同比下降14.9%，全区24个乡镇（街道）环境空气质量均达到《环境空气质量标准》（GB3095—2012）二类区浓度限值；酸雨情况全面改善，首次实现“非酸雨区”。

【水环境】 富阳区地表水环境12个监测断面，除大浦闸水质为Ⅲ类外，其余11个断面为Ⅱ类，均满足水环境功能水质目标要求，达标比例为100%。富春江、渌渚江、苋浦河、北渠、壶源溪、剡溪、大源溪、南渠等主要河道水质优良，达到或优于水环境功能要求，达标率100%。全区4个集中式饮用水水源地（江北水厂、江南水厂、新登水厂、亭山水库）水质优良，各监测指标达标率100%。4个跨区入境交接断面：窄溪（桐庐到富阳）、青何（临安到富阳）、汤家村（诸暨到富阳），渔山出境断面，水质均达Ⅱ类，与2019年相比基本维持原状，其中，渔山出境断面水质达到Ⅱ类，满足水功能要求，自2015年以来水质持续保持“优秀”。

【大气环境】 根据《环境空气质量标准》（GB3095—2012），2020年，全区环境空气优良天数352天，同比增加16天；优良率96.2%（总有效天数366天），同比上升2.4个百分点。城区大气环境主要污染物为臭氧（O_3）和细颗粒物（PM2.5）。各监测因子中，二氧化氮（NO_2）、二氧化硫（SO_2）、可吸入颗粒物（PM10）和PM2.5年均浓度分别为4.3微克／立方米、28.4微克／立方米、57微克／立方米、28.7微克／立方米（因一氧化碳和臭氧无年标准，故不做年均浓度统计）。其中，NO_2和SO_2达到国家环境空气质量一级标准，PM10和PM2.5达到国家二级标准；与2019年相比，四项污染物浓度均有下降，下降幅度分别为28.1%、11.3%、14.9%和18%。

全区24个乡镇（街道）环境空气优良率均值为91.8%，主要污染因子为PM2.5和O_3。其中，PM2.5年均值为29.1微克／立方米，最低是龙门镇为23.9微克／立方米，最高是场口镇为34.4微克／立方米。根据年均值评价标准，全区24个乡镇（街道）环境空气质量均达到《环境空气质量标准》（GB3095—2012）二类区浓度限值。

全区大气降水pH值范围为5.47—7.74，pH平均值为5.67，酸雨率为18%，与2019年相比，全区酸雨情况有显著改善。根据《酸雨和酸雨区等级》（QX/T 372-2017），首次实现“非酸雨区”达标。

【声环境】 2020年，全区区域环境噪声昼间平均等效声级为54.0 dB（A），各区域环境噪声监测点位监测值均达到相应标准，区域环境噪声较好。全区8个功能区昼间噪声均达到相应的声功能区标准要求。全区道路交通噪声路长加权平均等效声级为67.10dB（A），质量等级为好。

【固废环境】 2020年，全区265家重点统计工业企业共产生冶炼废渣、粉煤灰、炉渣、尾矿、脱硫石膏、污泥以及其他废物等一般工业固废245.23万吨，同2019年相比，下降32.85万吨，同比下降11.81%。其中，冶炼废渣82.47万吨，综合利用率100%；粉煤灰12.21万吨，综合利用率100%；炉渣6.80万吨，综合利用率100%；尾矿72.14万吨，综合利用率100%；脱硫石膏5.34万吨，综合利用率100%；工业污泥33.21万吨，综合利用率98.97%；

2020年8月15日，杭州市生态环境局富阳分局被授予浙江生态省建设突出贡献集体二等功(图为浙江省委书记车俊颁奖)

(杭州市生态环境局富阳分局　供稿)

其他工业固废33.06万吨，综合利用率95.4%。

【生态环境公众满意度】　2020年浙江生态环境质量公众满意度调查，富阳得分为86.8分，连续5年实现攀升，位列杭州市13个县（市、区）第四位。

环境综合整治

【水污染防治】　加大饮用水水源地保护力度。开展富阳饮用水取水口上移及保护区优化调整和新登镇葛溪饮用水源地调整工作，完成亭山水库等三个农村饮用水源设立工作，全力保障饮用水源安全。加快“污水零直排区”建设。全盘统筹协调，严把建设管控，通过压紧压实各部门、平台和乡镇（街道）主体责任，大力推进“污水零直排区”创建，高质量完成8个镇街、32个生活小区、12个工业园区年度建设任务。强化污水源头治理。紧盯污水源头管控，建成2家省级美丽生态牧场，完成淘汰落后和过剩产能企业21个，完成整治“低散乱”企业191家。压实河湖长制履职责任。以“问题”和“效果”为导向，重点抓好体系制度建设、河长履职考核、绿水币管理、信息化建设等，提升河（湖）长履职能力和标准，压实河长责任，严格考核问责，推动河长制从“有名”向“有实”“有效”转变。拓宽“河湖长制”提档升级广度。开展巡河（湖）14661次，上报并处置各类问题6276个，全区巡河率、问题处理率均达100%。推进开展年度水环境治理项目，其中工程类项目92个，管理类项目124个。对全区143条乡镇级以上河道和151个水库水质实行“三色预警”机制；开展河长“绿币”积分赛，全面推进河湖长制提档升级。提高“五水共治”基础设施建设效度。完成农村生活污水处理设施标准化运维站建设400个、提升改造235个；新建、改造污水管网45千米，富阳污水厂五期及清洁排放技术改造项目、新登污水厂三期及清洁排放技术改造项目开工建设。

【大气污染防治】　编制《富阳区2020年度污染防治攻坚战任务计划》《富阳区2020年度乡镇空气环境质量改善目标任务》等文件，明确年度大气污染防治目标、重点措施和工程，全面推进大气污染防治工作。深化“燃煤烟气”治理。以优化调整能源结构为重点，全年完成72家企业产业结构调整，全年煤炭消耗143.80万吨，同比下降33.20%；关停剩余15台燃煤锅炉，推进184台生物质锅炉清洁能源改造，实现全区无燃煤锅炉、无生物质锅炉。以涉气排放企业整治为重心，完成35台工业炉窑整治和48家粉尘无组织排放企业整治，完成22家VOCs深度治理、12家涉VOCs“散乱污”企业整治和20家恶臭企业整治。以高排放车辆管控为核心，在全区范围内实行国三柴油车全路段禁行，围绕富春街道主城区范围划定高排放非道路移动机械禁用重点区域。高质量开展重点监管车辆监督执法，全年抽检柴油车381辆、非道路移动机械158台。深入开展“美丽杭州”创建暨“城市环境大整治、城市面貌大提升”百日集中攻坚行动，出台文明施工工作方案，明确扬尘治理工作规范，全年累计开展扬尘专项检查12次，处理扬尘等不文明施工问题1963个。城乡排气治理：加强燃气规范经营和安全管理，严密组织餐饮油烟治理；开展露天焚烧垃圾秸秆三级网格化巡查，加大火点扑灭力度。

【固废污染防治】　制定印发《富阳区“无废城市”建设实施方案》等文件，以“无废城市”创建为抓手，开展一般工业固废核查，创新危险废物全过程、记账式管理模式，工业危险废物利用处置率达到96%以上。巩固提升造纸废渣、垃圾飞灰处置问题整改成果，造纸废渣存量实现动态清零，垃圾飞灰做到日产日清。开展涉重金属排放企业整治，累计完成减排量1194.02千克，提前两年完成“十三五”重金属污染物减排任务。垃圾分类基础设施规范化建设。分阶段完成垃圾分类“撤桶并点·定时定点”工作，积极推进点位规范化建设，落实再生资源回收点495个，特殊垃圾临时堆放点400个，集置点459个。渣土收纳管理。完成环山黄金坞等4个大型渣土收纳场地建设，累计新增场地容量1507.64万立方米，累计完成渣土消纳969.7万立方米。坚持严管、严查、严处、严控原则，加强部门协同，实施“2+2”顶格处罚，从严打击渣土偷倒等违法行为。

【土壤污染防治】 加强土壤污染情况调查、管理，完成274个省定耕地安全利用样本监测、25家重点监管单位周边土壤检测，开展63个重点行业企业土壤污染状况详查、256个退役及用途变更地块土壤环境调查，全区受污染耕地安全利用率达93%以上，污染地块（含疑似污染地块）安全利用率达100%。实施全域土地综合整治与生态修复工程项目20个，完成金鑫矿、宏升矿等4家绿色矿山矿容矿貌提升方案编制，治理废弃矿山1家，综合整治矿山3家、提升2家。

【生态环保督察整改工作】 高质量完成第二轮中央生态环境保护督察迎检。本轮督察，富阳区共收到交办信访件145件（包括其他多区县市主办6件，协办1件和线下交办1件），反馈问题1个，所有信访件均高质量完成反馈，无退办件。督察反馈问题整改。2020年，富阳区生态环保督察工作主要围绕省级生态环保督察整改落实、第二轮中央生态环保督察迎检和整改落实等工作展开。全年共制定各类文件23份，下发督办单29份，通报8份；上报信息46件；开展各类督察30余次；组织和参加协调工作15次；制定发放中央生态环保督察工作相关资料500余册；重点围绕160个第一轮中央环保督察问题、27个省级督察问题、5个长江经济带问题和15个自查发现的问题开展多次举一反三排查工作。

环境管理执法

【生态环境管控】 全年共完成建设项目环评审批228个，其中报告书17，报告表211个；完成零土地技改备案24个，登记表备案486个。累计完成123个行业的清理整顿和发放工作，完成排污登记管理6716家、发放排污许可证343家。开展“区域环评＋环境标准”改革工作，完成区域环评审查5个，全区11个区域已实施“区域环评＋环境标准”改革，基本实现重点区域全覆盖，全年累计完成改革区域环评降级备案8个。紧紧围绕生态环境保护中心任务，以生态环境质量监测为重点，以地表水常规监测、环境空气质量日常监测为基础，深入开展主要河湖地表水、饮用水水源地、乡镇小流域、河流交接断面、农村生活污水处理设施等水环境监测，城区及乡镇环境空气质量、降水、降尘、硫酸盐化速率、噪声等其他监测项目，全年共获得监测数据215万余个，完成各类监测报告919份。严格落实噪声管理要求。全面加强噪声管理，重点落实区域环境噪声、功能区噪声、道路交通噪声治理工作，开展中高考期间“绿色护考”等专项行动；加强全区夜间施工管理，做好建筑施工夜间作业证明的核准，全年办理夜间施工许可证230个。加强辐射安全许可监管，全年办理辐射项目环评审批3项、初审2项，辐射安全许可证审批27项、初审15项。安全收贮22家企业35枚废弃放射源。组织开展101家辐射工作单位辐射安全隐患排查及风险评估工作，完成108家辐射工作单位2019年度辐射安全评估。

【生态环境执法】 生态环境保护执法转型年活动：全年累计出动生态环境执法人员1.25万人次，检查企业7571家次，作出行政处罚158件，处罚金额1016.97万元。全年开展VOCs挥发性有机物、建材砂石、汽修行业、污水纳管（槽罐车装运）、突击执法、油气等专项执法11期（次），累计检查企业242家次，立案查处42家。2020年，共受理各类环境举报案件733件次，全年信访处置率100%。实行生态环境柔性执法：严格执行监督执法正面清单，将六类260家重点企业纳入正面清单监管，加强非现场在线监管，减轻企业压力；对符合轻微超标超总量排放污染物等6种轻微环境违法行为，在企业整改到位的情况下，免于行政处罚，充分体现生态环境执法温度。

【生态文明建设】 优化环境功能规划，协助做好“三线一单”编制工作，划定生态环境优先保护单元918平方千米，占全区国土面积50%以上。全年累计安排生态文明建设专项资金预算2000万元，安排38个项目，其中农村环境整治项目25个，其他类项目13个。推进城乡环境整治，建设美丽富春山居，启动新时代美丽乡村建设项目85个，全年累计建成拥江精品村18个、美丽田园体验区26个、美丽农牧渔场24个、富春山居美丽农业产业园区20个。黄公望村入选“2020年中国美丽休闲乡村”，壶源溪、葛溪、渌渚江等河道获评2020年浙江省“美丽河湖”。深入实施省级山水林田湖草系统保护修复试点工程，现已完成投资约15.66亿元，

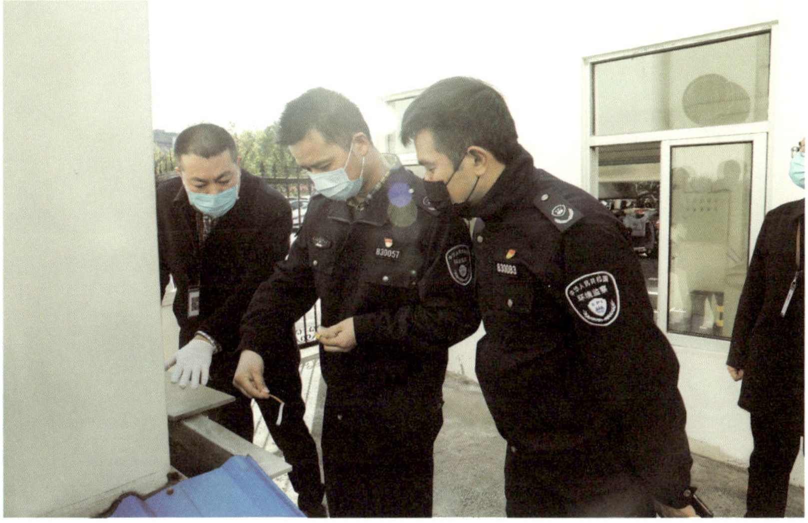

疫情期间，杭州市生态环境局富阳分局检查医院、污水处理厂等重点区域保障人民群众生命健康 （杭州市生态环境局富阳分局 供稿）

占总工程量的83.1%，重点、亮点工程一阳陂湖生态湿地一期于10月25日顺利开园。以区域森林体系质量提升为重点，全年累计建成彩色健康森林66.67公顷，完成森林抚育666.67公顷、毛竹低效林抚育改造1400公顷。制订绿道系统专项行动规划，全年累计贯通绿道166.4千米，壶源溪绿道获评第四届“浙江最美绿道”。开展“6·5”环境日、“浙江生态日”等生态主题活动，承办第十个“浙江生态日”暨第五届浙江生态音乐节；开展环保之声校园广播、乡镇街道生态环保宣传、环保设施公众开放日等活动。全年累计发放生态环境保护宣传资料16000余册，生态环境保护宣传受众约达20万人次。深入推进绿色创建，全年创建省级绿色学校3所、区级绿色学校6所，上报省绿色家庭1户、市级绿色家庭18户，富阳水务、富伦生态等4家单位完成杭州市环境教育基地复查。

【机制体制改革】 落实“六稳六保”工作要求，按照“三类防疫物资”生产环评审批可以先开工后补办的要求，采取网上审查、上门服务、专人跟踪等措施，优化环评审批，共办理相关企业项目11个，全面保障疫情防控物资供应顺畅。积极探索强化为企服务实现路径，与浙江省环境科技有限公司签订战略合作协议，成立区县级环保智库，借助专业力量，更好地解决项目落地、企业环保设施改造提升中遇到的专业问题。转变工作思路，强化数字赋能，主动适应生态环境治理能力现代化要求，创新采用电力监控系统实时监控141家挥发性有机物排放企业废气治理情况，具体做法获分管副省长、副市长批示肯定。立足现有生态环境物联网数据基础，全面构建“智慧环保”大数据平台，实现“1+7+X”生态环境全要素数字化监管，全面提升环境监管感知和实时监控能力。

（熊　蔚）

【编辑　吕　克】

27 科学技术

Science and Technology

科技进步

【概况】 2020年，全区新增国家高新技术企业115家（累计366家）、省级科技型中小企业222家（累计878家）、杭州市雏鹰企业23家（累计58家）；新认定省级企业研究院2家（累计23家），省级企业研究中心9家（累计68家），杭州市级企业研发中心17家（累计122家）。全区326家规上高新技术产业企业实现高新技术产业增加值147.8亿元，同比增长2.4%，占规上工业增加值的比重为62.7%；完成高新技术产业投资30.56亿元，同比增长15.4%。

【国家高新技术企业增加】 实施高新技术企业培育三年行动计划，抓好“国高企”、省级科技型企业培育工作。全年新增国高企115家，总数达366家；新增省级科技型企业222家，总数达878家，新增数均为历年最高。

【全社会研发经费投入】 2020年，全区研究与实验发展经费投入强度增幅为0.46个百分点，投入强度增幅达到历年新高，排名位居13个区县（市）第三位。全区研究与试验发展经费投入首次突破20亿元大关达到20.2亿元，投入经费达到历年新高，增幅排名位居13区县（市）第一位。

【企业研发机构建设】 通过加大研发经费补助力度，积极引导和鼓励企业争创省市研发机构。全年新增省级企业研究院2家、省级企业研究中心9家、杭州市级企业研发中心17家，全区企业研发能力得到提升。

【创新策源平台载体建设】 采取“1+2+4”的模式分类推进平台提升。“1”即重点推进杭州光机所建设。1月，杭州光学精密机械研究所获评“2019年度杭州市最具影响力新型研发机构”，12月，成功创建为首批省级新型研发机构。全面完成过渡场地的装修、科研大楼开工建设等工作，实现落地产业化项目9个，9个项目获5110计划项目认定，成功举办光电产业高峰论坛暨2020年上海光机所上海校友论坛。“2”即深入推进杭电富阳研究院和浙工大“工创谷”项目建设。杭电研究院正式入驻并运营，引进创新创业团队16个，孵化科技型企业15家，开展5G公共测试平台和集成电路测试平台建设；浙工大“工创谷”引进创新创业团队25个，孵化科技型企业16家。“4”即统筹推进大数据、春江新材料、双创和伯乐国际等四家研究院建设。共引进创新创业团队30个，孵化科技型企业23家。星帅尔电器和凯龙医疗分别与高校合作共建联合实验室开展创新研发。

【省级产业创新服务综合体】 1月，浙江省杭州富阳信息经济核心产业创新服务综合体成功列入省级产业创新服务综合体创建名单；9月，杭州市富阳医药与医疗器械产业创新服务综合体先后成功被认定为杭州市级产业创新服务综合体。

【科技创新政策体系健全完善】 结

2020年9月19日，第二届中国创想大会在银江智谷举行

（区科技局　供稿）

合省市区政策调整，进一步优化本级科技项目管理、研发经费补助、创新券补助、高校技术转移中心考核、孵化器和众创空间管理、小微企业创新园管理等政策，形成较为完善的科技创新政策体系。全年共为721家次企业（平台）发放补助或兑现奖励资金2.97亿元。

【科技金融服务提升】 完善风险池基金，吸引区内外社会资本和金融资本参与富阳产业转型，破解科技型企业融资难题。2015—2020年，先后为24家企业提供贷款8650万元。深化与杭高投（杭州市高科技投资有限公司）合作，做活科技投资引导基金，引进落地2家，投资2700万元，对接区外子基金2家。

【小微企业创新园建设】 做好地铁沿线、两大平台和富春街道等区域的闲置楼宇、厂房的盘活利用文章，摸排48处点位，先期谋划7处综合条件优越，建筑总面积达14万立方米的闲置场地，进行自主或合作开发利用。稳步推进新登小五金产业园等传统小微企业园改造升级及富春湾光电产业园的建设工作。全年新认定省级小微园3家，累计达10家。

【科技大市场运营机制深化】 按照“政府搭台、市场运作”的模式引进专业机构运营富阳科技大市场，富阳科技大市场运营地址搬迁至银湖第二创新中心，集聚创新创业服务资源。通过深化运营机制，将富阳科技大市场打造成高校院所创新资源和专业科技中介服务机构丰富的创新资源集聚型平台，区内企业科技、人才创新资源需求和高校院所、科技中介创新服务有效对接的专业化服务型平台，创新创业活动不断和创新创业宣传活跃的创新创业氛围营造型平台。

【科技人才服务】 选派10名业务好、素质高的干部担任服务专员，一对一精准服务企业，解决企业诉求。全年共办理外国人来华工作许可158件，为在富外专提供疫情防控服务工作。组织参加杭州市科技人才和项目引进大会，组织6家企业参加“揭榜挂帅”，完成“魅力城市杭州行”央媒采访调研团采访华鹰船艇的相关工作，组织开展富阳区外国专家俱乐部迎新联谊会暨联络站揭牌活动。切实做好省市科技人才和外专项目申报工作，申报浙江省海外工程师1个、杭州市“115”引智计划17项，首次认定区级领军型创新创业团队4个。依托区“5110”计划项目，落地高层次创新创业团队70多个。

【科技宣传活动】 2020年，结合疫情实际情况，组织科技下乡活动及线上活动，有22个乡镇街道举办了科技下乡活动。举办科技特派员培训班32期，参加人数1295人，发放资料2928份。科技特派员通过电话、微信等方式一边指导着蔬菜基地的生产技术，一边沟通、联系蔬菜基地的销售和社区物业情况。指导蔬菜育苗温湿度调控、防病等有关技术，联系帮助采购种苗，积极有序组织下季生产。

（袁晓军）

中国林科院亚热带林业研究所

【概况】 2020年，全所有在职人员169人，离退休人员126人。在职人员中，正高级职称25人、副高级职称59人、博士学位85人、硕士学位37人，博士生导师12人、硕士生导师28人、专业硕导6人。获得国家优秀青年基金1人，省部级以上中青年专家3人，省151人才22人，享受国务院特殊津贴3人。全所在读全日制研究生113人。

【科技创新】 聚焦国家战略，科学研究取得良好进展。全年组织实施各类科研项目209项，44个项目结题验收。获批立项3个国家重点研发课题，4个国家基金面上项目获得立项，省部级项目18项，其中省重点研发项目2项，首个长三角林业区域统一标准项目落户研究所。全年共立项纵向项目28项，合同经费2772万元。各项科技产出保持稳定，发表论文118篇，其中SCI收录51篇（一区论文13篇），CSCD核心期刊66篇；授权发明专利19项，其他专利2项；软件著作权29项；颁布标准2项；审认定良种8个；评价成果6项，认定成果1项；主持浙江省科技进步二等奖1项、参加并获贵州省科技进步二等奖（排名第二）和梁希科技进步二等奖（排名第二）各1项（表6）；主编著作5本，参编著作2本（表7）。做好科技档案归档，45项成果进入国家林草局科技成果推广库，其中“庆元林场杉木3代种子园种子”等5项成果入选《2020年重点推广林草科技成果100项》。完成首个林木种质资源遗传资源编目。历经五年全区域调查和补充调查，全面反映当今中国油茶遗传资源状况及资源发掘利用研究成果的《中国油茶遗传资源》正式出版。在山苍子精油合成分子机制等应用基础研究和油茶产业链等技术研发方面取得重要突破。

【科技支撑国家林草大局】 全力支撑决战期脱贫攻坚，突出重点扶贫县，实施扶贫项目4项，投入扶贫项目经费190万元，通过举办各类技术培训班等形式培训林农近2000人次。作为团长单位组织国家林草科技扶贫专家服务团决战广西罗城脱贫攻坚；无偿提供技术支撑的广西龙胜茶油加工生产线正式投产，“美丽六漫”规划蓝图初显成效；协助贵州独山企业争取国家生物产业基地建设，已通过专家评审；在河南光山，服务全国油茶现场会，十年奋斗创新光山油茶新业态，并进入第二轮合作；提出的“推进我国油茶产业发展建议”被林草局专报采纳，积极发挥科学思想库作用；在广西昭平，高产油茶示范项目和食用菌基地得到中航集团高度肯定。全年累计派出100人次经济林、竹类、用材林专家服务国家重点扶贫区域，推广13项扶贫模式，直接带动800多户脱贫，支撑区域人均年收入增加2800元以上。支撑长江经济带和长三角生态保护与修复。亚林所作为秘书长单位获批成立“国家林业和草原局长三角生态保护修复科技协同创新中心”，在自然保护地调整、国家公园建设、

2020年5月15日，亚热带林业研究所在广西龙胜科技扶贫油茶基地现场技术示范
（亚热带林业研究所 供稿）

示范区轻简化经济林建设等方面取得显著成效；聚焦长江经济带，提出了长江中游低效人工林改造技术模式3套，参与完成了长江经济带生态保护修复与生态农林业战略研究报告和建议。围绕支撑“林长制”改革，以安庆为重点，布局重点产业振兴和生态建设咨询两大重点任务，在竹类复合经营、林源药材、甜柿、香椿、油茶等领域初显成效，获得当地政府的肯定。以浙江省为重点，积极服务地方林业产业及林业科技发展。重点支撑百万亩国土绿化科技支撑行动，提出了6大类20项造林技术；依托浙江省“十三五”育种专项，加强种业前沿技术研发，“一亿株珍贵树种行动”中约有50%的苗木来源于亚林所支撑的基地、苗圃或企业。全面落实与富阳区战略合作项目，谋划三年合作总结工作。积极参与省政协送科技下乡、林业科技周活动，组织专家开展“三服务”技术活动50人次，组织助力地方发展科技特派员10名。亚林所森林健康与保护研究组获得浙江省委、省政府“森林浙江”先进集体称号，亚林所获得浙江省林业产业先进集体称号，获得先进个人2人，获评森林生态保护突出贡献先进个人1人。积极扩大“朋友圈”，与贵州黔东南、安徽安庆等地签订合作协议10份。

【学术交流与国际合作】 完成学术委员会换届工作，充分发挥学术委员会建言献策、带头示范等作用。启动研究组组长交流会，促进科技交流。举办学术研讨、培训会20余场。广大科技人员通过线上、线下方式参与国内外学术交流及培训，开拓学术视野。

【人才培养与团队建设】 引育并举，持续优化人才队伍。招聘应届博士毕业生5名，引进优秀青年人才1名；晋升正高级职称2人、副高级职称5人，新增博导1名、硕导3名，晋升二级岗位、三级岗位各1名。获国家留学基金资助2人，青年人员国际交流1年并回国2名；入选“百千万人才工程”省部级人才1人，入选中国林科院杰出青年1人，入选国家林草局科技创新团队团队1个，入选国家林草局最美林草科技推广员2人，通过浙江省万人领军评审1人，人才在行业影响力进一步提升。调离职工1名、职工退休3名；获批设立浙江省博士后工作站，1名博士后以优异成绩出站；以强化过程管理为重点，高度重视研究生培养工作，共招收硕士研究生22名、博士研究生8名；9名博士、14名硕士顺利毕业；研究生就业率达到67%，获得茅以升木材科技奖学金、黄奕聪奖学金、国家奖学金、优秀志愿者、优秀研究生、优秀毕业生等所内外各类荣誉90余人次，研究生培养取得较好成绩。

【条件平台建设】 条件保障能力持续增强。完善条件平台建设，提升保障能力。新增平台3个，获批亚热带林木培育国家长期科研基地、国家林草植物新品种杭州测试站、国家林业和草原局长三角生态保护修复科技协同创新中心等平台建设，柿工程中心通过国家林草局组织的专家论证。椿树、国外松等国家创新联盟召开成立大会，油茶和山茶创新联盟被评为高活跃度联盟，油茶、马尾松等2个工程中心顺利通过国家林草局考核，油茶工程中心、钱江源、普定站、沿海防护林站等4个平台在院级考核中获优秀。重大科研基础设施和大型仪器开放共享评价整改成效突出，在年度考核中获得良好成绩，排名全院第一。挂靠平台运行出色。全国经济林标委会、质检中心，积极发挥服务大局作用，提升行业影响。在建院区安全设施改建项目顺利完成，完成滑坡维修及日常维修，消除安全隐患；完成油茶中试基地、沿海防护林生态站收尾工作，油茶精深加工中试基地第二条中试线完成安装，办结沿海防护林生态站东台站点房产证；沿海防护林生态站等2项基建项目及职工食堂及育种实验楼维修等3项修缮项目顺利通过验收，促进了国有资产保值增值。

【党建和精神文明】 参加中国林科院第五届十佳党群活动评选，获总分第一名；2名青年党员分别获浙江省林业局主题演讲比赛一等奖、三等奖；通过浙江省省直机关工会“先进职工之家”复验；《走进自然，科普林草，亚林志愿者在行动》获全省青年志愿服务项目大赛铜奖；1人被浙江省委宣传部评为“最美志愿者”；保持浙江省省级文明单位称号。

（杨清平）

2020 年中国林科院亚热带林业研究所获得专利授权情况一览表

表 17

序号	类 别	名 称	状态
1	国内发明专利	一种简易机械化高效采收的油茶栽培方法	授权
2	国内发明专利	一种复合微生物菌剂制备方法及其应用	授权
3	国内发明专利	一种松木屑作为食用菌栽培料的预处理方法	授权
4	国内发明专利	一种油茶果壳制备栽培基质的方法	授权
5	国内发明专利	一种降解皂素和单宁的复合微生物菌剂	授权
6	国内发明专利	一种松节油降解微生物菌剂	授权
7	国内发明专利	一种油茶籽中不同形态多酚的萃取方法	授权
8	国内发明专利	一种石漠化红裸土植被快速恢复的方法	授权
9	国内发明专利	鉴定高含油率油茶的方法	授权
10	国内发明专利	一种与油茶种子含油率相关的 SNP 分子标记及其应用	授权
11	国内发明专利	一种与油茶种子油脂中软脂酸、油酸、亚麻酸含量相关的 SNP 分子标记及其应用	授权
12	国内发明专利	一种丛生竹快速繁殖的方法	授权
13	国内发明专利	一种核桃精选加工工艺	授权
14	国内发明专利	一种超高酸价毛油高效精炼工艺	授权
15	国内发明专利	用于鉴定山鸡椒性别的 SNP 标记及该 SNP 标记的筛选方法	授权
16	国内发明专利	一种竹林金针虫成虫引诱剂	授权
17	国内发明专利	一种湿地松林中高产脂湿地松植株的鉴定方法	授权
18	国内发明专利	利用外源物质提高无患子果序结实的方法	授权
19	国内发明专利	利用脱落酸疏花提高无患子果序结实的方法	授权
20	实用新型（澳大利亚创新专利）	Methods for evaluating resin value of Pinus Elliottii stand by using near-infrared spectroscopy	授权
21	实用新型（澳大利亚创新专利）	一种山桐子高质量 DNA 提取方法（METHOD FOR EXTRACTING HIGH-QUALITY DNA FROM IDESIA POLYCARPA）	授权

2020 年中国林科院亚热带林业研究所获得软件著作权一览表

表 18

序号	软件名称	登记号
1	木材心材颜色分级筛选系统 V1.0	软著登字第 5051540 号，2020SR0172844
2	木材物理及化学性状的全自动检测系统 V1.0	软著登字第 5051570 号，2020SR0172874
3	木材树种快速识别系统 V1.0	软著登字第 5050958 号，2020SR0172262.
4	薄壳山核桃林分病虫害监测系统	软著登字第 5910487 号，2020SR1031791
5	薄壳山核桃林分土壤水分监测软件	软著登字第 5620686 号，2020SR0741990
6	薄壳山核桃种苗生长监测系统	软著登字第 5620679 号，2020SR0741983
7	经济林废弃物生产石斛栽培基质管理系统	软著登字第 6051809 号，2020SR1173113
8	经济林废弃物脱毒处理检测系统	软著登字第 6051782 号，2020SR1173086
9	马尾松木屑脱毒处理系统	软著登字第 6051837 号，2020SR1173141
10	与油茶种仁含油率相关的 SNP 分子标记及其应用方法的信息管理系统	软著登字第 6344945 号，2020SR1543973
11	与油茶种子油脂中油酸和亚油酸含量相关的 SNP 分子标记及其应用方法的信息管理系统	软著登字第 6342139 号，2020SR1541167
12	薄壳山核桃容器苗水分监测系统	软著登字第 5912228 号，2020SR1033532
13	森林生态站自动监测数据管理分析系统	软著登字第 6012356 号，2020SR1133660

续表18

序号	软件名称	登记号
14	森林康养资源信息查询系统	软著登字第6006461号，2020SR1127765
15	植物数量性状相关的 Dna 甲基化标记分析软件	软著登字第5380790号，2020SR0502094
16	单株松脂产脂量智能估测系统	软著登字第5051033号，2020SR0172337
17	木材年轮统计数据分析反馈系统	软著登字第5051033号，2020SR0172337
18	松脂成分 nir 分析反馈平台	软著登字第5051545号，2020SR0172849
19	柿果顶腐病精准防控系统 v1.0	软著登字第5123218号，2020SR0244522
20	基于不同模型的差异基因检测软件	软著登字第5123218号，2020SR0244522
21	第二代高通量测序数据的差异表达基因分析平台	软著登字第5092147号，2020SR0213451
22	基于数量化理论对山鸡椒立地类型划分系统 V1.0	软著登字第5005000号，2020SR0126304
23	湿地生态监测与评估预警信息系统	软著登字第6037913号，2020SR01159217
24	杉阔混交林空间结构和树种组成分析软件 V1.0	软著登字第5856929号，2020SR0978233
25	亚热带常绿阔叶林结构测算和分析软件 V1.0	软著登字第5855676号，2020SR0976980
26	基于 Java 的山茶性状管理系统	软著登字第6376333号，2020SR1575361
27	基于 C# 的茶梅性状管理系统	软著登字第6378759号，2020SR1577787
28	自然保护地分区管理对策最优化规划软件 V1.0	软著登字第6623734号，登记号：2020SR1820732
29	亚热带森林资源数据统计分析软件 V1.0	软著登字第6689835号，2020SR1884706

2020 年中国林科院亚热带林业研究所技术标准一览表

表19

序号	类　别	名　称
1	行业标准	喀斯特地区植被恢复技术规程(LY/T 1840—2020)
2	国家标准	油茶良种选育技术规程(GB/T 28991—2020)

2020 年中国林科院亚热带林业研究所审认定品种权一览表

表20

序号	类　别	名　称	审认定单位
1	省级审定良种	春江红叶微连	浙江省林木品种审定委员会
2	省级审定良种	浙江杉木3代种子园种子	浙江省林木品种审定委员会
3	省级认定良种	杉木龙15+ 红心杉28	浙江省林木品种审定委员会
4	省级认定良种	红心杉木无性系 H11	浙江省林木品种审定委员会
5	省级认定良种	木麻黄无性系亚林41	浙江省林木品种审定委员会
6	省级认定良种	木麻黄无性系亚林50	浙江省林木品种审定委员会
7	省级认定良种	安吉县龙山林场无患子母树种种子	浙江省林木品种审定委员会
8	省级认定良种	椿秋红	浙江省林木品种审定委员会

2020 年中国林科院亚热带林业研究所鉴（认）定成果一览表

表21

序号	成果名称	类　别	鉴(认)定单位
1	油茶籽精深加工关键技术开发及产业化	鉴定	浙江省林学会
2	柏木良种选育和繁育关键技术及应用	鉴定	浙江省林学会
3	浙江省主要森林类型经营增汇技术研究与示范	鉴定	浙江省农科院
4	主要经济林废弃物基质化利用关键技术研究与示范	评价	中国林学会
5	林业废弃物食用菌基质生产技术	评价	中国林学会
6	油桐抗枯萎病品系选育及应用	评价	中国林学会
7	亚热带季相景观林培育技术	认定	国家林草局

2020 年中国林科院亚热带林业研究所获奖成果一览表

表 22

序号	成果名称	获奖类别等级	授奖单位
1	竹笋食味和安全品质提升关键技术及应用	梁希科技进步奖二等奖	中国林学会
2	贵州山地油茶良种选育及丰产栽培技术与推广	贵州省科技进步二等奖	贵州省政府
3	木荷育种体系构建、良种选育和高效培育技术	浙江省科技进步二等奖	浙江省政府

2020 年中国林科院亚热带林业研究所年度编写著作一览表

表 23

序号	著作名称	出版单位
1	中国油茶遗传资源	科学出版社
2	活立木无损检测技术与湿地松遗传育种	伊诺科学出版社
3	杉木遗传育种与培育研究新进展	中国林业出版社
4	中国木荷	科学出版社
5	浙江德清淡水珍珠传统养殖与利用系统	中国农业出版社
6	腾冲红花油茶油	云南科技出版社
7	Advances in Plant Breeding Strategies: Nut and Beverage Crops（第9章，Advances in Edible Pine Nut Trees（Pinus spp.）Breeding Strategie）	斯普林格（Springer）

中国水稻研究所

【概况】 2020 年，中国水稻研究所获得 1 项国家科技进步二等奖、1 项国家自然科学杰青项目。以第一选育单位获省级及以上品种审定 22 个（次），授权品种权 9 个，授权国家发明专利 47 项，软件著作权 7 项，颁布行业标准和学会标准 12 项。

【人才培养】 中国科学院院士钱前继 2019 年后，2020 年再次入选全球“高被引科学家”名单。王克剑研究员获得国家自然科学杰出青年基金资助（建所以来第二次获得），并获得陈嘉庚青年科学奖。2 名专家入选浙江省人才计划，科技创新领军人才、1 名专家入选浙江省人才青年拔尖人才。1 名专家获“全国先进工作者”称号。

【超高产专用早籼稻品种中嘉早 17 等的选育与应用获国家科技进步二等奖】 “中嘉早 17”连续 7 年被农业农村部推荐为主导品种，连续 5 年居南方稻区年应用面积第一位，也是自 1991 年以来唯一年应用超千万亩的早稻品种。

【水稻新品种新技术】 水稻无土基质育插秧关键技术研究与应用获 2020 年中国农业科学院青年科技创新奖，该技术解决了水稻机插育秧取土难题，开辟了作物秸秆还田再利用的新途径，实现了无土育秧的技术创新。提出控制水稻镉积累的植株养分平衡理论和镉相关基因网络调控理论，集成创新了有机水稻标准化生产模式，研发了一种控制水稻镉污染或积累的新型有机肥，示范效果显著。2020 年第三届中国·黑龙江国际大米节品评品鉴活动中，华浙优 261、万象优 111 分获籼米组第一、第二名。

【藏粮于技】 2020 年先后承办全国水稻“藏粮于技”暨轻简高效种

水稻无土基质育插秧关键技术

（中国水稻研究所　供稿）

植技术现场观摩会、国家水稻良种重大科研联合攻关、水稻“藏粮于技”现场观摩与工作交流会，杂交稻精准播种机插关键技术、机械穴直播稻田“播喷同步”封闭控草技术体系等多项稻作技术整体达到国内领先水平。

【科技扶贫与乡村振兴】 推进实施省结对驻村帮扶和部院科技扶贫任务，先后组织专家赴江苏、黑龙江及浙江省内各市区开展送科技下乡活动，指导地方开展彩色稻景观创意建设，推动当地农旅结合发展。建立中国水稻研究所湖州展示转化基地、中国水稻研究所上山稻作研究基地，推动当地粮食产业链竞争力水平提升和上山稻作文化走向世界。组织召开浙江省杨丰山村发展规划研讨会，协助举办第二届杨丰山梯田农民丰收节。

【RICE SCIENCE 影响因子继续提高】 Rice Science 2019 年影响因子（3.162）比上年提升 33%，在全球农学领域 91 个 SCI 期刊中名列第 15，在植物科学领域 234 个 SCI 期刊中名列 46，均跻身 Q1 区。

【公共科技服务】 国家水稻数据中心网站最新全球排名 2.89 万名，稳居国内同类科学网站第一。承担稻米品质等样品检测 2.7 万余份，发布实施《水稻稻曲病菌毒素的测定 液相色谱质谱法》等 4 项行业标准。开展水稻资源鉴定评价、分发利用等工作。

【科技创新平台】 6 月 18 日北方水稻研究中心项目开工建设，至年底，主体工程结顶。推动科研公共平台开放共享运行，在科技部、财政部开展的 2020 年重大科研基础设施和大型仪器开放共享评价考核工作中，获得“良好”等级。

（章蓉蓉）

杭州光学精密机械研究所

【概况】 2020 年，杭州光机所在职人员 136 人，其中博士学位 72 人，正高级职称 51 人，在职人员中包含享受“国务院特殊津贴”“国家杰青”“优青”“中科院人才计划”“国家中青年领军人才”等多名人才。3 月，杭州光机所与杭州市之江实验室、西湖大学等一同被评选为“2019 年杭州市最具影响力新型研发机构”。8 月，被全国工商联电子信息装备委员会授予“全国工商联科技装备业商会电子信息装备专委会副主任单位”称号。12 月，被认定为浙江省首批“新型研发机构”。

【项目成果引育】 围绕中科院上海光机所提供的科技成果、科研项目和杭州光机所在全球招引的激光光电领域“硬科技”项目，进行转移转化和落地，已引进产业化项目 17 个，其中，智能光电装备项目 6 个，特种光纤及应用项目 4 个，激光光电功能材料项目 7 个，注册公司 10 家。深入对接德国马普所创始所长、英国皇家科学院院士菲利普·罗素教授及其团队。

申报富阳区高层次创新创业人才“5110”计划项目 9 项，其中 A 类项目 4 项，B 类项目 5 项；浙江省重点研发计划项目 1 项。

【平台建设】 建设智能光电装备研发平台、特种光纤及应用研发平台、激光光电功能材料研发平台、先进激光制造研发平台等 4 个工程化研发平台；公共服务平台涵盖性能测试和表征、材料共性制备和加工等功能，该平台具备共享科研设备及仪器 15 台（套），已有 11 台（套）设备完成安装调试。

【吸聚与汇能】 承办全国工商联光电子专委会、2020 光学器件与材料学术会议、光电产业高峰论坛暨 2020 上海光机所校友产业论坛、2020 联想之星创业 CEO 特训班“一期 & 二期”星友会等多项重大活动；举办创业大讲堂 1—3 期。

对接来所参观院士及知名专家 15 余人；依托专业技术优势及行业洞察力，积极对接优势资源，如国防科工局、中科创星、东科创星、航天 803 所、中航 633 所等 20 余家机构和规模企业，共建富阳光电产业生态。

【科教协同发展】 与国科大杭州高等研究院联合成立富阳科教产业基地、工程专业学位研究生实践基地；与华南师范大学半导体科学技术研究院联合成立研究生联合培养基地。

（包拯业）

【编 辑 吕 克】

2020 年 11 月 6 日，承办光电产业高峰论坛暨 2020 上海光机所校友产业论坛
（杭州光学精密机械研究所 供稿）

28 教育 Education

综 述

【概况】 全区有各级各类学校、幼儿园156所。其中：幼儿园73所（民办41所），小学46所（民办2所），初级中学17所（民办2所），普通高级中学7所（民办2所），中等职业学校2所，技工学校1所，特殊教育学校2所，独立建制区域性成校5所，教育指导服务中心3个。其中，省三级以上幼儿园创建率为100%；5所公办普高全部通过浙江省特色示范高中的验收，省一级特色示范普通高中1所，省二级特色示范普通高中4所。国家级重点职高2所，其中1所为国家中职改革发展示范学校，1所为省中职改革发展示范学校。至2020年底，有名师、技能名师、名校长、品牌专业、现代学徒制试点单位、普职融通试点学校、示范性职教集团、示范性校企合作共同体、示范性教学实训车间、综合性品牌实训基地等30个项目被列为杭州市立项建设项目；有名校、名师（大师）、品牌专业、优势特色专业、示范性校企合作共同体、德育品牌、创新创业教育实验室和优秀毕业生等20个项目被列为浙江省立项建设项目。另有教研中心1个，新劳动教育研究院1个。

在校学生约11.35万人，其中，幼儿约2.6万人，小学约4.53万人，初中约2.19万人，普高约1.28万人，职高约0.73万人，随迁子女 1.81万人，盲、聋哑学生232人。在编公办教职工编制0.68万名。

全区学前三年净入园率为99.8%，九年义务教育入学率、巩固率均为100%，初升高比例99.94%，优质高中招生比例91%。普通高中与职业高中（含中专、技校）的招生保持基本平衡。

2020年高考报名4070名，其中普通高考招生录取3924人，录取率为96.41%，双一流大学录取考生398人，录取率9.78%，有8人被清华、北大录取，一段上线1335人，上线率34%；传统体育和盲人考生录取11人，录取率100%。高职单独考试报考1141人，录取人数1099人，录取率为96.32%，其中，本科录取135人，录取率11.83%。成人高考报名2262人，报名人数再创新高。2020年富阳区高中招生文化考试和信息技术、实验操作考试共有7393人参加。在全国职业院校技能大赛中，富阳学院学生叶琳艳作为浙江省代表队唯一选手参加大赛并荣获全国职业院校技能大赛改革试点赛（中职组）“蔬菜嫁接”赛项第一名。省职业能力大赛，获一等奖2项，二等奖3项，三等奖2项；市级职业能力大赛获一等奖10项，二等奖23项，三等奖66项。职教中心在2020年杭州市中等职业学校职业能力大赛中金牌数居杭州第五名、总奖牌数名列杭州市第二名。技工学校烘焙项目获得第46届世界技能大赛浙江省选拔赛第六名、国赛精选项目第二名。

全年有53个项目被列入2020年政府投资建设项目，总投资27.7亿元；成立区政府教育项目建设专班，绘制项目推进“1+7+9”作战图，加快推进学校建设进度，其中富阳中学改扩建工程、大青小学改扩建工程、大青幼儿园方家井分园等12个项目完工并投入使用；富春十小、富春五幼等7个项目开工建设；34个续建项目有序推进。公办学校食堂大宗食品定点采购统一配送率达100%。300人以上A、B级学校等级食堂率达100%，阳光厨房建成率达100%。学校品牌超市比例达100%。中小学校加热保温水、直饮水系统建成率100%。参加食品安全责任保险学校覆盖率100%。

【教育课程改革】 推进“精准教学”课堂变革，健全教育质量监控及评价机制，走内涵发展道路。深化学前教育课程改革，以幼儿园园本课程建设推动学前教育有内涵、高品质发展，将园本课程融入校园文化建设，推动幼儿园有品质、有内涵、有特色的向上发展；全区32所公办幼儿园与部分民办园均编制了立足于地方资源、幼儿情况、园所内涵的课程方案，其中富春一幼的《“探·趣”课程》、春江中幼的《春江小达人》课程为省级精品课程。深化义务教育课程改革，推进“互联网+”义务教育，率先完成乡村学校“互联网+义务教育”全覆盖，入选15个浙江省“互联网+义务教育”实验区。举办第四届“富春情·教育梦”学术节，围绕“聚焦课堂变革，落实核心素养”主题，推进学校课程教学改革，提升学校提质强校工作绩效。不断深化普通高中课程改革，健全教育质量监控及评价机制。加强与名校新登中学和上海师范大学合作办学，挂牌“上海师范大学附属新登中学”。推进“中职名校”“双高建设”等项目，成立新制造业产教融合联盟，促进中职教育内涵发展。

【党建工作品牌创建】 推动党建工作品牌创建，打造体现时代性、创新性的“一校一品”党建文化品牌，增强党建文化的凝聚力、渗透力，推动全区中小学校党建工作再上新台阶，2020 年培育 10 个学校党建品牌；开展“三争”“党建双强”工程，评选表彰 20 个先进基层党组织、10 个“清廉学校”示范点，以及 608 名优秀党务工作者、优秀党员和先锋党员。建强基层组织，举办入党积极分子培训班 6 期，新吸收入党积极分子 81 名，分 4 批发展党员 63 名。新建 3 个党组织，完成富春中学等 4 个党组织的升格，完成 57 个学校党组织的换届（补选）。规范民办两新组织“双覆盖”，以“组团竞赛 1+2”为载体，提升民办党建工作质量；江南中学、黄公望高级中学、永兴学校等党组织规范设置单独建，全区 40 家民办幼儿园、155 家民办培训机构组建联合党支部 8 个。助力走心服务活动，走访群众 513 人，梳理并解决问题 23 项。出台富阳区清廉学校建设标准，明确推进清廉学校建设任务清单责任分工和“清廉学校”建设考核评分标准。承办全市“清廉学校”建设现场会，打造“清廉学校”富阳范式。富春中学、富阳二中分别获得杭州市第一批“清廉学校”示范点和优秀案例称号，培育区第二批“清廉学校”示范点 12 个。加强执纪问责力度，完成系统内 183 名教师的兼职取酬和入股专项清理工作，全年受到党纪处分 4 人、政纪处分 6 人、效能问责共 18 人。

【教育宣传】 加强意识形态教育工作，把机制建设列入学校党组织建设、干部教师队伍管理、德育工作和课程改革主要内容。开辟宣讲平台，通过文件及“富阳教育”和“富阳发布”共表彰教育系统疫情防控典型集体和个人 11 期，受表彰教师 617 人次。加大对典型人物的宣传，举行区教育系统抗击疫情精神报告会。组建首批 41 名教师的富阳区“富春窗 美好教育之声”宣讲团并进行 6 场宣讲，5 名成员被聘为富阳区“十大金牌讲师”。组建完善核心、骨干、基层三级网评员队伍 225 人，各层次专、兼职信息宣传员和通讯员队伍 300 余人。引导和鼓励全区学校（单位）多途径、多角度、多形式报道教育发展好的经验、好的做法。2020 年，新华社、人民日报、光明日报、浙江日报、杭州日报等纸媒及相关新媒体平台及时报道富阳教育系统抗疫做法、新劳动教育经验等 60 余条。127 篇稿件登上学习强国平台。区政府网站发布教育信息 600 余篇，上报各类信息 100 余篇。区教育局获得杭州市学习强国“组织之星”荣誉称号。富阳教育公众号被评为“富阳发布”优秀二级平台。

2020 年 12 月 11 日，杭州市“清廉学校”现场会在富阳举行

（区教育局　供稿）

【教师队伍建设】 加强师德师风建设，开展教师节主题系列活动；加强师德师风建设和督察检查力度。1 名教师入围第四届浙江省“最美教师”候选人，2 名教师获评浙江省“三育人”先进个人。实施“名师”“特级教师”“名校长”等培养计划，出台《杭州市富阳区名师名校长培养“521”三年（2020—2022 年）行动计划》；加大招引力度，发布《杭州市富阳区高层次教育人才引进激励办法》，修订《杭州市富阳区高层次人才奖励办法》。推进“区管校聘”工作，完善教育系统干部教师队伍管理机制，开启“银铃计划”，实施城区骨干到乡村支教工作。开展教育对口帮扶，选派 24 名教师到贵州黔东南、新疆阿克苏支教，接待锦屏跟岗挂职干部教师 95 人次，退休校长马钢民入选国务院志愿者扶贫案例 50 佳。发挥工会助推作用，深入开展“青蓝工程”等传帮带活动，组织教职工参加岗位比武、篮球等各类赛事。开展送温暖活动，向 463 名教职工及其家属发放补助金或困难慰问金 110 万元。31 家学校（单位）工会组织成功创建成为区级“AAAAA”级工会。

【办学水平提升】 完成《杭州市富阳区学前教育专项规划(2019—2035)》《富阳区高中教育、义务教育布点专项规划（2020—2035）》编制，制定“十四五”和近期（2021—2023 年）学校建设行动计划。加快推进项目建设，2020 年有 53 个教育项目列入政府投资项目计划，总投资 27.7 亿元。绘制项目推进“1+7+9”作战图，加快推进学校建设进度，富阳中学改扩建工程、大青小学改扩建工程、大青幼儿园方家井分园等12个项目完工并投入使用；富春十小、富春五幼等7个项目开工建设；34个续建项目有序推进。为89个校区安装6502台空调，在全市率先实现中小学教室、寝室空调覆盖率100%。推进智慧教育建设，完成中小学教育城域网万兆升级改造工作，对30所中小学校园网进行升级改造，为230个普通教室配备交互式触控一体机，对25所学校互动录播系统进行升级改造，8所学校成功创建为杭州市"智慧校园"示范校，区职教中心被评为省数字教育资源建设与应用示范学校。完成富阳区国家教育考试综合管理平台建设，对富阳区教育考试指挥中心和富阳中学等8个高考标准化考点设施设备进行全新升级改造，建成了1张考试专网、1套视频巡查系统、290套考场身份识别和作弊防控终端。

【提案建议办理】 主办人大建议16件，政协提案26件，大会期间口头建议提案8件，代表委员满意率100%，区教育局重点提案承办工作在全区名列第二。承办"12345""网上信访"等信访件1355件，及时响应率100%，及时处理率100%、按时反馈率100%、满意率98%，无退办件和重复交办件。

学前教育

【概况】 全区有各类幼儿园76所，其中教育部门办30所、民办46所，在园幼儿24843人，学前三年入园率99.80%。幼儿园教职工3044人，园长和专任教师1942人，其中本科毕业1179人、专科毕业725人、高中阶段毕业38人；具有专业技术职称的园长和专任教师1302人，其中，中级及以上教师378人，幼教一级教师672人、其他级别252人。

甲级幼儿园20所；乙级幼儿园25所；丙级幼儿园31所。有省一级幼儿园12所，省二级幼儿园25所，省三级幼儿园39所。

学前三年幼儿入园率99.8%、富阳等级幼儿园在园人数比例100%、优质学前教育覆盖率79.12%。普惠率90%。制定幼儿教师定数量、定山区、定年限"三定"招考模式，定向分配到农村的幼儿教师在当地服务须满8年，提升了农村幼儿园师资力量。

从2018年开始，确定全区学前教育生均公用经费为500元/生·年，逐年加大普惠性民办幼儿园的生均公用经费补助力度。2019年，在第一批幼儿园开展课程实施的基础上，第二批幼儿园依托《园本化课程实施方案》再次通过专家的指导厘清基于本园的课程理念及课程体系，通过搭建平台、信息共享、伙伴合作等方式，助推幼儿园园本课程建设的进程。开展优秀教师辐射乡村工作，设有杭州市乡村名师工作室1个，区级乡村名师工作室3个，工作室总人数达53人。省三级幼儿园创建率达100%。

【举办首届幼儿园保育员"领雁风采"展示活动】 10月24日，由区教育局、区教育工会及区妇幼保健院主办的富阳区首届幼儿园保育工作"领雁风采"展示活动举行。此次展示活动共有来自全区32所公办幼儿园的90名保育员参加，经过线上问答及区妇幼保健院有关专家现场评比，共评出一等奖13名、二等奖17名、三等奖51名。

【举行全区保育工作交流会议】 12月7日，召开全区保育工作交流会议。会上，幼儿园保健医生、获奖保育员交流发言，为全区各幼儿园保育员搭建了展示自我、互相交流的平台。

中小学教育

【概况】 全区小学46所（含民办小学2所），1245个班，学生45310人，教职工2919人。专任教师2808人，行政人员26人，其中研究生毕业76人，大学本科毕业2266人、大学专科毕业456人、高中段毕业10人，大专及以上学历99.64%。具有专业技术职称的专任教师有2647人，其中副高级184人、中级1798人、助理级665人。

全区初级中学17所（含民办初中2所），533个班，学生21889人。教职工2233人，专任教师1770人，行政人员25人，其中研究生毕业102人、大学本科毕业1644人、大学专科毕业24人，大学专科及以上学历为100%。专任教师中具有专业技术职称的1688人，其中正高级3人、副高级669人、中级678人、助理级334、员级4人。

全区普通高中7所（含民办高中2所），289个班（含盲人学校高中班3个），学生12773人。教职工1255人（含民办高中），专任教师1134人（含民办高中），其中研究生毕业177人、大学本科毕业957人，大学本科及以上学历为100%。专任教师中具有专业技术职称的1050人，其中正高级1人、副高级426人、中级386人、助理级237人。

学前教育至高中教育的十五年基础教育高水平普及，学前三年净入园率99.8%，九年义务教育入学率、巩固率均为100%。实现"新名校集团化""互联网+义务教育"的全覆盖，结对率达到100%。5所公办普高分别构建具有校本特色的课程体系，均通过浙江省特色示范高中的验收，其中省一级特色示范高中1所，省二级特色示范高中4所。

重点改革中考招生制度，推进富阳与杭州主城区学校双向招生，完善普通高中分配名额招生方案，分配比例提高到60%，名额分配初中覆盖率达到100%；改革中考录取制度，把传统志愿改为平行志愿，取消了第一批一志愿和二志愿、二志愿和三志愿之间的志愿分差。

面向小学、初中、幼儿园开发和应用入学入园系统，实行小学公民同招，推行"上学报名一站式"办理流程，区跑改办、区教育局、公安富阳分局联合开发启用"入学报名一站式查审平台"，联合公安、规划资源、市场监管、人社等部门，共同为学生报名信息的查验、审核提供服务，完成20159名学生的在线入学报名录取工作。实现了全流程网上核查和部门零跑腿，实现零投诉、零差错。

2020年高考报名4070名，其中普通高考招生录取3924人，录取率为96.41%，双一流大学录取考生

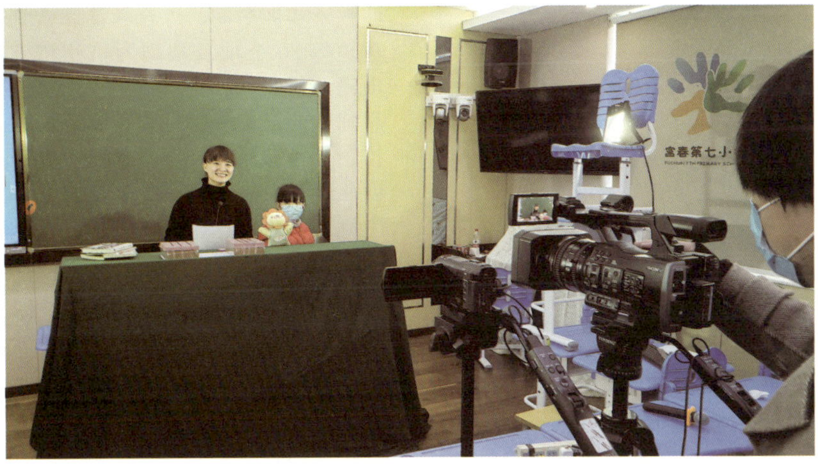

2020年2月1日起，“停课不停学”启动，图为学校老师录制课程
（区教育局　供稿）

398人，录取率9.78%，有8人被清华、北大录取，一段上线1335人，上线率34%；传统体育和盲人考生录取11人，录取率100%。高职单独考试报考1141人，录取人数1099人，录取率为96.32%，其中，本科录取135人，录取率11.83%。

全区义务教育段共接纳随迁子女1.62万人。其中，分别在春江街道、富春街道、鹿山街道、东洲街道、大源镇、灵桥镇独立设置10所外来务工人员子女学校，就读小学的11623人，就读初中的4653人；外来务工人员子女总人数占全区义务教育阶段学生总数的24.22%。

完成中小学教育城域网万兆升级改造工作，实现多媒体教学全覆盖、无线网络全覆盖；对30所中小学校园网进行升级改造，为230个普通教室配备交互式触控一体机，对25所学校互动录播系统进行升级改造，8所学校成功创建为杭州市“智慧校园”示范校，区职教中心被评为省数字教育资源建设与应用示范学校。

【区教研中心开展“停课不停学”学习资源建设工作】 2月1日，组织2266名富春名师、学科带头人及骨干教师，录制课程1617节，覆盖学前和义务教育段各学段各学科，实现“停课不停学”。

【区委副书记徐林亮专题调研“新劳动教育”工作】 6月16日，区委副书记徐林亮实地踏看富春第七小学、富阳区中小学素质教育实践基地，专题调研“新劳动教育”工作，对富阳“新劳动教育”取得的成绩表示肯定，并指出要加强新时代劳动教育研究院力量，专注打造“新劳动教育”品牌，将富阳从新劳动教育原创地变成样板地。

【富阳二中成为全国第三批国防教育特色学校】 9月9日，教育部官网公布了第三批国防教育特色学校，富阳二中榜上有名。富阳二中深入施行国防教育“一二三四”工程，构建完善国防教育课程体系，开展内容丰富、地域鲜明的国防教育活动，传承警校共建、拥军优属的国防教育优良传统。学校于1992年被杭州市委、市政府、杭州军分区授予杭州市全民国防教育先进单位称号；1999年10月被授予“保卫21世纪中国”全国万校国防教育先进集体称号；2004年9月，被授予富阳市国防教育和国防知识竞赛先进单位称号；近年来先后向军警类院校输送了60余位毕业生，为空军航空大学输送15名飞行员。

【成立“富春星火少年”学生宣讲团】 9月11日，“富春星火少年”学生宣讲团成立，首批宣讲团正式成员有301名，覆盖全区所有中小学校，并在每所学校设立分队。

【富阳二中学生在青少年机器人世界杯中国赛中获得佳绩】 10月6日，在2020 RoboCup青少年机器人世界杯中国赛中，富阳二中机器人创客团队荣获一等奖1个、二等奖2个。

【中国劳动关系学院教学实践基地揭牌仪式在富春七小举行】 11月3日，中国劳动关系学院教学实践基地揭牌仪式在富春七小举行，这

2020年12月29日，《光明日报》头版头条发表《浙江富阳的新劳动教育为何这么热》，肯定富阳新劳动教育的突出做法和显著成效。图为富阳区富春第七小学在学校劳动教育基地采收土豆
（区教育局　供稿）

2020年8月31日，浙江省“开学第一课——爱心护童行 文明伴成长”大型公益活动启动仪式在富春七小举行　　　　（区教育局　供稿）

是中国劳动关系学院第一个挂牌成立的校外实践基地。富春七小10余年来始终进行新劳动教育探索，富阳“新劳动教育”启动时间早，推进扎实、覆盖面广、成果立体，在全国范围内具有示范作用。

【举办第49届中小学生田径运动会】　11月5日，富阳区举办第四十九届中小学生田径运动会。本次运动会历时4天，共有来自全区各中小学校的72支队伍、1268名运动员，参加4个组别50余个项目的竞技比赛。其中，3名同学平了区纪录，6名同学破了区纪录，221人达到三级运动员标准，43人达到二级运动员标准。

【杭州市名校集团化暨共同体建设现场会在富阳举行】　11月18日，杭州市名校集团化和城乡义务教育共同体建设现场展示交流活动在富阳举行。会上，富阳区区域推进名校集团化暨共同体建设工作经验受到推广。近年来，富阳区大力推进名校集团化、城乡义务教育共同体建设和“互联网+义务教育”工作，实现全区学校优质资源共享，促进城乡教育优质均衡。

【富阳师生在杭州市中小学生文化艺术节中获百余奖项】　12月15日，杭州市中小学生文化艺术节落下帷幕，富阳区共获得150个奖项，获奖数量和质量居全市前列。其中40个一等奖，36个二等奖，54个三等奖；3个节目获表演创作奖；9个节目的17位指导老师获评优秀指导教师奖；区教育局被评为优秀组织奖。

【举办中小学生艺术节精品迎新会演暨抗疫表彰会】　12月30日，富阳区举行中小学生艺术节精品迎新会演暨抗疫表彰会。整场晚会以“我们这一年”为主线，共分为5个篇章，既有光辉战“疫”的事迹感染，又有艺术精品观赏性。

中等职业技术教育

【概况】　全区中等职业学校（机构）2所，学生7261人，教职工680人。专任教师626人，具有专业技术职称的607人，其中副高级243人、中级283人、初级82人。技工学校1所，学生471人，教职工45人。专任教师34人，其中副高级9人、中级11人、初级14人。

富阳学院和区职教中心均为国家级重点职高，其中1所为国家中职改革发展示范学校，1所为省中职改革发展示范学校。至2020年年底，有名师、技能名师、名校长、品牌专业、现代学徒制试点单位、普职融通试点学校、示范性职教集团、示范性校企合作共同体、示范性教学实训车间、综合性品牌实训基地等30个项目被列为杭州市立项建设项目；有名校、名师（大师）、品牌专业、优势特色专业、示范性校企合作共同体、德育品牌、创新创业教育实验室和优秀毕业生等20个项目被列为浙江省立项建设项目。成立新制造业产教融合联盟，中职师生获省职业能力大赛奖项7个，获杭州市级职业能力大赛奖项99个。

【中职生顶岗实习支持企业复工复产】　2月20日，区教育局组织召开“做好中职学生顶岗实习支持企业复工复产工作会议”，专题研究、推进中职学生顶岗实习工作。首期244名学生服务企业86家。

【富阳学院教师获2019年度富阳区“最美职工”称号】　4月28日，在富阳区庆祝“五一”国际劳动节暨“服务‘三高’立新功”表彰大会上，富阳学院教师汪利章荣获“最美职工”称号。汪利章曾获得全国职业院校技能大赛优秀指导教师、浙江省万名好党员、浙江省技术能手、杭州市第二届教育工匠、杭州市黄炎培杰出教师奖等荣誉；指导的学生曾获国家级一等奖1项、二等奖6项，省一等奖9项，被誉为浙江省金牌教练。

【技工学校学生获世界技能大赛市级选拔赛烘焙项目第一名】　5月23日，在第46届世界技能大赛杭州市选拔赛上，区技工学校中西面点专业学生曹腾飞获得烘焙项目第一名。

【富阳校园首家VR基地在富阳学院揭牌】　11月25日，富阳校园首家VR基地在富阳学院揭牌。该项目从2018年开始着手设计，建成后率先开展VR教育教学的实践与探索，探索人才培养、课程建设、教师提升、VR教育服务新模式。

【富阳农村职成教工作受教育部表彰】　12月9日，在第五批国家级农村职业教育和成人教育示范县创建工作总结会上，富阳区被授予“第五批国家级农村职业教育和成人教育示范县”牌匾。全国成教协会副会长张昭文对富阳做法给予高度评价。教育部职成司副司长谢俐对富阳经验及典型案例进行重点推介。

成人教育

【概况】 2020年，富阳学院成人高等学历教育在读学员5615人。其中开放教育学员共4014人（本科1538人、专科2476人）、网络教育984人（中国人民大学426人、奥鹏教育558人），杭师大函授教育136人，浙江大学远程教育6人，杭州科技职业技术学院77人，成人中专398人。2020年，富阳学院获得全省电大系统教材发行先进单位、招生工作先进单位，2020中国高校现代远程教育优秀校外学习中心，大连理工大学现代远程教育优秀示范学习中心，2020年度奥鹏教育招生工作先进学习中心等荣誉。富阳学院《“三融”成长营》荣获2018—2020年度全省电大系统校园文化活动优秀品牌；富阳区职业教育中心与西南科技大学、重庆大学、对外经济贸易大学等开展联合办学，在册学生241人，另有成人高中112人。

全区有各级各类社区教育学校25所，其中社区学院1所、农民学校1所、区域性社区教育中心5所、乡镇街道社区教育学校19所、市民学校276所；全区24所乡镇成校全部创建成为浙江省标准化乡镇成校。已拥有浙江省示范性乡镇成校5所，浙江省现代化成校5所，浙江省企业职工培训示范基地2个，浙江省优秀农村预备劳动力培训基地1个，全国职工教育培训示范点2个。获得浙江省社区教育示范区、全国社区教育实验区、国家农村职业教育和成人教育示范县等荣誉。

2020年，举办全民终身学习活动周。开展“公办中小学、幼儿园社区教育开放日”活动，累计41所公办中小学、29所幼儿园参与，活动人数达32003人次。新登成校和场口成校创建浙江省首批现代化社区学校。春江街道创建杭州市示范街道（乡镇）30分钟市民学习圈。富春街道、东洲街道、春江街道、灵桥镇、常安镇创建杭州市富阳区示范街道(乡镇)30分钟市民学习圈。新登镇新建老年学堂1所。大同村纸素造纸社等5个社团被认定为杭州市社区示范性学习型社团，38个社团被认定为杭州市富阳区社区示范性学习型社团。新登镇马康明被评为杭州市2020年百姓学习之星，48人被认定为富阳区2020年百姓学习之星。2020年度评估标准化市民学校30所，示范性市民学校14所。

2020年，开展社区教育学习服务活动的农村文化礼堂为274个，各类教育培训活动达1700次，平均每个文化礼堂活动6次。常安成校评为杭州市社区教育进农村文化礼堂优秀组织单位，包群儿、倪燕芬被评为杭州市社区教育进农村文化礼堂活动先进个人。

2020年，新登成校“贤明嫂”家政服务培训被认定为浙江省成教培训品牌，富阳社区学院农民大学生学习创业共同体培育被认定浙江省终身学习品牌项目。

浙江老年开放大学富阳学院在全区各个乡镇（街道）设立教学点共计24个，实现了老年教育机构全覆盖。全年新增老年学位7858个。富阳社区学院“英语”专业获评浙江省老年教育示范专业，孙群英被认定为浙江省老年教育优秀班主任，富阳社区学院选送的老年“凤凰于飞”旗袍秀被评为浙江省老年旗袍秀三等奖。

【富阳区农民学校组织农民大学生赴丽水培训】 9月17日至18日，富阳区农民学校组织农民大学生“学创体”学员，赴丽水市松阳县开展乡村治理与发展主题培训活动，学习了解古村保护、资源建设、项目引进和村集体经济提升有效模式。

特殊教育

【概况】 全区有特殊教育学校2所，即浙江省盲人学校（省教育厅委托富阳区教育局代管）和富阳区特殊教育学校。两校共设24个班，其中视力残疾15个班，智力残疾9个班；在校学生232人（其中视力残疾168人，智力残疾64人）；教职工101人，专任教师100人。本科及以上学历89人，副高级28人，中级49人，助理级19人。2020年，全区持证残障儿童少年入学率居全省前列，其中学前教育入园率为98.3%；义务教育入学率为99.6%；高中教育段入学率为90.9%。在全区普通中小学（幼儿园）新增2个杭州市合格资源教室，其中2个为杭州市示范性资源教室。

【浙江省首届随班就读资源教师基本功大赛在省盲校举行】 12月5日至12月6日，由省教育厅基础教育处、省特殊教育指导中心共同主办，省盲人学校承办的浙江省首届随班就读资源教师基本功大赛在浙江省盲人学校举行。大赛分学前、小学、中学3个组别，设理论考试、器材实践操作、案例分析、教育小故事、专家提问等5项内容，来自全省11个地市普通学校100名随班就读资源教师经过激烈角逐，最终评出一等奖16人、二等奖39人、三等奖45人。

学校管理

【概况】 2020年1月起，全区公办小学和成人文化技术学校的管理体制调整为区教育局直属管理，理顺全区教育优质均衡发展体制问题。推进招生制度改革，修订并完善义务教育阶段招生政策，编印高中招生指南。义务教育段招生首次实现公民办学校同招，规范公民办学校招生行为，公正、公开、公平的做法得到社会认可。中考招生志愿填报实行“平行志愿”的填报方式。构建终身教育体系，推进乡镇街道30分钟市民学习圈等创建工作。提升成人教育特色品牌档次，建成区级品牌24个、杭州市品牌1个和省级品牌5个，实现“一镇一品”成教特色品牌建设项目全覆盖。全区38个社团被认定为区级社区示范性学习型社团，其中5个社团被评为“杭州市社区示范性学习型社团”。

推进教育创新发展，承办杭州市政府新闻办“高水平全面建成小康社会—共建共享美好生活”主题新闻发布会，发布富阳区新劳动教育基地建设情况及2020年度“新劳动教育”实践体验活动7条线路。新劳动教育“富阳经验”走进首届中国大中小学劳动教育峰会；富阳区富春第七小学的《新时代劳动教育的创新与实践》德育案例入选教育部公布的首批“一校一案”落实《中小学德育工作指南》典型案例名单。富阳“新劳动教育”经验登上《光明日报》头版头条，受到专家学者和省市领导高度肯定。深化小班化教育联盟工作，区域内小规模学校推进以共同体为特色的区域教研训一体化活动，杭州市委主要领导在调研永昌镇小学教育时高度肯定富阳小班化教育的典型做法。

开展防灾减灾、消防安全等安全教育和宣传活动，推进以“戴头盔保安全”为重点的交通安全宣教活动。推进智安校园建设，确保校园封闭式管理、保安配备、“110”一键报警系统和视频监控系统、校园护学岗四个方面100%到位。开展学校助力“三百”“扫黄打非”“护苗2020绿书签”“校安3号”等专项行动。100%打通公办幼儿园“生命通道”。联合区司法局开展“法治进校园”系列巡讲等活动，有浙江省级“依法治校示范校”2所、杭州市级“依法治校示范校”19所。

完成富阳区国家教育考试综合管理平台建设，对富阳区教育考试指挥中心和富阳中学等8个高考标准化考点设施设备进行全新升级改造，建成1张考试专网、1套视频巡查系统、290套考场身份识别和作弊防控终端。

【新登中学获评2019年杭州市教育国际化示范优秀学校】 1月3日，新登中学被评为2019年杭州市教育国际化示范优秀学校。该校致力于推进多层次、多维度的国际化交流合作，培养真正具有国际视野、具有家国情怀的现代化公民。

【上海师范大学与富阳合作办学签约】 9月29日，上海师范大学与富阳区人民政府举行合作办学签约仪式。上海师范大学与富阳区人民政府合作共建上海师范大学附属杭州新登中学，此举将有效发挥上海师范大学品牌、人才和教育资源优势，并以新登中学为起点逐步实现集团化办学，促进富阳城乡教育优质均衡、一体化发展，共同开创富阳教育更好的未来。12月3日，上海师范大学附属杭州新登中学首届理事会、艺术学科发展委员会成立。

师资队伍

【概况】 全区各级各类学校有教职工10391人，其中幼儿园教职工3203人，园长和专任教师1915人；小学教职工2919人，专任教师2808人；初中教职工2233人，专任教师1770人，普通高中教职工1255人（含民办高中），专任教师1134人（含民办高中）；中等职业学校教职工680人，专任教师626人；特殊教育学校教职工101人，专任教师100人。

2020年，培育正高级教师2名，5名教师获浙江省春蚕奖，1名教师获浙江省“三育人”岗位建功先进个人，18名教师获杭州市优秀教师，7名教师获杭州市优秀教育工作者，10名教师获杭州市优秀班主任，3位校长获杭州市优秀校长，2位教师获杭州市突出贡献奖，70名教师获富阳区优秀教师，34名教师获富阳区育人工作先进，30名教师获富阳区优秀教育工作者，751名教师获五阶段奖项。至2020年年底，有浙江省特级教师14名，正高级教师8名，高级教师1608名，中级教师3647名；浙江省教坛新秀15名，富春名师49名，名校长12名，学科带头人220名，认定E类及以上高层次人才892人。

举行主题为“立德树人奋进担当，教育脱贫托举希望”的第36个教师节座谈会暨优秀教师表彰活动，4名优秀校长和教师代表发言。对照《中小学教师职业道德规范》《中小学教师违反职业道德规范处理办法》，列出教师从教行为负面清单40条。

全年完成高中、中职教师资格认定初审近100件，办理认定初中、小学、幼儿园教师资格证近300件。完成初中、幼儿园45所共计1700余册教师档案的整理，办理教职工退休手续134件，人事档案转出手续24件，接收新入编教师档案195件。

实现城区骨干教师校长到农村支教，占交流教师总数的比例不低于22%，继续实施农村新教师挂职锻炼工程，到城区挂职的农村新教师达80名。对53个乡村名师工作室（省级3个，市级18个，区级32个）实行严格管理，对593名乡村教师进行师徒订单式培养，受益教师达5000人以上。

2名退休校长到贵州省榕江县担任校长，其中马钢民校长入选国务院志愿者扶贫案例50佳；1名骨干教师到贵州省台江县支教1年；12名专业课骨干教师到贵州锦屏支教。全年，共接待锦屏跟岗挂职干部教师95人。

【章振乐获评2019浙江教育年度新闻人物】 3月19日，浙江教育报“2019浙江教育年度新闻人物与影响力人物”评选活动结果揭晓，区教育局党委委员、富春七小校长章振乐作为“新劳动教育”的探路者榜上有名。

【富阳区教师（团队）获市级三八红旗手（集体）称号】 在杭州市妇联公布的杭州市2018—2019年度三八红旗手、三八红旗集体名单中，区实验小学教师朱湘妹和银湖中学快乐驿站心理发展中心分别荣获杭州市三八红旗手、三八红旗集体称号。

【郁达夫中学教师汪淑霞获评“省十佳最美协会人物”】 6月8日，郁达夫中学的教师汪淑霞，以综评第一的成绩当选“浙江省十佳最美协会人物”。

【举行“时代楷模”陈立群专题报告会】 9月12日，“‘时代楷模’陈立群专题报告会”在场口中学举行，时代楷模、黔东南州台江县民族中学校长陈立群为校（园）长作题为《一个好校长就是一所好学校》的专题报告。陈立群从教育与脱贫谈起，分享自己放弃百万年薪选择到台江县支教的原因；提出应该了解学生品行内化和学习的机制过程，抓住规律进行有针对性的教育；鼓励校长们做一名能想、能做、能说、能写的新时代“四能”校长。

【成立“富春窗·美好教育之声”教师宣讲团】 10月27日，“富春窗·美好教育之声”教师宣讲团正式成立，这也是“富春窗”宣讲总团的第100支宣讲分队，首批宣讲团由41位优秀教师组成，全区各校可就宣讲课程自主点单。5名教师在区委宣传部主题宣讲比赛中被评为“十大金牌理论宣讲员”。

【举行第三届“公望”全国班主任论坛】 11月27日，由富阳区教育局和杭州师范大学继续教育学院共同主办的“公望”全国班主任论坛在富阳举行。第三届“公望”全国班主任论坛围绕“班主任智慧与智慧班主任”的主题，借助名师讲坛、专家讲座、德育品牌介绍和工作室展示等模块，多位国内班主任领域专家名家分享最新班主任工作热点，来自省内外的名校长、班主任共同分享德育经典案例，共同探讨如何成为一名智慧班主任，促进班主任的自我成长。

教学与教育科研

【概况】 全年教研中心教研员进学校听课3100节，讲座约250次，示范课30节；完成136个教师培训项目，其中90学分项目29个，培训教师1339人；短期项目107个，培训教师8572人次，举办中小学骨干教师培训班3个，培养骨干教师114人。2020年，全区在省、市课题立项中累计获立项117项；省市获奖96项，增长39.1%，其中省级成果15项、杭州市基础教育教学成果奖8项、市级成果74项。

【区领导走访慰问“直播课堂”资源制作与视频录制团队】 3月3日上午，区委常委、宣传部部长夏芬，副区长孙洁深入学校一线，慰问新冠肺炎疫情延期开学期间承担“停课不停学”资源制作与视频录制的团队，详细询问了课程录制、视频剪辑等工作中的创新点与难点，并代表区委区政府向全体教师致以衷心的感谢与崇高的敬意。

经费设施

【概况】 2020年，落实教育经费绩效包干试点工作，教育事业专项经费3.6亿元。新增学校管理质量评价经费2000万元、教育质量奖1000万元，新劳动教育活动费660万元，追加郁达夫中学搬迁800万元，小学体制改革乡镇配套维修、设备2000万元。调整小学、成校体制改革并调整小学生均公用经费为800元/生。全年安排全区学校（幼儿园）装备、维修总资金9890万元。拨付资金8745.78万元。设立民办教育专项资金4876万元，专项用于扶持富阳区民办中小学、幼儿园的发展。区人民教育基金会新增“里山夏震武教育基金”“春建教育基金”“渌渚周雄教育基金”“万市乡愿教育基金”等，协助筹设“万市桂正伦吴曼丽教育基金”“万市吴刚乾奖教基金”“东洲乡情教育基金”等。区人民教育基金全年累计接受社会捐赠2330.43万元，投资收益600万元。“未来基金”资助137人次圆大学梦，发放资金68.9万元；“农商银行阳光成才奖学基金”奖励优秀学子930人，奖金54.12万元。

完善学校布点规划，完成《杭州市富阳区学前教育专项规划（2019—2035）》《富阳区高中教育、义务教育布点专项规划（2020—2035）》编制，制定“十四五”和近期（2021—2023年）学校建设行动计划。

【湖源乡贤为湖源中心小学学生捐赠爱心校服】 5月7日，湖源乡乡贤孙健清到湖源中心小学，向该校每名学生赠送3套新校服（夏装2套、秋装1套），总价值3万元。

【富阳中学改扩建项目顺利完工并投入使用】 8月31日，富阳中学校园正式投入使用。富阳中学改扩建项目地块总用地面积为85387.80平方米，新校园可容纳学生约2200名，教职工约300人，设48个普通教室、28个考试教室。

【举行区政府投资教育项目成果展示“大比武”】 12月30日，由区政府投资教育项目推进工作专班办公室主办、区教育局承办的2020年区政府投资教育项目“双抢双保”大比武现场成果展示活动在富阳学院举行。全区53个教育项目以“抢开工、抢工期，保质量、保安全”为主要内容开展比武，富春九小、大源镇小和硅谷小学3个项目获得续建类一等奖，富春五幼、高桥幼儿园和富春十小3个项目获得新建类一等奖，永昌镇幼和三桥幼儿园三联嘉苑园区2个项目获投用类一等奖。

（程 琳）

【编 辑 陈炜祥】

29 文化·传媒
Culture Media

公共文化服务

【概况】 至2020年年底，杭州市富阳区文化和广电旅游体育局（简称杭州市富阳区文广旅体局）直属事业单位7个，局机关科室14个，在职人员154人，其中有艺术、群文、图博等高级专业技术职称32人，中级专业技术职称22人。2020年，全区组织举办各类文化活动5486场。新登镇获得“浙江省戏曲之乡”称号，渔山乡获得“浙江省诗词之乡”称号，富春街道蒋家桥社区获评“浙江省文化示范村（社区）”。

区文化馆全年举办、联办各类文艺演出70余场次，组织美术比赛、书法比赛、摄影比赛各1次，组织新故事、群文理论征文比赛各1次，组织摄影、美术、书法骨干外出采风、新故事题材研讨会4次。举办富春四小戏曲培训、党群服务中心文艺辅导培训、文艺公益培训班，学员3600余人。举办展览21场次，参观人次10200余人。开展公益性讲座21场次，参加人次1400余人。到企事业单位、乡镇（街道）、行政村（社区）辅导文艺节目112次。全年获省级以上赛事奖项12个，获市级赛事奖项12个。

区图书馆全年接待读者39.8万人次，书刊外借125.2万册次。专项购书经费164万元，新购图书4.1万余册，订购报刊675种，收集地方文献367种、575册。至年底，藏书60万余册。全年举办各类读者活动205次，参加人员6.4万余人次。组织开展送书下乡活动，向24个乡镇（街道）图书分馆、农家书屋赠送书刊3000余册。

【基层文化队伍建设】 组织乡镇“三团三社”（合唱团、民乐团、艺术团，文学社、摄影社、书画社）带头人参加全省乡村文艺团队带头人培训班。7月22日、10月26日，分2期举行2020年杭州市村级宣传文化员（富阳区）培训班，24个乡

2020年12月25日，百县（市区）文化馆馆长论坛在富阳举行

（区文广旅体局　供稿）

镇（街道）文化员、宣传干事、村（社区）级宣传文化员500余人参加培训。10月20—21日，举办2020年度区乡镇（街道）综合文化站站长（负责人）培训班，组织学员赴嘉兴市秀洲区学习考察。

【百县（市区）馆长论坛】 12月2日至5日，由文化和旅游部全国公共文化发展中心指导，中国文化馆协会、浙江省文化馆、富阳区人民政府主办，富阳区文广旅体局承办，富阳区文化馆执行承办的百县（市区）文化馆馆长论坛在富阳举行。文化和旅游部全国公共文化发展中心主任、中国文化馆协会理事长白雪华，区委副书记、代区长王华，副区长孙洁等参加论坛启动仪式，乡村公共服务研究院的专家、全国县（市区）文化馆馆长等100余人参加论坛。论坛以“新时代文化馆高质量发展”为主题，交流分享文旅公共服务功能融合试点的典型案例和成功做法。

【富阳区数字文化馆启用】 12月8日，富阳区数字文化馆建设项目通过终验，正式运行使用。富阳区数字文化馆建设项目包括数字文化馆云平台、艺术普及和数字资源库、线下互动体验空间系统三大部分内容，从4月启动，于10月底建成试运行。数字文化馆的建成使用，将文化馆线上服务与线下体验有机结合，构建新的多通道、终端化的公共文化数字化服务模式，为全区群众提供丰富、便利、均等、全覆盖的公共文化服务。

【文艺作品创作】 全年围绕抗击疫情复工复产，创作文艺作品90余件，其中多篇作品入选《杭州原创故事集》《杭州群众文化》等书刊；围绕垃圾分类、三美建设、扫黑除恶等主题，创作文艺作品50多件，摄影作品130余件；围绕浙江“三个地”“重要窗口”及富阳地方特色文化主题，创作大型民间舞蹈《山乡馒头》、歌曲《禾雀花之恋》。

【浙江省群星行草书法大展】 8月25日至9月10日，由浙江省文化和旅游厅主办，浙江省文化馆承办，富阳区文广旅体局执行承办，富阳区文化馆协助承办的浙江省群星行草书法大展在富春山馆举行。本次展出的114件作品生动反映了浙江省改革开放，特别是中共十九大以来取得的伟大成就。

【浙江省第五届“棒棒虎”幼儿故事会总决赛】 11月14日，由山海经杂志社、浙江少年儿童出版社、幼儿故事大王杂志社、杭州市民间文艺家协会、富阳区文广旅体局主办，富阳区文化馆承办的浙江省第五届“棒棒虎”幼儿故事会总决赛在富阳区文化馆举行。该活动9月启动，全省42个分赛区陆续进行海选，全省共有2万余名孩子报名参加。经过初赛和半决赛，105名小选手进入总决赛。

2020年8月25日，浙江省群星行草书法大展举行
（区文广旅体局　供稿）

【2020长三角地区排舞邀请赛】 8月29日晚，由长三角城市文化馆联盟、杭州市文化广电旅游局、上海浦东新区文化广电和旅游局、安徽省马鞍山市文化和旅游局、嘉兴市文化广电旅游局共同主办，富阳区文广旅体局承办，富阳区文化馆执行承办的“劲舞炫酷长三角 文旅兴盛一体化”——2020长三角地区排舞邀请赛在区体育中心举行。7支参赛队伍共同演绎了展现抗疫正能量的大型排舞《风雨同行》拉开大赛序幕。富春街道排舞队《无价之姐》获得金奖，银湖街道排舞队《乘风破浪》获得银奖、最佳表演奖。杭州市文化馆、富阳融媒体中心进行同步直播，在线观看6.35万人次。

【杭州市第十届“风雅颂”民间舞蹈展演】 9月29日晚，由杭州市文化广电旅游局、富阳区人民政府主办，杭州市文化馆、富阳区文广旅体局、龙门镇人民政府承办，富阳区文化馆执行承办的杭州市第十届“风雅颂”民间舞蹈展演暨2020年龙门庙会开幕式在富阳龙门古镇校场举行。来自全市各区、县（市）14个极具浓郁地方特色的优秀民间艺术舞蹈节目轮番上演。由富阳区文化馆创作的《山乡馒头》一举夺得本次比赛活动的金奖，富阳区文化馆获优秀组织奖。

【富阳区首届农村文化礼堂“我们的村晚”文艺演出】 1月15日晚，由区人民政府主办，区委宣传部、区文广旅体局、富春街道承办，区文联、区融媒体中心（富阳广播电视台）、富阳日报社协办，区文化馆业务指导的富阳区首届农村文化礼堂“我们的村晚”文艺演出活动在富春街道青云桥村文化礼堂举行。演出汇集了全区各个农村文化礼堂的优秀节目，每一个节目都由村民自编自导自演，包括情景表演、歌舞表演、小品、相声、音乐快板、走秀等各种形式。

【“家在富春江上”民乐新春音乐

2020年10月17日，“全民阅读·学习强国”——2020富阳区“家在富春江上”阅读系列活动之全民朗读者风采大赛总决赛举行

（区文广旅体局　供稿）

会】　1月19日晚，由富阳区文广旅体局、江干区文广旅体局联合主办，富阳区文化馆、江干区文化馆承办的2020江干富阳文化走亲暨“家在富春江上”民乐新春音乐会在富春山馆举行。江干、富阳两区国乐团同心奏响《春节序曲》将晚会推向高潮。

【富阳区第十届富春江读书节】　3月至12月，举办富阳区第十届富春江读书节，内容包括“全民阅读·学习强国”——2020富阳区“家在富春江上”阅读系列活动、“走读富阳”大型系列活动、公益文化讲座“鹳山大讲堂”、4·23世界读书日系列活动、“花鹿原”诗会、国学诵读会、图书漂流之旅、唐诗比拼会、金秋亲子故事会、全民朗读者风采大赛、全民战“疫”致敬英雄主题朗诵会、“诗画浙江——行走阅读的故事”短视频征集大赛、“我阅读　我快乐”趣味答题活动、线上线下96场主题图版展、亲子悦读、科学实验公益课堂、英文绘本唱读会、“妙笔生花”3D绘画公益课堂、重点图书推荐活动等。

【公共图书馆服务体系建设】　提升完善乡镇街道图书分馆、城市书房和流通点建设，完成小隐书屋、中国球拍文化图书馆2家杭州城市书房建设。完成武警中队、人民医院2家图书分馆建设。新建侨家大院、兵器部疗养院、中大金石银湖养老院、金桥社区等图书流通点16家。全年共流通图书26000余册。对276个村的农家书屋配置图书24000余册。

【读者活动】　全年举办“新春送福送春联”活动、“我们的中国梦”知识竞赛、新春诗词答题闯关活动、“鼠你最亮”玩转灯谜SHOW有奖答题、“富图网络诗词知识大比拼”网络诗词大赛、“魅力声音·抗击疫情　我们在行动”少儿音频征集和展播、“3D打印机的应用和编程知识”培训、“快乐生活　剪出精彩”等阅读推广活动。

【越剧艺术传习演出】　2020年，杭州富阳越剧艺术传习院赴余杭、萧山、东阳、淳安、建德、桐庐、临安、台州等县（市、区）剧院及农村、海岛开展巡回演出。全年完成富阳区“送戏下乡”服务农村文化礼堂惠民演出34场，完成“家在富春江上”周末剧场惠民演出6场，赴余杭区、淳安县、临安区、建德市完成杭州市人民政府民生实事项目暨文化惠民文艺演出7场。原创越剧现代戏《生命之光》入选杭州市文化精品工程扶持项目，于10月15日在富阳影剧院首演。11月2日，参加“2020杭州市新剧目会演”，获优秀剧目、优秀编剧、优秀作曲、优秀演员等多项大奖。全年累计开展各类演出活动94场。

文化遗产保护

【概况】　2020年，全区共有各级文物保护单位（点）162处，包括全国重点文物保护单位1处，省级文物保护单位7处，杭州市文物保护单位81处、文物保护点73处。2020年，共投入修缮资金约800万元，修缮各类农村乡土建筑21处。富阳博物馆、抗日战争胜利浙江受降纪念馆、郁达夫故居全年共接待参观6.5万余人次。两浙公所、龙门建筑群、曹氏宗祠3处省级文物保护单位完成四有档案备案工作。富阳博物馆文创商店正式上线。

至2020年年底，全区有国家级非物质文化代表性项目3项，省级15项，市级35项，区级118项，镇级175项；国家级非物质文化遗产代表性项目代表性传承人3名，省级14名，市级27名，区级119名。富阳区、桐庐县、建德市三地联合申报“钱塘江诗路（富春山水）文化传承生态保护区”成功入选省级文化传承生态保护区创建名单。2020年，浙江省非物质文化遗产保护发展指数综合评估排名第11名。

【杭州市富阳区文物馆更名】　根据《关于印发杭州市富阳区文化和广电旅游体育局所属杭州市富阳区文化馆等6家事业单位机构编制规定的通知》，杭州市富阳区文物馆（杭州市富阳区博物馆、杭州市富阳区高桥泗洲造纸作坊遗址管理所）更名为杭州市富阳区博物馆，挂杭州市富阳区泗洲造纸作坊遗址管理所牌子。杭州市富阳区博物馆为杭州市富阳区文化和广电旅游体育局所属公益一类事业单位，机构规格为正科级。

【临时展览】　2020年，富阳区博物馆共计举办临时展览9个：2月，家在富春江上“幸福记忆　见证初心”百年全家福影像展；4月，抗击疫情　我们是一家人——抗疫一线工作影像展；5月，翠色富春——富阳博物馆馆藏青瓷展、“芝田石雅　云上富春”——青田石雕富阳博物馆展；6月，“我在富春山居　游学文化遗产”主题展览；8月，浙江省群星行草书法大展；9月，“家在富春江上”灵岩文脉——原富阳工艺美术品总厂回忆展；10月，“富春元书纸”中日韩书法名家续

2020年6月13日至14日，富阳区博物馆举行"文化和自然遗产日"主题活动
（区文广旅体局　供稿）

写书谱作品交流展；11月，古镜今鉴——越地古铜镜主题展。

【宣教活动】　2020年，富阳区博物馆策划组织60余场次形式丰富多样，内容寓教于乐，学生参与度高的第二课堂活动，内容包括文物故事、传统节庆习俗、非遗体验等，1万余人次参加。策划组织10场社科活动：4月，邀请富阳援鄂医护人员和家人拍摄全家福照片；5月，邀请原故宫博物院院长单霁翔做客富阳博物馆开展"文化力量——让文化遗产资源活起来"讲座；6月，结合非遗展览、文旅展示、户外市集、舞台表演等形式，举办"文化和自然遗产日"特别活动，实现富阳博物馆首次夜间开放参观和场馆空间全部利用；9月，推出"博游富阳·探寻山乡文物故事"系列文物主题宣教活动，带领市民走进乡村，看文物、观美景，让山乡文化遗产活起来，共开展活动6场次；10月，启动"让文物活起来"绘画大赛、抖音微视频大赛、吉祥物征集和纪录片拍摄等系列主题宣传活动；12月，举办富阳区首届"文博盛典"。

【"让文物活起来"系列文物宣传活动】　全年以"让文物活起来"为主题开展一系列文物宣传活动。选取郁华山水画和元磁州窑褐彩牡丹纹瓷罐2件馆藏文物，推出包括手机壳、丝巾、雨伞等在内的13个品种的文创产品。"元代磁州窑褐彩牡丹纹瓷罐系列文创"入选杭州市可移动文物保护利用十佳案例，"龙门建筑群保护利用"入选杭州市文物建筑保护利用十佳案例。线上文物宣传工作获杭州市园林文物局好评，被评为年度"优秀报送单位。"

【非遗名录项目挖掘保护】　组织开展第八批杭州市富阳区非物质文化遗产代表性项目申报评审工作。竹藤编织技艺、竹纸制作技艺、湖笔制作技艺、传统装帧技艺、杭州雕版印刷术、富阳纸伞制作技艺等6个非遗项目被列为第一批杭州市传统工艺振兴目录。完成竹纸制作技艺、富阳纸伞制作技艺等5项省级非物质文化遗产代表性项目评估工作。开展富阳竹纸产业集群情况调查统计工作。调整确定15项省级非遗项目的保护责任单位。

【非遗传承人服务保护】　组织非遗传承人开展抗疫作品的创作创编。完成7位省级代表性传承人的评估考核工作。胡仙女（手工织带区级传承人）、雷成花（畲族歌舞区级传承人）、叶邦建（环山十月半庙会区级传承人）去世。开展首批非遗结对师徒满师考评工作，下拨10万元用于结对师徒的代表性传承人带徒授艺、年轻学徒学艺补助。拨付非遗代表性传承人传承津贴、民间艺术家补助资金共计29.65万元。

【非遗保护载体建设】　杭州富阳双溪书画纸厂的草木染竹纸礼盒包装入选第二批浙江省优秀非遗旅游商品。举办富阳非遗传承基地（富阳学院）竹纸制作技艺人才培养项目校企合作签约仪式。大源镇蒋家村、洞桥镇文村村成功申报为第三批杭州市非物质文化遗产旅游景区（民俗文化村）。

【非遗展示展演与交流活动】　6月，组织中医正骨疗法（张氏骨伤疗法）、周氏骨髓炎疗法参加杭州市非遗传统中医药展，组织竹纸制作技艺、富阳纸伞制作技艺、高桥湖笔制作技艺参加2020年杭州市"文化和自然遗产日"非遗进景区暨欢乐游杭州——桐庐全民旅游节启动仪式，举办以"我在富春山居　游学文化遗产"为主题的2020年文化和自然遗产日活动。10月，组织竹纸制作技艺、富阳纸伞制作技艺赴安徽宣城参加长三角城市非物质文化遗产博览会，组织竹纸、毛笔文房企业参加第45届全国文房四宝艺术博览会。11月，组织参加杭州市民间戏曲大赛，新登东安乐苑越剧《游上林》获得铜奖，组织竹纸、毛笔企业赴厦门参加第46届（厦门）全国文房四宝艺术博览会。12月，举办"家在富春江上——富阳本土民歌演唱会"，12首民歌通过独唱、组唱、表演唱、对唱等形式向大众展示。

文　物

【考古勘探发掘】　2016—2019年，考古队已连续对瓦窑里遗址进行了4次考古发掘，揭露面积2500余平方米。2020年，考古队在大源安置二期B区块进行考古，发掘面积250平方米，共揭露遗迹18个，其中灰坑5个，墓葬13座。灰坑中，崧泽晚期至良渚早期4个，马桥时期1个；墓葬中，崧泽晚期至良渚早期5座，汉六朝时期5座，唐代2座，宋元时期1座。本次勘探和发掘，共采集和出土石、陶、瓷、铁、铜等各类器物80件。

2020年9月，富阳区博物馆联合杭州市文物考古研究所，对富阳区场口镇东梓关村2座被盗古墓葬进行了抢救性考古发掘。经发掘清理，可判断两座古墓均为六朝时期砖室墓，出土文物7件（组）。11月，对该区域进行了考古勘探调查。

【博物馆藏品管理】 至2020年年底，富阳区博物馆有馆藏文物2570件（套），包括瓷器、钱币、铜器、书法绘画、古籍图书和玺印符牌等类型。共有三级以上珍贵文物322件（套），其中二级文物15件（套）。2020年，共收到社会各界捐赠文物20件（套），包括瓷器、钱币、铜器、玺印符牌等类型。

【文保单位（点）智慧消防系统建设】 2020年实现全区文保单位（点）智慧消防系统全覆盖。共安装智慧用电系统149套，无线烟感1031个。

文化市场

【概况】 2020年年底，全区有文化、广电、旅游、体育经营单位290家，其中歌舞娱乐场所33家、互联网上网服务营业场所48家、艺术表演团体24家、演出场所7家、艺术品经营单位24家、演出经纪机构4家、网络文化6家、广播电视制作单位25家、旅行社32家、旅行社分社9家、旅行社服务网点4家、高危险性体育项目（游泳）32家、高危险性体育项目（攀岩）2家、民办非企业单位及社会团体73家。

【行政审批】 区文广旅体局驻行政服务中心窗口全年受理、办结各类事项176件，其中即办率86%，上网审批率、办理准确率和按时办结率均为100%。区文广旅体局所有事项全部开通网上办理，实现“最多跑一次”，部分事项实现“跑零次”。

【文化市场安全与行政执法】 全年发放各类宣传资料800余份（册）、市民读物等图书400余册，组织、参加各类广场宣传咨询活动3次，组织文旅行业协会、经营单位开展疫情防控、业务工作培训18次，培训人员1700人次，组织和指导人员密集型文化场所开展消防培训和演练21场次。2020年，执法队日常巡查出动3735人次，检查各类文旅体经营场所4090家次，行政处罚立案查处33件，其中“扫黄打非”类案件28件，警告处罚15件，停业整顿1件，罚款7件，共计罚没款32850元，移交追刑1件，没收处罚7件，取缔1件，不予处罚1件，没收各类违法财物和出版物2667件（套），约谈行业单位36家次，停业整改11家次，发现安全隐患问题213起，督促整改210起，抄告其他职能部门3起，与其他职能部门开展联合检查35次。2020年，区文化市场综合行政执法队被评为杭州市文化市场综合行政执法考核“优秀单位”。

【疫情防控工作】 1月23日，区文化市场综合行政执法队接令立即启动疫情防控一级响应机制，全区102家人员密集型文旅经营场所全部关停歇业。1月24日，全区5个景区、7家星级酒店、32家旅行社全部停止营业。疫情期间，对因疫情防控工作落实不力、整改不到位的单位进行停业整顿，其中被责令停业整顿的网吧3家、歌舞娱乐场所1家。

【互联网＋监管】 全年共开展双随机抽查37次，出动执法人员74人次，检查单位194家次，发现违法违规立案查处2家，存在安全隐患问题并落实整改单位8家。对涉及的17个检查事项实行浙政钉掌上执法即时录入，检查结果及时公示。执法人员执法平台账号开通率、激活率达100%。对917条监管对象数据进行梳理归集并向上级推送。“互联网＋监管”权力事项的认领、编制达100%，执法权力事项覆盖率、及时率均达到93%考核指标以上。

【“扫黄打非”】 在全区范围开展非法卫星电视接收设施整治工作，共排查、拆除、收缴并销毁非法安装和使用的卫星地面电视接收设施2176套，查处非法销售点1个，立案6起。作为杭州市非法卫星电视接收设施整治工作先进单位在全市现场会交流发言，区文化市场综合行政执法队被评为区非法卫星电视接收设施整治工作先进单位，蒋锡强被评为先进个人。参与由区“扫黄打非”办牵头的多部门“扫黄打非”联合检查行动，对校园周边文化市场、出版物市场、印刷企业、宗教场所开展专项检查3次。联合富春、东洲、新登、银湖等乡镇街道文化市场管理工作领导小组成员，开展属地文化市场的联合检查11次。通过检查发现问题34个，立案查处9件。区文化市场综合行政执法队被区“扫黄打非”工作领导小组评为先进单位，赵乾飚、巴向荣、蒋锡强被评为先进个人。

【专项整治工作】 全年共开展专项整治行动6次，参与行动人员112人次。重点针对网络棋牌类游戏和涉嫌含有赌博、色情、淫秽等内容的网络直播等违法违规行为开展专项整治行动，立案查处1起，对辖区4家网络文化企业进行法律法规宣传。为确保旅游市场环境稳定有序，全年共联合成员单位执法6次，组织旅游车辆专项行动3次，共检查行业单位30家，发现并整改问题25个，有效处置65起因疫情影响导致的旅游投诉件。全年组织全区网吧业主安全生产培训4次。

（夏 晨）

文化创意产业

【概况】 2020年，受新冠肺炎疫情影响，全区文化产业增加值53.6亿元，增速下降9.6%。全区有文化产业规上入库企业120家，实现主营业务收入156.3亿元，其中造纸相关企业逐步腾退，文化产业转型升级。杭州老鹰教育科技股份有限公司入选2019—2020年度浙江省重点文化企业名单，春江花月夜文化创意街区入选2020年度浙江省文化创意街区，杭州君岭科技有限公司入选第五批浙江省成长型文化企业

2020年12月12日，浙美·江堤艺术园正式开园

（区文创办　供稿）

名单。在信息服务业领域引入润歌、润也、永翌、唯悦等龙头企业。在现代传媒领域落地国内首个影视行业在线服务平台(“创意管家”项目)，完成影视类企业注册193家，年营业收入5000余万元。投资8.5亿元的西谷数字零售产业综合体落户开发区。出台《杭州市富阳区扶持影视产业发展若干意见（试行）》。

【富阳区文化产业“十四五”发展规划研讨会】　7月29—31日，专题举办富阳区文化产业“十四五”发展规划研讨会，邀请尹鸿、蔡昌、殷秩松、范志忠、叶宁等10余位国内知名专家到富阳指导交流，从产业聚集、人才迁移、行业趋势、政策支持等角度深刻剖析文化产业发展特点，为富阳区文化产业“十四五”发展规划提供思路和方向。

【影视产业研讨会举办】　9月25日，结合富阳籍导演顾晓刚电影《春江水暖》中秋回乡记系列活动，举办影视产业研讨会，邀请富阳知名乡贤麦家、徐淑君等10余人齐聚富春江畔，从不同角度对富阳影视产业发展提出意见和建议，共话富阳影视产业发展。

【杭州文博会富阳展馆】　10月29日至11月1日，富阳展馆以“纸艺富春·味道山乡”为主题，策划“纸文化体验馆”亮相杭州文博会，充分体现出富阳“一条江、一张纸、一座城”的城市特性，主打产品有纸艺设计、创意家居、山乡特产等，还有直播带货、手作体验等互动环节。

【浙美·江堤艺术园开园】　12月12日，之江文化产业带重点项目——浙美·江堤艺术园正式开园。该园区以造纸工业遗存为蓝本进行艺术改造，成为集智造体验、农业观光、艺术培训、陈设展览为一体的综合文创园区。园区入驻企业（工作室）13家，中国美术学院风景建筑设计研究院空间与环境艺术研究富阳分院、浙江财经大学艺术学院艺术研究富阳实训基地揭牌。

（叶　晶）

富阳日报

【报纸发行】 2020年度《富阳日报》发行继续实现区域党员家庭全覆盖，征订量4.5万份，全年《富阳日报》出版250期。

【疫情防控宣传】　针对新冠肺炎疫情形势，推出“致敬驰援武汉的富阳医疗队员”策划和《党旗飘扬在防控一线》《众志成城群防群控》等专栏，展示合力抗疫典型，增强战胜疫情信念，讲好防疫抗疫一线的感人故事；推出《双抢双增　奋力争力》《富阳好房东》等专栏，助力企业复工复产。

【助农惠企】　疫情期间，充分发挥媒体平台优势，利用根植地方的影响力，找准了媒体在疫情期间服务基层、服务企业的切入点、发力点，推出“助农服务公益平台”，为大青草莓、场口瓜埠村大白菜、里山香椿、场口土烧酒、新登葛粉和乌米饭等牵线搭桥，帮助解决滞销难题，受到社会各界的关注支持；推出“富阳严选”平台，针对疫情给富阳外贸企业带来的困境，联合区商务部门搜集富阳外贸企业适合本地市民需求的产品，共推出8场“严选”专场，为富阳企业带货近2000件，销售额超60万元。

【高水平全面建成小康社会报道】　围绕“决胜全面小康、决战脱贫攻坚”主题主线，推出“走向我们的小康生活”之“富阳故事”“小康村蹲点报道”“山海协作缙云行”“行走大源溪”等系列报道，讲好对口帮扶的“富阳故事”，展示富阳小康社会建设的成就和人民群众的幸福感、获得感。

【主题报道】　全年组织了全国省市区两会、区委全会、撤市建区5周年、“辉煌‘十三五’，奋进新征程”、“绿水青山就是金山银山”理念提出15周年、地铁6号线开通运营、西复线通车、比学赶超、“厉行节约、反对浪费”、村组织换届、抗洪救灾、最多跑一次、味道山乡大会、“助万企、帮万户”等主题报道。

【民生报道】　《民生议事厅》栏目关注龙浦街达夫路路口汽车调头难问题，推出连续报道，最终部门出台改造方案并付诸实施。《请你上头条》《富阳好人》等栏目刊发了《“吴妈，母亲节快乐！”》《醒来，林之》等一批“引爆”朋友圈的报道。

【建言献策】　重视内参工作，发挥内参作用，反映社情民意和群众呼声，承担建言献策重要作用。针

2020年11月19日，《富阳日报》报道版面
（富阳日报社　供稿）

对记者发现的杭州外贸企业面临的难题，撰写内参《疫情期间企业贸易纠纷增多 建议加大对外贸易政策支持和法律援助》得到了市领导批示。

【报业经营】　全年策划承办了杭州市纪念中国人民抗日战争暨世界反法西斯战争胜利75周年仪式、撤市建区五周年成果展、“5·18”国际博物馆日特别活动、乡镇年俗节、乡村音乐节、富春众善奖表彰暨“温暖城市”示范区活动、电影“春江水暖”回乡记、区“老年节”庆祝大会暨敬老爱老助老“最美”系列先进表彰活动、2020杭州富阳休闲购物节等活动。

（王　磊）

广播电视

【概况】　2020年，区融媒体中心采制播发广播电视新闻7000余条，栏目200余期，持续开展“三个拥抱”和《聚焦一线》相关报道，推动转型发展。

【舆论引导】　广播、电视新闻节目中心加强新闻策划和舆论引导，讲好富阳故事，每月推出二组以上的自主策划的重大主题报道，全年共推出疫情防控、复工复产、双抢双增大比武、味道山乡、垃圾分类、节约粮食、富商精神、走向我们的小康生活、两山理念和百日大攻坚冲刺全年红等重大主题报道专栏20余个。

【社会服务】　电视全年采制播出公益广告80余条，完成大型专题20余个，策划录制10期《专家答疑共同战“疫”》专栏，承办“富春山居·味道山乡”“共抗疫情·服务企业”“春暖富春山·浙里来消费”等各类直播活动30余场。通过广播电视传播途径为遭受损失的富阳种养殖户提供免费直播“带货”活动。广播电台围绕新冠肺炎疫情防控、富春山居味道山乡、模范机关创建、节约粮食和平安富阳建设等内容采制播出公益广告，为平安富阳、文明富阳建设提供良好舆论氛围。电台《新闻早高峰》《缤纷车世界》《听见好时光》《甜甜音乐坊》《下班路上》等栏目通过连线报道、话题讨论、村歌展播、视频直播带货、自驾游、乡镇故事会等多种宣传形式和载体，全力推荐富阳美景美食和乡土文化。

【对外宣传】　2020年，与浙江日报、浙江卫视建立融媒战略合作联盟，针对区委区政府重要工作、重大新闻事件和重大活动挖掘、梳理、创作了一批外宣产品，成为富阳对外展示形象的重要“移动窗口”。全年电视外宣在浙江卫视的年度排名全省第11位，广播外宣在浙江之声年度排名全省第15名。2020年度，中心在全省广播电视新闻融合传播协作中荣获广播新闻协作二等奖、电视新闻协作一等奖、蓝媒联盟新媒体协作三等奖；获得2020年度浙报集团共享联盟年度最高奖——最具传播力奖。

【节目创优】　2020年，中心有14件作品在省、杭州市政府评比中获奖：《数字赋能 乡村治理更高效》获省广播电视对农节目奖电视对农节目三等奖；系列短视频《乡村振兴 我有话说》、音乐节目《传唱经典》获杭州市广播电视政府奖一等奖；电视评论《“明星书记”沦为阶下囚的启示》、论文《广播主持人现场报道的实践与思考》获杭州市广播电视政府奖二等奖；电视短消息《富阳“人生一件事改革” 33件事“一站式”办理》等9件作品获杭州市广播电视政府奖三等奖。

【体制机制改革】　5月，完成正处级事业单位机构报批和“杭州市富阳区融媒体中心（杭州市富阳广播电视台）”更名，并获颁全省第二批“互联网新闻信息服务许可证”；完成区融媒体中心“三定”方案，实现“策、采、编、发”流程再造；成立杭州富阳传媒有限公司，实现了采编经营分开。根据方案，杭州市富阳区融媒体中心挂杭州市富阳广播电视台牌子，为中共杭州市富阳区委直属事业单位，机构规格为正处级，内设党政办公室、人事部、财务部、总编室（融媒体协调中心）、全媒体采访部、新闻编辑部、广播节目部、新媒体部、专题活动部、外联部（学习强国供稿中心）、传媒服务部（短视频制作部）和技术保障部等12个内设机构，额定事业编制100名。

【新大楼搬迁】 5月28日，区融媒体中心乔迁新址，从原址江滨西大道66号正式迁址江滨西大道358号。新落成的区融媒体中心达到县（区）级融媒体中心国内一流水平，其中MR演播室等技术属首次在县（区）级台应用。本次搬迁实际投入1.25亿元，其中土建改造及装修5000万元，专用设备费用7000万元，办公用品与设备费用500万元。新大楼总建筑面积1.7万余平方米，分地下一层，地上六层。其中地下层主要用于供配电机房、消控设施、停车位；一层主要用于录音棚、全景视听室、摄录设备库、档案室、华数前端机房等，公共活动及前台接待区；二层主要用于广播制播区、演播室区、新闻制作区、融媒体指挥中心等；三层主要用于电视播出机房、节目上载区、栏目制作区、媒资机房等；四层、五层主要用于办公室、会议室、库房等；六层主要用于食堂、天馈设施等。

（章其明　周　略）

杭州市富阳电视台电视IP融合播放系统

（区融媒体中心　供稿）

新媒体宣传

【新媒体发展】 2020年以“富阳融媒·爱尚富阳APP”为核心，打造融媒体宣传矩阵，推进传统媒体与新媒体在内容、渠道、平台和管理等方面深度融合，创作图文、短视频、直播、H5等形式的新媒体产品。“爱尚富阳”客户端全年共发稿16200条，日均发稿量44条，总浏览量9850余万人（次），总下载量64000余人（次），新增“富春山居·味道山乡”一点通小程序。全年“学习强国”供稿被杭州学习平台录用176条，浙江学习平台录用24条，全国学习平台录用16条。9月，与浙江日报、浙江卫视建立融媒战略合作联盟，入驻卫视蓝媒号、“天目新闻”客户端、“央视频移动网”客户端等；开通抖音号“富阳TV”，视频号“富阳电视台”等短视频账号。全年“富阳电视台”微信公众号发布推文2400余条。网站“富阳网”上传节目1500余条。2020年，开展网络直播99场，首次开展直播带货，承办“学习强国”杭州学习平台云助团直播赛，获得杭州地区第二名。

富阳区融媒指挥厅

（区融媒体中心　供稿）

【强化融合传播】 区融媒体中心在实现“一次采集多平台发布”的基础上，尝试多形式采访实践，坚持“移动优先”，提升“两微一端”产品策划生产能力，提升采编人员的技能水平。全年在“两会”、防汛抗洪、山海协作缙云行、走向我们的小康生活富阳故事等融媒体采访报道中，提升新媒体业务熟练度，提升短视频制作质量。1月和8月，组织“一报两台”记者赴贵州锦屏、丽水缙云开展异地采访活动，对融媒体生产的流程进行实战“演练”，把富阳的实干帮扶，把锦屏、缙云的发展变化展现在富阳乃至浙江、全国受众的面前，并在采访报道中实现跨单位素材共享、多平台新闻融合、前后方制作、内外宣齐发。

（章其明　周　略）

新闻网站

【概况】　2020年，富阳区各网络媒体开展“坚定三高发展奋力争创一流”新闻大行动，推进“战疫情促发展”、“两山理念”15周年、“走向我们的小康生活·富阳故事”等重大主题宣传，启动“对口帮扶山海协作”融媒体采访行动、“百村奔小康”记者蹲点调研系列活动，“富阳发布”微信公众号推出“10万+”文章20余篇，“富阳发布”抖音号上线半年收获点赞24万人次。开展融媒体体制机制改革，创新运用“采编先融”模式促进媒体深度融合。爱尚富阳APP实现“政务+”改版，24个乡镇街道与51家区级机关开通微融媒门户，用户量达8万+，推出云直播、短视频、H5、Vlog等30余项融媒体产品。9月24日，召开富阳区委网络安全和信息化委员会第二次全体会议，提出将互联网这一“最大变量”变成打造现代版富春山居图的“最大增量”。12月17日，成立中共杭州市富阳区互联网行业委员会。

（皮莉琴）

【编　辑　陈炜祥】

30 医疗卫生
Health care

综　述

【概况】　全区有区属公立医院6家，其中三级甲等医院1家，三级乙等医院2家，二级甲等医院2家，二级乙等医院1家；社区卫生服务中心25家。卫生健康系统在编职工4556人。区财政卫生事业费投入89296.25万元，占财政总支出8.71%，人均卫生事业费1200.22元。2020年卫生项目建设投资总额达72亿元，省人民医院富阳分院、省中医院新院区、妇保院门急诊医技及儿科综合大楼、区三院易地迁建工程被列入区政府“985迎亚运展风采”项目。同时省人民医院富阳分院、省中医院新院区被列入省重点工程。

全区共出生5501人，计划生育率97.18%，成功创建2018—2020年全国计划生育优质服务先进单位。出生人口性别105.88，统计误差率控制在1%以内，无计划生育侵权行为发生。

居民前5位死亡原因顺序依次为：恶性肿瘤、心脏病、脑血管疾病、损伤和中毒、呼吸系统疾病，五种疾病死亡数占总死亡数的85.48%。

【“最多跑一次”】　窗口16个大类62项行政审批事项全部推行“网上办理、掌上办理”，线上办理率达100%。推进政务服务2.0平台应用，公共场所卫生许可、生育登记等群众办事高频事项100%应用。深化公共场所行政许可“提前介入”和“送证上门”等“店小二”式跑腿服务，推动政务服务掌上办从“可办”向“好办、易办、实际办”迭代升级，强化区乡两级联动，保障公共场所卫生许可“不见面、零跑次”审批。同时落实“宽进严管”的事中事后监管责任，填补“先承诺许可、后核验监管”空缺期。着力推进“无证明化”改革，打破部门壁垒，全域推行从业人员“电子健康证”，并在“健康码”上深度应用。在确保服务质量只升不降的前提下，行政服务中心卫健窗口从两个前台窗口调整为一个窗口，工作人员减少1名。2020年度，卫健局窗口被区跑改办评为“最多跑一次”改革年度审批服务示范窗口。

【法治卫健】　出台《杭州市富阳区卫生健康局2020年法治政府建设工作要点》《杭州市富阳区卫生健康局行政规范性文件管理办法》《杭州市富阳区卫生健康局行政执法公示制度》等依法行政工作机制8项，推动重大行政执法决定、重大行政决策、规范性文件、行政合同的依法管理。出台全市首个公立医疗卫

2020年区属各医院业务情况表

表24

单　位	平均实际开放床位（张）	卫生技术人员（人）	门急诊人次（万人次）	出院病人（万人次）	实际占用总床日（万床日）	出院者平均住院床日	床位使用率（%）	业务总收入（亿元）
区第一人民医院	838	1204	126.04	3.79	27.51	7.29	89.71	6.99
区第二人民医院	400	397	40.00	1.19	11.48	9.65	84.81	1.93
区中医院	508	700	73.89	1.88	11.68	6.23	64.02	3.14
中医骨伤医院	500	506	29.75	1.38	16.02	11.70	89.01	3.69
区妇幼保健院	312	573	52.74	1.91	8.58	4.51	73.81	2.23
区第三人民医院	260	135	5.52	0.21	11.91	58.97	125.48	0.43
合　计	2818	3515	327.94	10.36	87.18	8.47	85.84	18.41

2020年11月13日，杭州地区首家富阳家e平台上线
（区卫健局　供稿）

生机构法律顾问制度，被评为富阳区法治建设十大亮点之一。全年共通过规范性文件4件，完成重大行政决策2个，开展公平竞争审查4次，征求意见10次，出具合法性审查意见55条，收到民意调查问卷3000余份。全年开展案卷自查329件，审核重大行政执法案件21件，全年无行政诉讼、复议案件。

开展习近平法治思想及《中华人民共和国宪法》《中华人民共和国民法典》《中华人民共和国基本医疗卫生与健康促进法》《浙江省突发公共卫生事件应急办法》等普法宣传12次，开展卫生特色主题宣传11个，推动“以案释法”13次，涵盖全系统5000余人。重点组织全系统开展“防控疫情，法治同行”专项普法活动，制定《新冠肺炎疫情防控技术指南》，发布复工复产健康建议“十条”，为3619家企业提供复工指导和法律服务。

【医疗投资管理】　完成富阳区第二人民医院病房扩建工程及其他小额范围内的项目的竣工结算送审工作，完成富阳区2018年医疗急救提升工程、富阳区人民医院科教楼和高压氧舱治疗楼工程、富阳区妇幼保健院二期扩建及计生指导站迁建工程的财务决算送审工作。

【区属医院业务】　全年区属医院门急诊327.94万人次，同比减少13.32%，其中：区第一人民医院门急诊126.04万人次，同比减少11.98%；出院10.35万人次，同比减少12.43%。全年完成业务总收入18.41亿元，其中：医疗收入17.55亿元，医疗收入同比减少4.58%。

【社区卫生建设】　25家社区卫生服务中心收入总计75111.05万元，支出总计71059.17万元，收支结余4051.88万元，门（急）诊人次328.27万人次，同比减少4.01%，门（急）诊均费130.81元，比2019年度增加1.04%。

【基本公共卫生】　全区基本公共卫生服务项目年度补助资金7281.81万元，常住人口人均补助经费97.87元。至2020年年底，建立居民电子健康档案668693份，建档率90.12%；管理高血压患者84369人，目标任务完成率100%；管理糖尿病患者20164人，目标任务完成率100%。开展老年人健康管理，为7.93万名65岁以上老年人提供健康体检等服务。

【家庭医生签约】　全区组建家庭医生签约服务团队182个，团队成员830人，其中签约医生248人。市民卡插卡签约25.13万人，续签率86.45%；共完成65岁以上老年人、高血压、糖尿病患者等10类重点人群签约25.12万人，重点人群覆盖率86.4%，同比增长0.6%；签约居民基层就诊率69.91%，同比增长0.92%；建立家庭病床794张，同比增长235.6%；开具慢性病长处方35.3万张，同比增长47.6%。

【医疗帮扶】　2020年，富阳区共选派22名医生、护士等技术骨干到锦屏县医疗卫生单位挂职、巡回医疗、技术指导、坐诊、授课等。其中区第一人民医院安排7名，区中医院安排8名，区妇幼保健院安排7名，分别在锦屏县人民医院、锦屏县中医院、锦屏县妇幼保健院开展帮扶工作。依托富阳区医疗卫生健康机构，2020年以来锦屏县组织21名卫生健康专业技术人员到富阳进行进修学习、挂职锻炼，时间为

2020年7月10日，在富阳区党群服务中心，富阳区卫生健康系统召开“白大褂”党建、“清风袖”纪检工程推进大会
（区卫健局　供稿）

5到6个月，分别在区第一人民医院、区中医院、区妇幼保健院等单位挂职学习。

【清廉医院】 出台"清风袖"纪检十大工程，实施"清廉扎根"七大行动。全年自办案件13件，党纪、政纪、问责处理27人次。推行区属医院药剂、设备等重点科室负责人轮岗机制。试点重点医疗设备集团采购，采购设备3000万元，节约财政资金675万元。聚焦药品突出问题，开展"药事专项行动"，整改问题379个，约谈73人，处罚59人。清廉医院工作经验被省纪委官方网站报道。

健康富阳

【体制机制建设】 出台《富阳区公共政策健康审查制度》，邀请区健康专家委员会专家对区政府下发的10份行政规范性文件进行审查。将"健康融入所有政策"相关内容列入组织部、区委党校年度各类干部培训课程，邀请省卫生健康委党委委员、副主任夏时畅和杭州师范大学教授马海燕等为健康富阳建设成员单位分管负责人、区管副职领导干部授课。

【宣传阵地建设】 印发健康细胞培育、健康促进机关创建等工作方案，制定富阳区健康细胞考评标准。把健康细胞建设纳入健康富阳考核指标，并将健康促进机关创建作为"模范机关"建设的重要内容。组建区健康促进技术指导团队，邀请市健康促进研究院专家担任顾问，进行技术指导11次。开展两轮健康细胞创建工作培训，累计300多人次参加。开展全区首届十佳健康家庭评选活动，在党群服务中心、文化礼堂和幸福超市设置"健康角"，以点带面逐步向全区辐射。按照"一单位一品牌"的思路，培育区气象局"气象健康"、新登上山村"和美上山"、中医骨伤医院"谈骨论筋"等健康细胞品牌。2020年，创建省级健康促进医院2家，通过复评1家；省级健康促进（金牌）学校1家；省级健康促进（银牌）学校12家，市级健康单位（村社、企业、机关、社卫中心）82家。健康浙江考核成绩连续两年列全省第八，2020年成功创建省健康促进区。

【跨部门健康行动】 9月5日，联合区总工会、区卫生健康局、区文广旅体局开展"富阳区贯彻健康中国健康浙江行动——'游富春山居·享美好生活'职工健康毅行活动"。9月30日，联合区文广旅体局、区卫生健康局、区总工会举办"富阳区贯彻健康浙江全民健身行动启动仪式暨2020年'健康富阳'杯第九套广播体操展示赛"。10月31日，联合区亚推办、区拥江办举行绿道毅行和骑行活动。

预防保健

【孕产妇系统管理】 区妇幼保健院每周一至周五，区第二人民医院每周一开设高危筛查门诊。2020年，由于新冠肺炎疫情影响暂停下基层高危筛查。全年富阳户籍孕24周以上区级高危筛查5282人，筛查率达99.87%；外来流动人口孕24周以上区级高危筛查1101人，筛查率达97.35%。共筛查出黄色高危孕产妇3793例，橙色高危孕产妇2079例，红色高危孕产妇103例，紫色高危孕产妇38例。全年分娩产妇数5289人（富阳户籍），活产数5367，住院分娩活产5367人，新法接生率100%，高危孕产妇住院分娩率100%。建母子健康手册5289，建卡率100%。其中孕13周前建册5265例，早孕建册率达99.55%；系统管理数6732例，系管率98.02%；产后访视人数5285例，产后访视率98.47%。血清产前筛查孕妇6102例，筛查率94.5%。

【妇女保健】 全年妇女病普查83264人，疾病检出率24.4%。完成国家级和省级农村妇女宫颈癌检查9124例，乳腺癌检查13688例；区级宫颈癌检查16438例，乳腺癌检查18010例，确诊乳腺癌17例，宫颈癌3例，宫颈高级别病变52例。全年各助产单位分娩产妇数5780人，活产数5825人，2020年未发生孕产妇死亡。

【儿童保健】 全区7岁以下儿童应检45910人，建档管理45648人，管理率99.43%；0—3岁儿童系统管理19034人，系统管理率97.43%。全年活产婴儿5367人。围产儿死亡20例，围产儿死亡率3.25‰；全年5岁以下儿童死亡16例，5岁以下儿童死亡率2.98‰；婴儿死亡

2020年12月22日，暖心家园幸福超市省级试点工作在富阳启动
（区卫健局 供稿）

2020年6月30日，富阳区婴幼儿照护服务指导中心授牌
（区卫健局　供稿）

9例，婴儿死亡率1.68‰，新生儿死亡5人，死亡率0.93‰。全区0—3岁疑似残疾儿童监测26623人，检测率99.59%，发现疑似残疾儿童27人，0—3岁儿童疑似残疾发生率10.14‰；新生儿疾病筛查5804例，筛查率99.64%；新生儿听力筛查5786例，筛查率99.33%。新生儿先天性心脏病筛查5792人，筛查率99.43%。

【干部保健】　2020年，为全区24个乡镇（街道）70位党政正职提供就诊陪诊服务148人次，其中杭州省级医院就诊陪诊服务3人次，帮助协调区属医院住院及治疗6人次，重大手术3人次，杭州省级医院住院1人次，微信短信推送个性化的宣教内容共计500余条；2020年机关、事业单位在职及退休人员体检完成22477人，发现肺部结节7483人，其中高危结节30人。发现甲状腺4A以上结节、乳腺4A以上结节及其他脏器占位等重大疾病425人。体检对153名区管正职开展了颈动脉B超检查。5月，配合区老干部局完成25位副区级以上离退休老干部的健康体检。6月，分两批完成一级保健对象共52人的健康体检工作。全年2家基地医院保健门诊共提供服务940人次，其中离退休老领导409人次，在职区管干部166人次，高层次人才5人次。全年为离退休干部提供上门服务2095人次。富阳骨伤医院共接诊上级保健对象30人次。

计划生育

【帮扶服务模式】　推进“党政主导、协会牵头、公益帮扶”的计生特殊家庭帮扶服务新模式，2次在全省会议上交流发言。探索开展“暖心家园·幸福超市”省级试点项目，为计生特殊家庭提供便捷的生产、生活和健康服务。12月，“暖心家园·幸福超市”省级试点工作在富阳启动。帮扶服务失独家庭412人，周末陪伴172次，困难帮扶24户，开展爱心速递活动4次，组织母亲节烘焙、端午节包粽子、戏曲大联欢、暖心茶会、健康讲座、暖心售卖、便民服务等各类活动12次，完成微心愿238个，疫情期间为24户计生困难家庭上门赠送防疫物资，参与志愿者达700人次。开展暖心行动，落实慰问资金33.9万元，开展节日慰问500人次。

【青春健康教育】　青春健康教育首次写入2020年政府工作报告，参与杭州、金华、衢州、温州等地青春健康教育帮扶工作，与温州文成计生协携手跨地区联动发展，开创省内区域间合作先河。探索青春健康教育线上课程，通过微信、电视、学习强国等平台推进，开展师资培训38期，开展各类线上线下青少年青春健康培训127期，培训青少年14118人次。家长培训69期，受益家长10419人。富阳区计生协的“积极打造青春健康教育创新模式”获评省十佳改革创新案例，汪淑霞获评省十佳最美协会人物，新增省级青春健康教育基地1个。

【“优生优育优教三优”促进】　在全区范围内开展优生优育进万家“疫苗卫士保障计划”“分娩无忧保障计划”保险赠送活动，投保2000人，富阳区计生协会和裘晓萍荣获该项工作的全国先进组织和先进个人。“三优”指导师技能竞赛列入年度卫生健康行业技能竞赛活动；常绿、灵桥优生优育优教指导中心按省级标准完成建设并通过区级评估验收。

【推进母婴设施建设】　制定下发《关于印发富阳区母婴设施建设专项资金管理办法（试行）的通知》（富卫发〔2020〕195号），进一步推进公共场所母婴设施建设，全年共建成25处标准化母婴设施并通过了部门联合验收，至2020年年底，全区共有标准化母婴设施91处。

【落实计生利导政策】　承接奖扶、特扶、农保补贴3项惠民政策审核和发放职能，准确率和及时率均达100%，通过杭州市奖扶特扶信息核查。获“2018—2020年全国计划生育优质服务先进单位”荣誉称号。2020年全区符合奖扶3806人、特扶713人、农保补贴6771人，发放资金963.17万元。全年共发放区级计划生育公益金89.2万元，代发杭州市级公益金9.75万元，惠及193户计生特殊家庭。

【建立保险理赔直付系统】　依托智慧医疗云平台，建立计生保险“理赔直付系统”和镇村二级代办制，实现计生保险领域的“最多跑一次”。2020年，共理赔57例，赔付53.30万元，赔付率达71.81%。

【计划生育依法行政】　2020年，征收社会抚养费19例，共计54.73万元，其中通过法院执行5例，乡镇（街道）执行14例。

卫生监督

【公共场所卫生监督】　全区有各类持卫生许可（登记备案）的管理单位2869家。其中：公共场所1111家，医疗机构603家（其中民营医疗机构245家），学校98家（不含托幼机构），职业病危害用人单位924家，职业病健康检查机构2家，放射诊疗单位67家，集中式供水单位4家，二次供水单位10家，涉水产品企业15家，消毒产品生产企业24家，餐饮具集中消毒单位5家，病媒生物预防控制服务备案单位6家。全年实施行政处罚594起，罚没金额155.62万元，申请法院强制执行1起。开展公共场所卫生监督监测工作，检查住宿、美容美发、商场超市等公共场所1652家次，实施行政处罚单位420起，罚没金额23.97万元。

【饮用水和涉水产品卫生监督】　开展饮用水和涉水产品监督检查，检查单位68家次，采样61份，实施行政处罚3起，罚没金额1.18万元。开展4家市政供水单位的卫生监督和检测，监督检查8家次，检测水源水4份，出厂水4份，其中出厂水合格3份。开展龙头水检测和公示，对市政供水范围的25个龙头水开展检测，共采样46份，水样均为合格并进行社会公示。开展二次供水监督和检测，监督23家次、检测样品11份，水样均为合格。开展涉水产品卫生监督，监督检查生产经营单位7家，抽检3批次10件，检测结果均为7件合格、3件不合格。

【学校卫生监督】　全年检查学校250余家次，实施行政处罚6起，均为警告案件。联合第三方检测机构对全区国家双随机抽取单位和重点单位（饮用水安全）开展传染病防控、常见病管理以及饮用水、教学环境监测等工作，对存在问题的学校联合区教育局进行通报。

【医疗机构监督】　全年检查医疗机构1003家次，督导医学观察点（隔离点）98家次，实施行政处罚126家次（其中公立医疗机构12家次、民营医疗机构94家次、村卫生室20家次），处罚医务人员违法违规行为7人（其中2人给予暂停执业处罚）。完成医疗机构自查自评402家，开展医疗机构现场校验213家，开展医疗机构控烟检查325家次。查处非法行医9起，罚没金额49.66万元。开展中医医疗机构监督检查，立案查处中医类医疗机构违法违规行为27起，罚没金额6.67万元。开展消毒产品生产企业抽检检查26家次，责令改正3家，实施行政处罚1家，罚款1000元。餐饮具集中消毒服务单位监督、监测5家次，抽检样品198件，实施行政处罚2家。

中医中药

【概况】　2020年，富阳区新增4个杭州市级中医药重点学科、10个区级中医药重点学科通过终期验收，全区有省级中医药重点专科2个，杭州市级中医药专科专病中心4个。实施“富春乡贤名医”“富春名医”师带徒和“136”优秀医卫人才培育计划，开展中医学术经验继承跟师学习，传承名老中医医德医术。全区65周岁以上老年人中医药健康管理率达到81.87%、0—36个月儿童中医药健康管理率达到82.98%。

【区中医院】　医院获评2020年全国优秀县级医院，消化内科学（中西医结合）、儿科学（中医）通过2017—2019年杭州市医学重点学科周期验收，中医治未病学、甲乳外科学（中西医结合）、妇科学（中医）、肛肠外科学（中西医结合）、内分泌学（中西医结合）、呼吸内科学（中西医结合）、针灸推拿学、超声医学、风湿病学（中医）通过杭州市富阳区第三轮名医名院工程医学重点学科周期验收。新开设十七病区（心血管内科、老年病科），新成立富春乡贤倪海祥名医工作室、陈海华博士工作站。在分院成立4个名中医工作室。开办医共体名中医讲坛暨基层中医骨干培训班7期。2020年，在研课题30项，其中新立项8项，省中医药项目1项，市卫健局项目3项，区科技局项目4项。通过验收课题7项，其中省医药项目1项，市卫健局项目1项，市、区科技局项目5项。发表SC论文16篇。全院实施25个优势病种中医护理方案，开展中医护理技术28项。2020年，中医优势病种管理病种84个。研制中医特色防控方法，助力复工复产复学100余家，参加院外抗疫共计1432人次。发热门诊中药饮片参与率为35.2%。推进中医院医共体建设，将适宜技术辐射到村、站，推进优质服务基层行和分级诊疗。目前各分院中医药适宜技术推广覆盖率达100%，9家社卫中心所有全科医师掌握不少于6项中医药适宜技术，80%以上服务站（室）医务人员掌握不少于4项中医药适宜技术。

2020年10月27日，浙江中医药大学与富阳区政府签约合作共建富阳中医骨伤医院
（区卫健局　供稿）

【中医骨伤医院】 2020年医院业务收入4.3亿元，门诊人次297583人次，出院人次13827人次。富阳区级重点学科“骨创伤科学（中西医结合）”、杭州市重点学科“骨关节外科学（中西医结合）”通过验收；杭州市级重点学科立项2项；课题立项省自然科学基金1项，省卫生厅2项，省中医药管理局6项，杭州市科技局入库项目2项，杭州市卫生科技计划项目10项，富阳区科技局4项；课题验收杭州市科技局2项，杭州市卫生科技计划项目2项，富阳区级5项；获实用新型专利2项；参与出版论著1本；完成继教项目6项，其中国家级1项，省级2项，市级3项。举办国家级中医药继续教育项目“富阳张氏正骨技术及骨伤治疗新进展学习班”。继续建设省重点学科（中西医结合骨伤科学）的建设。李梦英、叶瑾、李英飞3名护士长驰援武汉天佑医院及同济医院光谷院区重症病区，完成复工复产人员的疫情检测、防控宣教15528人次，服务企业1000多家，护理部自主拍摄完成专科及中医养生宣教等个性化健康宣教视频16个，中医适宜技术业务量1306.61万元，同比增长13%，并开展竹圈姜灸、督脉灸新技术新项目2个。全年开展中医药下乡、下社区健康教育活动12次，下派医务人员80余人次，发放健康处方、三折页1200余份。在前期“张玉柱全国名老中医药传承工作室阿克苏工作站”建设基础之上，与阿克苏市人民医院开展新一轮对口支援工作，2020年共派出人员10人次。

医政管理

【医共体建设】 2020年，富阳区《强基提质惠民生，专病模块化培训结硕果》案例入选中国医院协会“2020年度医共体建设优秀价值案例”。全区垂直管理的临床科室数量达到55个，全专科联合门诊开设达到69个，慢病联合病房3个，全区基层就诊率超过指标要求达到70.27%。

【院前医疗急救】 完成《杭州市深化院前医疗急救体系建设三年行动计划（2018—2020年）》，全区救护车辆总数25辆，其中负压救护车5辆和新生儿转运车1辆，实现常住人口每4万人1辆救护车的配置水平，其中高性能救护车辆比例60%以上，在杭州地区领先。全区人员密集公共场所投放AED46台，基本实现全覆盖。参加杭州市急救中心组织的技能比武获得了团体二等奖、个人三等奖及岗位能手等。

【医疗保障和体检任务】 完成2020年高校招生体检5612人次，2020年征兵体检6452人次，参与新冠病例转运、防洪抗汛、流感和新冠疫苗接种、马拉松竞赛、地铁6号线试行等医疗保障任务达624次，共派出医务人员1325人次。

【智慧医疗】 创新健康码＋先看病后付费智慧医疗服务标准化应用，舒心就医指数达85%以上，领跑全市。全市343家医疗机构［17家省级医院，13家市级医院，46家区县级医院，267家基层医疗机构（非公立医院）］系统接入由富阳区配合承建的舒心就医平台，实现杭州“城市大脑”卫健系统（舒心就医）在线展示、安全运维。全国首创富阳区家庭医生移动服务平台“富阳家e平台”，覆盖全区24个乡镇（街道）社区卫生服务中心，下辖155个社区卫生服务站，惠及富阳25万余签约居民，富阳区第一人民医院“智慧医院”的改革案例入选省委改革办“月度十大改革亮点”。

【无偿献血】 全年全区11073人次献血，比上年增长6.7%，献血总量3268升。其中团体单位献血65次、6821人次，献血量比上年增长3.78%。根据疫情需要，动员1例新冠肺炎治愈康复者成功捐献恢复期血浆200毫升。全年大润发、商业城、新登3个献血点献血3911人次，比上年同期增长2.9%。5家公立医院、3家民营医院临床用血红细胞7900U，同比下降4%；血浆371.66升，同比下降28.1%，血小板8470U，增长42.9%。临床用血继续保持100%自来无偿献血。无偿献血者及其亲属的临床用血费用应用“杭州市血液信息系统”在院“一站式”减免率达100%和97%，2020年初，富阳团队献血以“散装模式”保障了疫情期间临床用血，获杭州市好评。

爱国卫生

【城乡爱国卫生】 每季度组织“两代表一委员”对全区24个卫生乡镇街道和省级卫生村巩固情况进行督查，全年下发督查通报4期，下发整改问题168个。9月，高质量通过第六轮国卫复评。推进2020—2022年国家卫生乡镇创建工作，常绿、常安、渌渚、渔山、春建、上官、灵桥、大源共8个乡镇通过市级审核和省级暗访，并完成了全区55个省级卫生村现场复核和申报工作。

【健康城市建设】 洞桥、胥口、里山、湖源共4个乡镇申请创建杭州市健康乡镇。全年开展公共场所控烟宣传1次，发布纸质媒体2篇、电视1期，富阳发布微信公众号1篇，发放控烟及健康教育资料1500余份。组织2次部门联合督查，下发整改通知单50余份，共对1家单位（场所）、3名个人进行了立案处罚，处罚金额2150元。全年成功创建杭州市无烟单位14家，杭州市全面禁烟示范单位2家，富阳区无烟单位24家。

【病媒生物防制】 强化街道属地管理，明确区、乡两级监测机制，制订下发《杭州市富阳区爱国卫生考核办法（病媒生物防制）》。召开年度、半年度病媒生物防制暨第三方评估反馈会，组织开展专业培训1次。全区落实防制经费210余万元，各乡镇（街道）建成区公共环境除四害实行市场化运作。各评估乡镇均获杭州市爱卫会相应类别C级命名。

【农村改水改厕】 全年完成3个杭州市改水项目，开展全区17万余户农村住户卫生厕所现况调查，全年完成农村无害化改厕1550座，二次改造414座，无害化户厕普及率

99.17%，超额完成杭州市下达的年度改厕任务。

医教科研

【概况】 启动“136”优秀医卫人才百人培育工程，富阳乡贤名医“师带徒”三年行动计划，搭建省市区三级医学重点学科建设平台。选聘13名富春乡贤名医“师带徒”17人。组织开展评选富阳区卫健系统“三十佳”活动，评选出“十佳医生”“十佳护士”“十佳家庭医生”。采取“云聘会”等形式灵活开展院校招聘和人才引进工作，共招引医卫人才217人，其中研究生61人，副高职称及以上16人。实施“136”卫生人才培育百人工程和卫生基础人才能力提升工程，新增97名副高职称及以上医疗专家。拓展引智合作平台，17名青年骨干医生通过乡贤联谊会向名医拜师学技；实施“借脑工程”，区属医院分别与上海、省、杭州市医院合作，以挂职锻炼、专家坐诊、参与科研等方式实行引才借智，全年平均每天有10余名上级医院专家在富阳坐诊。

【学科建设】 完成省级2个、杭州市级11个、区级30个医学重点学科周期性验收，蔡秀军、骆纯、周锦名医工作室落户富阳。2020年度，全区入选国家、省市继续医疗教育项目47项，创历史新高，领跑杭州区县市。在建省卫健委县级龙头学科、中医药重点专科5个，市级重点学科11个，区级重点学科30个，名医工作室10个，博士工作站47个。

疾病预防控制

【免疫规划工作】 对全区社区卫生服务中心规范化门诊及冷链、疫苗管理和预防接种服务全程规范性开展多次督导检查，组织多轮次培训。常规五苗接种率保持98%以上，开展春节返乡入城儿童查漏补种工作，常住儿童接种率达到99.2%，流动儿童接种率98.2%。组织专项培训，在全区25家接种门诊推广使用SAAS预防接种系统，实现疫苗扫码接种。四价HPV疫苗新预约方式上线，并从原来的分次预约，改为日常预约。九价HPV参考四价模式，已开展一次，发布600个号源。开展70岁以上老年人免费流感接种的民生实事项目，共接种15275针次。开展新冠紧急接种培训、新上岗人员培训，有序开展新冠疫苗接种工作。2020年，共接种9701针次。

【传染病疫情】 全区未发生甲类传染病报告。报告乙类传染病13种，报告病例1226例，发病率164.79/10万。乙类传染病发病数居前5位的依次是梅毒、肺结核、淋病、痢疾和肝炎，占总报告发病数的96.17%。全区有6例艾滋病死亡病例报告。处理各类突发公共卫生事件150起，比上年下降44.03%。

【H7N9流感防治】 全年从全区家禽规模养殖场（户）和家禽散养户集中的地区外环境中共采集各类人感染H7N9禽流感外环境标本60份，未发现检测阳性标本。

【艾滋病防治】 联合社会组织开展中老年男性、外来务工人员、吸毒人群、戒毒所宣传干预共24场次，覆盖2026人，检测1234人；全年完成暗娼、男男、流动人口、中老年男性、青年学生、羁押人群等高危人群和重点人群检测9549人次。加大宣传力度，提高学生人群防艾意识，对初中以上学校开展艾滋病防治知识培训，全区100%覆盖。全年新报告发现HIV抗体阳性48例，现住址管理艾滋病感染者/病人344人，治疗率为95.06%，随访及CD4检测率为94.1%，结核病筛查率为94%，单阳家庭配偶HIV抗体检测率为90.4%。

【结核病防治】 通过CRT项目国家项目办验收。处理结核病疫情26起，肺结核学校疫情及时处置率100%，对密切接触者筛查率100%。对17例肺结核疫情密接人员1144人均已做筛查，PPD试验结果强阳性118人。全年共登记结核病416例；活动性肺结核病人350例（结核性胸膜炎36例），肺外结核66例；其中病原学阳性病人191例。全年疑似病人追踪率100%（526/526），到位率为96.61%（370/383）。全年肺结核病人转诊率100%（152/152），管理率97.20%（312/321），规则服药率98.65%（293/297）。

【慢性病防治】 全区共计出生报卡5367例，死亡3794例，报告糖尿病3481例，肿瘤3159例，心、脑血管病急性事件2394例，伤害病例15985例。35岁门诊首诊测压率达100%，开展成人危险因素调查、健康素养、烟草危害调查等专项调查工作。开展脑卒中高危人群筛查、重点人群直结肠癌筛查等民生实事项目，完成筛查体检人数共计16778名。

【地方病防治】 **血吸虫病防治** 开展春季查螺工作和领导干部“查螺日”活动，完成查螺面积15.61万平方米，未查到钉螺。全年开展血吸虫病查病监测449人，均为阴性。

疟疾防治 开展第十二个“4·26”全国疟疾日主题宣传活动，全年共完成“三热”病人血检492人，发现疟原虫阳性者1人，经浙江省疾控中心疟疾参比实验室PCR检测结果为间日疟。

碘缺乏病防治 全年共对食用盐批发场所检测盐样36份，合格36份，合格率100%。对高桥、胥口、渌渚、渔山、上官5个乡镇/街道小学生碘缺乏病病情监测共采集8—10岁学生盐碘和尿碘各240份，学生合格碘盐覆盖率为89.52%，学生尿碘中位数196微克/升。6月邀请杭州市疾控中心专家对富阳区8—10周岁的学生进行甲状腺B超检测，学生甲状腺肿大率＜5%。采集孕早、中、晚期妇女碘盐和尿碘各16份开展孕妇碘缺乏病病情监测，共计48份，孕妇合格碘盐覆盖率为76.19%，孕妇尿碘中位数168微克/升。并对以上5个乡镇（街道）的48名孕妇进行孕妇补碘率调查，补碘率为94.29%。开展“5·15”碘缺乏病日宣传活动，发放防治碘缺乏病宣传资料200余份，接受群众咨询200余人，发放碘盐200袋。

地氟病防治 对湖源乡厅基、

塔坞两村开展水源氟化物监测，共采集水样4份进行氟含量检测，氟含量均在正常范围内。对湖源乡厅基村、塔坞村8—12岁5名儿童进行尿氟监测及氟斑牙检查，尿氟含量均在正常范围内。

布鲁氏菌病防治 4月区中医院报告1例布鲁氏菌病病例，予盐酸多西环素胶囊＋利福平片口服治疗，4月29日杭州市疾控中心地方病防治所实验室报告试管凝集试验（SAT）滴度为1∶200。

土源性线虫病监测 按照东、西、南、北、中的地理方位抽取东洲、万市、场口、永昌、鹿山等5个片区，每个片区抽取1个以农业生产为主的行政村开展监测，对5个片区采集的300余户共1005份新鲜粪便标本进行载玻片涂片、制片、镜检，本次监测2份标本镜检发现钩虫虫卵。

【生活饮用水监测】 全年对12份市政供水和98份农村饮用水进行网络直报工作。其中市政供水全部合格，农村饮用水合格率92.90%，主要不合格项目是总大肠菌群、大肠埃希氏菌、浑浊度、肉眼可见物及游离余氯5个指标。

【精神卫生】 建立部门联动机制，开展精神障碍患者网格化排查，复核诊断疑似精神障碍患者14例，联动处置18例。二级以上医疗机构严重精神障碍患者发病报告共178例。全年集中培训基层精神卫生管理人员500余人次，线上线下开展心理健康讲座39场，基层督导78次。全年救助资金366.35万元，实行严重精神障碍患者监护责任以奖代补和保险政策，发放奖励资金90.5万元，保险保障金额900万元；400余名精神障碍患者由乡镇残疾人之家托管照料。

（王慧超）

【编　辑　陈炜祥】

31 体育 Sports

综述

【概况】 2020年，全区有省级体育强乡镇24个、省级体育先进社区26个、杭州市星级社区26个。2020年年底，全区拥有独立法人社团23个、俱乐部5个、健身气功站点9个。全年主要赛事活动有杭州毅行富阳分会场活动、第四届骑游大会、浙江省第六届“乡村振兴”杯篮球比赛等。共完成3000个指标的国民体质工作和500人的社会体育指导员培训，参加全国社体指导员培训合格1人。组队参加2020年浙江省第三届女子体育节，获女子拔河第一名；参加浙江省文化礼堂运动会，获得北部赛区拔河、乒乓球第一名；参加杭州市第十四届健身气功交流比赛，获得团体三等奖。飞行体验（富阳桐洲岛亚联飞行营地）、皮划艇（富阳新桐乡）获评2020年浙江省运动休闲旅游优秀项目。

群众体育

【群众体育赛事活动】 联合机关党工委、卫健局、总工会等部门举办“全民健身日活动”、工间操展示赛、羽毛球比赛、乒乓球比赛等活动。鼓励乡镇街道和体育单项协会积极开展全民健身活动，全年开展“与亚运同行”为主题的赛事和活动360项，参与人数达6.5万人。组队参加2020年浙江省第三届女子体育节，获女子拔河第一名；参加浙江省文化礼堂运动会，获得北部赛区拔河、乒乓球第一名；参加杭州市第十四届健身气功交流比赛，获得团体三等奖；参加2020年全国“百城千村”健身气功杭州分会场交流展示活动。

2020年8月8日，“全民健身日”活动暨杭州市全民健身日全市大联动（富阳区）启动

（区文广旅体局 供稿）

【品牌赛事活动】 举办杭州毅行富阳分会场活动、第四届骑游大会、浙江省第六届“乡村振兴”杯篮球比赛等品牌赛事活动。11月8日，由省农民体育协会、省篮球协会共同主办，省新农村建设促进会、富阳区人民政府承办的浙江省第六届“乡村振兴·富春山居杯”农民篮球赛在富阳区实验小学体艺馆落下帷幕，来自全省各地的15支乡镇农民篮球队210余人参赛，经过一周33场对决，苍南灵溪队获冠军，富阳东洲队获第二名，富阳常绿队获第三名。

【体育社团工作】 2020年，成功创建AAA级体育社团7家，新成立轮滑协会、水上运动协会、武术协会、健身健美协会4家体育协会。5月起，在全区老年人群中普及推广太极拳“八法五步”，至10月底，24个乡镇街道累计完成159期（次）、6650人次的培训工作，全区太极拳（械）爱好者扩展到12000余人。11月8日至14日，举行富春江沿线7大团队数千名太极会员大型集中展示活动。在浙江省健身球操交流（比赛）中荣获2个团体项目亚军、2个个人项目冠军。在杭州市交流活动（竞赛）中，获柔力球（竞技）团体及个人第一、排舞规定及自选套路2个第一、乒乓球女团第一、持杖走男团第二、兜球团体及个人赛第一等成绩。在2020杭州市老年节大会上，富阳老年体协被评为“2020杭州市最美敬老社会组织”。

【国民体质监测】 完成年度国民体质监测任务（样本）3000余名，监测合格率100%。

【社会体育指导员培训】 10月28日至29日，组织各乡镇（街道）356名相关人员参加社会体育指导员培训，均顺利通过考试并取得三级社会体育指导员等级证书。

竞技体育

【队伍建设】 2020年，富阳区在库运动员628名，主体分布在田径、篮球、足球、乒乓球、羽毛球、武术（套路）、射击、摔跤、柔道、跆拳道、散打、拳击、举重、击剑、游泳、艺术体操、蹦床、水上体育、轮滑、自行车、街舞等20余个项目。其中在省体育专业队试训的富阳籍运动员有23人，在杭州市级体育训练单位参加试训有88人。

【竞技体育运动员成绩】 在2020全国帆船锦标赛上，富阳籍运动员徐臧军与搭档以领先第二名22分的巨大优势夺冠，包揽了帆船男子470级的“场地赛和长距离赛”2枚金牌。射击运动员赵中豪入选国家步手枪射击队，准备征战东京奥运会。摔跤运动员陈毅凡入选中国摔跤队国家青年预备队。柔道项目运动员蒋聪励、童双燕成为浙江省队重点培养对象。

【市级阳光体育赛事】 2020年，参加浙江省、杭州市篮球、足球、乒乓球、举重、射击、武术、跆拳道、摔跤等项目的青少年阳光体育比赛，共斩获金牌46枚、银牌57枚、铜牌40枚。

【区级学校体育】 与教育部门一起开展“阳光体育进校园”及学校体育工作，组织开展富阳区青少年乒乓球、篮球、田径、校园足球等项目的体育赛事，加强针对体育苗子的选拔、训练培养和输送工作，配合上级专业队参加选材集训80余人次。

【体育传校建设】 2020年，富阳区布点在全区中小学校的各级各类体育传统项目学校23所，其中：省级阳光体育后备人才传统项目学校3所，分别为实验小学（篮球）、郁达夫中学（田径）、春江中心小学（足球），杭州市级7所，区队联办单位3家，常年开展篮球、足球、乒乓球、举重、摔跤、击剑、武术、田径、跆拳道、网球、羽毛球等项目的业余训练，承担着向杭州及以上各级体育学校输送苗子的任务。

体育设施

【民生实事工程建设】 根据杭州市亚运城市行动计划纲要，2020年全区新建24个百姓健身房、15个省级小康体育村提升工程、2个省级社区多功能运动场、1个省级足球场地和1个省级游泳池、2个市级全民健身公园和5个区本级全民健身公园。

【亚运场馆建设】 根据《杭州市人民政府2022年第19届亚运会组委会关于加快2022年第19届亚运会杭州市场馆及设施建设的实施意见》，杭州市第19届亚运会在富阳共设置6个竞赛项目，即赛艇、皮划艇（静水和激流回旋）、射击、射箭、现代五项、篮球（女子），预计在富阳产生77枚金牌。富阳区共承担2个新建场馆及1个改造提升场馆，即北支江水上运动中心项目（赛艇、皮划艇静水、皮划艇激流回旋，概算总投资10.7亿元）、银湖射击射箭现代五项项目（概算总投资14.2亿元）、体育中心体育馆改造提升项目（概算总投资5813万元），其中：北支江水上运动中心、银湖射击射箭现代五项馆亚运会结束后将转场作为第四届亚洲残疾人运动会（亚残会）比赛场地。2020年，北支江水上运动中心、银湖射击射箭现代五项馆、区体育中心体育馆建设进展顺利，至年底分别完成95.1%、93.1%、98.8%的工程建设任务，富阳区亚运场馆建设工作被杭州亚组委评为优秀。

【体育中心大服务提升工程】 2020年，区体育中心投入27.4万元用于场馆设施维修，投入21.79万元用于足球场草坪及周边绿化进行专业养护，投入98.8万元采购物业服务。保障富阳区第十二个“全民健身日”、2020长三角地区排舞邀请赛、2020年“健康富阳”杯第九套广播体操展示赛等活动和全民健身运动开展。

体育产业

【永安山第十五届滑翔伞嘉年华暨第二届浙江省滑翔伞俱乐部对抗赛（定点）】 10月16日至19日，由浙江省航空运动协会、富阳区文广旅体局主办，常安镇人民政府、

亚运场馆——体育中心体育馆

（区文广旅体局 供稿）

杭州富阳永安山飞翔运动有限公司与杭州富阳区航空运动协会共同承办，锦绣富春集团有限公司协办的2020年浙江富阳永安山第十四届滑翔伞嘉年华暨第二届浙江省滑翔伞俱乐部对抗赛（定点）在常安镇永安山中国滑翔伞训练基地举行，来自全省各区域80名运动员参加。

【2020（第38届）中国国际体育用品博览会】 9月28日，组织富阳区体育产业和协会代表20余人现场观摩2020年中国国际体育用品博览会，进行业务交流与学习，促进富阳区体育用品业乃至体育产业的升级换代、跨界融创。

【扶持体育发展专项资金项目申报】 浙江华鹰控股集团有限公司“水上运动器材及游艇建造”、杭州富阳永安山飞翔运动有限公司“永安山中国滑翔伞训练基地”及杭州桐洲岛飞行体育发展有限公司“桐洲岛亚联飞行营地”3个项目申报2020年浙江省扶持体育发展专项资金（疫情纾困类项目）并通过评审，获得资金补助。

【产业创新与融合】 杭州富阳祥瑞水上运动器材有限公司被区经信局认定为高新技术企业，参与“竞速龙舟”国家标准制定，投资200万元建成龙舟馆对外开放并成为“富春山居·味道山乡”新劳动教育实践体验基地，开启研学发展新模式。

【体育彩票】 2020年，全区共有体育彩票销售网店105家，销售收入达1.82亿元。

（夏 晨）

【编 辑 陈炜祥】

32 社会生活
Social Life

打造现代版富春山居图

居民生活

【城镇居民生活】 2020年，据城乡住户一体化调查资料显示，城镇常住居民人均可支配收入为63302元，同比增加2726元，增长4.5%。城镇居民人均工资性收入35111元，同比增长4.5%。人均经营净收入15858元，同比增长0.7%。人均财产净收入6998元，同比增长5.2%。人均转移净收入5335元，同比增长16.6%。

城镇常住居民人均生活消费支出36378元，同比减少960元，同比下降2.6%。在八大类消费支出中，人均食品烟酒类消费支出10110元，同比增长5.1%。人均衣着类消费支出2409元，同比下降26.6%。人均居住类消费支出为9162元，同比增长16.3%。人均生活用品及服务类消费支出2416元，同比增长25.3%。人均交通通信类消费支出5105元，同比减少30.7%。人均教育文化娱乐类消费支出4837元，同比增长6.3%。人均医疗保健类消费支出1687元，同比下降17.7%。人均其他用品和服务类消费支出652元，同比下降3.1%。

【农村居民生活】 2020年，据城乡住户一体化调查资料显示，农村常住居民人均可支配收入38089元，同比增加2558元，同比增长7.2%。农村居民人均工资性收入21434元，同比增长6.9%。人均经营净收入10114元，同比增长3.6%。人均财产净收入538元，同比增长5.4%。人均转移净收入6003元，同比增长15.2%。

农村常住居民人均生活消费支出25110元，同比减少268元，同比下降1.1%。在八大类消费支出中，人均食品烟酒类消费支出7334元，同比增长3.3%。人均衣着类消费支出1865元，同比增长5.3%。人均居住类消费支出7016元，同比增长22.7%。人均生活用品及服务类消费支出1256元，同比增长8.4%。人均交通通信类消费支出3979元，同比下降7.6%。人均教育文化娱乐类消费支出2651元，同比下降0.4%。人均医疗保健类消费支出759元，同比减少66.7%。人均其他用品和服务类消费支出249元，同比下降35.2%。

【居民住房】 2020年年底，城镇居民人均住房建筑面积56.7平方米，农村居民人均住房建筑面积90.2平方米。

（孙依娃）

人力资源

【新增就业】 全年全区城镇新增就业人数15331人，引导和帮助4260名城镇失业人员和1809名就业困难人员实现再就业，城镇登记失业率为2.42%，就业形势总体稳定。

【就业公共服务】 全年举办和参与53场招聘会，组织1521家次单位参会，提供6231个岗位，现场初

复工复产期间，区人力社保局组建工作专班接回外地员工

（区人社局　供稿）

步达成意向1556人次。运行完善富阳人力资源管理信息系统平台，登记发布用工单位信息2856家次、招聘需求人数50566人。全年发放创业担保贷款4442万元。

【推出新富阳人"15条"政策】 2020年3月，富阳出台《进一步激励外地员工来富安居乐业的若干政策》，（简称"新富阳人'15条'政策"），重点推出外地在富阳工作并缴纳社保人员（简称"新富阳人"）住房安居、就业创业、社会保障、生活服务、民主政治、评优表彰等6个大类15项政策，让"新富阳人"充分享受到"同城同待遇"，营造拴心留人良好发展氛围，进而吸引更多的外地员工到富阳工作生活。

【就业困难群体帮扶】 全年公益性岗位安置就业122人，发放岗位综合补贴402.58万元，惠及1543人次。发放失业保险金8772万元，惠及54534人次；发放临时价格补贴600万元，惠及52120人次。工伤鉴定1636人次。制定《富阳区2020年就业援助精准服务计划》，新增认定就业困难人员2276人，帮助就业困难人员就业1809人，完成1209名离校未就业高校毕业生就业调查。

【异地对口就业扶贫】 与贵州省锦屏县、河南省许昌市、信阳市，吉林省长春市九台区，湖南省怀化市靖州县、会同县，云南省大关县，省内丽水市缙云县等地建立10家劳务联络站。2家富阳区企业（大华智联和保利导轨）荣获杭州市级十佳东西部扶贫劳务输出爱心企业称号，累计发布爱心岗位300余个。通过与锦屏县人社局合作，先后2次组织22家企业赴锦屏县开展"锦屏·富阳劳务协作专场招聘会"，提供81个岗位，招聘需求600余人，达成意向210余人。2020年，黔东南和恩施州首次到富阳就业三个月以上建档立卡户为243人。2020年年底，锦屏籍在富阳就业人数达1281人，其中建档立卡人员418人。

【职业技能培训】 全年完成技能培训14174人次，其中培养制造业紧缺急需技能工人1316人。深化政校企合作"订单式"培训模式，企业合作签约50家。组织7621人参加22个职业（工种）的国家职业技能鉴定，6498人取得国家职业资格证书。共完成全区4592家企业发放"以工代训"补贴工作，惠及26760人，拨付"以工代训"补贴1338万元。

【根治欠薪工作】 推进工程建设领域六项制度全覆盖，培训项目负责人和劳资管理员1200余人次，选取培育80个样板项目，重点培育人才公寓、北洲大酒店等3个市级示范样板项目，表彰了2020年度根治欠薪5个示范项目和5个优秀项目。推进202个在建工程项目在浙江省企业工资支付监管系统在线发薪，六项制度总体落实率全市排名第五。全年共受理各类举报投诉案件2608件，办理区长公开电话及信访件759件，其中处置欠薪案件数2286件，累计追发5567名劳动者工资及经济补偿金5512.29万元。快速处置"110"联动欠薪事件390起。对4家存在违法行为的用人单位实施了行政处罚，罚款金额7.8万元；对44家存在严重欠薪的用人单位实施了行政处理，涉及778名劳动者劳动报酬962.33万元。向公安部门移送涉嫌拒不支付劳动报酬犯罪案件8件，抓捕欠薪责任人4名，人民法院依法判决入罪4件，公布恶意欠薪典型案例1件。荣获2020年全国清理整顿人力资源市场秩序专项执法行动突出成绩单位，浙江省"无欠薪"县（市、区）建设工作先进集体，"无欠薪"平安考核名列杭州市第二位。

【劳动人事争议仲裁】 实施"1+X"劳动纠纷多元化解，24个乡镇街道建立劳动人事争议调解中心。运用在线矛盾纠纷多元化解平台（ODR平台）及仲裁网上调解平台，全区所有在册劳动人事争议仲裁员均聘为ODR平台调解员，5名仲裁员被仲裁网上调解平台聘为专家调解员。开展"建标准院、开标准庭、办标准案"三标准建设，成为全区首批试点单位，并通过验收。全年受理案件843件，结案率99.8%，调解率93.1%，为968名劳动者挽回损失3159.98万元。

【信访维稳】 全年共办理各级来信来访件47件、浙江政务服务网网上咨询投诉举报395件、区长公开电话交办件1240件，办结率、反馈率100%。

（杨　广）

社会保险

【企业职工基本养老保险】 2020年，全区281911人参加企业职工基本养老保险，177423人享受职工基本养老保险待遇，全年新增职工养老保险1.57万人。2020年年度，企业基本养老保险、失业保险、工伤保险和生育保险等社会保险费缴费基数为6960.25元/月。

【机关事业单位养老保险】 2020年，全区28766人参加机关事业单位养老保险，其中9828人享受待遇。全年基金收入8.18亿元，支付8.12亿元，累计积余基金3443.25万元。

【城乡居民社会养老保险】 2020年，全区16762人参加城乡居民社会养老保险，24878人领取城乡居民社会养老待遇。城乡居民基础养老金上调至260元/人·月，城乡居民各类养老保险综合参保率为98.68%。

【工伤、失业保险】 2020年，全区256052人参加工伤保险，230422人参加失业保险。全年累计发放工伤保险金1.11亿元、失业保险金2.4亿元。

【工伤一件事改革】 2020年，富阳区梳理全区工伤领域5个大类32个办事事项，自主开发电子签约、联网结算、部门协助等应用操作平台，推出"工伤一件事"全链条改革，涉及工伤的申请材料数量，从原来的90余项精简至4项，初步实现"工伤一件事"全流程一体化服务。

富阳区人力社保局行政服务中心窗口

（区人社局　供稿）

【企业社会保险降费减负】　2020年，完成国家和省市有关减免、缓交、返还社保费任务，共为21894户企业和个体工商户减、免、缓征各类社保费13.72亿元。

【社会保险业务经办】　全年65项业务全部实现“即办”和“网办”，2020年社保省级系统上线、运行平稳。全年业务办理量16.5万余笔，办理工伤结算2608余人次，职工、城镇居民养老新增退休11948余人。

【退休人员社会化管理】　2020年，为8.6万名65周岁以下企业退休人员提供健康体检。举办“逐梦新时代，决胜奔小康”富阳区第二届企业退休人员文艺会演。落实企业退休人员社会化管理专项资金，全年下拨经费3800余万元。

（杨　广）

医疗保险

【基本医疗保险】　2020年，全区714517人参加基本医疗保险，综合参保率99.82%。其中：400004人参加职工基本医疗保险，比上年净增参保21209人；314513人参加城乡居民基本医疗保险。全年统筹基金收入9.49亿元，支出9.87亿元，累计结余13亿元，按2020年统筹支出测算，支付能力16个月。杭州市医疗保障局富阳分局获评“先进县（市、区）医疗保障局”。

【医疗保障改革】　2020年1月1日起，组织实施总额预算管理下的所有住院按疾病诊断相关分组（DRGs）点数法付费，全区26家定点医疗机构纳入。贯彻落实全国“4+7”试点扩围和25省市联盟地区集中带量采购政策，6家区级公立医疗机构及其医共体单位在采购平台进行带量采购。9月1日起，全面施行医保药品支付标准全覆盖，所有定点医药机构完成药品目录调整。

【医疗保障监管】　2020年，开展以价格行为、医保历年账户使用、中医物理治疗、住院挂床、空刷盗刷等“打击欺诈骗保亮剑”七大专项行动。全年累计处理定点医药机构48家，司法移送4家，追回基金支出20.79万元，计算机智能审核扣款900余万元。对全区定点医疗机构规范使用医保基金情况开展自查自纠专项整治，共退回违规金额1180.71万元。开展定点医药机构医保药品协议价格遵循情况检查，共退回超协议价格部分63.31万元。

【医疗保障创新】　利用医保结算大数据、药品耗材“进销存”管理和重点部位看病购药实名制刷卡信息，研究开发融监测、预警、分析、信息披露于一体“安心医保”监管平台。组建富阳区医保反欺诈监测中心，负责结合监控视频记录对异常信息进行全面分类核查核验、分析研判、梳理汇总，筛选出典型违规行为开展集中整治。

【医疗保障服务】　2020年，通过整合服务窗口、开设自助服务区、配备专业导办人员等举措，推动网上办、掌上办向好办、易办、秒办转变。医保业务网上办、掌上办率达到90.6%。开通区内长三角地区门诊直接结算医院43家，方便异地就医。

（张月虹）

民政事务

【社会救助】　1月，最低生活保障标准由1041元/人·月提高至1102元/人·月，特困人员基本生活标准由1734元/人·月调整为1837元/人·月，福利机构养育的孤儿基本生活养育标准由2545元/人·月调整为2571元/人·月，社会散居孤儿和事实无人抚养儿童基本生活养育标准由2036元/人·月调整为2057元/人·月。至12月底，全区城乡低保家庭8336户11605人，累计差额发放低保金1.27亿元；城乡低保边缘家庭1532户3976人，累计发放生活补助金410.39万元；全区特困供养人员637人，其中集中供养309人，分散供养328人，累计发放供养费1485.60万元；全区共有留守儿童76人，散居孤儿21人，困境儿童1608人，其中事实无人抚养儿童69人，重病重残儿童85人，低保家庭儿童900人，低边家庭儿童554人，累计发放儿童基本生活补助金950万元。修订完善《杭州市富阳区临时救助实施细则》，将“新富阳人”纳入救助范围，累计向3000余人次困难群众发放临时救助金643万元；研发社会救助“e+人”移动服务平台，探索“物质+服务”综合救助模式；全区基

富阳区2020年居住区、建筑物及湖泊命名一览表

表25

序号	所在乡镇（街道）	标准地名	所处地理位置	地名含义	地名类别
1	富春街道	檀境里	东起金秋大道，西至规划路，南起横凉亭路，北至华虹路	“檀”字常见于“檀香”、“檀木”，是自然界中一种珍贵、坚固的挺拔植株，项目以“檀”字表达住区的自然感以及建筑的挺拔感；“境”表达了项目形成“自然在内”的静谧人居大境，又同音于“静”，带给人静谧感，进一步深化了项目的建造初衷和未来生活理想。“里”字表达了一种饱含着人居住记忆与温情的一种空间意象，故名	居住区
2	富春街道	穗丰居	北至丰收路（规划延伸段），东至文教北路（规划延伸段），南至秋实路（规划道路名），西至丰庆路（规划道路名）	因小区在中国水稻所试验区旁，稻麦成熟丰收，给人快乐幸福感，故名	居住区
3	富春街道	云望之宸公寓	东至金浦路，南至公望街，西至金苑路，北至民康街	“云”是时代趋势，凸显杭富一体化背景下富春板块更具未来感的中心地位；“望”聚焦地铁站公望站地理位置，亦取希望之意，寓意对美好家园的憧憬和向往；千年富阳，富春为“宸”，寓意有时光、日月星辰之意，故名	居住区
4	富春街道	云辰富源里	东起金桥南路，西至金浦路，南起钢圈厂路，北至横凉亭路	“云辰”意寓的是一种城市有机更新之下，融创所带来的人居焕新体验，“富源”代表富阳的源点，城市的中心，而“里”本义是居住之地，引申泛指人群聚居的地方，又可表达为富阳源点里面的人居之地。此外，“辰”代表的是一种美好的时间，也有希望、光明的意思。“云辰富源里”正是表达了一种基于城市占位，却又匹配城市有机更新，在活化和保留之中，于城市美好繁华处，故名	居住区
5	富春街道	檀瑞府	东至西环北路，西至香槟路，北至公望街，南至文豪路	“檀系”为阳光城系列案名，项目位于富阳核心；“瑞”寓示家和昌盛、幸福绵长，有祥瑞之气；“府”寓示项目无论品质还是意蕴，都翘楚富春，故名	居住区
6	富春街道	潮悦江山城	东临金桥南路，西靠金浦路，南临体育馆路，北至钢圈厂路	“潮”有时尚、潮流的含义；“江山”寓意富阳有优美的自然山水；整体寓意时尚的生活方式，悦见富阳美丽的富春江、富春山的自然风光，故名	居住区
7	富春街道	秦望府	北地块东至富春江滨府及国贸大酒店，西至春秋南路，南至秦望路，北至体育馆路与开源路。南地块东至西堤南路，西至文教路，北至山水美庐，南至水厂	因地块位于富春街道秦望区块，又与秦望路及秦望浦相临，故名	居住区
8	富春街道	秦忆园	东至香槟路，南至凤浦路，西至金秋大道，北至文居街	“秦忆”指秦望安置房地块迁出地名称“秦望”，是对原来居住区块的一种思念，也寄托了老百姓无限的怀念之情；一个“园”字是家园的象征，这是美好家园的另一个起点，充满温馨。“园”也有花园之意，表达了人们可以在此安居乐业，幸福生活。秦忆园，给人一种古时园林之感，田园惬意之意，也表达一种对之前家园的怀念之情，故名	居住区
9	富春街道	望启园	东至金云路，南至公望街，西至西环北路，北至北环路	“望启园”与秦望安置房地块（一）的拟定名“秦忆园”的第一个字组成迁出地名称“秦望”，是对原来居住区块的一种思念，也寄托了老百姓无限的怀念之情，一个“园”字是家园的象征，这是美好家园的另一个起点，充满温馨。“园”也有花园之意，表达了人们可以在此安居乐业，幸福生活，故名	居住区

续表25

序号	所在乡镇（街道）	标准地名	所处地理位置	地名含义	地名类别
10	银湖街道	观宇锦云里	东至规划支路，南至九龙大道，西、北至规划道路	观宇：谐音“广宇”，有广怀天下，代表了广宇高远的品牌理念；锦：指富阳自古以来的锦绣山河；云：在杭州的语境中不仅指云屏山拥的自然山林之云，更是智慧产业的云；锦云里将项目的自然资源和地域产业特性进行融合，描绘出悠远的意境，故名	居住区
11	银湖街道	云畔桂语映月里	东至规划水系，西至上林路，北至上林湖路(规划名)，南至规划道路	“云畔”意为彩云之畔，“桂语”代表绿城新一代公寓产品，“映月”其形由绿城月亮标志诗意而来，与绿城滨江区产品相一致，故名	居住区
12	银湖街道	顺源府	东至铭鹤花园，南至规划道路，西至规划道路，北至规划道路及受降溪	一川龙溪，一脉山水，顺水而居，溯源美好，取其顺利、如意之义赋能一方悠久历史、人文美好之地，故名	居住区
13	东洲街道	东望雅苑	东至东洲村前埭自然村，西至中桥路，南至东望路，北至东洲中心小学	因安置房位于东望路中段，以东望路为依托，建造住宅新区宛如一幅如诗如画的绘图；雅苑是亚运项目拆迁安置群众对新建安置房的美好向往，故名	居住区
14	东洲街道	首望澜翠府	东南至规划道路，西南至规划道路，东北至空地，西北至自然山体	首，阳也，为头等之意；望，即名望，承望礼序大宅荣耀；澜即水、浪涌；翠即林木葱郁，自然风光优越；府则尊贵，故名	居住区
15	东洲街道	云望璞园	东南起七号路，西南起东桥路，东北至规划道路，西北至五号路	“云”代表项目位于东洲是富阳融杭桥头堡；“望”代表希望，寓意对美好生活的向往；“璞园”代表项目园林景观像一块待雕琢的璞玉，将来会有一个美丽温馨的家园，故名	居住区
16	春江街道	江语云城	北至同登路，南至规划望仙路，西至竹筒路，东至大桥南路	呼应杭州“拥江发展”政策，突出富春江的距离优势，同时以云指向本案智慧宜居之地。“江”地域属性，富春江南岸，呼应杭州拥江发展时代；“语”语言、声音，江语，江之声音，寓本案所在的富春湾新城蓬勃生长的声音，又寓本案近江的位置。“云”见云，常给人晴好、愉快之感。云代表科技智慧、大集合等，与未来社区多元复合状态复合，指向科技、智慧住区；“城”富春湾新城，配套完善，居住便捷度高，故名	居住区
17	新登镇	云樾赋名苑	东南起规划公园绿地，西南起4号路，西北至金城北路，东北至规划水渠	“云”寓意高处，即项目的卓越品质和为城市生活赢家而来。“樾”原意是树荫，引申为家族兴旺、生活幸福美满，符合人们对美好人居向往的心理，寓意项目的美好，故名	居住区
18	新登镇	秉贤大院	东至新龙线，西至农田，南至新罗线，北至农田	该项目为配合新登镇古镇改造，对秉贤村进行整体搬迁的安置小区，考虑到秉贤村的历史传承，村民都希望能沿用秉贤这个名字，故名	居住区
19	场口镇	云泽赋华庭	东侧为规划33号路；北侧为场口西街；西侧为场口客运站和规划35号路；南侧为规划30号路	“云”寓意高处，即项目卓越的品质；“泽”，取江泽之意，场口地临富春江，丰富的水资源孕育了青山绿水，一幅美妙的山水田园画卷呈现于眼前，故名	居住区
20	银湖街道	微谷大厦	东起银湖路，西至龙溪北路，南起上林南路，北至规划道路	取自“微众利合、聚才为谷”，国家级众创空间，故名	建筑物
21	银湖街道	岩嘉大楼	东侧为现状空地，西侧为规划道路，南侧为规划道路，北侧为银湖路	因项目前期拿地、开发建设主体均为杭州岩嘉实业有限公司，为了保持一致，故名	建筑物
22	富春街道	城际商务中心	东至规划道路，西至金桥北路，南至北环路，北至二号渠	因该项目位于富阳区第一条地铁线附近，项目为商务办公，因交通便利，故命名为“城际商务中心”。该项目建设必将带动富阳全面提升，助推富阳融入杭州大都市	建筑物

续表25

序号	所在乡镇（街道）	标准地名	所处地理位置	地名含义	地名类别
23	鹿山街道	山水嘉座	东起江滨西大道，西至鹿山11-1号地块边界，北侧为LS0102-B2-16地块边界，南侧为规划道路	本项目用途为商业、办公，开发商为富阳本土房地产开发有限公司，在富阳的承建项目有山水御园、山水华庭、新山水御园、水印林语等，是一家集商业、住宅、综合体等为主开发的房地产企业。故此项目申请标准地名为"山水嘉座"，后期用途为公司的总部办公大楼	建筑物
24	鹿山街道	江波富冶大厦	东至富阳电力大楼，南至江波街，西至依江路，北至规划道路	富冶大厦是富冶集团的总部办公大楼，项目位于富阳区鹿山街道江波街，为弘扬富冶文化精神，地名采用"江波富冶大厦"，既有现代气派，又有企业文化风格，江波富冶大厦堪称富阳区鹿山新城总部经济核心区的一座标志性建筑	建筑物
25	场口镇	场口永峰大厦	东至宜业路，南至场裕街，西面为空地，北面为规划道路	因项目位于富阳区场口镇商业中心地块，主要经营方向为酒店及配套商铺。冠名场口，便于场口镇对外宣传，寓意场口永攀高峰之意，故名	建筑物
26	富春街道	阳陂湖	东起原湖塍村拆迁范围，西至320国道，南至三桥路，北至高科路	"阳陂湖"为古湖名，《新唐书·地理志》："杭州富阳县'北十四里有阳陂湖。贞观十二年令郝某开'"	湖泊

（袁明武）

础性儿童之家实现全覆盖，示范型儿童之家覆盖60%以上乡镇（街道）。

【养老服务】 2020年，完成10家示范型居家养老服务中心建设，实现24个乡镇（街道）全覆盖，并均实现社会化运营，比市级要求时间提前2年。新建养老机构3家，扩建1家，新增护理型养老床位250张，其中唐昌济心颐养院由福州安心园投资咨询有限责任公司连锁运营，引进台湾地区先进养老护理服务理念，服务内容涵盖机构养老、社区照护、老年大学等，打造成全区样板式养老服务综合体。完成220户困难老人家庭适老化改造，实现低保中的失能老人和重点优抚对象家庭适老化改造全覆盖，每户改造标准1万元，改造实行全过程智慧监管；针对空巢老人安防，自主研发安全守护平台，在全国率先将非接触感知技术应用于空巢老人居家安全"环境智能"建设，在不接触老人、不安装画面检测设备基础上，实现遇险自动报警，平台信息自动流转，并建立分级救援，家庭、社区、社会组织协同响应，确保救援力量第一时间到位。突破传统监测手段意外发现不及时、无意识状态难呼救、误报率高等局限，新平台新技术实现救援预警与意外发生"零时差"，掌握救援先机，该技术首先在富春街道百合社区试点100户。

2020年11月15日，富阳举办"三生有杏"集体婚礼

（区民政局 供稿）

【殡葬改革】 2020年1月6日，区政府批复《杭州市富阳区生态公墓规划》。鹿山公墓、状元坞陵园实行预约祭扫。推进镇街级公墓建设，富春街道、渌渚镇完成镇街级公墓前期报批工作，银湖街道大山岭公墓竣工。出台《杭州市富阳区移风易俗实施方案》，治理丧葬电子炮车、非法燃放烟花爆竹、封建迷信活动、超大木质棺材、“青山白化”等。落实殡葬资金保障政策，乡镇级生态墓地建设补助（含新建、扩建）以40万元/亩标准，A类乡镇补助50%，B类乡镇补助80%；村级生态公墓建设补助（含新建、扩建）由6万元/亩提高到12万元/亩；骨灰堂建设资金全额补助。有生态公墓的行政村，每村每年补助维护管理经费1万元；乡镇（街道）级生态公墓每年每个公墓补助2万元。全年共拨付殡葬改革资金近1200万元。

【行政审批】 推进“农民建房一件事”向两端延伸，为3000余户家庭带来便利；“收养一件事”被列入省级试点，并在全省推广。全年共办理行政许可166件，行政给付514103次，行政确认22021件，行政撤销9件。

【慈善福利事业】 全年累计接收捐款4016.34万元，累计支出3162.01万元，惠及群众2.64万人次；疫情期间，第一时间开通慈善捐赠渠道，累计接收捐款2568.68万元，为疫情防控提供重要保障；召开首届“富春众善奖”表彰，表彰了最具爱心捐赠企业和个人21名、最具影响慈善公益项目奖7名，最具爱心志愿服务奖5名、特别爱心奉献奖4等4个奖项。开展“一店一公益行动”、城市孤独者守护行动——关爱空巢老人试点工作；建立大额慈善信托2单（慈善春风助学慈善信托、周雄孝善教育信托），成立社区基金会1家（常安镇乡贤爱心基金会）；加强与省青螺公益合作，建立富阳区花开岭慈善基地基层组织强壮计划，加快慈善基地建设；开展对口帮扶，援助锦屏县123.58万元，援助四川喜德县洛哈镇正洛村帮扶资金50万元；开展山海协作活动，向缙云捐赠抗洪救灾捐款100万元。

【社会事务】 全年流浪乞讨人员进站救助108人次，医疗救助14人次，帮助返乡99人次，帮助2名无身份信息人员成功寻亲。完成杭绍线、萧富线、富桐线、富临线界线界桩年度检查，完成社区门牌分布图册编纂工作，启动“小地名”抢救性保护工作，出版《富阳地名志》。全年共办理各类婚姻登记业务7306件，办理结婚登记4147对，离婚登记1821对，补发婚姻登记证1338件；推行水库移民安置融入服务，安排后期扶持项目46个资金3015万元，完成移民职业技能培训2965人次，出版《富阳移民志》。

【民政法治建设】 全年新增执法人员3名，共计24人，持证率达90%以上。实行法律顾问聘任制，法律顾问参与重要行政规范性文件合法性审查2件，参与案件研究讨论1件，参与其他法律服务事项11件。出台行政规范性文件2个，落实重大行政决策事项4个；落实“双随机一公开”工作，2020年共抽取132个检查对象，完结率达100%；共办理行政处罚10件，其中给予行政警告1件，给予行政撤销9件。

【七大示范区建设】 8月28日，区委、区政府出台《关于着力建设七大示范区推进新时代富阳民政事业高质量发展的实施细则》，明确提出了推进民政事业精准保障、和谐治理、温暖城市、幸福养老、移风易俗、智慧民政、活力发展七大示范区建设；8月31日，首次高规格召开全区民政会议暨七大示范区建设推进会；9月22日，召开了全区民政事业“七大示范区”建设暨模范机关创建攻坚大会。

（吴　凌）

优抚　安置

【落实优抚政策】 全面落实优抚对象优待金与杭州主城区同城待遇，全年接收审批伤残和带病回乡等各类身份24人，累计发放各类优抚金、物价补贴、困难救助6193.2万元，发放60周岁以上农村籍退役军人生活补贴1184.1万元。对重点优抚对象实施医疗补助116.6万元。向义务兵父母发放义务兵家庭年优待金2269.7万元。开展困难退役军人帮扶援助工作，共计发放救助金、慰问金111.99万元。

【烈士褒扬】 制定烈士纪念设施保护管理办法，推进全区烈士纪念设施保护管理工作规范化、制度化。投入360万元开展金家山革命烈士

2020年12月11日上午，富阳区退役军人服务中心办公楼启用
（区退役军人事务局　供稿）

纪念碑维修。加大零散烈士纪念设施保护管理，安排20万元专项资金完成5个乡镇的9个烈士墓的维修。

【开展“双拥”活动】 开展走访慰问困难退役军人、重点优抚对象及驻地部队，慰问各类困难优抚对象706人，发放慰问经费66万元。春节、“八一”建军节期间，走访慰问武警士官学校等单位，慰问品金额68万元，为全区重点优抚对象发放“八一”和春节慰问金243万元。安排45万元专项经费，为全区“三属”、老复员军人和当年入伍新兵家属等开展专项服务。在“八一”和春节期间，对边海防现役军人家庭开展走访慰问。开展关爱功臣活动，组织44名重点优抚对象到嘉兴荣军医院参加短期疗养；组织670余名重点优抚对象参加短期疗养，同时对全区900多名义务兵父母和烈属提供免费健康检查。联合慈善总会对6名困难退役军人开展“我飞拥军”项目帮扶。

【接收安置工作】 完成2020年秋冬季退役士兵接收安置及审核工作完成军转干部、转业士官接收报到、档案考核与理论考试等工作。组织退役士兵参加成人学历教育培训，投入经费131.6余万元。举办退役士兵专场就业招聘会2次。

【服务站规范化建设】 2020年，完成108家服务中心（站）规范化创建验收，其中富春街道退役军人服务站荣获浙江省退役军人工作模范单位，银湖街道九龙社区退役军人服务站荣获浙江省“新时代枫桥式退役军人服务站”称号，富阳区退役军人服务中心等8家单位荣获杭州市首批“新时代枫桥式退役军人服务中心（站）”称号。

（沈　娜）

老龄事业

【概况】 富阳区老年人口维持快速增长，人口高龄化日益显著。至年底，按户籍人口统计，全区总人口69.11万人，60周岁及以上老年人口161725人，占总人口的23.402%，比上年增加6743人，增长4.35%。65周岁及以上老年人口114480人，占总人口的16.56%，比上年增加6804人，增长6.32%。70周岁及以上老年人口69240人，占总人口的10.02%，比上年净增2816人，增长4.24%。80周岁及以上老年人口23479，比上年减少41人，占总人口的3.4%，占老年人口总数的14.52%。90周岁及以上老年人口3652人，比上年净增308人，占老年人口总数的2.26%。100周岁及以上老年人46人，比上年减少4人，其中女性为34人，男性为12人。全区有24个乡镇（街道）老龄化均在20%以上，其中万市镇老年人口占总人口比例最高，为29.07%。

全区纯老年人家庭的老年人口数为9260人，占老年人口总数的5.734%。失能、半失能老年人口5403人，占老年人口总数的3.34%，其中失能老人2153人，半失能老人3250人。空巢老人6436人，独居老人2788人。全区有327个行政村、社区建立了老年协会。

【老年文教体育事业】 全区有老年电视大学分校1所，教学点308个，春秋两季参加老年电视大学学习的学员共18460人次。老年文艺团队226个，参加人数4303人；老年体育协会及各类老年体育团队480个，参加人数30017人。老年志愿者组织289个，志愿者人数5695人。组织开展老年健康周、阿尔茨海默病宣传日等宣传活动。

【老年人意外伤害保险】 2020年度保险期限从2020年7月1日0时起至2021年6月30日24时止。至年底，全区154982名老年人投保老年人意外伤害保险，占老年人口100%。投保金额为1633.575万元，其中政府统筹保险464.95万元、村（社区）统一投保1152.71万元，个人投保15.92万元。

【“敬老月”活动】 2020年10月，召开富阳区老年节庆祝大会暨敬老爱老助老“最美”系列表彰活动，区四套班子主要领导分别带队走访慰问百岁老人和困难老人，为全区74名百岁老人、877名高龄和困难老人送去慰问金和慰问品。选送81幅作品参加杭州市老年书画摄影大赛，31幅作品获奖。吕学平荣获全国“敬老爱老助老模范人物”称号，夏启刚、裘列飞、楼美云家庭、骆光烽、富阳区老年人体育协会荣获杭州市级“最美”称号，富春街道等42个单位或个人荣获富阳区级“最美”称号。新登镇登云社区居家养老服务照料中心创建浙江省第三届“敬老文明号”，杭州市富阳区富春江曜阳国际老年公寓等5家机构创建杭州市第三届“敬老文明号”，中国人寿股份有限公司杭州市富阳支公司等5家集体创建富阳区“敬老文明号”。

【医养结合】 全区医养结合机构8家，其中核定医疗床位610张，养老床位2077张。依托医共体，建立健全医养结合服务网络，建立杭州市区县首个记忆障碍诊疗联盟。加强老年健康关爱，完成老年人心理关爱项目省级试点任务，覆盖65周岁及以上老年人口643人。规范基层医疗卫生机构与养老机构和居家养老服务机构签约合作，实现25家社区卫生服务中心与15家养老机构和257个居家养老服务照料中心的长效协作机制，有效签约率达100%。

（王慧超）

残疾人事业

【概况】 2020年，全区持有第三代中华人民共和国残疾人证的残疾人22179人，其中肢体残疾11897人、视力残疾2217人、听力残疾2665人、言语残疾141人、精神残疾2352人、智力残疾2349人、多重残疾558人。

【数字残联建设】 融入城市大脑整体智治，用人单位按比例安置残疾人就业补贴政策上线“亲清在线”平台，补贴单位101家，金额72.86万元；残疾人城乡居民医疗保险补贴政策上线“民生直达”平台，惠及5000余名残疾人，补贴金额184万元。换发2.1万张第三代智能化残疾人证，实现凭残疾人证

残疾人在“残疾人之家”从事简单劳动

（区残联　供稿）

免费乘坐公共交通和进入公园景点。

【残疾人基本民生保障】　全面落实各项民生保障政策，困难残疾人低保目标人群覆盖率100%，残疾人“两项补贴”、残疾人社会保险补贴等补助政策实现应补尽补，全年累计发放各类助残补贴7200万元。残疾人意外伤害和大病医疗保险全覆盖，完成理赔407人次，理赔金额163.2万元，赔付率达104.6%。开展“四访四助”专项行动，实现困难残疾人救助、大学生就业、危房户和居家环境提升“三清零、一改善”。

【残疾人康复服务】　全年完成10例白内障患者复明手术补助，130台助听器验配，70例假肢安装；完成201名残疾儿童抢救性康复训练及评估；为780名残疾人免费提供轮椅、拐杖等辅助器具；对70名贫困残疾人的人工关节置换手术进行补助；开展无障碍进家庭服务，制定“一户一案”改造方案，为300户残疾人家庭免费安装扶手、坡道等无障碍设施；继续落实精神病患者服药和住院补助政策，实现补助全覆盖。2020年，全区残疾人基本康复服务率、精准康复服务率和辅助器具适配率均达100%，残疾人家庭医生签约服务率达92%。

【残疾人就业创业】　全年举办残疾人职业技能和实用技术培训班7期，培训残疾人362人；举办残疾人就业专场招聘会3场，全年新增残疾人就业189人；全区“残疾人之家”达27家，其中新建9家，完成星级提升改造18家，共计安置残疾人587人。组队参加杭州市“星星杯”残疾人直播大赛，获大赛冠军。

【残疾人文体活动】　在“全国爱耳日”“全国助残日”“全国特奥日”等重要节日期间举办无障碍体验、残疾人朗诵比赛、摄影作品展、旱地冰壶趣味赛等公益活动。开展文化助残“五个一”系列活动，组织特殊艺术巡演活动6场次，无障碍电影3场次，开展康复体育进家庭活动，受益人数共计达2000余人次。

【残疾人合法权益维护】　全年接待处理来信、来访、来电42件次，办结率、按时反馈率、满意率均达100%。加强残疾人法律救助站建设，免费为残疾人提供法律咨询和法律援助17人次。

（瞿忠烈）

红十字会

【抗击新冠肺炎疫情】　2020年，在抗击新冠肺炎疫情中，全区各级红十字组织严格遵守《中华人民共和国红十字会法》《中华人民共和国公益事业捐赠法》等法律法规，搭建爱心通道，弘扬社会大爱，全面宣传动员、接受社会捐赠。区红十字会累计接受爱心捐赠2083笔，其中捐赠资金16741965.85元，内含定向湖北、武汉133436元；接收捐赠物资226.03万元，不含乡镇街道红十字会接受的物资。定向款物第一时间全部拨付到位，非定向款物由区疫情防控应急指挥部统筹使用到位。各级红十字组发挥工作特色，深入一线战“疫”，组织开展防疫知识宣传、村（社区）疫情防控、消毒灭菌、卡点值勤、心理疏导等志愿服务，深入企业开展走访调查、疫情防控、协助企业复工复产等工作。区红十字会获浙江省新冠肺炎疫情防控先进集体。

【全面推进“打造群众身边的红十字会”省级试点工作】　区红十字会成立以会长为组长、常务副会长为办公室主任的工作班子，制定《杭州市富阳区打造群众身边的红十字会实施方案》，以“五个全面提升、八个工作抓手”为统领推进试点。其中新时代博爱家园建设探索新模式，结合富阳区实际，做好融合文章，以“6+X”为主要内容，通过“组织+阵地、队伍+服务、共性+个性”方式创新推进博爱家园建设。其中提升全国试点黄公望村博爱家园项目，获全国红十字模范单位。12月，永昌镇永昌村博爱家园项目代表杭州市在全省“博爱家园”建设会议上作经验交流。

【博爱帮困】　开展“博爱超市”“博爱救助金”“农商之爱”“富春小天使”等品牌救助项目。全年募集社会捐赠款物466.07万元。困难救助支出414.23万元，救助12084人。响应杭州市红十字会发起的捐赠联盟工作，8所博爱学校全部参与“儿童口罩”项目，儿童口罩3.6万只按要求发放到学生手中。用好数字赋能，促进乡村振兴。通过红十字志愿者直播带货等方式，开拓农村地区博爱家园建设新思路，邀请红十字形象大使、浙江卫视首席男主播席文参加直播间带货服务，2小时销售农产品28.6万元。持续开展黔东南对口帮扶工作，培训救护员2期240名，帮扶困难救助金19.12万元。

【救护培训】 有序开展全区应急救护培训工作，培训救护员3113人，普及培训46410人次。应急救护培训进党群服务中心、文化礼堂、党群服务流动驿站，服务超1万人次。9月，举办全区健康家庭评选、救护技能大赛。11月，举办2020年应急救护师资复训班，参加复训骨干师资58名。

【造血干细胞捐献工作】 2020年，中国造血干细胞志愿捐献者资料库中，富阳区新增604人，累计4559人；成功捐献4名，累计成功捐献25人26例。器官捐献登记17例，遗体捐献登记18例，眼组织捐献登记18例。为造血干细胞捐献者、遗体器官（角膜）捐献者家属做好全程优质服务。参与各类先进评选推荐工作，造血干细胞捐献者程森入围富阳百名优秀“新富阳人”。救助3名器官遗体捐献者的困难子女7人。造血干细胞志愿服务队赴新登“小六石”公园开展造血干细胞及器官遗体捐献宣传活动。

【志愿服务】 落实“派驻指导专员制度”，区红十字会机关干部分别派驻8支区级红十字志愿服务队，开展业务指导和培训，不断提升服务能力。在新冠肺炎疫情防控期间，杭州（富阳）红十字狼群救援队24小时值班值守，组织队员全力投入到社区卡点值守、助力复工复产等抗疫工作。自筹消杀装备6万余元，出动1600人次，到社区、企事业单位、学校等公共场所开展消杀服务，累计消杀270余家单位，消杀面积120万平方米。7月，辗转浙江、江西、安徽3省抗洪救灾，为保障灾区人民生命财产安全坚守20余个日夜。8月，在杭州（富阳）红十字狼群救援队训练基地，成功承办杭州市首届社会应急救援力量技能竞赛。全年累计开展户外救援志愿服务281次。区红十字心理救援队在新冠肺炎疫情期间开展电话心理咨询服务196人次、情绪疏导和心理危机干预1380人次；全年累计开展心理咨询志愿服务2963人次。其他区级志愿服务组全年开展服务4570次。全面推进红十字服务进文化礼堂、文化家园、党群服务中心。区红十字会获“十三五”浙江省红十字系统成绩突出集体、2020年度浙江省红十字工作先进单位称号。

【宣传传播】 利用“5·8”世界红十字日、世界急救日、学雷锋日等节点，围绕“助力疫情防控，红十字救在身边”主题，延伸工作触角，开展广场志愿服务、应急救援演练等活动，宣传红十字精神和红十字工作。通过报刊、电台、电视、网络新媒体等传递红十字好故事、先进事迹等正能量。全年，区红十字会三项工作入选“学习强国”，《中国红十字报刊》15篇，《浙江日报》《杭州日报》8篇，微信公众号发表动态信息91条；富阳区“一报两台”发表红十字会信息68篇，联合富阳发布，策划发布红十字信息10条。1月，《光明日报》报道杭州（富阳）红十字狼群救援队先进事迹。9月19日，中央电视台《新闻周刊》栏目播放央视记者采访富阳最美女孩造血干细胞捐献者许艾菲，时长6分钟，宣传造血干细胞捐献知识和红十字精神。

（屠丽敏）

2020年7月14日，区红十字狼群救援队赶赴江西鄱阳县开展抗洪救灾工作

（区红十字会 供稿）

社区（村）建设

【村级组织换届】 制订村（居）委会换届工作方案，编订具体工作指导手册，通过加强政策研究、开展实际调研，多层次组织业务培训，指导村（居）委会完成换届工作。

【社区规模调整】 2020年9月，完成富春街道、银湖街道、春江街道、新登镇、大源镇、场口镇等镇街的社区规模调整和设置方案，确定在现有50个社区基础上，增加9个社区，实现社区规模的“小班化、精细化”。至年底，全区有59个社区。

【社工人才建设】 组织开展2020年专职社区工作者招聘，经公开报名、笔试、面试、体检考核等程序，从2135名人员中录用99人；评选社会工作优秀案例10篇，召开“第三届社工案例表彰大会”，对优秀案例予以表彰；邀请社会工作专家教授，组织开展3期社会工作职业水平考前培训，全区700余人参加学习；组织首批区级社会工作督导人才培育活动，采取理论学习和实务训练相结合，实施小班化教学，开展为期6个月的培训选拔，培养10名区级督导人才；新增持证社会工作者283人。

2020年10月23日，富阳开展社工节献花活动

（区民政局　供稿）

【社区创建】　2020年，获第三批省级引领型农村社区8个，分别为渔山乡渔山村、永昌镇唐昌村、新登镇潘堰村、新登镇半山村、环山乡环一村、湖源乡窈口村、大源镇稠溪村、常安镇横槎村。

（吴　凌）

社会组织

【社会组织管理】　强化社会组织党建工作，结合社会组织年检工作，全面梳理全区社会组织党员和组织建设情况，采取以会代训的方式，开展社会组织党建工作培训，进一步明确业务主管单位党建工作要求，压实党建工作责任。督促指导社会组织做好党建入章工作，会同区委组织部开展社会组织党建信息大调查活动，基本摸清全区社会组织党建底数。

【社会组织能力建设】　全年举办4次社会组织业务培训，邀请专家教授为乡镇（街道）社会组织服务中心负责人及管理人员、公益组织负责人授课，引导社会组织提升专业服务能力。开展“富春公益沙龙”交流活动，组织公益组织负责人到滨江区、湖州市德清县参观学习。投入140万元，开展2020年公益创投，资助20个涵盖社区治理、扶困助残、老年服务、青少年服务等公益项目。

【社会组织服务中心】　召开乡镇（街道）社会组织服务中心实体化运营和乡镇（街道）社会工作站（室）建设推进会，拨付扶持资金92万，专项支持乡镇（街道）社会组织服务中心实体化建设。采取引进来、走出去的方式，推进有关镇街社会工作站（室）建设，完成东洲、鹿山街道2个社会工作站和富春街道城西社区、蒋家桥社区等4个社会工作室省级试点建设任务。12月底，实现乡镇（街道）社会工作站、城市社区社会工作室全覆盖。

（吴　凌）

民族　宗教

【民族概况】　2020年年底，全区少数民族41个，户籍人口8116人，主要分布在富春街道、春江街道、东洲街道、鹿山街道、银湖街道、灵桥镇、场口镇、新登镇、万市镇。外来少数民族人口35992人，呈现大散居、小聚居的分布格局。少数民族村1个：新登镇双江村；少数民族聚居村3个：富春街道拔山村、万市镇槎源坞村和白石村。

【宗教概况】　2020年年底，全区有宗教团体3处，分别是佛教协会、基督教两会、天主教爱国会，经政府登记的寺观教堂及固定处所93处，其中佛教32处，天主教2处，基督教59处。共有已登记的教职人员147人，其中基督教74人、佛教73人。

【推出“五心工作法”】　打造“民族团结一家亲”浙江样板，通过“红新引领、真心服务、爱心呵护、精心培育、安心保障”的“五心工作法”，创新服务模式，做深做细做实民族工作。在新冠肺炎疫情期间，包机跨越4600千米接回97名新疆籍员工复工复产。

【解决少数民族农产品售卖难题】　新冠肺炎疫情期间为解决少数民族农

2020年6月5日，新登广福禅寺在疫情后开放首日举行升国旗仪式

（区民宗局　供稿）

产品售卖难题，发动乡镇干部、机关干部、党外代表人士等帮助销售乌米饭等特色农产品，并在杭州市民宗局、市政协的支持下，实现淘宝平台及超市两大销售渠道对接，销售额从原来的每月50万元翻了一倍。

【新冠肺炎疫情防控】　疫情期间，实行“双暂停一延迟”即暂停宗教活动、暂关场所，延迟宗教院校开学。6月2日疫情稳定后，宗教场所按照防疫防控要求经过申请、评估、审批的流程有序恢复开放。全区宗教界参与抗疫自发捐款捐物价值近120万元。4月4日清明节，全区宗教团体发出号召，所有宗教场所降半旗向抗击新冠肺炎牺牲的烈士和逝世同胞致哀。

【美丽场所创建】　根据区委区政府新时代美丽乡村建设的总体部署，4月20日出台全区宗教界开展“美丽场所”创建活动方案，对标“环境美、形象美、和谐美”，发挥宗教界优秀的传统文化、丰富的旅游资源、对外交流的渠道等独特作用，2020年创建美丽场所19处。

【依法行政】　全年完成2处基督教堂异地重建行政许可审批，查处1起假冒宗教教职人员骗取钱财案件，没收当事人非法所得和相关物品，并处罚金。全年开展行政执法检查12次，其中联合执法检查2次。

【孝善指数融入社会治理】　在“民间民俗·多彩浙江”周雄孝文化节上发布了孝善指数，并在渌渚镇创新建立了“孝善”指数积分平台，将孝道文化转化为基层治理的优势，使基层现代孝善治理成为一张金名片，相关做法得到省民宗委主任楼炳文批示：“富阳挖掘民间信仰的时代价值，传承孝道文化，做得好。”

（许　军）

【编　辑　陈炜祥】

33 乡镇·街道

Township and Streets

富春街道

【概况】 2020年，富春街道总面积105.45方千米，其中城镇建成区面积18.4平方千米、绿地面积6.9平方千米，辖行政村12个，社区37个，居委会37个，股份经济合作社9个，党员7251人，其中党委33个、党总支19个、党支部397个，村民小组211个。年末总户数49800户，总人口135734人。全年实现工农业总产值145.13亿元，按可比价格计算，比上年增长-3.5%，其中工业总产值141.18亿元，农业总产值3.95亿元。全年实现财政总收入10.48亿元，其中一般公共预算收入5.26亿元。农村经济总收入5658.88亿元，农村经济净收入94.78亿元。农民人均收入49528元。

年末耕地面积978公顷，其中水田面积836公顷，高标准农田面积789公顷，农作物播种面积2271.2公顷，其中：粮食作物播种面积1087.2公顷。粮食总产量639.9万千克。农机总动力6.95万千瓦。水利投工1.38万工，投资1095万元。完成环境污染治理项目5个，投资额176.45万元。存栏生猪5391头，出栏肉猪5242头，存栏家禽49747万羽，出栏家禽123733万羽。水产品养殖面积87公顷，水产品产量117.5万千克。绿化造林73公顷，封山育林4087公顷。水果种植面积283公顷，水果产量1040万千克。茶园面积935.6公顷，茶叶产量196.4万千克。农业技术服务机构个数1个，从业人员22人。农民专业合作社数量34个，成员389户。种植大户11户，家庭农场67个。工业企业总数838家，从业人员12608人，其中规模以上工业企业50家，实现产值141.18亿元、销售200.2亿元、利润总额4.8亿元。建筑业企业654个，总产值6771234万元。住宿餐饮业企业46个，营业总收入52613万元。商品交易市场20个，交易额235103万元。

中学8所，在校中学生10797人，教职工1744人；小学11所，在校小学生19968人，教职工1122人；幼儿园38所，在园幼儿13024人，教职工1550人。社区卫生服务中心1家，卫生室19家，执业（助理）医师91人。兽医（防疫）技术人员7人。全年出生982人，计划生育率96.74%。固定电话用户36459户，移动电话用户314973户，因特网用户82469户。社会福利收养性单位1个，床位138张。参加城乡居民养老保险565人。参加城乡居民基本医疗保险40531人。最低生活保障救助人数636人。农户新建房屋64户，建筑面积23040平方米。金融机构网点134个，公园及休闲健身广场7个。

【富阳区文化礼堂“我们的村晚”】 1月15日，“歌唱新生活、走进新时代”，2020年富阳区农村文化礼堂“我们的村晚”活动在富春街道青云桥村农村文化礼堂举行，活动分为美丽乡村、活力乡村和振兴乡村三个篇章，包括情景表演、歌舞表演、小品、相声、音乐快板、走秀等节目，展示富阳农村新时代美好生活。市委常委、宣传部部长戚哮虎，区领导朱党其、夏芬、郎卫国、王小丁出席。共计1000多人参加。

【富春街道抗击新型冠状肺炎疫情】 1月23日，富春街道召开新型冠状病毒感染肺炎防控工作会议，街道党工委领导班子成员、各联系村社（股份）指导员，行政村、社区和股份经济合作社党组织书记，将近200人在富春街道分会场参加。运用社区大党委制，发动56个村社（股份），党员干部、村社工作人员1.5万余名参与抗疫，创造全区“七个第一”（第一个启动村社封闭式管理、第一个设立大型集中医学观察隔离点、第一个安装红外线监控摄像头、第一个发起“全民不出门”活动、第一个取消限行助力企业复工达产、第一个组建外语志愿者服务海外隔离人员，第一个打开硬隔离确保复课复学），连续12期获富阳区疫情防控“红黑榜”擂台大比武排名第一。宵井村、鹿山、恩波、春晖、城西、文采等社区多次获得红榜。富春街道党工委和秋丰村党委被市委组织部评为杭州市第一批抗疫先进党组织。胡志铭、蒋柳峰、陆丽霞3人获省市抗击疫情先进个人称号。富通集团获杭州

2020年富春街道各行政村基本情况表

表26

村　名	户数（户）	人口（人）	农村经济总收入（万元）	农村经济总支出（万元）	农村经济净收入（万元）	农民人均收入（元）
拔　山	965	3388	31304	17217	14087	26400
三　联	559	2036	13409	5447	7962	36311
三　桥	867	3211	81270	60468	20802	38500
杨清庙	680	2423	20531	12085	8446	32950
湖　塍	519	1718	8539	4312	4227	27148
青云桥	902	3040	24180	12027	12153	36378
西　邮	771	2971	20931	15397	5534	29172
执中亭	450	1535	9876	5257	4619	33583
方家井	677	2426	27080	18500	8580	29500
宵　井	686	2152	14763	9531	5232	34842
春　华	729	2332	75250	58712	16538	40622
秋　丰	1043	3161	73607	60902	12705	37842

市抗击疫情先进集体称号。

【拔山“云”开茶节举办】　3月20日，2020富春山居·斗茶大会暨拔山“云”开茶节在拔山村万亩茶海举办，为富阳味道山乡大会首个活动。因疫情影响，富春街道发布网上招募令，招募采茶工1万余名，采用“云上开幕、网上交易、线上签约”的云模式，分别与杭州茶厂、杭州供销农业发展集团、知名婚纱摄影影楼和快跑电商签约，确保特殊时期茶叶生产销售。

2020年3月20日，2020富春山居·斗茶大会暨拔山“云”开茶节举办

（富春街道　供稿）

【富春街道重大项目攻坚战】　4月10日，富春街道召开2019年度先进表彰暨2020年重大项目攻坚战斗动员大会，成立项目攻坚临时党委，组建红旗战队11支、战斗小队33支，启动街道项目建设年活动，开工街道重点项目28个。

【湖塍村城中村自主改造】　4月11日，富春街道召开湖塍村城中村自主改造项目实施动员大会。湖塍村城中村自主改造项目为富阳首个城中村自主改造项目，征地约113.33公顷，搬迁农户987户、企业8家。6月底，完成搬迁房屋腾空及拆除工作。

【防汛抗洪】　7月6日，富春街道对辖区内富春江沿线社区及16个重点隐患区域进行全面巡防排查。7月7日，全区启动防汛应急Ⅰ级响应后，组织街道党员干部、转业士官、社区工作者等130多名开展防汛抗洪工作。7月8日，新安江水库9孔开闸泄洪，组织江滨西大道保卫战，提前筑起堤防近3千米，关停沿街商铺近500家、转移群众1660余人、清空城区所有地下停车场，处置苋浦路等城区内涝。

【街道大工委制试点】　8月20日，富阳区街道大工委制试点任务工作部署会在富春街道召开。富春街道作为全区首个街道大工委制试点单位，设书记1名，副书记1名，专职委员12名，兼职委员10名。形成季度联席会议机制、日常联席走访机制、党建联盟共建机制、攻坚破难长效机制、委员述职评议机制、智治联动工作机制。全年共通过街道大工委协调解决民生难题35个。

【秋丰村姚家畈区块开发改造】　9月25日，秋丰村召开村民大会表决通过姚家畈连片开发改造方案。11

2020年11月15日，富春街道开展"不忘农耕粮满仓"秋收劳动竞赛
（富春街道　供稿）

月26日，完成秋丰村姚家畈区块搬迁签约工作，涉及搬迁户525户、经营户142家，统筹解决综合市场147户商户历史遗留问题，盘活存量资源，系统推进城西门户建设。

【富春街道完成村社（股份）换届】 11月8日—12日，富春街道完成村社（股份）党组织换届，12月5日至11日，完成村（居）委会和股份经济合作社董事会换届，12月16日完成村务监督委员会、村股份经济合作社换届。产生村两委班子成员78名，平均年龄41.2岁，比上届年轻4.4岁；其中35周岁以下22人，占比28.2%；党员74人，占比94.9%；女委员18人，占比23.1%；大专以上学历58人，占比74.4%。产生社区两委班子成员280名，平均年龄36.4岁，比上届年轻1.1岁；其中35周岁以下153人，占比55%；党员203人，占比72.5%；女委员190人，占比67.9%；大专以上学历264人，占比94.3%。产生股份经济合作社党组织、董事会班子成员58名，平均年龄43.3岁，比上届年轻0.44岁；其中35周岁以下12人，占比20.7%；党员38人，占比65.52%；女委员6人，占比10.34%；大专以上学历36人，占比62.07%。村社（股份）书记、主任（董事长）"一肩挑"56人，占比100%。

【"不忘农耕粮满仓"秋收劳动竞赛】 11月15日，富春街道组织开展"不忘农耕粮满仓"秋收劳动竞赛，富阳区委办、区委组织部、味道山乡城北组团及富春街道各村（社）参赛队伍24支、党员干部144名参加，参观体验游客5000多名，吸引新华社、人民网、中国政府网、浙江日报等国内主流媒体20余家宣传报道。

（陈　东）

春江街道

【概况】 2020年，春江街道总面积41.47平方千米，其中城镇建成区面积4平方千米、绿地面积3平方千米，辖行政村9个，社区1个，股份经济合作社9个，党员1636人，其中党委10个、党总支1个、党支部69个，村民小组146个。年末总户数8397户，总人口31927人。全年实现工农业总产值46.37亿，按可比价格计算，比上年增长-62.7%；其中工业总产值45.29亿元，农业总产值1.08亿元。全年实现财政总收入13532万元，其中一般公共预算收入6256万元。农村经济总收入222.33亿元，农村经济净收入48.29亿元。农民人均收入52531元。

年末耕地面积380公顷，其中水田面积380公顷，高标准农田面积380公顷，农作物播种面积1420公顷，其中：粮食作物播种面积209公顷。粮食总产量112.4万千克。农机总动力3.44万千瓦。完成环境污染治理项目1个，投资额100万元。存栏生猪150头，出栏肉猪2100头，存栏家禽1.78万羽，出栏家禽7.89万羽。水产品养殖面积19公顷，水产品产量99.8万千克。封山育林1200公顷。水果种植面积1077公顷，水果产量295.2万千克。茶园面积1.53公顷，茶叶产量5万千克。农业技术服务机构个数1个，从业人员4人。农民专业合作社数量6个，成员30户。种植大户13户，家庭农场2个。工业企业总数60家，从业人员3890人，其中规模以上工业企业12家，实现产值43.29亿元、销售44.95亿元、利润总额-1.5亿元。建筑业企业42个，商品交易市场4个。

中学1所，在校中学生821人，教职工76人；小学3所，在校小学生2177人，教职工204人；幼儿园8所，在园幼儿1464人，教职工186人。社区卫生服务中心1家，卫生室4个，医疗床位120张，执业（助理）医师25人。全年出生282人，计划生育率97.9%。固定电话用户2158户，因特网用户12478户。社会福利收养性单位1个，床位15张。参加城乡居民养老保险98人。参加城乡居民基本医疗保险12234人。最低生活保障救助人数137人。农户新建房屋5户，建筑面积1800平方米。金融机构网点7个，公园及休闲健身广场4个。

【春江街道抗击新型冠状肺炎疫情】 1月23日，春江街道召开新型冠状病毒感染肺炎防控工作会议，紧急制定应急方案，开展"拉网式"排查、卡点值守、重点人员管控等疫情防控工作。累计设立村社企检查卡点26个，入户排查3万人次，集中隔离和居家管控429人，提供志愿服务2.5万余人次。推进复工复产，组建由班子成员带队服务专班10支，帮助企业开展网上审批办理、健康码申领、电子通行证激活等工作，按时复工复产企业618家，在建项目23个。疫情期间，街道党员、群众及乡贤、商会等社会各界人士自发开展捐款捐物，共计收到

2020年春江街道各行政村基本情况表

表27

村　名	户数（户）	人口（人）	农村经济总收入（万元）	农村经济总费用（万元）	农村经济净收入（万元）	农民人均收入（元）
太　平	998	3965	164426	136960	27466	53524
临　江	1123	4563	587754	468714	119041	58700
春　江	720	2841	41326	13490	27836	39850
中　沙	776	3136	33164	22933	10232	40375
建　设	735	3299	207736	120770	86966	56639
民　主	820	3464	259364	196300	63064	58385
八　一	530	2226	376964	352860	24104	53276
新　建	629	2640	226886	175464	51422	54971
山　建	949	3873	365241	292476	72766	54563

2020年4月19日，春江街道召开援鄂和抗疫一线医务工作者及家属代表座谈会（春江街道　供稿）

捐款310余万元。富阳江南医院党支部书记、院长杨力获杭州市抗击新冠肺炎疫情先进个人。

【“春江新八景”发布】　6月4日，春江街道发布“春江新八景”，分别为天钟问禅、春江夜画、洋浦湿地、亭山观湖、石竹药谷、平沙飞鹭、二董遗风、名村史话。2月，春江街道开展“富春山居·味道山乡”寻找“家乡文旅IP”活动，挑选辖区内候选景点12个，通过专家评审、大众投票，综合评选出“春江新八景”及对应景名、宣传照片。

【天钟山君澜度假酒店项目签约】　8月18日，富阳天钟山旅游有限公司与君澜酒店集团合作签约仪式在杭州举行。春江街道、杭州富春湾新城管理委员会、力勤集团、上海华滋奔腾控股集团有限公司、天钟山旅游有限公司、君澜酒店集团等负责人参加。天钟山君澜度假酒店是天钟山景区提升改造项目的核心项目，酒店投资5亿元，总体规划3万平方米，设客房280余间，将结合天钟山的禅文化与优质山水打造五星级山谷生态养生酒店。

【2020春江诗会举行】　9月25日，“一脉春江　诗语两岸”2020春江诗会在春江街道太平公园举行，来自全国各地的诗人和富阳文学爱好者近300人参加，区领导夏芬、孙洁出席。本次诗会为期3天，由区委宣传部、区文联主办，春江街道办事处、《富春江》杂志承办。其间，20余位来自全国各地的著名诗人和富阳区部分诗人、作家，走进郁达夫公园、黄公望隐居地、东梓关、天钟山等地开展采风创作、研讨交流和诗歌点评会等活动。

【春江街道残疾人之家启用】　9月28日，春江街道举行残疾人之家启用暨社会化运营启动仪式，现场

2020年9月27日，“一脉春江　诗语两岸”2020春江诗会在春江街道太平公园举行（春江街道　供稿）

揭牌残疾人之家，并进行社会化运营签约。春江街道残疾人之家位于山建村，占地面积3000平方米，内设医务室、康复室、心理咨询室、培训室等，硬件设施齐全，采用公办民营化运作，为辖区内756名残障人士提供生活照料、技能培训、康复服务、文体活动、劳动就业等服务。

【“全民健身·共享亚运”第二届绿道健走活动】 10月22日，春江街道在中沙绿道组织开展“全民健身·共享亚运”第二届绿道健走活动，来着街道机关和各行政村的200余名健走爱好者分成11支小队，共同步行5千米。

【获评市30分钟市民学习圈示范街道】 11月2日，春江街道被杭州市教育局认定为2020年杭州市示范街道（乡镇）30分钟市民学习圈。春江街道辖区范围内共有社区教育师资库78个、爱心公益组织2个、学习型共同体56个、社区教育课程80个、主流学习圈10个、家门口学习圈“9+X”个。

【春江街道完成村级组织换届】 11月9日，春江街道完成村级党组织换届，12月6日完成村委会换届，12月16日完成村务监督委员会、村股份经济合作社换届。总共产生村两委班子成员65名，平均年龄40.8岁，比上届年轻0.4岁。其中35周岁以下20人，占比30.8%；党员65人，占100%；女委员17人，占26.2%；大专以上学历45人，占69.2%；村书记、主任“一肩挑”9人，占比100%。

【环境整治和垃圾分类工作】 春江街道全年完成各级整改点位14万余个，整改率100%。连续4个月登上杭州市“美丽杭州”创建行动优胜榜，获评杭州市“洁美示范单位”，在全区城市环境面貌集中攻坚行动考核中15次排名第一。开展环境卫生、垃圾分类村级大比武12次。春江村创建2020年度市级美丽宜居示范村，建设村建设锦园获评杭州市垃圾分类高标准示范小区，八一村、新建村、春江村、临江村、太平村获评富阳区垃圾分类示范村，江临府、雁沙公寓获评富阳区垃圾分类示范小区。

【富阳既有住宅加装电梯集体开工仪式】 9月4日，富阳既有住宅加装电梯首个安置小区集体开工仪式在春江街道建设锦园小区启动。建设锦园小区为建设村整村安置小区，2015年入住，共有住宅16幢，住户482户，其中多层住宅13幢，26个单元楼。本次建设锦园小区共招标26台加装电梯，于7月开始入户调查，8月经过招投标等流程，26个单元楼中11个楼道完成设计及联合审查。

（孙绮虹）

东洲街道

【概况】 2020年，东洲街道总面积69.89平方千米，辖行政村15个，社区4个，居委会3个，股份经济合作社15个，党员2644人，其中党委10个、党总支8个、党支部140个，村民小组214个。年末总户数11937户，总人口47156人。全年实现工农业总产值177.29亿元，其中工业总产值169.67亿元，农业总产值7.62亿元。全年实现财政总收入10.50亿元，其中一般公共预算收入9880万元。农村经济总收入431.24亿元，农村经济净收入38.89亿元。农民人均收入49454元。

年末耕地面积1395公顷，其中：水田面积223.8公顷，高标准农田面积1167.18公顷；农作物播种面积2885公顷，其中：粮食作物播种面积896公顷。粮食总产量950万千克。农机总动力1.51万千瓦。水利投工2.2万工，投资5050万元。完成环境污染治理项目2个，投资额250万元。存栏生猪355头，出栏肉猪823头，存栏家禽1.7万羽，出栏家禽9.08万羽。水产品养殖面积203.8公顷，水产品产量1838.41万千克。绿化造林20.1公顷，封山育林1100公顷。水果种植面积319公顷，水果产量594.9万千克。茶园面积64.7公顷，茶叶产量17.6万千克。农业技术服务机构个数1个，从业人员13人。农民专业合作社数量64个，成员320户。种植大户33户，家庭农场22个。工业企业总数699家，从业人员29560人，其中规模以上工业企业114家，实现产值169.67亿元、销售170.36亿元、利润总额4.14亿元。

中学1所，在校中学生1256人，教职工103人；小学1所，在校小学生2804人，教职工191人；幼儿园1所，在园幼儿1527人，教职工182人。社区卫生服务中心1家，卫生室10个，医疗床位76张，执业（助理）医师69人，兽医（防疫）技术人员1人。全年出生422人。固定电话用户7109户，移动电话用户43316户，因特网用户21344户。参加城乡居民养老保险2185人。参加城乡居民基本医疗保险20552人。最低生活保障救助人数503人。农户新建房屋165户，建筑面积59400平方米。金融机构网点3个，公园及休闲健身广场76个。

【东洲街道召开“不忘初心、牢记使命”主题教育总结大会】 1月14日，东洲街道召开“不忘初心、牢记使命”主题教育总结大会。街道全体机关干部，各行政村（社）党组织书记、村委会主任、两新党组织书记参加。在主题教育期间，东洲街道重点抓好区管以上干部23名和街道普通党员余2650名的学习教育工作，开展领导班子集中学习研讨3场、普通党员集中学习研讨234场、思想大讨论75场、组织40个党支部开展红色研学、领导班子上党课24场、支部书记上党课69场、领导班子开展调研课题14个、领办破难攻坚项目14个，领导班子对照检视问题7个、班子成员个人检视问题73个、落实整改清单4个。

【东洲街道抗击新型冠状肺炎疫情】 1月23日，东洲街道党工委召开新冠肺炎疫情防控会议，严格落实区疫情防控指挥部部署，动员党员干部开展宣传引导、人员管控、卡口管理等工作。开展排查4次，排查人员178336人次，开展24小时值班值守，设立村社企检查卡点

2020年东洲街道各行政村基本情况表

表28

村 名	户数（户）	人口（人）	农村经济总收入（万元）	农村经济总费用（万元）	农村经济净收入（万元）	农民人均收入（元）
鸡笼山	1332	5117	766835	700150	66685	52057
黄公望	745	3056	439312	400615	38697	52085
富春江	1408	5598	422153	383099	39054	53578
何 埭	469	2024	118547	107382	11166	46519
新 沙	263	1056	71768	64770	6998	50316
木桥头	601	2303	159920	145276	14644	47399
东 洲	1212	4924	372097	338675	33421	46621
红 旗	602	2421	147116	133313	13803	46700
陆家浦	472	1838	109137	98874	10263	48140
张 家	844	3240	195522	177798	17724	46452
建 华	1050	4252	234949	212137	22812	47439
学校沙	806	3165	202329	183725	18605	47629
民 联	690	2922	725490	662252	63238	55591
紫 铜	634	2514	191371	174300	17071	49276
五 丰	627	2450	155887	141208	14680	52019

54个，累计参与疫情群防群控党员群众9122人次，走访农户83247户，告知提醒173160人次，发放倡议书72842份，检查各类车辆15901次。至2月底，收到爱心捐赠200余批次，共计220余万元。创新企业开复工服务管理办法，对辖区企业实行红黄绿三色分级管理，深入企业一线帮助企业建立防控体系、联系防疫物资、落实防控措施，助推企业复工复产。

【东洲街道开展主题植树暨送花籽送树苗活动】 3月11日，东洲街道开展2020年度“扮靓富春山居 共建美丽东洲”主题植树暨送花籽送树苗活动。东洲街道领导班子、农业线全体成员、各村社党员干部、团员青年、巾帼志愿者、青年志愿者、鸡笼山村党员志愿者、学生代表等160余人参加，活动在鸡笼山村高尔夫路区块集合，共种橘子树1000棵，桃树100棵。

【东洲街道举行“请你来协商”专题协商会】 4月1日，东洲街道政协工委“请你来协商”专题协商会在东洲街道办事处举行，区政协、开发区、区交通运输局等单位相关负责人参加，会议主题是“东洲新区公交优化方案”，就新增线路的路线、班次、站点设置、站牌公交亭设计、原有线路优化、公交总站选址等问题进行协商讨论。新增公交线路3条，为东洲至阳陂湖公园、地铁6号线、高铁富阳站。

【东洲街道“公望讲坛”开课】 5月26日，东洲街道“公望讲坛”开课，全体机关干部、四个平台工作人员等70余人参加，区域发展与治理中心主任袁钊分享粮食生产安全工作课题，平安建设办主任徐天红分享综治维稳工作心得与体会。“公望讲坛”自5月启动，每月第二周、第四周的星期二晚上6：30—8：30时间段进行集中学习，邀请街道干部、党校老师、部门领导、专家、企业家讲与乡贤讲等宣讲，辅以课

2020年5月26日，东洲街道公望讲坛开课

（东洲街道 供稿）

题调研、交流讨论、实践锻炼等，总计约24课时。学习内容为习近平新时代中国特色社会主义思想；中央和省、市、区委的重要会议、活动、文件精神；意识形态和党建工作的重要精神；重大现实问题和形势政策分析；重大实践成果和理论成果解读；各线工作开展经验介绍等。

【东洲街道党群服务中心揭牌】 6月30日，东洲街道举行党群服务中心开放仪式暨“东洲先锋志愿团”成立仪式，区委组织部副部长吴通赛为东洲街道党群服务中心开放揭牌、对街道先进基层党组织、2019年度先锋党员进行表彰，并为“东洲先锋志愿团”服务分队授旗。东洲街道党群服务中心建筑面积达6000余平方米，共有5层，一楼包括儿童活动区、东洲沙盘及中心展厅，其中中心展厅为“7+3”的布局，包括党建引领、廉政教育、统一战线、文明实践、民生保障、产业发展、未来可期版块7个，以及东洲保卫战、田家英率中央调查组在富阳、东洲改革开放70年红色主题展馆3个；二楼设中央调查组在富阳史料陈列室、退役军人服务站、乡贤议事厅、代表委员工作室、老干部活动室、文化健身区、乡村振兴直播间等；三楼设健身休闲区、中医药传承馆、“公望和”亲清家园、妇女之家、东洲非遗文化传承区等。四楼设公望议事堂，为街道层面议事平台。五楼设多功能活动厅和富阳图书馆东洲分馆。

【新沙岛、五丰岛村民紧急撤离】 7月7日，富阳区防汛应急响应提升至Ⅰ级。东洲街道启动应急预案，组建由街道办事处主任为组长，班子领导，街村两级党员干部、村级后备干部、民兵、应急小分队、党员志愿者和团员青年等85人组成的抗洪防汛突击队，赶赴新沙岛、五丰岛参加抗洪防汛工作。7月8日零时至8时，紧急撤离五丰岛、新沙岛村民1765人，调派渡轮2艘、公交车6辆。五丰岛村民由西湖区双浦镇吴家渡上岸，安置到东洲中学，新沙岛村民由富阳区灵桥镇陈家渡上岸，安置到东洲中心小学。11日13时，紧急撤离村民回岛。

【东洲街道举行“七岁儿童开蒙礼”】 8月25日，东洲街道在木桥头村文化礼堂举行东洲片学童“七岁儿童开蒙礼”，仪式分正衣冠、行拜师礼、朱砂启智、击鼓鸣志、开笔破蒙、诵读三字经、分发“智慧笔”“聪明蛋”、祭拜孔子等环节。

【东洲街道完成村社换届】 11月10日，东洲街道完成村社党组织换届，12月7日，完成村（居）委会，12月16日完成村务监督委员会、居务监督委员会换届。产生村两委班子成员84名，平均年龄38.92岁，比上届年轻2.09岁，其中35周岁以下32人，占比38.09%；党员63人，占比75%；女委员33人，占比39.28%；大专以上学历79人，占比94%。产生社区两委班子成员13名，平均年龄30.85岁，比上届年轻1.26岁；其中35周岁以下11人，占比84.62%；党员13人，占比100%；女委员10人，占比76.92%；大专以上学历13人，占比100%。

【杭州富春江水电博物馆】 6月29日，杭州富春江水电博物馆举行“国际小水电中心小水电科普工场”授牌仪式，该荣誉为联合国工业发展组织国际小水电中心授予，为全省首家。杭州富春江水电博物馆由杭州富春江水电设备有限公司创办，经杭州市园林文物局批准设立，是富阳首家民办博物馆。该馆占地面积2000余平方米，建筑面积1086平方米，馆内设有“序厅、水电科普知识图文展区、水电设备藏品展区、水电设备互动体验区、真机实体模拟区”展厅，有各个年代各种系列的成套冲击式、斜击式、贯流式、轴流式、混流式水轮发电机组等300多件水电设备实物藏品。杭州富春江水电设备有限公司参与标准起草编写国家标准1项，行业标准3项，公司董事长吴玉泉被评为浙江省首届工匠、全国技术能手、国家级技能大师工作室领衔人、水利部大禹杯二等奖获得者、国际小水电中心特聘专家，享受杭州市人民政府特种津贴。公司总经理吴向荣是富阳区第九届政协委员、浙江省人力社会保障厅组织的“金蓝领”高技能人才、杭州市技能大师工作室领衔人、入选浙江省“百千万”高技能领军人才培养工程第三层次“优秀技能人才”培养项目、全国水利博物馆联盟“先进工作者”、

杭州富春江水电博物馆
（杭州富春江水电设备有限公司　供稿）

被浙江同济科技职业学院聘为高级工程师、被杭州轻工技师学院聘为机电类专业建设指导委员会委员、被富阳学院聘为机电专业指导教师。该馆免费对外开放，全年共接待社会各界人士2万余人次。为“杭州市青少年科普教育基地”“杭州市中小学生研学旅行基地”“富阳区新劳动教育实践体验基地”，及省内外多所大学校企合作基地。

（许　倩）

鹿山街道

【概况】　2020年，鹿山街道总面积63.31平方千米，辖行政村9个，社区2个，居委会2个，党员1900人，其中党委11个、党总支4个、党支部86个，村民小组136个。年末总户数8292户，总人口25838人。全年实现工农业总产值136.02亿元，其中工业总产值132.43亿元，农业总产值3.59亿元。全年实现财政总收入37458万元，其中一般公共预算收入6421万元。农村经济总收入163.15亿元，农村经济净收入12.84亿元。农民人均收入49051元。

年末耕地面积752公顷，其中水田面积624公顷，农作物播种面积1317公顷，其中：粮食作物播种面积201公顷。粮食总产量316万千克。存栏生猪3250头，出栏肉猪2270头，存栏家禽5.37万羽，出栏家禽27.56万羽。封山育林3066公顷，水果种植面积129.93公顷，水果产量401.68万千克。茶园面积37.8公顷，茶叶产量7.80万千克。农业技术服务机构个数13个，从业人员196人。农民专业合作社数量16个，成员216户。种植大户15户，家庭农场21个。工业企业总数271家，从业人员9035人，其中规模以上工业企业52家，实现产值119.2亿元、销售117.6亿元、利润总额5.94亿元。建筑业企业11个。住宿餐饮业企业2个，营业总收入4412万元。商品交易市场4个。

中学2所，在校中学生11123人，教职工127人；小学1所，在校小学生2256人，教职工143人；幼儿园1所，在园幼儿1179人，教职工142人。社区卫生服务中心1家，卫生服务站3个，卫生室2个，医疗床位5张，执业（助理）医师18人。全年出生203人，计划生育率96.1%。社会福利收养性单位1个，床位42张。参加城乡居民养老保险506人。参加城乡居民基本医疗保险10343人。最低生活保障救助人数240人。农户新建房屋160户，建筑面积57600平方米。

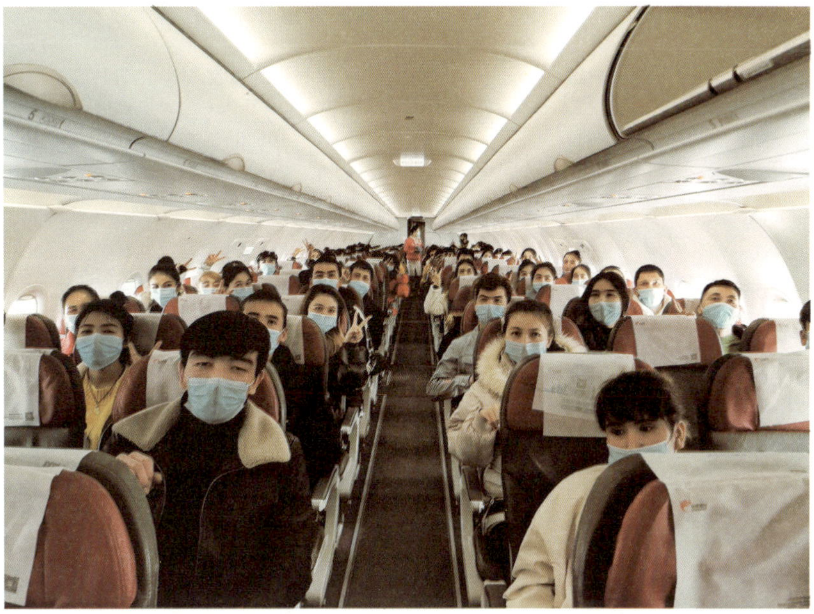

2020年2月22日，杭州日月电器股份有限公司包机接新疆籍员工返工

（鹿山街道　供稿）

【鹿山街道抗击新型冠状肺炎疫情】　1月27日，鹿山街道召开新型冠状病毒感染肺炎防控工作会议，开展“拉网式”排查、卡点值守、重点人员管控等疫情防控工作，累计设立卡点30处，集中管控96人，居家管控337人，医学观察433人；严格执行健康码、电子通行证、好房东APP等智控举措。推进复工复产，组建由班子成员带队服务专班9支，帮助企业开展网上审批办理、健康码申领、电子通行证激活等工作，按时复工复产规上工业企业45家，限上服务业11家，小微企业195家。开启富阳区企业接回职工首辆包车、新疆籍员工包机和校企合作等复工复产模式。

【鹿山街道“山乡的味道”暑期体验活动】　7月18日，“探寻富春山居　乐游味道山乡”2020全区中小学生“山乡的味道”暑期体验活动启动暨新劳动教育实践体验基地授牌仪式在富阳区东吴小学举行。区领导为24个新劳动教育实践体验基地授牌。全区中小学生通过观看直播的形式参与本次活动。

【金鑫集团总部大厦开工】　10月29日，金鑫集团总部大厦在鹿山工业园区举行开工仪式。该项目由浙江金鑫集团和浙江通信控股有限公司投资，占地约1.4公顷，总建筑面积54139平方米，总投资3亿元，建设周期2.5年。将为浙江金鑫集团旗下30余家公司和浙江通兴控股旗下5家公司解决集聚办公、科研等需求。

【鹿山时代商业综合体开业】　12月25日，鹿山时代商业综合体开业，为全区第七家商业综合体。该综合体总面积达18万平方米，停车泊位超过1200个，总投资达61亿元，融合多元业态和创新商业模式，致力于打造集购物、餐饮、娱乐、休闲、文化、办公、酒店等于一体的城市空间。

【鹿山街道农民建房一件事试点】　4月，鹿山街道在区住建局、

2020年鹿山街道各行政村基本情况表

表29

村 名	户数（户）	人口（人）	农村经济总收入（万元）	农村经济总费用（万元）	农村经济净收入（万元）	农民人均收入（元）
陆 家	817	2906	105365	68120	13280	55000
谢家溪	870	2798	155805	86596	14964	54000
蒋 家	893	2812	141140	108438	13750	54835
江 滨	565	1855	55516	25000	7063	50380
汤家埠	1084	3561	122411	95305	13090	45602
南 山	1210	3840	119370	98600	17692	54353
三 合	663	1978	96653	62846	9498	52945
五 四	502	1518	71330	57047	7278	52016
新 祥	641	2011	36110	28250	7207	55000

2020年7月18日，富阳区中小学生“山乡的味道”暑期体验活动启动暨新劳动教育实践体验基地授牌仪式 （鹿山街道 供稿）

市规划和自然资源富阳分局的指导下，开展农民建房一件事试点工作。通过创新干部、党员、群众“三色卡”管理机制，梳理建房管理巡查一户一档制度，实现“过程线上走，农民少跑腿”，破解“房难看、房难批、房难管”建房三难问题，建房秩序规范，相关经验做法得到新华社、《浙江日报》的宣传报道，累计接待省内外考察团队36批次、700余人次。

【鹿山街道居家养老服务中心建成】 10月，鹿山街道居家养老服务中心正式建成。该项目位于新祥村，建筑面积为1572平方米，院内设施齐全，共有床位40张，总投资500余万元，为老年人提供生活服务、康复护理服务、托养服务、家庭支持服务、社会工作和心理疏导服务、康复辅助器具租赁服务等六项综合性服务功能。

【鹿山东吴教育基金成立】 1月18日，鹿山东吴教育基金成立仪式在东吴小学举行。该教育基金是由鹿山街道党工委、办事处和鹿山街道乡贤联谊会、鹿山商会共同发起的，资金主要来源于辖区内各企业和乡贤的捐赠，成立仪式当场获捐资金310万元，基金每年所得投资收益，将用于鹿山街道所属初中、小学、幼儿园以及成校等人才引进、教师培养、荣誉获奖（成绩突出）等。

【鹿山街道第七次人口普查工作】 3月，鹿山街道根据全区统一安排，启动第七次人口普查工作。至11月，完成第七次人口普查的数据摸底、核实、比对等工作，第一、二轮摸底20873户，共56144人，短表登记20991户，共53054人，通过区人普办3次抽样数据验收。

【鹿山街道完成村级组织换届】 11月8日，鹿山街道完成村级党组织换届，12月7日完成村委会换届，12月16日完成村务监督委员会、村股份经济合作社换届。总共产生村两委班子成员77名，平均年龄39.23岁，比上届年轻2.7岁。其中35周岁以下28人，占比36.36%；党员59人，占76.62%；女委员27人，占35.06%；大专以上学历47人，占61.04%；村书记、主任“一肩挑”11人，占比100%。

【日月电器获全省民族团结进步模范集体称号】 6月29日，浙江省第六次民族团结进步表彰大会在省人民大会堂隆重召开，杭州日月电器股份有限公司获全省民族团结进步模范集体荣誉。

（凌晓飞）

银湖街道

【概况】 2020年，银湖街道总面积158.24平方千米，其中城镇建成区面积37.5平方千米、绿地面积112.41平方千米，辖行政村22个，社区8个，居委会8个，股份经济合作社22个，党员3569人，其中党委15个、党总支12个、党支部170个，村民小组429个。年末总户数14034户，总人口50943人。全年实现工农业总产值135.34亿元，按可比价格计算，比上年减少13%；其中工业总产值127.89亿元，农业总产值7.45亿元。全年实现财政总收入10.45亿元，其中一般公共预算收入1.27亿元。农村经济总收入719.34亿元，农村经济净收入108.19亿元。农民人均收入53430元。

年末耕地面积1632公顷，其中水田面积1254公顷，高标准农田面积500公顷，农作物播种面积3909公顷，其中：粮食作物播种面积1721公顷。粮食总产量1184.23万千克。农机总动力2.1万千瓦。水利投工11.8万工，投资2300万元。完成环境污染治理项目4个，投资额2500万元。存栏生猪4394头，出栏肉猪19776头，存栏家禽5.36万羽，出栏家禽32.63万羽。水产品养殖面积43.33公顷，水产品产量63.4万千克。绿化造林7.01公顷，封山育林8000.03公顷。水果种植面积58.93公顷，水果产量242.66万千克。茶园面积679.60公顷，茶叶产量62.35万千克。农业技术服务机构个数5个，从业人员11人。农民专业合作社数量37个，成员336户。种植大户9户，家庭农场36个。工业企业总数834家，从业人员81362人，其中规模以上工业企业75家，实现产值98.47亿元、销售96.9亿元、利润总额11.98亿元。建筑业企业23个，总产值12560万元。住宿餐饮业企业33个，营业总收入3800万元。商品交易市场4个，交易额6000万元。

中学2所，在校中学生3072人，教职工421人；小学5所，在校小学生4885人，教职工516人；幼儿园8所，在园幼儿2313人，教职工325人。社区卫生服务中心2家，服务站7个，村卫生室1个，医疗床位30张，执业（助理）医师67人，兽医（防疫）技术人员3人。全年出生535人，计划生育率97.57%。固定电话用户4830户，移动电话用户45875户，因特网用户22350户。参加城乡居民养老保险10022人。参加城乡居民基本医疗保险22873人。最低生活保障救助人数853人。农户新建房屋196户，建筑面积70560平方米。金融机构网点5个，公园及休闲健身广场4个。

【银湖街道抗击新型冠状肺炎疫情】 1月24日，银湖街道召开新型冠状病毒感染肺炎防控工作会议，开展“拉网式”排查、卡点值守、重点人员管控等疫情防控工作，集中管控354人，居家管控663人，提供志愿服务5000余人次；严格执行健康码、电子通行证、好房东APP等智控举措。推进复工复产，组建由班子成员带队服务专班31支，帮助企业开展网上审批办理、健康码申领、电子通行证激活等工作，至2月19日，通过线上审核规下工业企业401家。

【爱丽芬城堡获评杭州市文创产业园区】 3月，杭州市文化创意产业指导委员会公布杭州市文化产业园区名单，银湖街道爱丽芬“一带一路”文创小镇两岸文创产业园为富阳区唯一入选单位。爱丽芬“一带一路”文创小镇位于银湖街道大岭山路156号，小镇内有独立的欧式城堡建筑8幢，面积8万平方米，以服饰全产业链为纽带，形成文创产业、婚庆产业、服饰众创空间、旅游观光产业及商业休闲配套业务主线，集时尚、艺术、生活、工作等元素为一体。

【银湖村四联片集中签约】 4月26日，银湖街道地铁沿线（银湖村四联片）搬迁区块集中签约仪式在四联村搬迁指挥部举行。本次搬迁工作主要是迁建安置，涉及农户52户。至上午10点18分，完成签约52户，完成率100%。

【银湖街道女子拔河队获浙江省第三届女子体育节拔河比赛冠军】 7月17日，女儿红·浙江省第三届女子体育节拔河比赛在绍兴市奥体中心体育会展馆举行。本次比赛吸引来自全省各地队伍9支，约107名参赛人员（含领队、教练员），银湖街道女子拔河队代表杭州参赛并夺得冠军。

【“银湖趣村游·趣游西石湖”系列活动】 9月3日，富阳区城北片区组团党建联盟活动“银湖趣村游——趣游西石湖”暨西石湖音乐节在银湖街道勤丰村西石湖畔启幕。此次“银湖趣村游·趣游西石湖”系列活动，为期3天，包括星空音乐会、旗袍秀、舞操表演、“城北有好礼”乐购夜市、西石湖亲子嘉年华、狂欢泼水节、篝火烧烤派对、露天电影节、星空露营活动、草根音乐会和音乐对对碰。

【银湖街道完成村社（股份）换届】 11月7日—9日，银湖街道

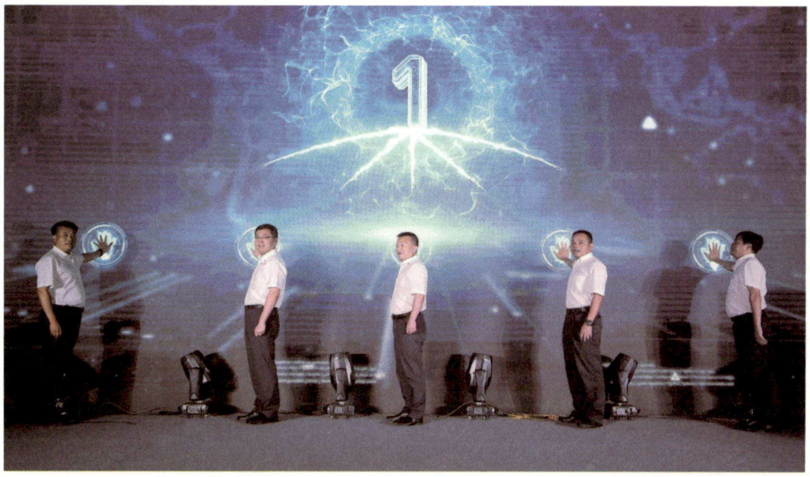

2020年9月3日，富阳区城北片区组团党建联盟活动“银湖趣村游——趣游西石湖”暨西石湖音乐节启幕 （银湖街道 供稿）

2020 年银湖街道各行政村基本情况表

表 30

村　名	户数（户）	人口（人）	农村经济总收入（万元）	农村经济总费用（万元）	农村经济净收入（万元）	农民人均收入（元）
高　桥	1374	5196	1860851	1593443	267408	53983
观　前	1225	4338	511612	435216	76396	52938
泗　洲	534	1788	123974	46328	77646	52876
勤　丰	363	1231	145466	122444	23022	53074
郜　村	404	1488	65940	46813	19127	52117
勤　乐	512	1706	424086	395867	28219	51820
唐家坞	521	1767	246703	188075	58628	55862
沈家坞	407	1510	84544	55652	28892	53687
坑　西	525	1876	69712	41773	27939	52243
上　陈	361	1281	132500	108183	24317	51547
洪　庄	675	2419	301155	247937	53218	52451
千　家	437	1533	24703	7202	17501	51443
大　地	502	1846	81559	55125	26434	52449
杜　墓	430	1432	93556	72225	21331	53386
新　生	419	1445	47982	28275	19707	51411
金　竺	449	1522	88059	61507	26552	51749
受　降	1124	4034	632571	545333	87238	53443
新　常	704	2723	676005	615154	60851	53028
大　庄	773	2833	412625	383163	29462	52076
梓　树	568	2252	175296	151468	23828	54917
东坞山	782	3291	383431	354278	29153	51932
银　湖	945	3432	611088	556066	55022	55397

完成村社（股份）党组织换届，12 月 5 日—8 日，完成村（居）委会和股份经济合作社董事会换届，12 月 16 日完成村务监督委员会、村股份经济合作社换届。产生村社两委班子成员 166 名，其中党组织班子成员 115 名，村居委会班子成员 91 名，交叉兼职 40 名，大专及以上文化程度的 112 人，占总人数的 67.5%；平均年龄 39.9 周岁。其中，产生村党组织班子成员 102 名，有女性 14 人，占总人数的 13.7%；文化程度大专及以上的 62 人，占总人数的 60.8%，比上届提升 8.1%；平均年龄 42 周岁，比上届年轻 2 岁，其中最年轻的为 25 周岁；新进班子成员 20 名，占总人数的 19.6%。22 名村党组织书记中，文化程度大专以上 14 名，平均年龄 46 周岁，比上届年轻 2 岁。12 月 18 日，银湖街道举行 2020 年离任村干部荣退暨新一届村委班子就职仪式。

2020年12月18日，银湖街道举行2020年离任村干部荣退暨新一届村委班子就职仪式　　（银湖街道　供稿）

【银湖街道“四好农村路”建设】 全年，银湖街道“四好农村路”建设共投入资金 6331 万元，新建村道 6.95 千米、乡道 4.03 千米、县道 5.04 千米，完成路面大中修 5.56 千米，涉及辖区行政村 22 个。

【银湖街道居家养老服务中心成立】 9 月，银湖街道居家养老服务中心成立，该中心依托朗和（银湖）国际医养中心，构建多元化、差异化、专业化的养老服务模式。项目位于银湖街道如意社区，建筑面积13600平方米，内设生活服务区、康复护理区、托养服务区等区块。

【社区微型消防站建设】 11月，彩虹社区、硅谷社区微型消防站投入使用。银湖街道共建有社区微型消防站5个，每个微型消防站设站长1名，由社区工作人员担任；消防员5—6名，由小区保安、相关专业人士兼任，配备消防车、电动车、灭火器材、消防水带等，服从富阳消防大队的统一管理、统一调配。

【银湖幼儿园工程开工建设】 11月18日，银湖幼儿园工程开工建设。该项目位于银湖街道高桥村，总投资6000万元，由富阳开发区集团投资建造，总建筑面积11500平方米，建设规模为18个班，预计2022年9月投入使用。

（何扬飞）

春建乡

【概况】 2020年，春建乡总面积48.19平方千米，其中城镇建成区面积0.43平方千米、绿地面积0.01平方千米，辖行政村6个，股份经济合作社6个，党员574人，其中党委3个、党总支5个、党支部22个，村民小组107个。年末总户数2944户，总人口9281人。全年实现工农业总产值8.78亿元，其中工业总产值5.19亿元，农业总产值3.59亿元。全年实现财政总收入5889.13万元，其中一般公共预算收入3368.38万元。农村经济总收入27.85亿元，农村经济净收入5.26亿元。农民人均收入38719元。

年末耕地面积503.3公顷，其中水田面积413.6公顷，高标准农田面积390.6公顷，农作物播种面积729公顷，其中：粮食作物播种面积289公顷。粮食总产量282.3万千克。农机总动力1.98万千瓦。水利投工2.1万工，投资1502万元。完成环境污染治理项目3个，投资额127万元。存栏生猪1210头，出栏肉猪768头，存栏家禽2.37万羽，出栏家禽2.63万羽。水产品养殖面积10公顷，水产品产量2.1万千克。绿化造林41.7公顷，封山育林3128.2公顷。水果种植面积52.4公顷，水果产量66.2万千克。茶园面积589公顷，茶叶产量870万千克。农业技术服务机构个数1个，从业人员7人。农民专业合作社数量11个，成员86户。种植大户4户，家庭农场22个。工业企业总数46家，从业人员1329人，其中规模以上工业企业12家，实现产值5.4亿元、销售5.2亿元、利润总额1.5亿元。住宿餐饮业企业3个，营业总收入840万元。商品交易市场1个，交易额400万元。

小学1所，在校小学生401人，教职工27人；幼儿园1所，在园幼儿191人，教职工21人。社区卫生服务中心1家，卫生室2个，医疗床位5张，执业（助理）医师11人，兽医（防疫）技术人员2人。全年出生58人，计划生育率98.28%。参加城乡居民养老保险4756人。参加城乡居民基本医疗保险798人。最低生活保障救助人数326人。农户新建房屋72户，建筑面积25920平方米。金融机构网点2个，公园及休闲健身广场23个。

【春建乡抗击新型冠状肺炎疫情】 1月23日，春建乡党委召开新冠肺炎疫情防控会议，严格落实区疫情防控指挥部部署。设立各类检查卡口25个，重点人员管控点位61个，排查本地及外地返乡人员27750人，集中隔离18人，居家隔离58户156人。落实“五心工作法”，组建“红色代购员”“红色大管家”等队伍，为村民特别是隔离户、困难群众提供“代办代买”服务。社会各界爱心奉献，全乡累计收到企业、乡贤、群众自发捐款（物）100余万元。开展“春建乡网络村晚”，近千余名村民观看。

【春建乡春茶产销攻坚战】 2—4月，春建乡开展干部“调研员”、巾帼“采摘员”、党员“服务员”等“三大员”制度，解决采茶季“招工难、交通难、住宿难、防控难”等困难。推出扶助茶农“六大政策”（鼓励招收本地采茶工、外地到富阳交通补助、持证上岗规范管理、“方舱”模式提供住宿、统一规范就餐方式、调整收集销售方式），招收本地采茶工387人，外地采茶工3408人，发放采茶工交通补助34.20万元、“茶农爱心健康包”5000份、采茶证6000张，落实乡内专车接送采茶工服务，提供集中床位120张，线上销售春茶300余公斤。

【春建乡举办首届“春字牌”评茶大赛】 4月18日，首届“富春山居 味道山乡”春建乡2020年“春”字牌评茶大会在春建乡大唐村花海举办。区农业农村局茶叶评审专家对参赛的36份茶样进行专业评审，对外形、滋味、香气、汤色、叶底等五个指标进行综合打分，最终评出前十名，授予“春”字牌认证证书。

2020年1月至3月，春建乡设置新型冠状肺炎防控检查卡口，图文巧溪集镇卡口检查

（春建乡 供稿）

2020 年春建乡各行政村基本情况表

表 31

村 名	户数（户）	人口（人）	农村经济总收入（万元）	农村经济总费用（万元）	农村经济净收入（万元）	农民人均收入（元）
咸 康	619	2073	145271	127710	17561	40376
下 俞	300	881	25505	21306	4199	38354
徐家坞	293	914	19678	15600	4078	38402
铁 坎	364	1174	20046	14992	5054	38909
春 建	877	2634	47834	32943	14891	38309
大 唐	491	1605	20183	13332	6851	40772

【春建乡与中国农业科学院茶叶研究所签订战略合作协议】 4 月 18 日，春建乡与中国农业科学院茶叶研究所签订战略合作协议，双方建立长期稳定科技顾问关系，就茶树品种选育、品种繁育、高产优质高效栽培技术、茶园绿色防控技术等方面开展进一步战略合作，合作共建“茶树种苗繁育基地”，加快春建乡茶产品研发和茶品牌推广。

【春建乡饮用水全覆盖】 12 月，咸康村、下俞村和大唐村四线供水工程，铁坎村、徐家坞村和大唐村的农村自备水项目完成，饮用水覆盖 2944 户，人口 9281 人，供水保证率达 95% 以上，自来水普及率达到 100%。

【春建乡乡贤“三进三帮”】 建立“1+6+X”乡贤工作网络，召开乡贤一届二次会议，成立村级乡贤联谊会 6 个，在江西挂牌成立“乡贤江西联络点”。组织开展乡贤开展“三进三帮”（走进企业，帮扩量、提质、共享发展；走进项目，帮争取、增效、振兴发展；走进美丽乡村，帮共治、提升、文明发展）系列活动 13 场，乡贤助力招引项目 5 个，投资金额 3.77 亿元。

【春建乡教育基金成立】 9 月 10 日，春建乡举行“春建教育基金成立仪式暨庆祝第 36 个教师节表彰大会”，全乡 24 家企业、47 位乡贤和人大代表累计捐款 200 余万元，成立春建乡教育基金。春建教育基金每年投资收益用于奖励春建乡所属小学、幼儿园以及成校等人才引进、教师培养、荣誉获奖，资助家庭经济困难学生大学费用。

【春建乡完成村级组织换届】 11 月 8 日，春建乡完成村级党组织换届，12 月 6 日，完成村委会换届，12 月 15 日，完成村务监督委员会、村股份经济合作社换届。总共产生 34 名村两委班子成员，平均年龄 38.6 岁，比上届年轻 5.3 岁。其中 35 周岁以下 11 人，占比 32.35%；党员 30 人，占 88.24%；女性 8 人，占 23.53%；大专以上学历 21 人，占 61.76%；村书记、主任“一肩挑”6 人，占比 100%。

【骑进小康看浙江春建站】 10 月 25 日，“骑进小康看浙江·春建站”骑行活动在春建乡巧溪水库举办，骑行线路全长 25 千米，200 余名骑友参加。咸康村广场设置文艺表演、山乡集市和茶香宴，是一场集美路、美食、美景、美货为一体的“富春山居·味道山乡”骑游之旅，以山乡骑行不断打响春建乡自行车运动休闲品牌。

【杭州绕城高速西复线富阳服务区】 12 月 22 日，杭州绕城高速西复线富阳服务区一期工程投用，是浙江省首个开放式服务区。富阳服务区位于春建乡大唐村，占地面积 76577 平方米，建筑面积 7151 平方米，分为东、西服务区，预留人行通道，二期规划车行通道。杭州绕城高速西复线共设置莫干山、富阳、次坞 3 个服务区。

（董琳洁）

2020年12月22日，杭州绕城高速西复线富阳服务区启用

（春建乡 供稿）

新桐乡

【概况】 2020年，新桐乡总面积49.82平方千米，其中城镇建成区面积2.3平方千米，辖行政村7个，股份经济合作社7个，党员674人，其中党委3个、党总支6个、党支部29个，村民小组79个。年末总户数4548户，总人口13968人。全年实现工农业总产值19.67亿元，按可比价格计算，比上年增长8.2%；其中工业总产值17.09亿元，农业总产值2.6亿元。全年实现财政总收入2.41亿元，其中一般公共预算收入3747.08万元。农村经济总收入35.57亿元，农村经济净收入5.26亿元。农民人均收入35285元。

年末耕地面积692.35公顷，其中水田面积441.52公顷，高标准农田面积464.17公顷，农作物播种面积1408公顷，其中：粮食作物播种面积586公顷。粮食总产量346.4万千克。农机总动力0.6万千瓦。水利投工0.78万工，投资750万元。完成环境污染治理项目4个，投资额310万元。存栏生猪291头，出栏肉猪146头，存栏家禽0.69万羽，出栏家禽4.55万羽。水产品养殖面积20公顷，水产品产量210万千克。封山育林2241公顷。水果种植面积315公顷，水果产量456万千克。茶园面积52公顷，茶叶产量13.7万千克。农民专业合作社数量13个，成员302户。种植大户4户，家庭农场13个。工业企业总数30家，从业人员985人，其中规模以上工业企业7家，实现产值17.07亿元、销售17.2亿元、利润总额4.23亿元。住宿餐饮业企业3个，营业总收入996.8万元。商品交易市场1个，交易额2308万元。

小学1所，在校小学生220人，教职工30人；幼儿园1所，在园幼儿116人，教职工19人。社区卫生服务中心1家，卫生服务站3个，医疗核定床位5张，执业（助理）医师14人，兽医（防疫）技术人员2人。全年出生97人，计划生育率94.80%。参加城乡居民养老保险7188人。参加城乡居民基本医疗保险595人。最低生活保障救助人数489人。农户新建房屋80户，建筑面积28800平方米。金融机构网点1个，公园及休闲健身广场14个。

【2020“富春山居·味道山乡”春游启动】 3月23日，“家门口的健康游——欢乐游杭州”暨2020年“富春山居·味道山乡”春季游启动仪式在新桐乡桐洲岛亚连飞行营地举行。区委常委、宣传部部长夏芬宣布“富春山居·味道山乡”春季游启动。区文广旅体局推介春季游系列活动内容，发布优惠政策。推出以“富春山居·味道山乡”健康游、运动游为主题的原野赏花、山地徒步、生态养生、乡村寻味、茶香骑行、亲子休闲等精品旅游线路6条。开展环岛骑行、皮筏艇环岛游、空中动力伞飞行、意林踏春、风筝绘春等春季游体验活动。

【小桐洲村获评2019年度“浙江省善治示范村”】 3月，浙江省乡村振兴领导小组办公室公布2019年度“省善治示范村”认定名单，新桐乡小桐洲村获评2019年度“浙江省善治示范村”。小桐洲村通过制定村规民约、村民道德公约等自律规范，弘扬中华优秀传统文化，教育引导村民爱党爱国、向上向善、孝老爱亲、重义守信、勤俭持家，增强乡村振兴的软实力。

【新桐乡举行村企合作助力乡村振兴“结对共建”签约仪式】 5月14日，新桐乡举行村企合作助力乡村振兴“结对共建”签约、企业捐赠留本冠名基金仪式。乡党委副书记、乡长汪孝君与杭钢三江、鑫磊集团、宏升建材、新桐建材签订“乡村振兴战略”政企合作框架协议书，这4家企业各捐赠500万元设立新桐乡乡村振兴留本冠名基金，7个行政村分别与新桐建材、杭钢三江、宏升建材、澄宇环保签订村企共建协议。富阳区委常委、统战部长陈平为“杭州富春黄金畈生态农业开发有限公司”揭牌。

【“清洁家园”党员干部大比武活动】 5月22日，新桐乡开展“清洁家园”网格大比拼、党员干部大比武（第一轮）活动。乡村两级干部和区委党建第四指导组、区城管执法局、乡老干部党支部组成特邀评审组，实地参观、检查评比由7个村主职干部包干的10个区块环境整治情况。本次大比武活动分四轮进行，分别对村主职、村其他两委干部责任区块进行评比打分，每轮根据综合分评选出前三名，分别奖励10万元、8万元、5万元奖金。各行政村以“党员+联系户”“村干部+责任区块”为主要方式，由网格内党员包干联系户、村干部包干责任区块，全方位、多角度引导群众参与环境治理。

【新桐乡成立富阳首个商会党支部】 6月19日，中共富阳区新桐乡商会支部委员会在杭州富阳金宇

2020年5月25日，CCTV-2财经频道《消费主张》栏目播放新桐乡味道山乡田园餐桌
（新桐乡　供稿）

2020年新桐乡各行政村基本情况表

表32

村名	户数（户）	人口（人）	农村经济总收入（万元）	农村经济总费用（万元）	农村经济净收入（万元）	农民人均收入（元）
程浦	705	2147	80184	72590	7594	35882
新桐	1227	3770	160834	141722	19112	38655
小桐洲	470	1369	10867	7055	3812	33579
新中	408	1234	9558	5855	3703	32350
春渚	417	1301	20090	15468	4622	34465
江洲	746	2433	52064	43881	8183	33621
俞家	575	1714	22053	16271	5526	33588

包装有限公司成立，成为富阳区首个的基层商会党支部。商会党支部有党员3名，双重管理会员党员12名，由会长徐金龙兼任党支部书记。

【新桐乡获“国家卫生乡镇”称号】 7月29日，全国爱国卫生运动委员会（国家卫生健康委员会疾病预防控制局）发布《关于命名2017—2019周期国家卫生乡镇（县城）的决定》，富阳区新桐乡获国家卫生乡镇称号。

【2020中国杭州大学生旅游节开幕】 9月25日，2020中国杭州大学生旅游节在富阳桐洲岛亚联飞行营地开幕。该活动由杭州市文化广电旅游局、杭州市教育局、共青团杭州市委、浙江日报报业集团和富阳区人民政府联合主办，富阳区文化和广电旅游体育局、富阳区新桐乡人民政府、浙江江南游报社有限责任公司承办。邀请来自杭州及国内各大高校的在校大学生300余人和20多个国家和地区的来华留学生近百人参加。开展“舞动青春”“美丽神话”“魔幻世界”等文艺表演，动力伞、热气球、皮划艇、沙滩车等展演。组织游览桐洲百年枫杨林、孙权故里龙门古镇。旅游节以“美丽杭州行·健康欢乐游”为主题，包括“探索文旅·我为杭州代言”抖音传播大赛、“传承文化　共筑未来”城市记忆之旅、“我当导游—杭州旅游攻略大赛”、“星光璀璨　校园趣淘”创意集市、中国杭州飞“young”杯篮球赛，持续至11月。中国杭州大学生旅游节已举办10届。

【新桐村首届乡贤联谊会】 10月6日，新桐村举办首届乡贤联谊会，来自各个行业的乡贤代表47名参加。会议以“记住乡愁、祈福新桐、游子相约、同兴桑梓”为主题，审议通过《新桐村乡贤代表联谊会章程》，选举产生首届乡贤理事会，会长、副会长、秘书长、副秘书长及理事会理事。

2020年9月25日，2020中国杭州大学生旅游节在富阳桐洲岛亚联飞行营地开幕　（新桐乡　供稿）

【新桐乡获第三届浙江省大学生乡村振兴创意大赛优秀组织奖】 11月11日，省教育厅、省农业农村厅、省农村信用社联合社共同主办的“农信杯”第三届浙江省大学生乡村振兴创意大赛在浙江工商大学落幕。新桐乡作为全省竞赛基地乡镇之一，取得金奖3项、银奖8项和铜奖5项，获全省优秀组织奖。

【新桐乡两项目入选省级运动休闲旅游优秀项目】 11月27日，第九届浙江省运动休闲旅游节在萧山区举行，公布2020年浙江省运动休闲旅游示范基地、精品线路和优秀项目名单，浙江省运动休闲旅游示范基地11个、精品线路5条和优秀项目60个，新桐乡桐洲岛亚联飞行营地飞行体验和新桐新桐乡皮划艇项目入选优秀项目。

【新桐乡完成村级组织换届】 11月9日，新桐乡完成村级党组织换届，12月6日完成村委会换届，12月16日完成村务监督委员会、村股份经济合作社换届。总共产生40名村两委班子成员，平均年龄41.08岁，比上届年轻1.4岁。其中35周岁以下13人，占比32.50%；党员35人，占87.5%；女委员7人，占17.5%；大专以上学历17人，占42.5%；村书记、主任“一肩挑”7人，占比100%。

【新桐乡中心幼儿园建设工程举行开工】 12月22日，新桐乡中心幼儿园在中心小学西侧开工现场举行开工仪式。新桐乡中心幼儿园新建项目坐落于新桐村，是区、乡两级民生实事项目，列入2020年政府投资项目。2020年，完成方案论证、土地征用、概算调整、财政审计、项目施工和监理的招投标，计划2022年11月完工。

（陈　琴）

新登镇

【概况】 2020年，新登镇总面积179.37平方千米，其中城镇建成区面积10.1平方千米、绿地面积2.93平方千米，辖行政村28个，社区4个，股份经济合作社3个，党员3689人，其中党委15个、党总支20个、党支部190个，村（居）民小组594个。年末总户数23489户，总人口68265人。全年实现工农业总产值267.9亿元。其中工业总产值258亿元，农业总产值9.9亿元。全年实现财政总收入6.4亿元，其中一般公共预算收入3.35亿元。农村经济总收入256.78亿元，农村经济净收入21.15亿元。农民人均收入38903元。

年末耕地面积3673.67公顷，其中水田面积2283.13公顷，高标准农田面积308公顷，其中：粮食作物播种面积2340.8公顷。粮食总产量1673.85万千克。农机总动力1.62万千瓦。水利投资3100万元。存栏生猪30356头，出栏肉猪37031头，存栏家禽17.78万羽，出栏家禽65.44万羽。水产品养殖面积108.5公顷，水产品产量60.5万千克。绿化造林23.33公顷，封山育林5808.53公顷。水果种植面积693.6公顷，水果产量2347万千克。茶园面积126.7公顷，茶叶产量41.19万千克。农业技术服务机构个数1个，从业人员35人。农民专业合作社数量79个，成员2350户。种植大户88户，家庭农场152个。工业企业总数552家，从业人员31024人，其中规模以上工业企业66家，实现产值240亿元、销售239亿元。建筑业企业136个，住宿餐饮业企业35个，商品交易市场3个。

中学2所，在校中学生2817人，教职工241人；小学3所，在校小学生4220人，教职工241人；幼儿园2所，在园幼儿1776人，教职工55人。社区卫生服务中心1家，卫生室/服务站24个，医疗床位530张，执业（助理）医师240人。兽医（防疫）技术人员10人。全年出生547人。社会福利收养性单位1个，床位138张。参加城乡居民养老保险16952人。参加城乡居民基本医疗保险29063人。最低生活保障救助人数882人。农户新建房屋183户，建筑面积55000平方米，金融机构网点11个，公园及休闲健身广场4个。

【王宏调研新登镇】 3月25日，杭州市副市长王宏到新登镇开展“助万企、帮万户”活动，调研走访市农科院双江基地（现代农业产业基地）、半山村“云上桃花缘”项目和新登古城建设项目，听取新登镇“战疫情、促发展”工作情况及市府办、杭报集团联合服务队驻新登服务队“三服务”工作情况。

【富阳区委常委会议专题研究新登片区、葛溪流域联动发展】 4月10日，富阳区委常委在新登镇政府召开第125次会议，专题研究新登片区、葛溪流域联动发展“回头看”工作。实地走访了解新登镇老街、古城项目建设情况。区发改局、区农业农村局负责人分别汇报新登片区、葛溪流域相关工作，新登镇、渌渚镇、胥口镇、永昌镇、万市镇、洞桥镇分别汇报本乡镇相关工作情况。会议肯定新登片区、葛溪流域联动发展情况，提出要坚持“龙头带动”，强化新登在葛溪流域的龙头领跑带动作用，全面锁定新登“新城建新、古城复古”的三年目标，动员人民群众共同推进美丽乡村、美丽经济建设，全力带动葛溪流域相关乡镇共同发展。

【新登镇湘河村推出专属消费券】 4月18日至5月5日，新登镇湘河村推出专属消费券。游客凭券在村山货集市、民宿及餐饮消费，即可减免10%的费用。专属消费券共发放1.3万余张，惠及3家民宿、12户农家乐、130余户农户，解决就业118人，拉动乡村旅游消费106.6万元。《人民日报》（海外版）以《一张消费券撬动了乡村游》作专题报道。

【小六石欢乐园开园】 “五一”期间，小六石欢乐园试运营。该乐园位于新登镇上山村，总投资3.5亿元，规划总面积50.9公顷，目标打造“中国新农村综合游乐园”，形成独具上山村特色的田园综合体的引擎、自然游乐型项目的旅游产业集群。

【新登镇新城市民广场奠基仪式】 6月7日，新登新城市民广场奠基仪式在新城核心区块举行。富阳经济技术开发区领导、新登镇领导、代

2020年5月1日，新登镇小六石欢乐园试运营

（新登镇　供稿）

2020年6月30日，第十个“浙江生态日”暨第五届浙江省生态音乐节在新登镇上山村开幕 （新登镇　供稿）

建单位澳海集团公司领导、新登镇市民等200余人参加。新城市民广场地处新登新城核心区块中轴位置，占地面积约1.4万立方米，以城市山水环抱之势，采用“一带五园”的结构规划，通过一条强引导性的公园主轴，采取流线型的形式，将各部分进行串联。

【第十个“浙江生态日”暨第五届浙江省生态音乐节开幕】 6月30日，第十个“浙江生态日”暨第五届浙江省生态音乐节在新登镇上山村开幕。活动由浙江省生态环境宣传教育中心、浙江在线新闻网站、天目新闻客户端、杭州市生态环境局、富阳区人民政府主办，杭州市生态环境宣传教育中心、浙江生态环保新闻网、杭州市生态环境局富阳分局及新登镇承办。活动期间设有红色文艺专场、越剧专场和葛溪山乡组团文艺专场表演。本次活动累计吸引游客5万余人次，旅游收入达45万元。

【戚哮虎调研新登镇】 7月2日，杭州市委常委、宣传部部长戚哮虎实地调研新登千年古城保护和开发利用工作。戚哮虎一行实地踏看新登古城墙南门考古现场，古城墙南门、西门及混塘桥规划现场，在新登镇召开座谈会，听取该镇千年古城保护和开发利用工作情况汇报。市发改委、市建委、市规划和自然资源局、市文广旅游局、市园文局、市委宣传部、市政府等有关领导就新登古城建设、规划、考古、保护、旅游、产业、申遗等工作进行交流和指导。戚哮虎对新登古城保护开发利用工作予以充分肯定，并强调要建立强有力的保护、利用和开发机制，市区镇三级联动，打造文旅融合、历史性文化名品和精品。

【富阳区农村文化礼堂“活跃工程”暨“文化科技下乡”工作启动】 7月27日，2020年富阳区农村文化礼堂“活跃工程”暨“文化科技下乡”启动仪式在新登镇昌东村文化礼堂内举行，区委常委、宣传部部长夏芬，副区长孙洁参加。启动仪式上，分别对获评2019年度杭州市四星级文化礼堂的20个村，获评2019年度浙江省五星级文化礼堂的8个村（新登镇包秦村荣获2019年度浙江省五星级文化礼堂），获评2019年度杭州市“双十佳”的单位和个人、浙江省第三届“最美文化礼堂人”进行颁奖表彰。活动现场，安排健康咨询、农业技术咨询和科技咨询等项目，并向文化礼堂代表赠送文化、科技书籍。至年底，新登镇实现28个行政村文化礼堂全覆盖，打造五星级文化礼堂2个，四星级文化礼堂2个，并建有院士陈列馆、桃文化馆、婚嫁馆、法治馆等特色展馆。

【新登镇获国家卫生乡镇称号】 7月29日，全国爱国卫生运动委员会发布《关于命名2017—2019周期国家卫生乡镇（县城）的决定》，新登镇荣获国家卫生乡镇称号。

【李志慧调研新登镇】 8月11日，省妇联副主席李志慧、发展部部长鲍冬芳调研新登镇最美乡村家庭游网红线路，杭州市妇联副主席吕芬芳等陪同调研。调研组先后来到杭州小六石欢乐园、上山村空气馒头厂，现场观看来料加工点和畲族织带，听取上山村负责人相关情况介绍。调研组一行对上山村通过“土地流转＋美丽田园＋乡村旅游”的方式鼓励农户开办农家乐和民宿，吸引乡贤回归投资建设小六石欢乐园的农旅新模式予以充分肯定，并强调在开展味道乡村工作时，要实行巾帼创业抱团发展，团结带动更多的妇女姐妹形成规模经营。

【新登古城复兴专题研讨会】 8月21日，新登镇召开新登古城复兴专题研讨会，文物、考古、规划、文化等领域20余位专家学者实地考察新登古城，听取新登镇关于古城复兴项目进展情况汇报，并为古城复兴建言献策。复旦大学文物与博物馆学系主任、教授陆建松，浙江省博物馆学会会长、省历史文化名城名镇名村专家委员会副主任陈文锦，浙江省古建筑设计研究院首席科学家黄滋，复旦大学文物与博物馆学系教授、国土文化资源研究中心主任杜晓帆等在会上发言。专家学者认为新登古城墙是非常重要的文化遗产，应对古城进行系统性保护，在加大修复研究力度的基础上明确定位，注重古城人、地关系，打造文旅融合新格局，做好文化传承新篇章。

【新登镇成立首支古城义警队】 9月3日，新登古城义警队正式成立。8月，该义警队在新登派出所指导下开始筹建，主要职责是在新登城区开展治安巡逻及消防隐患查找。义警队由星火公益团队成员组成，共有队员22人，专职驾驶员1人。其中男队员10人，女队员11人，

2020年新登镇各行政村基本情况表

表33

村 名	户数（户）	人口（人）	农村经济总收入（万元）	农村经济总费用（万元）	农村经济净收入（万元）	农民人均所得（元）
湘 河	374	1141	36280	32700	3580	36214
和 山	369	1083	40422	36960	3462	36339
湘 溪	702	2242	48094	40200	7894	36490
仙 里	306	944	36164	33130	3034	35603
马 弓	434	1345	42797	38590	4207	37264
长 兰	482	1670	41873	35890	5983	38240
湘 主	483	1649	38608	32800	5808	37053
潘 堰	763	2550	48076	38514	9562	39239
元 村	576	1906	102513	95212	7301	36086
半 山	1014	3387	141457	128160	13297	39917
九 儿	409	1210	48691	44260	4431	39413
长 垄	492	1504	72705	66580	6125	39289
双 庙	533	1665	43580	37420	6160	38408
五里桥	599	1951	66705	58430	8275	40928
南 津	837	2780	100333	89010	11323	40047
昌 东	849	2754	99621	89120	10501	38638
上 山	326	1088	69661	65680	3981	38925
官 山	561	2001	79238	71500	7738	36817
包 秦	380	1447	58651	53350	5301	39191
松 溪	1333	4844	735267	713655	21612	40818
上 旺	493	1764	37971	31460	6511	38214
官 塘	619	1976	49829	42350	7479	38861
乘 庄	477	1705	210449	202400	8049	38059
双 江	313	1092	43292	38720	4572	37125
双 塔	325	1069	54051	49940	4111	39813
双 联	737	2371	41814	32650	9164	39726
大 山	673	2306	56866	47410	9456	41054
塔 山	894	2920	122825	110550	12275	41250

党员7人，入党积极分子2人。

【新登镇荣获“浙江省戏曲之乡”】 9月26日，新登镇获“浙江省戏曲之乡”称号。新登镇按照“传承古城风貌，注入现代活力”的理念，实施古城复兴，落实戏曲文化传承发展工作，围绕“徐玉兰”越剧文化金名片，全力打造以越剧文化为主的音乐小城，投资2163万元完成徐玉兰故居修缮，徐玉兰纪念馆、新登艺苑、东安舞台等9个房屋单体及戏台的建设。新登镇第一、第二幼儿园，新登镇中学，新登中学相继成立越剧社团，新登镇中心小学成立玉兰花国学社。

【新登镇完成村社（股份）换届】 11月8日至11月12日，新登镇完成村社（股份）党组织换届，12月5日至12月9日完成村（居）委会和股份经济合作社董事会换届，12月16日完成村务监督委员会、村经济合作社换届。产生村两委班子成员135名，平均年龄41.61岁，其中35周岁以下39人，占比28.9%；党员83人，占比61.48%；女性43人，占比31.83%；大专以上学历58人，占比42.96%。产生社区两委班子成员29名，平均年龄35.14岁；其中35周岁以下19人，占比65.52%；党员16人，占比55.17%；女性16人，占比55.17%；大专以上学历28人，占比96.55%。产生股份经济合作社党组织、董事会班子成员18名，平均年龄44.6岁，其中35周岁以下4人，占比22.2%；党员11人，占比61.1%；女委员5人，占比27.8%；大专以上学历10人，占比55.6%。村社（股份）书记、主任（董事长）“一肩挑”35人，占比100%。

【登云社区居家养老服务照料中心

【获浙江省“敬老文明号”】 10月20日，新登镇登云社区居家养老服务照料中心被浙江省老龄工作委员会授予浙江省“敬老文明号”。该社区60周岁及以上老年人口997人，占户籍总人口数的1/3。居家养老服务照料中心于2014年成立，投资30余万元，内设医疗保健室、活动室、阅览室、网络室、心理疏导室、棋牌室、洗涤室等，为社区老年人提供休闲娱乐、生活照料、心理疏导等服务。2018年，被评为杭州市五星级老年照料中心。

【半山村获评全国文明村】 11月20日，中央文明委发布关于表彰第六届全国文明城市、文明村镇、文明单位和第二届全国文明家庭、文明校园及新一届全国未成年人思想道德建设工作先进的决定，新登镇半山村获评全国文明村。半山村区域面积11.07平方千米，农户1014户，人口3474人，党员132人，先后获得“浙江省卫生村”“全国一村一品示范村”“浙江省信用村”“全省优秀文化新地标”“浙江省五星级农村文化礼堂”“浙江省文明村镇”“浙江省三A景区村庄”等多项杭州市级以上荣誉称号。该村以鲜桃、竹笋、高山蔬菜、农家乐为主导农业产业，现有桃园266余公顷，年产鲜桃8000余吨，连续举办半山桃花节16届。

【新登镇荣获新时代美丽城镇省级样板】 12月21日，浙江省城乡环境整治工作领导小组公布2020年度样板城镇和达标城镇考核验收结果，新登镇荣获2020年度新时代美丽城镇建设省级样板。新登镇把美丽城镇创建作为推进全省一流小城市建设的有力抓手，围绕“十个一”“五个美”要求，先后投入资金23亿元，实施建设项目59个，创新管理机制12个，通过做好整环境、惠民生、兴产业、保古城、善治理等方面工作取得“五个美”初步实现、“十个一”全面达成的成效。

【《新登古诗选注》出版】 12月，《新登古诗选注》出版。该书为《新登文丛》第一辑，由富阳区政协文史委、新登镇人民政府联合编纂，于2019年12月开始启动，至2020年8月底完成并交由中国文史出版社审核、编辑、出版。该书以《道光新城县志》为基础，兼及新登历代县志、新登区域各姓氏家谱，参考《全唐诗》等经典版本，共收录唐、宋、元、明、清历代古诗370余首，并对古诗进行注释。

（何贤坤　何　怡）

渌渚镇

【概况】 2020年，渌渚镇总面积79.24平方千米，其中城镇建成区面积15.4平方千米、绿地面积5.32平方千米，辖行政村13个，股份经济合作社13个，党员880人，其中党委2个、党总支6个、党支部12个，村民小组181个。年末总户数5681户，总人口17030人。全年实现工农业总产值32.77亿元，按可比价格计算，比上年增长0.5%，其中工业总产值26.59亿元，农业总产值6.18亿元。全年实现财政总收入2.65亿元，其中一般公共预算收入1.23亿元。农村经济总收入58.37亿元，农村经济净收入6.79亿元。农民人均收入40859元。

年末耕地面积921.46公顷，其中水田面积856公顷，高标准农田面积341.38公顷，农作物播种面积856.53公顷，其中：粮食作物播种面积737.2公顷。粮食总产量570.6万千克。农机总动力1万千瓦。水利投工0.14万工，投资567.52万元。完成环境污染治理项目3个，投资额125万元。存栏生猪6245头，出栏肉猪15099头，存栏家禽4.88万羽，出栏家禽10.64万羽。水产品养殖面积172公顷，水产品产量152.7万千克。绿化造林1.87公顷，封山育林272.53公顷。水果种植面积175.73公顷，水果产量991.8万千克。茶园面积30.47公顷，茶叶产量4.17万千克。农业技术服务机构个数1个，从业人员28人。农民专业合作社数量19个，成员329户。家庭农场22个。工业企业总数116家，从业人员1387人，其中规模以上工业企业16家，实现产值26.6亿元、销售26.59亿元、利润总额4.58亿元。住宿餐饮业企业3个，营业总收入365万元。商品交易市场9个，交易额10271万元。

小学2所，在校小学生268人，教职工51人；幼儿园1所，在园幼儿192人，教职工33人。社区卫生服务中心1家，卫生室5个，医疗床位5张，执业（助理）医师15人，兽医（防疫）技术人员4人。全年出生140人，计划生育率97.1%。固定电话用户867户，移动电话用户9186户，因特网用户2853户。社会福利收养性单位1个，床位62张。参加城乡居民养老保险9509人。参加城乡居民基本医疗保险8181人。最低生活保障救助人数464人。农户新建房屋85户，建筑面积25500平方米。金融机构网点2个，公园及休闲健身广场38个。

【渌渚镇莲桥村获评全国乡村治理示范村】 1月5日，浙江省乡村振兴领导小组办公室公布首批浙江省善治示范村名单，渌渚镇莲桥村入选，同时入选由中央农村工作领导小组办公室、农业农村部、中央宣传部、民政部、司法部五部门公布的全国乡村治理示范村名单，为富阳区唯一上榜村。全国乡村治理示范村的认定标准包括村党组织领导有力、村民自治依法规范、法治理念深入人心、文化道德形成新风、乡村发展充满活力、农村社会安定有序6个方面。

【渌渚镇抗击新型冠状肺炎疫情】 2月3日，桐庐被列入较高风险地区，渌渚镇召开全镇党员干部紧急会议，决定对新浦片5个村4588名群众，湖杭高铁工程五分部外来务工人员121名，实行居家封闭管理，具体由组团联村干部负责，村巡防队负责安全巡防工作。村民自发成立渌渚镇孝善姐采购队、孝善理发姐、孝善帮忙推销姐等，开展摸底排查、防疫宣传、卡口值班、采购物资和免费理发等工作。

【渌渚镇召开乡贤理事会会议】 3月21日，2020年度第一次乡贤理事会会议在渌渚镇政府四楼会议召开，13名乡贤会理事会成员及镇全

2020年渌渚镇各行政村基本情况表

表34

村　名	户数（户）	人口（人）	农村经济总收入（万元）	农村经济总费用（万元）	农村经济净收入（万元）	农民人均收入（元）
百　前	413	1258	42882	38255	4627	36868
杨　袁	309	890	28528	25099	3429	38965
六　渚	412	1336	41522	36752	4770	35951
莲　桥	301	884	35468	31420	4048	45260
董　湾	358	1042	37710	33158	4552	43935
岘　口	395	1124	44806	39054	5752	51263
阆　坞	694	2447	86900	75128	11772	47568
桃花岭	322	945	27058	23579	3479	37153
新　岭	551	1672	61109	56149	4960	31256
浦　中	427	1292	37601	33018	4583	36594
新　浦	411	1344	63997	59008	4989	37902
新　港	340	1086	31801	27968	3833	36280
山　亚	472	1473	44328	37199	7129	49063

体班子成员参加，镇党委副书记蒋晓青主持会议。各位乡贤代表对《渌渚镇域2020—2035总体规划（草案）》，渌渚镇“五美”（“产业美、环境美、生活美、治理美、党建美”）专项行动，富阳区循环经济产业园、山亚南方二期项目、湖杭高铁、渌渚江航道养护、打石山全域整治、孝子湾文化公园建设等重点项目工程及12项民生实事工程提出意见建议。

【渌渚镇社区卫生服务中心蒋森超团队获省级荣誉】 5月19日，浙江省基层卫生协会、杭州市健康卫生委员会和杭州市基层卫生协会开展2020年度“优秀家庭医生”“优秀家庭医生团队”推选活动，渌渚镇社区卫生服务中心新浦片蒋森超团队，分别获得杭州市2020年度优秀家庭医生团队、浙江省2020年度优秀家庭医生团队荣誉称号。

【杭州市委常委、宣传部部长戚哮虎慰问防汛抗洪人员】 7月8日，杭州市委常委、宣传部部长戚哮虎，区委常委、宣传部长夏芬赴渌渚镇慰问防汛抗洪人员。实地踏勘渌渚镇新港村防洪堤、渌渚江沿江江堤、山亚码头和窄溪水文站水位情况。

【“小板凳·青苗”宣讲团】 7月28日，渌渚镇成立“小板凳·青苗”宣讲团，为富阳区首个由青少年组成的宣讲团。首届团员由渌渚镇小学生和山海经杂志社少儿故事团团员组成，共20名。至年底，借助“我在富春山乡有个家”“春泥计划”“假日爱心学校”等活动平台，共宣讲7次，涉及村民2600人，成为全国孝道文化之乡渌渚镇的宣讲金名片。

【第四届“渌渚周雄”杯浙江省少儿故事会总决赛】 8月3日，由山海经杂志社、杭州市富阳区渌渚镇人民政府主办的“渌渚周雄”杯第四届浙江省少儿故事会总决赛在杭州市富阳区渌渚镇的孝子湾文化公园周雄纪念馆举行。比赛吸引全省12000余名少儿参与，经对海选选手参赛视频打分，进入半决赛选手282名，进入总决赛为高段组20名、低段组70名。评选出高段组第一批优秀故事演讲员4名，第二批优秀故事演讲员6名，第三批优秀故事演讲员10名。低段组第一批优秀故事演讲员12名，第二批优秀故事演讲员24名，第三批优秀故事演讲员34名。

【2020年“民间民俗·多彩浙江”

2020年8月3日，“渌渚周雄”杯第四届浙江省少儿故事会总决赛
（渌渚镇　供稿）

周雄孝文化节】 10月24日，渌渚镇举行2020年“民间民俗·多彩浙江”周雄孝文化节孝善指数发布仪式，省委统战部副部长、省民宗委主任楼炳文，市委统战部副部长、市民宗局局长邵根松等省市领导，以及区领导王牮、夏芬、陈平参加。发布“孝善指数”，即“孝父母、享晚年；育子女、教有方；家和睦、互关爱；邻里和、相照应；美家园、洁村容；遵法纪、守规矩；行善举、乐公益；崇贤德、传美名；促共治、助发展”。系列活动持续5天，包括越剧表演、“我们的美好生活”文艺会演、“寻孝善之源”新劳动教育体验、星光诵读会、全家福拍摄、国家级非遗“孝子祭”等。

【深圳市民宗局局长王子健调研渌渚镇统战工作】 11月19日，深圳市委统战部副部长、市民宗局局长王子建赴渌渚镇调研基层统战工作，走访省级民间信仰场所示范点周宣灵王殿，听取民间信仰在基层治理领域发挥的积极作用。

【吕学平获全国“敬老爱老助老模范人物”称号】 12月14日，有国家卫生健康委员会、全国老龄工作委员会联合文件，国卫老龄发〔2020〕24号，关于表彰2020年全国“敬老文明号”和全国“敬老爱老助老模范人物”的决定，富阳区渌渚镇阆坞村吕学平获全国“敬老爱老助老模范人物”称号。

【渌渚镇完成村级组织换届】 11月8日至9日，渌渚镇完成村级党组织换届，12月5日至7日完成村委会换届，12月15日完成村务监督委员会和村股份经济合作社换届。总共产生66名村两委班子成员，平均年龄42.24岁，比上届年轻4.18岁。其中35周岁以下17人，占26%；党员55人，占83.3%；女委员13人，占19.69%；大专以上学历24人，占36.36%；村书记、主任“一肩挑”13人，占比100%。12月24日，渌渚镇新一届村两委干部大会暨离任村干部荣退仪式在镇政府四楼会议举行。

（叶建平）

胥口镇

【概况】 2020年，胥口镇总面积68.82平方千米，其中城镇建成区面积6.54平方千米、绿地面积58.6平方千米，辖行政村13个，股份经济合作社13个，党员1215人，其中党委3个、党总支14个、党支部45个，村民小组213个。年末总户数6059户，总人口18546人。全年实现财政总收入2.18亿元，其中一般公共预算收入4431.7万元。农村经济总收入43.48亿元，农村经济净收入7.65亿元。农民人均收入34642元。

2020年12月24日，渌渚镇新一届村两委干部大会暨离任村干部合影

（渌渚镇　供稿）

年末耕地面积887公顷，其中水田面积581.4公顷。粮食作物播种面积909公顷，粮食总产量950万千克。农机总动力0.71万千瓦。水利投工2.6万工，投资1855万元。存栏生猪8405头，出栏肉猪17200头，存栏家禽7.27万羽，出栏家禽20.51万羽。绿化造林24.5公顷，封山育林1609.6公顷。水果种植面积122.8公顷，水果产量360.1万千克。茶园面积77.67公顷，茶叶产量18.44万千克。农民专业合作社数量22个，成员473户。种植大户10户，家庭农场64个。工业企业总数115家，从业人员4633人，其中规模以上工业企业15家，实现产值48.84亿元、销售46.27亿元、利润总额8.12亿元。住宿餐饮业企业6个，营业总收入285.43万元。商品交易市场1个，交易额689万元。

小学1所，在校小学生493人，教职工57人；幼儿园1所，在园幼儿313人，教职工44人。社区卫生服务中心1家，卫生室2个，医疗床位5张，执业（助理）医师12人，兽医（防疫）技术人员4人。全年出生139人，计划生育率94.96%。固定电话用户927户，移动电话用户10324户，宽带1884户。社会福利收养性单位1个，床位200张。参加城乡居民养老保险5981人。参加城乡居民基本医疗保险9403人。最低生活保障救助人数397人。农户新建房屋83户，建筑面积29880平方米。金融机构网点1个，公园及休闲健身广场33个。

【胥口镇退役军人优抚服务项目启动】 1月10日，胥口镇举办“贴心服务慰老兵，温情传递暖人心”退役军人优抚服务项目启动仪式。项目旨在通过志愿者结对帮扶和专场活动，为胥口镇困难退役老兵提供生活照顾、家政、健康体检、文化娱乐等公益服务，帮助解决实际困难，提升获得感和荣誉感。实施周期为2020年1月—8月，开展主题活动4次，上门结对服务8次，帮扶重点优抚退役老兵25名。

【胥口镇抗击新型冠状肺炎疫情】 1月23日，胥口镇召开防控

2020年胥口镇各行政村基本情况表

表35

村 名	户数（户）	人口（人）	农村经济总收入（万元）	农村经济总费用（万元）	农村经济净收入（万元）	农民人均收入（元）
上 练	348	1154	7943	5008	2936	36781
下 练	558	1781	262116	232125	29991	34577
里 坞	494	1525	10858	7360	3498	33563
新 崤	732	2091	9878	3965	5913	35055
查 岭	331	1018	16740	13528	3212	35200
胥 口	512	1591	9589	5421	4168	34607
葛 溪	468	1488	45674	39612	6062	33427
金 慈	417	1332	8082	4934	3148	33480
棠 棣	370	1092	14399	11124	3275	35173
平 畈	571	1726	10553	6370	4183	34498
佛 鲁	409	1277	10747	7837	2910	33998
高 联	520	1545	9706	5557	4149	35784
灵 苑	329	926	18526	15466	3060	34648

新型冠状病毒感染肺炎疫情工作会议，开展“拉网式”排查、卡点值守、重点人员管控等疫情防控工作，累计设立卡点36处；排摸非胥口籍人员743人，核查上级反馈413人；启用集中隔离点3处，集中管控85人，居家管控24人，医学观察665人，其中平畈村实施整村居家医学观察；提供志愿服务860余人次；严格实行健康码亮码准入制，应用电子通行证、好房东APP等智控举措。推进复工复产，组建服务专班、下派重点企业“驻厂员”，推出服务企业“三套餐”“十问工作法”，下发企业防疫复工“一本通”，按时复工复产企业232家，个体工商户378家。疫情期间，全乡党员、群众及乡贤、商会等社会各界人士自发开展捐款捐物，共计收到捐款123.7万元，防疫物资5.6万余件，后勤物资40余批次。

【“走胥口·醉山乡”云游崤山活动】 4月25日，胥口镇举办2020富春山居·味道山乡“走胥口·醉山乡”活动，区领导魏东、钟永明参加。活动以崤山论坛为主要载体，采取跟着主播云游胥口全天候直播形式，全面宣介胥口美丽资源，吸引在线同步观看人数81.81万人。浙大博学总裁施久亮、文化评论家曹工化、浙大中国农村发展研究院首席专家黄祖辉、杭州师范大学教授周少雄围绕如何将乡村价值与绿水青山转化金山银山，如何写好家春秋等话题开展研讨。论坛发布胥口镇和中国摄影报社联合举办的2020“富春山居·味道山乡”走进胥口全国摄影大赛和胥口味道山乡十大经纪人。

【胥口镇开展“非粮化”粮食生产】 5月，胥口镇党委出台“非粮化”清理政策，按照“干部包组”模式，由村干部按小组联系种粮农户，开展粮食生产功能区“非粮化”整治。5月18日，富阳区委书记朱党其赴胥口镇踏看粮食功能区基本现状和“非粮化”清理工作，督查指导粮食生产工作落实情况。此次专项行动实现“非粮化”清退208公顷，土地流转200公顷，水稻种植面积845.4公顷，其他粮食作物种植面积791.33公顷。

【胥口镇九如城残疾人之家】 8月1日，胥口镇九如城残疾人之家成立。项目位于胥口镇棠棣村，由

2020年4月25日，2020富春山居·味道山乡“走胥口·醉山乡”活动之崤山论坛在崤山坪召开
（胥口镇 供稿）

胥口镇与上海九如城集团合作建立，由原胥口镇残疾人之家改建，建筑面积6660平方米，联合养老院共计投入资金450万元，为胥口镇残疾人提供生活照料、技能培训、康复训练、文体活动和辅助性就业的多功能服务机构。为富阳区首家公建民营的乡镇残疾人服务机构，并成功创建浙江省四星级残疾人之家。至年底，安置精神、智力、重度肢体残疾人20名。

【胥口镇小学专用校车正式运营】 8月30日，胥口镇中心小学学生上下学配置专用校车开通运营。该项目为2020年胥口镇党委政府十大民生实事之一，投入黄鼻子校车2辆，并配备随车管理人员2名，接送范围为上练村、下练村、里坞村、新峭村、查岭村、平畈村等行政村。

【胥口镇创建方案入选省级优秀】 9月，浙江省城乡环境整治工作领导小组美丽城镇办公室发布浙江省样板创建城镇行动方案评审优秀方案，胥口镇创建方案入选省级优秀。根据美丽城镇建设行动方案，胥口将东北部定位为医养生产发展区，西南部定位为农旅生态发展区，中部集镇区则定位为综合生活服务区，作为乡镇的城市治理中心与服务核心。通过合理分区，达到“生态、生产、生活”三生融合的城镇格局。根据计划安排，胥口镇2021年达到工业特色型美丽城镇建设要求，完成样板乡镇创建。2022年通过再深化实现三产深度融合，达到“工业+旅游”双重特色的美丽城镇建设。2035年全面建成“药谷小镇”，成为浙江省具有“药文化”特色的三生融合乡镇标杆，形成胥口特色。

【胥口镇“花开有声”残疾青年筑梦计划】 10月11日，胥口镇残联、团委、关工委在风来岭篆刻基地联合举办“花开有声”残疾青年筑梦计划活动，吸引来自全镇青少年残疾人30名参加，其中1995年后20名。活动有残疾青年自我介绍、残疾青少年才艺表演、志愿者手把手指导野炊和烧烤等形式，表现出年轻人的青春、活力、阳光。

【胥口镇完成村级组织换届】 11月9日，胥口镇完成村级党组织换届，12月6日完成村委会换届，12月16日完成村务监督委员会、村股份经济合作社换届。共产生村两委班子成员69名，平均年龄41.90岁。其中35周岁以下20人，占比28.98%；党员57人，占82.6%；女性18人，占26.08%；大专以上学历37人，占53.62%；村书记、主任“一肩挑”13人，占比100%。12月22日，胥口镇举行“灵韵胥口，感谢有你”退职村干部荣退仪式暨新一届村干部“任职第一课”活动。

（骆丽飘）

2020年8月30日，胥口镇小学专用校车正式运营

（胥口镇　供稿）

永昌镇

【概况】 2020年，永昌镇总面积49.59平方千米，其中城镇建成区面积1.08平方千米，辖行政村5个，股份经济合作社5个，党员562人，其中党委3个、党总支4个、党支部28个，村民小组115个。年末总户数3541户，总人口11517人。全年实现工农业总产值14.46亿元，按可比价格计算，比上年增长6.2%；其中工业总产值10.86亿元，农业总产值3.6亿元。全年实现财政总收入4261.09万元，其中一般公共预算收入3403.33万元。农村经济总收入14.82亿元，农村经济净收入4.05亿元。农民人均收入41099元。

年末耕地面积1135公顷，其中水田面积392公顷，高标准农田面积287公顷，农作物播种面积854公顷，其中：粮食作物播种面积563公顷。粮食总产量390万千克。农机总动力0.31万千瓦。水利投资650万元。完成环境污染治理项目1个，投资额75.55万元。存栏生猪6388头，出栏肉猪7151头，存栏家禽1.4万羽，出栏家禽4.3万羽。水产品养殖面积107.74公顷，水产品产量2万千克。绿化造林46.28公顷，封山育林1984公顷。水果种植面积37.05公顷，水果产量86万千克。茶园面积61.31公顷，茶叶产量6万千克。农业技术服务机构个数1个，从业人员43人。农民专业合作社数量5个，成员410户。种植大户6户，家庭农场30个。工业企业总数143家，从业人员1836人，其中规模以上工业企业19家，实现产值9亿元、销售8.9亿元。住宿餐饮业企业5个，营业总收入2000万元。

小学1所，在校小学生446人，教职工50人；幼儿园1所，在园

2020年永昌镇各行政村基本情况表

表36

村　名	户数（户）	人口（人）	农村经济总收入（万元）	农村经济总费用（万元）	农村经济净收入（万元）	农民人均收入（元）
永　昌	1168	3862	73310	56918	18050	41761
长　盘	368	1219	12259	6922	5539	40804
唐　昌	455	1499	20323	20240	673	40514
昌　岭	511	1721	16467	11597	5207	40180
青　何	949	3190	25812	15270	10985	41182

幼儿233人，教职工31人。社区卫生服务中心1家，卫生室3个，医疗床位4张，执业（助理）医师13人，兽医（防疫）技术人员2人。全年出生70人，计划生育率98%。固定电话用户597户，移动电话用户6090户，因特网用户1875户。参加城乡居民养老保险216人。参加城乡居民基本医疗保险3224人。最低生活保障救助人数158人。农户新建房屋51户，建筑面积15300平方米。金融机构网点2个，公园及休闲健身广场6个。

【永昌镇抗击新型冠状肺炎疫情】 1月25日，永昌镇党委召开新冠肺炎疫情防控会议，严格落实区疫情防控指挥部部署，动员镇村两级党员干部开展宣传引导、人员管控、卡口管理等工作，累计值班值守5600余人次；完成在镇人员排查近万人；集中隔离32人，居家隔离155人；捐赠现金17.5万元。至2月20日，辖区企业复工复产110家，派驻企业服务专员24人，走访企业110家。

【永昌镇造纸、胶鞋、食品行业整治】 至年底，永昌镇完成造纸、胶鞋、食品三大传统行业整治提升，推动产业转型升级。2019年8月，永昌镇根据《富阳区永昌镇“三行业”整治提升实施方案(2019—2021年)》要求，按照时间节点，对辖区内8家造纸企业、9家胶鞋企业、4家食品企业进行整治提升，共计投入1000余万元，关停3家胶鞋企业，提升改造其余企业环保设施、安全设施、卫生健康等方面，并通过相关部门验收。

【杭州润匠技工学校建成】 3月11日，杭州科技技工学院（后改为杭州润匠技工学校）开工建设，项目占地面积3.16公顷，投资8500万元。选址原永昌中学校区，建设教学楼1栋，宿舍楼3栋，食堂1栋。10月，完成主体建设。计划首期在校师生1000余名，三年内在校生人数突破2000人，五年内为富阳区培训技工8000名以上，打造富阳技工培训金名片。

【漫联盟直播间开播】 11月28日，永昌镇漫联盟直播间正式开播并启动“素人主播培养计划”。浙江电视台首席主播席文直播售卖莴菜、笋制品等农产品。富春蓝、富阳在线、音、快手等平台同步直播，在线关注12.9万人，开播3小时销售额达28.6万余元。

【永昌镇完成第七次人口普查】 11月底，永昌镇完成第七次人口普查数据采集工作，准确采集各类有效数据11000多条。全镇户籍人口10960人，其中常住人口8781人，外来人口1861人，外出人口2179人，占比20%。出生人口75人，其中男孩42，女孩33人，死亡人口80人。户籍人口中60周岁以上人口2969人，占比27%，16—59周岁人口6800人，占比62%，16周岁以下青少年人口1225人，占比11.2%。

【永昌镇中心幼儿园教学楼扩建工程】 8月，永昌镇中心幼儿园教学楼扩建工程完成，9月正式投入使用。项目于2018年7月开工，新建教学综合楼1530平方米，改扩建传达室140平方米，总投资787万元。8月，该项目获全区教育投资项目“双抢双保”大比武投用类一等奖。

2020年3月11日，杭州科技技工学院(暂定名)开工建设

（永昌镇　供稿）

2020年11月13日，永昌镇首届竹文化艺术节在唐昌村举行

（永昌镇　供稿）

【永昌镇举办首届竹文化旅游节】 11月13日，永昌镇首届竹文化艺术节在唐昌村举行。活动以“竹乡奇妙夜”为主题，上演越剧情景剧《回娘家》、村歌《十里唐昌》，“西溪小花篮”传承人洪立萍工作室授牌，“永昌漫联·同心荟”授牌、永昌竹文化旅游宣推官发布、城北组团产业联盟成立仪式等活动，共吸引3000余人参加，人民网、光明网、新华网等30余家媒体报道。一周内，吸引来自杭州、上海等地游客共计3.5万余人。

【青何村AAA级景区村庄创建】 11月，青何村AAA级景区村庄创建项目、省级美丽宜居村庄创建通过验收。对照浙江省万村景区化五年行动计划创建要求，成立村级创建工作领导小组、加大资金投入、完善基础设施配套、优化村庄环境卫生、提升村级旅游服务品质。以“美丽景观+孝德文化+非遗传承+特色经济”理念完善配套设施，设置游客服务中心，建立文化大舞台，建设农贸市场、文化舞台、百诗公园等公共设施，复原和保护青何老街、古建筑、沿街房屋，整治村委楼外立面。

【永昌镇乡贤联谊会杭州驿站成立】 6月28日，永昌镇乡贤联谊会杭州驿站在浙商博物馆成立。聘请浙江省企业家协会副会长、浙商企业家丝绸之路集团董事长凌兰芳，河北省浙江企业联合会会长、浙江永昌乐地集团董事长赵勇强，杭州市温州商会秘书长陈光秒担任招商顾问；聘请杭州市美术家协会副主席刘一丁、中国声乐家协会副主席张承军担任文化顾问，并举行永昌镇乡贤馆捐建仪式、乡贤招商引资推荐会和乡贤回归项目签约仪式。

【永昌镇乡贤馆开工】 11月12日，永昌镇乡贤馆开工。该项目位于永昌镇永昌村，占地面积550平方米，由永昌镇乡贤联谊会会长陈小平个人投资1000万元。永昌镇乡贤馆由乡贤会客厅、乡贤展示厅、书画室以及禅茶室四大功能区，并分设永昌、唐昌、青何、长盘、昌岭村乡贤分馆5个。

【永昌镇完成村级组织换届】 11月9日，永昌镇完成村级党组织换届，12月6日完成村委会换届，12月16日完成村务监督委员、村股份经济合作社换届。总共产生30名村两委班子成员，平均年龄43.5岁，比上届年轻5.3岁。其中35周岁以下7人，占比23.3%；党员24人，占80%；女委员9人，占30%；大专以上学历10人，占47.6%；村书记、主任“一肩挑”5人，占比100%。

（王　颜）

大源镇

【概况】 2020年，大源镇总面积105.23平方千米，其中城镇建成区面积5.47平方千米、绿地面积0.02平方千米，辖行政村15个，社区1个，股份经济合作社15个，党员1934人，其中党委10个、党总支8个、党支部85个，村民小组199个。年末总户数10411户，总人口35904人。全年实现工农业总产值154.48亿元，按可比价格计算，比上年增长9.9%，其中工业总产值150.3亿元，农业总产值4.18亿元。全年实现财政总收入2.99亿元，其中一般公共预算收入0.9亿元。农村经济总收入301.31亿元，农村经济净收入44.17亿元。农民人均收入55153元。

年末耕地面积470公顷，其中水田面积240公顷，高标准农田面积12.6公顷，农作物播种面积1147公顷，其中：粮食作物播种面积492公顷。粮食总产量380万千克。农机总动力0.1万千瓦。水利投工6.43万工，投资9647万元。存栏生猪260头，出栏肉猪98头，存栏家禽2.5万羽，出栏家禽1.1万羽。绿化造林20公顷，封山育林2902公顷。水果种植面积4.6公顷，水果产量13.1万千克。茶园面积54公顷，茶叶产量8.37万千克。农业技术服务机构个数1个，从业人员8人。农民专业合作社数量16个，成员79户。种植大户6户，家庭农场11个。工业企业总数612家，从业人员17052人，其中规模以上工业企业31家，实现产值90亿元、销售93.8亿元、利润总额39亿元。建筑业企业2个。住宿餐饮业企业5个。商品交易市场11个。

中学1所，在校中学生1124人，教职工144人；小学2所，在校小学生1884人，教职工206人；幼儿园1所，在园幼儿682人，教职工88人；成校1所，教职工7人。社区卫生服务中心1家，卫生服务站5个，卫生服务室6个，医疗床位34张，执业（助理）医师44人。全年出生308人，计划生育率97.08%。固定电话用户2688户。社会福利收养性

表37

2020年大源镇各行政村基本情况表

村　名	户数（户）	人口（人）	农村经济总收入（万元）	农村经济总费用（万元）	农村经济净收入（万元）	农民人均收入（元）
大　源	1169	4301	528478	468215	60263	60251
亭　山	1086	4056	1249895	1081790	168105	60345
杨元坎	275	1023	35553	29070	6483	57204
蒋　家	1130	4008	161858	138053	23805	59970
东　前	505	1926	118193	99129	19064	50717
稠　溪	748	2537	142034	120357	21677	52511
新　关	633	2265	73824	53306	20518	58830
大　同	851	2832	169916	146040	23876	51476
贬　口	736	2632	182989	156108	26881	55764
骆　村	932	3056	69136	42302	26834	52084
勤　功	360	1255	78753	68064	10689	50582
青　山	576	1776	68229	56963	11266	51976
虹　赤	520	1534	66407	57494	8913	52503
三　岭	589	1774	52827	44139	8688	45851
史　家	301	929	15010	10411	4599	47266

单位1个，床位98张。参加城乡居民养老保险3406人。参加城乡居民基本医疗保险17490人。最低生活保障救助人数653人。农户新建房屋103户，建筑面积33528平方米。金融机构网点23个，公园及休闲健身广场42个。

【大源镇抗击新型冠状肺炎疫情】 1月23日，大源镇召开新型冠状病毒感染肺炎防控工作会议，紧急制定应急方案，开展“拉网式”排查、卡点值守、重点人员管控等疫情防控工作。累计设立守望点57处，入户排查5.21万人次，组织核酸检测237人次，集中隔离271人次，居家管控523人，提供志愿服务5000余人次。推进复工复产，组建由班子成员带队服务专班支，帮助企业开展网上审批办理、健康码申领、电子通行证激活等工作，按时复工复产企业400余家，个体工商户800余家，复工复产率达98%以上。疫情期间，全镇党员、群众及乡贤、商会等社会各界人士自发开展捐款捐物，共计收到捐款220余万元，防疫物资2.7万件，后勤物资43批次。

【大源镇新关村西复线安置小区分房】 4月6日，富阳区大源镇新关村兰庄自然村安置小区兰新苑举行分房仪式。杭州绕城西复线搬迁户22户和符合建房条件的审批户6户，在富阳区公证处见证下，通过两轮摇号，拿到新房钥匙。

【大源镇小微产业园房屋搬迁签约】 6月11日，大源镇启动小微产业园搬迁工作，实施搬迁区块为蒋家村五圣堂区块和亭山村塔堰。产业园一期将以“入园提升、做强做优、惠民富民”为基本定位，主要破解集镇范围内优质小微企业、成长型企业、科技型门窗关联企业的可持续发展问题。至7月30日，大源小微产业园房屋搬迁完成签约任务，其中民房组签约46户，签约率100%，企业组签约39家，签约

2020年9月26日，“博游富阳·探寻山乡文物故事”系列文物主题宣教活动（大源镇　供稿）

2020年4月23日，大源镇举办"味道山乡"系列活动——大源东前"百花百村　百村百味"暨《炊烟的味道》新书发布会　（大源镇　供稿）

率100%。

【大源镇汽胚线新关至胚口段改扩建工程搬迁】　7月21日，大源镇召开汽胚线新关至胚口段道路改扩建工程房屋搬迁动员大会。本次搬迁范围为新关村、胚口村涉及道路改建项目范围内的房屋及附属物，涉及搬迁房屋13幢、搬迁户15户。工程道路总长2.6千米，建设资金2.8亿元。

【大源镇安置房旭阳佳苑分房】　10月24日，大源镇安置房旭阳佳苑举行分房仪式，大源镇"旭阳佳苑"公寓房共有住宅140套，建筑面积20713.08平方米，其中小高层房源81套，高层房源59套。参加本次抽签选房的安置户包括大源溪综合整治工程（二期）、杭黄铁路建设工程、杭黄铁路下穿杭千高速保通便道工程建设以及东升一号安置区块工程建设的搬迁户。经过多轮抽签和选房，完成搬迁户38户安置房79套分配。

【大源镇完成第七次全国人口普查富阳区试点】　大源镇是全国第七次人口普查工作富阳区试点单位。7月5日，大源镇率先在全区开展第一次人口普查摸底工作，摸底调查对象为摸底期间居住在大源村试点区域内但不包括短期停留的人员，以及户口在大源村的外出人员。大源镇建筑物数量约为10411栋，总人数约为51545人，其中户籍人口数37155人，外来人口数14390人。

【大源镇创建国家卫生镇】　6月4日，大源镇召开创建国家卫生镇动员大会。至年底，15个村分块包干集镇环境卫生整治，投入2700万元完成集镇朝阳路等10条主干道路的沥青浇筑和人行道铺设，投入200余万元完成背街小巷综合整治项目，打通6条断头路，新增150余个车位，成功通过市级初验和省级暗访。

【大源镇完成村级组织换届】　11月9日，大源镇完成村级党组织换届，12月7日完成村委会换届，12月16日完成村务监督委员会、村股份经济合作社换届。总共产生村两委班子成员97名，平均年龄43.4岁，比上届年轻0.5岁。其中35周岁以下16人，占比16.49%；党员86人，占88.66%；女委员20人，占20.62%；大专以上学历38人，占39.18%；村书记、主任"一肩挑"15人，占比100%。

（方舒杨）

灵桥镇

【概况】　2020年，灵桥镇总面积54.84平方千米，辖行政村13个，股份经济合作社13个，党员1537人，其中党委9个、党总支6个、党支部62个，村民小组151个。年末总户数7567户，总人口26682人。规上工业总产值43.36亿元，全年实现财政总收入21629.8万元，其中一般公共预算收入5792.6万元。农村经济总收入195.45亿元，农村经济净收入19.29亿元。农民人均收入45735.77元。

年末耕地面积637公顷，其中水田面积206公顷，高标准农田面积34.08公顷，农作物播种面积119.5公顷，其中：粮食作物播种面积65.87公顷。粮食总产量49.4万千克。农机总动力0.64万千瓦。完成环境污染治理项目15个，投资额1200万元。存栏生猪281头，出栏肉猪495头，存栏家禽12971万羽，出栏家禽11339万羽。水产品养殖面积21公顷，水产品产量8.65万千克。绿化造林15公顷。水果种植面积40公顷，水果产量79.4万千克。茶园面积176.7公顷，茶叶产量2.86万千克。农业技术服务机构个数1个，从业人员12人。农民专业合作社数量1个，成员45户。种植大户17户，家庭农场12个。工业企业总数204家，从业人员5312人，其中规模以上工业企业25家，实现产值43.36亿元、销售43.5亿元。建筑业企业1个，总产值58672.3万元。住宿餐饮业企业23个，营业总收入21464万元。

中学2所，在校中学生161人，教职工86人；小学2所，在校小学生1050人，教职工125人；幼儿园1所，在园幼儿410人，教职工64人。社区卫生服务中心1家，服务站5个，医疗床位5张，执业（助理）医师22人，全年出生280人，计划生育率97.5%。固定电话用户1094户，移动电话用户11301户，因特网用户5763户。参加城乡居民养老保险310人。参加城乡居民基本医疗保险11751人。最低生活保障救助人数620人。农户新建房屋118户，建筑面积7510平方米。金融机构网点1个，公园及休闲健身广场2个。

【灵桥镇乒乓球邀请赛】　1月1日，灵桥镇"迎新年，庆元旦"乒乓球邀请赛在外沙村举行，来自富春街道、春江街道、大源镇和灵桥镇的17支队伍，共计100多名选手参加。灵桥镇外沙村队获冠军，富春街道

表38

2020年灵桥镇各行政村基本情况表

村名	户数(户)	人口(人)	农村经济总收入(万元)	农村经济总费用(万元)	农村经济净收入(万元)	农民人均收入(元)
灵桥	311	4731	1000289	946760	53529	53763
王家宕	340	1526	373900	322529	51371	53686
江丰	428	2420	30139	20768	9371	41241
外沙	528	2164	499745	40017	9958	42956
董家桥	435	1945	124334	102370	21964	50523
永丰	404	3018	152377	135388	16989	54211
光明	627	2249	105682	94520	11162	46232
山基	366	1299	27647	23964	3683	39424
利民	550	1842	25417	20081	5336	38062
新华	603	1994	28066	25182	2884	41679
陈村	276	931	4383	2809	1574	34008
蔡家坞	429	1268	6713	4773	1940	30018
菖蒲	403	1220	25585	22474	3111	39220

方家井村队获亚军，大源镇大源村队获季军。

【灵桥镇无偿献血活动】 1月3日，灵桥镇2020年度冬季团队无偿献血活动在镇政府举行。本次活动为富阳区首场无偿献血，吸引来自镇机关、各村、学校、企事业单位283人，献血量总计74580毫升，造血干细胞登记入库8人。

【羊晓君获第七届“最美杭州人”称号】 1月8日，第十五届杭州市道德模范（平民英雄）、第七届“最美杭州人”揭晓，灵桥籍书法家羊晓君获第七届“最美杭州人”称号。羊晓君右眼失明、左眼高度近视，仍坚持书法创作30余年，出版书法专著10余部，在中国美术馆、台湾孙中山纪念馆等地举办个人书法展，作品荣获“全国第三届楹联书法大展”金奖等各类奖项50余项。2019年，羊晓君获“全国自强模范”称号，并受到习近平总书记接见。

【灵桥镇抗击新型冠状肺炎疫情】 1月22日，灵桥镇召开新型冠状病毒感染肺炎防控工作会议，开展“拉网式”排查、卡点值守、重点人员管控等疫情防控工作，累计设立卡点42处，集中管控38人，居家管控58人，医学观察5人，提供志愿服务3万余人次；严格执行健康码、电子通行证、好房东APP等智控举措。推进复工复产，组建由班子成员带队服务专班13支，帮助企业开展网上审批办理、健康码申领、电子通行证激活等工作，按时复工复产企业192家，个体工商户240家。疫情期间，街道党员、群众及乡贤、商会等社会各界人士自发开展捐款捐物，共计收到捐款153.63余万元，防疫物资5万余件，后勤物资68余批次。

【灵桥镇2020玫瑰之约活动】 4月28日，大安项组团“潮起富春湾·韵味大江南——灵桥镇2020玫瑰之约”在灵桥镇外沙玫瑰园举行。活动发布灵桥镇手绘旅游地图，推出文创体验、红色研学、书乡寻源旅游线路3条，签约蔡家坞村蓝莓产业发展综合体、2020杭州市牛奶盒资源回收活动战略合作等美丽项目，授牌杭州市红领巾学院教育实践基地、富阳区亲青恋活动基地，成立灵桥镇文旅产业联盟，为6对金婚老人举行玫瑰婚典。

【富阳萧山两地书法雅集活动】 5月29日，“富春山居·人文灵桥”富阳萧山两地书法家孙过庭故里书法雅集活动在灵桥镇光明村文化礼

2020年12月13日，“我的书屋·我的梦”走进文化礼堂、共读《杭州优秀传统文化丛书》活动在灵桥镇新华村文化礼堂举行 （灵桥镇 供稿）

2020年10月14日，灵桥镇召开村级组织换届工作动员会

（灵桥镇　供稿）

堂举行，来自萧山、富阳两地约30名书法名家参加。活动用灵桥镇蔡家坞村蔡氏纸坊生产的元书纸，续写孙过庭《书谱》。

【原富阳工艺美术品总厂回忆展】 9月19日，“家在富春江上”灵岩文脉——原富阳工艺美术品总厂回忆展在富阳博物馆举行。展览全面呈现“灵岩文脉”风采，回顾原富阳工艺美术品厂的发展变迁史。展览分“缘起灵岩”“踵事增华”“一脉相承”三部分，共展出由原富阳工艺美术品厂的老师、职工、学员所创作的近百幅国画作品、工艺品以及实物资料等。

【灵桥镇完成村级组织换届】 11月9日，灵桥镇完成村级党组织换届，12月7日完成村委会换届，12月16日完成村务监督委员、村股份经济合作社换届。总共产生村两委班子成员75名，平均年龄41.8岁，比上届年轻4岁。其中35周岁以下20人，占比26.7%；党员69人，占92%；女委员21人，占28%；大专以上学历37人，占49.3%；村书记、主任“一肩挑”13人，占比100%。

【浙美·江堤艺术园开园】 12月12日，浙美·江堤艺术园开园仪式在灵桥镇王家宕村举行。浙美·江堤艺术园投资1500万元，通过改造存量造纸工业厂房，打造集艺术智造体验、艺术农业观光、艺术教育培训、艺术陈设展览为一体的综合文创园区，被授予“中国美院风景建筑设计研究总院空间与环境艺术研究院富阳研创基地”及“浙江财经大学艺术学院富阳实训基地”，至年底，入驻企业（工作室）8家。

（陈君亚）

里山镇

【概况】 2020年，里山镇总面积25.43平方千米，其中城镇建成区面积0.52平方千米、绿地面积0.06平方千米，辖行政村5个，股份经济合作社5个，党员614人，其中党委4个、党总支2个、党支部6个，村民小组71个。年末总户数2983户，总人口10352人。全年实现工业总产值22.03亿元，全年实现财政总收入0.9亿元，其中一般公共预算收入3264万元。农村经济总收入45.41亿元，农村经济净收入3.55亿元。农民人均收入39890元。

年末耕地面积120.4公顷，其中水田面积8.2公顷，高标准农田面积14.2公顷，农作物播种面积354公顷，其中：粮食作物播种面积118公顷。粮食总产量262万千克。存栏生猪209头，出栏肉猪1014头，存栏家禽0.76万羽，出栏家禽1.41万羽。绿化造林1公顷，封山育林1080公顷。水果种植面积42.9公顷，水果产量281.7万千克。茶园面积418.2公顷，茶叶产量42.5万千克。农业技术服务机构个数1个，从业人员3人。农民专业合作社数量7个，成员222户。种植大户9户，家庭农场5个。工业企业总数40家，从业人员1477人，其中规模以上工业企业12家，实现产值21.6亿元、销售22.8亿元、利润总额259万元。建筑业企业1个，总产值8403万元。住宿餐饮业企业22个。商品交易市场1个。

小学1所，在校小学生229人，教职工34人；幼儿园1所，在园幼儿151人，教职工23人。社区卫生服务中心1家，卫生室2个，医疗床位5张，执业（助理）医师12人。全年出生84人，计划生育率97.6%。固定电话用户760户，移动电话用户2642户，因特网用户1690户。参加城乡居民养老保险145人。参加城乡居民基本医疗保险10339人。最低生活保障救助人数240人。农户新建房屋34户，建筑面积10980平方米。金融机构网点1个，公园及休闲健身广场20个。

【里山镇抗击新型冠状肺炎疫情】 1月23日，里山镇党委召开新冠肺炎疫情防控会议，严格落实区疫情防控指挥部部署，动员乡村两级党员干部开展宣传引导、人员管控、卡口管理等工作，累计值班值守7550余人次；完成在镇人员10463人排查；集中隔离9人，居家隔离88人；捐赠现金20.95万元。至3月5日，辖区企业复工复产39家，派驻企业服务专员8人，走访企业39家。

【“名山名茶名景区”建设】 5月9日，里山镇召开“名山名茶名景区”建设暨2020年重点工作擂台比武动员大会，推进名山名茶名景区建设。做好名山文章，改善人居环境，“美丽杭州”创建排名全区第3名，美丽庭院擂台比武5场全胜，民强村获全区行政村垃圾分类大比武第6名，里山镇获评国家级卫生镇；做好名茶文章，打响“金名片”，

2020年里山镇各行政村基本情况表

表39

村 名	户数（户）	人口（人）	农村经济总收入（万元）	农村经济总费用（万元）	农村经济净收入（万元）	农民人均收入（元）
里 山	836	3056	177269	163048	14221	40407
灵 峰	685	2431	101407	92645	8762	41744
民 强	405	1349	84127	79971	4156	38695
马鞍山	446	1458	42777	39441	3336	38484
安 顶	611	2058	48558	43547	5011	38712

建立核心区块茶农“诚信联盟”，设计新茶叶包装，设计防伪二维码，安顶村胡春根荣获区斗茶大会“金茶王”奖。做好名景区文章，拉动文旅产业，邀请浙江工商大学专业团队，设计AAAA级景区规划。

【马鞍山村农村环境综合整治工程】 10月，完成里山镇马鞍山村农村环境综合整治工程，工程投资77.812万元，饮用水水源及生态林自然保护区石坎切筑，村中溪道、道路切坎，绿化及村容村貌整治，进一步提升马鞍山村生态环境。

【夏震武教育基金】 4月，里山镇成立里山夏震武教育基金，通过乡贤及商会捐款，募集资金145.3万元，用于资助家庭困难学生和表彰品学兼优学生，营造勤奋好学、尊师重教的良好氛围。至年底，发放教育基金10.38万元，资助家庭困难学生2人，表彰品学兼优学生10人。

【里山镇中心幼儿园改扩建】 7月，里山镇中心幼儿园改扩建工程完工，项目位于里山镇里山村，总用地面积4177.5平方米，建筑面积2842.2平方米，总投资850万元。9月，幼儿园开园，在园幼儿6个班共计159人。

【获评省三星级食安办】 11月，浙江省食品药品安全委员会下发（浙食药安办〔2020〕6号）文件，里山镇食安办获评浙江省三星级乡镇街道食安办。通过将食品安全网络纳入平安“一张网”体系、建立健全食品安全管理制度、加强食品的监管力度、加强农产品、食品投入品的管理、加强食品安全知识的学习和宣传等举措，提升里山镇经济社会发展质量。

【创建四星级残疾人之家】 12月，里山镇残疾人之家被杭州市残疾人联合会、杭州市卫生健康委员会评为四星级残疾人之家。里山镇残疾人之家总投资55万元左右，建筑面积650平方米，室外场地约1600平方米。拥有管理人员5人，兼职医生1人，以日间照料的方式托养残疾人20余人。

【2020里山安顶云上茶市开茶】 4月23日，富春山居·味道山乡2020里山安顶云上茶市暨大安顶组团启动仪式，在里山镇安顶山观景平台举行。省委宣传部副部长李杲，杭州市政协原副主席、杭州市茶文化研究会会长何关新，区领导夏芬、钟永明参加。活动揭晓富春山居·斗茶大会结果，表彰十大手工炒茶能手、十名斗茶优胜奖、茶王入围奖、“银茶王”“金茶王”以及三名“2020浙江省十大龙井茶炒制能手”等。杭州富阳甘坑茶叶专业合作社徐会福获“银茶王”称号，里山镇胡春根获“金茶王”称号。举行富阳区人民教育基金会里山夏震武教育基金揭牌仪式。首发《富春山居·安顶云雾茶》图书，揭幕安顶云雾茶诚信联盟、签约党建联盟。大安顶组团春江街道、大源镇、灵桥镇、里山镇和渔山乡的五位乡镇（街道）党（工）委书记共同开启“潮起富春湾韵味大江南”大安顶组团邀约画卷。

【里山镇完成村级组织换届】 11月9日，里山镇完成村级党组织换届，12月6日完成村委会换届，12月16日完成村务监督委员会、村股份经济合作社换届。总共产生28名村两委班子成员，平均年龄41岁。其中35周岁以下8人，占比

2020年4月23日，富春山居·味道山乡2020里山安顶云上茶市暨大安顶组团启动 （里山镇 供稿）

2020年3月31日，浙江广播集团FM107“期待的旅行”走进安顶云雾风情小镇开展直播带货
（里山镇　供稿）

28.6%；党员27人，占96.4%；女委员7人，占25%；大专以上学历14人，占50%；村书记、主任“一肩挑”5人，占比17.9%。

【茶经济发展】　5月，安顶云雾茶文化精品旅游线被省农业农村局评定为浙江省十大茶文化旅游路线。5月，安顶云雾茶获“杭州市名优茶金奖”。全年共举办“田园餐桌”1次，接待游客6200余人次，农产品销售额5300余万元；通过富阳农商银行丰收互联APP推出“富春山居·安顶云雾茶”的优惠推广专场，销售额8万余元；浙江广电集团FM107“期待的旅行”栏目开展“安顶风情”直播活动，开展一把手（书记）直播带货，一小时直播时间在线观看115万人次；通过新华99电商平台等省、国家级互联网平台传播推广，提升“富春山居·安顶云雾茶”品牌价值。

（全路华）

渔山乡

【概况】　2020年，渔山乡总面积36.76平方千米，其中城镇建成区面积11.5平方千米、绿地面积0.02平方千米，辖行政村4个，股份经济合作社4个，党员553人，其中党委4个、党总支2个、党支部21个，村民小组80个。年末总户数3854户，总人口13319人。全年实现财政总收入4523万元，其中一般公共预算收入2312.6万元。农村经济总收入5.89亿元，农村经济净收入5.86亿元。农民人均收入39070元。

年末耕地面积594.9公顷，其中水田面积204.02公顷，高标准农田面积47.6公顷，农作物播种面积390公顷，其中：粮食作物播种面积350公顷。粮食总产量135万千克。农机总动力0.06万千瓦。水利投工0.35万工，投资350万元。完成环境污染治理项目1个，投资额100万元。存栏生猪2247头，出栏肉猪2203头。绿化造林16.7公顷，封山育林1640公顷。茶园面积259.1公顷，茶叶产量39万千克。农业技术服务机构个数1个，从业人员5人。农民专业合作社数量4个，成员276户。种植大户2户，家庭农场3个。工业企业总数44家，从业人员906人，其中规模以上工业企业6家，实现产值4.41亿元、销售4.48亿元、利润总额0.15亿元。住宿餐饮业企业1个，营业总收入130万元。

小学1所，在校小学生248人，教职工28人；幼儿园1所，在园幼儿156人，教职工25人。社区卫生服务中心1家，卫生室4个，医疗床位6张，执业（助理）医师11人，全年出生104人，计划生育率98.08%。参加城乡居民养老保险8765人。参加城乡居民基本医疗保险13087人。最低生活保障救助人数257人。农户新建房屋50户，建筑面积18000平方米。金融机构网点1个，公园及休闲健身广场18个。

【渔山乡抗击新型冠状肺炎疫情】　1月25日，渔山乡党委召开新冠肺炎疫情防控会议，严格落实区疫情防控指挥部部署，动员乡村两级干部、党员开展宣传引导、人

2020年2月15日，党员志愿者在渔山村疫情防控检查点重温入党誓词
（渔山乡　供稿）

2020年渔山乡各行政村基本情况表

表40

村名	户数（户）	人口（人）	农村经济总收入（万元）	农村经济总费用（万元）	农村经济净收入（万元）	农民人均收入（元）
墅溪	727	2546	85687	70891	14796	33194
渔山	1123	3952	89315	80187	9128	32784
五岭	709	2569	71259	60175	11084	41196
大葛	1185	4159	70128	51297	18831	48387

员管控、卡口管理等工作，共设立党员先锋岗8个，累计参与执勤检查、人员劝导、隔离管控等防疫工作党员440余名、3000余人次，集中隔离17人，居家隔离213人。复工复产阶段，组织机关50余名工作人员助力全乡42家工业企业，122户个体工商户有序复工复产。

【富春80-1号地块（盛大路区块）有机更新项目签约】 3月，渔山乡参与富春80-1号地块（盛大路区块）有机更新，抽调机关党员干部16名。5月9日，完成签约住宅24户；5月21日，完成签约经营户（承租企业）54户；6月20日，完成签约主体企业17家。

【渔山芒种节气活动】 6月5日，渔山乡开展富春山居·味道山乡“我在渔山有块田”渔山芒种节气暨杭州学军中学新劳动教育结对仪式。依托渔山乡优质生态环境和稻米文化资源，结合新劳动教育、“我在富春山乡有个家”城乡结亲等主题，进一步推广富阳美丽山乡品牌。

【春永沿线“低小散”企业拆迁签约】 9月20日，渔山乡完成春永沿线“低小散”企业拆迁工作。根据区委、区政府统一部署，5月29日，渔山乡发布冻结公告并开始摸底调查；7月21日，测绘、评估进场；8月26日，农户签约；9月20日，签约完成，共有企业43家，农户1户，腾退土地18.67公顷。

【渔山乡渔山村家具小微产业园一期建设】 9月，渔山村家具小微产业园一期项目完成验收，项目累计投入资金900万元，共占地6000平方米，建设标准化厂房2幢。至年底，招商入驻企业2家，预计增收村集体收入116万元/年，实现产业提升、隐患排除、环境美化、增加就业等效应。

【渔山乡第九届稻香节】 11月1日，“富春卷首　三江汇萃”2020杭州富阳·渔山稻香文化节启幕，稻香文化节持续2天，其间共举办稻香星光音乐会、创意农夫集市、田园亲子餐桌、稻田迷宫、水稻收割趣味活动、四库全书DP点等活动10余场，吸引游客3万余人次，创造旅游收入16万元。

【渔山乡完成村级组织换届】 11月9日，渔山乡完成村级党组织换届，12月6日完成村委会换届，12月16日完成村务监督委员会及村股份经济合作社换届。总共产生28名村两委班子成员，平均年龄40.57岁，比上届年轻1.39岁。其中35周岁以下8人，占比28.57%；党员28人，占100%；女性6人，占21.42%；大专以上学历12人，占42.86%；村书记、主任“一肩挑”4人，占比100%。

【渔山乡获评“浙江省诗词之乡”】 12月21日，“中华诗词之乡”授牌仪式活动在杭州市淳安县举行，渔山乡获“浙江省诗词之乡”称号，由浙江省诗词与楹联学会、杭州市拥江发展领导小组办公室授予。10月13日，杭州市拥江发展领导小组办公室、杭州市诗词楹联学会授予渔山乡“杭州市诗词之乡”称号，并举行《渔山诗词选》新书首发赠书仪式。《渔山诗词选》收录诗词近600首。其中，当代诗人咏渔山的诗400余首，搜集古诗100多篇。渔浦是古代的津渡码头，富春渔浦是富春诗路首端，南朝诗人谢灵运，唐宋时期李白、白居易、孟浩然、罗隐、苏轼、陆游、范成大，明代刘伯温等历代诗人均留有佳作。

2020年11月1日，“富春卷首　三江汇萃”2020杭州富阳·渔山稻香文化节启幕

（渔山乡　供稿）

【渔葛复线公路入选杭州市“十大最美农村路”】 12月11日，杭州市交通运输局举行“四好农村路”建设成果发布会，渔山乡渔葛复线公路入选杭州市“十大最美农村路”。渔葛复线全长4.06千米、宽7.5米，总投资3000万元，涉及渔山、五岭、大葛等行政村，于2019年10月建成通车，属三级公路。

（李　铭）

上官乡

【概况】 2020年，上官乡总面积27.06平方千米，其中城镇建成区面积0.1平方千米、绿地面积15.3平方千米，辖行政村5个，股份经济合作社5个，党员519人，其中党委3个、党总支4个、党支部21个，村民小组72个。年末总户数2655户，总人口7922人。全年实现规上工业销售产值1.10亿元，实现农业总产值1.53亿元。全年实现财政总收入2922万元，其中一般公共预算收入1486万元。农村经济总收入13.75亿元，农村经济净收入5.29亿元。农民人均收入45098元。

年末耕地面积212公顷，其中水田面积77.5公顷，高标准农田面积13.3公顷，农作物播种面积369公顷，其中：粮食作物播种面积221公顷。粮食总产量811万千克。农机总动力0.07万千瓦。水利投工0.3万工，投资450万元。完成环境污染治理项目1个，投资额580万元。存栏生猪1131头，出栏肉猪1614头，存栏家禽3.41万羽，出栏家禽7.09万羽。水产品养殖面积0.87公顷，水产品产量1.5万千克。绿化造林3.3公顷，封山育林467公顷。水果种植面积6公顷，水果产量4.4万千克。茶园面积34.1公顷，茶叶产量4.6万千克。农业技术服务机构个数1个，从业人员4人。农民专业合作社数量4个，成员50户。种植大户4户，家庭农场2个。工业企业总数138家，从业人员8120人，其中规模以上工业企业3家，实现产值1.1亿元、销售0.95亿元。建筑业企业23个，总产值5181万元。住宿餐饮业企业40个，商品交易市场1个。

小学1所，在校小学生460人，教职工45人；幼儿园1所，在园幼儿200人，教职工26人。社区卫生服务中心1家，卫生室2个，医疗床位4张，执业（助理）医师14人，兽医（防疫）技术人员1人。全年出生55人，计划生育率100%。固定电话用户463户，移动电话用户5019户，华数网络用户635户。参加城乡居民养老保险2437人。参加城乡居民基本医疗保险7682人。最低生活保障救助人数403人。农户新建房屋21户，建筑面积7560平方米。金融机构网点1个，公园及休闲健身广场8个。

【上官乡第十七届人民代表大会第七次会议召开】 1月9日，上官乡第十七届人民代表大会第七次会议召开，来自全乡各行业的44名代表出席。会议听取并审议上官乡2019年政府工作报告、财政预算执行情况、人大主席团工作报告、代表建议办理情况、民生实事项目实施情况等。

【上官乡抗击新型冠状肺炎疫情】 1月22日，上官乡召开新型冠状病毒感染肺炎防控工作会议，开展“拉网式”排查、卡点值守、重点人员管控等疫情防控工作。累计设立卡点11处，集中管控36人，居家管控230人，提供志愿服务2090人次。推进复工复产，组建由班子成员带队服务专班，帮助企业开展网上审批办理、健康码申领、电子通行证激活等工作，按时复工复产企业276家，个体工商户135家。疫情期间，全乡党员、群众及乡贤、商会等社会各界人士自发开展捐款捐物，共计收到捐款5万余元，防疫物资1万余件，后勤物资30余批次。在全区抗疫复工大比武中，上官乡进入红榜6次。

【2020年度云上兰花大会】 3月8日，上官乡举办2020富春山居·味道山乡之“兰蕙同心　香约上官”云上兰花大会，活动历时5个月。其间，开展“尚兰山乡”云上最美兰房展示、“云淘食尚”兰花销售平台上线、“独具兰心”兰花培育慕课开发、“兰心汇能”云上诵读活动等活动。

【上官乡球拍品牌指导服务站成立】 8月6日，富阳区首家球拍品牌指导服务站在中国（上官）球拍产业园挂牌成立。上官球拍品牌指导服务站由区市场监管局与上官乡人民政府联合成立，是一个全方位、一站式的知识产权公共服务平台，将为上官企业提供商标品牌法律法规宣传咨询、商标注册辅导、商标维权援助、商标运用指引、自主品牌培育、商标交易平台等个性

2020年6月6日，上官乡乡长金本忠助力球拍直播带货

（上官乡　供稿）

2020年上官乡各行政村基本情况表

表41

村名	户数（户）	人口（人）	农村经济总收入（万元）	农村经济总费用（万元）	农村经济净收入（万元）	农民人均收入（元）
四堡	400	1159	19545	13052	6493	49189
深里	488	1587	39004	26946	12058	40410
剡溪	630	1784	32703	17279	15424	56636
大盛	859	2599	25875	12994	12881	35541
芳村	278	793	20345	14355	5990	53871

化服务，引导企业走品牌强企之路，推动上官球拍品牌建设，为打造“球拍名镇·幸福上官”提供品牌保证。

【上官乡集镇农贸市场开业】 8月25日，上官乡集镇农贸市场开业。该项目于2018年10月启动，历时2年完成。一楼农贸市场共投入资金200余万元，建筑面积1080平方米，市场内共设肉类、水产、蔬菜、自产自销、禽类、熟食、粮油副食品7个区块，摊位20余个，预计每年为村集体经济创收20余万元。二楼及以上为本村农民建房，安排农户宅基地6户。

【中国（上官）球拍检测实验室启动】 8月27日，上官乡举行中国（上官）球拍检测实验室启动仪式，项目分四期推进，第一期于2020年建设完成，包含球拍涂层厚度检测、球拍涂层附着力检测、球拍涂层耐磨性能检测和球拍涂层耐盐雾性能检测等功能。产业园检测实验室的建立，是全乡提高创新能力，深化产学研融合，推动高质量发展的又一重要举措。下一步，全乡将以产业园检测实验室成立为契机，探索校企联姻，聚集创新资源，助推传统产业转型升级，充分发挥智力密集、人才荟萃的“产学研”优势，促进合作共赢和科技成果转化，为上官球拍的再次腾飞蓄势添力。

2020年8月27日，中国（上官）球拍检测实验室成立

（上官乡　供稿）

【上官商会换届选举】 11月18日，富阳区上官商会第五次会员大会举行，会议审议并通过上官商会第四届理事会工作报告，选举产生新一届商会会长、副会长、秘书长、理事和独立监事。会议全面回顾总结本届商会工作，提出新一届商会工作目标。

【上官乡完成村级组织换届】 11月8日，上官乡完成村级党组织换届，12月6日完成村委会换届，12月16日完成村务监督委员会、村股份经济合作社换届。总共产生29名村两委班子成员，平均年龄40.2岁，比上届年轻4岁。其中35周岁以下8人，占比27.6%；党员26人，占89.7%；女委员7人，占24.1%；大专以上学历18人，占62.1%；村书记、主任“一肩挑”5人，占比17.2%。

【富阳区首家“社科之家”落户上官】 12月20日，富阳区首家“社科之家”授牌仪式在中国（上官）球拍产业园举行，将为富阳区社科工作者和社科研究者爱好者提供一个免费查阅资料和学术研讨交流的开放式的活动场所。至年底，“社科之家”共组织举办社科人文大讲堂、基层理论宣讲等社科人文知识普及活动2场，并组织青少年参观学习60余人次。

（沈依依）

常绿镇

【概况】 2020年，常绿镇总面积49.08平方千米，其中城镇建成区面积1.3平方千米、绿地面积0.3平方千米，辖行政村8个，股份经济合作社8个，党员645人，其中党委4个、党总支5个、党支部33个，村民小组128个。年末总户数5234户，总人口15646人。全年实现财政总收入996.06万元，其中

2020年常绿镇各行政村基本情况表

表42

村　名	户数（户）	人口（人）	农村经济总收入（万元）	农村经济总费用（万元）	农村经济净收入（万元）	农民人均收入（元）
大　章	1275	3702	36302	28151	10710	35841
青　龙	377	1201	15104	13294	2442	37145
双　溪	304	901	8884	6304	2936	32581
北　坞	701	1968	21346	17433	5352	44695
黄　弹	411	1244	11314	8696	2952	34151
长　佳	932	2755	59276	51452	8332	32814
长　春	756	2381	31857	25988	6378	33566
五　联	478	1494	20615	17260	4176	35040

一般公共预算收入529.25万元。农村经济总收入20469万元，农村经济净收入4327万元。农民人均收入35840元。

年末耕地面积178.55公顷，其中水田面积113.85公顷，高标准农田面积166公顷，农作物播种面积262公顷，其中：粮食作物播种面积129公顷。粮食总产量131万千克。农机总动力0.95万千瓦。水利投工0.18万工，投资1000万元。存栏生猪1312头，出栏肉猪11250头，存栏家禽1.2万羽，出栏家禽2.1万羽。绿化造林6公顷，封山育林850公顷。水果种植面积3.20公顷，水果产量9.1万千克。茶园面积70公顷，茶叶产量8.5万千克。农业技术服务机构个数1个，从业人员3人。农民专业合作社数量5个，成员52户。种植大户1户，家庭农场3个。工业企业总数20家，从业人员350人，其中规模以上工业企业1家，实现产值0.5亿元、销售0.5亿元、利润总额20万元。建筑业企业10个，总产值13000万元。住宿餐饮业企业1个，营业总收入35万元。

小学1所，在校小学生267人，教职工39人；幼儿园1所，在园幼儿124人，教职工24人。社区卫生服务中心1家，卫生室3个，医疗床位15张，执业（助理）医师14人，兽医（防疫）技术人员1人。全年出生89人，计划生育率98.4%。固定电话用户2364户，移动电话用户4231户，因特网用户5234户。参加城乡居民养老保险890人。参加城乡居民基本医疗保险11495人。最低生活保障救助人数501人。农户新建房屋75户，建筑面积8751平方米。金融机构网点1个，公园及休闲健身广场12个。

2020年7月，杭州富阳“味道山乡·常绿溪山行”暨“红绿篮”纳凉大会举办
（常绿镇　供稿）

【常绿镇抗击新型冠状肺炎疫情】　1月23日，常绿镇召开新型冠状病毒感染肺炎防控工作会议，开展“拉网式”排查、卡点值守、重点人员管控等疫情防控工作，累计设立卡点30处，集中管控16人，居家管控96人，医学观察112人；严格执行健康码、电子通行证、好房东APP等智控举措。推进复工复产，组建由班子成员带队服务专班16支，帮助企业开展健康码申领、电子通行证激活等工作，按时完成全镇企业复工复产。

【“1+7”红色综合体项目建设】　完成新四军两渡富春江纪念馆主馆建设及中共江南县工委旧址、中共窈口区委台门、蒋忠烈士墓修缮。建强富阳党史教育基地，推出特色红色研学线路1条，年接待团队300余个，党员1万余名。

【全域旅游发展】　1月，常绿镇创建省AAAA级旅游景区镇，7月举办2020年杭州富阳“味道山乡，常绿溪山行”暨“红绿篮”纳凉大会，吸引游客4.2人参加；大章村老街新开店铺5家，成立“章妈妈的菜”农家乐29家，旅游经济收入420余万元。

【获浙江省第六届“乡村振兴杯”篮球赛季军】　11月8日，浙江省第六届“乡村振兴杯”篮球赛在富阳举行，来自全省各地的15支篮球队参加，常绿篮球队获季军。

【常绿镇社区卫生服务中心改扩建】 12月，常绿镇社区卫生服务中心改扩建竣工。常绿镇社区卫生服务中心该项目，建筑面积3000平方米，用地面积0.36公顷，工程总投资1421万元。设有全科门诊、中医馆、口腔科、输液室、B超、中西药房、三优服务中心等功能区块。

【常绿镇北坞村居家养老服务中心建设】 11月，常绿镇北坞村居家养老服务中心竣工并投入使用。常绿镇北坞村居家养老服务中心项目位于常绿镇北坞村，是由原北黄完全小学拆除后新建而成。该项目总投资600万元，占地面积1670平方米，建筑面积1170平方米，院内设施齐全，共50张床位，配备了优质耐用舒适的软硬件设施，兼具日间照料与全托服务功能。

【常绿镇完成村级组织换届】 11月8日，常绿镇完成村级党组织换届，12月7日完成村委会换届，12月16日完成村务监督委员会、村股份经济合作社换届。总共产生46名村两委班子成员，平均年龄39.43岁。其中35周岁以下16人，占比46%；女性14人，占30.43%；大专以上学历31人，占67.39%；村书记、主任“一肩挑”8人，占比100%。

（黄一彬）

2020年12月，常绿镇社区卫生服务中心改扩建竣工

（常绿镇 供稿）

场口镇

【概况】 2020年，场口镇总面积58.05平方千米，其中城镇建成区面积1.32平方千米，辖行政村24个，居委会1个，股份经济合作社24个，党员1835人，其中党委6个、党总支16个、党支部89个，村民小组333个。年末总户数13447户，总人口42869人。全年实现工农业总产值112.90亿元，其中工业总产值82.5亿元，农业总产值30.4亿元。全年实现财政总收入2.95亿元。农村经济总收入41.91亿元，农村经济净收入19.63亿元。农民人均收入35226元。

年末耕地面积1598公顷，其中水田面积1098公顷，高标准农田面积125公顷，农作物播种面积1598公顷，其中：粮食作物播种面积1523公顷。粮食总产量1098万千克。农机总动力2.21万千瓦。水利投工0.8万工，投资85万元。存栏生猪565头，出栏肉猪1054头，存栏家禽2.90万羽，出栏家禽4.6万羽。水产品养殖面积106公顷，水产品产量102.50万千克。封山育林2542公顷。水果种植面积43.3公顷，水果产量431万千克。茶园面积22.50公顷，茶叶产量2万千克。农业技术服务机构1个，从业人员6人。农民专业合作社数量26个，成员85户。种植大户16户，家庭农场28个。工业企业546家，从业人员9600人，其中规模以上工业企业69家，实现产值82.5亿元、销售62.48亿元、利润总额8.22亿元。住宿餐饮业企业12个，营业总收入0.12亿元。商品交易市场1个，交易额0.5亿元。

中学1所，在校中学生1004人；小学1所，在校小学生1175人；幼儿园1所，在园幼儿560人。社区卫生服务中心1家，下辖卫生服务站7个、村卫生室1个，医疗床位30张，执业（助理）医师46人，兽医（防疫）技术人员2人。全年出生388人，计划生育率97%。固定电话用户33208户，移动电话用户4.2万户，因特网用户4690户。社会福利收养性单位1个，床位128张。参加城乡居民养老保险6850人。参加城乡居民基本医疗保险23701人。最低生活保障救助人数1079人。农户新建房屋70户，建筑面积21520平方米。金融机构网点3个，公园及休闲健身广场22个。

【富阳首届马拉松大赛】 12月19日，富阳首届马拉松大赛在场口镇举行，本次赛事参照国际比赛标准，全程21.1千米，吸引约330人参加。本次半程马拉松赛起点为场口镇中心小学，途经场口西街—场口客运中心—老鹰画室—场裕街（30号路）—木排路（25号路）—东上线—汤横线—东舒线—东梓关绿道，终点在壶源溪与瓜桥江交汇处附近。

【“美丽城镇”创建杭州样板】 12月31日，杭州市城乡环境治理协调小组办公室公布2020年度新时代美丽城镇建设市级样板，场口镇入选。

【场口镇抗击新型冠状肺炎疫情】 1月23日，场口镇启动新冠肺炎疫情防控工作。2月4日，因周边疫情防控态势严峻，场口镇启动最严管控措施，整村封闭行政村11个，居家隔离村民14488人。在疫情防控期间，依托“大党委制”，充分发挥组团联村指导和党员先锋模范作用，做到排查隔离“村不漏户、户不漏人”，累计发动参与防控2万

2020 年场口镇各行政村基本情况表

表 43

村名	户数（户）	人口（人）	农村经济总收入（万元）	农村经济总费用（万元）	农村经济净收入（万元）	农民人均收入（元）
场口	688	2346	23215	15092	8123	35845
真佳溪	1136	3862	34567	21569	12998	33072
叶盛	565	1960	22650	16112	6538	38428
马山	738	2408	25412	17318	8094	35780
青江	778	2473	32708	26426	6282	34154
华丰	647	2172	23158	16798	6360	34236
联群	453	1353	18892	13137	5755	45403
洋沙	435	1357	12729	8464	4265	37899
徐家	638	1874	10892	5531	5361	32525
瓜桥埠	497	1544	15000	10739	4261	35882
上沙	642	1820	23134	17856	5278	35979
百丈畈	367	1283	9750	6013	3737	34968
赵欧	342	1142	9954	6555	3399	33400
东梓关	646	1888	25768	19645	6123	34427
上村	518	1528	16874	13059	3815	34158
乌畤溪新	713	2306	24185	19750	4435	32103
下图山	309	947	7408	5230	2178	35874
上图山	616	1874	19102	14100	5002	35133
白石皎	430	1502	12160	7465	4695	33801
洪家塘	473	1578	10242	5524	4718	34214
宋家溪	290	888	5932	3340	2592	34595
新元	349	1115	11494	7310	4184	37239
鸿丰	508	1589	20169	15640	4529	38620
红星	669	2060	23109	17138	5971	36655

2020 年 12 月 19 日，场口镇举办富阳首届马拉松大赛

（场口镇　供稿）

余人次。

【孙吴大道通车】　6 月 15 日，孙吴大道（13 号路与汤马线交叉）通车，提升区域交通效率，解开制约场口、常安、湖源三个乡镇发展的瓶颈。孙吴大道是贯通 320 国道到环金线的连接道路，是场口新城 320 国道主要入城口，道路全长约 1.7 千米，宽 37 米，分平交口改造工程及 22 号南侧道路两大项目实施，总投资达 1.12 亿元，为城市主干道。

【场口镇小城市培育项目集中开工】　3 月 31 日，2020 年场口镇小城市培育集中开工仪式在场口镇场口村举行，涉及产业发展、基础设施、环境提升等项目 50 个，涵盖旧城、新城、新区、新农村等四大

2020年6月15日，场口镇孙吴大道通车

（场口镇 供稿）

板块，总投资达162.75亿元，其中旧城改造项目2个，总投资118.21亿元；制造业项目20个，总投资10.03亿元；服务业项目9个，总投资12.38亿元；公建配套项目11个，总投资20.42亿元；美丽乡村项目8个，总投资1.71亿元。

【场口镇“微镇”项目落地】 3月25日，场口镇“微镇”项目一级开发确定，社会资本垫资建设项目13.5亿元。涉及项目公寓房、文昌阁、龙潭渡、草坪公园、庄稼乐园、渡口广场、马山滩广场、文创公园等。

【壶源溪就业服务中心启用】 5月17日，富阳区壶源溪流域就业服务中心启动仪式暨2020年壶源溪流域夏季招聘会在场口镇党群服务中心举行。活动吸引用工企业30家，提供工作岗位400余个，求职登记人员300余人，达成就业意向140人，发放各类宣传资料500余份，接受政策咨询300余人次。壶源溪流域就业服务中心由场口镇人民政府牵头主管，常安镇、湖源乡协同管理，区人力社保局负责日常监管和业务指导，杭州三赢人力资源服务有限公司派驻业务骨干人员入驻。场地设在场口镇党群服务中心，面积约500平方米，配备LED电子屏、复印机等信息化设施设备，主要功能为政策咨询、招聘求职、职业推荐、技能培训等。

【场口镇村级组织换届】 12月6日，场口镇完成村级组织换届，总共产生133名村两委班子成员，平均年龄43岁，比上届年轻1.8岁。其中，35周岁以下26人，占比19.5%；党员109人，占81.9%；女委员36人，占27.1%；文化程度均在高中以上，其中大专以上学历60人，占45.1%。“一肩挑”得票率达到97.47%。

【场口镇首块住宅用地出让】 4月24日，场口镇首块商业住宅用地完成出让。该地块位于富阳区场口镇场口村，毗邻场口客运站。东至规划33号路，南至场口30号路，西至场口35号路，北至场口西街。地块出让面积为35163平方米，建筑面积为70326平方米，容积率2.0，绿地率不小于35%，建筑高度在60米以下。出让起价为11260万元，楼面起价1601元/平方米。经8家房地产企业19轮竞价，以总价14460万元，楼面价2056元/平方米，溢价率28.6%，自持6%完成出让。由浙江三江房地产开发有限公司和浙江省百合集团公司获得。

（陈沈和）

常安镇

【概况】 2020年，常安镇总面积63.84平方千米，其中城镇建成区面积0.63平方千米，辖行政村16个，股份经济合作社16个，党员1275人，其中党委7个、党总支9个、党支部55个，村民小组232个。年末总户数7660户，总人口25250人。全年实现工农业总产值37.63亿元，按可比价格计算，比上年增7.8%；其中工业总产值16.16亿元，农业总产值21.47亿元。全年实现财政总收入4001.12万元，其中一般公共预算收入2218.48万元。农村经济总收入21.47亿元，农村经济净收入6.56亿元。农民人均收入28905元。

年末耕地面积906.89公顷，其中水田面积724.41公顷，高标准农田面积152.90公顷，农作物播种面积1223.06公顷，其中：粮食作物播种面积831.73公顷。粮食总产量5534万千克。农机总动力0.83万千瓦。水利投工1563万工，投资2600万元。存栏生猪3002头，出栏肉猪935头，存栏家禽33374万羽，出栏家禽19441万羽。水产品养殖面积12公顷，水产品产量3383.8万千克。封山育林2945.6公顷。水果种植面积235公顷，水果产量3383.8万千克。茶园面积113.5公顷，茶叶产量121.06万千克。农业技术服务机构个数1个，从业人员2360人。农民专业合作社数量47个，成员3532户。种植大户70户，家庭农场40个。工业企业总数60家，从业人员2360人，其中规模以上工业企业7家，实现产值14.74亿元、销售14.33亿元、利润总额0.13亿元。建筑业企业31个。住宿餐饮业企业32个，营业总收入1256万元。商品交易市场1个，交易额2003万元。

小学1所，在校小学生376人，教职工36人；幼儿园1所，在园幼儿158人，教职工27人。社区卫生服务中心1家，卫生室9个，医疗床位12张，执业（助理）医师29人，兽医（防疫）技术人员1

2020 年常安镇各行政村基本情况表

表 44

村　名	户数（户）	人口（人）	农村经济总收入（万元）	农村经济总费用（万元）	农村经济净收入（万元）	农民人均收入（元）
项　家	272	876	3478	988	2490	28916
礼　门	327	1101	4410	1495	2915	28828
小　剡	563	1750	18462	14128	4334	28834
大　田	600	2248	19411	14147	5264	29004
安　禾	1092	3572	25220	16087	9133	28956
沧　洲	708	2216	11216	6705	4511	28971
东　风	522	1659	14273	10089	4184	28794
幸　福	625	2054	34245	27686	6559	29090
董　家	448	1448	21627	16875	4752	29095
横　溪	264	872	12496	10031	2465	28257
东山下	381	1304	4809	1887	2922	28788
横　槎	754	2659	31193	24813	6380	28954
杏梅坞	245	748	3360	1396	1964	28783
景　山	278	980	3464	707	2757	28622
东村坞	264	820	3169	813	2356	29134
五　胜	317	943	3863	1281	2582	28865

人。全年出生 177 人，计划生育率 98.77%。固定电话用户 1685 户，移动电话用户 7687 户，因特网用户 1105 户。社会福利收养性单位 1 个，床位 150 张。参加城乡居民养老保险 1121 人。参加城乡居民基本医疗保险 13307 人。最低生活保障救助人数 782 人。农户新建房屋 97 户，建筑面积 11365 平方米。金融机构网点 1 个，公园及休闲健身广场 27 个。

【常安镇第十七届人大第七次会议召开】 1 月 8 日，常安镇第十七届人大第七次会议召开，全镇 56 位人大代表参加。大会听取和审查了常安镇 2019 年度政府工作报告、常安镇第十七届人大主席团工作报告、常安镇 2019 年度政府投资项目实施情况和 2020 年度政府投资项目计划报告。大会选举金茂勇为常安镇人民政府副镇长，全体代表参加宪法宣誓仪式。

【常安镇“不忘初心、牢记使命”主题教育总结大会召开】 1 月 13 日，常安镇召开“不忘初心、牢记使命”主题教育总结大会。区委第四巡回指导组、全体镇领导班子成员、各行政村书记、主任等共 100 余人参加。在主题教育期间，重点抓好区管以上干部 13 名和全镇普通党员 1278 名的学习教育工作，开展领导班子集中学习研讨 8 场、普通党员集中学习研讨 63 场、思想大讨论 63 场 1486 人次、各支部交流 167 场 2814 人次，组织 61 个党支部 1286 人次开展红色研学、领导班子上党课 14 场、支部书记上党课 61 场、领导班子领办破难攻坚项目 13 个，领导班子对照检视问题 89 个。结合“三服务”活动，广泛征集意见建议 782 条，完成整改 694 条。

【常安镇抗击新型冠状肺炎疫情】 1 月 15 日，常安镇党委召开新冠肺炎疫情防控工作会议，严格落实区疫情防控指挥部部署，动员

2020 年 10 月 17 日，2020 年度浙江富阳永安山第十五届滑翔伞嘉年华暨第二届浙江省滑翔伞俱乐部对抗赛开幕　　（常安镇　供稿）

2020年5月，永安山慕野星空露营俱乐部试营业

（常安镇　供稿）

乡村两级党员干部开展宣传引导、人员管控、卡口管理等工作，累计值班值守873余人次；累计走访排查110740人次，慰问困难群众800余人，集中医学观察19人，居家医学观察125户253人，未发现确诊病例。建立“组团捆绑”服务企业机制，服务企业229家，复工2323人，发放口罩等物资1万余件，服务个体工商户206户，解决实际困难309个，全面实现复工复产。

【壶源溪流域首届“绿水青山”嘉年华活动召开】　6月28日，壶源溪流域首届“绿水青山”嘉年华活动正式启动，常安镇、场口镇、湖源乡3个乡镇以组团方式共同参与组织，常安镇推进农创山野集市、水上大玩场、中国好声音富阳赛区启动仪式等活动。

【中共富阳中心支部史料展示馆揭牌】　6月30日，中共富阳中心支部史料展示馆揭牌仪式举行。中共富阳中心支部史料展示馆，又名常安镇革命史料陈列室，位于常安镇小剡村，建筑面积300余平方米，展区分中共小剡支部、中共富阳中心支部、新四军在常安、金萧支队在常安和常安革命前辈及烈士等版块，生动展示中国共产党在常安地区革命活动的历史。

【常安镇根雕创艺园揭牌】　7月9日，常安镇根雕创艺园揭牌仪式举行。常安镇根雕产业始于20世纪70年代，从最初的十几个人发展成300余户个体传统手艺生产基地。根雕创艺园位于小剡村永安山脚下，建筑面积1000余平方米，展示馆集根雕展示、线上线下推广等功能为一体。

【浙江富阳永安山第十五届滑翔伞嘉年华】　10月17日，2020年度浙江富阳永安山第十五届滑翔伞嘉年华暨第二届浙江省滑翔伞俱乐部对抗赛开幕，来自全国各地100余名滑翔伞运动员参加。

【常安镇完成村级组织换届】　11月9日，常安镇完成村级党组织换届，12月7日完成村委会换届，12月16日完成村务监督委员会、村股份经济合作社换届。选举产生村两委班子成员90名，平均年龄41.74岁，比上届年轻1.22岁。其中35周岁以下25人，占比27.7%；党员77人，占85.5%；女委员21人，占23.3%；大专以上学历40人，占44.4%；村书记、主任“一肩挑”16人，占比100%。

【获浙江省文化礼堂示范乡镇】　2020年，常安镇获浙江省文化礼堂示范乡镇称号。至年底，常安镇累计创建省五星级礼堂2个，市四星级礼堂4个，区三星级文化礼堂7个。

（何颖群）

龙门镇

【概况】　2020年，龙门镇总面积27.30平方千米，辖行政村4个，股份经济合作社4个，党员475人，其中党委5个、党总支2个、党支部25个，村民小组72个。年末总户数2451户，总人口7044人。全年实现工农业总产值3.74亿元，按可比价格计算，比上年增长29.5%；其中工业总产值3.07亿元，农业总产值0.67亿元。全年实现财政总收入1566.8万元，其中一般公共预算收入852.6万元。农村经济总收入6.99亿元，农村经济净收入1.95亿元。农民人均收入34918元。

年末耕地面积227公顷，其中水田面积197公顷，高标准农田面积20公顷，农作物播种面积450公顷，其中：粮食作物播种面积344公顷。粮食总产量188.2万千克。农机总动力0.2万千瓦。水利投工0.1万工，投资180万元。完成环境污染治理项目1个，投资额80万元。存栏生猪296头，出栏肉猪808头，存栏家禽2.39万羽，出栏家禽1.92万羽。水产品养殖面积4.50公顷，水产品产量80万千克。绿化造林5公顷，封山育林1317公顷。水果种植面积79公顷，水果产量139.1万千克。茶园面积57.9公顷，茶叶产量11.8万千克。农业技术服务机构个数1个，从业人员1人。农民专业合作社数量1个，成员7户。种植大户5户，家庭农场1个。工业企业总数11家，从业人员280人，其中规模以上工业企业2家，实现产值0.9亿元、销售0.94亿元、利润总额0.14亿元。住宿餐饮业企业4个，营业总收入2200万元。商品交易市场1个，交易额550万元。

小学1所，在校小学生168人，教职工21人；幼儿园1所，在园幼儿111人，教职工16人。社区卫生服务中心1家，医疗床位3张，执业（助理）医师11人。全年出生50人，计划生育率100%。固定电话用户305户，移动电话用户4530户，

2020 年龙门镇各行政村基本情况表

表 45

村　名	户数（户）	人口（人）	农村经济总收入（万元）	农村经济总费用（万元）	农村经济净收入（万元）	农民人均收入（元）
龙门一村	615	1838	17005	12084	4921	35034
龙门三村	556	1667	15895	11304	4591	34790
龙门五村	501	1498	14300	10091	4209	34796
龙门七村	779	2041	19205	13991	5214	35009

2020 年 2 月 12 日，龙门镇成立共抗疫情临时党总支
（龙门镇　供稿）

因特网用户 1515 户。参加城乡居民养老保险 179 人。参加城乡居民基本医疗保险 3488 人。最低生活保障救助人数 178 人。农户新建房屋 4 户，建筑面积 480 平方米。金融机构网点 1 个，公园及休闲健身广场 5 个。

【龙门镇第十七届人大第七次会议召开】　1 月 9 日，龙门镇第十七届人民代表大会第七次会议召开，镇人大代表 43 名及列席人员 34 名参加。大会听取和审查龙门镇 2019 年度政府工作报告、人大主席团工作报告、2019 年政府投资项目完成情况及 2020 年候选政府投资项目说明，书面审查龙门镇 2019 年度财政预算执行情况及 2020 年度预算报告。大会选举徐磊为龙门镇人民政府镇长、陆学文为龙门镇政府副镇长，票决 2020 年民生实事项目。

【龙门镇抗击新型冠状肺炎疫情】　1 月 27 日，龙门镇党委召开新冠肺炎疫情防控会议，严格落实区疫情防控指挥部部署。2 月 12 日，龙门镇成立共抗疫情临时党总支，下设四个党支部，分别是联防联控党支部、医疗卫生党支部、企业服务党支部、后勤保障党支部，动员镇村两级党员干部开展宣传引导、人员管控、卡口管理等工作。累计值班值守 3000 余人次；完成在镇人员 5361 人排查；集中隔离 23 人，居家隔离 25 人；捐赠现金 34 万元，捐赠口罩 5500 个、消毒酒精 150 余公斤。至 4 月 7 日，辖区企业和个体工商户复工复产 422 家，派驻企业服务专员 62 人，走访企业 154 家。

【“富春山居·味道山乡”大龙门组团联席会】　3 月 10 日，“富春山居·味道山乡”大龙门组团联动会议在龙门镇一楼会议室召开。龙门、环山、上官、常绿 4 个乡镇党委书记、镇长、分管领导参加。会议审议并提出《“富春山居·味道山乡”——大龙门组团联动方案（草稿）》和《2020 富春山居·味道山乡之“花开剡溪”宣传方案》意见建议，明确前期宣传方向和比武内容分工。

2020 年 4 月 29 日，2020“富春山居·味道山乡”推介暨乡村百花大会在龙门古镇拉开帷幕
（龙门镇　供稿）

【“富春山居·味道山乡”百花大会开幕】 4月29日，2020“富春山居·味道山乡”推介暨乡村百花大会在富阳龙门古镇开幕。本次百花大会由富阳区人民政府主办，推出热气球揽胜百花、砚池夜月、民谣音乐会、耕读戏院等活动，时间从4月30日至5月4日，吸引游客10.52人次，带来旅游收入659.2万元。

【龙门镇“七一”党建大会暨“党员联系弄堂制”启动】 6月29日，龙门镇召开“强服务 做表率 当先锋”七一党建大会暨“党员联系弄堂制”启动仪式。龙门镇全体镇村干部、组级支部书记、表彰代表共90余人参加。会议通报“最美弄堂”大比武评选活动情况，宣读《龙门镇“党员联系弄堂”制度》，镇党委书记周妙荣回顾龙门镇在党的建设、产业发展、民生福祉、环境整治四个方面取得成绩，提出目前存在问题。

【杭州市人防办与龙门镇成立联合党支部】 8月17日，杭州市人防办联合龙门镇举办“助万企、帮万户”联合党支部成立仪式，并进行授旗。该联合党支部由市人防办服务小分队3名党员和龙门镇5名党员组成，目的是帮助龙门镇服务复工复产、服务旅游节庆、服务基层群众等。

【龙门“夜学讲坛”开班暨党建共建战略合作签约仪式】 8月17日，龙门“夜学讲坛”开班暨富阳农商银行党建共建战略合作签约仪式在龙门三村文化礼堂举行。龙门镇党委书记周妙荣，富阳农商银行党委书记、董事长丁松茂，龙门镇全体机关干部、各行政村村两委干部，富阳农商银行总行相关部门负责人参加。会上龙门镇党委书记周妙荣与富阳农商银行党委书记、董事长丁松茂签订《党建共建助力乡村振兴战略合作》协议。

【第三届龙门庙会】 10月1日至8日，第三届富阳龙门庙会举行。活动以“龙门古镇，喊你回家”为主题，围绕家庭篇（我们都是孙家人）、家园篇（我们都是龙门人）、家国篇（我们都是追梦人）三大篇章，举办龙门镇家风馆开馆、赏灯猜谜闹中秋、掌灯夜龙门、《士与土》抗战“双百”湿版摄影展、《幸福记忆·见证初心》全家福百年影像巡展等活动。

【龙门镇完成村级组织换届】 11月8日，龙门镇完成村级党组织换届，12月5日至12月6日完成村委会换届，12月16日完成村务监督委员会、村股份经济合作社换届。总共产生24名村两委班子成员，平均年龄43.30岁，比上届年轻3.5岁。其中35周岁以下2人，占比8.3%；党员23人，占95.8%；女委员6人，占25%；大专以上学8人，占33.33%；村书记、主任“一肩挑”4人，占比100%。12月22日，龙门镇举行离任村干部荣退仪式暨新任村干部选后第一课活动。

【开展中共十九届五中全会精神的主题宣讲】 12月10日，区委常委、纪委书记、监委主任胡志明赴龙门镇开展“全力拥抱新发展阶段 打造龙门发展新格局”中共十九届五中全会精神主题宣讲。主题宣讲会议在龙门三村文化礼堂举行，全体镇干部、新一届村委干部等60余人参会。胡志明重点从深刻认识中国已经进入新发展阶段，凝聚一心一意谋发展的思想合力、准确把握2035年远景目标和“十四五”时期我国发展重点任务，牢牢把握古镇发展的着力点、坚持党的全面领导，动员各方面力量为实现“十四五”规划和2035年远景目标而团结奋斗三个方面内容深入讲解中共十九届五中全会精神。

（金露洁）

湖源乡

【概况】 2020年，湖源乡总面积125.87平方千米，其中城镇建成区面积21.83平方千米、绿地面积121.36平方千米，辖行政村10个，股份经济合作社10个，党员658人，其中党委2个、党总支8个、党支部38个，村民小组117个。年末总户数4527户，总人口15346人。全年实现工农业总产值3.98亿元，其中工业总产值1.63亿元，农业总产值2.35亿元。农业增加值9726万元。全年实现财政总收入1740万元，其中一般公共预算收入3916万元。农村经济总收入10.28亿元，农村经济净收入1.64亿元。农民人均收入28736元。

年末耕地面积267.07公顷，其中水田面积220公顷，农作物播种面积524.6公顷，其中：粮食作物播种面积470公顷。水利投资1.3亿元。存栏生猪1122头，出栏肉猪1380头，存栏家禽2.7万羽，出栏家禽5.7万羽。水果种植面积95.53公顷，水果产量71.93万千克。茶园面积30公顷，茶叶产量3.3万千克。农业技术服务机构个数1个，从业人员3人。农民专业合作社数量14个，成员85户。种植大户15户，家庭农场11个。工业企业总数22家，从业人员603人，其中规模以上工业企业3家，实现产值1.77亿元、销售1.81亿元、利润总额0.24亿元。建筑业企业23个。住宿餐饮业企业4个，营业总收入378万元。商品交易市场1个，交易额24.75万元。

小学1所，在校小学生90人，教职工27人；幼儿园1所，在园幼儿46人，教职工13人。社区卫生服务中心1家，卫生室7个，执业（助理）医师14人。全年出生112人，计划生育率97.32%。固定电话用户2048户，移动电话用户3699户，因特网用户304户。社会福利收养性单位1个，床位118张。参加城乡居民养老保险4634人。参加城乡居民基本医疗保险7677人。最低生活保障救助人数642人。农户新建房屋70户，建筑面积8400平方米。金融机构网点2个，公园及休闲健身广场10个。

【味道山乡寻味湖源厨艺争霸赛】 1月15日，“农商杯”味道山乡寻味湖源厨艺争霸赛暨年俗展示活动在窈口村中心广场举行，来自湖源乡的农家乐、民宿经营户以及个人共计30家参加。经过3位专家评委和11位大众评委品尝打分，选出源乡厨艺大师8名，源乡厨艺能手11名，

2020年湖源乡各行政村基本情况表

表46

村 名	户数（户）	人口（人）	农村经济总收入（万元）	农村经济总费用（万元）	农村经济净收入（万元）	农民人均收入（元）
新 一	226	830	26373	25142	1231	32366
新 二	545	1995	7511	4801	2711	34610
新 三	720	2620	11877	9312	2565	31537
常 南	419	1429	3258	1911	1348	29760
新 绿	340	1220	6703	5404	1300	30098
双 喜	636	2391	20483	18169	2314	30772
杨家坞	446	1565	3965	3027	939	24675
石 龙	398	1340	3406	2288	1118	29497
上 臧	200	680	13665	12359	1306	36057
窈 口	369	1263	5591	4084	1507	29456

源乡厨艺新星10名，票选产生源乡十大招牌菜和源乡五大名点。

【湖源乡抗击新型冠状肺炎疫情】 1月15日，湖源乡党委召开新冠肺炎疫情防控工作会议，严格落实区疫情防控指挥部部署，动员乡村两级党员干部开展宣传引导、人员管控、卡口管理等工作，累计值班值守5000余人次；完成在乡人员5629人排查，实现排查全覆盖；集中隔离107人，居家隔离103人；捐赠现金50.62万元。建立“组团捆绑”服务企业机制，协调解决问题45件。至2月下旬，复工复产企业、经营户129家，有序推进春耕备耕农业生产。

【湖源乡党群服务中心启用】 6月8日，湖源乡党群服务中心启用。项目位于湖源乡新一村，建筑共2层，占地面积342平方米，总建筑面积739平方米，总投资投资200余万元。内设湖源乡美丽党建展示区、美丽经济展示区、青年创客中心、石头花开体验中心等个性化区域。

【首届壶源溪绿水青山嘉年华】 6月28日，湖源乡举办首届壶源溪流域“绿水青山”嘉年华。绍兴市诸暨市马剑镇，金华市浦江县檀溪镇，杭州市桐庐县新合乡，杭州市富阳区场口镇、常安镇、湖源乡等三地四县六乡镇签订《壶源溪流域联动共建区域合作框架协议》，内容包括生态环境共治、旅游资源共享、文化交流共促、社会经济共融、区域治理共管等5个方面。活动期间，还举办溪舞表演、农特产品和文创产品集市、湖源田园餐桌“源乡一席”打卡、窈口村漂流、上臧村竹筏游等活动5场，吸引游客2000余人次。

【元书纸产业整治】 6月，开展湖源乡新华片（新二村、新三村）竹纸整治工作，完成竹纸生产经营户谈判攻坚任务259户，其中提升1家，入园3家，关停拆除255家。建设元书纸小微企业园、元书纸古法造纸技艺展示馆。

【湖源乡完成村级组织换届】 11月8日，湖源乡完成村级党组织换届，12月7日完成村委会换届，12月16日完成村务监督委员会、村股份经济合作社换届。选举产生村两委班子成员52名，平均年龄41岁，比上届年轻5岁。其中35周岁以下12人，占比23.08%；党员42人，占80%；女委员14人，占26%；大专以上学历25人，占48%；村书记、主任“一肩挑”10人，占比100%。

【湖源乡壶源溪绿道获评“浙江最美绿道”】 11月9日，浙江省住房和城乡建设厅办公室发布《浙江省住房和城乡建设厅等8部门关于公布第四届“浙江最美绿道”名单的通知》（浙建成发〔2020〕61号），壶源溪绿道获评第四届“浙江最美绿道”。壶源溪绿道湖源乡段，全长15.8千米，投资1250万元，途

2020年6月28日，湖源乡举办首届壶源溪流域“绿水青山”嘉年华

（湖源乡 供稿）

湖源乡新一村龙鳞坝夜景

（湖源乡　供稿）

经双喜村、新一村、新三村、上臧村、窈口村、石龙村。

【壶源溪获评2020年“美丽河湖”】 12月17日，浙江省水利厅和省美丽浙江建设领导小组“五水共治”（河长制）办公室发布《浙江省水利厅 省美丽浙江建设领导小组“五水共治”（河长制）办公室关于公布2020年“美丽河湖”名单的通知》（浙水河湖〔2020〕15号），富阳区壶源溪获评2020年“美丽河湖”。

【“红色湖山”红色研学线路】 2021年，湖源乡公布“红色湖山”红色研学线路，线路以“窈口金萧支队纪念馆”为核心，整合新一村金刚渡口、上臧村党建公园、杨家坞村湖田山金萧支队后方医院遗址等红色资源。共吸引省市区学习参观党组织185个，党员9000余名。

【村级荣誉】 新一村、上臧村获省级善治示范村，窈口村获得“中国天然氧吧”称号，新一村、窈口村成功创建区级垃圾分类示范村，新一村、上臧村、窈口村获得“百花百村”优秀村称号，窈口村获得区级书法村称号，新一村获评富阳区新时代“美丽庭院”样板村，石龙村、杨家坞村创建AA级景区村，石龙村创建四星级文化礼堂。

（朱斐然）

环山乡

【概况】 2020年，环山乡总面积38.52平方千米，其中城镇建成区面积0.85平方千米、绿地面积0.01平方千米，辖行政村7个，股份经济合作社7个，党员729人，其中党委4个、党总支5个、党支部28个，村民小组113个。年末总户数3831户，总人口12799人。全年实现农业总产值0.75亿元，财政总收入1.63亿元，其中一般公共预算收入0.41亿元。农村经济总收入43.31亿元，农村经济净收入5.42亿元。农民人均收入37888元。

年末耕地面积360公顷，其中水田面积344公顷，高标准农田面积25.2公顷，农作物播种面积853公顷，其中：粮食作物播种面积641公顷。粮食总产量437万千克。农机总动力1.05万千瓦。水利投工290万工，投资650万元。完成环境污染治理项目2个，投资额150万元。存栏生猪1135头，出栏肉猪6423头，存栏家禽1.8万羽，出栏家禽10.8万羽。水产品养殖面积40公顷，水产品产量55万千克。绿化造林106公顷，封山育林1930公顷。水果种植面积27.5公顷，水果产量84.50万千克。茶园面积35.2公顷，茶叶产量0.38万千克。农业技术服务机构个数1个，从业人员5人。农民专业合作社数量8个，成员60户。种植大户5户，家庭农场12个。工业企业总数30家，从业人员1190人，其中规模以上工业企业5家，实现产值17.5亿元、销售17.52亿元、利润总额5.64亿元。建筑业企业23个，总产值37081万元。住宿餐饮业企业4个，营业总收入280万元。

中学1所，在校中学生807人，教职工77人；小学1所，在校小学生500人，教职工54人；幼儿园1所，在园幼儿248人，教职工34人。社区卫生服务中心1家，卫生室3个，执业（助理）医师13人，兽医（防疫）技术人员1人。全年出生87人，计划生育率95.4%。固定电话用户685户，移动电话用户2000户，因特网用户1615户。参加城乡居民养老保险242人。参加城乡居民基本医疗保险6642人。最低生活保障救助人

2020年2月14日，杭州富阳申能固废环保再生有限公司捐赠防疫资金10万元

（环山乡　供稿）

2020 年环山乡各行政村基本情况表

表 47

村　名	户数（户）	人口（人）	农村经济总收入（万元）	农村经济总费用（万元）	农村经济净收入（万元）	农民人均收入（元）
中　埠	450	1470	56464	48466	7998	39238
诸佳坞	595	2110	96834	88048	8786	41046
中　兴	687	2336	82878	73347	9531	39515
环　一	498	1682	60763	53839	6924	40127
环　二	343	1189	40304	35171	5134	37920
环　三	351	1145	46699	42172	4527	38143
环　联	907	2867	49202	37946	11256	38824

数 215 人。新建房屋 42 户，建筑面积 15120 平方米。金融机构网点 1 个，公园及休闲健身广场 3 个。

【环山乡抗击新型冠状肺炎疫情】　1 月 24 日，环山乡召开新型冠状病毒感染肺炎防控工作会议，开展“拉网式”排查、卡点值守、重点人员管控等疫情防控工作。累计设立卡点 21 处，集中管控 20 人，居家管控 203 人，提供志愿服务 3000 余人次。推进复工复产，组建由班子成员带队服务专 11 支，帮助企业开展网上审批办理、健康码申领、电子通行证激活等工作，按时复工复产企业 124 家，个体工商户 248 家。疫情期间，全乡党员、群众及乡贤、商会等社会各界人士自发开展捐款捐物，共计收到捐款 150 余万元，防疫物资 6 万余件，后勤物资 300 余批次。

【环山乡完成村级组织换届】　11 月 8 日，环山乡完成村级党组织换届，12 月 6 日完成村委会换届，12 月 16 日完成村务监督委员会、村股份经济合作社换届。总共产生 40 名村两委班子成员，平均年龄 42.5 岁，比上届年轻 3.1 岁。其中 35 周岁以下 11 人，占比 27.5%；党员 39 人，占 97.5%；女委员 10 人，占 25%；大专以上学历 21 人，占 52.5%；村书记、主任“一肩挑”7 人，占比 100%。

【全区首家乡镇级矛盾纠纷调处化解中心】　9 月 22 日，环山乡矛盾纠纷调处化解中心揭牌，成立全区首家乡镇级矛盾纠纷调处化解中心。环山乡矛盾纠纷调处化解中心位于环山乡环二村，投资 50 余万元，建筑面积 140 平方米，内设“百姓议事室、法治驿站、调解室、警务室、微法庭、道德讲堂、志愿者服务站”等功能的矛盾纠纷调处化解一体化办事的“平安小院”，自 6 月试运行以来，全年累计调解矛盾纠纷 69 起，化解区级挂牌信访积案 1 起。

2020 年 6 月 23 日，环山乡举办“党徽耀剡水 · 和花映山居”大党建文化主题晚会

（环山乡　供稿）

【环山乡危房治理】　6 月 19 日，环山乡召开危房治理工作会议，推进治危拆违工作。至年底，共治理改造危旧房 141 间，其中拆除 84 处，累计 7340 平方米，修缮 57 处，累计 1678 平方米。

【环山乡环境整治提升】　6 月 12 日，环山乡召开“环山乡环境整治大提升”攻坚大会，根据“美丽杭州”专项行动要求，全年开展环境整治比武 4 期，集中整治 35 次，督查 5 次，完成整治点位 1167 处，创建市级水美乡村 7 个；诸佳坞、环一村、环三村分别创建为省、市、区垃圾分类示范村。

【环山乡创建省文明乡】　通过狠抓组织建设、改善人居环境、营造浓厚氛围、提高思想意识等，全面推动精神文明建设工作守正创新，大力开展文明村镇创建活动。至年底，中埠村、环一村创建四星级文化礼堂，新建新时代文明实践所 1 个，站点 7 个，乡贤馆、党群服务中心等揭牌并投入运营。2021 年 1 月，通过浙江省文明乡镇创建。

【《环山印记 · 第一辑》正式出版】　8 月，环山乡党委、政府主持编撰的《环山印记·第一辑》由浙江工商大学出版社正式出版。全书4章108千字，以图文并茂的表现方式，系统梳理环山乡土历史文化源流。为该乡第一本系统性乡土历史文化读本，为打造新时代环山乡文化“内核”，引领乡村振兴战略的深入实施，注入了生机和活力。

（骆鸿群）

万市镇

【概况】 2020年，万市镇总面积155.37平方千米，其中城镇建成区面积0.95平方千米、绿地面积0.12平方千米，辖行政村15个，居委会1个，股份经济合作社15个，党员1294个，其中党委6个、党总支10个、党支部54个，村民小组293个。年末总户数7146户，总人口22706人。全年实现工农业总产值10.42亿元，按可比价格计算，比上年增长5%，其中工业总产值6.39亿元，农业总产值4.04亿元。全年实现财政总收入2.69亿元，其中一般公共预算收入0.65亿元，农村经济总收入87.64亿元，农村经济净收入6.94亿元，农民人均收入36406元。

年末耕地面积1066公顷，其中水田面积893公顷，高标准农田578公顷。农作物播种面积2859公顷，其中粮食作物1876.4公顷。粮食总产量3031万千克。农机总动力2523万千瓦。水利投工13.2万工，投资2640万元。完成环境污染治理项目2个，投资额890万元。存栏生猪5124头，出栏肉猪15224头，存栏家禽39.875万羽，出栏家禽21.7万羽，水产品养殖面积92.34公顷，水产品产量21.6万千克。绿化造林45公顷，封山育林3200公顷。水果种植面积15公顷，水果产量556万千克。茶园面积89.67公顷，茶叶产量6.48万千克。农业技术服务机构个数1个，从业人员17人。农业专业合作社数量33个，成员238户。种植大户25户，家庭农场23个。工业企业总数145家，从业人员1749人，其中规模以上工业企业10家，实现产值3.15亿元、销售3.1亿元、利润总额0.54亿元。建筑业企业12个。总产值2350万元。住宿餐饮业企业44个，营业总收入430万元。商品交易市场1个，交易额1670万元。

中学1所，在校中学生496人，教职工78人；小学3所，在校小学生550人，教职工78人；幼儿园3所，在园幼儿278人，教职工38人。社区卫生服务中心1家，卫生服务站13个，医疗床位30张，执业（助理）医师38人，兽医（防疫）技术人员3人。全年出生146人，计划生育率98.63%。固定电话用户4300户，移动电话18770户，因特网用户3953户。社会福利收养性单位1个，床位50张。参加城乡居民养老保险1874人。参加城乡居民基本医疗保险12118人。最低生活保障救助人数816人。农户新建房屋116户，建筑面积13920平方米。金融网点5个，公园及休闲健身广场27个。

【万市镇村级乡贤联谊组织全覆盖】 1月4日，万市镇田源村召开首届乡贤代表联谊会，富阳区委常委、统战部部长陈平出席，来自社会各界的20余名乡贤代表参加。会议通过《田源村乡贤代表联谊会章程》，表决通过会长1名，副会长3名，秘书长1名。万市镇15个行政村实现级村级乡贤代表联谊会全覆盖。

【万市推进村志编纂】 3月，万市镇启动村志编纂工作。镇本级成立万市镇地方志编纂领导小组及编辑部，彭家等9个村成立村志编纂委员会，开展万市镇村志编纂工作。重点记载村庄历史沿革、物质文化、村俗文化、红色文化等历史资源。

【万市镇村（居）监察工作联络站成立】 4月15日，万市镇召开村（居）监察工作联络站成立会议。镇纪委、监察办成员，各村（居）监会成员共计50余人参加。镇纪委宣读《万市镇关于设立村（居）监察工作联络站的通知》，授牌村（居）监察工作联络站16个，聘任监察联络员48名，推动监察监督体系向基层拓展延伸。

【万市镇劳模事迹陈列馆开馆】 4月30日，万市镇劳模事迹陈列馆在万市镇槎源坞村开馆，为富阳区首个劳模馆。区总工会副主席黄志平，万市镇党政人大班子成员，万市镇省市区各级劳模，基层站所负责人，各行政村（居）党组织书记等120余人参加。劳模馆位于槎源坞村文化礼堂（浙江省五星级文化礼堂）四楼，展厅面积300平方米，馆内展示全国劳模沈凤英在内的17位劳模的先进事迹，为万市镇弘扬劳动精神、宣传劳模文化的文化阵地。

【市发改委双万小分队开展驻点服务】 5月，市发改委组建双万小分队（“助万企、帮万户”活动小

2020年4月30日，万市镇劳模事迹陈列馆在万市镇槎源坞村开馆

（万市镇 供稿）

2020年万市镇各行政村基本情况表

表48

村 名	户数（户）	人口（人）	农村经济总收入（万元）	农村经济总费用（万元）	农村经济净收入（万元）	农民人均收入（元）
东 叙	261	833	14537	11663	2874	39988
白 石	356	1125	38576	33869	4707	42036
彭 家	712	2346	63155	54917	8238	40712
何 家	452	1542	42463	37043	5420	37309
众 缘	561	1856	115584	109486	6098	38788
罗 宅	439	1312	105966	100566	5400	36090
白 马	244	793	18254	15978	2276	35851
方 里	276	936	47253	44441	2812	36592
何 务	281	873	26190	23975	2215	31970
杨 家	366	1181	37402	34086	3316	38476
平 山	540	1709	48356	43242	5114	32873
新 民	350	1198	35673	31822	3851	32896
万 市	627	2354	201092	193168	7924	36534
田 源	723	2254	50772	46588	4184	33070
槎源坞	443	1485	31170	26153	5017	32896

分队）赴万市镇开展驻点服务，为期百日。走访调研万市镇行政村15个、居委会1个、企业86家、村民252户。促成万市镇至临安首条公交专线开通、举办首届“民宿经济实务培训班”、策划《杭州市“双千”直播大型活动——富阳万市镇专场》，帮助万市镇协调推进美丽乡村建设项目、美丽经济增收等民生实事15件。

【万市镇“百姓万事通”工作会议】 5月11日，万市镇首次召开“百姓万事通”工作会议。镇党政人大班子成员，辖区内区、镇两级人大代表，各行政村（居）党组织书记，各基层站所负责人共40余人参加。会议明确“百姓万事通”工作由镇党委领导，镇人大主席团牵头，平安建设办、党建办等各科室联动，条块结合，织密社会治理的“基层网”。镇平安建设办、万市派出所、龙羊法庭、龙羊市场监管所进行一季度工作汇报。

【“杏福万市”乡村振兴论坛】 6月2日，第一期“杏福万市”乡村振兴论坛在万市镇人民政府举行，区委常委、统战部部长陈平作题为《全面贯彻习近平新时代中国特色社会主义思想，深化构建基层统战工作新思维》的讲座。开展“青老结对薪火传”，举行17名“80后”、“90后”年轻干部向22名“60后”“导师”拜师仪式。至年底，“杏福万市”乡村振兴论坛共举办4期，参与人数500余人次。

【环保宣传进校园】 6月5日，万市镇开展“美丽中国，我是行动者”环保宣传进学校活动。发放《生态文明宣传系列》微读本宣传册，开展“世界环境日”知识讲座，举办“垃圾分类，从我做起”的主题活动。万市镇各学校在开设垃圾分类公益课，结合垃圾分类PPT课件、垃圾分类宣传标语、手抄报等形式让学生了解垃圾分类基本常识，养成垃圾分类习惯。

【万市镇村级组织换届选举试点】 7月8日，万市镇召开村级组织换届选举工作动员大会，7月23日，完成村级党组织换届，8月30日完成村委会换届，9月6日完成村务监督委员会、村股份经济合作社换届。总共产生81名村两委班子成员，平均年龄40.8岁，比上届年轻2.8岁。其中，35周岁以下24人，占比29.36%；党员70人，占86.42%；女委员27人，占33.33%；大专以上学历59人，占72.84%；村书记、主任“一肩挑”15人，占比100%，为杭州市级村社组织换届试点单位。8月5日，开展“强党建、优治理、守初心”老书记顾问团成立暨退职村干部荣退（交接）仪式，成立万市镇“强党建、优治理、守初心”老书记顾问团，顾问团成员3位。

【万市镇获评“国家卫生乡镇”】 8月，全国爱国卫生运动委员会发出《关于命名2017—2019周期国家卫生乡镇（县城）的决定》，富阳区环山乡、湖源乡、胥口镇、里山镇、龙门镇、新登镇、场口镇、新桐乡、万市镇、永昌镇被全国爱卫会正式命名为“国家卫生乡镇”。

【获评省美丽城镇样板创建优秀方案】 9月，万市镇美丽城镇样板创建方案获评省浙江省优秀创建方案。方案以“杏福万市·汉字小镇”为核心理念，坚持“农业+”发展道路，围绕“农业+文旅”打造田园综合体，围绕“农业+新消费”打造盆景产业园，围绕“农业+汉字”打造中华汉字体验园，打造“山明水润、兴业宜居、诗和远方”的农业生态型美丽城镇样板。

【万市镇小“桂正伦、吴曼丽”教育基金成立】 9月29日，万市镇小“桂正伦、吴曼丽”教育基金成立，桂生悦、桂帆兄妹和母亲吴曼丽共同捐资200万元。捐赠人代表吴曼丽（女），万市镇党委书记陈军峰为“桂正伦、吴曼丽”教育基金成立揭牌。自万市镇乡愿教育基金的启动以来，已经接收到17家单位和个人的爱心捐赠，总金额达200余万元。

【万市镇返乡创业就业青年见面会】 10月22日，万市镇开展返乡创业就业青年见面会。富阳百信幸福家庭服务中心负责人姜香儿、各村返乡创业就业青年代表、各村团支部书记、全镇35周岁以下村支两委干部等共计30余人参加。见面会就干事创业进行座谈交流，开展团建活动，加强返乡创业就业青年联络交流，提升工作幸福感归属感，让返乡青年在乡村留得住，干得好。

【第十二届“富春山居·味道山乡”银杏节】 10月30日，“新时代里展新貌 杏福路上话小康”2020“富春山居·味道山乡”第十二届银杏节在杨家村银杏主题公园开幕。区委常委、统战部部长陈平，副区长魏东，区人大常委会副主任裘富水、区政协副主席孙柏平出席。活动通过音乐、舞蹈、情景剧等艺术形式，展现新时代万市人民的“杏”福小康生活。招商现场签署战略合作框架协议4个，项目涵盖汉字文化、农业、康养、婚庆等方面。活动共吸引游客1000余人次。

【万市镇中心幼儿园开工】 12月25日，万市镇中心幼儿园开工。区教育局党委委员、副局长郦建、区教育工作专班、万市镇全体班子成员、万市镇两代表一委员、镇中心幼儿园教师代表；工程设计等100余人参加。万市镇中心幼儿园位于万市镇万市村，按照浙江省一级幼儿园标准建造，总投资2998万元，占地面积约0.67公顷，建筑面积5676平方米，建设规模为12个班级。

（钟立赟）

2020年10月30日，第十二届银杏节开幕

（万市镇 供稿）

洞桥镇

【概况】 2020年，洞桥镇总面积143.29平方千米，其中城镇建成区面积1.25平方千米、绿地面积0.05平方千米，辖行政村11个，股份经济合作社11个，党员1156人，其中党委4个、党总支7个、党支部64个，村民小组254个。年末总户数5870户，总人口18856人。全年实现工农业总产值10.1亿元，按可比价格计算，比上年增长6.3%；其中工业总产值8亿元，农业总产值2.10亿元。全年实现财政总收入6298万元，其中一般公共预算收入3186万元。农村经济总收入76.96亿元，农村经济净收入7.27亿元。农民人均收入34784元。

年末耕地面积1050公顷，其中水田面积390公顷，高标准农田面积875.93公顷，农作物播种面积766.67公顷，其中：粮食作物播种面积386.67公顷。粮食总产量487.6万千克。农机总动力0.81万千瓦。水利投工3.9万工，投资3700万元。存栏生猪5406头，出栏肉猪1761头，存栏家禽6万羽，出栏家禽5万羽。水产品养殖面积122公顷。绿化造林200公顷，封山育林6836公顷。水果种植面积102公顷，水果产量128万千克。茶园面积305公顷，茶叶产量25万千克。农业技术服务机构个数3个，从业人员3人。农民专业合作社数量25个，成员1300户。种植大户30户，家庭农场15个。工业企业总数176家，从业人员2658人，其中规模以上工业企业8家，实现产值5亿元、销售4.46亿元、利润总额1.33亿元。建筑业企业41个，总产值7880万元。住宿餐饮业企业40个，营业总收入900万元。

小学3所，在校小学生304人，教职工50人；幼儿园3所，在园幼儿207人，教职工35人。社区卫生服务中心1家，卫生室5个，医疗床位5张，执业（助理）医师12人，兽医（防疫）技术人员2人。全年出生142人，计划生育率100%。固定电话用户1580户，移动电话用户13120户，因特网用户3560户。社会福利收养性单位1个，床位120张。参加城乡居民养老保险970人。参加城乡居民基本医疗保险10824人。最低生活保障救助人数127人。农户新建房屋96户，建筑面积34560平方米。金融机构网点2个，公园及休闲健身广场20个。

【洞桥镇抗击新型冠状肺炎疫情】 1月8日，洞桥镇召开新型冠状肺炎疫情防控工作会议，制定相关应急预案，组织网格员、党员、志愿者等开展重点人员摸排、外来人员登

2020年洞桥镇各行政村基本情况表

表49

村 名	户数（户）	人口（人）	农村经济总收入（万元）	农村经济总费用（万元）	农村经济净收入（万元）	农民人均收入（元）
洞 桥	1006	3550	180236	166094	14142	35270
里 仁	608	2009	82643	74908	7735	34978
石 羊	364	1038	81857	76976	4881	35092
枫 瑞	438	1400	31730	26486	5244	34835
袁 家	396	1306	34248	29473	4775	34820
三 溪	675	2151	70646	62723	7923	34977
大 乐	175	466	8138	6284	1854	34805
大 溪	546	1812	74971	68253	6718	35088
贤 德	573	1743	73319	66853	6466	35231
文 村	571	1740	75749	69092	6657	34741
查 口	518	1641	56122	49804	6318	34972

记上报、人员聚集点管控等疫情防控工作。组建洞桥镇企业复工和疫情防控专班，选派服务企业专员37人，累计服务企业200余次，走访小微企业290余家，其中湖北籍母女在洞桥的暖心隔离故事获中央电视台、杭州日报等媒体关注。

【农业经济发展】 推进农业产业项目，申报贤德村百万亩国土绿化、石羊村杨家畈粮食生产功能区基础设施建设等项目15个。推进粮食生产和生猪养殖工作，累计清理“非粮化”现象98.6公顷，播种各类粮食作物1439.27公顷，实现存栏生猪5102头。依托状元直播间、富阳共青团直播间等搭建农特产品电商销售平台，带动状元馒头、香榧、大米、米粿、小香薯等本土农特产品的销售，累计直播销售收入74.8万元。

【洞桥镇完成村级组织换届】 11月9日，洞桥镇完成村级党组织换届，12月7日，完成村民委员会换届，12月16日，完成村务监督委员会、村股份经济合作社换届。总共产生61名村两委班子成员，平均年龄43岁，比上届年轻7岁。其中35周岁以下11人，占比18%；党员50人，占82%；女委员17人，占27.9%；大专以上学历33人，占54.1%；村书记、主任“一肩挑”11人，占比18%。

【推进重点工程项目】 推进俞毕线、潭三线路基改扩建工程和“四好农村路”建设。至年底，俞毕线基本完工；竣工“四好农村路”15条，涉及三溪、大溪、枫瑞、里仁等行政村4个。农村饮用水提升达标工程开工4个，包括洞桥村龙王坎水库、文村贤德饮用水提标达标工程等。完成洞桥中心小学校舍改造并更名为施肩吾小学。

【洞桥镇召开第十七届人民代表第八次会议】 7月13日，洞桥镇召开第十七届人民代表第八次会议。会议听取并审议通过了《洞桥镇人民政府2020年上半年度工作报告》《法治政府建设及政府主要负责人履行推进法治建设第一责任人职责情况报告》《洞桥镇2020年上半年环境状况和环境保护目标完成情况报告》。大会还书面审议《2020年政府十大民生实事项目实事情况报告》和《代表意见建议办理情况报告》。

【洞桥镇与杭州联通签订合作协议】 7月29日，杭州联通与洞桥镇人民政府在文村举行协议签订仪

2020年12月24日，施肩吾小学专用校车启用

（洞桥镇 供稿）

2020年9月9日，洞桥镇香榧特色小镇通过省级特色强镇验收

（洞桥镇　供稿）

式。主要内容有开展“一对一”结亲、开展“组团式”结亲、开展“亲子体验营”活动等。

【营地产业加快发展】　继续加大营地产业培育力度，加快推进山也度塘湾里、嘟嘟村营地、小浣熊营地等项目建设。少年军营地于7月投入试运营，山也度·塘湾里一期于11月投入试运营，“嘟嘟村”营地启动建设。全面开展与浙江卫视战略合作项目，由野生君创客团队承办的《洞桥好营地》真人秀全程在洞桥取景，第一期于9月5日正式播出。

【洞桥镇召开商会第二次会员大会】　8月14日，洞桥镇召开商会第二次会员大会，全体商会会员参加。会议审议通过《杭州市富阳区洞桥镇商会章程》修改（草案）、选举产生洞桥镇商会第二届理事会成员和独立监事。

【“浙江省国防教育基地”揭牌】　9月4日，“浙江省国防教育基地”揭牌仪式在杭州（国际）青少年洞桥营地举行。杭州警备区政治委员徐建国、浙江省国防教育办公室专职副主任胡国华、杭州警备区政治工作处主任朱涛、杭州市富阳区人武部政治委员王继刚以及富阳区洞桥镇、杭州青少年活动中心的相关领导出席，杭州汽车高级技工学校493名学生参加。4月，由浙江省人民政府授牌，杭州（国际）青少年洞桥营地入选“浙江省国防教育基地”。

【洞桥镇香榧特色小镇通过省级特色强镇验收】　9月9日，浙江省农业“两区”办农业特色强镇考核验收组对洞桥镇创建省香榧特色农业强镇验收，以创建规划布局合理，产业特色鲜明，农旅有机融合，绿色创新发展为优势，洞桥镇以92分高分通过。此次洞桥镇香榧特色农业强镇建设规划范围包含全镇11个行政村，总面积147.6平方千米，建成香榧基地面积666余公顷，新增职业农民40余户，实现农业增产、农民增收9%以上，解决农村剩余劳动力岗位1000多个，季节工500余人。

【文村村获“中国天然氧吧”称号】　12月，富阳区授牌第一批“中国天然氧吧”单位，其中洞桥镇文村村入选。文村村区域面积为18.24平方千米，拥有山林面积1176.93公顷，耕地总面积152.47公顷，森林覆盖率达90%以上。

（施梦佳）

【编　辑　刘　亮】

34 名 录 Directory

·先进集体·

【国家级和国家属部门级先进集体】

表50

先进集体单位	先进集体称号	颁奖单位
富阳区	国家生态文明建设示范区	生态环境部
富阳区	2018—2020年全国计划生育优质服务先进单位	国家卫生健康委员会
富阳区	2020中国最具幸福感城区	新华社《瞭望东方周刊》、瞭望智库
区人民政府	第五批国家级农村职业教育和成人教育示范县	教育部
民盟富阳区基层委员会	2020年度民盟思想政治建设和宣传工作先进集体	民盟中央委员会
区档案馆	国家级数字档案馆	国家档案局
区工商联	2020年度全国工商联民营企业调查点工作先进基层工商联	中华全国工商业联合会
区总工会	市、县级和基层工会财务先进单位	中华全国总工会办公厅
区科协	2020年科普中国信息员队伍建设区县级科协优秀组织单位称号	中国科协办公厅
区人民检察院	2020年度全国检察宣传先进单位	检察日报社
区人民法院	司法宣传和通联工作先进单位	人民法院新闻传媒总社
区人民法院综合办公室	全国法院新闻舆论工作先进集体	最高人民法院
区财政局	政府采购百强区(市、县)突出贡献单位(2019—2020年度)	财政部指定政府采购宣传媒体政府采购信息报社
区劳动保障监察大队	2020年全国清理整顿人力资源市场秩序专项执法行动突出成绩单位	人社部办公厅 市场监管总局办公厅
区供销合作总社	2019年度全国供销合作社系统百强县级社	中华全国供销合作总社
浙商银行杭州富阳支行	中国星级银行网点(三星)	中国银行业协会
建设银行杭州富阳支行	2019—2020年度中国建设银行青年文明号	中国建设银行总行团委
中信银行杭州富阳支行	2020年度合规管理先进经营机构	中信银行
中信银行杭州富阳支行	中信银行2019年度先进基层党组织	中信银行
中信银行杭州富阳支行	2019年度普惠金融服务先进党支部	中信银行
中信银行杭州富阳支行	2018—2019年青年文明号	中信银行
杭州市生态环境局富阳分局	第二次全国污染源普查国家级表现突出集体单位	生态环境部

续表50

先进集体单位	先进集体称号	颁奖单位
富春第七小学	《新时代劳动教育的创新与实践》德育案例入选教育部公布的首批"一校一案"落实《中小学德育工作指南》典型案例名单	教育部
富阳学院	全国校园大课间啦啦操推广实施单位	国家体育总局体操运动管理中心
胥口镇中心小学	2020年全国青少年校园冰雪特色学校	教育部
富春第四小学	全国校园冰雪体育传统特色学校	教育部
灵桥镇中心小学	全国校园大课间啦啦操推广实施单位	国家体育总局体操运动管理中心
区中医院	中医药系统2018—2020年改善医疗服务先进典型	国家中医药管理局
万市镇社区卫生服务中心	国家优质服务基层行推荐单位	国家卫生健康委员会
大源镇社区卫生服务中心	国家优质服务基层行推荐单位	国家卫生健康委员会
新桐乡	国家卫生乡镇	全国爱国卫生运动委员会
新登镇	国家卫生乡镇	全国爱国卫生运动委员会
胥口镇	国家卫生乡镇	全国爱国卫生运动委员会
永昌镇	国家卫生乡镇	全国爱国卫生运动委员会
里山镇	国家卫生乡镇	全国爱国卫生运动委员会
上官乡	国家卫生乡镇	全国爱国卫生运动委员会
场口镇	国家卫生乡镇	全国爱国卫生运动委员会
龙门镇	国家卫生乡镇	全国爱国卫生运动委员会
湖源乡	国家卫生乡镇	全国爱国卫生运动委员会
万市镇	国家卫生乡镇	全国爱国卫生运动委员会

【省级和省属部门级先进集体】

表51

先进集体单位	先进集体称号	颁奖单位
富阳区	2020年度平安县（市、区）	浙江省委、省政府
富阳区	2019年度美丽浙江建设（生态文明示范创建行动计划）工作考核优秀单位	浙江省委、省政府
富阳区	2020年度法治浙江（法治政府）建设先进单位	浙江省委全面依法治省委员会
富阳区	2020年度节水型社会达标单位	浙江省水利厅
富阳区	2020年度全省实施乡村振兴战略实绩考核优秀单位	浙江省乡村振兴领导小组
富阳区	2020年度美丽浙江建设（生态文明示范创建行动计划）工作考核优秀单位	浙江省委、省政府
富阳区	全省农村饮用水达标提标行动成绩突出集体	浙江省政府办公厅
富阳区	建筑工业化优秀县（市、区）	浙江住房和城乡建设厅 浙江省财政厅
富阳区	2020年度节水型社会达标单位	浙江省水利厅
区人大办	2020年度全省人大信息工作成绩突出单位	浙江省人大常委会办公厅
区政府办	2020年度全省政务信息工作考核评比优秀单位	浙江省政府办公厅
民盟富阳区基层委员会	2020年度宣传工作和反映社情民意信息工作先进集体	民盟浙江省委员会

续表51

先进集体单位	先进集体称号	颁奖单位
民盟富阳区基层委员会	抗疫工作先进集体	民盟浙江省委员会
杭州日月电器股份有限公司	浙江省民族团结进步模范集体	浙江省政府
区民宗局	全省民族宗教工作成绩突出单位	浙江省民宗委
区延寿禅寺	省级普法基地	浙江省民宗委
区信访局	2020年度“无信访积案县(市、区)”	浙江省信访工作领导小组
区委党校	2020年浙江省党校(行政学院)系统成绩突出集体	浙江省委党校
杭州住房公积金管理中心富阳分中心	住房公积金档案管理省三级	浙江住房和城乡建设厅 浙江省档案局
区人力社保局	2020年度浙江省人社系统绩效考评优秀(排名全省县市区级第一)	浙江省人力资源和社会保障厅
区人力社保局	浙江省“无欠薪”县(市、区)建设先进集体	浙江省根治欠薪工作领导小组
区红十字会	浙江省新冠肺炎疫情防控先进集体	浙江省红十字会
区红十字会	2020年度浙江省红十字工作先进单位	浙江省红十字会
区红十字会	“十三五”全省红十字系统成绩突出集体	浙江省红十字会
区工商联	2020年度全省工商联系统先进单位	浙江省工商联
区工商联	2019—2020年度浙江省“五优”县级工商联	浙江省工商联
区工商联	抗击新冠肺炎疫情以来民营企业调查点工作基层工商联	浙江省工商联
区工商联	《凝聚民企力量　助力脱贫攻坚》、《创新学习方式　加强民营经济人士思想政治引领》获得浙江省县级工商联服务“两个健康”优秀案例	浙江省工商联
区文联	2020年全省文联系统成绩突出集体	浙江省文联
区人民检察院	浙江检察机关第四届优秀新媒体平台	浙江省人民检察院
区人民法院刑事审判庭	集体二等功	浙江省高级人民法院
区人武部	民兵工作先进单位	浙江省军区
区人武部	全面建设先进人武部	浙江省军区
区财政局	浙江省财政系统先进集体	浙江省财政厅 浙江省人力资源和社会保障厅
区财政局	2020年度全省财政管理绩效考评优秀单位	浙江省财政厅
市规划资源局富阳分局	地质灾害隐患综合治理“除险安居”三年行动中获成绩突出集体	浙江省政府办公厅
区市场监管局	2020年度食品安全工作成绩突出集体	省食药安委
区市场监管局龙门市场监管所	2020年度放心消费在浙江成绩突出集体	省市场监管局
区市场监管局	浙江省2019—2020年节约型公共机构示范单位	浙江省机关事务管理局 浙江省财政厅
区审计局	2020年度浙江省审计机关考核优秀单位	浙江省审计厅
区供销合作总社	2020年度综合业绩考评优秀单位	浙江省供销合作社联合社
区供销合作总社	浙江省供销合作社系统2020年度信息工作先进工作单位	浙江省供销合作社联合社
民泰银行杭州富阳支行	2020年度先进党支部	浙江民泰商业银行
建设银行杭州富阳支行	浙江省文明单位	浙江省委、省政府
中国银行杭州富阳支行	中国银行浙江省分行先进基层党组织	中国银行浙江省分行委员会

续表51

先进集体单位	先进集体称号	颁奖单位
中国银行杭州富阳支行	中国银行浙江省分行"五四红旗团总支"	中国银行浙江省分行团委
富阳农商银行	浙江农信会计基础工作综合评价一级单位	浙江省农信联社
富阳农商银行	监管统计工作三等奖	浙江银保监局
富阳农商银行	2020年度浙江省"民企最满意银行"	中国人民银行杭州中心支行 浙江工商业联合会
富阳经济技术开发区管委会	浙江省美丽园区示范园区	浙江省商务厅
富阳经济技术开发区管委会	硅谷小镇入选浙江省第四批省级特色小镇	浙江省政府
杭州富春山居集团有限公司	杭州富阳富春江商业城农贸市场于2020年12月31日被认定为2020年度省放心农贸市场	浙江省市场监管工作联席会议（浙江省市场监督管理局）
杭州市生态环境局富阳分局	浙江生态省建设集体二等功	浙江省委、省政府
杭州光学精密机械研究所	省级新型研发机构	浙江省科学技术厅
区第二中学	浙江省"三育人"岗位建功先进集体	浙江省教育工会
新登中学	2020年浙江省健康促进学校（金牌）	浙江省爱卫办 浙江省教育厅 浙江省卫生健康委员会
实验中学	第六批省级青春健康教育基地	浙江省计划生育协会
富阳学院	浙江省中职高水平建设学校	浙江省教育厅、浙江省财政厅
区职业教育中心	浙江省数字教育资源建设与应用示范学校	浙江省教育技术中心 教育厅教研室 省教育科学研究院
区职业教育中心	浙江省献血先进集体	浙江省血液中心
新登镇中学	浙江省第十批绿色学校	浙江省生态环境厅
郁达夫中学	浙江省节水型单位	浙江省住房和城乡建设厅
鹿山中学	浙江省健康促进学校（银牌）	浙江省教育厅
鹿山中学	省级绿色学校	浙江省教育厅
大源中学	省级绿色学校	浙江省教育厅办公室浙江省发展和改革委办公室 浙江省生态环境厅
富春第五小学	浙江省近视防控特色学校	浙江省爱卫办 浙江省教育厅 浙江省卫生健康委员会
富春第六小学	浙江省2020年标准化学校	浙江省教育厅
富春第七小学	浙江省中小学生劳动实践教育基地	浙江省教育厅
富春第七小学	浙江省优秀少先队集体	共青团浙江省委 浙江省教育厅 少先队浙江省工作委员会
东吴小学	浙江省2020年义务教育标准化学校	浙江省教育厅
区融媒体中心	共享联盟·最具传播力奖	浙江日报报业集团
区融媒体中心	全省广播电视新闻融合传播协作广播新闻协作二等奖、电视新闻协作一等奖、蓝媒联盟新媒体协作三等奖	浙江广播电视集团
区疾病预防控制中心	浙江省抗疫先进集体	浙江省委、省政府
区医疗保障局	先进县（市、区）医疗保障局	浙江省医疗保障局
区水库移民服务中心	全省先进线（市、区）移民管理机构	浙江省水库移民安置办公室

续表51

先进集体单位	先进集体称号	颁奖单位
富春街道退役军人服务站	浙江省退役军人工作模范单位	浙江省委退役军人事务工作领导小组办公室 浙江省委组织部 浙江省人力资源和社会保障厅 浙江省退役军人事务厅 浙江省军区政治工作局
银湖街道九龙社区退役军人服务站	浙江省新时代枫桥式退役军人服务中心(站)	浙江省委退役军人事务工作领导小组办公室
富春街道人武部	浙江省民兵工作先进单位	浙江省军区
富春街道青云桥村	浙江省5星级文化礼堂	浙江省委宣传部 浙江省农村文化礼堂建设工作领导小组办公室
富春街道宵井村	浙江省卫生村	浙江省爱国卫生运动委员会
富春街道百合社区	浙江省综合减灾示范社区	浙江省应急管理厅
富春街道蒋家桥社区	浙江省文化示范性社区	浙江省文化和旅游厅
富春街道后周社区	浙江省无障碍社区	浙江省残疾人工作委员会
春建乡	浙江省2020年度“平安农机”示范镇(乡、街道)	浙江省农业农村厅 浙江省应急管理厅
新桐乡	2020年“平安农机”示范单位	浙江省农业农村厅 浙江省应急管理厅
新登镇	浙江省生猪增产保供成绩突出集体	浙江省政府
新登镇	2020年度新时代美丽城镇建设省级样板	浙江省城乡环境整治工作领导小组
新登镇食安办	2020年浙江省四星级乡镇(街道)食安办	浙江省食品药品安全委员会办公室
新登镇	浙江省戏曲之乡(乡镇级)	浙江省文化和旅游厅
葛溪	浙江省2020年度美丽河湖	浙江省水利厅 浙江省美丽浙江建设领导小组“五水共治”(河长制)办公室
渌渚江	浙江省2020年度美丽河湖	浙江省水利厅 浙江省美丽浙江建设领导小组“五水共治”(河长制)办公室
壶源溪	浙江省2020年度美丽河湖	浙江省水利厅 浙江省美丽浙江建设领导小组“五水共治”(河长制)办公室
胥口镇	全省消除集体经济薄弱村工作成绩突出集体	浙江省委、省政府
永昌镇	浙江第三批省级引领型农村社区	浙江省民政厅
灵桥镇	浙江省2020年度“平安农机”示范镇	浙江省农业农村厅 浙江省应急管理厅
中国(上官)球拍产业园	浙江省小微企业园	浙江省经济和信息化厅
场口镇	省级森林城镇	浙江省政府办公厅
场口镇	省农村文化礼堂建设示范乡镇	浙江省宣传部
场口镇	浙江省示范慈善分会	浙江省慈善联合总会
场口镇	省级小城市试点良好单位	浙江省特色小镇规划建设工作联席会议办公室
常安镇	浙江省农村文化礼堂建设示范乡镇(街道)	浙江省委宣传部
龙门镇	浙江省“千村示范、万村整治”第五批历史文化(传统)村落保护利用重点村	浙江省农业农村厅办公室

续表51

先进集体单位	先进集体称号	颁奖单位
环山乡	浙江省文明乡	浙江省委、省政府
万市镇	浙江省森林生态保护突出贡献集体	浙江省林业厅
区农业农村局	扶贫开发工作成绩突出集体	浙江省委办公厅、省政府办公厅
区林业水利局	“森林浙江”建设工作突出贡献集体	浙江省委、省政府
区林业水利局	2019年中国北京世界园艺博览会浙江参展工作突出贡献集体	浙江省政府办公厅
区林业水利局	全省林业产业先进集体	浙江省林业厅
区水利水电工程质量安全服务保障中心	2020年度浙江省水利建设工程质量监督先进集体	浙江省水利水电工程质量与安全管理中心
区农业农村局离退休第一党支部	浙江省标准化离退休党支部	浙江省委老干部局
区农业农村局离退休第五党支部	浙江省标准化离退休党支部	浙江省委老干部局
区住房和城乡建设局	2020年度建筑工业化工作改革优秀区	浙江省住房和城乡建设厅 浙江省财政厅
公望女管家	省示范妇女微家	浙江省妇女联合会
区第一人民医院肝胆胰外科	省巾帼文明岗	浙江省妇女联合会
国家税务总局杭州市富阳区税务局新登税务所办税服务厅	省巾帼文明岗	浙江省妇女联合会
富春第七小学五年级组	省巾帼文明岗	浙江省妇女联合会
杭州富阳水务有限公司新登供水分公司营业厅	省巾帼文明岗	浙江省妇女联合会
富阳农商银行富春江支行营业部	省巾帼文明岗	浙江省妇女联合会
新登镇湘溪村	省示范儿童之家	浙江省妇女联合会
区水库移民服务中心	全省先进线(市、区)移民管理机构	浙江省水库移民安置办公室
春江街道食安办	2020 年浙江省三星级乡镇(街道)食安办	浙江省食品药品安全委员会办公室
春江街道退役军人服务站	浙江省首批全国“示范型退役军人服务中心(站)”	浙江省退役军人事务厅
春江街道新建村	浙江省五星级农村文化礼堂	浙江省委宣传部 浙江省农村文化礼堂建设工作领导小组办公室
新登镇	浙江省生猪增产保供成绩突出集体	浙江省政府
新登镇	2020年浙江省四星级乡镇(街道)食安办	浙江省食品药品安全委员会办公室
场口镇	省农村文化礼堂建设示范乡镇	浙江省委宣传部
场口镇	省级小城市培育试点2019年度良好单位	浙江省中心镇发展改革和小城市培育试点领导小组办公室
壶源溪绿道	2020年度省级“最美绿道”	浙江省住房和城乡建设厅 浙江省发展和改革委员会 浙江省交通运输厅 浙江省水利厅 浙江省农业农村厅 浙江省文化旅游厅 浙江省林业厅 浙江省体育局
龙门镇食安办	浙江省“三星级食安办”	浙江省食品药品安全委员会办公室

【市级先进集体】

表52

先进集体单位	先进集体称号	颁奖单位
区财政局	在2013—2020年美丽杭州建设工作中作出突出贡献集体	杭州市委、市政府
区农业农村局	在2013—2020年美丽杭州建设工作中作出突出贡献集体	杭州市委、市政府
区农业农村局(区林业水利局)	2020年度杭州市两山实践创新基地建设工作中成绩突出集体	杭州市政府
新登镇	2019年度杭州市征兵工作成绩突出基层单位	杭州市政府 杭州警备区
胥口镇	2020年度全市征兵工作成绩突出单位	杭州市政府
大源镇大源村党委	杭州市抗击新冠肺炎疫情先进集体	杭州市委、市政府
大源镇大源村党委	杭州市先进基层党组织	杭州市委
富通集团有限公司	杭州市抗击新冠肺炎疫情先进集体	杭州市委、市政府
区第一人民医院	市抗疫先进集体	杭州市委、市政府
区第二人民医院	市抗疫先进集体	杭州市委、市政府
杭州市富阳中医骨伤医院	市抗疫先进集体	杭州市委、市政府
富阳农商银行	2020年度杭州市平安创建先进集体	杭州市委、市政府
杭州富春山居集团有限公司	阳陂湖获浙西文旅融合师范项目称号	杭州市委、市政府
春江街道	2020年度全市征兵工作成绩突出基层单位	杭州市政府 杭州警备区
春江街道	2020年度杭州市平安创建(市域社会治理现代化)先进集体	杭州市委、市政府

·先进个人·

【国家级和国家属部门级先进个人】

表53

姓名	单位	先进称号	颁奖单位
唐卫东	区第一人民医院	全国先进工作者	中共中央、国务院
张国芬	区人民检察院	2020年度全国检察宣传先进个人	检察日报社
蒋玉根	区农业农村局	第二届“最美农技员”	农业农村部办公厅
楼　君	区农业农村局	第一批“最美科技林草推广员”	国家林业和草原科技办公室
何雨兰	恒丰银行杭州富阳支行	恒丰银行2019—2020年度优秀党务工作者	恒丰银行
吴云芝	恒丰银行杭州富阳支行	恒丰银行2020年度工会积极分子	恒丰银行
蒋　敏	中信银行杭州富阳支行	2020年度金融理财师大赛“全国百优理财师”	中信银行
陈　岗	中信银行杭州富阳支行	中信银行第一届安防专业技能竞赛二等奖	中信银行
姜　燕	杭州市生态环境局富阳分局	第二次全国污染源普查表现突出个人	生态环境部
陆建华	杭州市生态环境局富阳分局	第二次全国污染源普查表现突出个人	生态环境部
高立定	杭州市生态环境局富阳分局	全国2020年蓝天保卫战重点区域秋冬季监督帮扶工作第一轮次表现突出人员	生态环境部
赵　峰	杭州市生态环境局富阳分局	全国夏季臭氧污染防治监督帮扶工作第二轮次表现突出人员	生态环境部
金关贤	鹿山街道	全国五好家庭	全国妇联办公厅

【省级和省属部门级先进个人】

表54

姓　名	单位或地址	先进称号	颁奖单位
余均发	区委办	全省党委系统信息报送优秀个人	浙江省委办公厅
楼银妹	区第一人民医院	抗疫工作先进个人	民盟浙江省委员会
李晓波	区人社局	2020年度浙江省调解仲裁案件处理工作成绩突出仲裁员	浙江省人社厅
颜　炎	区委政法委	2018—2019年度平安浙江建设先进个人	浙江省委、省政府
俞　敏	区人民检察院	全省检察机关专业人才库行政检察专业人才	浙江省人民检察院
董月霞	区法院	全省扫黑除恶专项斗争成绩突出个人	浙江省委、省政府
黄韦卿	区法院	防疫工作先进个人	浙江省高级人民法院
叶永春	区司法局	全省司法行政系统法治化营商环境优化专项行动个人三等功	浙江省司法厅
蒋旭波	区司法局	全省司法行政系统特赦实施工作个人嘉奖	浙江省司法厅
郭　宁	区人武部	民兵工作先进个人	浙江省军区
章永南	区审计局	浙江省审计工作先进个人	浙江省审计厅 浙江省人力资源和社会保障厅
邢　刚	区农业农村局	浙江省生猪增产保供突出个人	浙江省政府
俞　艺	区农业农村局	集体经济薄弱村成绩突出个人	浙江省委、省政府
楼　君	区农业农村局	“森林浙江”建设工作突出贡献个人	浙江省委、省政府
华克达	区农业农村局	全省林业产业先进个人	浙江省林业局
滕　莹	区农业农村局	全省林业产业先进个人	浙江省林业局
倪小明	区农业农村局	浙江省森林生态保护突出贡献个人	浙江省林业局
潘国勇	区农业农村局	2020年度水利行业强监管成绩突出个人	浙江省水利厅
潘国勇	区农业农村局	2020年度浙江省水利建设工程质量监督先进个人	浙江省水利水电工程质量与安全管理中心
何路荣	区农业农村局	在实行最严格水资源管理制度中成绩突出个人	浙江省水利厅 浙江省人力资源和社会保障厅
盛彩芳	区农业农村局	第13届中国义乌国际森林产品博览会先进工作者	中国义乌国际森林产品博览会组委会
黄川秀	区农业农村局退休干部	浙江省银尚达人	浙江省老干部局
吴复元	稠州银行富阳支行	2020年度两优一先优秀党员	浙江稠州商业银行
龚云云	富阳农商银行	浙江农信优秀领导干部	浙江省农信联社
杨　丽	富阳农商银行	浙江农信奋斗者	浙江省农信联社
孙显根	杭州市生态环境局富阳分局	浙江省“最美环保人”	浙江省生态环境厅
韩桂成	杭州市生态环境局富阳分局	浙江省第二次全国污染源普查成绩突出个人	浙江省生态环境厅
周林锋	富阳中学	浙江省春蚕奖	浙江省教育厅
汪利章	区职业高级中学	浙江省春蚕奖	浙江省教育厅
庄道群	春江中心小学	浙江省春蚕奖	浙江省教育厅
钱国盛	永昌镇中心小学	浙江省春蚕奖	浙江省教育厅
陆军波	场口镇中学	浙江省春蚕奖	浙江省教育厅
包增军	场口中学	浙江省“三育人”岗位建功先进个人	浙江省教育厅
吕　丽	浙江省盲人学校	浙江省特教园丁先锋奖	浙江省教育厅

续表54

姓　名	单位或地址	先进称号	颁奖单位
蒋建军	区第一人民医院	省抗疫先进个人	浙江省委、省政府
金新文	区疾控预防控制中心	省抗疫先进个人	浙江省委、省政府
王海刚	万市镇社区卫生服务中心	浙江省优秀社区卫生服务中心主任	浙江省卫生基层协会
胡志铭	富春街道秋丰村	省抗击新冠肺炎疫情先进个人	浙江省委、省政府
赖新明	富春街道宵井村	浙江省模范退役军人	浙江省委退役军人事务工作领导小组办公室 浙江省委组织部 浙江省人力资源和社会保障厅 浙江省退役军人事务厅 浙江省军区政治工作局
俞晓敏	富春街道	浙江省农业技术推广贡献奖	浙江省农业农村厅
陈煜琴	富春街道	浙江省第十四届新故事作品征文大赛活动优秀组织奖	浙江省文化馆
何凤娣	富春街道	浙江省第十四届新故事作品征文大赛活动优秀组织奖	浙江省文化馆
王银华	新登镇	浙江省第三届优秀网格员	浙江省委政法委员会
陈　平	永昌镇	2020年度省红会基层先进个人	浙江省红十字会
吴纪良	万市镇	“森林浙江”建设工作突出贡献个人	浙江省委、省政府
潘七菲	万市镇	浙江省巾帼建功标兵	浙江省妇女联合会
姜国宏	万市镇	第三届“浙江省首席水利员”称号	浙江省水利厅
徐建儿	富春街道蒋家桥社区	省三八红旗手	浙江省妇女联合会
钱秋萍	万市镇田源村	省最美家政人	浙江省妇女联合会
金关贤	鹿山街道	省最美家庭	浙江省妇女联合会
盛红灿	上官乡	省最美家庭	浙江省妇女联合会
胡丽芳	新登镇	省最美新农人	浙江省妇女联合会
钟海燕	新登镇	省最美新农人	浙江省妇女联合会
潘七菲	万市镇	浙江省巾帼建功标兵	浙江省妇女联合会
方　伟	区市场监管局信用监管科	二等功	浙江省市场监督管理局
董银玲	区供销合作总社	浙江省供销合作社系统2020年度信息工作先进个人	浙江省供销合作社联合社

【杭州市级先进个人】

表55

姓　名	单位或地址	先进称号	颁奖单位
何明飞	区政府办	美丽杭州建设工作突出贡献个人	杭州市委、市政府
李青平	区委政法委	2020年度杭州市平安创建（市域社会治理现代化）先进个人	杭州市委、市政府
颜宇东	区发改局	2013—2020年美丽杭州建设工作中作出突出贡献个人(2020年6月)	杭州市委、市政府
吕　剑	区发改局	2013—2020年美丽杭州建设工作中作出突出贡献个人(2020年6月)	杭州市委、市政府
吕　剑	区发改局	2019年度杭州市扩大有效投资推进重点项目工作成绩突出人员行政奖励三等功	杭州市委、市政府
叶根航	区审计局	2013—2020年美丽杭州建设工作中作出突出贡献个人	杭州市委、市政府
潘朝宏	区农业农村局	2013—2020年美丽杭州建设工作中作出突出贡献个人	杭州市委、市政府
凌　云	区农业农村局	2013—2020年美丽杭州建设工作中作出突出贡献个人	杭州市委、市政府
裘雪龙	区农业农村局	2013—2020年美丽杭州建设工作中作出突出贡献个人	杭州市委、市政府
王灵玲	区农业农村局	2013—2020年美丽杭州建设工作中作出突出贡献个人	杭州市委、市政府

续表55

姓　名	单位或地址	先进称号	颁奖单位
周　勇	区农业农村局	2013—2020年美丽杭州建设工作中作出突出贡献个人	杭州市委、市政府
赵　海	区农业农村局	2013—2020年美丽杭州建设工作中作出突出贡献个人	杭州市委、市政府
楼　君	区农业农村局	2020年度杭州市两山实践创新基地建设工作中成绩突出个人	杭州市政府
丁松茂	富阳农商银行	杭州市消除集体经济薄弱村三年行动工作嘉奖	杭州市政府
陆兴龙	杭州市生态环境局富阳分局	2013—2020年美丽杭州建设工作中作出突出贡献个人	杭州市委、市政府
徐　琳	杭州市生态环境局富阳分局	2013—2020年美丽杭州建设工作中作出突出贡献个人	杭州市委、市政府
胡华栋	杭州市生态环境局富阳分局	2013—2020年美丽杭州建设工作中作出突出贡献个人	杭州市委、市政府
柴群宇	杭州市生态环境局富阳分局	2013—2020年美丽杭州建设工作中作出突出贡献个人	杭州市委、市政府
褚小刚	杭州市生态环境局富阳分局	2013—2020年美丽杭州建设工作中作出突出贡献个人	杭州市委、市政府
李梦英	富阳中医骨伤医院	杭州市抗击新冠肺炎疫情先进个人	杭州市委、市政府
费　扬	区第一人民医院	杭州市抗击新冠肺炎疫情先进个人	杭州市委、市政府
章妙红	区第二人民医院	杭州市抗击新冠肺炎疫情先进个人	杭州市委、市政府
沈海波	银湖街道高桥社区卫生服务中心	杭州市抗击新冠肺炎疫情先进个人	杭州市委、市政府
李欢龙	区疾病预防控制中心	杭州市抗击新冠肺炎疫情先进个人	杭州市委、市政府
沈海波	鹿山街道社区卫生服务中心	杭州市抗击新冠肺炎疫情先进个人	杭州市委、市政府
陆丽霞	富春街道江滨社区	杭州市抗击新冠肺炎疫情先进个人	杭州市委、市政府
蒋柳锋	富春街道	杭州市抗击新冠肺炎疫情先进个人	杭州市委、市政府
胡志铭	富春街道宵井村	杭州市优秀共产党员	杭州市委、市政府
夏敏玉	里山镇	杭州市抗击新冠肺炎疫情先进个人	杭州市委、市政府
何风群	区法院	2019年度杭州市国际一流营商环境创建工作突出贡献个人	杭州市委、市政府
罗　丹	区市场监管局	2020年度平安杭州建设先进个人	杭州市委、市政府
孙　铮	区市场监管局	2019年度杭州市国际一流营商环境创建突出贡献个人	杭州市委、市政府
厉　旻	区交通局	杭州市抗击新冠肺炎疫情先进个人	杭州市委、市政府

·名优产品·

【省级以上含省级】

表56

生产企业	产品名称	名牌级别	授予单位
杭州市富阳上马生态农业开发有限公司	葡萄	2020浙江省十佳葡萄	浙江省农业技术推广中心
杭州富阳矮子鲜桃专业合作社	矮子鲜桃	2020浙江农业之最桃(综合品质)二等奖	浙江省农业农村厅
杭州富阳唯益生态农业开发有限公司	草莓	2020浙江精品草莓银奖	浙江省农业技术推广中心
杭州富阳赵氏家庭农场	草莓	2020浙江精品草莓银奖	浙江省农业技术推广中心
杭州富阳灿鑫家庭农残	草莓	2020浙江精品草莓银奖	浙江省农业技术推广中心
杭州富阳青圃生态农业开发有限公司	草莓	2020浙江精品草莓银奖	浙江省农业技术推广中心

续表56

生产企业	产品名称	名牌级别	授予单位
浙江天依蜂蜂业有限公司	蜂产品	2020年中国农产品品牌博览会优质农产品金奖	中国农产品品牌大会组织委员会
杭州市富阳区金氏家庭农场	太秋甜柿	2020年全国首届太秋甜柿优质产品金奖	中国园艺学会柿分会
杭州市富阳区李荣富家庭农场	太秋甜柿	2020年全国首届太秋甜柿优质产品金奖	中国园艺学会柿分会
杭州绿禾源生态农业有限公司	番茄	2020浙江精品番茄金奖	浙江省农业技术推广中心
杭州富阳受降东坞山豆腐皮厂	豆腐皮	2020浙江农业博览会百个名优畅销农产品	省农博会组委会办公室
杭州富阳黄氏豆制品厂	臭豆腐	浙江农家特色小吃百强	浙江省农业农村厅
杭州市富阳乡滋乡味土特产有限公司	大源孝子塔饼	2020浙江省"妈妈的味道"第四届民间巧女秀优胜奖	浙江省妇女联合会、浙江省农业厅
杭州富阳龙羊盆景苗木专业合作社	"林之韵"牌黄杨树桩盆景	金奖	第13届中国义乌国际森林产品博览会组委会

· 科研获奖项目 ·

【省级部门及以上】

表57

项目名称	主要完成单位	主要完成人	奖励等级
蔬菜新优品种展示和品质优化技术推广应用	杭州市萧山区种子管理站 杭州市种子服务总站 杭州市萧山区农(林)业技术推广中心 杭州市临安区种子种苗管理站 杭州市富阳区农技推广中心 农作站(种子管理站) 杭州市余杭区种子管理站	丁　桔　王　伟　何林夫 王华英　黄凯美　袁德明 李水凤　张权芳　钱　东 沈　良　叶春燕　许亚俊 夏天凤　吴永毅　杨列云 曹聪卓　王华锋	一等奖
基于环境友好型池塘内循环流水养殖技术的示范与推广	杭州市农业技术推广中心 浙江大学 杭州市富阳区农业技术推广中心 萧山区农(林)业技术推广中心 杭州余杭区仁和仁姚黑鱼养殖场 浙江恒泽生态农业科技有限公司 富阳云飞生态农业开发有限公司	郭水荣　陈　凡　孙逢明 叶　键　王　力　徐铃威 周艳萍　应利平　郑志诚 吴熠斌　何蕴华　许浩华 姚建光　张高立　丁云飞	一等奖
花鲈淡化养殖技术示范与推广	杭州市水产技术推广总站 富阳区农技推广中心(水产站) 萧山区农(林)业技术推广中心(水产站) 桐庐县农技推广中心(水产站) 余杭区渔业渔政管理总站	姜路辛　孙逢明　徐铃威 袁　杰　吴熠斌　周艳萍 王　力　韩　钶　孟宪菊 倪洲琦　周晓峰　陈凌云 许浩华　郭水荣　祝其贵	三等奖
水稻化肥定额制技术的应用和推广	杭州市富阳区农业技术推广中心 富阳区新桐乡人民政府 杭州富阳互利粮油专业合作社 富阳区银湖街道办事处 富阳区常安镇人民政府	裘雪龙　徐　君　周成云 邵赛男　张立群　羊国芳 刘万军　董代幸　汪　锋 周午福　孟庆玖　汤燕华 孙国民	三等奖

35 附 录

Appendix

·新任区领导简历·

【区委书记】

吴玉凤　女，汉族，1972年11月出生，浙江桐庐人。1992年8月参加工作，1992年1月加入中国共产党，浙江省委党校研究生学历。曾任中共桐庐县委常委、宣传部部长、县委副书记，中共杭州市富阳区委副书记、区委政法委书记、区人民政府代区长、党组书记，区人民政府区长。2020年8月任中共杭州市富阳区委书记。

【区委副书记、代区长】

王　垈　男，汉族，1973年9月出生，浙江上虞人。1996年参加工作，1995年6月加入中国共产党，省委党校研究生，工学学士。曾任杭州高新技术产业开发区拱墅科技经济园管委会党组成员、副主任；杭州市拱墅区经济发展投资有限公司党委委员、副总经理；杭州市拱墅区米市巷街道党工委副书记、办事处主任；杭州市拱墅区科技工业功能区管委会党委书记、主任；杭州市拱墅区科技工业功能区管委会党委书记、主任、杭州市汽车物流中心管委会主任；杭州市拱墅区人民政府党组成员、副区长；中共杭州市拱墅区委常委、杭州市拱墅区人民政府党组成员；中共杭州市西湖区委常委、西湖区人民政府副区长。2020年8月任中共杭州市富阳区委副书记、区人民政府代区长、党组书记。

【区委常委】

王继刚　男，汉族，1981年5月出生，黑龙江哈尔滨人。2000年8月应征入伍，2004年2月加入中国共产党，毕业于中国人民解放军陆军防化学院，本科学历。历任原总参军训和兵种部61699部队勤务连排长、副连长、政治指导员、政治部组织干事、供应运输处助理员、履约技术处参谋、中国人民解放军陆军参谋部61699部队第二车间政治协理员、中国人民解放军军事科学院防化研究院61699部队管理保障处处长、浙江省军区杭州警备区富阳区人武部政治委员。2020年11月兼任富阳区委常委。

【副区长】

高　飞　男，汉族，1978年8月生，辽宁辽阳人。2001年8月参加工作，1999年11月加入中国共产党，浙江大学管理学院工商管理硕士。曾任财政部驻浙江专员办三处副处长，财政部驻浙江专员办业务一处副处长、处长，财政部浙江监管局监管二处处长。2020年5月任杭州市富阳区人民政府党组成员、副区长。

沈　尧　男、汉族，1977年10月出生，浙江杭州人。2000年8月参加工作。1999年6月加入中国共产党，省委党校研究生学历。曾任萧山区（市）公安分局民警、团委副书记，党湾镇镇长助理、副镇长，临浦镇党委副书记，萧山区政府办公室党组成员、副主任，新街街道党工委副书记、办事处主任，靖江街道党工委书记、空港经济区（空港新城）党工委委员（兼），萧山区政府党组成员、区政府办公室党组书记、主任，区数据资源管理局局长，区外事办主任。2020年6月任杭州市富阳区人民政府党组成员、副区长，杭州市公安局富阳区分局党委书记、局长、督察长。

卜利斌　男，汉族，1983年1月出生，浙江杭州人。2005年8月参加工作，2004年12月加入中国共产党，省委党校研究生学历（在职）。曾任杭州市余杭区黄湖镇党委委员、党委副书记、纪委书记，共青团余杭区委员会党组书记，黄湖镇镇长，百丈镇党委书记，崇贤街道党工委书记。2020年8月担任杭州市富阳区人民政府党组成员、副区长。

·重要文件目录·

【中共富阳区委文件】

表58

序号	文号	文件标题
1	富委〔2020〕1号	关于坚持“三高”发展、奋力起跳争先，全力加快向一流的大都市新型城区迈进的决议
2	富委〔2020〕2号	关于印发全面落实预算绩效管理的实施意见
3	富委〔2020〕3号	关于富阳区杭州市管干部2019年度考核等次评定建议的报告
4	富委〔2020〕6号	杭州市富阳区贯彻落实省生态环境保护督察反馈意见整改方案
5	富委〔2020〕7号	关于印发《2020年度富阳区综合考评办法》的通知
6	富委〔2020〕9号	关于2020年上半年度政治生态建设自评自查报告
7	富委〔2020〕10号	关于牢记嘱托扛起使命担当作为奋力打造现代版富春山居图的决议
8	富委〔2020〕11号	关于印发《新时代产业工人队伍建设改革实施方案》的通知
9	富委〔2020〕12号	印发《关于着力建设七大示范区推进新时代富阳民政事业高质量发展的实施细则》的通知
10	富委〔2020〕13号	关于践行清新型政商关系助力打造现代版富春山居图的实施意见（试行）
11	富委〔2020〕14号	关于同意杭州市部分行政区划优化调整的意见
12	富委〔2020〕15号	印发《关于全面推行党务公开工作的实施方案》的通知
13	富委〔2020〕16号	关于2020年度履行党风廉政建设责任制情况的报告
14	富委〔2020〕17号	关于新时代加强和改进富阳政协工作的若干意见
15	富委〔2020〕20号	富阳区2020年度党内政治生态建设评估报告

【富阳区人大常委会文件】

表59

序号	文号	文件标题
1	富人大〔2020〕1号	关于出席杭州市富阳区第十六届人民代表大会第四次会议的通知
2	富人大〔2020〕6号	杭州市富阳区人大常委会2020年工作要点
3	富人大〔2020〕11号	杭州市富阳区人大常委会关于设立社会建设工作委员会及法制内务司法工作委员会更名的决定
4	富人大〔2020〕18号	杭州市富阳区人大常委会关于补选杭州市富阳区第十六届人民代表大会代表的决定
5	富人大〔2020〕20号	关于我区新冠肺炎疫情防控专项工作报告的审议意见
6	富人大〔2020〕21号	关于富阳区数字经济发展情况报告的审议意见
7	富人大〔2020〕22号	关于区政府贯彻落实《杭州市居住区配套设施建设管理条例》情况报告的审议意见
8	富人大〔2020〕26号	杭州市富阳区人大常委会关于加强检察公益诉讼工作的决定
9	富人大〔2020〕33号	杭州市富阳区人大常委会关于杭州市富阳区2020年上半年国民经济和社会发展计划执行情况与政府投资项目计划调整（草案）的审议意见
10	富人大〔2020〕34号	杭州市富阳区人大常委会关于对区政府《关于杭州市富阳区2019年财政决算（草案）和2020年上半年财政预算执行情况的报告》和《关于杭州市富阳区2019年度财政预算执行和其他财政收支情况的审计工作报告》的审议意见
11	富人大〔2020〕35号	杭州市富阳区人大常委会关于批准杭州市富阳区2019年财政决算的决议
12	富人大〔2020〕36号	杭州市富阳区人大常委会关于批准杭州市富阳区新增地方政府债券和抗疫特别国债收支预算调整的决议
13	富人大〔2020〕42号	关于进一步加强体育发展工作的审议意见

续表59

序号	文号	文件标题
14	富人大〔2020〕43号	关于杭州市富阳区社会矛盾纠纷调处化解"最多跑一地"改革情况报告的审议意见
15	富人大〔2020〕44号	杭州市富阳区人民代表大会常务委员会关于《杭州市富阳区人民政府关于2019年度全区国有资产管理情况的综合报告》和《杭州市富阳区人民政府关于2019年度全区企业国有资产管理情况的专项报告》的审议意见
16	富人大〔2020〕45号	关于印发《杭州市富阳区人民代表大会代表议案和建议处理办法》(修改稿)的通知
17	富人大〔2020〕49号	杭州市富阳区人大常委会关于补选杭州市富阳区第十六届人民代表大会代表的决定
18	富人大〔2020〕52号	关于富阳区新时代美丽乡村建设工作报告的审议意见
19	富人大〔2020〕56号	杭州市富阳区人大常委会关于同意杭州市部分行政区划优化调整的意见
20	富人大〔2020〕57号	杭州市富阳区人民代表大会常务委员会审议意见办理办法
21	富人大〔2020〕58号	杭州市富阳区人民代表大会常务委员会执法检查实施办法
22	富人大〔2020〕59号	杭州市富阳区人民代表大会常务委员会专题询问办法
23	富人大〔2020〕60号	杭州市富阳区人民代表大会常务委员会办事机构和工作机构工作职责
24	富人大〔2020〕61号	杭州市富阳区人民代表大会常务委员会关于政府重大投资项目监督办法
25	富人大〔2020〕62号	杭州市富阳区人大常委会关于区人民代表大会代表辞职办法
26	富人大〔2020〕63号	杭州市富阳区人民代表大会常务委员会联系区人民代表大会代表办法
27	富人大〔2020〕64号	杭州市富阳区人大常委会关于进一步加强乡镇人大主席团工作的指导意见
28	富人大〔2020〕65号	杭州市富阳区人民代表大会代表持证视察办法
29	富人大〔2020〕66号	杭州市富阳区人大常委会街道工作委员会工作办法
30	富人大〔2020〕67号	杭州市富阳区人大常委会关于区人民代表大会代表述职办法
31	富人大〔2020〕68号	杭州市富阳区人民代表大会代表联系选民办法
32	富人大〔2020〕69号	关于杭州市富阳区人民政府贯彻执行《富阳区人大常委会关于开展第七个五年法治宣传教育的决议》情况报告的审议意见
33	富人大〔2020〕70号	关于进一步加强我区无障碍环境建设工作的审议意见
34	富人大〔2020〕73号	杭州市富阳区人大常委会关于批准2020年财政收支预算第二次调整方案的决议

【富阳区人民政府文件】

表60

序号	文号	文件标题
1	富政〔2020〕1号	杭州市富阳区人民政府关于印发推进政策性融资担保体系建设的实施意见的通知

【中共富阳区委办公室文件】

表61

序号	文号	文件标题
1	富委办〔2020〕1号	关于深入开展第20次"春风行动"暨慈善项目大赛的通知
2	富委办〔2020〕2号	关于印发朱党其同志在区委一届八次全体(扩大)会议上的报告的通知
3	富委办〔2020〕4号	关于印发《杭州市富阳区建设新时代文明实践中心工作实施方案》的通知
4	富委办〔2020〕5号	关于印发《2020年杭州市富阳区重点工作任务分解》的通知
5	富委办〔2020〕6号	关于开展2020年富阳区"抢时增效、勇争一流"擂台大比武竞赛活动的通知
6	富委办〔2020〕7号	关于印发《杭州市富阳区政协2020年度协商计划》《杭州市富阳区政协2020年度民主监督计划》的通知

续表61

序号	文号	文件标题
7	富委办〔2020〕8号	关于印发《中共杭州市富阳区委2020年度政党专题协商计划》的通知
8	富委办〔2020〕9号	关于2019年度区级机关和乡镇(街道)综合考评结果的通报
9	富委办〔2020〕10号	关于建立全区村社换届选举工作领导小组的通知
10	富委办〔2020〕11号	关于进一步完善2020年度城乡组团竞赛活动联系制度的通知
11	富委办〔2020〕12号	关于印发《2020年督查检查考核年度计划》的通知
12	富委办〔2020〕13号	关于印发《杭州市亚运城市行动计划富阳区实施方案》的通知
13	富委办〔2020〕14号	关于印发朱党其同志在区委一届九次全体(扩大)会议上的报告的通知
14	富委办〔2020〕15号	关于开展危险化学品道路运输安全专项整治工作的通知
15	富委办〔2020〕16号	关于开展"百日大攻坚冲刺全年红专项行动"的通知
16	富委办〔2020〕17号	关于高质量做好2020年村社组织换届选举工作的实施意见
17	富委办〔2020〕18号	关于印发《杭州市富阳区行政服务中心职能配置、内设机构和人员编制规定》的通知
18	富委办〔2020〕19号	印发《关于落实省委办公厅进一步加强检察机关法律监督工作的若干意见的重点任务分解方案》的通知
19	富委办〔2020〕20号	关于印发《2020年杭州市富阳区招商引资考核办法》的通知
20	富委办〔2020〕21号	关于印发《深化规范全区乡镇(街道)"请你来协商"平台建设的实施办法(试行)》的通知
21	富委办〔2020〕24号	关于规范乡镇(街道)"属地管理"的实施意见

【富阳区人民政府办公室文件】

表62

序号	文号	文件标题
1	富政办〔2020〕1号	杭州市富阳区人民政府办公室关于印发杭州市富阳区关于进一步推进政府数字化转型加强政府投资信息化项目管理办法(试行)的通知
2	富政办〔2020〕2号	杭州市富阳区人民政府办公室关于调整完善小学教育和成人教育管理体制的实施意见
3	富政办〔2020〕3号	杭州市富阳区人民政府办公室关于加快产业政策兑现有关事项的通知
4	富政办〔2020〕4号	杭州市富阳区人民政府办公室关于开展第七次人口普查的通知
5	富政办〔2020〕5号	杭州市富阳区人民政府办公室关于印发富阳区人大代表建议和政协提案办理工作规则的通知
6	富政办〔2020〕6号	杭州市富阳区人民政府办公室关于印发杭州市富阳区十大工业功勋企业优秀企业家十大工业优秀企业评选方案的通知
7	富政办〔2020〕7号	杭州市富阳区人民政府办公室关于印发杭州市富阳区十佳成长型高新技术企业评选方案的通知
8	富政办〔2020〕8号	杭州市富阳区人民政府办公室关于公布杭州市富阳区高新潜力企业名单(第二批)的通知
9	富政办〔2020〕9号	杭州市富阳区人民政府办公室关于印发《关于推进农业"机器换人"和农业机械化高质量发展的实施意见》的通知
10	富政办〔2020〕10号	杭州市富阳区人民政府办公室关于印发杭州市富阳区政府和社会资本合作项目管理办法的通知
11	富政办〔2020〕11号	2020年杭州市富阳区深化"最多跑一次"改革推进政府数字化转型工作要点
12	富政办〔2020〕12号	关于印发《2020年杭州市富阳区食品安全工作要点》的通知
13	富政办〔2020〕13号	杭州市富阳区人民政府办公室关于印发杭州市富阳区政府数字化转型三年行动计划(2020—2022年)
14	富政办〔2020〕14号	杭州市富阳区人民政府办公室关于印发杭州市富阳区行政规范性文件管理办法的通知
15	富政办〔2020〕15号	杭州市富阳区人民政府办公室关于聘任区政府特邀行政执法监督员的通知
16	富政办〔2020〕16号	杭州市富阳区国民经济和社会发展专项规划管理办法
17	富政办〔2020〕17号	杭州市富阳区政府产业引导基金管理实施意见
18	富政办〔2020〕18号	杭州市富阳区人民政府办公室关于全面推进政务公开标准化规范化工作的实施意见

续表62

序号	文号	文件标题
19	富政办〔2020〕19号	杭州市富阳区人民政府办公室关于开展促进汽车消费活动的通知
20	富政办〔2020〕20号	杭州市富阳区人民政府办公室关于下发杭州市富阳区耕地保护督察反馈意见及历年土地例行督察“挂账”问题整改方案的通知
21	富政办〔2020〕21号	杭州市富阳区人民政府办公室关于印发杭州市富阳区人民政府关于加快推进场口镇第四轮小城市培育试点工作实施意见的通知
22	富政办〔2020〕22号	杭州市富阳区人民政府办公室关于印发杭州市富阳区人民政府关于加快推进新登镇第四轮小城市培育试点工作实施意见的通知
23	富政办〔2020〕23号	杭州市富阳区人民政府关于印发《关于推进生猪等畜禽产业高质量发展的实施意见》的通知
24	富政办〔2020〕24号	杭州市富阳区人民政府办公室关于印发杭州市富阳区2020年法治政府建设工作要点的通知
25	富政办〔2020〕25号	杭州市富阳区人民政府办公室关于印发《富阳区“无废城市”建设实施方案》的通知
26	富政办〔2020〕26号	杭州市富阳区人民政府办公室关于印发富阳区国有土地使用权出让收支管理办法的通知
27	富政办〔2020〕27号	杭州市富阳区人民政府办公室关于印发杭州市富阳区创建国家计划生育优质服务先进单位实施方案的通知
28	富政办〔2020〕28号	杭州市富阳区人民政府办公室关于明确高尔夫球场清理整治监管职能的通知
29	富政办〔2020〕29号	杭州市富阳区人民政府关于印发杭州市富阳区临时救助实施细则的通知
30	富政办〔2020〕30号	关于公布2020年杭州市富阳区高新潜力企业名单的通知
31	富政办〔2020〕31号	杭州市富阳区人民政府办公室关于印发杭州市富阳区创建全国健康促进区工作方案的通知
32	富政办〔2020〕32号	杭州市富阳区人民政府办公室关于印发杭州市富阳区“迎亚(残)运”无障碍环境建设行动计划(2020—2022年)的通知
33	富政办〔2020〕33号	杭州市富阳区人民政府办公室关于印发《杭州市富阳区黄公望森林公园自然资源统一确权登记实施方案》的通知
34	富政办〔2020〕34号	杭州市富阳区人民政府办公室关于印发《富阳区加快推进3岁以下婴幼儿照护服务发展的实施意见》的通知
35	富政办〔2020〕35号	杭州市富阳区人民政府办公室关于印发《杭州市富阳区创建“放心粮油示范县”实施方案》的通知
36	富政办〔2020〕36号	杭州市富阳区人民政府办公室关于印发《富阳区深化制造业企业资源要素优化配置改革的实施意见》的通知
37	富政办〔2020〕37号	杭州市富阳区人民政府办公室关于印发《杭州市富阳区乡镇(街道)耕地保护责任目标考核办法》的通知
38	富政办〔2020〕38号	杭州市富阳区人民政府办公室关于印发杭州市富阳区发展学前教育第三轮行动计划(2021—2023年)的通知
39	富政办〔2020〕39号	杭州市富阳区人民政府办公室关于完善乡镇(街道)财政管理体制的通知
40	富政办〔2020〕40号	杭州市富阳区人民政府办公室关于印发杭州市富阳区政府投资项目预算管理办法的通知
41	富政办〔2020〕41号	杭州市富阳区人民政府办公室关于进一步加强乡镇街道政府采购管理的通知
42	富政办〔2020〕42号	杭州市富阳区人民政府办公室关于印发杭州市富阳区政府性投资项目无价材料、设备区级信息库和询价管理办法的通知
43	富政办〔2020〕43号	杭州市富阳区人民政府办公室关于印发杭州市富阳区政府投资项目变更管理办法的通知
44	富政办〔2020〕44号	杭州市富阳区人民政府办公室关于印发杭州市富阳区政府投资项目管理办法的通知
45	富政办〔2020〕45号	杭州市富阳区人民政府办公室关于印发杭州市富阳区政府投资应急工程管理办法的通知
46	富政办〔2020〕46号	杭州市富阳区人民政府办公室关于完善乡镇(街道)财政管理体制的通知
47	富政办〔2020〕47号	杭州市富阳区人民政府办公室关于印发《杭州市富阳区节水行动实施方案》的通知

36 索 引
Index

说 明：

一、本类目设主题索引、照片索引和图表索引 3 个分目。

二、主题索引中文标目按汉语拼音顺序排列，同音字按笔画数从少到多排列。第一字相同，按第二字音序排列，依次类推。数字开头的标目则按数字 0—9 顺序排列。

标目后的阿拉伯数字表示内容所在页码。数字后的英文字母 a、b、c 分别表示从左到右第一、二、三栏。标目后有多个页码的，则表示相关信息在这些页码中均出现。

本年鉴的“特载”“年度聚焦”“大事记”均未做主题索引。

三、照片索引排序规则与主题索引相同，图表索引按序号排列。照片索引、图表索引仅标注所在页码，不标注分栏。

主题索引

0–9

A

B

C

G

H

K

L

M

N

P

Q

R

S

T

W

X

Y

Z

照片索引

0–9

图表索引